中国年鉴精品工程
High Quality Project of China's Yearbook

东阳年鉴

DONGYANG YEARBOOK 2019

东阳市人民政府地方志编纂室　编

方志出版社
Publishing House of Local Records

图书在版编目（CIP）数据

东阳年鉴. 2019 / 东阳市人民政府地方志编纂室编.
-- 北京：方志出版社，2020.7
ISBN 978-7-5144-4208-3

Ⅰ. ①东… Ⅱ. ①东… Ⅲ. ①东阳—2019—年鉴
Ⅳ. ①Z525.54

中国版本图书馆CIP数据核字（2020）第155446号

东阳年鉴（2019）

编　　者：东阳市人民政府地方志编纂室
责任编辑：李　静
出 版 者：方志出版社
地址　北京市朝阳区潘家园东里9号（国家方志馆4层）
邮编　100021
网址　http://www.fzph.org
发　　行：方志出版社图书经销中心
电话（010）67110500
经　　销：各地新华书店
印　　刷：金华市曙光印务有限公司
开　　本：889×1194　1/16
印　　张：32.125
字　　数：1101千字
版　　次：2020年7月第1版　2020年7月第1次印刷
印　　数：0001～1240册
ISBN 978-7-5144-4208-3　定价：380.00元

东阳市地方志编纂委员会

顾　　问：傅显明
主　　任：楼琅坚
副 主 任：胡勇春　许克宁　龚杭娟　金德良
成员单位：市纪委（监委）　市委办　人大办　市府办
　　　　　政协办　人武部　法　院　检察院　组织部
　　　　　宣传部　统战部　政法委　市委党史研究室
　　　　　发改局　经信局　教育局　科技局　公安局
　　　　　民政局　司法局　财政局　人力社保局
　　　　　自然资源与规划局　住建局　交通局
　　　　　水务局　农业农村局　商务局　文广旅体局
　　　　　卫健局　市场监管局　统计局　综合行政执法局
　　　　　横店影管委

《东阳年鉴（2019）》编辑部

主　　编：张忠鸣
副 主 编：张　敬　郭晓笛
执行主编：张　勤
编　　辑：许慧扬　徐丽萍　卢　焕　张煊煊
　　　　　严研虹　楼亚迪　厉晓君　付文靓
类目英译：唐艳芳
校　　对：黄俊良

序一

国务院办公厅2015年8月印发的《全国地方志事业发展规划纲要（2015—2020年）》（以下简称《规划纲要》）要求，到2020年要做到地方综合年鉴一年一鉴，公开出版，实现省、市、县三级综合年鉴全覆盖。《规划纲要》还要求，坚持存真求实，正确处理质量与进度的关系，将精品意识贯穿于年鉴编纂出版工作全过程。2015年12月，中国地方志指导小组办公室启动中国年鉴精品工程，将其与先期实施的中国志书精品工程视为姊妹工程，一道作为加强地方志质量建设的重要抓手。

实施中国年鉴精品工程有助于推动中华优秀传统文化传承发展。近年来，在党中央、国务院的高度重视和关心支持下，全国地方志事业发展迎来最好的发展时期。年鉴编纂发端于欧洲，鸦片战争后被引入我国，在我国走过了100多年的发展历史。在长期的编纂中，年鉴在内容和形式上不断发展，逐渐演变成为适合反映中国国情、具有鲜明中国特色的一种文化载体，并在改革开放后出现了快速发展的局面。2006年5月，国务院《地方志工作条例》颁布施行，明确将地方综合年鉴纳入地方志工作范畴，年鉴工作走上了有法可依的轨道。《规划纲要》出台，为从依法编鉴转变到依法治鉴指明了方向。2016年12月，中国地方志指导小组印发《全国年鉴事业发展规划（2016—2020年）》，更进一步明确了到2020年全国年鉴事业的任务书、时间表、路线图。经过多年的发展，年鉴工作已经成为地方志工作的重要组成部分，成为中华民族优秀文化传统的有机组成部分，其存史、育人、资政作用日益彰显。实施中国年鉴精品工程，是年鉴工作者紧扣时代脉搏、坚持创新发展的一项重要举措，对于坚定文化自信，传承弘扬好中华优秀传统文化意义重大。

实施中国年鉴精品工程有助于为全面建成小康社会提供更多智力支持和历史借鉴。党的十八大作出全面建成小康社会的战略部署。党的十八届五中全会提出到2020年如期实现全面建成小康社会的目标要求。完成《规划纲要》确定的目标任务是年鉴工作者的神圣使命，更是年鉴工作者以自身力量为全面建成小康社会献上的厚礼。一方面，可以更好地利用年鉴这种年度资料性文献，及时记录各地区在全面建成小康社会伟大征程中每年取得的新成绩和新经验、出现的新情况和新问题、涌现的优秀人物和典型事迹等；另一方面，可以更好地积累地情、国情资料，为推动经济社会发展和深化改革提供智力支持，为推进国家治理体系和治理能力现代化提供历史借鉴。

实施中国年鉴精品工程有助于全面推进地方志事业转型升级。地方志不是单纯修志编鉴工作，而是全体方志人“修志问道，以启未来”的一项事业，这项事业包含着巨大的时代担当与使命追求。地方志工作要在“五大建设”总体布局和“四个全面”战略布局中发挥与其自身价值、功能相匹配的作用，就要因时而谋、乘势而上、顺势而为，全面推进地方志事业转型升级。转型升级，当下最重要的目标就是完成“两全”目标，包括“年鉴全覆盖”目标；长远的目标就是基本形成地方志编修体系、理论研究和学科建设体系、质量保障体系、资源开发利用体系、工作保障体系“五位一体”的地方志事业发展综合体系，包括“五位一体”的年鉴事业发展综合体系。中国年鉴精品工程是一项探索工程，也是一项创新工程，是推进地方志事业转型升级的重要内容。通过实施中国年鉴精品工程，不仅有助于确保年鉴质量，不断编纂出版具有鲜明时代特征、年度特点和地域特色的精品年鉴，也有助于推动年鉴工作适应经济社会发展形势和时代需要，不断改革创新，与时俱进。

多年来，在中国地方志指导小组办公室的指导和全国各级地方志工作机构的共同努力下，年鉴种类数量快速增长，年鉴成果粲然可观，为实施中国年鉴精品工程奠定了坚实的基础。实施中国年鉴精品工程，就是要在全国地方志系统起到示范作用，进一步培育精品意识，打造精品年鉴，以点带面，在提高年鉴质量方面探索出一条切实可行之路，使这项探索工程和创新工程能够积累经验，发挥引领作用。

“万山磅礴，必有主峰；龙衮九章，但挈一领。”实施中国年鉴精品工程，是筑牢地方志事业特别是年鉴事业发展根基之举，其意义与价值不言而喻。但编修出年鉴精品佳作，绝非朝夕之功，需要付出长期艰辛的努力。希望通过实施中国年鉴精品工程，能够进一步推进年鉴质量建设，使年鉴真正成为传承中华民族优秀传统文化的重要载体，成为展示中国国情、地情的重要窗口，成为“为当代提供资政辅治之参考、为后世留下堪存堪鉴之记述”的资源宝库，在全面建成小康社会过程中作出更大贡献。

是为序。

中国社会科学院原副院长
中国地方志指导小组原常务副组长 李培林

序 二

地方志是中华优秀传统文化的根与魂，积淀着中华优秀传统文化最深层的精神追求，代表着中华民族独特的精神标识。新时代坚持和发展中国特色社会主义，更加需要深刻把握人类发展历史规律，更加需要编修出传承不辍的精品志鉴，才能使后代在对历史的深入思考中汲取智慧、走向未来。伟大的时代，为地方志发展提供了取之不尽、用之不竭的源泉，同时也为全国年鉴工作提供了极大的机遇。

党的十九大报告中明确提出“质量强国”，“努力实现更高质量、更有效率、更加公平、更可持续的发展”，这为年鉴事业高质量发展指明了方向。按时、保质完成《全国地方志事业发展规划纲要（2015—2020年）》规定的“两全目标”任务，打造一批资辅当前、存鉴后世、经得起历史检验的精品佳作，不仅是一种法定职责，而且具有重要的政治意义、现实意义和历史意义。中国特色社会主义进入新时代，年鉴事业也进入新时代，呈现快速、稳步发展态势，在各方面都取得了新的显著成绩，包括年鉴编纂进度大大加快，年鉴编纂范围不断扩大，年鉴资源优势得到充分发挥，年鉴开发利用水平全面提升，而且年鉴质量保障机制逐步完善、质量持续提升。因此，在全社会关注质量发展的黄金时期，尤其是在完成“两全目标”任务的关键期，在狠抓进度的时候，实施中国年鉴精品工程更是恰当其时。年鉴工作者要投身于时代，为时代放歌，书写复兴华章，把出品更多的精品年鉴使命落实在实现中国梦的恢宏大业中。

习近平总书记说，精品之所以“精”，就在于其思想精深、艺术精湛、制作精良。中国年鉴精品工程紧扣时代脉搏，拓宽视野，围绕人民群众的美好生活，用精品记录新时代，为新时代新气象新作为留下真实、鲜活、生动、翔实的记录。实施中国年鉴精品工程，既是全面贯彻落实《全国地方志事业发展规划纲要（2015—2020年）》的重要举措，也是培育精品意识和精品年鉴、提高年鉴质量的重要手段；既是发挥年鉴存史、资治、教化功能的根基所在，也是年鉴工作者坚持创新发展、传承弘扬中华优秀传统文化的关键步骤。这不仅有助于坚定文化自信，讲述好中国故事，传播好中国声音，更有助于为决胜全面建成小康社会提供更多智力支持和更大精神动力。

实施中国年鉴精品工程顺应地方志进入新时代的历史潮流。“充实之谓美，充实而有光辉之谓大。” 党的十九大报告指出，我国的社会主要矛盾已经转化为人民日益增长的美好生活需要和不平衡不充分的发展之间的矛盾。党章修正案、宪法修正案把习近平新时代中国特色社会主义思想确立为我们党和国家的行动指南，我国的发展进入到新的历史方位。为适应这些重大变化，党和国家随之出台更多重大的举措、推出更多有力的措施。年鉴如何全方位地、开创性地记述这些历史性变化，如何充分记述我们党领导人民进行的伟大斗争、建设的伟大工程、推进的伟大事业、实现的伟大梦想，是新时代地方志工作需要深入思考探究的问题。中国年鉴精品工程正是呼应新时代新变化新要求，致力于在全国地方志系统进一步培育精品意识、打造精品年鉴，从而以点带面，在提高年鉴质量方面探索出一条切实可行之路，充分发挥中国精品年鉴的辐射效应，引领带动全国范围内年鉴质量的全面提高，切实推动年鉴事业转型升级。

实施中国年鉴精品工程要全面把握以人民为中心的发展理念。以人民为中心，贯穿于改革开放以来我们党推进中国特色社会主义文化建设的全过程。新时代把握新机遇，年鉴作为记录新时代地方年度历史的重要载体，应当以习近平新时代中国特色社会主义思想为指导，牢固确立以人民为中心的理念。中国年鉴精品工程始终坚持人民是历史的创造者和改革开放事业的实践主体，始终坚持文化发展为人民服务、为社会主义服务，充分记录人民的首创精神，凸显人民在文化建设中的主体作用，不断满足人民的精神文化需求。年鉴工作要深深扎根于人民之中，坚持以事系人，记载人民群众中的先进典型，内容充分体现社会民生和为民服务的举措。在此基础上，实施中国年鉴精品工程还要建立精品长效机制，逐步推进精品年鉴传播最优化和效益最大化，使精品年鉴能够不断满足人民群众对美好生活的新需要新期待，在铸就中华文化新辉煌的过程中更好地构筑中国精神、中国价值、中国力量的方向上不断努力。

实施中国年鉴精品工程是坚定文化自信的体现。习近平总书记说，文化兴国运兴，文化强民族强。没有高度的文化自信，没有文化的繁荣兴盛，就没有中华民族的伟大复兴。中华优秀传统文化是中华民族的文化根脉，其蕴含的思想观念、人文精神、道德规范，不仅是我们中国人思想和精神的内核，对解决人类问题也有重要价值。地方志是中华优秀传统文化的精神之脉，是中华优秀传统文化基因的真正传承者和发展者。精品年鉴正是从中华民族世世代代形成和积累的优秀传统文化中汲取营养和智慧，记录传承的文化基因，记录思想精华，展现精神魅力。实施中国年鉴精品工程，以时代精神激活中华优秀传统文化的生命力，推进中华优秀传统文化创造性转化、创新性发展，把传承和弘扬中华优秀传统文化同坚定文化自信统一起来，有助于引导人民树立和坚持正确的历史观、民族观、国家观、文化观，不断增强中华民族的归属感、认同感、尊严感、荣誉感。

用精品记录新时代，用奋斗铸就新辉煌。地方志植根于历史，内涵于历史，镌刻于历史之上，是中华民族在漫长历史中形成的区别于其他民族的独特精神标识,精品年鉴是地方志的“守护者”“传承者”，是地方志成果创造性转化创新性发展的“探路者”“先行者”。习近平总书记强调，凡是传世之作、千古名篇，必然是笃定恒心、倾注心血的作品。希望全国年鉴工作者齐心协力，坚持历史唯物主义立场、观点、方法，立足中国、放眼世界，立时代之潮头，通古今之变化，发思想之先声，推出一批有思想穿透力的精品力作，培养一批年鉴专家，充分发挥存史、育人、资政作用，为推动全国年鉴事业转型升级作出新的更大贡献。

是为序。

中国地方志指导小组秘书长
中国地方志指导小组办公室主任

编辑说明

一、《东阳年鉴》坚持以马克思列宁主义、毛泽东思想、邓小平理论、“三个代表”重要思想、科学发展观、习近平新时代中国特色社会主义思想为指导，坚持辩证唯物主义和历史唯物主义的立场、观点和方法，全面、客观、真实、系统地记述东阳市发展情况。

二、《东阳年鉴》是由中国共产党东阳市委员会、东阳市人民政府主办，东阳市人民政府地方志编纂室承编的地方综合年鉴。

三、《东阳年鉴（2019）》是1997年创刊以来的第16卷，记述时限为2018年1月1日至2018年12月31日（作为背景资料，部分条目内容和数据酌情上溯或下延），记述全市人民在市委、市政府的领导下所取得的新成就、新经验以及遇到的新情况和新问题，着重反映各行各业年度大事、要事、新事、特事，着力体现年度特点和东阳特色。

四、本卷年鉴采用分类编辑法，分类目、分目、条目三个层次，部分分目下设次分目。本卷设特载、专文、大事记、东阳概览、中国共产党东阳市委员会、东阳市人民代表大会、东阳市人民政府、中国人民政治协商会议东阳市委员会、纪检监察、民主党派、人民团体、法治、军事、经济管理、农业农村 水务、工业、木雕 红木家具、建筑业 房地产业、商贸、旅游、影视、金融、城乡建设与管理、生态环境、交通、邮政 通信、科学技术、教育、文化、卫生医疗、体育、社会事务、人物和荣誉、街道镇乡、附录、索引36个类目。

五、本卷年鉴正文中除“民主党派”类目外，“党”均指“中国共产党”，“市委”均指“中共东阳市委”，“党员”均指“中共党员”，“党建”均指“中国共产党建设”。年鉴中的“省”“市”分别指“浙江省”“东阳市”，其他省、市则冠以地名。

六、本卷年鉴刊用的稿件均由各部门、各镇乡街道提供，并经各单位主要领导审定和档案、保密部门审核。所刊载的综合性数据均由市统计局提供，条目中酌用各单位提供的数据。

七、本卷年鉴载入东阳市人民政府门户网站（http://www.dongyang.gov.cn/）。

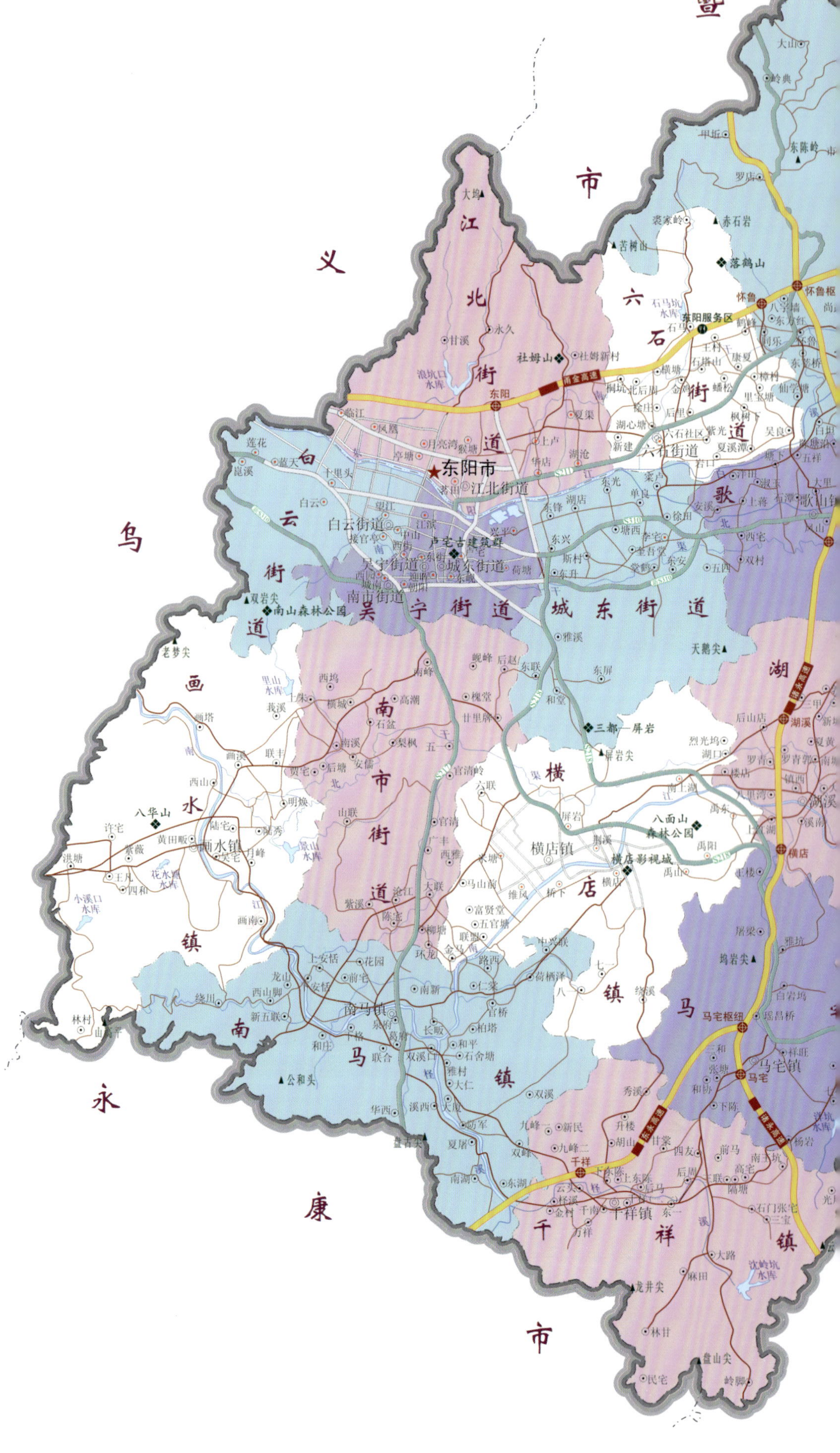

暨
市
义
乌
市
永
康
市
东阳市
江北街道
白云街道
吴宁街道
城东街道
南市街道
六石街道
歌山镇
湖溪镇
横店镇
画水镇
南马镇
千祥镇
马宅镇
卢宅古建筑群
横店影视城
三都一屏岩
八面山森林公园
南山森林公园
八华山
落鹤山
杜姆山
东阳服务区
马宅枢纽
怀鲁枢纽
甬金高速
东永高速
东阳
怀鲁
横店
千祥
马宅
大山
岭典
东陈岭
甲岩
罗店
裘家岭
赤石岩
苦槠山
大坞
永久
甘溪
临江
凤凰
月亮湾
巍塘
上卢
亭塘
华店
湖沧
夏渠
莲花
昆溪
蓝天
十里头
白云
望江
江滨
中山
接官亭
西街
东街
城南
朝阳
荷塘
东兴
东光
单良
湖店
东锋
塘西
斯村
东升
巍山
李宅
五四
西宅
双村
安溪
徐山
吴良
夏溪潭
紫光
后周
新建
湖心塘
六石社区
石马坑水库
双岩尖
老梦尖
雅溪
天鹅尖
东屏
东联
和堂
后赵
槐堂
甘里厕
屏岩尖
烈光坞
湖口
后山店
西坞
横城
高湖
南峰
石岔
五一
里山水库
画塔
联丰
画溪
南溪
后塘
安儒
西山
明换
官清岭
六联
屏岩
八华山
许宅
黄田畈
陆宅
画水镇
紫薇
吴宅
月峰
洪塘
王凡
四和
花水坑水库
小溪口水库
景山水库
画南
山联
官清
广丰
西雅
大联
沧江
紫溪
陈宅
柳塘
联塘
金岭
上安恬
花园
前宅
下安恬
龙山
西山脚
绕川
新五联
南马镇
东府
葛府
上格
和庄
联合
双溪口
雅村
大仁
石舍塘
长畈
和平
柏塔
官桥
仁溪
南新
路西
荷栖泽
公和尖
华西
溪西
大爿
夏厝
南湖
东湖
双峰
九峰二
新民
升楼
胡山
甘棠
西友
前马
南宅
高宅
南王坑
陶塘
后溪
石门张宅
三宝
大路
麻田
沈岭坑水库
龙井尖
林甘
民宅
盘山尖
岭脚
上东陈
下东陈
后马
云头
桂溪
金村
千南
千祥镇
万祥
东一
秀溪
三和
张塘
和协
下陈
瑶昌桥
白岩坞
坞岩尖
居梁
雅坑
王楼
禹山
横店镇
维凤
桥下
马山前
富贸堂
五官塘
中兴联
七一
八一
绿溪
林村

东阳市政区图

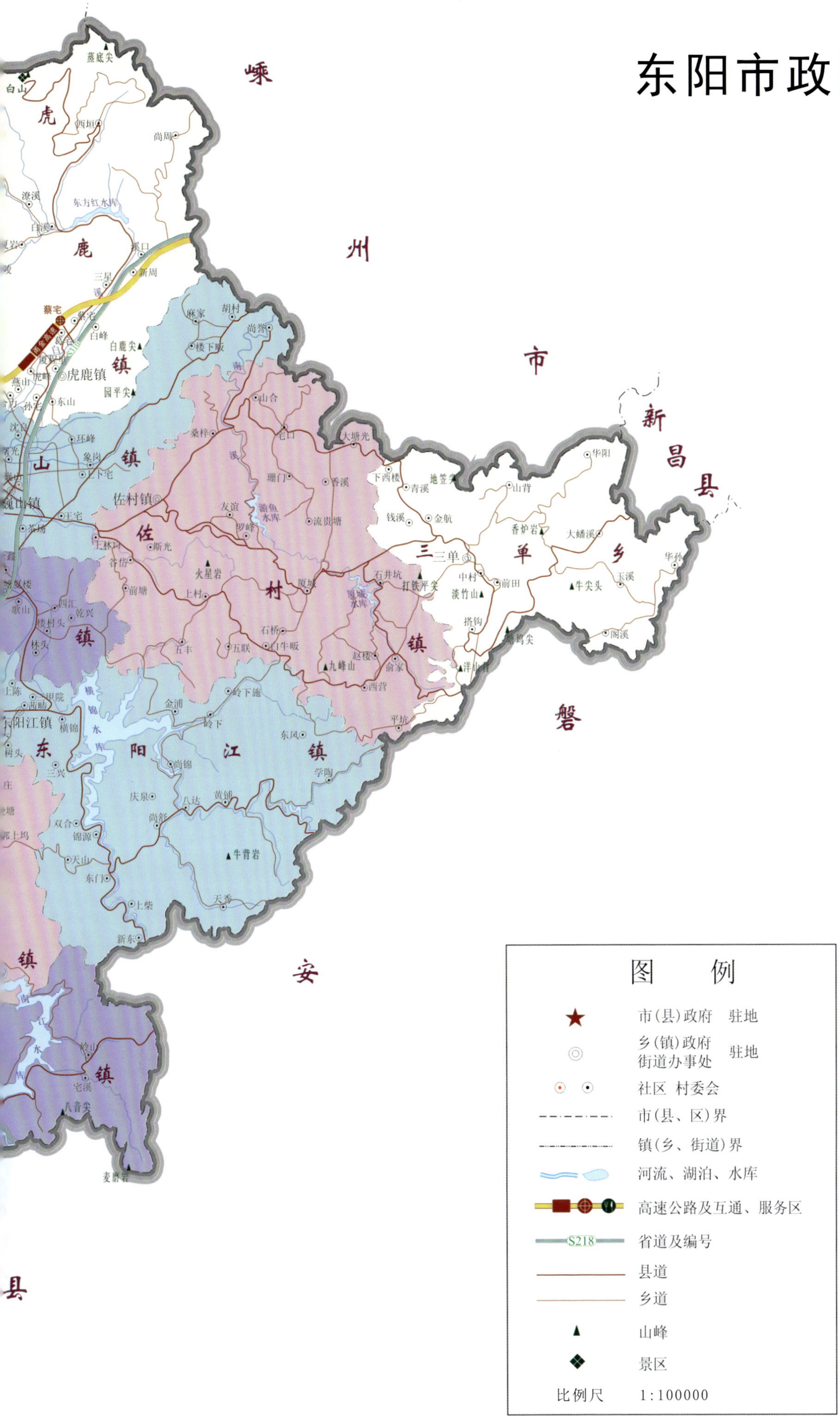

地图审核：浙S[2016]83号

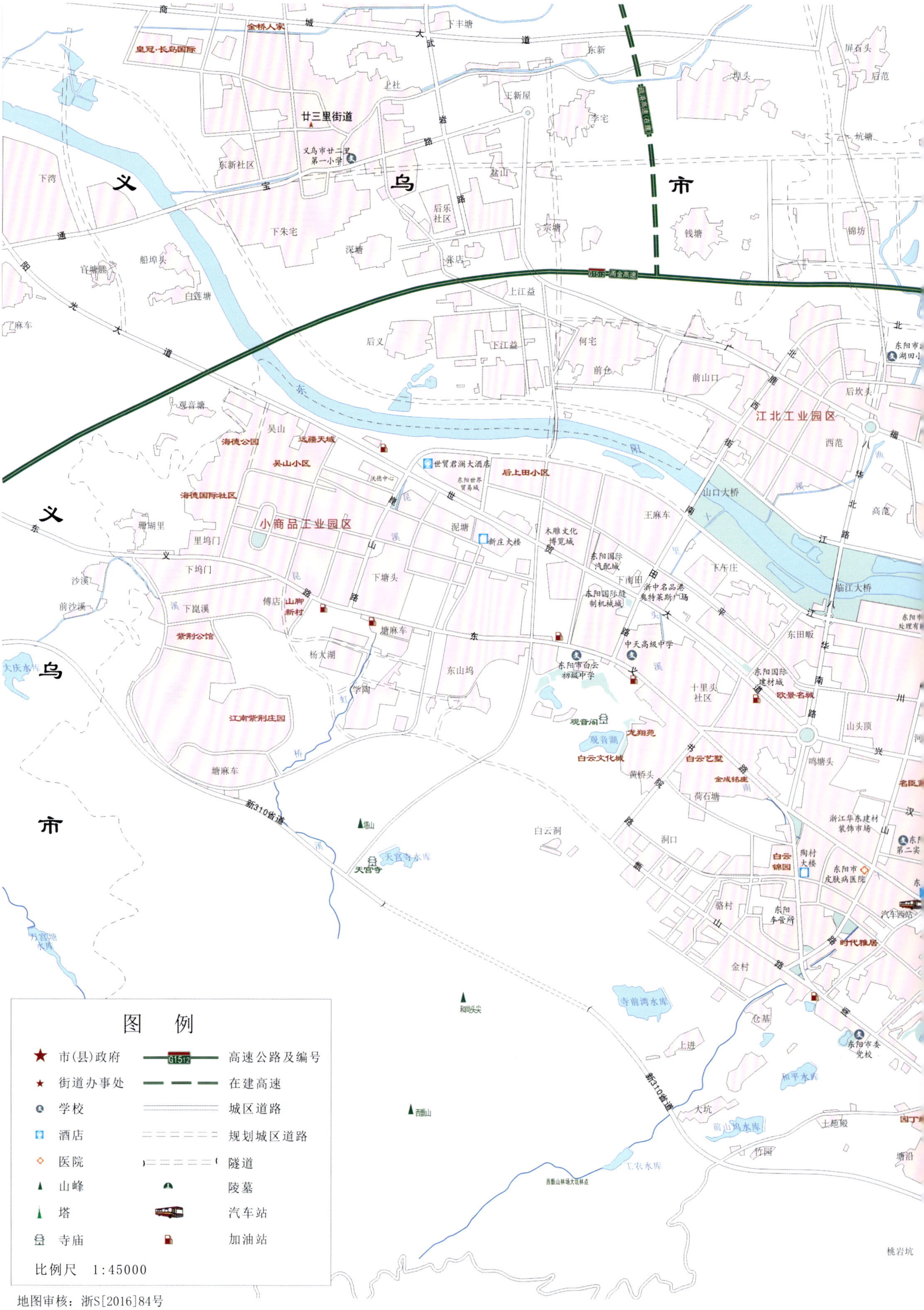

地图审核：浙S[2016]84号

东阳市城区图

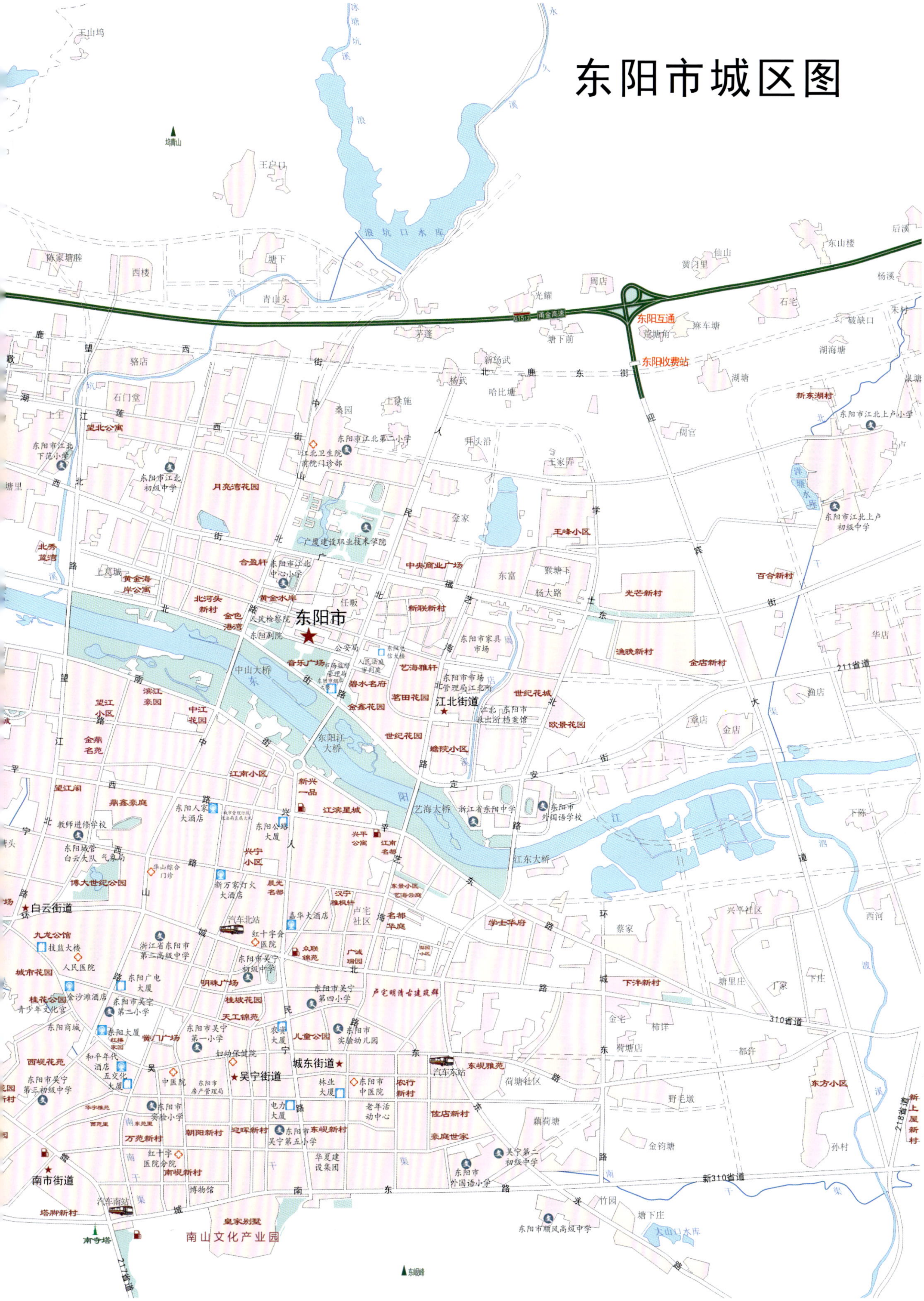

王山坞
坞青山
王宅口
冰塘坑溪
浪坑口水库
水
久
溪
陈家塘塍
西楼
塘下
青山头
东山楼
后溪
仙山
黄门里
周店
杨溪
石宅
光耀
朱村
东阳互通
塘角
麻车塘
破缺口
茅蓬
塘下前
湖海塘
东阳收费站
新杨武
杨武
哈比塘
湖塘
鹿
望
西
街
骆店
北
鹿
东
街
杭
湖
石门堂
上王
江
莲
中
桑园
王徐施
新东湖村
东阳市江北上卢小学
望北公寓
东阳市江北第二小学
江北卫生院
前院门诊部
人
畈头沿
周官
上卢
东阳市江北下范小学
东阳市江北初级中学
月亮湾花园
王家弄
塘里
西
北
山
民
洋塘水库
金家
学
东阳市江北上卢初级中学
王峰小区
北秀蓝湾
广厦建设职业技术学院
合盈轩
东阳市江北中心小学
中央商业广场
东富
联塘下
杨大路
百合新村
上葛城
黄金海岸公寓
福
光芒新村
北河头新村
黄金水岸
任畈
新联新村
金色港湾
人民检察院
东阳市
东阳剧院
公安局
东阳市家具市场
华店
音乐广场
艺海雅轩
中山大桥
东阳市场北管理局江北所
逸晚新村
金店新村
211省道
望江小区
滨江豪园
碧水名府
茗田花园
世纪花城
渔店
中江花园
金鑫花园
江北街道
江北派出所档案馆
欧景花园
章店
金店
金鼎名苑
东阳江大桥
世纪花园
鹅院小区
江南小区
新兴一品
望江阁
鼎鑫豪庭
东阳人家大酒店
江滨星城
艺海大桥
浙江省东阳中学
东阳市外国语学校
下陈
教师进修学校
东阳公路大厦
兴平公寓
江南名都
东阳城管白云大队
气象局
兴宁小区
红东大桥
华山综合门诊
博大世纪公园
新万家灯火大酒店
晨光名都
汉宁雅枫轩
东景小区
艺海云庭
白云街道
九龙公馆
卢宅社区
名都华庭
兴平社区
西河
汽车北站
红十字会医院
嘉华大酒店
学士华府
技监大楼
浙江省东阳市第二高级中学
众联锦苑
广诚瑞园
蔡家
人民医院
东阳市吴宁初级中学
城市花园
东阳广电大厦
明珠广场
下洋新村
塘里庄
丁家
下庄
桂花公园
金沙滩酒店
桂坡花园
东阳市吴宁第四小学
卢宅明清古建筑群
青少年文化宫
东阳市吴宁第二小学
天工锦苑
310省道
金宅
柿洋
东阳商城
东阳大厦
东阳市吴宁第一小学
农商大厦
儿童公园
东阳市实验幼儿园
荷塘店
一都许
黄门广场
西岘花苑
和平年代酒店
妇幼保健院
城东街道
汽车东站
东岘雅苑
五文化大厦
中医院
东阳市房产管理局
吴宁街道
林业大厦
东阳市中医院
农行新村
荷塘社区
东方小区
东阳市吴宁第三初级中学
野毛墩
东阳市实验小学
电力大厦
老年活动中心
佐店新村
藕荷塘
朝阳新村
迎晖新村
东阳市吴宁第五小学
东岘新村
豪庭世家
吴宁第二初级中学
金钩塘
孙村
218省道
新上厦新村
红十字医院分院
南岘新村
华夏建设集团
东阳市外国语小学
新310省道
南市街道
博物馆
竹园
塘下庄
汽车南站
塔脚新村
皇家别墅
东阳市顺风高级中学
大山口水库
南寺塔
南山文化产业园
217省道
东岘峰

①②1996年7月，“19世纪广州南粤一条街”影视拍摄景点竣工

③1997年7月，电影《鸦片战争》剧组举办答谢暨庆功大会

④1999年11月1～3日，1999东阳横店·中国农民旅游节举行

⑤⑥⑦2012年9月16～18日，首届中国·横店影视节在横店影视产业实验区举行，其间举办中国影视“金牛奖”颁奖盛典、2012影视文化产业发展横店论坛等活动

⑧2014年10月13日，首届“文荣奖”颁奖典礼举行

⑨1991年11月16～20日，东阳市首届工艺美术节举行

⑩1997年6月12日，浙江省政府赠送香港特别行政区的礼品——东阳木雕厂创作的木雕落地屏风《航归》启送香港

⑪2002年10月22日，2002中国（东阳）国际木雕艺术大奖赛作品展剪彩仪式在东阳市卢宅肃雍堂举行

⑫2008年11月19日，东阳红木家具市场开业

⑬2014年10月18～22日，世界工艺文化节暨第九届中国（东阳）木雕竹编工艺美术博览会在东阳中国木雕城举办

⑭在世界工艺文化节开幕式上举行“世界木雕之都”授牌仪式

⑮世界工艺文化节期间，中国木雕博物馆开馆

⑯2005年，横锦水库除险加固工程开工
⑰2017年6月20日，横锦水库泄洪

⑱20世纪80年代南街口
⑲2018年南街口

⑳2000年人民路
㉑2016年人民路

㉒2003年东阳市行政中心大楼
㉓2018年东阳市行政中心大楼

图片来源于《东阳建市30周年大事记（1988—2018）》

①东阳市江北新区

（市交通局提供，摄于2018年10月29日）

②东阳市卢宅古建筑牌坊群

（陈新阳摄于2018年1月31日）

④东阳市笔架山

（吴立新摄于2018年12月3日）

③东阳江——东阳市行政中心段

（孙振华摄于2018年7月17日）

⑥东阳总部中心

（包康轩摄于2018年10月11日）

⑤东阳市东白山生态旅游区

（包康轩摄于2018年8月11日）

①2018年7月23日，红色精神走进新时代全国图片展巡启动仪式暨首届红色文化与影视传播高峰论坛在东阳市横店镇举行（市委办提供）

②2018年9月13日，东阳市天然气门站举行开阀通气仪式（包康轩/摄）

③2018年4月3日，全省扩大有效投资重大项目集中开工仪式（金华分会场）在东阳市南马镇花园村举行（包康轩/摄）

④2018年4月18日，“乡村振兴·歌画东阳”大讨论、大比武、大展示主题实践活动启动仪式在东阳市横店镇举行（单冠定/摄）

⑤2018年6月29日，东阳市开展庆七一全国文明城市创建主题活动（市委办提供）

⑥2018年7月20日，国家税务总局东阳市税务局挂牌成立（包康轩/摄）

⑦2018年10月6日，即将启用的东阳市行政服务中心（胡扬辉/摄）

全省扩大有效投资重大项目集中开工仪式
金华市花园集团年产5万吨高性能铜箔项目现场
3

4

不忘初心跟党走　我为党旗添光
全国文明城市创建
中共东阳市委　东阳市人民政府
5

国家税务总局
东阳市税务局
6

7

①2018年6月29日，东阳市举行影视大巡游活动　（包康轩/摄）

②2018年2月9日，东阳市横店影视城清明上河图景区为春节旅游做准备　（包康轩/摄）

③2018年2月17日，东阳市横店影视城秦王宫景区迎来旅游高峰　（包康轩/摄）

④2018年11月28日，游客在东阳市横店影视城明清宫苑景区游玩　（包康轩/摄）

⑤2018年10月21日，中国·横店影视节暨第五届“文荣奖”颁奖典礼举行　（横店集团档案馆提供）

⑥第五届“文荣奖”最佳女主角刘涛（中）　（横店集团档案馆提供）

⑦第五届“文荣奖”最佳群演任海亮（左一）　（横店集团档案馆提供）

⑧2018年2月17日，航拍东阳市圆明新园景区　（包康轩/摄）

中国·横店影视节暨第五届"文荣奖"颁奖典礼
中国·横店影视节
第五届"文荣奖"颁奖典礼
2018. 10. 21
5

. 21
6

18. 10. 21
7

8

世界木雕东阳红木

①2018年11月15日，第十三届中国（东阳）木雕竹编工艺美术博览会暨中国（东阳）木雕红木产业发展大会在东阳中国木雕城国际会展中心外广场开幕　　（包康轩/摄）

②2018年3月1日，东阳市南马镇花园村红木文化长廊　　（王江红/摄）

③2018年3月17日，东阳市南马镇花园村花园大型木材市场内装满红木原材料的集装箱车　　（包康轩/摄）

④2018年9月21日，入选首届中国国际进口博览会的作品——东阳木雕《锦绣中华》在上海国家会展中心安装完毕，准备展出　　（胡　鼎/摄）

5

花园红木家具城
花园红木家具城
B区
ICBC

⑤2018年10月12日，东阳市木雕小镇（孙振华/摄）
⑥2018年10月18日，东阳木雕《八婺揽胜图》亮相金华市城市展示馆开馆仪式（王腾飞/摄）
⑦2018年4月20日，花园红木家具市场展销会开幕（包康轩/摄）

①2018年11月8日，东阳市湖溪镇八里湾村上田自然村连片农田 （包杨飞/摄）

②2018年9月6日，东阳市良种场的茶园采茶工利用采茶机采收秋茶 （包康轩/摄）

③2018年5月22日，东阳玉米研究所技术人员用植保无人机给玉米喷洒药物防治病虫害 （包康轩/摄）

④2018年10月8日，东阳市城东街道寀卢村农户在收割单季稻 （包康轩/摄）

⑤东阳市南马镇花园村 （王江红摄于2018年2月27日）
⑥东阳市巍山镇程店村 （单江洪摄于2018年3月21日）
⑦东阳市城东街道单良村文化礼堂广场（包康轩摄于2018年9月6日）
⑧东阳市白云街道五马塘灯会 （包康轩摄于2018年2月6日）
⑨东阳市东阳江镇白泉村 （许秀成摄于2018年1月31日）

2

1

3

4

①2018年4月12日，浙江金象科技有限公司智能特种机器人展示　（吕　晶/摄）

②2018年2月26日，东阳市花园金波科技股份有限公司电子化生产车间的工作人员正在操作设备　（包康轩/摄）

③2018年10月30日，东阳市歌山镇金银丝企业生产车间内工作人员正在操作设备　（孙振华/摄）

④2018年11月7日，东阳市花园铜业有限公司的省重大产业示范类项目——年产6万吨1320毫米超宽幅精密铜板带项目进入设备安装阶段　（包康轩/摄）

⑤2018年2月27日，浙江普洛家园药业有限公司的工作人员巡查生产车间（张　庆/摄）

⑥2018年1月19日，东阳市第一个装配式建筑工业化生产基地——浙江筑工科技有限公司投产　（卢纯跃/摄）

①2018年10月11日，东阳市怀鲁高速公路互通枢纽 （吴立新/摄）

②2018年3月23日，东阳市迎宾大道樱花开放 （包康轩/摄）

③2018年3月24日，东阳市横店通用机场举行首航仪式 （黄 鸣/摄）

④横店通用机场上停放的飞机 （黄 鸣/摄）

热烈
东阳横店通用机场

东华通航

⑤2018年10月11日，东阳市横店镇康庄大道（厉　斌/摄）

⑥2018年1月11日，省重点工程——东阳市西岘峰隧道的施工人员正在洞内施工　（孙振华/摄）

⑦2018年9月27日，金义东市域轨道交通工程东阳市客运中心站至八华南路站盾构区间地下隧道贯通　（孙振华/摄）

⑧2018年11月6日，金义东市域轨道交通项目东阳市体育馆至横店高铁站山岭隧道——“体东隧道”举行全线安全贯通仪式　（包康轩/摄）

⑨2018年11月24日，东阳市巍东线巍山段(市交通运输局提供)
⑩2018年9月30日，40省道屏岩山隧道　(市交通运输局提供)
⑪2018年5月21日，东阳市横锦水库渡船在运送旅客
(朱惠琴/摄)

①2018年9月28日，东阳市体育馆外景（包康轩/摄）
②2018年9月28日，东阳市体育馆内景（包康轩/摄）
③2018年12月16日，东阳市第十届9人制足协杯四强比赛现场（包康轩/摄）
④2018年5月26日，赛龙舟活动在东阳江举行（胡扬辉/摄）
⑤2018年6月15日，东阳市虎鹿镇蔡宅高跷队表演踩高跷（包康轩/摄）
⑥2018年4月1日，2018“中行杯”横店马拉松开跑（胡扬辉/摄）

START
START

⑦2018年4月21日，健身操爱好者在东阳市横店镇明清宫苑景区进行展演活动（横店集团提供）

⑧2018年8月8日，在东阳博物馆内，孩子们在东阳竹编金华市级非遗传承人蔡红光（右一）指导下体验竹编编织技艺（包康轩/摄）

⑨2018年1月17日，东阳市委宣传部组织相关部门人员到六石街道樟村村开展文化·科技·卫生“三下乡”活动

（包康轩/摄）

⑩2018年9月18日，浙江广厦建设职业技术学院国际交流中心的外教和学生到东阳市城东街道李宅社区，体验非物质文化遗产项目——糖画制作

（包康轩/摄）

①2018年8月18日，“夜游东阳”项目画舫运营　　（胡扬辉/摄）

②2018年5月15日，国网东阳市供电公司举办君友读书会　　（包康轩/摄）

③2018年9月3日，东阳市志愿者在路口进行文明劝导　　（包康轩/摄）

④2018年9月7日，东阳市“农商银行”红十字应急救援队的队员在浪坑口水库进行桨板水上救援培训　　（包康轩/摄）

⑤2018年4月10日，东阳市特殊教育学校的孩子们在老师和浙江广厦建设职业技术学院志愿者的陪伴下春游 （包康轩/摄）

⑥2018年10月17日，东阳市南马镇南湖村举办“欢度重阳节”活动 （包康轩/摄）

⑦2018年3月12日，东阳市卫生监督所工作人员在市春蕾学校现场检测教室内环境指标 （包康轩/摄）

⑧2018年11月21日，东阳市中心血库的工作人员向无偿献血者展示“浙江献血”APP中“用血费用报销”功能 （包康轩/摄）

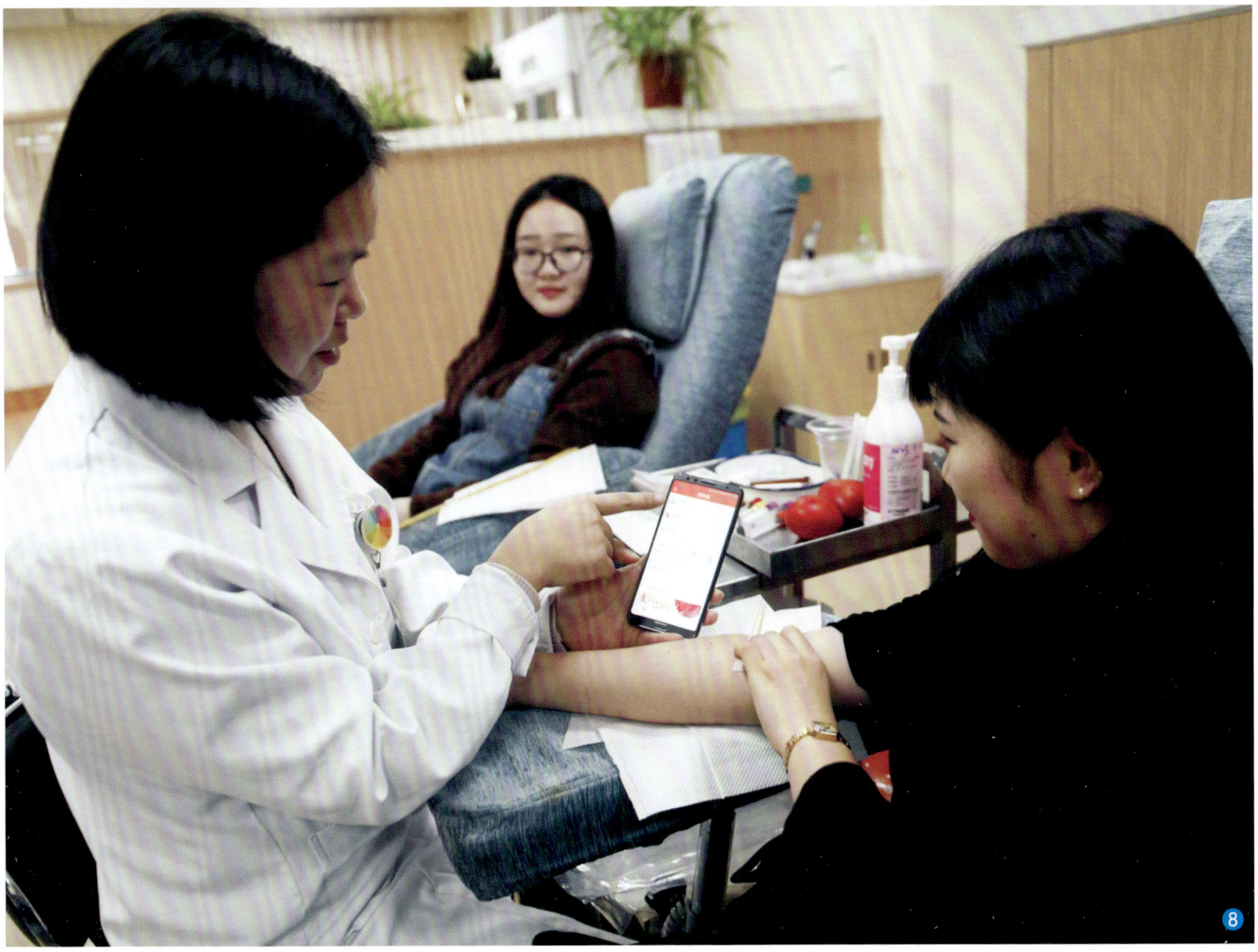

内文总目

目　录

中国共产党东阳市委员会

东阳市人民代表大会

东阳市人民政府

中国人民政治协商会议东阳市委员会

纪检监察

民主党派

人民团体

法　治

军　事

经济管理

农业农村 水务

工　业

木雕　红木家具

建筑业 房地产业

商 贸

旅　游

影　视

金　融

城乡建设与管理

生态环境

交　通

邮政　通信

科学技术

教　育

文　化

卫生医疗

体　育

社会事务

人物和荣誉

街道镇乡

附 录

索 引

Contents

坚定信心 充满情怀 敢于担当 齐心协力推动东阳经济社会高质量发展

——在市委十五届五次全体(扩大)会议暨市政府十五届五次全体会议上的报告(摘要)

中共东阳市委书记 黄 敏

2019年1月11日

一、2018年工作回顾

一年来,我们认真贯彻落实中央、省委、金华市委决策部署,以“学习年、调研年、落实年”活动开局,坚持“统筹协调,抓重点、补短板、强弱项,优势论”工作理念,统筹推进经济社会各项事业发展。全年预计地区生产总值同比增长6.5%。实现财政总收入112.41亿元,一般公共预算收入65.75亿元,同比分别增长11.4%和12.3%;固定资产投资同比增长11%;实现社会消费品零售总额287.9亿元,同比增长9%;城镇居民人均可支配收入52536元,农村居民人均可支配收入29228元,同比分别增长8%和8.5%。财政总收入、一般公共预算收入、固定资产投资、社会消费品零售总额等多项主要经济指标增速位居金华前列。

一年来,我们围绕“实施乡村振兴战略、推动文化优势转化为发展优势、纵深推进全面从严治党”三项重点,明确工作载体,建立工作机制,取得工作实效。

我们坚持“工作统筹、城乡统筹”,制定出台《乡村振兴战略三年行动计划》,以“‘乡村振兴·歌画东阳’大讨论大比武大展示”活动为载体,每季召开现场推进会,实现工作项目化管理、目标分类化推进,有力推动农房拆后重建、小微园建设、小城镇环境综合整治、产业植入、生态廊道建设、文明城市创建等工作。

我们坚持“文化+”“+文化”,出台《推动东阳文化优势转化为发展优势的若干意见》和《五年行动计划》,建立市级领导牵头联系推动教育、影视、建筑、木雕红木、生态等19个特色文化发展的工作机制,明确以项目化、载体化来做深做细做实这项工作,加快推动文化优势向发展优势转化。

我们坚持大党建理念,以《纵深推进全面从严治党的决定》为根本遵循,系统梳理出“134”工作体系,创新建立全面从严治党季度例会制度,出台《进一步推进清廉东阳建设的决定》,推动全面从严治党向纵深发展、向基层延伸。

一年来,我们紧盯目标,强化统筹,落实举措,十方面工作推进有力有效。

第一,拆后重建全面铺开。坚持“安居宜居发展”,大力开展统一规划、统一建设,全市村庄规划报批基本完成,宅基地排基到户率达86%,农村人居环境明显改善;城区、横店、巍山三个农房集聚区开工建设,安置凭证基本发放到位,城区集聚区安置对象完成选房。城中村改造有序推进,西岘棚改项目房屋基本完成拆除,金店、槐堂等棚改项目房屋征收完成签约。

第二,平台建设有力突破。认真落实省委25号文件精神,横店影视文化产业集聚区完成发展规划编制,设立方案已上报省发改委。东白山省级旅游度假区系列规划进一步修改完善,完成重点项目一期土地指标调整和上报审批。高铁新城完成总规、控规和城市设计、房屋征收红线的规划编制,完成多个重点项目的土地征迁。经济开发区建设规划和产业规划进一步完善,木雕小镇在省级年度考核中获评良好,木材交易中心一期项目完成建设,海关商检即将入驻,金甬铁路客货站点明确分设调整。

第三,产业发展提质增效。工业发展注入新动能,大力推进低散乱企业"飓风整治"和村居工业企业"清零入园"行动,实现良好破局,成功列入全省2019年低效用地改造试点县(市);启动10个、近120万平方米的小微园建设,推动"产业集聚、要素集约、服务集中",成功列入全省2019年小微园建设提升县(市)。影视文化产业迎来新机遇,主动配合国家五部委开展的专项整治,成功举办2018中国(横店)影视文化产业发展大会,提出力争成为"全国影视行业规范从业行为的示范生和各部委政策落地的调研地、试验田",进一步提振行业信心,得到上级部门以及社会各界的充分肯定。建筑业实现新突破,坚持"应对、争利、做强",开展"一学林州、二学南通"活动,继续抓好建筑业招商和营改增,进一步发挥建筑产业发展联盟作用,建筑供应链服务公司组建运行。建筑业税收突破20亿元,招商回归税收突破9亿元;特级企业增至7家,居全国县(市)第一。木雕红木产业形成新优势,以中央环保督察整改为契机,坚持破立并举,统筹打好环保整治、企业效能评定、红木产业小微园建设等组合拳,破的力度很大,立的效果明显,行业呈现出规范、有序、健康发展的良好态势。成功举办第四届红博会、第十三届东博会。"世界木雕、东阳红木"形象宣传片在央视、机场、高铁全面投放,进一步打响"买红木到东阳"品牌。花园红木家居小镇成功列入第四批省级特色小镇创建名单。文化与旅游商贸业展现新气象,卢宅保护利用项目一期全面完成,卢宅文化休闲园开业运营,成为城区文化休闲新地标;建成电子商务专业村11个,完成率列金华第一;全年预计接待游客2600万人次、旅游收入230亿元,同比分别增长16%和20%。农业发展取得新成效,建成全国休闲农业与乡村旅游示范园区6家,省级现代农业综合区2家,提标改造粮食生产功能区346.67公顷(5200亩),新增美丽田园500公顷(7500亩),土地流转制度改革试点工作全面完成,成功创建金华市首个国家农产品质量安全县(市)、全国基本实现主要农作物生产全程机械化示范县(市)。

第四,社会治理有效提升。大力推进全国农村社区治理实验区建设,开展"田园社区"创建活动,田园社区建设千分制指标体系得到民政部肯定。"花园经验"作为"三治融合"典型,在央视政论片《坚持发展"枫桥经验"》中播出,引发积极反响。强化党建统领,深化"红色网格"建设,配备专职网格员1300余名,夯实基层治理基础。大力推进扫黑除恶专项斗争,社会环境进一步优化。东阳市建设"全国工贸行业企业安全生产标准化样板地区"通过国家应急管理部验收。稳妥推动鼎立、中仑等非法集资案件处置,整体情况平稳可控。

第五,城乡环境持续改善。围绕"2018年进全省前六、2019年进省推荐、2020年成功创建"目标,既做标准,又做特色,开展"奋战一百天·创建勇争先""做文明有礼东阳人"等系列文明城市创建活动,顺利完成阶段性创建目标。按照可持续推进的要求,全市15个小城镇全部通过省级达标创建,在金华市率先实现"满堂红"。开展"十美村十差村"考核评比,有效激发干部群众干事创业热情,涌现一批美丽村庄。围绕廊道全贯通的目标,建成生态廊道绿道150千米;成功举办首届中国·东阳生态廊道自然流域垂钓大赛。

第六,三项整改工作全面完成。高标准完成红木企业、涂膜行业和煤气发生炉淘汰等中央环保督察反馈问题整改,并建立常态化督查机制,巩固提升整改成果。全力配合做好经济责任审计工作,较好地完成反馈问题整改。科学、规范做好国家统计执法检查反馈意见整改。

第七,党政机构改革有序推进。成立深化机构改革协调小组及办公室,组建工作专班,认真开展调研谋划,系统研究起草,反复沟通完善,目前方案已获批,将正式进入实施操作阶段。

第八,教育卫生改革逐步深化。始终把教育和卫生作为"一把手"工程,坚持每月工作例会制度,研究协调解决问题。教育事业发展稳步向上,开展教育系统"不忘初心·忠诚事业,牢记使命·教书育人"大讨论活动凝聚思想力量,补齐学前教育短板,加快中小学校布局调整和建设,推动东阳中学教育集团实质化运作,开展"县管校聘"试点,推行小学学后托管服务,教育质量继续保持全省领先。医共体建设走在全省试点县(市)前列,以"人民满意、经得起历史检验"为标准,整合全市公立医疗资源,通过市级专家下沉、全科医生模块化培训、"人才池"组建等方式,让基层强起来,实现"县域就诊率、基层首诊率"双提高,经验做法在全省现场会上作典型交流,得到省委主要领导肯定。

第九,一批重点工程渐次推进。大交通建设进入"快车道",义东高速(东阳段)启动建设,金义东轨交(东阳段)三个标段全面开工建设,杭温高铁、金甬铁路(东阳段)完成全部土地征收,横店通用机场正式通航,改扩建项目完成签约。市行政服务中心整体搬迁至总部中心,"最多跑一次"改革事项实现百分百覆盖。体育馆项目建成投入使用,中医院迁建工程开工建设,妇幼保健院扩建项目完成招投标。总投资14亿元的24个政府投资学校建设项目有序推进。近期将与温州医科大学签订合作办学框架协议,支持浙江广厦建设职业技术学院申报本科学院,积极推进横店电影学院建设,开展引进中央美术学院东阳校区可行性研究。

第十,东阳籍人才作用进一步发挥。制定出台人才新政18条,新引进大学生5200余人;进一步放大首届世界东阳人发展大会效应,成立东阳教授博士联谊会杭州分会、上海分会;产业发展人才智库达5000余人,举办"智汇东阳·百场沙龙"系列主题活动近40场,借助外脑帮助企业解决技术难题,累计产生效益近亿元。

在肯定成绩的同时,我们认真分析存在的问题和不足。主要是:在平台建设、项目谋划、要素保障、营商环境打造方面，发挥政府“有形之手”作用还不够；改革的任务仍然繁重，重点难点攻坚还不够；城乡环境品质还需进一步提升，离田园城市还有一定差距；产业转型倒逼还不够，离高质量发展还有不少差距；经济、社会等领域潜在风险还不少，维稳压力较大；少数党员领导干部担当还不够，服务能力和办事效率有待进一步提高，等等。对这些问题和不足，我们要积极采取有效措施，认真加以解决。

二、全力以赴干好2019年工作

当前，中国进入中国特色社会主义新时代，发展处于重要战略机遇期。把握重要战略机遇期，保持经济持续健康发展和社会大局稳定，我们有基础、有优势。我们的基础和优势，来自全市经济发展“总量大、结构优、增速快、新的发展动能逐步增强”的良好态势；来自政府、企业、社会良性互动，历届党委政府不懈努力，四套班子齐心协力、全市上下同心同德，“能吃苦、大气开放、工匠精神、善经营”的建筑文化浸润影响；来自未来交通枢纽形成、三大特色产业集聚、六大重点平台打造和内外东阳人良性互动。但当前外部环境发生深刻变化，带来更大的不确定性，更多的风险挑战，经济社会运行面临更大压力。面对这种大势，我们要始终保持清醒头脑，增强忧患意识，更加坚定对国家、对地方、对产业发展的信心，更加充满干事创业的情怀，更加为家乡担当、为事业担当。

今年是新中国成立70周年，是高水平全面建成小康社会的关键之年，做好今年工作至关重要。今年全市经济社会发展总体要求是：高举习近平新时代中国特色社会主义思想伟大旗帜，全面贯彻党的十九大和中央经济工作会议精神，按照省委推进“‘八八战略’再深化、改革开放再出发”和金华市委“打造增长极、共建都市区、当好答卷人”的要求，坚持一张蓝图绘到底，保持原有的工作目标、工作要求和工作载体不变；坚持问题导向，盯牢重点、难点、风险点；坚持效果导向，心无旁骛抓各项工作落实，突出抓项目建设、抓改革落地、抓风险防范、抓队伍建设，进一步坚定信心、充满情怀、敢于担当，加快推进“影视旅游名城、经济文化强市、生态宜居东阳”建设。

今年全市主要预期目标是：各项工作争先晋位，主要经济指标走在金华前列、超过全省平均。全市生产总值增长7%左右；财政总收入、一般公共预算收入分别增长8.5%和9%以上；固定资产投资增长15%以上；城乡居民人均可支配收入增长与经济增长基本同步；约束性指标全面完成上级下达任务。

围绕上述目标任务，重点抓好以下五方面工作：

1.坚持项目为王，增强经济社会发展动能

坚持打好经济工作“三场战役”，始终把抓项目、扩投资作为经济工作的“龙头”，重点实施项目投资“138”计划，强化项目的谋划、招引、建设，以项目推进来检验各地各部门抓谋划规划、抓平台建设、抓要素保障、抓招商引资、抓营商环境等各项工作的实际成效。

做好项目谋划。坚持政府性投资和民间投资共同发力，以重大基础设施、民生改善、生态环保等为重点，积极谋划政府性投资项目，更加注重投资的质量和效益，年内安排实施类项目226个，投资额106亿元以上；持续发挥大企业大集团多的优势，进一步激发民间投资活力，突出谋划一批产业类项目。积极向上争取政府专项债、基础设施建设基金等重大政策支持，争取列入全省重点项目10个、省重大产业类项目2个以上，民间投资占比80%以上。

强化项目招引。围绕六大重点平台，聚焦影视文化、建筑、木雕红木等特色优势产业和磁性电子、医药化工、机械制造等工业主导产业，紧盯央企、上市公司、行业龙头，特别是东阳籍上市公司及计划投资项目，开展重点招商、产业链招商和“以商招商”，全力招引一批大项目好项目。同时，建立项目从考察洽谈到评审签约一抓到底的招商工作机制，健全工业、影视、文旅、商贸、农业等项目评审机制。确保招引亿元以上项目10个、10亿元以上项目3个，力争在总投资超50亿元重大产业项目上取得突破。

狠抓项目建设。实施重大项目推进“比学赶超”和“六比六看晒拼创”活动，营造抓项目建设的浓厚氛围。做深做细项目前期，完成环保小镇、农房集聚区二期等一批项目的立项、报批。加快市民中心、中医院迁建等一批重大民生项目，杭温高铁、金义东轨交、金甬铁路、义东高速（东阳段）等一批重大交通项目，影视产业园、开发区众创城、花园高性能铜箔等一批重大产业项目开工、建设。力争省重点项目、省集中开工项目开工率、投资完成率列金华前列，四个结构性投资指标增速15%以上。

优化营商环境。加快推进“标准地+承诺制+代办制”和工程建设项目审批制度改革，项目全流程审批时间再压缩。认真落实国家和省更大规模减税和更明显降费的政策举措，有效降低企业成本负担。政银企共同努力，发挥政策性融资担保公司作用，积极破解融资难、融资贵问题。推进全域土地综合整治，全年完成消化批而未供土地153.33公顷（2300亩）、盘活闲置低效用地103.33公顷（1550亩）、低效用地再开发60公顷（900亩），着力破解土地要素瓶颈。

2.坚持产业转型提升，促进经济高质量发展

坚持“巩固、增强、提升、畅通”八字方针，全面对接“一带一路”和长三角一体化发展国家战略，进一步提升平台能级、优化产业服务、改善发展环境，全力推动产业转型提升、做大做强。

补长工业“短腿”。坚持“工业强市”战略不动摇，加快完善经济开发区总体规划和产业规划编制，依托金甬铁路站场、国际物流园、海关监管点等配套优势，着力优化产业结构，突出招大引强，切实发挥全市工业经济的主平台、主战场作用。完善小微园规划布局与产业定位，加快实施老

旧工业园区三年改造提升计划，建设小微园8个、120万平方米以上，改造老旧工业区块10个、106.67公顷(1600亩)以上。深化“亩均论英雄”改革，力争工业亩产税收增幅10%以上。加快发展数字经济“一号工程”，着力推进以传统制造为主体的产业数字化转型，协同推进以电子信息制造业和数字影视为核心的数字产业化发展，打造全省数字经济倍增先行区。力争实现工业投资占比30%以上，规上工业增加值增长7%以上，新增规上企业55家以上。

提升影视文化产业能级。围绕打造“全球最强的影视产业基地”“引不走永不落幕的影视之都、影视各要素的集散地和总枢纽”，加快横店影视文化产业集聚区实质性落地、实体化运转，打造全省影视文化产业发展的战略性平台。加快横店影视产业园、梦外滩等项目建设，进一步巩固提升基地新优势。突出招引优质影视企业，加快亿和影视、中青旅影视等签约项目落地建设，形成企业实体集聚优势。推动横店影视产权交易中心、横店腾讯众创空间全面运营，全力做好横店电影学院筹建，进一步完善产业平台，推动人才集聚。创新中国(横店)影视文化产业发展大会和横店影视节举办方式，探索影视产业国际化道路，扩大横店影视影响力。抓住行业规范提升新机遇，努力打造“全国影视行业规范从业行为的示范生和各部委政策落地的调研地、试验田”。

做优做强建筑产业。围绕打造“工匠之乡、建筑圣地”，坚持“应对、争利、做强”，深化建筑业招商和营改增工作，加强对大企业、大项目经理招引。深化建筑集采平台运行，组建财务联盟，打造全产业链综合性服务平台。推动企业转型，鼓励企业与央企、国企合作，支持企业向铁路、港口、轨道交通、水利等专精特领域拓展，加快企业“走出去”。力争完成建筑业总产值2700亿元，地方纳税25亿元，招商税收10亿元，境外营业额3亿美元。

巩固放大木雕红木产业先发优势。围绕“更好的工艺、更优的设计、更多的选择、更高的性价比”目标，持续巩固行业环保整治成果，优化产业结构，推进企业实质性重组，确保新增规上企业10家以上。加快红木产业小微园、木雕小镇、花园红木家居小镇等平台建设，拓展行业发展空间；推动中国东阳家具研究院实体化运作，提升行业创新设计水平。促进木雕红木产业与传统古建、现代建筑装饰融合发展，打造新中式家装设计、施工之都。打造花园至白云木雕红木文化景观产业带，争创木雕红木国家5A级旅游景区；办好“中国好空间”新中式家居设计大赛、中国红木家具展览会、中国木雕编织工艺美术博览会，全方位打响“买红木到东阳”品牌。

繁荣发展文旅商贸业。坚持“文化+”“+文化”理念，重点推进19个市级领导联系特色文化发展，进一步完善项目发展规划，明确具体项目载体和实施方案，落实责任主体和项目进度，推动特色文化产业化发展。充分发挥横店影视游带动效应，做深做亮工艺美术游、生态游、乡村游，确保成功创建省级全域旅游示范市，全年旅游人次、旅游收入均增长15%以上。全力振兴南街商圈，提升发展江北、白云等特色商圈，有序推进南马、巍山等乡镇商业综合体建设，完善城乡商贸服务网络。探索“政府推动+市场运作”办展模式，加强统一规划与管理，创新发展会展经济。

壮大现代特色高效农业。全面推广土地流转制度改革，实现镇级土地流转管理服务中心全覆盖，新增流转面积533.33公顷(8000亩)。扎实推进农业“两区”建设，创建农业绿色发展先行区2个，提标改造粮食功能区333.33公顷(5000亩)，保障全市“菜篮子”“米袋子”安全。进一步做大香榧、茶叶等特色农业，打响“东白”区域公用品牌，培育省级特色农业强镇1个以上。推动畜牧业转型升级。

3.坚持“两个统筹”，深入推进乡村振兴

坚持“工作统筹、城乡统筹”理念，全面落实《乡村振兴三年行动计划》，着力补齐短板，注重特色谋划，全域推进乡村振兴，全力打造生态宜居“大花园”。

加快美丽城区建设。全力推动城市有机更新，加快城中村改造，完成西岘棚改项目安置和金店、槐堂等棚改项目征迁；大力推进城市东扩、林业总场和金店等三个重点板块开发，基本完成签约工作。按照“既做标准，又做特色”的总体要求，提升城市精细化管理水平，大力推进全国文明城市创建，力争获得上报中央文明办资格。继续开展“双城双创”三年行动，全面完成“双十双二十”工程，确保“国家森林城市”“国家园林城市”创建成功。开展社区标准化建设和小区化改造试点，打造田园城市。

加快美丽城镇建设。巩固提升小城镇环境综合整治成果，健全小城镇环境综合整治长效管理机制，因地制宜发展“一镇一特色产业”，加快产镇融合。高标准推进生态廊道建设，围绕“三年见成效”目标，在基本实现绿道贯通的基础上，抓堵点难点、抓交界节点、抓配套设施建设，打造全域绿道闭合圈；做好“廊道+”文章，推动廊道与集镇、村居有效连通，同步谋划实施一批文旅示范项目。加快推进污水处理厂、污水管网建设和雨污分流、排污口整治，创建“污水零直排区”。

加快美丽乡村建设。以创建省美丽乡村示范县为目标，深入推进拆后重建，加强规划管控，完善村庄绿化、污水管网、道路等基础配套设施，四个农房集聚区力争完成主体结构建设，启动高铁新城和农房集聚区二期项目建设。开展年度“最美村”评选活动，争创省美丽乡村示范镇1个、省特色精品村3个；提升风景线覆盖面，重点打造老37省道、怀万线2条美丽乡村风景线，力争覆盖60%以上的乡镇；深化产业植入，完成11个产业特色精品村和20个以上A级景区村庄创建，培育扶持一批传统产业集聚村、电商村和影视外景基地村。实施农村饮用水达标提标行动计划，新增达标提标人口7万人以上。新建农村文化礼堂102家。

4.坚持改革落地,全面激发发展活力

始终坚持把改革作为推动发展和改善民生的主动力,且工作且改革,向改革要发展,向存量要空间,不断破除体制机制障碍。

深化"最多跑一次"改革。全面对标省内先进地区,学习各地特色做法,充分发挥行政服务中心新办事大厅的最大效用,进一步优化流程,全力打破信息孤岛,完善功能配套,积极推动无差别全科受理,努力打造展示"最多跑一次"改革的东阳特色窗口。进一步完善影视产业服务中心、建筑业"店小二"服务中心建设,推动影视文化、建筑产业转型提升。

持续推动教育卫生等其他领域改革。稳步实施中小学校、幼儿园布局调整,年内新建或改造33所中小学、14所幼儿园;加强教师队伍建设,探索名师、名校长培养新机制,推进"县管校聘"扩面;支持东阳中学优质特色发展;推进温州医科大学东阳校区落地,支持浙江广厦建设职业技术学院专升本。深化医共体建设,提升"双下沉"水平,实现"两率"稳步提升;加快医疗布局调整,推进中医院和红会医院迁建、市妇幼保健院扩建等12个项目建设,完成全市18家基层医疗机构改造提升。进一步理顺城投、交投、水投等国资平台运行机制,更好地发挥国资平台在城市建设中的作用,加快补齐城市建设短板。

5.坚持平安底线,确保社会安定有序

始终坚持把稳定作为压倒一切的硬任务,全力以赴筑牢平安基石,争创星级平安金鼎。

有效防范化解风险。进一步提高政治站位,登高望远、居安思危,增强驾驭风险的本领。建立健全风险排查、动态监测、评估和教育宣传机制,压实主体责任,实施风险分类分级处置,以化解企业"两链"和股权质押平仓风险、稳妥推进非法集资案件处置为重点打好金融风险防控攻坚战,以抓好重点群体稳控和突发事件应对为重点防范化解社会领域风险,以开展蓝天、碧水、净土、清废等行动为重点打赢污染防治攻坚战,同时,全力抓好安全生产、道路交通、食品药品安全等工作和重大活动维稳安保任务,确保全市各项事业稳中有进、行稳致远。

创新基层社会治理。以"基层党建+社会治理"为引领,深化"基层治理四平台"建设,推动机关各派驻机构人员"全下沉式"管理;加强专职网格员队伍建设,实现"从有到优";深化防范矛盾纠纷多元化解机制及信访工作机制,全面打造"一体两翼"工作体系。深化"三社联动",加快"和美邻舍"社区服务综合体建设,引导社会组织参与社区治理,加强社工队伍建设,打造一批社区治理与服务品牌,不断打牢社会治理基层基础。

三、纵深推进全面从严治党,为经济社会高质量发展提供坚强有力保障

坚持"以党建工作统领一切工作",以"134"为抓手,深化"清廉东阳"建设,推动全面从严治党向纵深发展、向基层延伸。

1.突出思想政治建设统领

把思想政治建设摆在首位,树牢"四个意识",坚定"四个自信",坚决做到"两个维护",勇于担当作为,坚定不移把上级决策部署落到实处。坚持学懂弄通做实习近平新时代中国特色社会主义思想和十九大精神,常态化制度化开展"大学习大调研大抓落实"活动,严格执行"三会一课"、民主生活会等制度,引导党员干部补足精神之钙、铸牢党性之魂。牢牢把握意识形态主动权,认真落实意识形态工作责任制。大力弘扬新时代金华精神和东阳人文精神,壮大主流思想舆论,汇聚赶超发展正能量。

2.突出高素质专业化队伍建设

全力打造引领发展的机关乡镇干部队伍。以机构改革为契机,以适应核心职能为重点,选优配强干部队伍。制定出台全员绩效考核办法,建立以平时考核为基础、以岗位职责为重点的干部日常考核管理体系。实施优秀年轻干部成长"153"工程,大力发现培养选拔年轻干部。完善干部大监督工作机制,常态开展政治体检、反向考察和重大事项督查等做法。深化容错纠错具体办法,加大对干部的关心关爱力度。

全力打造推动乡村振兴的农村党员干部队伍。以理顺机制、推进工作为重点,制定规划,有序推进行政村区域调整后续完善工作。深入推进农村干部整治立规专项行动,严格落实村干部底线管理办法,从严管理农村干部队伍。继续抓好优秀红领青年培育,积极推动在外乡贤和优秀大学生等人才回归,逐渐解决村级班子年龄老化、后继乏人问题。深化党员积分制管理和党员联系群众制度,不断加强党员队伍建设。提早谋划,认真做好村(社)组织换届准备工作。

全力打造推动经济高质量发展的企业家和人才队伍。认真学习贯彻习近平总书记在民营企业座谈会上的重要讲话精神,鼓励企业家创新创造、再立新功,引导新生代企业家红色传承、创新转型,有效落实构建"亲""清"新型政商关系的要求,花更多时间和精力实打实帮助企业解决一批实际问题,增强企业获得感。全面落实人才新政18条,培育引进一批创新人才和团队。筹办第二届世界东阳人发展大会,不断推动内外东阳人良性互动。

3.突出抓好四项工作

深化"有权必有责、有责要担当、失责必追责"的责任体系,不断细化责任清单,确保履责压力传导到位。持之以恒落实中央八项规定及其实施细则精神和省市要求,坚持抓常抓细抓深,重点聚焦形式主义、官僚主义问题开展专项整治,释放越往后执纪越严的强烈信号。保持惩治腐败高压态势,紧盯"三类人"、重点领域和关键环节,综合运用监督执纪"四种形态",有力削减存量、有效遏制增量;健全巡察工作机制,通过常规巡察、专项巡察和机动式巡察等多种巡察方式,完成对30个镇乡街道和部门单位党组织的巡察。深化扫黑除恶专项斗争,构筑平安有序社会环境。

政府工作报告

——在东阳市第十五届人民代表大会第三次会议上(摘要)

东阳市人民政府市长 姚激扬

2019年2月28日

一、2018年工作简要回顾

过去一年,面对错综复杂的内外环境和经济下行压力,在上级党委政府和市委的坚强领导下,全市上下克难攻坚,加压奋进,较好地保持了经济社会平稳健康发展。全年实现地区生产总值585亿元,按可比价计算,增长5.5%;财政总收入112.4亿元,一般公共预算收入65.7亿元,同比分别增长11.4%和12.3%;城镇居民人均可支配收入52688元,农村居民人均可支配收入29544元,同比分别增长8.3%和9.7%。财政总收入、一般公共预算收入、固定资产投资、社会消费品零售总额等多项经济指标增速居金华前列。

(一)积极应对复杂形势,经济运行健康平稳

项目建设推进有力。以"六比六看"活动为抓手,高效推进项目建设,固定资产投资同比增长13.8%,总体和四个结构性指标增幅均居金华前列。新增省重大产业项目3个,市县长工程项目落地3个,省、金华市集中开工项目和重点项目建设进度均超年度计划。横店影视产业园、花园高性能铜箔等一批投资超10亿的重大项目进展顺利。浙商回归到位资金59.3亿元,引进内资54.4亿元、外资3481万美元。

平台建设稳步提升。扎实推进"优资源、强平台、促发展"集中攻坚行动。经济开发区、横店电子产业园区分别完成平台拓展113.33公顷(1700亩)和80.87公顷(1213亩),高铁新城完成总规、控规及城市设计编制并启动征迁,东白山综合旅游开发项目完成系列规划编制和一期土地报批。南市、南马等6个小微园启动建设,成功列入全省小微园建设提升县市。木雕小镇创建年度考核"良好",花园红木家居小镇列入第四批省级特色小镇创建名单。

工业经济难中求进。启动实施数字经济发展五年行动计划,列入工业强基、两化融合、工业互联网等国家级项目3个,省数字经济重点示范项目计划21个,信息化指数居全省前十。深入推进飓风整治"清零入园"行动,77%以上村(居)完成"清零"目标。大力推行"亩均论英雄"改革,亩均税收同比增长26.9%,被列为省低效用地改造试点市。结合"两送两增"深化企业精准服务,帮助企业解决难题3200多个。持续推进企业降本减负,累计降税减费10.5亿元。全年完成规上工业增加值100.6亿元,73家企业实现"小升规"。

商贸服务业活力彰显。安排财政奖补资金6800万元,推动商贸、外贸企业高质量发展,实现社会消费品零售总额280.2亿元、外贸出口总额190.2亿元,同比分别增长9%和6%。南街商圈逐步回暖,南马、巍山等中心镇的商业氛围日渐浓厚。会展经济成效显著,共举办各类展会32个,总成交额30.2亿元。电子商务发展态势良好,跨境电商生态体系启动建设,新增电商专业村11个,实现网络零售额114亿元,同比增长25.5%。

现代农业提质增效。农村土地承包经营权确权登记颁证工作通过综合验收,土地流转制度改革试点全面完成。提标改造粮食生产功能区5个、面积346.67公顷(5200亩),建立高产示范片25个、面积388公顷(5820亩)。新增美丽田园500公顷(7500亩),建成全国休闲农业与乡村旅游星级示范园区6家、省级现代农业综合区2个。隆重推出以"东白农作、精耕细作"为品牌口号的"东白"农产品区域公用品牌,首批41家基地获得品牌使用认证。农产品质量源头监管更加严格,成功创建国家农产品质量安全县。全面完成省农业领域"机器换人"示范县创建,被认定为全国主要农作物基本实现全程机械化生产示范县。农业行政执法连续12年获评全省先进。

创新要素加快融合。在全省率先设立中小企业"市长科创奖",实现资金适度集中精准奖补,推动企业创新发展。全年新增国家高新技术企业16家、省科技中小微企业75家、省级院士工作站1家,花园生物科研成果获国家技术发明二等奖。大力推进科技、资本、人才融合创新,智能制造研究院、东阳教授博士联谊会杭州分会、上海分会相继成立。出台人才新政18条,举办"智汇东阳·百场沙龙"等对接、培训活动40余场。知识产权工作成效显著,获评全国知识产权领域最具影响力县域。以项目化、载体化推进19个特色文化发展,加快文化优势向发展优势转化。

金融环境持续向好。主动打好金融风险防控攻坚战,年度新增贷款82.8亿元,不良贷款率1.28%,处金华低位。着力破解中小企业融资难题,为中小企业提供转贷服务3500余次,政策性融资担保公司正式成立。企业股改上市稳步推进,新增区域资

本市场挂牌62家，完成股份制改造16家，直接融资84.7亿元。持续推进困难企业分类帮扶，加大打击恶意逃废债力度，扎实开展“信用金华”试点创建，全国城市信用监测排名居金华第二。

（二）加快特色产业转型升级，核心竞争力稳步提升

影视文旅产业形成新优势，迎来新机遇。积极迅速应对影视产业发展遇到的问题和困难，成功举办以“信心、情怀、担当”为主题的影视文化产业发展大会，东阳市长期、稳定、规范的政策和最懂影视的情怀得到了业内普遍赞誉，也得到了国家、省主管部门的充分肯定。举办了影视产业资本对接会，化危为机积极做好影视企业招商，博纳院线、腾讯影业落户横店，国内最大的后期制作企业亿和影视签约落地。横店影视产权交易中心、腾讯众创空间开业运行。实验区新增入区企业314家，实现营业收入268亿元。全域旅游示范市创建稳步推进，梦上海一期顺利竣工，广州街、香港街完成改造提升，卢宅文化休闲园开业运营，“夜游东阳”项目闪亮启动，光影璀璨的东阳江畔夜景成为城市新景观。乡村旅游多点开花，湖溪镇被命名为中国民间文化艺术之乡。全市全年共接待游客2565万人次，实现旅游收入230亿元。

木雕红木产业形成新格局，激发新活力。以壮士断腕的决心和勇气，打赢红木企业环保整治攻坚战，关停淘汰散乱污企业974家，通过联合验收1336家，形成了“家数精减、主体升级、产业规范”的新格局。成功举办木雕红木家具系列展会，在央视、机场、高铁等平台开展东阳红木文化宣传，“买红木到东阳”的品牌影响力稳步提升。行业诚信体系建设日趋完善，36家重点红木企业纳入溯源保真平台，开展异地打假16次。木材交易中心建成运行，中国东阳家具研究院正式设立。传统工艺文化传承取得新成果，新增国家级工艺美术大师2位、省级14位，新增亚太竹工艺大师3位。

建筑产业累积新成果，取得新突破。全年实现建筑业总产值2600亿元，缴税21.7亿元，产值、税收、特级资质企业数三大指标均居全国县一级首位。建筑业招商和营改增工作成效显著，新招引企业145家，新增纳税企业85家，招商回归税收突破10亿元。建筑产业发展联盟作用日益明显，建筑集采平台建成运行。

（三）率先突破重点领域改革，发展活力加快释放

“最多跑一次”改革持续深化。市行政服务中心办事大厅新址启用，全市所有行政服务单位全部进驻，实现减事项、减材料157项。启动大数据平台一期建设，形成多主体共享数据资源体系，1358件事项开通网上办理，217项民生事项实现“一证通办”。完成18个镇乡街道和292个村便民服务中心改造提升，实现群众办事“一般不出村”。全面推进工程建设项目审批制度改革，减少合并审批事项31项，基本实现“多规合一”“测验合一”，工程建设项目施工许可证发放全面实现“最多100天”。

全域土地综合整治稳步推开。谋划、实施全域土地综合整治项目38个，垦造耕地101.33公顷（1520亩），建设用地复垦17.73公顷（266亩）。深化土地集约节约利用，消化批而未供土地、开发低效用地、盘活存量建设用地、整改闲置土地共计426.67公顷（6400余亩）。提前一年完成地质灾害隐患点清零任务，减少受威胁人数1793人。启动全国第三次土地调查。

（四）大力实施乡村振兴战略，城乡发展更加均衡

美丽乡村焕发生机。以“乡村振兴·歌画东阳”大讨论、大比武、大展示主题实践活动为抓手，统筹推进环境整治、产业植入、拆后重建三大攻坚战。着力打造美丽乡村风景线，完成秀美村创建50个，提升美丽庭院3200户，六石街道新创省美丽乡村示范镇，湖溪镇象田村获评2018年度“全国生态文化村”。美丽经济彰显活力，引入产业植入项目98个，完成投资24.8亿元。创建A级景区村庄40个、影视特色村20个、民宿农家乐集聚村20个，成功举办首届中国农民丰收节系列活动。危旧房拆后重建取得新进展，以“节地模式”编制自然村规划794个，10个东阳民居特色村完成规划设计，宅基地审批3.6万余户，总量列全省首位。

城镇面貌有机更新。切实发挥规划引领作用，市域总体规划纲要通过评审，完成中心城区和横店等12个镇区控规编制，实现城乡控规“一张图”。完成西岘改造项目房屋征收，金店、槐堂、陶村改造项目农户签约，历史性实现城中村改造“零增地”。以集中连片拆违为重点纵深推进“三改一拆”，顺利通过基本无违建市考核验收。完成中山路等59条道路改造，打通广福东街、江滨南街断头路，城镇新建、改造各类停车场534个，新增停车位近2万个。筹资12亿元，深入推进小城镇环境综合整治，15个镇乡街道通过省级达标创建验收。全民动员创建全国文明城市，顺利实现阶段性创建目标。金丽温天然气管道东阳支线开通运营，10万居民迈入管道天然气时代。

交通廊道建设稳步推进。三个铁路项目累计投资32.9亿元，横店通用机场正式通航，义东高速东阳段、S315南市至画水段等一批工程开工建设，南上湖至郭宅公路建成通车。完成省、县道“白改黑”22.5千米，农村公路大中修80千米，新建港湾式公交停靠站100个，新增公交线路3条。

生态环境保护持续攻坚。持续推进碧水提升行动，污水处理厂四期、南马镇西污水处理厂一期相继投用，41个小区实施截污纳管改造，基本实现城区截污纳管全覆盖。健全农村生活污水处理设施运维机制，建成“尾水返田”项目90个、生态洗衣房42个。持续推进蓝天保卫行动，淘汰煤气发生炉203台，实行烟花爆竹全域禁燃，PM2.5浓度稳步下降，空气质量考核列金华第二。持续推进净土清废行动，开展土壤污染状况详查，落实企业危险废物可视化监管，开展建筑垃圾、农药废包回收处置，城区垃圾分类覆盖面和农村垃圾“三化”处理率明显提升。生态廊道建设初见成效，18个生态廊道文旅项

目有序推进，建成生态绿道130千米，新增平原绿化593.33公顷(8900亩)、彩色林266.67公顷(4000亩)，新创省级森林城镇4个。

(五)尽力而为保障民生，群众获得感持续提升

全力以赴办好民生实事。全年民生支出73亿元，占一般公共预算支出的79%。四大农房集聚区完成整体工程量的30%，首批安置对象完成选房。饮用水项目如期完成，6万农村人口的饮用水条件得到改善。新增财政补贴1000万元保障农村居家养老照料中心运营，整体运行率提高至83%。“东阳人社”APP正式上线，15项社保业务实现“掌上办理”。学前教育补短提升、平安校园创建、农村公路隐患治理等民生实事项目全面完成承诺目标。

协调发展社会事业。教育投入不断加大，新建、改扩建学校26所、幼儿园19所，154所学校升级“慧眼”工程。教育改革初显成效，中心学校层级撤销、教师“县管校聘”平稳实施，东阳中学集团化办学实质化运作，高考质量继续保持金华领先。医共体改革深入推进，优质医疗资源不断下沉，基层就诊率提升至69%，经验做法全省领先。市中医院迁建、妇保院扩建工程顺利开工，省级卫生乡镇创建全面完成。社会保障持续加强，新增城镇就业1.7万人，医保支付实现金华市级统筹，成功创建省首批无欠薪市。市体育馆建成启用，成功举办第四届横店马拉松大赛和全国性自然流域垂钓大赛。公共文化服务体系更加健全，市图书馆通过国家一级馆评估定级，木雕博物馆实现免费开放，二轮修志基本完成资料长编。

统筹推进社会治理。全国农村社区治理实验区建设扎实推进，“三社联动”工作持续深化，花园村获评全国农村幸福社区建设示范单位。深入开展历史遗留问题和信访矛盾集中化解攻坚，市联合人民调解委员会获评“全国人民调解工作先进集体”。“处非”工作稳步推进，几起社会高度关注的案件启动资产处置。深入开展“扫黑除恶”“电信网络诈骗”等专项打击行动，社会治安持续向好，刑事发案率下降14.9%。健全安全生产责任体系，强化交通、消防、影视等重点行业领域巡查监管，安全事故下降30%，顺利通过全国工贸行业企业安全生产样板地区验收，成功夺取“平安金鼎”。

在总结成绩的同时，我们也清醒地认识到当前工作还存在一些不足，面临着不少困难和挑战。主要表现在：经济发展不确定因素增多，下行压力较大；高质量发展的动能还不够强劲，土地、人才、科技等要素制约瓶颈还难以有效破解；生态环境保护和社会治理还存在一些薄弱环节；少数干部“怕担当”“不作为”“慢作为”的现象还有存在等等。我们一定会直面这些问题，以对人民高度负责的态度，采取有力措施加以改进和解决。

二、2019年重点工作

2019年是新中国成立70周年，是决胜全面建成小康社会第一个百年奋斗目标的关键之年。做好今年的政府工作，必须高举习近平新时代中国特色社会主义思想伟大旗帜，全面贯彻党的十九大，中央、省委经济工作会议和金华市委七届四次全会、市委十五届五次全会精神，坚持稳中求进工作总基调，紧紧围绕高质量发展和高品质生活两大目标，突出“项目建设、改革落地、风险防范”三大重点，坚持稳投资、稳金融、稳产业、稳企业，努力打好“九场硬战”，着力提高动能转化效益、提升政务服务水平、提振市场主体信心，不断增强区域活力和核心竞争力，努力开创“影视旅游名城、经济文化强市、生态宜居东阳”建设的新局面!

综合考虑各方面因素，建议今年东阳市经济社会发展主要预期目标为：地区生产总值增长7%左右，财政总收入、一般公共预算收入分别增长8.5%和9%以上，常住居民人均可支配收入增长与经济增长基本同步，约束性指标全面完成上级下达任务。各项主要经济指标争先晋位，争取走在金华前列、超过全省平均。

重点抓好以下五个方面的工作：

(一)大抓项目再加力，积聚赶超发展新动能

开展“比学赶超”和“六比六看晒拼创”活动，深入实施项目投资“138”计划，全年固定资产投资按增长100%谋划，工业投资、民间投资占比分别不低于30%和80%，四个结构性指标同步增长。

持之以恒做强平台。紧盯六大平台建设，打造经济社会发展新引擎。围绕海关、商检、金甬铁路等配套新优势，优化经济开发区空间布局和产业规划，发挥工业主平台作用；完善横店电子产业园区运行管理机制，加快基础设施建设，拓展发展空间；全力抓好横店影视文化产业集聚区落地工作，努力打造规范从业的示范生、政策落地的调研地和试验田；高标准推进高铁新城主体框架建设；加快东白山旅游项目开发，融入浙中山水诗路旅游布局；继续支持南马花园板块做大做强；深入挖掘巍山人文优势，打造北乡新增长极。完善小微园规划布局，打好“改老建小”攻坚战，建设小微园8个120万平方米以上，改造老旧工业区块10个106.67公顷(1600亩)以上。

双轮驱动谋实项目。围绕稳增长、保基本、惠民生的总体要求，积极谋划政府性投资项目，年内安排政府投资实施类项目225个、总投资389.9亿元。鼓励民间投资，引导民间资本进入市政公用领域、扩大工业再生产，支持横店旅游配套酒店、东磁动力电池、花园新能源铜箔等重大民间投资项目建设。积极向上申报项目，争取列入省重点项目10个、省重大产业项目2个，中央、省级预算内专项资金的争取继续走在金华前列。

发挥优势招大引强。进一步优化总部招商、产业链招商、以商招商等特色招商机制，强化重点招商，紧盯在外东阳人经济，绘好“招商地图”，努力招引大项目、好项目、产业类项目，全年力争招引亿元以上项目10个、10亿元以上项目3个，市县长工程落地3个以上。

(二)改革创新再深化，激发实体经济新活力

旗帜鲜明支持民营经济发展。

着力构建“亲而有度、清而有为”的新型政商关系，努力打造最优营商环境。全面快速落实降本减负政策，确保企业税费和社保缴费有实质性下降。加快实施中小微企业信贷“增氧计划”和金融服务滴灌工程，健全民营企业贷款风险补偿机制，杜绝无故抽贷断贷，缓解企业融资难、融资贵等问题，新增贷款65亿元以上，直接融资70亿元以上，构建政银企互动共赢的生态圈。持续深化“两送两增”和星级企业精准服务，以“走访调研、现场办公、亲清茶室”等形式，加强市领导与各层次企业的常态化沟通，建立企业帮扶“白名单”，全力帮助企业纾困解难。完善金融风险监测体系建设，保护金融生态环境，不良贷款率保持合理水平。

全面实施数字经济“一号工程”。深入实施数字经济五年倍增计划，培育数字经济骨干企业5家，建设数字经济重点项目20个，数字经济核心产业增加值增长10%以上。加快制造业数字化转型，实施金华市级两化融合重点项目25个以上，建设无人车间、数字化车间2个以上，新增工业机器人180台以上，上云企业达到2850家以上。加快“互联网+产业”深度融合，壮大做强特色电子商务，网络零售额增长20%以上。加快数字政府建设。大力发展数字化影视文化产业，推广数字技术在文旅、建筑、木雕红木、农业等产业领域的应用，培育数字化新业态。

加快推进改革举措落地见效。以政府机构改革为契机，推动政府部门转职能、转方式、转作风。持续深化“最多跑一次”改革，构建线上线下融通的市镇村三级便民服务网，继续做好减事项、减时间、减次数、减材料文章，打造“无证明城市”。继续推进工程建设项目审批制度改革，争取设立图审机构，规范发展中介超市。深化“亩均论英雄”改革，落实资源要素差别化配置，工业亩均税收增长10%以上。实施全域土地综合整治，统筹做好村庄整治、生态修复、低效用地利用、造田造地等工作，加大连片拆违和低效工业用地收储力度，努力破解土地要素瓶颈。

着力构建扩大开放新格局。积极对接“义甬舟”大通道和“义新欧”国际班列，发展开放型经济。主动融入长三角一体化国家战略，承接上海、杭州等发达地区的产业和要素转移，提高区域开放水平。鼓励横店影视企业参加国际知名影视节，讲好中国故事。扩展东阳木雕对外展示交流渠道，擦亮“世界木雕之都”金名片。响应“一带一路”倡议号召，引导建筑企业参与国际承包，完成境外营业额3亿美元以上。

发挥科技创新引领作用。进一步完善融创中心体制机制，发挥科技大市场、基金家园、“启迪之星”孵化器作用，推动技术、资本、人才等要素与企业的无缝对接。加大院所招引和科创平台培育力度，加快产业创新服务综合体建设，搭建共性技术研发平台。全面落实人才新政，提升人才吸引力，办好第二届世界东阳人发展大会，强化人才对东阳发展的支撑。鼓励企业加大科研投入，新增国家高新技术企业15家以上、省科技中小微企业60家以上，培育金华市级以上企业研发机构14家以上。做大做实政府产业基金，为企业科技研发、成果转化和并购重组提供资金支持。

（三）产业转型再提速，迈出高质量发展新步伐

坚持“工业强市”战略不动摇，夯实发展基础。大力实施制造业品质提升工程，完成“浙江制造”标准制定5个以上，新增省级商标品牌示范企业2家。加快企业优胜劣汰，淘汰落后产能，全面完成村居低散乱污企业“清零入园”。提升发展特色块状经济，大力推动磁性材料产业转型升级和产业链延伸，不断巩固和提升东阳市磁性材料产业的发展优势。发挥生物医药、箱包、渔具、金银丝、缝配、古建门窗等产业的市场占有优势，拓宽发展视野，提升产品品质。鼓励企业加大技改投入，实施重点技改项目40项，投资增长15%以上。加快市场主体升级，新增规上企业55家以上，规上工业增加值增长7%以上。

加快集聚区实质性落地，打造全国影视文旅产业发展新标杆。建立完善赋权充分、管理统一、富有活力的体制机制，推动横店影视产业集聚区实体化运作。持续优化服务举措，创新剧组拍摄全流程服务体系，打造“最懂影视的政府”。整合资源做强影视文化产业发展大会、影视节、横漂文化节，扩大“文荣奖”影响力，提升“横店出品”美誉度。加快横店影视产业园等重大项目建设，高效运营产权交易中心、腾讯众创空间等现有平台。加强文旅联动，提升江滨景观带、卢宅景区品质，支持花园村、“红木长廊”、木雕博物馆串珠成线合创5A级景区。培育乡村生态休闲游，支持蔡宅争创省级旅游风情小镇，创建省全域旅游示范市，力争旅游人次和旅游收入增长15%以上。深入实施“文化+”“+文化”战略，做深做实文化优势转发展优势的文章。

抓转型、求合作、重招商、精服务，助推建筑产业实现新发展。积极争取上级政策支持，鼓励建筑企业专业化、多元化发展，拓展铁路、港口、水利、市政等新领域，完成企业资质晋升和扩容50家以上。深化与国企、央企合作，支持企业兼并重组，打开发展空间。进一步提升“店小二”服务水平，巩固扩大建筑业招商成果，新招引建筑企业30家以上，力争完成招商税收12亿元、总产值2700亿元。

放大规范发展先发优势，提升木雕红木产业竞争力。持续推进行业规范提升，推动企业实质性重组，培育壮大一批龙头企业。继续加强宣传推广，推动红博会、东博会升格为国家级展会，扩大“买红木到东阳”品牌影响力，拓展更大市场。加快三大红木家具市场放心消费示范区建设，承诺无理由退货企业扩展至300家以上，打造全国红木家具“放心购”典范。推进中国东阳家具研究院实体化运作，扩大“中国好空间”“中国的椅子”设计大赛影响力，促进木雕红木产业与古建、装修、文旅等产业融合发展，打造中式家具、家装设计之都。

进一步挖掘消费潜力，全域振兴商贸服务业。进一步振兴老城区商

圈，提升发展江北、白云等特色商圈，推动城区更加繁荣。依托小城镇综合整治成果，有序推进镇街商业综合体开发建设，促进城区镇区共同繁荣。加强商贸主体培育，推进批发零售业改造提升，鼓励龙头企业加快连锁网点布局，加快汽配城二期、花园雷迪森酒店等重点商贸项目建设。大力发展会展经济，扩大节会影响力。实施"放心消费在东阳"行动，继续做好文明规范市场、放心市场创建和农贸市场改造等工作，社会消费品零售总额增长9%以上。

以"两区"建设为重点，加快农业现代化进程。大力培育农业示范园区，新增规范土地流转面积400公顷(6000亩)，提标改造粮食生产功能区333.33公顷(5000亩)，守牢粮食安全底线。进一步完善"东白"农产品区域公用品牌的培育、管理和运行体系，提升品牌影响力和市场认可度。加快畜牧业整治提升，争创省级美丽生态牧场2家。积极培育特色农业强镇，做强蔬菜、香榧、茶叶、中药材等产业。加强农田水利建设，启动南江水库灌区节水配套改造项目3期工程，实施水库除险加固2座、中小河流治理项目8个，整治山塘10座、农村河道15千米。

(四)全域统筹再均衡，打造品质生活新高地

建设更有品位的田园城市。结合东阳城市特有的建筑风格和文化脉络，优化城市设计，打造宜居宜业、独具特色的现代田园城市。完善城市功能布局，谋划打造一批精品区块、精品街，启动望江南路、城南西路等7条城市道路改造，推进骄傲广场等10个公园项目建设。探索多元化模式推进城中村改造，适时启动重点板块开发。深化城市管理综合行政执法体制改革，加快智慧城管建设。加强城区道路施工管理，着力解决管理不善、工期太长、重复开挖等问题。持之以恒推进全国文明城市创建争先晋位，巩固提升国卫复审成果。

打造更具特色的美丽镇村。以争创省美丽乡村示范县为总目标，深化"千万工程"建设，持续推进乡村振兴战略三年行动计划。巩固小城镇综合整治成果，推进美丽集镇建设。优化"最美最差村"考评办法，创建一批各具特色的精品村、秀美村，打造怀万线、老37省道等美丽乡村风景线。打造连片美丽田园466.67公顷(7000亩)，深入开展"大棚房"问题整治。着力培育乡村产业经济，做深农文旅融合文章，鼓励发展生态观光康养业，力争建成产业特色精品村11个、A级景区村20个，巩固集体经济薄弱村消除成果。深入实施农村饮用水达标提标行动，完善市级统管的水源、水厂、管网一体化建设运行维护长效机制，完成湖溪南江水厂建设，启动第二自来水厂二期、南马自来水厂扩容工程，新增改善农村饮水条件7万人以上。加大连片拆违力度，加快农房拆后重建，完善基础设施配套，四大农房集聚区争取一期主体工程结顶，并启动二期项目。加大偏远山区农村公路修缮力度，完成农村公路大中修100千米，争创"四好农村路"示范县和"美丽经济交通走廊"合格县。

营造更为优质的生态环境。扩大城市绿地覆盖面，完成42个绿化重点项目，实施城区"林荫大道"工程。深入推进全民植绿行动，创建一批省级"一村万树"示范村、推进村，全市森林村庄创建率达60%以上，新增彩色林带35千米。加大松材线虫病防治力度。加快推进南山森林公园三期建设，做好东江源省级自然保护区和东阳江省级湿地公园保护工作，完成国家森林城市、园林城市创建。高标准落实中央、省环保督察反馈问题整改，持续深化生态环境保护七大行动，推进水、气、土、废同步共治。开展"污水零直排区"创建，抓好重点支流、排污口和农业面源污染整治，加快重点污水处理项目建设，确保两江流域水质只升不降。完善高耗能、高污染行业准入条件，抓好"采矿、制砂、渣土运输、建筑工地"四位一体扬尘治理，加快清洁能源利用，推动PM2.5平均浓度逐年下降。加强土地污染基础信息调查，加大污染地块风险管控和治理修复力度。持续推进城乡垃圾分类和"三化"处置，加快建设市生活垃圾综合利用项目和有条件镇乡街道的建筑垃圾消纳处置场所。

融入更高能级的金义都市区。全面对接金义都市区规划，坚定不移抓好"三条廊道"建设，加快基础设施互联互通。提速推进金甬铁路、杭温高铁、金义东市域轨道和义东高速东阳段建设，加快实施G351、S217、S315等重点国省道改扩建项目，启动横店通用机场改扩建工程。建成生态绿道100千米以上，年内争取生态廊道全贯通。按照都市区一体化建设要求，协同发展教育、文化、卫生、社会保障等社会事业，实现优质资源互补共享。

(五)民生保障再优化，回应群众美好生活新向往

加厚织密社会保障网络。落实就业创业新政，新增城镇就业1.5万人以上，完成职业培训1万人以上。巩固无欠薪建设成效，维护劳动者正当权益。抓好全民参保，推动医保服务全域同城化，推进异地就医直接结算，争创"电子社保卡省级试点县市"。积极应对人口老龄化，发展多模式专业养老，完善居家养老照料中心长效规范运行机制，确保运行率保持在较高水平。进一步完善社会救助服务体系，加快推进市救助站、救助物资储备中心建设。

优质均衡发展社会事业。稳步实施义务教育学校布局调整规划，改造新建33所中小学、14所幼儿园，着力解决企业外来技术骨干子女入学问题。持续深化名师名校长特色化培育和东阳中学特色化办学，推动职业教育、民办教育同步发展，加快横店电影学院筹建、支持广厦学院专升本，推进温州医科大学东阳校区建设。落实《健康东阳2030实施纲要》，深化医共体建设成果，激发公立医院改革活力，全力支持市人民医院创"三甲"。推进市中医院迁建等12个医疗基建项目建设和18家基层卫生院改造提升，促进全市医疗资源均衡布局。抢抓先机发展健康产业，推进体育现代化市创建。加快市民中心、非遗馆、村级文化礼堂、老年大学等公共服务场所的建设和改造，满足

群众多层次需求。健全退役军人三级服务网络，维护军人军属合法权益，争创省级双拥模范城。大力支持工青妇等人民团体开展工作，进一步抓好民族宗教、外事、侨台、统计、档案、史志、气象、供销、慈善、红十字、关心下一代等工作，促进各项社会事业协调发展。

巩固提升社会治理成果。围绕全国农村社区治理实验区建设目标，深化"和美邻舍"社区服务综合体建设，新创五星级田园社区15个以上，承办好首届全国农村社区治理讲习班。创新发展新时代"枫桥经验"，健全完善基层治理"四个平台"，深化"七五"普法宣传，推动信访矛盾和历史遗留问题化解，积极稳妥推进非吸案件资产处置和分配工作。严格落实安全生产四级责任，加强重点领域监管和突出问题整治，完善应急救援体系，坚决遏制重特大事故，减少一般事故。加强食品药品、公共卫生领域安全监管，争创省级食品安全市。加快实施"雪亮工程"，加强社会面治安管控，深化"扫黑除恶"专项斗争，提升人民群众安全感，力争"平安县市"十四连冠。

三、加强政府自身建设

以"决策科学、运行规范、执行坚决、落实高效"为目标，树立政府部门干在实处、走在前列的新形象，当好新时代东阳答卷人。

讲规矩，重承诺。自觉接受市人大及其常委会的法律监督、工作监督和政协的民主监督，强化法治意识，让讲规矩成为习惯，让政府的权力运行做到目的为公、程序合法、过程透明。政府工作要切实对人民负责，敢作承诺，信守承诺，踏实践诺。

讲效率，重执行。深化政府系统内部办事"最多一星期"限时办结制，进一步提升政府系统运行效率。加快建立"指标、工作、政策、评价"四个体系闭环抓，比学赶超赛业绩，"定责任、亮实名"等抓落实、抓执行的工作机制，激发政府系统"晒拼创"热情，助推重要工作、重大项目、重点工程落地见效。

讲奉献，重担当。主动适应"纪律要求严、工作压力大、用权规矩多"的新常态，增强讲奉献的自觉性和自豪感，把工作实绩和群众满意作为价值追求和快乐源泉，以担当的情怀破困局、解难题、抓落实、图创新、争前列。切实发挥容错纠错机制作用，破解干事者多干多出错的后顾之忧。

讲节约，重绩效。牢固树立"政府过紧日子，让群众和企业过好日子"的理念，大力压减一般性支出，严控"三公"经费预算，合理降低行政成本。完善财政绩效评价体系，规范专项资金管理，提高财政资金使用效益，集中财力办好关键大事。

讲正气，重廉洁。持之以恒抓好政府系统党风廉政建设，加强行政监管和审计监督，狠抓审计问题整改，强化对工程招投标、项目建设、国资管理等重点领域廉政风险防控，抓早抓小防微杜渐。不折不扣落实中央八项规定精神，驰而不息纠"四风"，严肃查处侵害群众利益的腐败问题，大力营造风清气正的政务环境。

名词解释：

1."134"工作体系："1"即以思想政治建设为统领；"3"即打造"亲""清"新型政商关系、加强干部教育管理、强化基层组织建设三项重点工作；"4"即落实主体责任、深化作风建设、开展反腐败斗争和扫黑除恶专项斗争四项保障。

2.省委25号文件：《加快推进横店影视文化产业发展的若干意见》(浙委办〔2018〕25号)。

3.三治融合："自治、法治、德治"的有机融合。

4.县管校聘："县管"，指由教育主管部门负责编制、岗位总量控制、动态调整和统筹使用。"校聘"，指由学校负责中小学教师的按岗聘用、竞争择优和考核。

5."最多跑一次"改革：指政府通过优化办理流程、整合政务资源、融合线上线下、借助新兴手段等方式，使群众或企业，到政府机关办理行政审批和政府公共服务等涉民涉企事项时，在申请材料齐全、符合法定要求的情况下，能够少跑、最多跑一次甚至不跑，实现特定事项或环节一次性办成事。

6.六大重点平台：经济开发区、横店影视文化产业集聚区、高铁新城、东白山省级旅游度假区、横店电子产业园区、花园村。

7.经济工作"三场战役"：税收、项目、统计。

8.三项重点：实施乡村振兴战略、推动文化优势转化为发展优势、纵深推进全面从严治党。

9.项目投资"138"计划：100%投资增长，30%工业投资占比，80%民间投资占比。

10.六比六看晒拼创：比入库看在库项目、比增量看产业提升、比谋划看项目储备、比招商看投资潜力、比开工看前期工作、比进度看项目推进，晒进度、拼实绩、创一流

11.四个结构性投资指标：交通投资、生态环境和公共设施投资、高新技术产业投资、民间投资。

12.一带一路：丝绸之路经济带和21世纪海上丝绸之路。

13.亩均论英雄：用"亩均效益"而非"唯GDP"对经济效果进行评价，建立企业综合评价指标体系，推动资源要素向优质高效的领域集中，实现经济健康可持续发展。

14.农业"两区"：粮食生产功能区和农业现代园区。

15.双城双创：创建国家森林城市、国家园林城市。

16.双十双二十：创建10个省级森林城镇、改造提升10大绿色精品线通道，打造20个精品公园、改造提升20个重要节点精品绿地。

17.双下沉：医疗人才下沉、医疗资源下沉。

18.两率：县域就诊率、基层首诊率。

19.一体两翼：以镇乡街道党委政府为基层社会稳定工作的责任主体，以"筑牢防线"和"守住底线"为两翼。

20.基层治理四平台：综治工作平台、市场监管平台、综合执法平台、便民服务平台。

21.三社联动：社区、社会组织、社会工作专业人才简称"三社"。"三

社联动”指三个主体有机融合、相互促进。

22.四个意识:政治意识、大局意识、核心意识、看齐意识。

23.四个自信:道路自信、理论自信、制度自信、文化自信。

24.两个维护:坚决维护习近平总书记在党中央的核心、全党的核心地位,坚决维护党中央权威和集中统一领导。

25.三会一课:定期召开支部党员大会、支部委员会、党小组会,按时上好党课。

26.新时代金华精神:信义和美、拼搏实干、共建图强。

27.东阳人文精神:崇文重教、精工善艺、大气包容、创新图强。

28.“153”工程:通过调研分析、压担培养,直接掌握100名“90后”优秀年轻干部,50名“85后”优秀中层干部,30名“80后”优秀副科级领导干部。

29.三类人:党的十八大后不收敛不收手的,问题严重、群众反映强烈的,现在重要岗位可能还要提拔使用的党员领导干部。

30.四种形态:经常开展批评和自我批评、约谈函询,让“红红脸、出出汗”成为常态;党纪轻处分、组织调整成为违纪处理的大多数;党纪重处分、重大职务调整的成为少数;严重违纪涉嫌违法立案审查的成为极少数。

31.飓风整治“清零入园”:以“低散乱”“四无”企业(作坊)整治为重点,推动“飓风整治”工作由点及面和长效常态化管理,实现小微企业向小微园区和中小企业集聚片区集聚发展。

32.两送两增:送政策、送服务,增感情、增信心。

33.“东白”农产品区域公用品牌:是东阳市涵盖农业全产业的品牌,目的在于提升东阳市农产品的整体竞争力、影响力。以“东白农作,精耕细作”为品牌口号,以“东白精心之作、东白精诚之作、东白精巧之作、东白精华之作”为品牌价值支撑。东阳市符合条件的农产品经过认证都可以使用。

34.市长科创奖:为引导和激励东阳市中小企业科技创新,不断提高自主创新能力,促进全市经济高质量发展而设立的奖项。每年评选10家,市政府给予表彰和奖励。

35.“夜游东阳”项目:以东阳特色文化资源为主题,通过开通游船画舫、沿线夜景灯光改造、业态活动植入等项目实施,全面改造提升江滨景观带,形成“点线面”结合、具有明显东阳城市特征的夜景,为市民提供休闲、观光、旅游于一体的城市公共空间。

36.一证通办:群众凭一张身份证、企业凭一张社会信用代码证就可以办理民生事项,其中各类证明材料都由政府部门通过数据共享获取、核对。

37.工程建设项目审批“最多100天”:一般工程建设项目在建设单位资料提交齐全的前提下,从立项到竣工验收和公共设施接入服务全流程审批时间从原来的200个工作日压减至100个工作日以内。

38.全域土地综合整治:按照山水林田湖草系统治理的理念,进行全域规划、全域设计、全域整治,对田水林路村进行全要素综合整治,建成农田集中连片、建设用地集中集聚、空间形态集约高效的美丽国土新格局。

39.多规合一:是指将国民经济和社会发展规划、城乡规划、土地利用规划、生态环境保护规划等多个规划融合到一个区域上,实现一个市县一本规划、一张蓝图,解决现有各类规划自成体系、内容冲突、缺乏衔接等问题。

40.测验合一:是指由测绘、检测等中介机构对竣工验收必要的数据进行联合测绘和检测,有关部门依据中介服务技术成果办理竣工阶段规划核实、消防验收、环保验收、用地复核验收和防雷装置验收等行政核实验收手续。

41.垃圾分类“三化”处理:通过不断完善可回收物、有害垃圾、其他垃圾的收运处置体系,以实现城区、农村生活垃圾减量化、资源化和无害化处置。

42.“慧眼”工程:是指在中小学校增设智能监控摄像头,实现校园智能监控全覆盖,确保校园安全。

43.“天罗地网”金融风险检测体系:“天罗地网”监测防控系统由“天罗”和“地网”两个子系统构成,依托互联网大数据技术平台和基层社会治理网格化管理平台,形成金融风险实时线上监测体系和金融风险排查与日常监管相结合的线下监测体系。

44.数字经济“一号工程”:省委、省政府为推动高质量发展、提高竞争力、迈向现代化、实现“两个高水平”提出的重大战略决策。数字经济,是以现代信息网络为主要载体,以信息通信技术融合应用、全要素数字化转型为重要推动力,促进公平与效率更加统一的新经济形态。

45.“义甬舟”大通道:是浙江省“十三五”规划的“义甬舟”开放大通道平台,即为加快义乌、宁波、舟山三地的物流、交通大通道建设,形成三地更为紧密的经济贸易联系,加快建设浙江海上丝绸之路,进一步提振浙江外贸经济,形成国际化、全球化贸易大通道。

46.“义新欧”国际班列:从义乌出发,经新疆出境,最终抵达西班牙首都马德里的一趟货运班列。这趟班列是中国“一带一路”倡议的重点,是义乌小商品出口至中亚、俄罗斯乃至欧盟各国的大动脉。

47.亲清茶室:市政府领导定期和企业家以座谈的方式,开展沟通交流,了解企业发展情况,听取企业家诉求,确保政府服务企业更加精准有效。

48.美丽乡村“千万工程”:是“千村示范、万村整治”工程的简称,这是浙江“绿水青山就是金山银山”理念在基层农村的成功实践。

49.“最多一星期”“最多半个月”:市政府推行的内部限时办事机制,即部门办理事项答复“最多一星期”、市政府对镇乡街道和部门的呈报事项答复“最多半个月”。

从东阳实践看如何打通文化优势转化为发展优势的通道

东阳市人民政府市长 姚激扬

在工作中善于挖掘和运用发展优势，是习近平新时代中国特色社会主义思想的重要内容。习近平总书记在浙江工作时亲自谋篇布局的“八八战略”，就指出浙江要发挥八个方面的优势，做好八个方面的工作。其中一个重要方面的优势，就是文化和人文优势，“进一步发挥浙江的人文优势，积极推进科教兴省、人才强省，加快建设文化大省”。2017年7月，省委车俊书记在东阳考察调研时指出，金华和东阳在文化优势方面比较明显，在做大做强文化产业过程中，要坚持以改革创新为动力，不断拓展文化生产的领域空间，着力提高文化产品的供给质量，进一步打开文化优势向发展优势转化的通道。东阳人文底蕴深厚，发展基础良好，改革开放以来的发展过程中，比较突出地表现出了人文优势转化为发展优势的现象。本文以东阳为例，对文化优势转化为发展优势作一个研究分析，以期为其他地方提供启示和借鉴。

一、浅述文化及文化优势

文化，是相对于经济、政治而言的人类全部精神活动及其产品，包括宗教、信仰、风俗习惯、道德情操、学术思想、文学艺术、科学技术、各种制度等等。从文化的内涵来看，文化大致可以分为文化精神和文化现象两个层面。文化精神主要是指人类在社会实践的基础上创造、建设和发展起来，影响和支配自己行为的思维活动和心理状态。文化现象是指一个地区群众在共同需要、共同心理的基础上所形成，具有具体、可直接观察等特点的物化形式。

文化精神和文化现象构成了一个地方的区域文化。中国土地广袤、疆域辽阔，不同区域间因自然环境、经济环境、社会环境等诸多方面的差异，形成了区域文化间不同的特质。一个区域的“文化优势”就是不同特质之间的比较优势，这种“优势”会润物无声、潜移默化地影响着当地发展。以浙江为例，改革开放以来，浙江在资源匮乏、基础薄弱、没有特殊政策的情况下，能够率先发展、快速崛起，靠的就是敢吃螃蟹、敢喝头水的敢为人先精神，靠的就是想尽千方百计、走过千山万水、说遍千言万语、历尽千难万险的务实坚守精神，靠的就是义利并举、兼容并蓄的开放大气精神，而这些精神背后都有浙江优秀文化基因在发挥着重要作用。

从一般规律来说，文化优势或多或少都会转化为发展优势，但这种转化是“自发的、缓慢的、不确定的”。我们强调要打开“文化优势”向“发展优势”转化的通道，就是要通过外力的统筹、组织、引导，把原先“自发的、缓慢的、不确定的”转化过程变为“积极的、主动的、目标明确的”转化过程。

二、东阳的文化优势及转化为发展优势的实践探析

(一)东阳的文化优势探析

东阳的文化历史，最早可追溯到远古的恐龙时代；进入文明社会后，东阳文化先后受到了夏禹文化、吴越文化、宋元理学等的深刻影响，“艰苦卓绝”的治水精神、“励志图强”的胆剑精神、“经世致用”的入世哲学，在

这里激烈碰撞、相互交融,形成了独具浙中地域特色的区域文化,也由此形成了东阳有别于其他地方的文化优势。

从精神层面来看,东阳的文化优势,最突出的就是"苦文化"和"最文化"。"苦文化"说的是东阳人吃苦耐劳、勤耕苦读,"最文化"说的是东阳人精益求精、追求极致。东阳地处浙江中部,地形地貌可以用"七山一水两分田"来概括,而且东阳地势东高西低,东阳江、南江向西汇入婺江,在横锦水库和南江水库建设以前,境内多发洪水。所以,从历史上来说,东阳地少人多,土地贫瘠,特别是唐宋以后,随着北方人士的大量迁入,这块土地上承载的人口急剧膨胀,生存竞争愈为激烈。在传统农耕生活无法自给自足的情况下,只能另谋生路。所以,东阳人要么通过苦读,走仕途吃"官饭";要么通过苦做,靠手艺赚"铜钿"。不论是哪种谋生方式,都离不开吃苦耐劳和精益求精的精神,书要读得最好,手艺要练得最精,耕种要最为精细,由此便形成了"苦文化"与"最文化"。

从社会现象层面来看,东阳的文化优势,最突出的就是教育之乡、建筑之乡、工艺美术之乡"三乡文化"。在精神层面"苦文化"和"最文化"优势的孕育下,东阳"耕读文化""建筑文化"和"木雕文化"等社会现象层面的文化优势逐渐凸显。一是形成了"耕读文化"。一批批"东阳马生"勤学苦读、学优则仕,历代考中进士的有300多名,到了近现代,耕读之风不减,早在1989年,东阳就被《人民日报》誉为"百名博士汇一市、千位教授同故乡",现在更是人才济济,成就了东阳"教育之乡"的美名。二是形成了"建筑文化"。一批批"东阳工匠",走南闯北、匠心苦作,形成了独具特色的"东阳帮",宫廷建筑、徽派建筑都有东阳工匠的烙印。改革开放以来,在建筑文化浸润影响下,东阳建筑再创辉煌,成就了东阳"建筑之乡"的美名。三是形成了"木雕文化"。一批批"东阳匠人",苦练手艺、精益求精,东阳木雕成为全国四大木雕之首,东阳竹编巧夺天工,其他工艺美术也是百花齐放,成就了东阳"工艺美术之乡"的美名。

可以说,"苦文化""最文化"以及"耕读文化""建筑文化""木雕文化"是东阳文化优势的集中体现。

(二)文化优势转化为发展优势的东阳探索

文化是历史的积淀和传承,文化也蕴含着巨大的创造力、生产力。如何把文化优势转为化实实在在的发展优势,促进经济社会更好更快发展,这方面东阳已经做了一些探索,并取得了一定成效。

1.影视文化产业横空出世。横店影视是无中生有的奇迹,其源泉和动力正是东阳的"三乡文化"。1996年,著名导演谢晋筹拍香港回归献礼片《鸦片战争》,但一直找不到合适的拍摄场景,这时横店伸出了橄榄枝。作为"建筑之乡"的东阳,仅用三个月时间就兴建了建筑面积6万多平方米、气势恢宏的"十九世纪南粤广州街",为电影拍摄赢得了宝贵时间。作为"工艺美术之乡"的东阳,有着一大批精工善艺的"工匠",能够很快为剧组制作所需道具,而且无论什么道具都难不倒东阳的手工艺人,这也为影视文化产业的发展提供了支撑。作为"教育之乡"的东阳,骨子里就有尊重文化、尊重人才的传统,所以对前来拍摄的剧组都免收场租费,而且对剧组的服务、对影视人才的尊重也做到极致,使横店在众多的影视基地中声名鹊起。如今,横店影视城已拥有28个大型景区,13座大型摄影棚,每天的影视剧组达三十多个;横店影视文化产业实验区吸引了华谊兄弟等1000多家影视企业入驻,年产值超过200亿元,被称为"东方好莱坞"。

2.文化旅游产业蓬勃兴旺。东阳境内没有名川大山,没有奇树异石,自然旅游资源并不丰富。但东阳依托文化优势,通过把文化资源优势同旅游相结合,构成了一个多门类、多层次的旅游市场,使得文化旅游业迅猛发展。一是影视文化产业的兴起带动了文化旅游业的发展。横店影视城被授予国家首批5A级旅游景区,成为国内最成功的影视旅游景区。二是依托"木雕文化"打造中国木雕博物馆。这是国内首个国字号的木雕博物馆,全面重现了中国木雕的发展历史和辉煌过去,展示了木雕艺术与日常生活的关系,陈列了古今木雕大师的各类精品,巧夺天工,令人叹为观止。三是做好古建筑文化保护利用文章。卢宅肃雍堂是东阳古民居建筑的杰出代表,堪称"中国民间第一宅",有"北有故宫、南有肃雍"之说。东阳在做好保护的同时,积极与复星集团合作开发利用,共同探索古建游的新模式。四是积极挖掘东白山的山水资源和道教文化,打造旅游度假休闲的新版块。2017年,全市接待游客超过2200万人次,旅游收入近200亿元。

3.东阳建筑再续辉煌。虽然东阳建筑文化的优势在于传统营造技艺,但改革开放以后,东阳人通过传承发扬"追求极致、要做就做最好"的"最"文化,以及"能吃苦、善学习、有闯劲、懂经营"的建筑文化,走南闯北,承揽业务,建筑业迅速发展壮大。浙江广厦是从东阳走出去的首家建筑业上市公司,中天建设位列中国民营建筑企业第一位。截至目前,东阳有建筑企业325家,其中建筑施工总承包特级企业6家,一级企业67家,建筑企业施工队伍遍布全国各地和境外20多个国家和地区。2011年被浙江省命名为首批"建筑强市",2012年被授予"中国建筑之乡"称号。2017年建筑业产值达到2573亿元,连续九年位居全国县(市)级首位。

4.木雕红木产业繁荣发展。改革开放以前,东阳木雕一直是我国出口创汇的重要工艺品。但工艺品的市场有限,产值和产量不大。进入21世纪以来,东阳匠人将东阳木雕融入红木家具的生产制作中,使东阳木雕红木家具独具特色,受到了消费者的广泛青睐,木雕红木产业得到迅速发展。作为中国传统文化的代表之一,东阳木雕红木家具及其装饰品还先后亮相于北京APEC会议、G20杭州峰会、厦门金砖国家峰会等国际会场,惊艳世界。目前,东阳有木雕红木家具企业将近2000家,供、产、销体系基本形成,年产值超200亿元。东阳也先后被命名为"世界木雕之都”“全球木雕产业合作基地”“中国红木(雕刻)家具之都”。

5.人才优势助力产业发展。目前,有东阳籍院士12人,高校校长、科研院所领导100多人,博士1100多人,教授10000多人,还有一大批优秀的东阳籍企业家,据统计,东阳籍企业家实际控制的上市企业有37家。潘建伟、郭广昌等就是其中的杰出代表,这些人才都直接或间接地在为家乡的转型发展提供支撑。像以潘建伟院士为代表的科研专家,不仅科研成果做得好,而且都致力于科研成果的产业化,有些成果已在东阳转化投产。比如,以郭广昌为代表的企业家,大力支持家乡发展,一大批项目回归家乡,像中国木雕城就是复星集团牵头投资兴建。

三、东阳打通文化优势转化为发展优势通道的经验启示

*一要尊重、珍惜和发挥以文化为动力和底蕴的群众的首创精神。*人民群众是文化精神的传承者,是把文化优势转化为产业的探索者。以徐文荣为代表的横店集团老一辈创业者开创了影视文化产业,陆光正等一大批木雕工艺美术大师推动了木雕和家具的完美融合。文化产业发展的最强动力来自民间,而且来自民间的以文化为支撑的创造力效率最高、优势为强、也最接地气。作为政府来说,一方面要悉心呵护发端于民间的文化创造,既不能主观臆断轻易否定,也不能自以为是拔苗助长。另一方面还要积极鼓励,充分调动人民群众开展文化创造的积极性。

*二要注重顺文化优势而为、趁文化优势而上。*民间自发的文化优势转化到了一定的阶段,就会出现停滞不前、无序发展等局限,这时就需要政府有形之手来进行统筹、扶持、引导、规范、提升。如为支持横店影视文化产业,政府安排了3万多亩土地用于建设影视基地,接近东阳全市工业用地之和。影视文化产业从横店一镇发展到东阳全域,从拍摄基地集中到影视企业集聚,都是政府有形之手在发挥作用。再如东阳的红木家具产业,经过十几年的发展,低小散乱问题突出,已经危及了行业的健康。东阳市委、市政府及时果断地采取了一系列规范提升行动加以引导,推动行业可持续发展。此外,除了对已经转化或正在转化的优势进行引导外,还要对本地潜在的文化优势进行深入透彻地分析,引导社会力量重点在这些领域进行探索,这也是“八八战略”优势论的要求。

*三要创新和弘扬与文化优势相匹配的体制机制。*依托于文化优势的产业发展到一定的规模时,政府原有的体制机制在行业规划、管理等方面就会显得捉襟见肘、力不从心。这时就亟须政府进行体制机制改革,建立协调管理机构、构建产业发展平台、完善产业配套体系,加大政策扶持力度。如针对影视文化、建筑、木雕红木家具三大产业,东阳专门组建了横店影视文化产业实验区管委会、建筑业管理局和木雕红木产业管理办公室,整合相关部门的职能于一体,集中做好行业的管理与服务工作。东阳还在全国首创成立了建筑业犯罪侦查中心、建筑业巡回法庭、建筑业“店小二”服务中心、影视产业服务中心等,为相关产业发展提供全方位服务。针对东阳旅游业的特点,2016年就把文化局和旅游局进行了整合,成立了文化旅游委员会。同时,东阳还专门成立文化产业发展基金、建筑业转贷资金、红木家具产业扶持资金、“横漂”演员工会等,在资金和人才等方面给予扶持。

*四要强化融合发展,推动文化在更广的发展领域发挥作用。*文化只有与产业融合才会更有生命力。同样,产业只有加上文化的翅膀才会更有创造力。东阳的实践还说明,打开文化优势转化为发展优势的通道,不能仅仅局限于做文化产业,更重要的是要跳出文化用文化,要统筹做好“+文化”和“文化+”两篇文章,树立做什么都要做出文化和做文化就是做产业的理念,进一步发挥文化的引领、凝聚和助推作用。一方面要做好“文化+”文章。依托文化资源,发挥文化优势,把文化优势直接转化为文化产业。比如,通过木雕文化+红木,建筑文化+建筑,三乡文化+影视,形成了独具特色的木雕红木、建筑、影视文化等优势产业。另一方面要做足“+文化”文章。树立“+文化”理念,让各行各业都做出文化,加强文化自觉,展现文化自信,这样也才能更有生命力。比如,东阳的旅游产业,通过旅游+影视文化,旅游+木雕文化,旅游+建筑文化,旅游+生态文化,形成了影视文化游、木雕红木游、古建文化游、生态文化游等特色旅游业态。

*五要保护文化资源、夯实文化基础、提炼文化要素。*没有文化资源,文化优势转化为发展优势也就无从谈起。要通过整合、提升、展示、宣传本地的文化品牌和文化优势,推动文化建设。一要做好文化遗产保护。加强对文保单位、文保点等不可移动文物的保护,保持或恢复文物生存环境。抢救保护古宅、古道、古桥、名人故居等传统文化载体,形成“名宅、名艺、名人”保护体系。全面挖掘整理非遗资源,形成具有特色的非遗保护目录体系,提升文化遗产的丰厚度、可见性和延续性。二要做好文化精品展示。加快文化设施建设,搭建文化交流平台,做好文化展示宣传。引导和鼓励发展民间博物馆、收藏馆、个人作品精品馆、企业文化馆、产品馆,推动文化资源转化为文化产品。三要做好文化精神传承。充分发挥图书馆、文化馆、博物馆等场所作用,打造传统文化日常教育培训平台。同时,依托“文化园地、文化广场、文化礼堂”等平台,开展传统文化主题教育活动,营造浓厚的文化氛围,并形成推动文化发展的共识。比如,通过全方位挖掘,东阳已总结提炼了教育文化、影视文化、建筑文化、生态文化、木雕文化、恐龙文化、古宅文化等20余种特色文化,并且专门建立市领导联系东阳特色文化挖掘保护传承利用工作制度,加强特色文化保护利用。此外,东阳还通过节会、媒体等不断加大特色文化宣传力度,不断打响特色文化品牌。

大事记

1月

1日 市惠民公交公司联合交通银行金华东阳支行推出“银联云闪付”，推行公交移动支付功能，首批吴宁东路、吴宁西路上的1路公交车进行手机移动支付试运行。

8日 市文旅投资发展有限公司卢宅爱必依景区分公司揭牌暨景区委托管理签约仪式新闻发布会在卢宅太和堂举行。市政府与上海复星爱必依旅游发展有限公司开展旅游开发、景区营销、旅游服务、景区管理等全方位合作。

是日 市政府重新公布东阳市征地补偿最低保护标准，决定自2017年11月1日起，征地补偿最低区片综合价仍按《东阳市人民政府关于调整完善征地补偿安置政策的通知》（2014年）执行。

是日 在北京人民大会堂召开的2017年度国家科学技术奖励大会上，东阳籍科研工作者金黎平、奚国华、朱丹华、陈杭君、胡福良获奖。

9日 国务院安委会省级政府安全生产工作考核组到东阳市考核2017年安全生产工作。

是日 横店圆明新园召开专题研讨会。《人民日报》、新华社等15家全国知名媒体，以及来自全国各地的100余家旅行社和网络运营商负责人与会。

是日 在美国举行的量子电子物理学大会上，东阳籍科学家潘建伟被授予国际激光科学和量子光学领域大奖——兰姆奖，潘建伟是第三位获该奖项的中国籍科学家。

12日 市政府召开常务会议，明确从2017年12月1日起，东阳市最低月工资标准由上年的1660元调整为1800元，非全日制工作最低小时工资标准由15.2元调整为16.5元。

14日 由浙江省木雕红木家具产品质量检验中心负责筹建的国家木雕及红木制品质量监督检验中心（浙江）通过由中国合格评定国家认可委员会和国家认证认可监督委员会组织的CNAS实验室认可及国家质检中心资质认定三合一现场初次评审。

是日 民政部发布《关于确定首批全国农村幸福社区建设示范单位的通知》，南马镇花园村被评为“全国农村幸福社区建设示范单位”。

23日 东阳市第一针四价宫颈癌疫苗在东阳市妇女儿童医院五星级预防接种门诊接种。疫苗的价格为889.2元/支，接种程序为0月、2月、6月各接种一针次，接种过程为半年。

24日 在湖南省张家界市举行的2017全国报刊广告经营工作总结大会上，东阳日报社在“金推手”奖评选中获“经营管理优秀团队奖”。

25日 东阳市干部教育现场教学基地授牌及本土师资授聘仪式在东阳市委党校举行。东阳市有干部教育现场教学基地16家，本土师资库人员53人，28名市内师资人员被东阳市委党校聘为东阳市干部教育特聘教师。

28日 浙江花园新能源有限公司总投资45亿元的年产5万吨高性能铜箔项目启动，是东阳市工业实体经济投资最大的项目。

29日 东阳农商银行存贷总额超500亿元发布会暨2000万元“阳光·助教基金”成立仪式在市行政中心举行。

是日 东阳市发布《东阳市中小企业市长科技创新奖管理办法》，每年财政支出300万元奖励10家入选企业。

是月 东阳市成功创建“浙江省教育基本现代化市”。

是月 东阳市入选首批全国农村社区治理实验区，为期三年（2018年1月~2021年1月）。

2月

1~3日 中国人民政治协商会议第十四届东阳市委员会第二次会议举行。

1~4日 东阳市第十五届人民代表大会第二次会议举行。

6日 省卫计委党组书记、主任张平到东阳市横店镇中心卫生院龙山凤社区卫生服务站、六石街道社区卫生服务中心、市人民医院，对医共体建设、运行效果及相关工作开展情况进行实地调研。

7日 拥有房屋建筑工程总承包一级、市政公用工程总承包二级资质企业——浙江唯扬建设有限公司，在市总部中心创立。

8日 省“无欠薪”试点县市考核验收组到东阳市对“无欠薪”试点县市创建工作进行考核验收，召开省

“无欠薪”试点县市考核验收工作汇报会。

是日 市工艺美术行业协会第三届第二次理事大会在市行政中心召开。市工艺美术行业协会对陆光正、黄小明等先进个人和单位予以表彰，授予陆光正、冯文土、吴初伟、卢光华、何福礼、黄小明、陆润德、徐圣文等为协会终身会员。

18日 中国木雕博物馆实行全年免费对外开放。

24日 浙江省委农村工作会议在杭州市召开，会议表彰2017年社会主义新农村建设优秀单位，东阳市获评2017年社会主义新农村建设优秀县(市区)。

27日 湖溪镇郭宅一村象田自然村被省林业厅命名为“浙江最美赏花胜地”。

3月

1日 省政府批复同意建立东江源省级自然保护区，成为东阳市首个省级自然保护区。

6日 首届中国(东阳)夏凉枕头小件产品博览会暨全国席品交易会在南马镇东湖村开幕，为期6天。

8日 十三届全国人大一次会议浙江代表团全体会议上，省长袁家军提到浙江改革发展的“七张名片”，其中重点举例介绍横店影视基地。

9日 金华市委书记陈龙到东阳市横店镇考察影视文化产业实验区、浙江联宜电机有限公司、横店集团东磁股份有限公司，了解影视文化产业发展、智能制造、新能源开发建设等情况。

13日 国家新闻出版广电总局电影局副局长李国奇到东阳市横店镇调研影视文化产业发展情况，组织召开专题调研座谈会。

14日 国家人力资源社会保障部、中国轻工业联合会和中华全国手工业合作总社发布《关于表彰全国轻工行业先进集体劳动模范和先进工作者的决定》，东阳市东艺工艺品有限公司总设计师施德泉(已故)获“全国轻工行业劳动模范”称号。

16日 浙江大学材料科学与工程学院和浙江花园新能源有限公司战略合作签约仪式在南马镇花园村举行。

19日 东阳市双辽市对口合作座谈会在市行政中心举行。双方签订《东阳市人民政府双辽市人民政府对口合作框架协议》。

20日起 全市行政区域范围内全年禁止燃放烟花爆竹，东阳市进入“全面禁燃”新时代。

21日 市政府与物产中大集团签订战略合作协议。双方在水务、环保、河道治理等公用事业领域开展合作。

22日 由浙江交工承建的金义东市域轨道交通05标段东明隧道进行首次爆破作业，开启双隧道施工状态。

23日 东阳市木雕红木家具行业环保整治领导小组办公室发布《关于开展东阳市木雕红木家具企业环保整治的通告》，决定在全市开展木雕红木家具企业环保专项整治工作。

24日 横店通用机场通航首飞。由市政府、横店集团控股有限公司主办的“航空+影视+旅游”发展研讨会在横店镇举行。

26日 全市教育系统组织召开“不忘初心忠诚事业、牢记使命教书育人”大讨论动员会。

28日 由市科技局主办的浙江大学专家教授东阳行·智能制造科技对接会在科技大市场举行。

29日 在全省建设平安浙江工作会议上，市长姚激扬在杭州主会场捧回“平安金鼎”。东阳市平安建设连续12年创“平安市”

30日 全市农村生活垃圾分类工作现场推进会在湖溪镇举行。全面推行湖溪镇垃圾分类3.0版试点经验。

是日 全国政协常委、副秘书长、提案委副主任、九三学社中央副主席赖明到东阳市考察乡村文明建设等情况。

是月 黄小明木雕精品展在省博物馆展出。展期至5月6日。

是月 东阳市企业退休(职)人员养老金预发执行新标准，企业退休(职)人员养老金计发与退休时全省上一年度在岗职工平均工资、当年个人账户记账利率、当年退休人员计发办法有关。

4月

1日 2018“中行杯”横店马拉松开跑。国内外2.5万名选手参赛。

3日 金华市重大项目集中开工仪式在南马镇花园村举行。金华市参加集中开工活动的重大项目63个，总投资769亿元。东阳市参加集中开工的项目7个，总投资110.2亿元。

3～4日 水利部督查组到东阳市横锦水库、城东街道李宅社区、江北街道浪坑溪等地，检查治水和河长制工作落实情况。

4日 在省文明办召开的全国文明城市创建座谈会上，东阳市获由中央精神文明建设指导委员会下发的“全国文明城市提名城市(县级)”证书。

10日 千祥镇秀溪村发生重大森林火灾，过火面积11.4公顷，受害面积5.7公顷。

13日 市市场监管局向韩国壁得友国际股份公司东阳代表处的委托代理人江女士发放登记证和首席代表证。该代表处是外商投资企业登记权限下放后，市市场监管局核准的首家外国企业常驻代表机构。

18日 “乡村振兴·歌画东阳”大讨论、大比武、大展示主题实践活动启动仪式在南马镇花园农村综合改革集成示范区项目现场举行。

是日 全市医疗保险工作会议召开。对基本医疗保险有关政策进行三方面调整。从2019年1月1日起，市基本医疗保险的医疗保险结算年度调整为自然年度(每年1月1日至12月31日)；除基本保费外，增加选缴保费(最多可缴纳3份)的选项；将农村妇女符合条件的住院分娩医疗费用纳入城乡居民基本医疗保险支付范围。

是日 全国文明城市创建动员大会召开，会议对市卫生城市复审工作进行总结表彰，向全市人民发出创建全国文明城市的动员令。

19日 横店轨道交通项目签约仪式在横店四共委举行。

是日 由中华全国农民报协会、农民日报社、南马镇花园村主办的2018中国(花园)乡村治理高峰会议在南马镇花园村举行。

20日 以“万人工匠、弘扬鲁班”为主题的2018中国·花园红木家具展销会在南马镇花园村花园红木家具城广场开幕。

24日 东阳市被中国专利保护协会评为“2017年知识产权领域最具影响力县域”,是金华市唯一入选的县级市。

是日 民政部党组成员、副部长顾朝曦到东阳市城东街道、南马镇,对东阳市农村社区治理工作进行调研。

26~27日 全省打赢蓝天保卫战工作现场会在东阳市召开,全省各地环保系统的180余名代表参加会议。

27日 西气东输东磐支线征迁工作动员会召开。东磐支线是省重点工程,东阳段管线长38.65千米,涉及吴宁街道、城东街道、横店镇、湖溪镇、马宅镇、千祥镇6个镇街的20个行政村、36个自然村。

是月 东阳市2人入选省首批“万人计划”。浙江新东阳木雕有限公司黄小明入选传统工艺领军人才,浙江联宜电机有限公司方广忠入选高技能领军人才。

是月 东阳籍物理学家、首届世界东阳人发展大会形象大使潘建伟入选《时代周刊》2018年全球一百位最具影响力人物名单。

是月 康熙《新修东阳县志》简体版点校本由西泠印社出版社出版。

5月

3~5日 市委书记黄敏率队赴四川省阿坝藏族羌族自治州理县,对接调研扶贫协作工作。

4日 市第十五届政府第二十五次常务会议审议通过废止《东阳市知名商标认定和管理办法》。

7日 来自阿联酋、意大利、俄罗斯等30余个国家和地区的第二期浙江省海外示范性侨团侨领高级研修班54名学员到东阳市考察。

12日 东阳教授博士联谊会杭州分会成立。大会审议通过《东阳教授博士联谊会杭州分会章程》,产生第一届理事会成员和联谊会领导班子。

14日 中国轻工业联合会公布第七届中国工艺美术大师名单。施德泉、徐土龙、包天伟3人上榜。

21日 东阳人王磊获“创青春”浙江省第十一届“挑战杯”大学生创业大赛金奖。

25日 罗马尼亚苗韦尼市市长伊昂·杰奥杰斯库到东阳市走访参观陆光正创作室。

26日 东阳市最南端的千祥镇岭脚村,经南马至城区的城乡公交车开通,路程约50千米,结束岭脚村没有直达东阳城区公交车的历史。

30日 市人民调解协会成立大会暨第一次会员代表大会举行。

是日 西气东输东磐支线开工仪式在湖溪镇上红湖村南湖田举行。

是日 首届中国(东阳)香文化论坛在东阳中国木雕城国际会议厅举行。

31日 第四届中国(东阳)木雕红木家具交易博览会开幕。该届红博会以“买红木 到东阳”为主题,为期4天,由东阳中国木雕城和市红木家具市场联合承办,在东阳中国木雕城国际会展中心设置4个展厅。

是月 住建部等部门发文同意444个中国传统村落技术文件备案并列入2018年第一批中央财政支持范围。巍山镇白坦村、虎鹿镇厦程里村入选,每村获中央财政300万元补助。

6月

5日 省委、省政府表彰2017年度美丽浙江建设和五水共治工作考核优秀单位,东阳市被授予2017年度浙江省“五水共治”(河长制)工作优秀县(市、区),再获“大禹鼎”。

是日 恢复高考后东阳市首次出现小语种考生,为26名报考日语考试科目的考生设置考场。

17日 市长姚激扬带领有关部门负责人到城东街道斯村,对省重大产业项目——市富坤省级农副产品物流园区建设情况进行调研。

25~26日 由省农业厅、省农科院、市政府联合举办的2018年浙江鲜食玉米品鉴大会在东阳玉米研究所召开。

是日 由省人大常委会原副主任厉志海带队的省十三届人大代表金华中心组第二小组到东阳市横店影视文化产业实验区展厅、横店通用机场,以及爱国主义教育基地圆明新园、横店影视城等影视拍摄基地,对影视产业发展情况进行考察调研。

27日 在2018世界竹藤大会上,东阳市的黄学敏、卢光华、何福礼获“亚太地区竹工艺大师”称号。东阳市有3人被授予“亚太地区竹工艺名匠”,3人被授予“亚太地区竹工艺工匠”,4人被授予“亚太地区青年竹工艺师”称号。

30日 四川省阿坝藏族羌族自治州理县党政代表团在县委书记依当措带领下到东阳市对接考察、学习交流。

是月 东阳木雕小镇旅游专项规划暨创建国家AAA级旅游景区提升规划评审会召开。专家组原则同意通过评审。

7月

4日 省检察院党组书记、检察长贾宇到南马镇花园村实地走访花园村便民服务中心、党群服务中心、综合信息指挥中心以及花园村史馆,了解花园村“最多跑一次”改革、“基层党建+社会治理”、基层民主法治建设等方面的情况。

12日 金华市首个港澳青年影视交流实践基地在横店影视学院成立。

13日 东阳市召开“乡村振兴·歌画东阳”大比武现场推进会。

16日 全国首家影视产权交易中心——浙江横店影视产权交易中心正式运营。

是日 东阳籍海外华裔及港澳台

地区青少年"中国·东阳寻根之旅"开营仪式在中国木雕博物馆举行。

18日 《茶问东阳》首发仪式暨市茶文化研究会一届五次理事会议在和品茶馆举行。

20日 国家税务总局东阳市税务局挂牌成立，原东阳市国家税务局、东阳市地方税务局正式合并。

23～24日 红色精神走进新时代全国图片展巡启动仪式暨首届红色文化与影视传播高峰论坛在横店镇举行。

26日 东阳市"六比六看"重大项目推进暨小微园项目集中开工仪式在经济开发区举行。

是日 东阳市横店演艺人员联谊会在横店腾讯众创空间成立。

28日 在浙江省农业厅主办的"2018浙江精品果蔬展销会"上，东阳市参展的四季田园蔬菜专业合作社的番茄被评为金奖。

30～31日 吴明红、潘德炉、任其龙、马紫峰4名东阳籍院士专家（提名）的科研项目通过2018年度国家科学技术奖初评。

8月

1日 东阳市孤儿养育标准进行调整。其中，机构孤儿2060元/月、社会散居孤儿1648元/月，比原标准分别提高8.25%、44.31%。

是日 省委常委、常务副省长冯飞到东阳市横店影视文化产业实验区展厅、华夏摄影棚、横店集团普洛药业股份有限公司、横店通用机场、花园新能源有限公司、中国木雕博物馆进行指导，检查安全生产工作。

3日 世界东阳人联谊总会代表会议召开。会议选举产生东阳市乡贤联谊总会班子成员，王正明当选会长。

6日 东阳文化大讲堂开讲。文化大讲堂邀请省文明办副主任王先中作《全力高标准推进，全面高水平提升》为主题的全国文明城市创建专题辅导报告。

9日 东阳红木创业园项目在南市街道大联村举行开工奠基仪式。

10日 金丽温省级天然气管道金衢段配套管道工程东阳支线投产，东阳市进入天然气时代。

13日 六石街道社区卫生服务中心主任助理、主管护师陈雯获全省卫生计生系统十大"最美天使"称号。

14日 三门至婺城公路东阳南市至画水段改建工程通过初步设计审查。项目起点位于南市街道梨枫村附近，顺接在建的217省道，终点位于画水镇陆宅村附近，与金义东公路相接。

18日 2018首届中国横店横漂节在横店镇万盛街举行。

是日 "夜游东阳"项目游船画舫开放。

21日 金华市儿童入学启蒙礼现场观摩会在虎鹿镇蔡宅村举行。

23日 省政协副主席马光明到横店镇腾讯众创空间和影视产权交易中心，调研"委员会客厅"创建相关事宜。

27日 南马镇花园村99米高的花园雷迪森大世界结顶，浙江村级第一高楼诞生。

29日 巍山镇甲坵村"同心"爱国主义教育实践基地举行授牌仪式。

30日 2018年浙台婚姻家庭文化之旅活动开幕仪式在东阳市举办。

31日 东阳市全面完成木雕红木家具企业环保联合验收。

是月 在省人大常委会首次开展的"浙江人大工作与时俱进奖"评选活动中，东阳市人大常委会探索实践的代表约见制度获十大优秀奖之一，该奖项是浙江省人大系统"最高奖项"。

9月

1日 "智汇东阳——人才新政新闻发布会"在浙江大学玉泉校区召开，发布人才新政18条，覆盖人才引进、培育、服务、激励等各个环节。

2日 39省道改建工程土建一标开工。39省道十里头至官清段改建工程全长15.6千米，采用一级公路双向六车道标准，设计速度为80千米/小时，概算总投资16.3亿元。

3日 抗战胜利73周年纪念日暨民间抗战藏品专题展在东阳市博物馆开展。专题展精选民间收藏的抗战时期的相关抗战文物，包括票据、货币、老照片、证书、勋章、教育史料、地图、书籍报刊等180余件展品。

7日 市委党史研究室（市地方志办公室）在新华书店举行新书发布会，展示最新史志研究成果。

8日 由生态环境部宣传教育中心举办的"中国青少年生态环境教育与竹文化交流"调研活动在东阳市举行。

10～16日 由中国篮球协会主办，省篮球协会承办，市体育局、浙江横店体育发展有限公司协办的全国篮球高水平后备人才基地U15男子篮球决赛在横店镇开赛。

16日 东阳教授博士联谊会上海分会在沪成立。

19日 在2018年全国年鉴研讨会暨中国地方志学会年鉴分会年度会议、第二届全国年鉴论坛会上，《东阳年鉴（2016）》获特等年鉴（县区级综合年鉴）荣誉，东阳市为全省唯一获此荣誉的县级市。

19～20日 2018年浙江省家具制作职业技能竞赛暨2018年中国技能大赛——全国家具制作职业技能竞赛浙江东阳赛区选拔赛在东阳中国木雕城开赛。

20～21日 省纪委、省监委驻省财政厅纪检监察组长徐首红带领的省扶贫领域腐败和作风问题专项治理督导调研组到虎鹿镇、佐村镇、三单乡等地进行调研。

21日 东阳市中医院举行迁建工程项目开工仪式。项目总用地面积7.89公顷，床位数600张，总投资4.7亿元，工程建设周期5年，拟于2022年建成交付使用。

25日 浙江大学富硒香米示范基地在佐村镇香溪村揭牌。

是日 在省第十六届运动会上，东阳市运动员获5金2银。周琦获女子200米第一名、女子异程接力第一名、女子4×400米第二名，张科贻获女子200米栏第一名，蔡晨宇获女子800米第一名、女子4×400米第一名、400米第二名。

27日 南上湖至郭宅公路改建

工程建成通车。该路段全长5.2千米,总投资1.65亿元,按一级公路双向四车道标准设计,设计时速为80千米,路基宽度为24.5米。

是日 金义东市域轨道交通工程客运中心站至八华南路站盾构区间地下隧道贯通。隧道总长692米。

是日 由市委宣传部、东阳日报社主办的纪念改革开放40周年、东阳撤县设市30周年座谈会暨《跨越》首发仪式在东阳宾馆举行。

是日 横店通用机场改扩建项目签约。

30日 首届"中国农民丰收节"系列活动——东阳市秋季乡村旅游节开幕式在城东街道李宅社区举行。

是月 在第十届"中华慈善奖"表彰大会上,中天集团和省红十字会联合开展的"母婴平安"项目被授予"中华慈善奖"慈善项目。

是月 广厦控股集团有限公司、中天控股集团有限公司、花园集团有限公司、海天建设集团有限公司4家企业入选"2018浙江省百强企业"。

10月

8日 东阳市行政服务中心新办事大厅启用。新办事大厅有30余个部门进驻,涉及服务事项1400余项。

11日 东阳市智能制造产业研究院建设领导小组会议暨签约仪式举行,签约成立东阳市智能制造产业研究院。

是日 东阳市召开推动文化优势转化为发展优势工作推进会,全市以项目化载体化推进19个特色文化发展。

14日 由中国非物质文化遗产保护协会主办的"传承非遗·雕绘未来"——中国非物质文化遗产保护协会木雕专业委员会成立大会在东阳市召开。选举东阳木雕国家级非遗传承人、中国工艺美术大师黄小明为木雕专业委员会主任。

20日 2018中国(横店)影视文化产业发展大会在横店镇召开。会议主题是"信心、情怀、担当"。

20~23日 2018中国文联文艺培训志愿服务项目——横店电影培训班在浙江横店影视职业学院举行。

29日 东阳市餐饮行业协会成立。东阳宾馆董事长郭选席当选市餐饮行业协会第一届理事会会长。

是月 由中小城市经济发展委员会、中小城市发展战略研究院、中小城市发展指数研究所、中城国研智库等机构联合推出的第十四届中国中小城市科学发展指数研究成果暨"2018全国综合实力千强镇"榜单中,东阳市横店镇、南马镇分列29、827位。

是月 东阳市引进蒙晟建设有限公司,蒙晟建设有限公司为全市唯一一家全国资的一级建筑企业。

11月

2日 2018年东阳市机关运动会开幕。

4~6日 市长姚激扬带领相关部门单位负责人及企业代表赴四川阿坝州理县考察对口帮扶工作。

5日 由东阳市中国工艺美术大师陆光正为上海国家会展中心创作的东阳木雕——《锦绣中华》亮相中国国际进口博览会。《锦绣中华》为浙江省唯一入选首届中国国际进口博览会的作品。

是日 东阳天祥建设集团股份有限公司经住房和城乡建设部审核批准,成为建筑工程施工总承包特级资质企业。

6日 金义东市域轨道交通项目体育馆站至东阳横店高铁站的山岭隧道——"体东隧道"全线贯通。

10~12日 2018中国职业教育国际化与区域发展论坛在浙江广厦建设职业技术学院召开。来自全国各地的300余名职教界专家学者与会。

11日 湖溪镇象田自然村被中国生态文化协会评为2018年度"全国生态文化村",是金华市唯一的生态文化村。

12日 市长姚激扬会见刚果(布)林业部长罗莎莉·马东多率领的代表团,共同参加在浙江广厦建设职业技术学院召开的2018级刚果(布)留学生开学典礼。

13日 金华银行东阳支行与浙江东阳木材交易中心有限公司签订授信业合作协议,双方达成8000万元授信意向。

15日 第十三届中国(东阳)木雕竹编工艺美术博览会暨中国(东阳)木雕红木产业发展大会开幕。

24日 首届中国·东阳生态廊道自然流域垂钓大赛在歌山镇林头村段开幕,来自全国20余个省份的1944人参赛。

28日 中国民主促进会东阳市基层委员会召开成立大会,楼红霞当选为主委。

29日 首届农村家宴厨师"东阳味道"评选活动在歌山镇凤凰谷度假村开赛。

是日 全国影视烟火安全管理工作现场会在横店镇举行。

30日 城区、横店农房集聚区电脑摇号产生第一轮次安置顺序号活动在市委党校举行。

是月 东阳香榧入选浙江省食品药品监督管理局主办的"传统作坊家乡美食"2018老百姓喜爱的浙江传统特色食品。

是月 东阳市14人上榜省经济和信息化厅、省人力资源和社会保障厅公布的第六届省工艺美术大师名单,其中11人从事工艺雕刻、2人从事工艺编结、1人从事工艺家具。

12月

3日 东阳市艺苑普法协会成立大会召开。市艺苑普法协会是全省首个法治文艺宣传志愿者协会,会员代表90人。

3~9日 由省委宣传部主办的第五届农村文化礼堂"我们的村晚"节目选拔大赛在横店镇举行。来自全省各地的99支代表队参加,东阳市有4支代表队参赛。

4日 东阳市人民医院加入国家药品不良反应监测哨点联盟,成为金华市首个国家级药品不良反应监测哨点医院。

5日 民盟东阳市基层委员会成立30周年纪念大会召开。

6日 市政府制定《关于进一步减轻企业负担增强企业竞争力的若干意见》,降本减负56条。

11日 2018"横漂"才艺大比拼之"横漂剧星"选拔大赛总决赛在横店华夏文化园景区召开。

是日 浙江省新农村建设促进会专家组到六石街道张麻车小区、北后周村和下石塘自然村等地,调研乡村振兴工作相关情况。

是日 中国旅美科协考察团到东阳市考察人才工作。

12日 中国农工民主党东阳地方组织成立70周年纪念大会召开。

14日 2018年东阳中学复星教育基金颁奖大会召开。东阳中学复星教育基金各奖项发放奖金102.1万元。

18日 在北京市召开的庆祝改革开放40周年大会上,东阳籍科学家潘建伟获"改革先锋"称号。

20日 联谊电机院士专家工作站获评2018年"全国模范院士专家工作站"。

21日 市政府与浙江工商大学全面战略合作签约仪式在浙江工商大学行政中心举行。

是日 东阳市第二污水处理厂一期二阶段扩建工程开工。东阳市第二污水处理厂一期工程设计规模日处理污水能力4万吨,总用地面积66484平方米。其中一阶段于2017年运行,日处理污水能力2万吨。

23日 首届东阳大爽古山道越野赛在巍山镇大山村大爽自然村举行。来自东阳市和周边县市的500余人参加。

24日 金华市经信委、金华市财政局组织专家对东阳市"省级'两化'深度融合国家综合性示范区"建设进行验收。东阳市成为金华地区首个通过验收的示范区。

是日 由市文旅办主办,市文旅投资发展有限公司卢宅爱必依景区分公司承办,市文化馆、市非遗中心和市卢宅美术馆协办,以"故梦新启,拾文承遗"为主题的东阳卢宅文化节启动,该活动为期9天。

26~27日 金华市语言文字工作委员会组成评估组,对东阳市推进语言文字规范化市创建工作进行评估验收。评估组认定东阳市达到浙江省区域推进语言文字规范化县(市)的标准,东阳市成功创建为浙江省区域推进语言文字规范化市。

27日 东阳市3个交通建设项目在江北街道临江社区湖田小区举行集中开工仪式。

28日 浙江东华通用航空有限公司CCAR-135部(《小型航空器商业运输运营人运行合格审定规则》)运行合格证颁证仪式在横店通用机场举行。东华通航成为CCAR-135部新规实施后,省首家获得该资质的通航企业。

是月 中天建设集团承建的绿地广场(郑州会展宾馆)入选中国建筑业协会发布"改革开放40年百项经典工程"。

是月 东阳农商银行连续第6次获省公安厅通报表彰的2018年度省级平安单位。

是月 东阳市妇女儿童医院院长郭兰中入选省卫生健康委、省人力社保厅、省中医药管理局公示的第七批省级名中医名单中,是金华地区和全省妇幼机构唯一入选者。

是月 中天集团获2018~2019年第一批中国建设工程"鲁班奖"。东阳市建筑企业累计创"鲁班奖"41项。

是月 东阳农商银行发票申领自助终端投入使用,成为东阳市首家布放发票申领自助终端的金融机构。

是月 东阳籍科学家潘建伟主导完成的"墨子号"量子科学实验卫星洲际量子密钥分发研究成果,上榜美国物理学会下属《物理》(Physics)网站公布2018年度国际物理学领域的十项重大进展。

是月 横店影视产业协会社会组织党群服务中心入选"全省首批35家社会组织党群服务中心示范点"。

(东 鉴)

2018年12月27日,东阳市交通建设项目在江北街道临江社区湖田小区举行集中开工仪式 (包康轩/摄)

东阳概览

地 理

【区域位置】 东阳市位于北纬28°58′08″～29°29′55″，东经120°04′17″～120°44′03″。地处浙江省中部、金华市东部。东、东南与磐安县相邻，南、西南与永康市接壤，西、西北与义乌市相连，北与诸暨市毗邻，东北与嵊州市为邻。东阳市人民政府驻江北街道江滨北街18号，距金华市区62.16千米。辖区东西最大距离71.6千米，南北最大距离56.1千米，总面积1746.81平方千米。

【地貌地势】 东阳境内以丘陵为主，占总面积的54.19%，平原占总面积的30.85%。会稽山、大盘山、仙霞岭延伸入境，形成三山夹两盆、两盆涵两江的地貌。地势东高西低，中部山峦自东向西，将境域分为南乡和北乡。境内最高峰东白山，主峰称太白峰，位于虎鹿镇北部边境会稽山脉，海拔1194.6米。全市最低点白云街道吴山村，海拔67米。

【河流水系】 东阳河流属钱塘江水系，境内主要河流东阳江、南江，主流走向从东向西。

东阳江，从东阳流经义乌、金华至马公滩入兰溪之水，统称东阳江，全长198千米，为钱塘江三大源流之一。东阳江发源于磐安县大盘山龙葱坞尖与岩坞尖之间的谷地（海拔929米），在磐安县境内长31千米。在东门乡新城村入境后称中江，东门至横锦段称锦溪。横锦至上陈，纳仙门溪称练溪。练溪流经歌山称歌溪；折而西行，经楼西宅、象溪滩、西宅到寀卢，称定安溪。到东阳市城北称东阳江。于白云街道的前村出境入义乌。东阳江在境内俗称北江，长57千米，集雨面积1124平方千米，主要支流20余条。

南江，又称画溪，发源于磐安县大盘山西南仰槽尖附近山谷，境内长72千米，集雨面积952平方千米。主流在马宅镇长庚村入境后入南江水库。出水库经西堆、清潭、至湖溪镇名湖溪。经上田、夏溪滩、半傍山，纳屏岩山水至荆浦村，名荆溪。过横店经方家、夏源、后大路、马坊、下园畈，名延弯。纳柽溪经泉府、南马、安恬纳磁窑溪始名画溪。经黄田畈、王坎头至南岸向西出境入义乌，在佛堂街道北汇入东阳江。

（东 鉴）

气 象

【概况】 2018年，东阳市气温比常年偏高，降水量偏多、降水日数偏多，日照时数比常年偏少。

春季，东阳市出现多次强对流天气。5月1日，遭遇雷雨大风、冰雹等强对流天气的袭击，东阳市发布史上首个冰雹橙色预警信号。2018年东阳市高温日数偏多，强度相对偏弱；5月，暑热登门早、范围广、强度强；5月15～18日出现大范围高温天气，如16日城区最高温度38.6℃，打破5月

2018年1月26日，东白山景区积雪 （市气象局提供）

2018年东阳市月平均气温、雨量、日照一览表

表1

时间要素	1月	2月	3月	4月	5月	6月	7月	8月	9月	10月	11月	12月	年平均/合计
平均温度(℃)	5.5	6.9	14.8	19.9	24.7	26.3	30.1	29.6	26.1	18.8	14.8	8.3	18.8
降水总量(毫米)	98.7	36.2	107.5	174.5	214.7	135.6	103.4	271.0	70.4	45.2	62.5	95.0	1414.7
日照时数(小时)	68.0	113.4	155.7	154.8	118.2	139.0	221.6	188.8	141.5	154.0	75.7	37.1	1567.8

极端最高气温纪录。6月20日至7月9日为梅汛期,梅雨形势不典型,系统性降水过程少且弱,全市面雨量170.9毫米,其中东阳国家气象站159.0毫米,比常年偏少36.7%;梅中有伏,6月25~28日出现一段(36℃~38℃)的晴热高温天气。

年内先后有6个台风影响东阳市,明显多于常年(常年3~4个),影响时间主要集中在7~8月。11~12月多降水天气,东阳城区雨(雪)日达38天,比常年同期偏多20.7天,雨(雪)日破历史纪录,居历史第一位;总降水量157.5毫米,比常年同期偏多35.4%;日照时数仅112.8小时,比常年同期偏少57.4%,日照稀少仅次于2015年。

【气温】 年平均气温18.8℃,较常年偏高1.2℃。年极端最低气温-4.3℃,出现在1月30日;年极端最高气温38.6℃,出现在5月16日,年内出现≥35℃的高温天气44天,比常年(34.6天)偏多9.4天;≥37℃的高温天气17天;≤0℃的低温天气21天,比常年(21.4天)偏少0.4天。

【雨量雨日】 年雨量1414.7毫米,比常年偏多0.9%。1月、4~5月、8月、12月比常年偏多,其余各月比常年偏少。年雨日179天,比常年偏多26.4天,除2~4月、6月雨日比常年偏少外,其余各月雨日比常年偏多。年内≥10.0毫米降水日数46天,比常年(45天)偏多1天;≥25.0毫米降水日数12天,与常年(14天)偏少2天;50毫米以上暴雨日1天,比常年(3天)偏少2天。

年日照时数1567.8小时,比常年(1771.4小时)偏少11.5%。

【灾害天气】 2018年1月下旬和12月末,东阳市分别出现低温雨雪冰冻天气。1月30日夜里到31日全市出现中到大雪,山区大到暴雪,积雪深度3~5厘米,山区5~8厘米,部分高海拔山区10厘米以上,30日城区极端最低气温-4.3℃;12月30日,全市普降中雪,山区中到大雪,积雪深度1~3厘米,山区4~6厘米,个别高海拔山区8厘米以上。低温雨雪冰冻天气对交通、农业、林业等带来一定不利影响。

3~4月,东阳市出现3次春季霜冻天气,分别是3月10日、3月22日和4月8日。4月8日,早晨气温较低,山区1℃~4℃,高海拔山区0℃~-3℃,霜冻天气给春茶生产造成严重损失。

受第14号台风"摩羯"影响,8月12~13日东阳市普降暴雨到大暴雨,全市平均雨量98.5毫米,最大降雨量出现在白云街道150.4毫米,部分地区出现5~7级阵风,三单乡毛埠头出现9级瞬时大风;8月13日凌晨,"摩羯"台风中心穿过东阳市。强降水对全市造成一定的损失,但同时缓解盛夏的高温、增加水库蓄水。

(徐　风　许江锋)

历史文化

【市名由来】 东阳市位于浙江省中部,"东阳"作为县名由来已久。东阳建县于公元195年(东汉献帝兴平二年),时称"吴宁县",取"吴地安宁"之义,治所在水门村(也作大门村)。三国吴宝鼎元年(266年),分会稽郡西部置东阳郡,治所在长山县(今金华)。《方舆胜览·婺州》载:以郡"在金华山之阳,縠水之东,因名东阳"。东阳一名始此,隶扬州。吴宁县遂属东阳郡。唐武德四年(621年),罢郡置州,改会稽郡为越州,东阳郡为婺州。垂拱二年(686年),析义乌县东冲要地及废吴宁县故地置东阳县。唐《元和郡县志·婺州》《旧唐书·地理志·婺州》均有"取旧东阳郡名"之记载。县治即今吴宁街道。属婺州,隶江南道。1988年5月25日,经国务院批准,东阳撤县建市。

【市树市花】 1992年2月28日,市九届人大常委会第十三次会议通过审议,命名樟树为市树,月季为市花。樟树又称香樟树,别名:香樟、樟木、瑶人柴、栳樟、臭樟、乌樟,属樟科,常绿大乔木,高10~55米左右,直径可达3米,树冠广卵形;树冠广展,枝叶茂密,气势雄伟,四季常青,是南方城市绿化树、行道树及庭荫树。月季又称月月红,蔷薇科,常绿、半常绿低矮灌木,四季开花,一般为红色或粉色,偶有白色和黄色,可作为观赏植物,也可作为药用植物,亦称月季花。用于园艺栽培和切花。

【历史沿革】 东阳地域,春秋之时属越。战国,楚败越,又属楚。秦灭楚,于吴越故地置会稽郡。翌年推行郡县制,东阳属会稽郡诸暨、乌伤县之一部分。

汉高祖六年(前201年)改会稽郡为荆国,十二年(前195年)更名吴国,景帝四年(前153年)复名会稽郡,新莽时改诸暨为疏虏,乌伤为乌孝,至东汉建武初(25年)始复旧名,东阳先后分属之。东汉兴平二年(195年),析诸暨置吴宁县,为东阳建县之始,属会稽郡。

三国吴宝鼎元年(266年),分会

稽郡西部置东阳郡,治所在长山县(今金华),以郡"在金华山之阳,縠水之东,因名东阳"。东阳之名始此。吴宁县遂属东阳郡。两晋不变。南朝宋、齐因之。梁、陈两朝,吴宁县未变,所隶之州、郡历有变更。

隋开皇九年(589年),废金华郡置婺州,废吴宁县入诸暨,分五乡入乌伤。同年改长山县为吴宁县,开皇十二年(592年)又改名东阳县,十八年(598年)再改金华县,与现东阳市之"吴宁""东阳"先后异地同名。大业三年(607年),改婺州为东阳郡。今东阳地属之。

唐武德四年(621年),罢郡置州,改东阳郡为婺州。垂拱二年(686年),析义乌县(唐武德七年改乌伤县为义乌县)东冲要地及废吴宁县故地置东阳县,取郡名为县名。县治在今吴宁街道,属婺州,隶江南道。天宝元年(742年),改婺州为东阳郡,东阳县属东阳郡。乾元元年(758年),再改东阳郡为婺州,东阳县属婺州。大历十二年(777年),升东阳为望县。

五代,东阳县隶属吴越国,仍属婺州。吴越王钱镠与淮南杨氏交恶,以"淮寇未平,耻闻逆姓"为由,于后梁开平四年(910年)奏改东阳县为东场县。后晋天福四年(939年),于婺州置武胜军节度,东场县属之。

北宋太平兴国三年(978年),吴越纳土归宋。淳化元年(990年),改婺州武胜军为婺州保宁军节度。咸平二年(999年),复东场县为东阳县,属婺州。此后,虽然所隶州郡之名有金华、婺州之异,及路、府、州之变,但东阳之名未变。

民国28年(1939年)4月7日,置磐安县,安文、大盘等地划归磐安。1958年11月,磐安县撤销,全境并入东阳县。1983年7月,析置磐安县,原磐安县地及玉山入磐安。1988年5月25日,撤销东阳县改置东阳市(县级)。

(东　鉴)

行政区划

【概况】 2018年,东阳市有11个镇,1个乡,6个街道办事处,345个行政村,43个社区,其中城市社区14个、农村社区29个。全年命名商住区18个、道路1条,道路更名1条。

2018年年末东阳市驻村分中心、行政村及社区个数统计表

表2　　单位:个

名　称	驻村分中心	行政村	社　区
全　市	58	345	43
吴宁街道	—	—	11
南市街道	3	25	—
白云街道	—	—	8
江北街道	2	3	10
城东街道	3	18	1
六石街道	3	22	1
歌山镇	3	21	—
巍山镇	6	29	2
虎鹿镇	4	18	—
佐村镇	5	25	—
三单乡	3	14	—
东阳江镇	3	27	—
湖溪镇	3	28	—
横店镇	6	17	10
马宅镇	3	17	—
千祥镇	4	33	—
南马镇	3	30	—
画水镇	4	18	—

【商住区命名】 2018年1月22日,市民政局命名位于江北街道东至美沁园,南至江滨北街,西至渔溪,北至渔溪的商住区为水岸名院。

3月30日,市民政局命名位于白云街道东至杨大小区居民区,南至杨大、下昆溪小区山地,西至下昆溪小区居民区,北至杨大、下昆溪小区山地的商住区为紫荆尚品。

3月30日,市民政局命名位于江北街道东至八华北路,南至江滨北街,西至水岸名院,北至东阳市宇清文具有限公司的商住区为美沁园。

5月7日,横店镇政府命名位于横店镇雅堂村以东,医学路以南,万盛南街以西,度假村以北的商住区为南江府小区。

5月16日,横店镇政府命名位于横店镇长征路以东,影视大道以北的商住区为秦王公馆。

5月31日,市民政局命名位于江北街道东至中山北路,南至月亮街,西至兴隆路,北至湖莲西街的商住区为月亮名苑。

6月25日,横店镇政府命名位于横店镇都督路以东,南江以南,三景头村以北的商住区为山水御苑。

6月25日,横店镇政府命名位于横店镇禹园北街以东,八面山以西,东磁路以北的商住区为禹山首座。

7月6日，市民政局命名位于江北街道东至艺海北路，南至广福东街，西至中央商业广场，北至猴塘社区东丰小区的商住区为紫樾府。

8月10日，市民政局命名位于江北街道东至中央商业广场，南至广福东街，西至人民北路，北至月亮湾社区金家小区的商住区为禧御府。

9月4日，市民政局命名位于白云街道东至沃德中心，南至银田小学，西至崑溪路，北至世贸大道的商住区为四季华庭。

9月18日，市民政局命名位于江北街道东至艺海北路，南至茗田社区新联小区，西至茗田社区新联小区，北至广福东街的商住区为琴岚学府。

9月28日，市民政局命名位于江北街道东至迎宾大道，南至甘东小区待开发用地，西至甘东小区待开发道路，北至湖莲东街的商住区为盛昱府。

10月26日，市民政局命名位于吴宁街道东至教授路，南至泗雅线，西至博士路，北至吴宁东路东延伸段的商住区为金科花园。

10月30日，横店镇政府命名位于横店镇影视大道以西，横黄线以北的商住区为星耀城。

10月30日，横店镇政府命名位于横店镇横店社区芙蓉小区的住宅区为桂语江南苑。

12月19日，横店镇政府命名位于横店镇长征路以东的商住区为星巢明星公寓。

12月19日，横店镇政府命名位于横店镇影视大道以东，218省道以南的商住区为南江悦花苑。

【道路命名、更名】 2018年11月28日，市民政局命名位于江北街道西起人民北路、过艺海北路至学士北路，长1400米，宽16米的道路为猴塘南街。

8月30日，横店镇政府将横店镇国防路更名为圆明路。

（潘　婷）

人　口

【概况】 2018年，东阳市总户数349253户，比上年增长1.19%；总人口847814人，比上年增长0.33%。其中，男性人口428185人，占50.5%；女性人口419629人，占49.5%。人口性别比102.04（女为100）。年内出生人口9609人，出生率11.33‰；死亡人口5661人，死亡率6.56‰；人口自然增加2793人，人口自然增加率3.3‰。60周岁以上老龄人口190027人，占总人口的22.41%。

2017年年末—2018年年末东阳市人口构成统计表

表3

项　目	单　位	2017年年末	2018年年末	比上年增长（%）
总户数	户	345157	349253	1.1867
总人口	人	845021	847814	0.3305
男	人	427088	428185	0.2569
女	人	417933	419629	0.4058
城镇人口	人	390065	392725	0.6819
农村人口	人	454956	455089	0.0292
0～17岁	人	144861	146021	0.8008
18～34岁	人	171940	168488	−2.0076
35～59岁	人	344124	343278	−0.2458
60岁以上	人	184096	190027	3.2217
老龄人口率	%	21.7859	22.4137	0.6278

2018年年末东阳市各镇乡街道人口情况统计表

表4

名　称	总户数（户）	比上年增长（%）	总人口（人）	比上年增长（%）	男（人）	女（人）	性别比（女为100）	60岁以上人口（人）	老龄人口率%
全　市	349253	1.19	847814	0.33	428185	419629	102.04	190027	22.41
吴宁街道	32163	−0.26	84750	−0.02	41333	43417	95.2	15815	18.66

续表4

名称	总户数(户)	比上年增长(%)	总人口(人)	比上年增长(%)	男(人)	女(人)	性别比(女为100)	60岁以上人口(人)	老龄人口率%
南市街道	19964	0.57	44395	0.7	22682	21713	104.46	9763	21.99
白云街道	16695	2.88	42785	2.87	21020	21765	96.58	7588	17.735
江北街道	27521	1.83	64636	1.255	32351	32285	100.204	12865	19.9
城东街道	17796	1.24	42274	0.19	21243	21031	101.01	9088	21.5
六石街道	18025	1.27	40828	0.312	20402	20426	99.88	9515	23.305
巍山镇	29013	1.15	70907	−0.515	35817	35090	102.072	17643	24.882
虎鹿镇	12668	1.4	30751	−0.279	15684	15067	104.095	7523	24.464
歌山镇	17564	1.134	42015	−0.002	21297	20718	102.795	10492	24.972
佐村镇	9777	0.85	25341	−0.142	13241	12100	109.43	6059	23.91
东阳江镇	8389	0.99	22427	−0.382	11488	10939	105.019	5736	25.576
湖溪镇	17456	1.565	42048	−0.169	21205	20843	101.737	11008	26.18
马宅镇	10354	0.32	25574	0.102	13063	12511	104.412	6131	23.974
千祥镇	20067	0.461	45583	−0.197	23541	22042	106.8	11403	25.016
南马镇	26655	2.4	63889	0.295	33076	30813	107.344	14603	22.857
画水镇	23381	1.068	55523	0.114	28697	26826	106.975	12603	22.699
横店镇	37459	1.419	92576	0.797	46024	46552	98.866	19725	21.307
三单乡	4306	0.163	11512	0.261	6021	5491	109.652	2467	21.43

【民族分布】 2018年，东阳市境内有土家族、苗族、壮族、布依族、朝鲜族、畲族、蒙古族、回族、侗族、满族、白族、彝族、瑶族、哈尼族、傣族、黎族、佤族、仡佬族、水族、藏族、拉祜族、土族、布朗族、高山族、维吾尔族25个少数民族。至年末，全市少数民族有3025人，占全市总人口的0.36%，分布在各镇乡，居住地以市域北部居多。

（吕俊红 方胜天）

2018年东阳市少数民族分布一览表

表5

编号	民族名称	人数(人)	主要分布区域
	全市总人口数	3025	
1	土家族	427	白云街道、城东街道、东阳江镇、歌山镇、横店镇、湖溪镇、虎鹿镇、南马镇、南市街道、吴宁街道、巍山镇、江北街道、马宅镇、六石街道、千祥镇等
2	苗　族	367	白云街道、横店镇、画水镇等
3	壮　族	316	横店镇、城东街道、画水镇、巍山镇、佐村镇、江北街道、六石街道、南马镇、南市街道等
4	布依族	301	白云街道、城东街道、歌山镇、横店镇、湖溪镇、画水镇、江北街道、六石街道、马宅镇、南马镇、南市街道、千祥镇等
5	朝鲜族	180	吴宁街道、白云街道、江北街道、巍山镇等

续表5

编号	民族名称	人数(人)	主要分布区域
6	畲　族	178	巍山镇、画水镇等
7	蒙古族	167	吴宁街道、江北街道、白云街道、南市街道、城东街道、巍山镇、歌山镇、虎鹿镇、佐村镇、东阳江镇等
8	回　族	165	白云街道、吴宁街道等
9	侗　族	159	白云街道、城东街道、横店镇、歌山镇、湖溪镇、虎鹿镇、画水镇、江北街道、千祥镇、吴宁街道、佐村镇等
10	满　族	143	横店镇、湖溪镇、虎鹿镇、画水镇、江北街道、吴宁街道、佐村镇、巍山镇等
11	白　族	141	佐村镇、三单乡等
12	彝　族	139	南马镇、巍山镇、马宅镇、江北街道、画水镇、横店镇、白云街道、城东街道等
13	瑶　族	63	江北街道、吴宁街道、巍山镇、千祥镇、南市街道等
14	哈尼族	57	白云街道、城东街道、横店镇、虎鹿镇、江北街道、南马镇、千祥镇等
15	傣　族	54	江北街道等
16	黎　族	36	巍山镇、虎鹿镇、画水镇等
17	佤　族	30	江北街道、城东街道、横店镇、巍山镇等
18	仡佬族	24	白云街道、巍山镇、佐村镇等
19	水　族	21	画水镇、南市街道、巍山镇、江北街道、佐村镇等
20	藏　族	17	吴宁街道、城东街道等
21	拉祜族	16	六石街道、南市街道、三单乡、江北街道等
22	土　族	9	歌山镇、巍山镇等
23	布朗族	8	马宅镇、佐村镇等
24	高山族	5	佐村镇、巍山镇等
25	维吾尔族	2	南市街道、江北街道

经济建设

【经济总量】 2018年，东阳市实现生产总值585.00亿元，按可比价计算，比上年增长5.5%。其中第一产业增加值16.79亿元，比上年下降9.1%；第二产业增加值276.48亿元，比上年增长8.1%；第三产业增加值291.73亿元，比上年增长8.4%。三次产业比重由2017年的3.3∶46.9∶49.8调整为2.9∶47.2∶49.9，第三产业比重比上年提高0.1个百分点。财政预算总收入112.41亿元，比上年增长11.4%，其中一般公共预算收入65.75亿元，比上年增长12.2%。一般公共预算支出92.52亿元，比上年增长11.9%。

【农业】 2018年，东阳市粮食作物播种面积比上年下降19.6%，粮食产量8.77万吨，比上年减少2.99万吨、下降25.4%。农业机械总动力47.99万千瓦。创建全国农产品质量安全县、浙江省农业“机器换人”示范县，成为全国第三批基本实现主要农作物生产全程机械化示范县，农业行政执法工作连续12年获全省先进。“东白”春芽在浙江绿茶银川博览会上获金奖，雪舫蒋火腿、西湾香榧在2018年浙江省农博会上获金奖。

【工业和建筑业】 2018年，东阳市460家规模以上工业企业完成增加值110.71亿元，比上年增长3.1%。完成规模以上工业销售产值448.29亿元。规模以上工业实现出口交货值110.92亿元。内销产值414.4亿元，比上年增长19.5%，对销售的贡献率78.1%。规模以上工业新产品产值比上年增长0.49%，新产品产值率31.9%，比上年提高7.7个百分点。4家企业通过工信部“两化”融合管理体系贯标评定，1家企业开展贯标，3家企业列入工信部“两化”融合管理体系贯标试点企业。

东阳市建筑业增加值59.09亿元，比上年增长1.0%。197家资质以上建筑企业完成总产值2600.32亿元，比上年增长1.1%，其中外省产值1844.49亿元，比上年增长2.1%，占建筑企业总产值的70.9%。建筑企业房屋建筑施工面积38014.48万平方米，比上年增长7.3%。其中，新开工面积11240.18万平方米，比上年增长8.5%；房屋建筑竣工面积7661.44万平方米，比上年下降5.5%。建筑业总产值连续10年获全国县(市)级第一。

【服务业】 2018年，东阳市社会消费品零售总额280.18亿元，比上年增长1.2%。举办第四届中国(东阳)木雕红木家具交易博览会和第十三届中国(东阳)木雕竹编工艺美术博览会。有商品交易市场45个，商品交易市场成交额370.14亿元，比上年下降10.0%。金融机构本外币存款余额1231.17亿元，比上年增长10.8%，其中人民币存款余额1216.55亿元，比上年增长10.8%。金融机构本外币贷款余额838.95亿元，比上年增长11.0%，其中人民币贷款余额838.95亿元，比上年增长11.0%。有挂牌企业212家，其中“新三板”挂牌13家。保险机构保费收入29.09亿元，比上年增长12.5%。其中，财产险保费收入10.59亿元，比上年增长10.3%；人身险保费收入18.51亿元，比上年增长14.1%。

东阳市全年接待国内外游客2565.02万人次，比上年增长15.2%；实现旅游收入230.87亿元，比上年增长19.8%。其中，接待国内游客2564.61万人次，比上年增长15.4%；实现国内旅游收入230.81亿元，比上年增长20.8%。接待入境游客0.42万人次，国际旅游外汇收入103万美元。

2018年8月22日，游客在秦王宫景区游玩 (包康轩/摄)

【开放型经济】 2018年，东阳市进出口总额207.31亿元，比上年增长4.6%，其中出口额190.17亿元，比上年增长5.4%；进口额17.15亿元，比上年下降3.8%。与178个国家和地区建立贸易关系，其中出口超10亿美元的国家和地区5个，美国为第一大贸易伙伴。增加外商投资企业16家；合同利用外资7750.38万美元，比上年增长83.9%；实际利用外资3481万美元。

(程 杰)

政治建设

【人民代表大会制度建设】 2018年，东阳市召开第十五届人民代表大会第二次会议，听取和审议政府工作报告；审查和批准2017年国民经济和社会发展计划执行情况及2018年国民经济和社会发展计划草案的报告；审查和批准东阳市2017年财政预算执行情况和2018年财政预算草案的报告；听取和审查市人大常委会工作报告、法院工作报告、检察院工作报告。市人大常委会召开常委会会议7次，听取和审议政府专项工作报告25项，作出决议、决定15项，任免国家机关工作人员26人次。开展代表建议意见督办、执法检查和调研视察活动，助推全市经济社会建设和法治东阳建设。

【协商民主制度建设】 2018年，东阳市政协召开第十四届委员会第二次会议，审议并通过第十四届政协常委会工作报告和提案工作报告。开展政协专题调研，形成《城区生活垃圾分类处理的调查与思考》《完善城市社区功能体系建设的调查与研究》等调研报告。由市政协分管主席和市政府分管副市长督办《加快对横店影视文化产业实验区的要素集聚》等10件重点提案。以8个专委会为单位，围绕校园食品安全、铁路交通建设、学前教育、拆后重建、司法体制改革等问题开展专题视察，提交《关于加强校园食品安全监管的视察意见》《关于铁路交通建设的视察意见》等视察成果。

【法治和平安建设】 2018年，东阳市统筹推进社会治理。推进全国农村社区治理实验区建设，深化“三社联动”工作。“花园经验”作为“三治融合”典型，在央视政论片《坚持发展“枫桥经验”》中播出。花园村获评全国农村幸福社区建设示范单位。强化党建统领，深化“红色网格”建设，配备专职网格员1300余人，夯实基层治理基础。开展历史遗留问题和信访矛盾集中化解攻坚，市联合人民调解委员会获评“全国人民调解工作先进集体”。推进“处非”工作，几起社会高度关注的案件启动资产处置。开展“扫黑除恶”“电信网络诈骗”等专项打击行动，优化社会环境。健全安全生产责任体系，强化交通、消防、影视等重点行业领域巡查监管，安全事故发生率下降30%，通过全国工贸行业企业安全生产样板地区验收，取得“平安金鼎”。

（程　杰）

文化建设

【公共文化建设】 2018年，东阳市有文化馆1个，组织文艺活动357次，举办训练班68次；公共图书馆1个，藏书51.61万册；文化艺术表演团体1个，演出300场次；剧院1个、电影院8个。全年建设农村文化礼堂66家，文化礼堂总数199家。实施文化惠民工程，完成送图书下乡83431册次，送戏下乡238场，送电影下乡7817场，送讲座下乡148场，送展览下乡91场。打造“百姓文化艺术节”“特色广场文化”“百姓文化茶坊”“非遗讲堂”“周末惠民剧场”“文化节目进景区”等特色文化惠民服务品牌，全年举办各类文化活动8910次，县市间“文化走亲”13次，各类培训及展览168次，组织“周末惠民剧场”演出34场。广播综合覆盖率100%，电视综合覆盖率100%。

【群众性精神文明创建】 2018年，东阳市完善街道共建、社区共建制度，推进文明单位和文明村的双百文明结对共建，全市153家金华市级以上文明单位分别与文明村开展共建活动，结对135个文明村，帮助文明村实施经济项目38个，开展精神文化活动390次，赠送图书2万余册。开展文明家庭评选，全市3%以上家庭被评选为镇村“星级文明户”，100户家庭被评为市级“文明美丽家庭”。全市评选出1个东阳市文明镇（千祥镇），15个东阳市文明村（六石街道里宝塘村、横塘村，南市街道贾宅村、西坞村、高潮村，画水镇吴宅村、画溪村、林村村，千祥镇三联村、后周村、上东城村，佐村镇俞家村、石井坑村，三单乡玉溪村、前田村），12个东阳市文明单位（东阳市歌山镇西宅小学、东阳市中天国际小学、东阳市中天国际初中、浙江师范大学附属东阳花园外国语学校、东阳市卫生计生会计核算中心、东阳市卫生信息中心、东阳市网络舆情导控中心、东阳市龙境庄园有限公司、东阳市康嘉旅游有限公司、东阳市众旅旅游有限公司、东阳市红十字志愿服务总队、东阳市公共停车服务有限公司）。

（程　杰）

社会建设

【基础设施建设】 2018年，东阳市公路客运量1763万人次，比上年下降1.8%；旅客周转量64079万人千米，比上年下降2.8%；公路货运量1711万吨，比上年增长12.8%；货物周转量82710万吨千米，比上年增长5.8%。民用汽车拥有量27.40万辆，比上年增长12.5%。其中，私人汽车26.04万辆，比上年增长12.7%。

邮电业务收入12.73亿元，比上年增长5.0%。有本地电话用户12.06万户；年末移动电话用户124.65万户，其中3G及以上移动电话用户77.0万户。互联网宽带接入用户28.69万户，行政村宽带覆盖率100%。

【科学技术】 2018年，东阳市列入地市级以上科技项目68项，其中省级37项、地市级31项。设立县级科技项目53项，其中公益类53项。有地市级以上独立研究开发机构48家，省级高新技术企业研发中心32家，其中国家级企业技术中心2家。认定地市级以上高新技术企业15家，累计166家。科技成果鉴定36项。专利申请受理4433项，其中发明专利1386项；专利申请授权2483项，其中发明专利334项。

【教育】 2018年，东阳市有高等院校2所，2018年招生数5046人，在校学生15220人，毕业生5193人。有普通高中13所，2018年招生数5502人，在校学生17088人；职业中学5所，2018年招生数2249人，在校学生6603人。初中毕业升高中段学校比例99.0%。有初中35所，2018年招生数10012人，在校学生29591人。初中入学率、巩固率100%。有小学87所，2018年招生数12507人，在校学生69349人。小学学龄人口入学率、巩固率100%，小学毕业升初中比例100%，义务教育学龄人口入学率100%。有幼儿园179所，2018年招生数13591人，在园幼儿38714人；有省等级幼儿园168所，省等级幼儿园招生覆盖面96.79%。有特殊教育学校1所，2018年招生数24人，在校学生115人。

【卫生健康】 2018年，东阳市有医疗卫生机构523个，其中医院、卫生院（含社区卫生服务中心）30个，门诊部9个，妇幼保健院1个，疾病预防控制中心1个，卫生监督所1个，其他卫生机构3个，诊所、医务室、村卫生室、社区卫生服务站478个。有床位5248张，其中医院、卫生院床位4898张，妇幼保健院床位350张。有卫生技术人员7235人，其中执业医师2403人、执业助理医师396人、注册护士2675人，其他1646人。改善农村卫生服务，农村自来水普及率提高至99.9%，自来水受益人数70.32万人。

【体育】 2018年，东阳市参加地市级以上运动会获金牌49枚、银牌33枚、铜牌27枚，其中省级比赛获金牌7枚、银牌10枚、铜牌8枚。全市有二级运动员8人，向上级输送体育人才10人。销售体育彩票30903万元，比上年增长96.83%。举办第四届横店国际马拉松赛。

【人民生活】 2018年，东阳市城镇职工基本养老保险参保人数23.13万人，城镇职工基本医疗保险参保人数21.54万人，失业保险参保人数12.57万人，工伤保险参保人数18.20万人，生育保险参保人数13.51万人。城乡居民基本养老保险参保人数27.38万人,年内增加参保0.69万人。60周岁以上享受城乡居民基本养老保险金待遇人员10.80万人,发放率100%,全年发放金额29443.19万元。城乡居民基本医疗保险参保人数64.83万人。城乡基本医疗保险享受待遇548.65万人次。被征地农民基本养老保障参保2.61万人,年内增加参保0.22万人,享受待遇人员0.615万人,全年发放金额25123.36万元。

全市有各类社会福利收养性单位27个,床位6815张,收养各类人员3009人。农村五保对象集中供养率98.0%,城镇"三无"对象集中供养率100%。有低保对象7295人,全年发放低保救助金2984.1万元。筹集医疗救助资金1494万元,实际救助4781人次,发放救助金1265.45万元。

为完善社区服务功能,全市建立镇乡街道、村(社区)服务中心(站)388个,建成社区居家养老服务照料中心405个,建立捐赠接收站(慈善超市)7个。有抚恤优待对象7988人,发放抚恤金4448.7万元、义务兵优待金1836万元、困难补助经费15万元。退役义务士兵自主就业率100%,发放自主就业一次性经济补助金820.4万元。

居民人均可支配收入43500元,比上年增长8.9%。分城乡看,城镇常住居民人均可支配收入52688元,比上年增长8.3%;农村常住居民人均可支配收入29544元,比上年增长9.7%,农村居民收入的增幅高于城镇居民。

(程　杰)

生态文明建设

【环境质量】 2018年,东阳市城区有污水处理厂2座,日处理能力13.9万立方米。有县级规范化合格饮用水源保护区1个,水质达标率100%;有乡镇级规范化合格饮用水源保护区10个,水质达标率100%。全市3个出境断面水质达标率100%,19个镇乡交接断面水质达标率90.5%,7个市控以上地表水断面水质达标率100%。年平均气温18.8℃,比常年偏高1.2℃;年降水量1414.70毫米,比常年偏多0.9%,年降水日179天,比常年偏多26.4天。年日照时数1567.8小时,比常年偏少11.5%。霾日数34天,环境空气质量持续改善。$PM_{2.5}$年均浓度为32微克/立方米,比上年下降16.1%;空气质量优良率(AQI指数)88.8%,比上年下降3.0%。生态公益林建设面积44086公顷,增加生态公益林优质林分面积201公顷,生态公益林优质林分面积累计达38117公顷,占公益林总面积的86.46%。森林面积108632.6公顷,森林覆盖率62.19%,森林蓄积量583.6万立方米。发生各类事故32起,死亡27人。发生道路交通事故28起,死亡22人。未发生列入统计口径的生产经营性火灾、水上交通、渔业船舶及铁路路外等事故。平安创建实现"十三连冠"。

【生态环境建设】 2018年,市环保局完成《东阳市生态文明建设规划(2017~2025)》的编制工作,由市政府下发;首次向市人代会报告全市环境状况,接受人民代表审议,指导8个乡镇完成镇级生态环境状况报告制度;开展绿色系列创建活动,创建省级环保示范领跑企业1家(浙江花园生物高科股份有限公司)、绿色学校2所(东阳市外国语学校、东阳市实验幼儿园)、"绿色家庭"3户(王美君、蔡跃兰、陆志宣),金华市级"绿色家庭"20户、绿色学校8所。完成东江源省级自然保护区建设和管理自查工作。

(程　杰)

2018年12月3日,南山省级森林公园云海　(吴立新/摄)

综　述

【概况】 2018年，东阳市推进低小散乱企业“飓风整治”和村居工业企业“清零入园”行动，被列入全省2019年低效用地改造试点县(市)。影视文化产业迎来新机遇，配合国家五部委开展专项整治，举办2018中国(横店)影视文化产业发展大会。建筑业实现新突破，全年建安产值突破2600亿元，连续十年蝉联全国县(市)第一。税收突破20亿元，招商回归税收突破9亿元，比上年分别增长70%和200%。特级企业增至7家，居全国县(市)第一。木雕红木产业形成新优势，举办第四届中国(东阳)木雕红木家具交易博览会、第十三届中国(东阳)木雕竹编工艺美术博览会。《世界木雕东阳红木》形象宣传片在中央电视台、机场、高铁投放，打响“买红木到东阳”品牌。木雕小镇在省级年度考核中获评良好，木材交易中心一期项目完成建设。花园红木家居小镇列入第四批省级特色小镇创建名单。卢宅保护利用项目一期完成，建成电子商务专业村11个，完成率列金华市第一。创建A级景区村庄22个、影视特色村20个、民宿农家乐集聚村20个，全年引入产业植入项目98个，完成实际投资近25亿元。

东阳市开展“奋战一百天·创建勇争先”“做文明有礼东阳人”等系列文明城市创建活动，完成阶段性创建目标。推进小城镇环境综合整治，15个小城镇全部通过省级达标创建。围绕廊道全贯通的目标，建成生态廊道绿道150千米。举办首届中国·东阳生态廊道自然流域垂钓大赛。坚持“安居宜居发展”，开展统一规划、统一建设，全市村庄规划报批基本完成，宅基地排基到户率86%。3个农房集聚区开工建设，安置凭证基本发放到位。推广农村生活垃圾分类“三化”(智能化、社会化、规范化)管理模式，得到省领导批示肯定。开展“十美村、十差村”考核评比，全市农村人居环境得到明显改善。

东阳市全面深化“最多跑一次”改革，行政服务中心整体搬迁至总部中心，“最多跑一次”改革事项实现百分百覆盖。推进党政机构改革，成立深化机构改革协调小组及办公室，组建工作专班，印发《东阳市机构改革方案》《关于深化镇乡街道机构改革的实施意见》。加快国有资产管理体制改革，理顺东阳市城市建设投资集团有限公司、东阳市交通投资建设集团有限公司、东阳市水务投资集团有限公司等国有融资平台运行机制。

东阳市把教育和卫生作为“一把手”工程，坚持每月工作例会制度，研究协调解决具体问题。开展教育系统“不忘初心·忠诚事业，牢记使命·教书育人”大讨论活动，补齐学前教育短板。以“人民满意、经得起历史检验”为标准，推动医共体建设继续走在全省试点县(市)前列，实现“县域就诊率、基层首诊率”双提高，其经验做法在全省现场会上做典型交流，得到省委主要领导肯定。推进全国农村社区治理实验区建设。开展“田园社区”创建活动，田园社区建设“千分制指标”体系得到民政部肯定。深化“红色网格”建设，配备专职网格员1300余名，扎实基层治理基础。社会保障全面改善，成功创建全省首批“无欠薪”试点达标县(市)。城镇增加就业近1.8万人，医疗保险参保率99.28%。居家养老照料中心有效运行率83%。

【调研工作】 2018年，市委办完成横店影视文化产业集聚区建设和教育文化等重要课题的调研，及时为领导提供决策信息和调研成果。开展“大调研”，制定《中共东阳市委关于开展“不忘初心、牢记使命，当好新时代东阳答卷人”大调研的意见》，配合金华市委完成“大调研”相关工作。开展“两送两增”活动，完成并上报“两送两增”问题清单。完成“浙江在线”、《金华通讯》等约稿。全年编发《今日东阳》12期、《东阳政研》13期，完成《浙江政策年鉴》《浙江概览》东阳部分的上报工作。

【督查工作】 2018年，市委办牵头组织对市委常委会、政府常务会议等重要会议决策部署，市委、市政府主要领导批示交办事项，全面从严治党、文化优势转化为发展优势、乡村振兴等重点工作，十大民生实事，人大代表建议政协提案办理，省《今日聚焦》和金华市《正风问效》栏目曝光报道的问题等进行定期督办。组织开展专项督查160余次，编发督查情况专报46期、督查通报53期、督办通知书36期，办理东阳市主要领导批示件交办领导批阅群众来信379件。牵头制订镇乡街道、市级机关部门(单位)年度目标责任制考核办法、考核细则,并组织实施年度考评工作。

(赵秀丽)

市委重大决策和活动

【文化优势转化为发展优势】 2018年4月16日,东阳市制定《关于推动东阳文化优势转化为发展优势的若干意见》和《五年行动计划》,实施文化提升整合展示、传统文化保护展示、城市文化形象塑造、美丽乡村文化繁荣、影视文化产业提升、木雕文化产业壮大、建筑文化产业培育、文化旅游全域发展、文化深度融合发展、文化传播能力提升“文化建设十大工程”。建立市级领导联系推动东阳特色文化发展工作机制,市委书记黄敏、市长姚激扬等市级领导分别联系教育文化、影视文化、建筑文化(工匠文化)、木雕红木文化、生态文化、家训文化、红曲酒文化、香榧文化、恐龙文化、饮食文化、新中式家装文化、宗教文化、工业文化、健康文化、竹编文化、名人文化、茶叶文化、民俗文化、古宅文化19个特色文化。

【全国文明城市创建】 2018年2月14日,东阳市被中央文明办列入2018～2020年创建周期的全国文明城市提名城市名单。东阳市成立全国文明城市创建领导小组,开展“奋战一百天·创建勇当先”活动,健全“领导小组统筹协调,专项组分工负责,镇乡街道、机关部门具体落实”的创建工作机制,完善各部门单位创建工作制度。建立创建全国文明城市工作例会制度,建立在“周一夜学”中学习全国文明城市创建知识的制度,建立健全督查制度。开展“不忘初心跟党走 我为党旗添光彩”庆“七一”全国文明城市创建主题活动。印发《东阳市全国文明城市创建特色工作任务分解表》。

【乡村振兴】 2018年,东阳市坚持“工作统筹、城乡统筹”,推进乡村振兴,制定《建设全国农村社区治理实验区实施乡村振兴战略三年行动计划》《关于进一步加强2018年度农业农村工作推进乡村振兴战略实施的意见》,开展“‘乡村振兴·歌画东阳’大讨论大比武大展示”主题实践活动。开展“十美村十差村”评比。10月,市督考办联合市“十美村十差村”评选领导小组办公室对“十美村十差村”考核评选“百局联百村”类进行第二次督查,城东街道寀卢村、南市街道后庄自然村、南市街道殿口自然村、横店镇夏阳山小区、巍山镇乃更自然村、南马镇沙城头自然村、湖溪镇新湖沿自然村、湖溪镇范宅自然村、马宅镇王潭自然村、东阳江镇和乐自然村10个村庄被评为“十美村”。

(赵秀丽)

市委重要会议

【市委十五届四次全体(扩大)会议暨市政府十五届四次全体会议】 2018年8月3日在市行政中心召开。会议深入学习贯彻省委十四届三次全会和金华市委七届三次全会精神,总结上半年工作,部署下半年任务,动员全市上下坚定不移沿着“八八战略”指引的路子走下去,谱写“影视旅游名城、经济文化强市、生态宜居东阳”新篇章。审议通过《中共东阳市委关于进一步推进清廉东阳建设的决定》。金华市副市长、东阳市委书记黄敏作题为《“八八战略”再深化改革开放再出发推动东阳经济社会高质量发展》的工作报告,市委副书记、市长姚激扬主持会议。

【全市干部大会】 2018年2月26日在东阳剧院召开。会议总结2017年工作,部署2018年深化改革、实施乡村振兴战略、扩大有效投资、城乡环境、作风建设等工作任务。金华市副市长、东阳市委书记黄敏做工作报告。会议表彰功勋企业家、经济杰出人物、先进镇乡等2017年度先进集体和个人,六石街道、市交通局、花园村、万洋众创城和影视产业园5名代表做交流发言。

【全市工业经济与科技创新大会】 2018年3月1日在东阳剧院召开。市政府副市长胡宏立主持会议,市委副书记、政法委书记、统战部部长李宝春宣读表彰文件,市委副书记、市长姚激扬在会上做工作报告。金华市副市长、东阳市委书记黄敏对抓好2018年工业经济与科技创新工作发表讲话,强调要牢固树立工业是地方经济发展“稳定器”的理念,进一步强化坚持工业强市战略不动摇的共识,进一步坚定抓工业的信心,进一步营造尊重企业家、服务企业发展的浓厚氛围,推动东阳市工业经济高质量发展。会议表彰2017年度工业经济与科技创新工作各类先进;市经信局(转升办)、经济开发区、白云街道、浙江花园新能源有限公司、浙江卓木王红木家具有限公司5家单位代表作发言。

【东阳市推动文化优势转化为发展优势工作推进会】 2018年10月11日在市行政中心召开。会议以认真贯彻落实文化优势转化为发展优势“新理念、新机制、新作为”主题实践活动部署要求,抓好重点工作、重点项目的推进落实,统筹协调解决文化发展中的问题,确保各项工作有效推进为主题。金华市副市长、东阳市委书记黄敏要求全市上下按照市委市政府决策部署,以项目化载体化推进特色文化发展,推动东阳市文化优势转化为发展优势。

(赵秀丽)

组织工作

【概况】 2018年,全市有基层组织2535个,其中党委106个、党总支169个、党支部2260个;另有部门党委27个、各类党组26个、市委派出工委8个。党员64551人。其中,女性16315人,少数民族78人,45岁及以下24870人,大专及以上学历22561人。全年发展党员880人。其中,女性326人,35周岁以下641人。东阳市开展“乡村振兴·歌画东阳”大讨论、大比武、大展示主题实践和村级班子“学精神、创新业、争先进”活动。做好集体经济薄弱村转化工作；按要求做好磐安跨县市结对工作；以“一网格+一支部（党小组）”模式推进“红色网格”建设；深化走村入户“扫码制”，推动基层党建网、治理网、信息网“三网”融合。

【大调研工作开展】 2018年，市委组织部推进“不忘初心、牢记使命，当好新时代东阳答卷人”大调研工作。市级领导层面，开展“三包四联”▲工作，市级领导走访联系镇乡街道所有村（居），逐村梳理解决问题。机关部门层面，开展“百局联百村”活动，助力“十美村”创建。镇乡街道层面，开展“走千村入百企进万户”活动，逐村逐企开展问题矛盾纠纷排查，逐个解决问题。

全市117个调研主体开展调研27685次，覆盖村（居）、企业、社会组织、群众团体等各领域对象2290家，累计查找问题（建议）3512条，解决3331个。通过“一线办公室”“周末现场会”等形式，解决环境卫生、矛盾纠纷等民生问题258件。开展“送政策、送服务，增感情、增信心”企业大走访，34名市级领导和36家涉企部门分别走访规模以上企业476家、小微企业445家，发现问题（建议）639个。开展政策大宣讲，印发《2018年工业经济政策文件汇编》400余本。对走访中发现的问题（建议），派发解决的问题307个，已解决（答复）问题301个。

市委组织部利用各类媒体宣传大调研的动态和经验做法，编发简报56期。14篇信息被金华市大调研办采用，6篇信息得到金华市委书记陈龙的批示肯定；《浙江日报》刊发大调研做法文章4篇；《东阳日报》《金报东阳》开设《不忘初心、牢记使命，当好新时代东阳答卷人》大调研专栏，刊登调研动态122篇；东阳电视台开设《大调研进行时》专栏进行报道45次；“东阳组工”“东阳发布”等微信公众号推送大调研信息73篇，其中12篇被金华市“两学一做”微信公众号采用推送。

▲“三包四联”：包镇乡街道重点工作，包疑难信访案件，包软弱后进村党组织，联系重点工业企业，联系推动东阳特色文化工作，联系重大建设项目和招商引资（建筑业招商和“营改增”）。

【领导班子和干部队伍建设】 2018年，市委组织部制定《关于突出政治标准从严把好选人用人政治关的若干意见》，组织全市领导干部对照《干部政治表现问题清单》进行自我剖析，查找发现政治表现问题1080个并明确整改举措。制定《东阳市市管干部任前公示实施细则》，规范市管干部任前公示程序。印发《关于规范镇乡街道和市机关部门单位党委（党组）议事程序的通知》，提高领导班子议事决策水平和规范程度。

【“不担当不作为”专项整治】 2018年，市委组织部组织全市党员干部认真学习习近平总书记关于干部担当作为的重要论述，开展“实干精神”大讨论活动。制定《关于深化完善全员绩效考核机制进一步激励干部担当作为的实施意见》。组建8个重大事项督查组，完成3轮专项督查，走访现场127处，发现问题121个。对在全市督查考核年中排名末位的5名领导干部进行反向考察。选择树立15名敢于担当作为的干部典型，发现通报9个“不担当不作为”的典型案例。建立干部信息管理数据库，经常性研判干部的履职表现，及时发现不担当不作为苗头性倾向性问题。

【干部人事制度改革】 2018年，市委组织部做好党政机构改革调研准备工作，开展机关部门集中调整“回头看”和镇乡街道谈心谈话活动，与512名市管干部进行谈心谈话，对领导班子和领导干部开展综合分析研判。指导群团改革试点单位制订改革方案，优化群团班子结构。起草《关于加强机关部门派驻镇乡（街道）机构人员管理的意见》，加强对派驻人员的管理。

【干部监督管理】 2018年，市委组织部制定干部大监督“1+5”制度文件。开展领导干部个人有关事项报告情况核查工作，对存在漏报、瞒报行为的41名领导干部进行处理。开展领导干部兼职专项督查工作，对69个不符合兼职条件的领导干部办理退出手续，清退取酬894.4万元。落实“四必”（干部档案“凡提必审”，个人有关事项报告“凡提必核”，纪检监察机关意见“凡提必听”，反映违规违纪问题线索具体、有可查性的信访举报“凡提必查”）要求，对11名拟提任对象进行个人事项核查，1名拟任对象因未如实报告被取消考察对象资格。开展违规选人用人检查，结合东阳市委第四轮巡察对选人用人检查中发现的问题进行通报。加强出国（境）备案审批的日常管理。

【干部教育和培训】 2018年，市委组织部制定《年轻干部培养五年计划》《年轻干部五年培养能力清单》，明确年轻干部培养目标和具体举措。建立年轻干部导师帮带制度，146名新录用公务员完成师徒结对。举办“90后”年轻干部论坛、“85后”中层干部训练营和“80后”市管干部培训班，加强对各年龄段年轻干部的培养。制定优秀年轻干部遴选办法，召开5期机关部门中层干部座谈会。完成上级培训班学员选调45人，在职教育学历学位认定62人。

【基层组织建设】 2018年，市委组织部每季度召开“纵深推进全面从严治党”例会，落实党建述职、领办项目等制度，明确党组织书记“第一责任人”职责。健全镇乡街道组织委员例会制度，召开一月一主题现场会。开展基层党建特色工作展示评比活动，强化基层党建工作督查，组织市党代表督导组开展交叉检查5次，各镇乡街道每月定期督查，罗列问题并限期整改。

市委组织部落实农村基层党建“浙江二十条”，落实农村基层党建18条标准、主题党日“八个一”“五议两公开”、村干部坐岗值班等基本制度。深化“五星争创”（根据基层组织的功能定位和工作要求，将基层党组织分为七大领域,每个领域分别设置5类指标体系,每个指标体系分别设立一颗星),完成全市1869个基层党组织星级评定工作。开展"党建精品村"创建,建立30个党建示范村。推进省级远教示范带建设,建设LED大屏远教广场6处,建成37省道沿线4个标杆站点和16个示范站点。倒排37个软弱后进村安排市级领导包干联系,选派37名优秀机关干部到村任"第一书记",逐村梳理"四张清单",开展集中整顿。

市委组织部制定《关于实行"五带头六坚持"从严规范党的组织生活的实施意见》,深化主题党日教育成效。优化积分管理办法,提升外出流动党员、双重管理党员等群体教育管理覆盖实效。建立外出党员作用发挥"六个一"(领办一个项目、提供一条信息、动员一批群众、联系一帮老乡、结对一户困难户、开展一次述职)机制,中秋、国庆期间,返乡认领项目1900余个。至10月末,处置不合格党员85人,完成整转教育38人,劝退除名4人。推广"1+X"党员干部联系服务农户制度。开展全省新时代"千名好支书"和"万名好党员"推选宣传工作,9名基层党组织书记、75名党员入选。开展"学习新思想、同上一党课"大党课、红领青年"听故事、悟初心"等纪念建党97周年系列活动。探索设立"三农"干部学校支部,发展农村优秀青年入党。

市委组织部落实机关党建18条标准,编印《机关党支部工作手册》,明确机关党建7个方面16项40条标准。通过党员先锋岗、"2+1"结对帮扶、"百局联百村"等载体,发挥机关部门作用。

【党员干部队伍管理】 2018年,市委组织部定期组织农村书记培训班,开设45所"八婺讲习所",选聘50名"田专家土秀才"组建讲习员师资库。挑选9名优秀村党组织书记,成立治村导师联盟,开展巡回问诊。在全市确定1479名"红领青年",实行积分制动态管理,开展红领青年"红色主题月"活动,举办红领青年示范班,组织红领青年到"十美村"创建等中心工作中进行实岗锻炼。制定《农村干部底线管理办法(试行)》,完善农村干部积分制管理。结合"扫黑除恶"专项斗争,开展村社换届"回头看",处置违规农村干部248人,其中被免职、歇职44人。

【新经济组织和新社会组织党建】 2018年,市委组织部开展"覆盖攻坚月"行动,建立党组织67个,清理"空头""空壳"党支部13个。在北京市、上海市、陕西省和河南省分别成立东阳人联谊会党工委。举办百名书记轮训提升综合培训班1期、新生代出资人培训班(专题讲座)11期,举办分类培训3期,轮训1200余人次。选派10名优秀"两新"(新经济组织和新社会组织)党组织书记挂职机关经济部门。指导18个外地市场党组织开展集中换届选举工作。打造"横漂"党群服务中心和建筑产业党建联盟中心。实施助推力提升工程,坚持"一企一策",分类培育打造14个市级示范点和43个镇级示范点。开展"展党建成果,促党建发展"课件(PPT)征集评比活动。开展党员志愿服务,开展服务活动972次,总时长18219小时。坚持"双百考核"(年终,市委"两新"工委委员同时在原单位和市委"两新"工委进行考核,比重各占50%),调动工委委员参与"两新"党建工作的积极性。做好"红色系列"(党员创客工作室、红色车间、红色提案)工作,助推实体经济发展,命名30个"党员创客工作室",推行"红色提案"党建做法,探索"红色车间"党建模式。

2018年5月4日,全市千名红领青年集中大党课暨"红色主题月"活动启动
(市委组织部提供)

【远程教育】 2018年,党建资源片《花园党建》被"时代先锋"网站收录作为全省基层党组织每月学习推荐课件。完成省、金华远教资源片拍摄任务,根据2017年采用市场化制作党建资源片提高竞争力的方案,引进3家商业机构制作拍摄《乡村振兴·唤醒古村》《我们的主题党日活动》等4部党建资源片。拍摄制作资源片《党心筑梦》,获全省电教片展播一等奖。

【人才工作】 2018年,市委组织部发布"东阳人才新政18条"。与人才中介机构等第三方合作,实施"万人计划""双龙计划"等重大人才项目工程,全年入选中国工艺美术大师2人、省"万人计划"2人。成立专家科研工作站7家,引进专家4人、博士5人。健全完善校地人才合作长效机制,与4所院校签订《人才智力合作意向书》。举办东阳市第三届青年创业大赛暨电子商务创业创新大赛，收到参赛项目202个，评出获奖项目20个。

市委组织部推进东阳教授博士联谊会实体化运作，在上海市、杭州市设立分会，成立中国东阳家具研究院和东阳智能制造产业研究院。按照“一人一档”要求，健全完善东阳籍在外人才信息库，收集整理在外人才信息5340条。

【市直属机关工委工作】 2018年，市直机关有党组织206个，其中直属机关党委、纪委各11个，党总支14个，党支部181个；党员3512人。撤销机关党委（纪委）1个、党支部8个；建立支部8个，整建制转入党支部1个。建立党委（纪委）1个、党支部8个。

市直机关工委召开市直机关党建工作会议、党委书记党建述职会议各1次，召开机关工委委员工作会议3次，举办市直机关党组织书记培训班1期。聘任机关党代表督导员10人，表彰2017年度市直机关优秀党务工作者10人。全市入党积极分子培训考试合格57人，吸收预备党员41人；收到党员关爱基金捐款195489元；至11月末，收缴党费1393681.56元。5月30—31日，组织培训全市210名直属机关党组织书记。6月28日，组织49名新党员在市档案馆一楼展厅进行入党宣誓。9月29日，在市民广场举行全市机关干部升国旗仪式。开展预备党员逾期处理、逾期未转正工作。发放“全市机关党员干部创建全国文明城市倡议书”3000余份，3000余名市直机关党员干部签订“‘礼让斑马线’文明出行承诺书”；印发《关于市直机关组织开展纪念中国共产党成立97周年系列活动的通知》，部署开展“七个一”▲活动。

▲“七个一”：开展一次联合大宣誓活动；开展一次“创文明城市，树清廉家风”主题征文活动；开展一次市直机关“党员读书月”读书征文活动；开展一次党员关爱基金捐款和走访慰问活动；开展一次“联系群众暖民心”活动；开展一次“弘扬红船精神，走好新时代的长征路”微型党课大赛活动；开展一次“不忘初心跟党走”系列活动。

2018年5月9日，“智汇东阳·百场沙龙”系列主题活动启动仪式暨“我为家乡做件事”之“名师专家东阳行”活动举行　（市委组织部提供）

【“智汇东阳·百场沙龙”活动开展】 2018年5月，“智汇东阳·百场沙龙”系列主题活动启动，邀请发动东阳在外人才回东阳开展咨询服务、智企对接、项目合作、人才培养等创业创新活动。至年末，举办名师专家东阳行、磁性材料产业专场活动、优秀大学生家乡行等各类活动30场，邀请70余名知名专家开展智企活动，与企业对接项目65个，帮助企业解决技术难题32个，产生效益累计近亿元。

【产业发展人才智库信息平台上线运行】 2018年，东阳市产业发展人才智库信息平台上线运行，开通产业发展人才智库信息平台微信公众号。该平台是东阳市推进双创建设和产业革新的重要举措。平台共分为企业需求、专家信息、科技成果、投资机构、服务中介、政策信息和东阳人文等板块，注册用户分为企业用户和专家用户。根据东阳特色产业，平台将注册企业主要分为影视文化、磁性材料、医药化工、装备制造、工艺美术、建筑及其他七大类，专家信息和科技成果也进行相应分类。企业和专家可随时互动和线上“网聊”，推动人才、科技、资本和项目等优质生产要素的融合创新发展，实现智企合作无缝对接。

【东阳人才新政18条发布】 2018年9月1日，“智汇东阳——人才新政新闻发布会”在浙江大学玉泉校区召开，人民日报、新华社、浙江日报、浙江之声等48家新闻媒体记者，全国各地的博士、教授、在杭的大学生代表230余人参加发布会。发布会上，东阳市发布《关于大力实施人才强市战略服务赶超发展的若干意见》，意见分3个部分、18条举措，内容覆盖引进、培育、服务、激励等各个环节称为人才新政18条。9月，组织开展“人才新政集中宣传月”活动和“人才新政进百企”系列宣讲活动，走访企业213家，发放人才新政宣传册5000余份。制定人才新政实施细则28个。

（王　伟　李　妍）

宣传工作

【概况】 2018年，东阳市委宣传部开展“大力弘扬红船精神，走好新时代的长征路”微型党课大赛；组织“学习宣传贯彻党的十九大精神”“供电杯”文明城市创建等征文活动；举办“我们的家园——万家农村文化礼堂庆丰收”活动;开展“我们的节日”暨“移风易俗过春节元宵”主题活动。5月,组织东阳市第五届人文社会科学优秀成果奖评选;组织开展“十佳记者”“飘萍新闻奖”“优秀新闻栏目”评选活动。

市委宣传部获金华市委宣传部组织的金华市宣传思想文化战线理论学习比武知识竞赛三等奖、金华市突发事件舆情处置模拟实战现场比武一等奖、金华市宣传思想文化战线文艺比武暨纪念改革开放40周年文艺会演“最佳风采奖”、金华市宣传思想文化战线暨纪念改革开放40周年书画摄影展“优秀组织奖”;被金华市委网信办授予金华市网络安全工作先进单位。

2018年7月20日,“弘扬红船精神,走好新时代的长征路”微型党课大赛决赛在广电台演播厅举行 (包康轩/摄)

【学习贯彻中共十九大精神】 2018年,市委宣传部围绕“不忘初心,牢记使命”主题,组织学习《习近平谈治国理政》《习近平新时代中国特色社会主义思想30讲》等重要著作,推动各级党员干部学原文、读原著、悟原理。组织“学习宣传贯彻党的十九大精神”主题征文比赛,评选优秀文章50篇。开展新时代金华精神大讨论,组织撰写感悟文章200余篇。

【学习型党组织建设】 2018年3月26日,市委宣传部印发《2018年度东阳市委理论学习中心组学习计划》;8月13日,召开全市党委(党组)中心组学习秘书培训会,邀请省委宣传部理论处专家授课。围绕“十九大精神”“红船精神”等主题开展各类宣讲500余场,举办文化大讲堂专题报告会6场。打造“树形”新媒体宣讲平台,在新媒体阵地推出《东阳新闻微课堂》《东阳电视台微方言》等多个栏目,建立城乡联动微信“讲堂群”,全市各镇乡街道、村(社区)和楼院建立微信公众账号500余个,粉丝数量近10万人。

【新闻宣传】 2018年,市委宣传部组织开展省“两会”、改革开放40周年、“文化优势转化为发展优势”“大调研”“乡村振兴”“最多跑一次”等30余个专题宣传,推出高质量的深度报道、评论员文章。策划推出“改革开放40周年、撤县建市30周年”的专版50余个、专题专栏20余个;5月15日,“东阳发布”微信公众号征集东阳老照片,在5月25日撤县设市30周年当日推出老照片致敬东阳“撤县设市”30周年第一期。

在金华市级以上重点媒体刊发稿件3000余篇(条),其中省级媒体1000余篇(条)、国家级媒体500余篇(条)、在《人民日报》刊发稿件24篇。组织开展全国主流网络媒体东阳采风、政府工作推进会、横店通用机场首飞仪式等20余次新闻发布会和媒体集中采访活动。联系协调上级媒体到东阳拍摄,全年接待到东阳采访媒体100余批。央视《焦点访谈》以东阳人民医院为例,讲述国家基层医疗水平的显著提升;《一脉钱塘》《中国影像方志》等到东阳采访拍摄。

【特色产业宣传】 2018年,市委宣传部策划木雕红木产业宣传,做好红木产业LOGO(徽标)设计、SLOGAN(品牌口号)设计、产业宣传片策划拍摄等工作。第四届中国(东阳)木雕红木家具交易博览会期间策划推出木雕红木产业全产业链及红博会逛展2场网络直播,观看人数分别达到102万人次和337万人次。在中央级、省级主流媒体推出影视文化方面的重点报道,《光明日报》头版报道《这个文化梦工厂舞台很大》《浙江日报》刊发“八八战略”系列雄文之一《无中生有写传奇》等重点报道。

【互联网空间治理】 2018年,市委宣传部健全互联网工作机制,实施网络意识形态和网络安全工作责任制,印发《东阳市党委(党组)网络意识形态工作责任制实施意见(试行)》《东阳党委(党组)网络安全工作责任制实施意见(试行)》。统筹全市网络宣传平台宣传习近平总书记系列重要讲话精神、全市中心工作等。在8个国有企业41个党支部选出基层网评员360余人、骨干网评员26人。培养网军特色人才,组建“东山游击队”,参加金华市、全省微博大演练6次;培育网评写手,组建一支20余人的网评队伍,全年给金华报送网评文章60余篇,位于金华市前列。建设农村微信群,建成覆盖18个镇乡街道的管理群,建群率100%,全市建立村民交流群994个,入群人数188113人。

【网络舆论管控引导】 2018年,市委宣传部为健全舆情应对处置管理工作机制,制定《网络舆情信息工作制度》《突发公共事件和热点问题舆论引导工作手册》等工作制度。监测管控属地互联网信息，开展国际国内重大时政热点问题、突发事件等特殊时间段的网络宣传管理工作，全年落实上级网信部门管理要求320条，宣传提示751条。组织开展“2018净网·清风迎春”“清朗”、违法违规涉军网站账号和有害信息集中整治等各类专项整治行动，查删各类违法有害信息300余条。

市委宣传部监测处置日常网络舆情，关注有关东阳的网络舆情的动态。全年搜集分析研判涉东网络舆情500余起，编发《舆情抄告单》23期、《舆情专报》8期，《舆情周报》41期。

【农村文化礼堂建设】 2018年，东阳市推进农村文化礼堂建设，建设农村文化礼堂66家，文化礼堂总数达到199家。实施农村文化礼堂长效管理机制，组织开展“六大行动”。2月，举办农村文化礼堂“我们的村晚”活动；9月，组织开展“我们的家园——万家农村文化礼堂庆丰收”活动，组织全市各大农村文化礼堂开展文艺会演、民俗文化、非遗展示等活动。全年各文化礼堂开展“文化走亲”活动130场次，“道情进文化礼堂”和“婺剧进文化礼堂”演出200余场，组织各类科普活动100余场。

【社会主义核心价值观培育践行】 2018年，东阳市培育“好人”品牌，建立“市、镇、村、行业”四级常态化选树“好人”机制。至年末，全市有“东阳好人”116人，“浙江好人”22人，“中国好人”2人，“感动中国人物”2人，道德模范50人，“最美媳妇”等系列人物千余人。培育“文明有礼”品牌，实施文明出行、文明旅游等“八大文明行动”，建立市民文明行为数据库、“三比三赛”星级文明窗口等系列文明创建品牌。培育“好家风建设”品牌，编写《东阳家训》《东阳家规》系列丛书，全市编立1.6万个好家训，挖掘580个新老家风故事。

【文明创建】 2018年，东阳市开展基层文明创建活动，评选文明家庭，全市3%以上家庭被评选为镇村“星级文明户”，100户家庭被评为市级文明美丽家庭。开展文明单位和文明村的双百文明结对共建工作，全市153家金华市级以上文明单位与文明村开展共建活动，结对135个文明村，帮助文明村实施经济项目38个，开展精神文化活动390次，送图书2万余册。在各新闻媒体开设“全国文明城市创建”专题专栏，宣传文明创建活动开展情况、总结创建成果；在城区所有主要道路、街区等公共场所和镇村设计布置与自然景观相融合的公益广告1.5万余处，在《东阳日报》《金报东阳》电视刊登公益广告近50个整版，刊播6840余频次。

2018年2月8日，东阳市2018农村文化礼堂“我们的村晚”在江北街道王峰村文化礼堂举行 (孙振华/摄)

【宣传队伍建设】 2018年，市委宣传部开展“大学习、大调研、大练兵”活动，撰写大调研文章30余篇，解决调研问题14个。制订宣传文化队伍教育培训计划，加强基层宣传员、新闻监督员等队伍建设，举办全市基层宣讲员“党的十九大”精神专题培训班，组织全市骨干网评员赴宁波市进行集中培训。11月，组织“十佳记者”“飘萍新闻奖”和“优秀新闻栏目”评选活动，评选出“优秀新闻栏目”7个，“优秀新闻工作者”10人，“飘萍奖”一等奖5个、二等奖7个、三等奖14个。

(蒋　亮)

统一战线

【概况】 2018年，市委常委会4次专题研究统战、民族宗教、党外干部等工作，市委领导带头学习习近平总书记“统战篇”和宗教工作知识，参加统战和党派团体重要活动。召开市委统战工作领导小组会议，研究部署统战工作新形势和新任务，研究解决统战工作重点和难点问题。完善制定工作制度，印发《中共东阳市委关于调整市委领导和市机关有关部门联系民主党派、工商联及有关统战团体的通知》《市委领导与新的社会阶层代表人士列名联系制度》等文件。修订机关部门和镇乡街道统战工作考核办法，明确将统战工作纳入全市各单位党组织工作重点和年度工作考核内容。

【横店自由职业演艺人员组织成立】 2018年，市委统战部贯彻省委统战部对横店自由职业演艺人员统战工作指示，以“党建+统战”模式、“代表+专业”导向形式、“七有+

六能”标准、“联席+联谊”制度、“影视+文化品牌”5大特色做法，用统战的力量团结引领“横漂”社会阶层人士。指导成立“横漂会”，成立同心学“习”吧，举办表演之旅公开课10期，“横漂”参与1000余人次。成立“横漂会”艺术团，举办纪念改革开放40周年专场演出1次、公益演出6场次。创建“横漂”自由职业者实践创新基地，基地内有会议室、直播室、舞蹈室、化妆室、演播厅、剧本商讨室、心理咨询室、表演培训室和造型培训室等硬件设备，为6.8万名影视自由职业人员提供成长平台。

2018年7月12日，金华市首个港澳青年影视交流实践基地授牌仪式在横店影视职业学院举行

（市委统战部提供）

【横店港澳青年影视交流实践基地授牌】 2018年7月12日，金华首家港澳青年影视交流实践基地在横店影视职业学院挂牌成立。横店影视学院与香港浸会大学签订战略合作协议，确立长期合作关系，首批来自香港的20余名学生到基地进行学习交流。

【改革开放40周年和东阳撤县建市30周年统一战线成果巡展】 2018年，市委统战部收集改革开放40周年和东阳撤县建市30周年统一战线成果图片1000余张，历时30余天在市区大型广场和18个镇乡街道巡回展出，吸引数万市民关注。以“共绘同心圆·筑梦新时代”为主题，制作统一战线宣传片，分“统战情”“履职颂”“同心魂”“创新强”4个篇章，回顾改革开放40年东阳统一战线发展历程。组织东阳统战系统队参加“金华统一战线纪念改革开放40周年”运动会，获团体第一名。

【“五一口号”70周年系列活动】 2018年，市委统战部组织“不忘合作初心·继续携手前行”统战之声歌唱晚会、“激情五一·同心筑梦”同心趣味运动会、“健康东阳·统战助力”义诊等系列活动。“不忘合作初心·继续携手前行”统战之声歌唱晚会采用电视、网络同步直播模式，由各民主党派、统战团体16支团队685名人员参与演出，3000余名群众到场观看。“今日头条”、新浪、浙江新闻客户端等平台进行宣传报道，网络直播收看人数突破8万人次，新闻点击量10万余次。

2018年4月21日，纪念“五一口号”发布70周年同心趣味运动会举行

（市委统战部提供）

【平安宗教场所创建体系建设】 2018年，市委统战部推进平安宗教活动场所创建工作，围绕平安宗教活动场所创建和网格化管理总目标，按照“属地性、整体性、适度性”原则，优化网格划分，全市85个宗教活动场所、534处民间信仰点基本配备宗教网格员并正常上岗履职。组织开展全市平安宗教活动场所创建千祥镇试点工作，召开全市平安宗教活动场所创建推进会，提出“9个1”▲的创建标准。有74个宗教活动场所具备开展平安宗教活动场所创建条件，其中47个宗教活动场所实现重大节日升挂国旗目标。

▲9个1：宗教场所有1个创建领导小组、1名值班人员、1面国旗、1个宣传橱窗、1套场所管理制度，按要求配备1套消防设施和器材、有1套记录本、组织1次培训、明确1套工作机制。

【知名乡贤健康服务“绿色通道”】 2018年，市委统战部推行在外知名乡贤家属健康联系卡制度，方便知名乡贤家属看病就医。至年末，家庭医生上门问诊1000余人次，169名乡贤享受健康服务“绿色通道”，各大医院提供门诊住院服务99人次。

【党外干部和党外代表人士培训】 2018年，市委统战部推荐22名党外干部参加金华市中青年干部培训班，以及民主党派骨干、党外知识分子骨干、新的社会阶层人士等培训班；推荐12名党外干部参加全市“85后”年轻干部培训班。推荐3名党外干部担任市纪委党风政风监督员。组织各民主党派、无党派人士和统战团体开展“不忘初心、牢记使命”主题教育活动，培训42次，2000余人次参加。

【民主党派和党外人士参政议政】 2018年，东阳市各民主党派、党外人士提出建议和提案300余件，其中民盟《让195颗古村落明珠在乡村振兴中大放异彩》在金华两会上发言，获金华市市长尹学群批示。在东阳两会上，党外政协委员占大会发言数的67%。民进提交的《关于要求按标准核定教师编制的建议》《关于加强农村集体经济财务管理的建议》获东阳市政协优秀提案。

【非公经济人士培训】 2018年，市委统战部组织开展为期1年的首届非公经济人士培训班，邀请国内知名经济专家到东阳市授课24次，赴青岛海尔集团、宁波方太厨具有限公司学习考察，提升非公人士战略思维、经营理念和综合素质，全市53名非公经济代表人士参加培训。

【港澳台交流活动】 2018年，市委统战部接待“青春飞扬-2018香港青年浙江行金华分团”“和谐家庭·幸福婚姻——2018年浙台婚姻家庭活动”等多个港澳台参访团。组织招商引资、乡村振兴、城市管理、医疗卫生、基层交流、现代农业培训6个公务考察团到中国台湾交流学习，完成9批130人次到台报批工作。建立台企、台商、台干的QQ群和微信群，组织台商联谊活动4次，增加台资企业1家，定期联系台企。通过寄送贺卡、走访慰问、座谈交流、疗休养、茶话会等形式，在传统佳节慰问台胞台属。

【乡贤联谊】 2018年1月31日，东阳人联谊总会二届九次会长会议在东阳市召开。5月17日，各地东阳人联谊会（商会）秘书长工作会议在银川市悦海宾馆召开。完成联谊总会十周年换届工作，四套班子领导和多名知名乡贤出席会议。推进联谊会（商会）“扩面、提质、增效”，成立天津东阳商会，指导河南省郑州市、云南省昆明市、江苏省常熟市等地的东阳人联谊会（商会）做好党建工作，筹备海南省、湖北省武汉市、贵州省、江苏省无锡市等地成立联谊会（商会）事宜。启动东阳市乡贤调查摸底工作，9月，在六石街道进行乡贤调查试点工作，年末完成乡贤调查、数据录入、信息管理系统的调试3项工作，整理统计乡贤620人。建设六石乡贤馆、吴良乡贤文化广场各1个以及2个村级文化礼堂。

【第二届“中国·东阳寻根之旅”夏令营活动】 2018年7月16～21日，市委统战部举办为期6天的东阳籍海外华裔及港澳台地区青少年“中国·东阳寻根之旅”夏令营活动，美国、加拿大的东阳籍海外华裔及港澳台地区的28名青少年和东阳本地营员参加活动。夏令营以“同根同源、念祖爱乡”为切入点，设置木雕文化、影视文化、农耕文化、非遗文化等体验活动，邀请陆光正等工艺美术大师讲解东阳木雕和竹编技艺。媒体对活动进行25次报道，其中国家级媒体报道3次（中央电视台四套、《人民日报》《人民日报海外版》各1次）、省级媒体报道3次（《浙江日报》APP2次、省委统战部主办的《情系中华》杂志1次）、东阳本地媒体报道19次。

（金　珊）

机构编制

【概况】 2018年，东阳市机构编制委员会办公室（简称市编办）牵头推进“最多跑一次”改革和“基层治理四平台”建设，党政机构和事业单位分类改革，管理机构编制。全年梳理20个部门单位要求增设机构和调

2018年7月16日，第二届“中国·东阳寻根之旅”夏令营活动举行

（市委统战部提供）

整编制的情况，提交市编委会研究。新设事业单位6家，增加编制的事业单位5家，撤销事业单位2家，1家部门调整内设机构，6家部门调整编制数。设立中共东阳市委巡察工作领导小组办公室及4个市委巡察组。设立市监察留置所，为市公安局派出机构。同意市皮肤病医院单设，核定全市8家公立医院的备案制编制。调整市水务局职能，将原水务局承担的饮用水水源保护区监督管理职责划入市环境保护局。撤销横店镇教育处。

【机构改革】 2018年5月，全市分3个层面展开机构调研。由各市级分管领导牵头开展分管领域机构改革前期调研，收集到市级分管领导关于部门整合、职责调整的意见和建议142条。开展机关部门职责运行情况自查评估工作，了解和掌握全市现行党政机构设置和运行中存在的问题、各部门单位职责和机构设置情况并进行初步梳理，收到职责调整建议128条。由市政府带领市委组织部、市编办、市财政局、市人力社保局等相关部门到省内衢州市开化县、丽水市龙泉市和青田县，江西省景德镇市、赣州市南康区等地调研“大部制”机构改革和特色产业发展机构的设置及运行情况。市委组织部多次召开调研小组工作会议，讨论研究机构改革相关工作。调研准备阶段梳理汇总各层面反映的各类机构设置、职能调整和其他方面问题270个。

10月，市编办对机构限额、机构设置、领导职数、工作时序安排等相关问题多次到省、金华市深化机构改革工作专班进行对接请示。11月16日，成立市深化机构改革协调小组，办公室设市编办，成立深化机构改革工作专班，实行集中办公，做好东阳市深化机构改革方案、工作计划、“三定”实施意见等文件的研究起草工作。对照《中共浙江省委关于市县机构改革的总体意见》以及政策口径要求，市深化机构改革协调小组成员多次召开会议对党政机构设置进行研究论证和多轮模拟，市委书记黄敏专门召开2次深化机构改革协调小组组长会议听取机构改革工作有关情况汇报，市委、市政府3次召开全市性机构改革方案意见征求会，逐条研究审核意见，调整完善《东阳市机构改革方案（初稿）》（以下简称《方案》）内容。市深化机构改革协调小组办公室与义乌市、永康市、浦江县等地就党政机构设置、职能交叉调整等相关工作进行交流研讨。11月，到省、金华市参加机构改革工作培训会，对《方案》进行研究完善。12月6日，《方案》经省深化机构改革协调小组预审通过。12月10日，市委常委会审议通过《方案》。12月27日，《方案》经省委、省政府批准正式印发。

【“最多跑一次”改革】 2018年，“最多跑一次”改革工作领导小组办公室设在市编办。2月，东阳市制定《关于推动“最多跑一次”改革镇乡街道、村（社区）全覆盖实施意见》，对全市18个镇乡（街道）及388个行政村（社区）的便民服务中心规范化提升和“最多跑一次”改革向基层延伸工作进行部署，全年完成39个示范型、253个标准型村级便民服务中心规范化提升工作。全市“最多跑一次”事项主项671项、子项1408项，实现“最多跑一次”事项100%全覆盖并进驻市行政服务中心。完成市行政服务中心迁建总部中心、市大数据平台一期建设，建成“互联网+政务”网上办事大厅，推动“一证通办”（通过一张身份证办理多项业务）工作。打造市建筑、影视、木雕红木3个特色产业服务平台。针对大调研反映的部门之间办事难问题，推动部门间办事“最多一星期”，缩短办事时限。该创新做法相继在中编办网站、《浙江日报》头版、《金华日报》上刊登，得到省政府常务副省长冯飞、金华市委书记陈龙的批示肯定。

【基层治理“四平台”建设】 2018年，市基层治理体系“四个平台”建设领导小组办公室设在市编办。4月中旬，联合市委组织部、市财政局、市人力社保局等部门到嘉兴市海宁市、绍兴市柯桥区调研“基层治理四平台”派驻机构属地管理做法，起草《加强机关部门派驻镇乡街道机构人员管理的意见（征求意见稿）》。4月初，基层治理综合信息系统及政务服务APP新版本正式上线运行，升级完善基层治理综合信息平台，实现数据与“省协同平台”实时同步。市综合信息指挥中心实现实体化运转，依托镇、村综合信息指挥室，建立市、镇、村三级指挥体系，完善平台部门联动、市镇村上下联调等快速处置机制。

【事业单位分类改革】 2018年5月，市编办梳理汇总全市46家承担行政职能类和413家事业单位的基本情况。6月初，调整东阳市事业单位改革领导小组，领导小组办公室由市人力社保局调整为市编办。7月，东阳市南山小学民办事业单位完成登记。按照不高于同类公办事业单位编制30%的标准，核定浙江师范大学附属东阳花园外国语学校、市南山小学2家试点学校的报备员额。

【机构编制监督检查】 2018年，市编办借助市委巡查、审计、组织部选人用人专项检查三大平台，纳入机构编制监督检查内容，对列入2018年巡察的24个机关事业单位、镇乡街道机构编制政策执行情况开展专项检查。8月末，针对市教育局所属学校违规设置校长助理一职下发整改通知书并进行整改。9月，参与市委组织部对经济开发区开展选人用人专项检查工作。衔接审计监督与机构编制监督检查，为领导干部经济责任离任审计提供政策咨询和相关文件。

【事业单位登记管理】 2018年，市编办精简事业单位登记流程，减少中文域名注册等事项的办事材料、优化办事流程、压缩办理时限，推进全流程网上办理。全市新设立登记事业单位8家，变更事业单位法人登记102家，注销事业单位法人登记28家。全市应参加2017年度报告公示的事业单位414家，已提交412家，尚未提交2家(应销未销事业单位1家,暂缓1家),已公示397家,未公示15家(财务不独立的单位)。清理规范应销未销事业单位,清理完成13家。根据全省统一部署,完成中文域名注册工作全覆盖。

【机构编制实名制管理】 2018年,市编办更新完善全市机关事业单位的历史沿革、编制、职数、实有人员等信息的实名制管理系统台账及手工台账,入库2017年及以前的有关机构编制审批文件1481个。开展网上机构编制监督检查工作,每月开展数据抽查。下放实名制数据库权限至每一个事业单位,实行出入编和用编计划网上申报,全年办理入编1260人次,出编985人次。

(许杭威)

台湾事务

【概况】 2018年,东阳市人民政府台湾事务办公室(简称市台办)在春节、中秋传统节日走访慰问定居台胞、重点台属53户,贫困户4户,送上慰问金和礼品。走访台联会副会长企业15家,重点台资企业2家。向在台同胞寄送贺年卡200余封。市台办全年接待台湾团组18个、台胞380人。帮助台商台胞协调解决房产纠纷、办证、就医、子女入学、职工养老保险缴费等困难和问题15件次,办理市人民医院等单位到台湾轮训及企业商务到台湾办理申报手续9批130人次。利用《东阳台联》和“东阳台办、台联”网站进行涉台宣传,发行《东阳台联》季刊4期、2400余份,“东阳台办、台联”网站点击量7万人次。增加台资企业1家(东阳市乐代服装有限公司),注册资金100万元。至年末,全市台资企业上缴国家税收3200余万元。

【台联界提案】 2018年2月1~3日,台联界的12名政协委员参加市政协第十四届二次会议,提交提案21件,其中界别团体提案1件、委员个人提案20件。《让东阳红木产业更红》被摘录大会讨论发言专刊;《治危拆违初战告捷,后续推进路在何方》转市政协十四届十次主席会议通过列为重点提案。

【东阳与台湾交流合作】 2018年3月23~24日,台湾南投县名间乡基层交流团一行24人参访东阳市。4月17日,21名台湾南投县民间乡民间中学家长委员会成员参访东阳市。7月16日,横店文荣医院与台湾太学眼科集团合作揭幕仪式举行。7月21日,东阳籍海外华裔及港澳台地区青少年“中国·东阳寻根之旅”夏令营闭幕,有3名台湾营员参加此次活动。7月26~27日,台湾南投县青创、文创等一行15人到东阳市考察木雕和影视文化产业。8月16日,19名南投鹿谷狮子会的台湾同胞参访东阳市。8月30日,由浙江省婚姻家庭协会、金华市民政局、金华市台办、东阳市人民政府主办,市台办、台湾南投县外配福利发展协会承办以“和谐家庭·幸福婚姻”为主题的2018年浙台婚姻家庭文化之旅活动开幕仪式在东阳市举行,浙台两地30余名两岸婚姻家庭代表参加,其中台湾同胞16人。9月11日,参加2018浙江台湾合作周的12名台湾摄影家到东阳市创作。9月14日,参加2018浙台合作周的台湾一行人与金华市台办副主任张伟欣到中国木雕博物馆参观。11月10日,由市台办主办,市太极拳协会、长庚童方城协办的“东台两地太极拳交流讲座”在东阳市举办,协会会员及太极拳爱好者200余人聆听讲座。11月28日,台湾大仁科技大学12名师生到浙江横店影视职业学院开展为期2天的交流。

6月3~9日,东阳市乡村振兴考察团一行13人,到台湾进行为期一周的农业考察交流。7月16~22日,东阳市基层交流团一行14人到台湾进行为期7天的新农村生态建设及农村社区管理专题考察活动。7月下旬,东阳市城市管理考察团与东阳市台胞台属联谊会一行到台湾考察城市管理。7月25~31日,东阳市现代农业培训团一行23人,到台湾进行为期7天的参访考察。8月13~19日,由各镇乡街道卫生院相关专家组成的东阳市医疗卫生考察团到台湾交流学习。

【台办和台联社会活动】 2018年1月26日,市台办、台联会举行2018年度新春团拜会。1月31日,东阳市台办召开东阳籍在台学生座谈会,10名东阳籍在台就读学生参加座谈会。5月24日,市台联界政协委员到城东街道开展“城乡生活垃圾分类处理”专项集体民主监督活动。8月31日至9月3日,由台办、台联会相关人员及部分台联界政协委员组成的台联会考察团一行17人,到湖南省汨罗市进行考察学习交流活动。9月27日,东阳市台联会一行5人,参加金华市台联会组织的金华市、区台联会骨干到衢州台联会考察交流活动。

【市台联组织建设】 2018年1月5日,市台联会第六届四次理事会议召开,会议改选市台联会第六届理事会会长,增选2名市台联会第六届理事会副会长和1名常务理事。1月23日,市台胞台属联谊会白云分会第二届二次理事扩大会议召开。5月29日,市台联会吴宁分会第二次代表大会召开,选举产生29名东阳台联会吴宁分会新一届理事会成员。12月29日,市台联会第六届五次理事扩大会议召开。

(施良苗)

老干部工作

【概况】 2018年,东阳市有离休干部90人,年龄最大98岁,最小84岁,平均年龄89.47岁,其中享受县处级待遇40人、科局级50人。开展金华市“最美老干部”“最美老伴”“最美子女”评选活动,横店镇维风小学何文节获“最美老干部”、东阳竹编厂何来姣获“最美老伴”、浙江省东阳化工有限公司金跃进获“最美子女”称号。开展寻访“浙江改革开放老干部之星”“讴歌新时代,永远跟党走”主题征文和朗诵比赛、“‘八八战略’再深化、改革开放再出发——我为浙江改革开放献一计”“老同志眼中的浙江十大改革开放新成就”活动。1人获征文比赛优秀奖，1人获朗诵比赛温州赛区半决赛二等奖。为离休干部征订学习资料。

【离休干部政治待遇】 2018年1月18日，全市经济社会发展情况通报会在东阳宾馆举行，市委副书记、市长姚激扬作通报。6月15日，邀请浙江师范大学法学院教授邓佑文为全市离休干部讲解新修订《中华人民共和国宪法》，召开“银耀东城·共建文明城市”行动动员会。9月18~19日，召开“讴歌新时代，银耀新征程”主题读书会，召开“勇立潮头显担当，‘八八战略’再深化”专题讲座，观看《东白山规划》《遇见东阳》《东阳之光》宣传片，组织参观六石街道北后周村、城东街道单良村以及横店通用机场。开展“银耀东城·共建文明城市”系列活动，发放行动倡议书，组织老干部进行文明劝导。举办8次集中学习会，“送(寄)教上门”4次。

【离休干部生活待遇】 2018年，东阳市完善离休费保障、医药费保障、财政支持3个机制，做好离休干部医疗待遇、特需经费、生活完全不能自理离休干部护理费和高龄护理补贴调整提高落实工作。做好公特费的收缴和管理工作。坚持每周四现场接访。开展困难帮扶工作，帮扶5名离休干部。走访异地安置离休干部10人。协调处理6名离休干部去世后的有关事宜。开展春节、三八妇女节、暑期、国庆节、重阳节等走访慰问活动，全年走访离休干部200余人次。

【东阳老年大学】 2018年，市委老干部局加强老年大学的校园管理，改善教学条件。学习先进管理经验，改进老年大学招生报名办法，运用教务管理系统进行信息化管理，采取分批报名方法减少报名拥堵。全年开设声乐、书法、太极等28门课程，老师17人，学员1100余人次。

【离休干部活动】 2018年，东阳市举办庆祝改革开放40周年主题书画展，参展作品80余幅。春节前夕，组织老干部书画志愿队开展“新春送春联”活动，送出春联500余幅。开展“金融知识”普及日活动，提高离休干部防范金融诈骗意识。邀请妇保院专家作健康卫生知识讲座。

(叶园园)

党校教育

【概况】 2018年，市委党校与东阳市行政学校、东阳市社会主义学校、东阳市干部教育培训中心实行“四块牌子、一套班子”的办学体制。至年末，市委党校为镇乡街道、机关部门、企事业单位提供宣讲服务100余场。12月4日，根据《关于同意调整中共东阳市委党校事业编制的批复》，核减参公事业编制2人，增加事业编制3人，调整后，中共东阳市委党校参公事业编制4人，事业编制17人。

市委党校获金华市五星基层党组织、2018年度东阳市节水型单位称号，获东阳市2018年度市级机关部门工作目标责任制考核二等奖、2017年度人口和计划生育工作市机关部门二等奖；1人获金华市党校系统朗诵比赛二等奖，1人获市直机关“党员读书月”征文二等奖，1人在纪念建党97周年活动中获由市委统战部组织开展的纪念中共中央发布“五一口号”70周年“不忘初心·继续携手前进”主题征文活动三等奖，1人获东阳市文明城市创建征文活动三等奖。

【教学模式创新】 2018年，市委党校创建分层次办学教育模式，培训对象年龄段全覆盖，其中有“90后”年轻干部论坛、“85后”中层干部集中训练营、“80后”市管干部进修班等干部培训主体班次；岗位职能全覆盖，其中有农村主职干部培训、红领青年培训、公务员专题培训等。通过集中授课、论坛交流、导师结对帮带、一线调研等方式推动培训模式的创新，运用研讨式、案例式、模拟式、体验式、辩论式等互动式教学方法提高学员参与积极性。利用现有的教学资源，使教学方式向“课堂+基地”的实践式、“讲授+研讨”的互动式拓展。

【现场教学基地建设】 2018年，市委党校印发《关于印发〈东阳市干部教育培训现场教学基地规范化建设实施办法(试行)〉的通知》，举行全市现场教学基地授牌及本土师资授聘仪式。东阳市有16家现场教学基地，其中有1个省级现场教学基地(横店影视文化产业发展教学基地)、4个金华级现场教学基地(横店集团英洛华电气有限公司、南马镇花园村、木雕小镇、横店长征博览城)、11个东阳市级现场教学基地。组织1次全市现场教学基地解说员培训会，选送优秀骨干参加金华市现场教学基地师资培训。

【干部培训】 2018年，市委党校举办主体班次16期3704人次，包括中青

2018年6月23日，年轻干部论坛2018年第一期开班 (市委党校提供)

班（“85后”中层干部培训班）、市管领导干部进修班、红领青年示范培训班、年轻干部论坛、乡村振兴专题研讨班、小城镇环境综合整治专题研讨班、基层社区治理专题研讨班、“文化+、+文化”专题研讨班、工业经济转型升级专题研讨班、政法干部政治轮训班等。党校承接市内部门办班（入党积极分子培训班）3期1155人次；承接对外培训班19期1136人次，其他类班次147期23059人次。

【兼职教师师资库建设】 2018年，市委党校特聘东阳籍院士、专家、学者、企业家、领导干部等本土师资52人，充实市委党校干部教育培训的师资库。6月，印发《关于确定东阳市干部教育现场教学基地及本地师资库师资的通知》，对本地师资库师资实行规范化管理。

【社会科研】 2018年，《“横店现象”的文化生态解构：嵌入、耦合与内聚》获省委党校第十九批规划课题结题，《横店镇域经济文化产业转型发展研究》获第二十批规划课题立项，金华市委党校系统课题立项并结题9项；选送省委党校理论研讨会论文3篇，其中《“横店现象”的文化生态解构：嵌入、耦合与内聚》获三等奖；选送8篇文章参加金华市党校系统理论研讨会，其中《文化产业集聚空间溢出效应实证分析——以横店文化产业为例》获三等奖；《美丽乡村建设的花园样本》《长三角一体化视角下高铁新城创新融合发展》2篇文章获2018年度东阳市优秀调研文章评选二等奖。

【大调研活动】 2018年，市委党校组织开展“大调研”活动，印发《关于印发〈中共东阳市委党校大调研工作方案〉的通知》《中共东阳市委党校关于公布2018年度调研课题的通知》，确立的27项调研课题全部完成；参与并完成市委“教育文化”“最多跑一次改革”等重点课题的调研，完成组织部指定课题《乡村振兴战略下基层党建路径选择——以东阳市花园村为例》。

（孙苗青）

史志编研

【概况】 2018年，市委党史研究室（市地方志办公室）围绕“撤县设市30周年”开展系列纪念活动，二轮修志工作按照四年规划有序进行。康熙《新修东阳县志》点校本、《东阳纪事2017》、东阳百村故事系列丛书之《摇落的风情》《东阳年鉴（2017）》《东阳建市30周年大事记（1988.5~2018.5）》相继出版发行。完成徐文荣口述史料《个人命运总是同国家命运紧密联系在一起——改革开放四十年，横店的发展之路》的征集。《东阳史志》季刊进行改版，刊出4期。开展“五位一体”宣传工作，在《东阳日报》刊载《史志纵横》专栏15期；与《金报东阳》合作刊载《我在东阳修志》专栏文章10余篇，推送“志在东阳”微信公众号文章160余篇，举办“志在东阳”读书会6期，刊发《修志工作》简报25期。10月，市政协文史资料委员会调研二轮修志工作。

《东阳年鉴（2016）》在中国地方志指导小组和中国地方志学会举办的全国地方志优秀成果（年鉴类）评比中获特等年鉴荣誉，是浙江省唯一获此荣誉的县级市年鉴。与《金报东阳》联合开展《“东阳建市30年回顾与展望”人物系列访谈》栏目获2018年度东阳市“优秀新闻栏目”称号。

【“撤县设市30周年”系列纪念活动】 2018年，市委党史研究室与《金报东阳》联合开展“东阳建市30年回顾与展望”人物系列访谈活动，在《金报东阳》开设专栏。栏目采访东阳市历任市委、市政府主要领导，以及各领域代表人物10余人。回顾撤县设市的前因后果、所付出的努力，从城区风貌整治、经济发展、产业布局等角度切入，从不同方面记录东阳建市之后的内在更迭。与《金报东阳》联合举办“砥砺奋进·东阳建市30周年”有奖征文活动。活动收到征文10余篇。开展“城市印记·东阳建市30周年”史料征集活动，向社会各界征集有关“东阳建市30周年”各类实物史料、文献史料、口述史料。通过档案资料图片收集、实时收集、专题摄影、社会征访等形式，征集到具有东阳特色、生活气息和史料价值的图片千余张，协助“东阳发布”微信公众号推出老照片致敬东阳“撤县设市”30周年专题，百余张老照片向全市公众发布。

【《东阳建市30周年大事记（1988—2018）》出版】 2018年9月，《东阳建市30周年大事记（1988—2018）》由方志出版社出版发行。该书简要记录东阳撤县建市30年改革、建设和发展的历程，上限始于1988年5月25日东阳撤县设市之日，下限至2018年5月24日。全书随文配图，文字部分收录年度大事记，按时期分阶段记述，以编年体形式为主，若干事件采用纪事本末体。收录大事记1560条，图片277张，29.5万字。

【《东阳市志》编纂】 2018年，市委党史研究室围绕“一体两翼”（“一体”指百余家承编单位负责的资料长编工作，“两翼”指专题征集、图片史料征集工作）做好资料搜集和长编编写。3月，编写完成并发放《修志工作手册》。4月，召开全市史志工作暨二轮修志培训大会，百余家承编单位参加会议，并与市委、市政府签订东阳市第二轮修志工作目标管理责任书。7月，印发《东阳市志》专题研究实施办法，向社会公开征集第一批专题目录。印发《东阳市2018年度修志工作考核办法》《〈东阳市志〉编辑部目标管理责任制考核办法》，对各承编单位和市志编辑部定期进行督查考核和刊发通报。6月末，市志编辑对志书篇目进行修改完善，完成相关章节的试写工作。至年末，106家承编单位全部完成试写工作。

【修志工作联络制度】 2018年，市地方志编纂委员会建立主任、副主任分工联系负责制。《东阳市志》编辑部分为生态环境、社会经济、社会政治、社会文化、附录索引5组。地方志编纂委员会的5位正、副主任分工联系5个组,市委党史研究室工作人员分5组与《东阳市志》编辑部对接联系。《东阳市志》编辑部20余名编辑,每人承担多个单位的业务指导任务。整个二轮修志工作实行网格化管理,每个承编单位都有联系编辑和联络员,层层联系、层层对接。

【党史资料数字化整理】 2018年,市委党史研究室对东阳市党史资料进行清理,摸清党史资料家底。1~6月,对非严格出版物类党史资料进行统计细分,主要内容为单位成立以来所留存的除公开和内部出版以外的各类非严格出版物类,包括手写文献资料、回忆录、专题资料、文件形式印刷品等,统计出需要电子化资料25851页。10月,在金华市委党史研究室的组织下,对《东阳党史通讯》15册、档案资料27册、其他资料6册,以及未分类总共233个档案袋分装的资料(约1万页)进行扫描存档。

【《东阳年鉴》编纂】 2018年9月,《东阳年鉴(2017)》由方志出版社出版,共1510个条目,99.5万字。收入首页彩图28张,类目彩图31张,内文彩图212张。4月,市委办公室、市政府办公室印发《关于做好〈东阳年鉴(2018)〉编纂工作的通知》,明确《东阳年鉴(2018)》编纂工作计划和框架设计,编纂原则、编纂要求和编纂步骤,各承编单位承担的编纂任务。年鉴编辑部对180余家承编单位撰稿人员进行一对一指导,对2018年新入鉴的2家医院和6家特级资质建筑企业进行上门对接;确定"世界东阳人发展大会""产业植入"为《东阳年鉴(2018)》卷首专辑。至年末,完成《东阳年鉴(2018)》组稿、统稿工作。

【史志数据库建设】 2018年,市委党史研究室打造史志数据大平台,建立史志信息化系统。史志信息化系统设有党史库、地情库、年鉴库、工作库四个分库,涵盖地情信息展示、史志作品编辑、资源高效共享等功能,运用数据挖掘、分析、处理等新技术,收集保存反映东阳政治、经济、自然、社会等方面的地方特色文化史志资料和图片,为二轮修志工作提供基础资料。收集各级各类媒体中的东阳史料3000余万字;史志出版作品数据化14部,1200余万字;完成党史人物资料7000余页的整理、1000余张照片和胶片的考证和文字标注工作,进入扫描处理、规范化整理阶段;对编纂《东阳建市30年大事记》收集的相关资料进行整理。11月,史志信息化系统上线试运行,12月进行验收。

【康熙《新修东阳县志》点校本出版】 2018年4月,康熙《新修东阳县志》点校本由西泠印社出版社出版,全开本,简体字单行横排,字数78万字,印数1000册。点校本以东阳市地方志办公室所藏影印于浙江图书馆的康熙二十年本为底本,由地方志办公室整理,分《职方志》《经制志》《宦林志》《人物志》《杂物志》《世文志》,共二十二卷。

【《百村故事》编纂】 2018年5月,东阳百村故事系列丛书第一册《摇落的风情》由西泠印社出版社出版。7月,继续从全市产业植入精品村选择城东街道寀户村、南马镇包竹村、湖溪镇西堆村、画水镇上街村、佐村镇斯光村和塘城村、三单乡金航村7个村庄,开展2018年度《百村故事》征访工作。发布征集村史资料的通告,在各村进行宣传发动,安排专人到各村开展征访工作,至年末,征集资料20余万字。

【新书发布会召开】 2018年9月7日,市委党史研究室在市新华书店召开东阳市史志研究成果(新书)发布会,展示2016~2018年度史志研究成果,发布的史志研究成果有《中国共产党浙江省东阳市历史第二卷(1949~1978)》《东阳年鉴(2015)》《东阳年鉴(2016)》、康熙《新修东阳县志(简体本)》《道光东阳县志(简体本)》《东阳百村故事》《东阳纪事2016》和《东阳纪事2017》。浙江省人民政府地方志办公室主任潘捷军,中共金华市委党史研究室副主任朱忠明,金华市地方志办公室主任袁朝明等出席发布会。市委党史研究室向史志爱好者赠送100套新书,在新华书店二楼开设史志研究成果展示区。

(许慧扬)

2018年9月7日,东阳市史志研究成果(新书)发布会在市新华书店召开

(周晓刚/摄)

东阳市人民代表大会

综　述

【概况】 2018年,东阳市人大常委会召开常委会会议7次、主任会议10次,听取和审议政府专项工作报告25个,作出决定、决议15项,提出常委会会议审议意见8项、主任会议意见和建议4项。依法进行人事任免26人次,开展执法检查2次,代表视察8次,完成市十五届人大二次会议确定的各项任务,各项工作得到上级人大及社会各界的肯定和认可。东阳市"代表约见"制度创新实践获首届省人大最高奖项"浙江人大工作与时俱进奖";人大监督工作获《人民日报》等国家级媒体报道;街道议政会、民生实事项目代表票决制等经验做法在全省人大工作会议上交流推广。

【各级人大代表人员变动】 2018年,第十三届浙江省人大东阳代表6人,人员无变化。在东阳的金华市第七届人大代表65人,林丹军代表因工作调动调离金华,其代表资格自行终止,陈刚代表因工作调动原因提请辞去代表职务被东阳市人大常委会接受,代表资格终止;12月,东阳选区补选吕伟强、刘伟霞为金华市第七届人大代表,至年末,代表总数为65人。年初召开的东阳市第十五届人民代表大会第二次会议应到东阳市人大代表291人,年内陈刚、蒋明因工作变动调离东阳行政区域,其代表资格自行终止;12月,巍山镇第十二选区补选刘伟霞为市十五届人大代表,至年末东阳市十五届人大代表总数变更为290人。

【镇乡街道人大工作规范】 2018年,东阳市坚持人大工作例会制度,加强工作交流,联系和指导镇乡街道人大工作;完善各镇乡街道人大办公室机构设置,配齐办公室人员。组织镇乡街道人大干部开展预算审查等专题培训、外出考察学习,提升人大干部业务水平。推进代表联络站建设,增加开发区、吴宁街道西街社区等16个代表联络站,推动联络站向工作片、社区、村延伸,建成实体联络站37个、网上联络站18个,全市代表联络站进行统一挂牌。经常性指导代表联络站工作,帮助制订工作职责、接待群众工作流程等10余项制度,对网上联络站信息更新开展督查。

【全市人大干部读书会】 2018年12月12～14日在横店镇举行,会议邀请专家对当前宏观经济形势、乡村振兴、习近平总书记关于坚持和完善人民代表大会制度重要思想进行专题授课;市人大常委会各委办公室、各镇乡街道人大总结交流2018年工作及下一年度的工作思路。

（蔡旦卡）

人大重要会议

【东阳市第十五届人民代表大会第二次会议】 2018年2月1～4日召开,应到代表291人、实到281人,194名列席人员列席会议,16名社会各界人士应邀旁听会议。会议听取和审查市人民政府代市长姚激扬所作的政府工作报告;审查、批准东阳市2017年国民经济和社会发展计划执行情况及2018年国民经济和社会发展计划草案的报告;审查、批准2017年全市和市级预算执行情况及2018年全市和市级预算草案的报告;听取和审查市人大常委会主任施侍伟所作的东阳市人民代表大会常务委员会工作报告;听取和审查市人民法院院长鲍大兵所作的东阳市人民法院工作报告;听取和审查东阳市人民检察院检察长胡宇翔所作的东阳市人民检察院工作报告;审查决定2018年政府十大民生实事。

【市人大常委会会议】 2018年,市十五届人大常委会召开7次常委会会议。

市第十五届人大常委会第七次会议于1月19日召开。会议听取和初审《市政府工作报告(征求意见稿)》《市人大常委会工作报告(征求意见稿)》《市人民法院工作报告(征求意见稿)》《市人民检察院工作报告(征求意见稿)》;听取和初审《关于东阳市2018年民生实事候选项目情况的报告》;听取和初审关于东阳市2017年国民经济和社会发展计划执行情况及2018年国民经济和社会发展计划草案的报告,关于2017年全市和市级财政预算执行情况及2018年全市和市级财政预算草案的报告,关于2017年全市环境状况、环境保护目标完成情况和水环境保护工作情况的报告(征求意见稿);审议提出市十五届人大二次会议议程、日程草案;审议通过《东阳市人民代表大会代表建议、批评和意见办理的规定(修正草案)》,通过市十五届人大二次会议列席人员、旁听公民推荐名单。会议还研究讨论其他有关事项。

市第十五届人大常委会第八次会议于1月31日召开。会议审议通过市十五届人大常委会代表资格审查委员会关于补选和另行选举的市十五届人大代表资格的审查报告;审议通过市十五届人大二次会议各代表团召集人名单、各代表团正副团长名单、主席台人员建议名单;审议提出市十五届人大二次会议主席团和秘书长名单(草案)、主席团常务主席名单(草案)、执行主席分组名单(草案)、议案审查委员会名单(草案)、副秘书长名单(草案)。会议还讨论研究其他有关事项。

市第十五届人大常委会第九次会议于4月13日召开。会议审议通过2018年市人大常委会工作要点(草案);听取和审议市政府关于东阳市国家森林城市创建工作情况的报告;听取和审议市政府关于博士路隧道建设项目相关情况的报告,表决通过博士路隧道建设项目从政府投资重大前期项目调整为2018年度政府投资实施类重大项目的议案。会议审议通过关于接受1人辞去市十五届人大常委会委员职务的议案;表决通过有关人事任免事项,决定免去1名副市长职务,任命1人为市人民政府副市长。会议还审议通过其他有关事项。

市第十五届人大常委会第十次会议于6月27日召开。会议听取和审议市政府关于2018年东阳市债务限额和新增债券预算调整方案的报告,表决通过《关于批准2018年度债务限额和新增债券预算调整的决议》;审议通过《东阳市人民代表大会常务委员会组织实施宪法宣誓制度办法》修订情况的报告;审议通过市法院关于提请确认人民陪审员名额数的议案,将东阳市人民陪审员名额数确定为300人。会议还审议通过人事任免事项和其他有关事项。

市第十五届人大常委会第十一次会议于8月24日召开。会议听取和审议市政府关于2018年上半年国民经济和社会发展计划执行情况的报告;听取和审议2018年政府投资重大项目增补情况的汇报,表决通过下半年政府4个投资重大项目;听取审议市政府关于2017年财政总决算和市本级财政决算的报告,审查批准2017年市本级决算;听取和审议市政府关于2018年上半年财政预算执行情况的报告;听取和审议市政府关于2017年市本级预算执行和其他收支情况审计工作的报告。会议还听取审议市政府关于市十五届人大二次会议代表建议意见办理情况的报告,表决通过人事任免事项和其他有关事项。

市第十五届人大常委会第十二次会议于10月29日召开。会议听取和审议市政府关于国民经济和社会发展第十三个五年规划纲要实施情况的中期评估报告;听取和审议市政府关于2018年1~9月财政预算执行情况和2018年预算调整草案的报告;听取和审议市政府关于农村环境革命工作的报告;听取和审议市人民法院关于“基本解决执行难”工作情况的报告。会议还审议通过人事任免事项和其他有关事项。

市第十五届人大常委会第十三次会议于12月17日召开。会议听取和审议市政府关于审计查出问题整改落实情况的报告;听取和审议市政府关于2019年政府投资重大项目计划情况的报告,同意将市政府提出的15个2019年政府投资重大项目计划草案、4个2019年政府投资重大项目计划草案提请市十五届人大三次会议在审查东阳市国民经济和社会发展计划草案时一并进行审查和批准;听取和审议市政府关于危旧房治理改造情况的报告;审议通过市政府《东阳市2018~2022年义务教育学校布局调整规划方案》;审议通过市政府《东阳市生态文明建设规划(2017~2025)》;听取和审议2018年1~9月市人大常委会议、主任会议审议意见及人大视察意见落实情况的报告。会议还审议表决关于接受1人辞去金华市第七届人民代表大会代表职务的议案,补选2名金华市第七届人大代表,审议通过《关于召开东阳市第十五届人民代表大会第三次会议的决定》;组织东阳中心组8名金华市第七届人大代表向市人大常委会述职。会议还审议通过人事任免事项和其他有关事项。

(蔡旦卞)

人大监督

【法律监督】 2018年,市人大常委会对《组织实施宪法宣誓制度办法》进行修订,并对“一府两院”宪法宣誓制度落实情况开展执法检查。主任会议听取市政府关于行政执法过错责任追究制度落实情况汇报,组织代表视察公安交通管理工作,对“最多跑一次”改革开展专题调研;听取和审议法院执行工作报告,组织代表对法院强制腾空执行工作进行现场监督,督促法院加快“基本解决执行难”工作进程。对检察机关公益诉讼制度实施情况进行调研,推动检察机关围绕生态环境和资源保护、食品药品安全、国有财产保护等领域,积极开展公益诉讼工作。认真审查市政府上报的规范性文件46件,向金华市人大常委会报备3件。受理群众来信116件,接待群众来访56人次。

【财政资金使用绩效监督】 2018年,东阳市推进财政资金使用绩效评价工作,对物业维修基金进行专题审计,对水务局整体支出、农村土地综合整治项目以及重度残疾人护理补贴、工业经济发展、金融发展3个专项资金进行绩效评价。审议中,提出要“形成完整的制度体系”“提高绩效评价的结果运用”“完善第三方参与评价机制”“探索引入预算大数据管理理念和方法”等建议和意见,推进政府及其部门建立操作性强、规范化的制度和流程,建立程序性和实质性并重的预算绩效监督路径。推进乡镇财政预算绩效管理工作,财政局继续对全市18个镇乡街道财政整体支出情况分两年进行重点评价,提升镇乡街道财政预算编制、执行、监督和管理的能力和水平。

【民生实事票决落实】 2018年，东阳市制定《民生实事项目代表票决办法》，细化《十大民生实事项目联动监督检查方案》，实现民生实事筛选、票决、办理、落实工作的规范化制度化。2018年政府十大民生实事项目，通过常委会分管领导分头督办，18个代表小组集中视察监督，提出问题59个、建议和意见60条，经汇总梳理交政府办理，并将办理情况提交常委会审议，开展代表满意度测评，确保民生实事项目落实到位。全面推开镇乡街道民生实事项目代表票决制工作，推动政府决策民主化科学化。

（蔡旦卡）

人事任免

【概况】 2018年，市十五届人大常委会依法行使人事任免权，依法任免国家机关工作人员26人次。

【任免事项】 2018年4月13日，市十五届人大常委会第九次会议，决定任命：黄阳明为东阳市人民政府副市长；决定免去：蒋令树的东阳市人民政府副市长职务。

6月27日，市十五届人大常委会第十次会议，任命：黄万健为东阳市人民检察院副检察长、检察委员会委员、检察员，黄旭为东阳市人民检察院副检察长，王攀为东阳市人民检察院检察委员会委员；免去：金洪良、厉旭宏的东阳市人民检察院副检察长、检察委员会委员职务，何春雷的东阳市人民检察院检察委员会委员职务，何争鸣、任巧兰、吕宝康的东阳市人民检察院检察员职务。

8月24日，市十五届人大常委会第十一次会议，决定任命：葛一军为东阳市统计局局长；决定免去：戚贤群的东阳市统计局局长职务；任命：杜晓钢为东阳市监察委员会委员。

10月29日，市十五届人大常委会第十二次会议，决定任命：左红卫为东阳市人民政府副市长（挂职）；任命：杜潇洒、何秧、张丽萍、吕益波、李凌锋、应望黎为东阳市人民法院审判员；任命：李静、张晔、韦宇洁为东阳市人民检察院检察员；免去：厉旭宏的东阳市人民检察院检察员职务。

12月17日，市十五届人大常委会第十三次会议，决定免去：杜绍辉的东阳市人民政府副市长职务。

（蔡旦卡）

视察与调研

【概况】 2018年，市人大常委会组织专题视察8次，开展课题调研9次。课题调研活动有街道议政会规范化建设调研，市人大代表参与法院庭审活动情况调研，人大代表履职管理工作开展情况调研，市检察院公益诉讼制度实施情况调研，“最多跑一次”改革推进落实情况调研，全市养老体系建设工作调研，2018年政府投资重大项目执行及2019年政府投资重大项目计划安排情况调研，生态廊道养护管理工作调研和美丽乡村建设、产业植入工作调研等。

【专题视察】 2018年，市人大常委会组织代表专题视察8次，提出视察意见报告8个。

4月12日，市人大常委会组织部分市人大代表对市商务工作进行专题视察，提出加强调查研究优化规划布局、加强改革管理优化发展环境、加强政策扶持提高服务水平等视察意见。

5月29日，市人大常委会组织部分市人大代表对市畜牧业转型升级工作进行视察，提出分批推动养殖场的提升改造、加快推进现代化屠宰场建设、大力推行生态循环养殖、推进病死和病害动物无害化处理工作等视察意见。

7月3日，市人大常委会组织部分市人大代表对市小城镇环境综合整治工作进行专题视察，提出加强统筹指导提升工作成效、强化规划引领做好特色建设、深化管理监督形成长效机制等视察意见。

7月6日，市人大常委会组织部分市人大代表对市粮食生产储备安全工作进行专题视察，提出严格落实粮食购销政策扩大地方储粮规模、改善粮食储存条件提高科学储粮水平、保障粮食播种面积提高粮食自给率、加强部门配合协调健全粮食储备工作机制等视察意见。

7月13日，市人大常委会组织部分市人大代表对市金融工作进行专题视察，提出进一步加大金融服务实体经济力度、进一步加大精准帮扶力度、进一步营造良好金融生态环境等视察意见。

7月30日，市人大常委会组织部

2018年7月30日，市人大常委会组织人大代表对东阳市公安交通管理工作进行专题视察

（市人大办提供）

分人大代表对市公安交通管理工作进行专题视察,提出深化交通安全隐患排查整治、不断规范路面执勤执法活动、合力推进道路交通安全管理、持续加强文明出行宣传教育等视察意见。

8月3日,市人大常委会组织部分市人大代表对东阳市非遗保护工作进行专题视察,提出加强联动协调形成发展合力、加强融合利用推动产业发展、加强队伍建设壮大传承力量、加大宣传力度营造良好氛围等视察意见。

9月27日,市人大常委会组织部分市人大代表对东阳市综合交通廊道建设情况进行专题视察,提出提高认识形成工作合力、多措并举破解资金瓶颈、破难攻坚化解征地拆迁矛盾等视察意见。

(蔡旦卡)

代表工作

【代表建议意见督办】 2018年,市十五届人大二次会议上,与会代表提出议案、建议意见345件,其中343件作为建议意见处理。343件建议意见交由60个单位承办,其中政府系统承办328件、市委部门承办15件。年度意见建议办理,继续实行常委会领导重点督办、各委办对口督办机制,坚持走访承办大户和现场督办制度;邀请代表全程参与督办,召开对接会和面商会,逐个回访领衔代表,督查建议办理情况,对代表不满意件综合评估后进行"二次交办"。常委会会议专题听取和审议关于市十五届人大二次会议代表建议意见办理情况的报告,提出加强办理意识提高办理工作责任感、加强部门联动形成办理合力、加强调查研究确保办理质量、加强跟踪办理提高解决率等审议意见。全年代表建议办结率100%,343件建议意见中表示满意和基本满意的332件,占96.8%;理解的5件,占1.5%;不满意的6件,占1.7%。通过主办单位的再次沟通和二次办理,6件不满意件取得代表的满意或理解。

【代表履职活动开展】 2018年,市人大办组织全市各级代表开展献计"十美村"、文明城市创建、小城镇综合整治等一系列主题活动,全市1200余名各级人大代表根据就近就便原则,全部编排入站,每月定期开展活动。每月15日,市领导以人大代表身份进站联系接待群众。代表参与调研、视察和各类专项活动70余次,提出建议意见650余条;参与化解矛盾、捐资助学、扶贫济困、义诊、法律援助等活动,为民办实事400余件。

【"代表约见"制度建立】 2018年,市人大常委会督办闭会期间代表建议,建立"代表约见"制度,解决人代会闭会期间代表履职、监督作用不能有效发挥,以及人代会期间议案建议往往办理周期较长、解决率不高等问题,对城区小区路灯管护缺位、南马大源引水工程进展缓慢等5项内容约见政府分管副市长、职能部门负责人。代表约见中提出的建议意见,一部分由相关部门负责人当场答复解决,绝大部分在3个月的规定期限内解决或提出方案逐步解决,提高解决效率,解决落实人民群众关注的热点难点问题。在省人大常委会2018年首次开展的"浙江人大工作与时俱进奖"评选中,由东阳市人大常委会探索实践的代表约见制度获十大优秀奖之一,为浙江省人大系统最高奖项。

2018年东阳市人大十五届二次会议重点建议意见一览表

表6

序号	领衔代表	内　容
1	郭利群	关于全面推进我市美丽乡村振兴战略的建议
2	徐希超	关于养老院应走养老、保健、医疗三结合之路的建议
3	杜文辉	关于加快落实山区乡镇农村百姓饮水困难的建议
4	王淑婷	关于加强天然气用气管理和保障的建议
5	徐天福	关于进一步落实省委书记批示精神,加快横店影视产业实验区发展的相关建议
6	王继新	关于完善高层次人才引进政策和激励机制的建议
7	陈鸿翔	关于"加大学前教育扶持力度、优化幼儿园规划布局"的建议
8	吕向阳	关于加快推进治危拆违、拆后重建的建议
9	陈　政	关于将"最多跑一次"改革延伸到镇乡街道与部门、部门与部门及周末窗口的建议
10	楼强辉	关于政府加大对农村治安监控网点的建设与维护资金投入的建议

(蔡旦卡)

东阳市人民政府

综　述

【概况】　2018年，东阳市实现地区生产总值585亿元，按可比价计算，比上年增长5.5%；财政总收入112.4亿元，一般公共预算收入65.7亿元，分别比上年增长11.4%和12.3%；三次产业增加量分别为16.79亿元、276.48亿元、291.73亿元，三次产业比重由上年度的3.3∶46.9∶49.8调整为2.9∶47.2∶49.9，第三产业比重比上年提高0.1个百分点。完成规模以上工业销售产值557.34亿元，比上年增长5.0%。接待国内外游客2565.02万人次，实现旅游收入230.87亿元。社会消费品零售总额280.18亿元。金融机构本外币存款、贷款余额分别比上年增长10.9%和11.0%。浙商回归到位资金59.3亿元，引进内资54.4亿元、外资3481万美元。城镇居民人均可支配收入52688元，农村居民人均可支配收入29544元，分别比上年增长8.3%和9.7%。

以"'乡村振兴·歌画东阳'大讨论、大比武、大展示"活动为载体，每季召开现场会，推动拆后重建、小城镇环境综合整治、产业植入、生态廊道建设、文明城市创建等工作，推动乡村振兴。坚持"文化+、+文化"，以项目化、载体化抓实工作，制订行动方案，建立工作机制，推动东阳文化优势转化为发展优势。以中央环保督察整改为契机，开展红木行业环保整治和红木企业效能评定；落实横店影视文化产业集聚区建设，推进影视产业园、影视产权交易中心、腾讯众创空间等项目建设，加大影视企业招引力度，推动企业实质性落地；抓好建筑业招商和"营改增"。推进高铁新城前期工作，修改完善东白山省级旅游度假区系列规划，完善经济开发区建设规划和产业规划，建设小微园平台，东阳市列入全省小微园建设提升县市。加快学校布局调整和规划建设，加大教育投入；以"人民满意、经得起历史检验"为标准，开展医共体建设，创建省级卫生乡镇；开展重大风险大排查工作，部署风险防范化解工作，捧回"平安金鼎"。　（杜　威）

【市政府十大民生实事工程】　2018年2月4日，东阳市十五届人大二次会议表决产生2018年度东阳市政府十大民生实事工程，涵盖住房、医疗、教育、社会保障、"最多跑一次"改革等方面。

2018年东阳市政府十大民生实事工程一览表

表7

工程名称及目标	单　位	完成情况
加快农房拆后重建。目标：完成农村拆后重建规划，农户建房报批资料齐全的全部丈量到位，东阳城区、横店镇、南马镇、巍山镇4个农房集聚区总工程量完成30%以上。	市建设局、市国土局、市规划局、市城资办、各镇乡街道	完成国土用地审批、农村拆后重建规划报批工作，农户定桩放样率92%；4个集聚区开工建设，完成总体工程量的30%。
改善农民饮用水条件。目标：完成南马大元水库引水工程，东阳江镇、千祥镇、佐村镇、马宅镇5座山塘整治工程；提升和改造马宅、景山2个水厂，画水、虎鹿、马宅、巍山等8处镇乡单村供水；建设和改造上卢片、巍山镇、千祥镇、高铁新城等自来水管网12千米，改善6万农村居民饮用水条件。	市水务局、市水投集团、相关镇乡街道	南马大元水库引水工程于11月完成，东阳江镇、千祥镇等5座山塘整治工程于10月完成，景山水厂提升工程于9月通过验收，马宅水厂扩容改造于11月完成。完成镇乡单村供水32处，超计划目标24处。建设和改造上卢片、巍山镇、千祥镇、高铁新城等自来水管网16.3千米。改善6万余农村居民的饮用水条件。

续表7

工程名称及目标	单　位	完成情况
推进医共体建设。目标：实现市级医院和基层医疗机构药品品种目录一致；加大市级医院专家下沉力度，每天下沉到基层医疗机构的专家不少于20人，基层就诊率提升到50%以上。开展50～60岁妇女“两癌”（宫颈癌、乳腺癌）免费筛查，提高“两癌”的早诊早治率，年内计划完成4万人次的免费筛查。	市卫计局、市人力社保局、市编办、市财政局、市物价局、相关镇乡街道	实现全市慢性病药品目录统一，医共体内药品同质化，完成慢病长处方系统研发并在基层流转使用；加大专家下沉力度，每天下沉到基层医疗机构的专家25人，基层就诊率提升至69.6%；完成4.07万人次的免费“两癌”筛查。
深化“最多跑一次”改革。目标：推进“最多跑一次”改革向纵深发展，加快数据共享，加大“一证通办、一窗受理、集成服务、证照联办”力度；推进政务服务项目向基层延伸，向镇乡街道便民服务中心下放权力事项不少于60项，向村级下放便民事项不少于30项。建设标准化便民服务中心镇乡街道12个、村（社区）24个。	市编办、市行政服务中心、相关镇乡街道	启动大数据平台主体建设，完成一期建设工作；优化“一窗受理”平台功能，与15个部门22个系统进行对接互通，办件81132件；“一证通办”模块完成全市44个部门“最多跑一次”改革事项和328项民生事项的数源确认工作，217项事项可通过系统平台进行办理，平台办理实现率66%；梳理“最多跑一次”事项并下放到镇乡街道63项、村（社区）事项92项，聘用1330名村民办事代办员；18个镇乡街道和388个行政村（社区）开展便民服务中心改造升级工作，建成示范型便民服务中心38个、标准型便民服务中心230个。
学前教育补短提升。目标：开工建设南市街道、城东街道、南马镇3所中心幼儿园，改造提升16所公办幼儿园，增加学位3500个；公办幼儿园覆盖率由32.4%提升到40%以上，省一级、二级幼儿园覆盖率由37.5%提升到46%以上；增加2个标准化教学点。	市教育局、市城资办、市财政局、市国土局、相关镇乡街道	投资1.2亿元建设3所中心幼儿园，其中南市街道中心幼儿园完成主体结顶、南马镇中心幼儿园完成两层、城东街道中心幼儿园开工建设。16所公办幼儿园完成改造提升并投入使用，增加学位3500个。公办幼儿园覆盖率和省一级、二级幼儿园覆盖率分别提升到40.1%和46.2%；增加6个标准化教学点。
农村公路隐患治理。目标：完成农村公路大中修80千米，拆除重建2017年排查检测出的5座四类县道危旧桥梁，加固维修11座三类县道病旧桥梁，对全市临水临崖的安全护栏进行查漏补缺。	市交通局、相关镇乡街道	投资8500万元完成农村公路大中修工程80千米；投资2000万元完成5座四类县道危旧桥梁拆除重建、11座三类县道病旧桥梁加固维修；完成对全市临水临崖安全护栏的查漏补缺。
平安校园提升。目标：升级改造校园“慧眼”工程，全市公办中小学增加1800个、升级800个智能监控摄像头，完成校园监控全覆盖；打造校园食品安全一张网，实现公办学校和等级幼儿园158家食堂的大宗食品统一配送，定点采购率95%以上，学校食堂优良等级率90%以上，阳光厨房建成率70%以上。	市教育局、市市场监管局	升级改造校园“慧眼”工程，全市公办中小学增加3526个、升级980个智能监控摄像头，校园监控全覆盖；打造校园食品安全一张网，全市158家公办学校和等级幼儿园食堂的大宗食品实现统一配送，定点采购率100%；创建优良等级食堂148家，创建率93.6%；建成阳光厨房140家，建成率88.6%。

续表7

工程名称及目标	单　位	完成情况
居家养老服务照料中心提质。目标：提高居家养老服务照料中心运行财政补助标准；建立80周岁以上和低保老人照料中心就餐补贴制度；建立照料中心配送餐制度；建设2家以上兼具日间照料与全托服务功能的示范型居家养老中心；照料中心有效运行率从50%提升到70%。	市民政局、相关镇乡街道	制定《关于进一步加强居家养老服务工作的实施意见》，居家养老服务照料中心基本运行补助由2万元提高至3万元，建在山区村的居家养老服务照料中心基本运行补助按1.2倍计算。星级补助从一次性奖励改为每年动态考核，经考评认定为五星级照料中心的给予4万元星级补助，三星级照料中心的给予2万元星级补助；建立80周岁以上和60周岁以上低保老人照料中心就餐补贴制度，每人每天享受4元补助（镇乡街道配套1元）；建立和施行配送餐制度，破解21家照料中心因各种原因停止运行、无法实现配餐难题；建设2家示范型居家养老中心。至年末，全市建成照料中心405家，运行率83%。
农产品质量源头监管。目标：落实“农安东阳”APP巡查管理制度，实现蔬菜水果种植基地、专业合作社、规模畜禽养殖场、种粮大户等主体生产的主要农产品全部可追溯。开展农产品质量安全监测工作，蔬菜、水果、肉类、禽蛋、稻米等主要农产品抽检合格率98%以上。	市农业局、市市场监管局	150余家主体进入追溯库，实现蔬菜水果种植基地、专业合作社、规模畜禽养殖场、种粮大户等主体生产的主要农产品全部可追溯，完善“农安东阳”APP巡查管理制度；开展农产品抽样检测476批次，其中1个批次不合格，合格率99.7%，推进农产品质量安全监测工作。
推行市民社保业务“掌上办理”。目标：启动“东阳人社”APP移动服务平台建设，实现医保参保人员医疗费用结算移动支付；社保待遇领取人员资格采用视频确认；开展人员新参保、中断补缴、缴费档次变更等10项个人社保业务掌上自主办理。	市人力社保局、市卫计局	“东阳人社”APP移动服务平台于4月上线，实现参保信息、缴费信息、养老金发放等10余项业务在线查询功能，开通医保在线挂号、养老待遇视频资格认证、跨省异地就医备案等15项个人业务自助办理功能。在“东阳人社”APP首页上线“资讯”模块，开通“最新资讯”“政策法规”“办事指南”等栏目。

（吴　婧）

【应急管理】 2018年，全市创新应急管理模式，健全应急管理机制，建设专业应急救援队伍，构建“党委领导、政府负责、公安主抓、部门联动、社会参与”的社会应急管理体系，开展应急管理工作。完善东阳市应急预案体系，制订专项应急预案修订计划，重新修订完善并公布专项应急预案。各级各部门组织开展突发地质灾害应急演练、防汛及水上应急救援演练、电梯困人应急救援演练、反恐及液化石油气泄漏应急演练、大型游乐设施应急救援预案演练、景区索道应急救援演练、地震应急逃生演习、消防安全演练及公路“三防”应急预案演练、公路工程安全应急救援演练、隧道应急抢险演练、反恐应急处置演练、防汛防台抗旱应急保供演练、“登革热”防控演练、防汛抢险卫生应急演练、建筑工地消防应急演练、危险化学品泄漏处置应急救援演练、剧院逃生应急救援演练、城镇燃气突发事件救援演练、进口付汇核销系统应急演练、国库会计数据集中系统应急演练等活动。动态更新一级、二级联动单位24小时值班电话及联络员联系电话，建立东阳市突发事件应急联动工作群，建立突发事件紧急联系人制度。全市建立社区（村）级微型消防站276个。推广使用消防远程监控系统和联网型智能火灾探测器，推进“智慧消防”建设。完善东阳市“农商银行”应急救援队，形成民间应急救援运行体系。浙江普洛家园药业有限公司应急救援队在金华市应急比武中获第二名。（楼永华）

【政府信息公开】 2018年，东阳市推进政府网站常态化监管工作，加强政府网站日常信息运维，利用星鸟监测系统督查政务公开工作，每季度开展1次政府网站抽查。东阳市政府网站在中国优秀政务平台推荐及综合影响力评估中获“中国政务网站优秀奖”。整合“12345”服务热线，建立24小时、365天全年无休日工作机制。“12345”（“8890”）平台受理群众来电56.3万人次，办理群众诉求20.73万件，其中受理咨询服务11.8万件，占56.94%。省统一平台办理群众诉求（来电）10076件，市长信箱1994件，其他协同件1298件。

全年在市政府门户网站公开信息26567条，其中规范性文件78条、文件类1415条、工作动态类11632

条、通知公告类2127条、其他11315条。推进财政资金信息公开,在政府门户网站政府信息公开目录中单独设置财政预决算栏目进行政府及部门预决算相关内容的统一集中公开。在专项资金栏目公开年度市级财政专项资金管理清单。推进重大建设项目和公共资源配置信息公开,对凡是涉及公众利益的重要改革、重要政策措施、重点工程项目等均予以公布。公开涉及企业、政府投资项目批复192个。建成公共资源交易平台体系,公开公共资源交易公告、资格审查信息、交易过程信息、成交信息以及履约信息。推进食品药品安全信息公开,全年对生产、流通、餐饮等环节监督抽检各类食品1204批次,合格率97.34%。在节假日和自然灾害等重要时间段发布食品安全消费提示。打击食品药品违法行为,全年查处一般程序食品违法案件101起,药品违法案件8起,全部进行公开。宣传食品药品安全知识。推进环境质量信息公开,每月公开全市集中式生活饮用水水源水质,东阳江、南江流域重点监控断面水质监测情况;发布每月环境质量简报,通报每月AQI(空气质量)指数、$PM_{2.5}$(细颗粒物)等环境空气质量状况、降水及地表水质量状况;每月公开水质质量通报、空气质量通报及乡镇水质情况;发布年度环境质量公报。开展污染源监测信息以及建设单位环评信息公开工作。在政府门户网站发布教育动态7707条,教育微信公众号公开政府信息564条,政务微博公开政府信息361条。定期公布重要民生商品价格监测信息,发布"三农"信息。按月公示低保花名册、新增低保人员名单等。增设信用东阳信息专栏,公开信息863条,其中红名单30条、黑名单7条、重点关注名单2条、信用风险提示131条,其他693条。

全年受理政府依申请公开223件,其中当面申请96件、信函申请69件、网络申请58件。所有依申请件全部办理完毕,其中属于主动公开范围的56件、同意公开的126件、不同意公开答复22件(不是条例所指政府信息21件)、告知做出更改补充数17件、不属于该行政机关公开数2件。全市行政机关因政府信息公开引起的行政复议5件,其中维持具体行政行为2件、被依法纠错1件、其他情形2件。全市行政机关因政府信息公开引起的行政诉讼25件,其中维持具体行政行为为21件、被依法纠错3件、其他情形1件。 (陈娇燕)

【代表建议意见办理】 2018年,在市十五届人大二次会议上,代表提出议案、建议意见345件,收到旁听公民建议意见15件。通过大会主席团审议,将341件作为建议意见处理,4件作为人民来信处理。在341件建议意见中,有关乡村振兴方面79件,占23.2%;经济发展方面41件,占12%;教科文卫方面53件,占15.5%;城建环保方面132件,占38.7%;政治法律方面36件,占10.6%。闭会期间收到建议意见2件。

343件建议意见交由60个单位承办,其中政府系统承办328件、市委部门承办15件。343件建议意见全部办理并答复完毕,对15件旁听公民建议意见和4件作为来信处理的建议,相关责任部门按规定答复给公民本人或代表。所提问题已经解决或部分解决的有187件,占54.5%;正在解决的115件,占33.5%;由于客观条件限制待创造条件解决的37件,占10.8%;暂时难以解决留作参考的4件,占1.2%。从代表对办理工作的反馈情况看,343件建议意见中,表示满意和基本满意的332件,占96.8%;理解的5件,占1.5%;不满意的6件,占1.7%,通过主办单位的再次沟通和二次办理,6件不满意件均取得代表的满意或理解。

各领办副市长通过听取情况汇报、召开专题会议、组织现场办公等形式,加大督办催办力度。2月,市人大常委会、市政府、市政协组织召开交办会,要求各承办单位制订承办工作实施方案。各承办单位根据交办会要求,健全主要领导负总责、分管领导具体负责、分管处室承办落实、办公室抓督办协调的办理工作机制。陈鸿翔、吕强等代表提出推进学前教育发展的建议,市委、市政府每月召开专题会议研究该项工作,通过公办园扩容、薄弱园改造、幼儿园提等及新建等措施推动该项工作。第306~309号建议内容涉及深化"最多跑一次"改革,市政府在推进"一证通办""一窗受理、集成服务"等方面开展政府职能整合、数据打通工作,4月,市政府启动市行政服务中心的搬迁工作,提升硬件设施。推动"最多跑一次"改革向政府内部深化,形成群众和企业办事"最多跑一次"、部门答复"最多一星期"、政府答复"最多半个月"的完整循环体系。

各承办单位做到办理前、办理中、办理后的"三沟通",市国土局、市行政执法局在承办任务分解后,部门领导带领承办科室负责人上门走访代表,及时与其沟通联系。在办理"关于加固改造姚山天桥的建议"时,主办单位市水务局与交通部门沟通,市交投集团明确在39省道改建过程中,姚山天桥与道路建设同步改造提升。在办理"要求彻底解决南马镇饮用水困境的建议"时,市水资办、市水投集团组织人员实地调研,提出应急方案和解决措施。市政府办公室会同市人大代表工委组成督查组,采取电话督促与个别检查相结合、现场督办与跟踪督办相结合的方式进行督查,协调解决办理中遇到的问题。(马　先)

重要政事

【低小散污企业整治行动】 2018年,全市"清零入园"行动整治低小散污企业7487家,完成"全年整治6000家、关停1200家"的年度目标,77%以上村(居)完成"清零"目标。整改中央环保督察的"四无"(无证无照、无安全保障、无合法场所、无环保措施)问题企业,关停3201家,整改到位975家,完成率100%。推动低效用地、闲置用地"腾笼换鸟",全年拆除618家企业的违章建筑186.6万平方米。

【深化"最多跑一次"改革】 2018年,东阳市深化"最多跑一次"改革,提升行政服务质量，梳理各窗口各类精简证明事项和尚保留证明事项，实现减事项、减材料157项，增加“上门跑”事项和“零跑”事项。启动大数据平台一期建设，形成多主体共享数据资源体系，1358件事项开通网上办理，217项民生事项实现“一证通办”。推进工程建设项目审批制度改革，减少合并审批事项31项，基本实现“多规合一”“测验合一”，工程建设项目施工许可证发放实现“最多100天”。10月8日，市行政服务中心办事大厅启用，全市行政服务单位全部进驻。完成18个镇乡街道和292个村便民服务中心改造提升。推动政务服务“一窗受理”云平台向村（社区）基层延伸，市行政服务中心对镇乡街道、村（社区）“最多跑一次”改革事项进行梳理，公布代办的具体事项。

【农房集聚安置】 2018年10月，东阳市公布《市农房集聚分期分批安置办法》，明确无房户、地质灾害点红线范围户、属地户优先安置，其他对象摇号确定先后顺序的安置办法；公示全市农房集聚对象名单、优先安置对象名单。11月30日，城区、横店农房集聚区电脑摇号产生第一轮次安置顺序号活动在东阳市委党校举行。东阳城区集聚区安置对象4002户，其中优先安置对象749户（无房户和地质灾害点户565户，属地184户）、参加摇号3253户，集聚区一期项目安置房源1715套（期房）。横店集聚区安置对象4059户，其中优先安置对象1168户（无房户和地质灾害点户373户，属地795户）、参加摇号2891户，横店集聚区一期项目安置房源1628套（期房）。至年末，城区农房集聚区完成总工程量的30%，横店、巍山农房集聚区完成总工程量的15%左右，南马农房集聚区完成招标工作。

（杜　威）

市政府重要会议

【市政府全体（扩大）会议】 2018年，东阳市召开市政府全体（扩大）会议2次。

1月2日，召开市十五届政府第三次全体（扩大）会议。会议学习省委经济工作会议精神，研究部署2018年经济工作。

8月3日，召开市十五届政府第四次全体会议。会议学习贯彻总书记习近平对浙江工作的重要指示精神，按照省委、金华市委全会决策部署，总结回顾上半年工作，研究部署下半年任务，动员全市解放思想、敢于担当，推进“八八战略”再深化、改革开放再出发。

【市政府常务会议】 2018年，东阳市召开市政府常务会议20次。

1月12日，召开市十五届政府第二十一次常务会议。会议讨论《关于实施乡村振兴战略支持农业农村各项工作稳步发展的若干意见》《东阳市全面推进标准化战略行动实施意见》《关于制止粮食生产功能区“非粮化”的实施意见》《东阳市市级储备粮管理办法》《东阳市开展调整城镇土地使用税政策促进土地集约节约工作实施办法》《东阳市道路交通事故社会救助基金管理办法》、调整全市最低工资标准、《危旧房拆后重建“立改套”办理程序规则》、落实镇乡（街道）干部经济待遇及提高全市年终考核奖、《东阳市政府与物产中大集团股份有限公司战略合作框架协议》、市公共资源交易中心业务技术用房租赁协商11项议题。会议原则同意《东阳市全面推进标准化战略行动实施意见》《关于制止粮食生产功能区“非粮化”的实施意见》《东阳市市级储备粮管理办法》《东阳市开展调整城镇土地使用税政策促进土地集约节约工作实施办法》《东阳市道路交通事故社会救助基金管理办法》，要求根据会议提出的意见和建议修改完善后下发执行。会议原则同意《危旧房拆后重建“立改套”办理程序规则》，要求根据会议提出的意见和建议修改完善后组织试行。会议原则同意《关于实施乡村振兴战略支持农业农村各项工作稳步发展的若干意见》《东阳市政府与物产中大集团股份有限公司战略合作框架协议》，要求根据会议提出的意见和建议修改完善后提交市委常委会研究。会议原则同意对东阳市全市最低工资标准进行调整，即从2017年12月1日起，将东阳市最低月工资标准调整为1800元，非全日制工资最低小时工资标准调整为16.5元。会议原则同意提交讨论的实现东阳市镇乡（街道）干部经济待遇比市机关同职级干部高20%及提高全市年终考核奖的建议方案。会议原则同意提交讨论的市公共资源交易中心业务技术用房租赁建议。

2月13日，召开市十五届政府第二十二次常务会议。会议讨论《东阳市发展学前教育第三轮三年行动计划（2018～2020年）》《东阳市推进教师“县管校聘”工作的实施意见（试行）》、东阳经济开发区集中供热方案、《东阳市磁性材料行业煤气发生炉淘汰改造实施方案》《关于促进商务经济高质量发展的若干政策意见》、2017年东阳市市长质量奖评审、《关于进一步提升科技创新能力的若干意见（2017年修订）》、学习统计法及其实施条例8项议题。会议原则同意《东阳市发展学前教育第三轮三年行动计划（2018～2020年）》《东阳市磁性材料行业煤气发生炉淘汰改造实施方案》《关于促进商务经济高质量发展的若干政策意见》《关于进一步提升科技创新能力的若干意见（2017年修订）》，要求根据会议提出的意见和建议修改完善后下发实施。会议原则同意《东阳市推进教师“县管校聘”工作的实施意见（试行）》，要求根据会议提出的意见和建议修改完善后下发试行。会议原则同意《关于加快推进横店镇第三轮小城市培育试点工作的若干政策意见》、2016年度政府特别奖评选结果，要求根据会议提出的意见和建议修改完善后提交市委常委会研究。会议原则同意东阳经济开发区采用天然气分布式供能方式实现集中供热并由经济开发区招商。会议专题研究扫黑除恶专项斗争工作。

3月16日，召开市十五届政府第二十三次常务会议。会议讨论《关于全域建设“田园社区”推进全国农村社区治理实验区建设的实施意见》《关于进一步推进“飓风整治”暨开展村（社）居民区低小散污企业“清零入园”专项行动的通知》《关于深化企业减负担降成本改革的若干意见》《关于深入推进安全生产领域改革发展的实施意见》《关于扶持民宿发展的若干意见（试行）》《东阳市城中村改造货币化安置实施细则（试行）》《东阳市吴宁街道西岘小区棚改项目房屋征收补偿与安置方案》《城西安置区建设与安置办法》《西岘小区棚改项目货币化安置补充方案》《东阳市食品安全党政同责实施细则》、浙江鸿鹄谷科技有限公司不动产收回、成立东阳建筑供应链服务有限公司、东阳市生活垃圾焚烧处理工程、加快影视企业落地11项议题。会议原则同意《关于全域建设“田园社区”推进全国农村社区治理实验区建设的实施意见》《关于进一步推进“飓风整治”暨开展村（社）居民区低小散污企业“清零入园”专项行动的通知》《关于深化企业减负担降成本改革的若干意见》《东阳市吴宁街道西岘小区棚改项目房屋征收补偿与安置方案》《城西安置区建设与安置办法》《西岘小区棚改项目货币化安置补充方案》，要求根据会议提出的意见和建议修改完善后下发实施。会议原则同意《关于扶持民宿发展的若干意见（试行）》《东阳市城中村改造货币化安置实施细则（试行）》，要求根据会议提出的意见和建议修改完善后下发试行。会议原则同意《关于深入推进安全生产领域改革发展的实施意见》《东阳市食品安全党政同责实施细则》，要求根据会议提出的意见和建议修改完善后报市委研究。会议原则同意成立东阳建筑供应链服务有限公司及市建管局提出的出资方案和财政扶持奖励办法。会议原则同意城投集团提出的东阳市生活垃圾焚烧处理工程项目选址方案，由城投集团负责项目立项、招标。会议原则同意横店影视文化产业实验区管委会提出的关于加快影视企业落地的若干政策。

3月30日，召开市十五届政府第二十四次常务会议。会议讨论《关于加强残疾预防和残疾人康复工作若干意见》、东阳江“夜游东阳”项目建设、《东阳市木雕红木家具行业环保整治实施方案》、2018年东阳市重点工业项目安排、东阳木材交易中心有限公司股份调整、《东阳市“标准地”模式实施方案》《东阳市“一窗受理、集成服务”改革工作实施方案》、调整东阳市医疗保险有关政策7项议题。会议原则同意《关于加强残疾预防和残疾人康复工作的若干意见》《东阳市木雕红木家具行业环保整治实施方案》《东阳市“标准地”模式实施方案》《东阳市“一窗受理、集成服务”改革工作实施方案》《关于调整完善我市医疗保险有关政策的通知》，要求根据会议提出的意见和建议修改完善后下发实施。会议原则同意市文旅办提出的东阳江“夜游东阳”项目建设方案。会议原则同意市经信局上报的2018年东阳市重点工业项目安排方案。会议原则通过东阳木材交易中心有限公司股份调整方案。

5月4日，召开市十五届政府第二十五次常务会议。会议讨论关于学习招投标相关法律知识、废止《东阳市知名商标认定和管理办法》和修订《关于深入实施商标品牌战略的意见》《东阳市财政局和横店集团控股有限公司产业基金战略合作框架协议》《2018年东阳市木雕红木产业宣传方案》4项议题。会议原则同意《关于深入实施商标品牌战略的意见》，要求根据会议提出的意见和建议修改完善后下发实施。会议原则同意《东阳市财政局和横店集团控股有限公司产业基金战略合作框架协议》，要求根据会议提出的意见和建议修改完善后组织签约。会议原则同意《2018年东阳市木雕红木产业宣传方案》，要求根据会议提出的意见和建议修改完善后组织实施。

5月17日，召开市十五届政府第二十六次常务会议。会议讨论关于二季度经济工作、《2018年城区生活垃圾分类工作实施方案》《东阳市高铁新城房屋征收补偿安置实施意见》《东阳市工业企业亩产效益综合评价办法》、筹建东阳智能制造研究院5项议题。会议原则同意《2018年城区生活垃圾分类工作实施方案》《东阳市高铁新城房屋征收补偿安置实施意见》《东阳市工业企业亩产效益综合评价办法》，要求根据会议提出的意见和建议修改完善后下发实施。会议原则同意市经信局提出的东阳市智能制造产业研究院建设方案。

6月7日，召开市十五届政府第二十七次常务会议。会议讨论关于《2018年东阳市法治政府建设工作要点》《东阳市江北街道金店小区棚户区改造项目房屋征收补偿安置方案》《关于进一步推进国有企业财务监管体制改革、加强财务监管工作的实施意见》《东阳市国有企业财务机构和人员管理暂行办法》《东阳市国有企业“资金池”管理办法（试行）》、公布第六批东阳市市级文物保护单位4项议题。会议原则同意《2018年东阳市法治政府建设工作要点》，要求按照会议研究意见修改完善后组织实施。会议原则同意《东阳市江北街道金店小区棚户区改造项目房屋征收补偿安置方案》，要求按照会议提出的意见和建议修改完善后下发实施。会议原则同意《关于进一步推进国有企业财务监管体制改革、加强财务监管工作的实施意见》《东阳市国有企业财务机构和人员管理暂行办法》《东阳市国有企业“资金池”管理办法（试行）》，要求按照会议提出的意见和建议修改完善后提交市委常委会研究。会议原则通过市文旅办提出的第六批东阳市市级文物保护单位名单。

6月21日，召开市十五届政府第二十八次常务会议。会议讨论关于安全生产和消防安全工作、《东阳市绿化工程管理实施办法》、2018年东阳市基准地价更新、《关于进一步加强工业企业亩产税收清理规范工作的通知》《关于做好当前和今后一段时期就业创业工作的实施办法》《关于进一步加强居家养老照料中心工作的实施意见》、“夜游东阳”项目进展、亿和影视后期产业制作基地项目8项议题。会议原则同意《东阳市绿化工程管理实施办法》《关于进一步加强工业企业亩产税收清理规范工作的通知》《关于做好当前和今后一段时期就业创业工作的实施办法》《关于进一步加强居家养老照料中心工作的实施意见》,要求根据会议提出的意见和建议修改完善后下发实施。会议原则同意市国土局提交的基准地价更新评估成果,要求根据会议提出的意见和建议修改完善后向上报批。会议原则同意市安监局提出的双重预防机制建设和安全生产标准化复评补助方案。会议原则同意市招商局提出的亿和影视后期产业制作基地项目投资协议。会议原则同意对江滨景观带及迎宾大道业态进行统一规划设计和报批实施,按简化流程推进对游船供电设施建设工程、船坞建造工程和婺剧表演舞台的审批。

7月5日,召开市十五届政府第二十九次常务会议。会议讨论《关于进一步做好保障农民工工资支付工作的实施意见》《关于规范城中村改造和农村建房审批的若干规定》、东阳市大数据平台建设费用、市国土局法律顾问费用4项议题。会议原则同意《关于进一步做好保障农民工工资支付工作的实施意见》《关于规范城中村改造和农村建房审批的若干规定》,要求根据会议提出的意见和建议修改完善后下发实施。会议原则同意市"8890"政务服务中心提出的大数据平台建设所需的资金保障要求。会议原则同意市国土局聘请律师胡祥甫担任法律顾问。

7月17日,召开市十五届政府第三十次常务会议。会议讨论关于《东阳市科技信贷风险补偿引导资金管理办法(2018年修订)》《关于推广使用消防远程监控系统、联网型智能火灾探测器的通知(试行)》《东阳市事业单位公务用车制度改革实施意见》《东阳市国有企业公务用车制度改革实施意见》、东阳市生活垃圾焚烧综合处理工程项目、东阳经济开发区开发建设、清理违反人防法律法规的相关规范性文件6项议题。会议原则同意《东阳市科技信贷风险补偿引导资金管理办法(2018年修订)》《东阳市事业单位公务用车制度改革实施意见》《东阳市国有企业公务用车制度改革实施意见》,要求根据会议提出的意见和建议修改完善后下发实施。会议原则同意《关于推广使用消防远程监控系统、联网型智能火灾探测器的通知(试行)》,要求根据会议提出的意见和建议修改完善后下发试行。会议原则同意市城资办提出的东阳市生活垃圾焚烧综合处理工程项目建设方案。会议原则同意取消《东阳市人民政府关于加强和规范村级留用地规划建设管理工作的实施意见》《东阳市人民政府办公室关于同意减免学校基建项目有关规费的意见》两个文件中涉及人防工程易地建设费征收条款,依照现有上级有关部门相关文件执行。

7月31日,召开市十五届政府第三十一次常务会议。会议讨论关于2018年上半年度经济形势分析、《东阳市消防安全责任制实施意见》《关于建立东阳市生态环境保护长效管理机制的实施意见(试行)》、2018年政府投资项目计划增补4项议题。会议原则同意《东阳市消防安全责任制实施意见》,要求根据会议提出的意见和建议修改完善后下发实施。会议原则同意《关于建立东阳市生态环境保护长效管理机制的实施意见(试行)》,要求根据会议提出的意见和建议修改完善后下发试行。会议原则同意市发改局提出的下半年经济发展工作举措。会议原则同意市发改局提出的2018年政府投资项目增补方案。会议专题研究扫黑除恶专项斗争工作。

8月16日,召开市十五届政府第三十二次常务会议。会议讨论关于学习《中华人民共和国土地管理法实施条例》《东阳市城市公共租赁住房管理暂行办法(2018年修订)》《东阳市放宽企业住所(经营场所)登记条件实施细则(2018年修订)》《东阳市基层医疗卫生机构补偿机制改革实施办法》、给予市公安局国内安全保卫中心二大队和南市派出所记功表彰奖励、自谋职业转业士官推介就业后工资福利6项议题。会议原则同意《东阳市城市公共租赁住房管理暂行办法(2018年修订)》《东阳市放宽企业住所(经营场所)登记条件实施细则(2018年修订)》《东阳市基层医疗卫生机构补偿机制改革实施办法》,要求根据会议提出的意见和建议修改完善后下发实施。会议原则同意给予市公安局国内安全保卫中心二大队、南市派出所记功表彰奖励。会议原则同意市民政局提出的提高自谋职业转业士官推介就业后工资福利的建议方案。

8月31日,召开市十五届政府第三十三次常务会议。会议讨论关于东阳市槐堂棚户区改造项目房屋征收、南马镇西区污水处理厂二期工程PPP项目实施、第二污水处理厂一期二阶段项目、购买占补平衡补充耕地调剂指标、《东阳市人民政府法律服务费用管理办法(试行)》、东阳市人民政府与上海腾讯影业文化传播有限公司签订战略合作框架协议、2018年新增建设用地指标安排分配方案7项议题。会议原则同意《东阳市槐堂棚户区改造项目房屋征收决定》,要求根据会议提出的意见和建议修改后下发执行。会议原则同意《南马镇西区污水处理厂二期工程PPP项目实施方案》,要求根据会议提出的意见和建议修改完善后组织实施。会议原则同意《东阳市人民政府法律服务费用管理办法(试行)》,要求根据会议提出的意见和建议修改完善后下发试行。会议原则同意《东阳市&腾讯影业战略合作框架协议》,要求根据会议提出的意见和建议修改完善后组织签约。会议原则同意启动第二污水处理厂一期二阶段项目建设。会议原则同意向兄弟县市购买占补平衡补充耕地调剂指标。会议原则同意市国土局提出的全市2018年新增建设用地指标安排分配方案。

9月14日,召开市十五届政府第三十四次常务会议。会议讨论关于《东阳市"浙江制造"品牌培育试点工作实施方案》《东阳市市长质量奖评审管理办法(2018年修订)》《第十三届中国(东阳)木雕竹编工艺美术博览会、2018年中国技能大赛——全国家具制作职业技能竞赛总决赛总体方案》、东阳剧院空调系统改造、2017年省本级审计工作报告问题整改落实、《关于明确消防人员编制待遇的意见》情况6项议题。会议原则同意《东阳市“浙江制造”品牌培育试点工作实施方案》《东阳市市长质量奖评审管理办法(2018年修订)》,要求根据会议提出的意见和建议修改完善后下发实施。会议原则同意《第十三届中国(东阳)木雕竹编工艺美术博览会、2018年中国技能大赛——全国家具制作职业技能竞赛总决赛总体方案》,要求根据会议提出的意见和建议修改完善后提交市委常委会研究。会议原则同意《关于明确消防人员编制待遇的意见》,要求根据会议提出的意见和建议修改完善并报上级有关部门统筹、批准后组织实施。会议原则通过市文旅办提出的东阳剧院空调系统改造方案。

9月29日,召开市十五届政府第三十五次常务会议。会议讨论关于《东阳市一般企业投资项目开工前审批“最多100天”改革实施方案》《东阳市企业投资项目承诺制改革容错纠错实施办法》《东阳市国民经济和社会发展第十三个五年规划纲要》实施情况中期评估、给予全市争创“平安金鼎”工作有功集体和个人行政奖励、东阳市预征地的被征地农民养老保障、《东阳市财政专户资金存放管理实施办法》、个人住宅(内屋)国有划拨建设用地按土地年限修正系数补缴出让金、《东阳市农房集聚区分期分批安置实施办法》、将国资收入结余安排给市国投公司用于增加投资、《东阳市国有资产清查工作方案》《横店通用机场改扩建项目投资建设协议》10项议题。会议原则同意《东阳市一般企业投资项目开工前审批“最多100天”改革实施方案》《关于给予全市争创“平安金鼎”工作有功集体和个人行政奖励的决定》《关于我市预征地的被征地农民养老保障问题的处理意见》《东阳市财政专户资金存放管理实施办法》《东阳市农房集聚区分期分批安置实施方案》《东阳市国有资产清查工作方案》,要求根据会议提出的意见和建议修改完善后下发实施。会议原则同意《东阳市企业投资项目承诺制改革容错纠错实施办法》,要求根据会议提出的意见和建议修改完善后提交市委常委会研究。会议原则同意《东阳市国民经济和社会发展第十三个五年规划纲要》中期评估报告,要求根据会议提出的意见和建议修改完善后提交市人大常委会审议。会议原则通过个人住宅(内屋)国有划拨建设用地按土地年限修正系数补缴出让金政策。会议原则同意将东阳市非税收入专户中国资历年结余资金安排给市国投公司用于增加投资。会议原则同意《横店通用机场改扩建项目投资建设协议》。会议专题研究扫黑除恶专项斗争工作。

10月25日,召开市十五届政府第三十六次常务会议。会议讨论《关于规范公安机关警务辅助人员管理工作的实施意见》《东阳市2018～2022年义务教育学校布局调整规划方案》《首届中国·东阳生态廊道自然流域垂钓大赛活动方案》《关于矿业权出让收益征收管理的若干意见》《白云街道陶村自然村城中村改造项目房屋征收补偿安置方案》、学习《中华人民共和国企业所得税法》《中华人民共和国个人所得税法》6项议题。会议原则同意《关于规范公安机关警务辅助人员管理工作的实施意见》《关于矿业权出让收益征收管理的若干意见》《白云街道陶村自然村城中村改造项目房屋征收补偿安置方案》,要求根据会议提出的意见和建议修改完善后下发实施。会议原则同意《东阳市2018～2022年义务教育学校布局调整规划方案》《首届中国·东阳生态廊道自然流域垂钓大赛活动方案》,要求根据会议提出的意见和建议修改完善后组织实施。

11月2日,召开市十五届政府第三十七次常务会议。会议讨论《关于推进影视文化产业规范发展的若干意见》《2018年东阳市银行业金融机构支持地方经济发展考核办法》《东阳市政策性融资担保实施意见》、建设跨境电商生态体系、《东阳市城乡规划委员会议事规则(2018年修订)》和规划委员会组成人员5项议题。会议原则同意《关于推进影视文化产业规范发展的若干意见》,要求根据会议提出的意见和建议修改完善后提交市委常委会研究。会议原则同意《2018年东阳市银行业金融机构支持地方经济发展考核办法》《东阳市城乡规划委员会议事规则》和规划委员会组成人员,要求根据会议提出的意见和建议修改完善后下发执行。会议原则同意《东阳市政策性融资担保实施意见》,要求根据会议提出的意见和建议修改完善后组织实施。会议原则同意市商务局提出的建设跨境电商生态体系工作方案。

11月21日,召开市十五届政府第三十八次常务会议。会议讨论《关于加强老年人照顾服务工作的实施意见》《关于进一步加强文物工作的实施意见》《关于进一步减轻企业负担增强企业竞争力的若干意见》《东阳市工程建设项目审批制度改革试点工作实施方案》《东阳市畜禽养殖废弃物高水平资源化利用工作方案》《东阳市城区集聚区集聚房选房办法》、2018年东阳市法治政府建设(依法行政)工作、给予见义勇为表现突出的姚永生等记个人三等功、《关于进一步完善横店影视基地配套服务的若干意见》、学习《中华人民共和国监察法》、终止汇金影城合作协议11项议题。会议原则同意《关于加强老年人照顾服务工作的实施意见》《关于进一步加强文物工作的实施意见》《关于进一步减轻企业负担增强企业竞争力的若干意见》《关于进一步提升横店影视基地配套服务的若干意见》,要求根据会议提出的意见和建议修改完善后下发实施。会议原则同意《东阳市工程建设项目审批制度改革试点工作实施方案》《东阳市畜禽养殖废弃物高水平资源化利用工作方案》《东阳市城区集聚区集聚房选房办法》,要求根据会议提出的意见和建议修改完善后组织实施。会议原则同意给予姚永生、吕洪良、王立岗记个人三等功1次。会议原则同意市文旅办提出的终止汇金影城合作协议。

12月6日，召开市十五届政府第三十九次常务会议。会议讨论关于《东阳市城市公园管理办法》《东阳市城市绿线管理办法》《关于公布涉工程建设项目审批制度改革相关的规范性文件专项清理结果的通知》《东阳市生态文明建设规划(2017～2025)》《关于加快推进农产品区域公用品牌建设的实施意见》、“中国好空间”中式家居设计大赛策划方案、《东阳市党政领导干部安全生产责任制实施细则》《关于促进我市外贸出口稳定增长的补充细则》、重要地质灾害隐患点“三年清零”综合治理行动工作、东阳市2018年行政机关行政诉讼败诉案件、巡察中发现政府部门、镇乡街道在推进工作落实中存在的一些共性问题整改、调整城乡居民基本养老保险基础养老金标准、2019年《政府工作报告》起草12项议题。会议原则同意《东阳市城市公园管理办法》《东阳市城市绿线管理办法》《关于加快推进农产品区域公用品牌建设的实施意见》《关于促进我市外贸出口稳定增长的补充细则》，要求根据会议提出的意见和建议修改完善后下发实施。会议原则同意《关于公布涉工程建设项目审批制度改革相关的规范性文件专项清理结果的通知》，要求根据会议提出的意见和建议修改完善后下发。会议原则同意《东阳市生态文明建设规划(2017～2025)》，要求根据会议提出的意见和建议修改完善后提交市人大常委会审议。会议原则同意《东阳市党政领导干部安全生产责任制实施细则》，要求根据会议提出的意见和建议修改完善后提交市委常委会研究。会议原则同意市木雕红木办提出的“中国好空间”中式家居设计大赛策划方案。会议原则同意市人力社保局提出的调整东阳市城乡居民基本养老保险基础养老金标准的方案。

12月18日，召开市十五届政府第四十次常务会议。会议讨论关于《东阳市数字经济发展五年行动计划(2018～2022年)》《健康东阳2030实施纲要》《东阳市安全生产通报警示约谈实施办法(试行)》、东阳市纳税大户认定、《东阳市2018年国民经济和社会发展计划执行情况与2019年国民经济和社会发展计划草案的报告》《2019年全市政府投资项目计划》《关于2018年全市和市级财政预算执行情况及2019年全市和市级财政预算草案的报告》、中国东阳家具研究院聘任副院长、解除国有土地使用权收购合同9项议题。会议原则同意《东阳市数字经济发展五年行动计划(2018～2022年)》《健康东阳2030实施纲要》，要求根据会议提出的意见和建议修改完善后组织实施。会议原则同意《东阳市安全生产通报警示约谈实施办法(试行)》，要求根据会议提出的意见和建议修改完善后下发试行。会议原则同意《东阳市2017年国民经济和社会发展计划执行情况与2018年国民经济和社会发展计划(草案)的报告》《关于2018年全市和市级财政预算执行情况及2019年全市和市级财政预算草案的报告》，要求根据会议提出的意见和建议修改完善后提交市委常委会和市人民代表大会审议。会议原则同意《2019年全市政府投资项目计划》，要求根据会议提出的意见和建议修改完善后提交市委常委会研究。会议原则同意市税务局提出的东阳市纳税大户认定方案。会议原则同意聘任张仲凤为研究院副院长。会议原则同意横店镇提出的解除国有土地使用权收购合同事宜。

【市政府市长办公会议】 2018年，东阳市召开市政府市长办公会议5次。

1月22日，召开市十五届政府第十七次市长办公会议。会议讨论关于《东阳市中小企业市长科技创新奖评审管理办法》、镇乡街道干部经济待遇政策落实、《黉门里健康产业园项目投资协议书》《建设全国农村社区治理实验区实施乡村振兴战略三年行动计划(审议稿)》4项议题。会议原则同意《东阳市中小企业市长科技创新奖评审管理办法》，要求根据会议提出的意见和建议修改完善后组织实施。会议原则同意《黉门里健康产业园项目投资协议书》，要求根据会议提出的意见和建议修改完善后与对方签约。会议研究《建设全国农村社区治理实验区实施乡村振兴战略三年行动计划(审议稿)》，提出修改意见。

5月21日，召开市十五届政府第二十次市长办公会议。会议讨论《关于进一步加强小微企业创业园建设管理的实施意见(试行)》、江北高新产业园区与天一控股签订投资项目协议书、东阳江江滨景观带亮化提升工程3项议题。会议原则同意《关于进一步加强小微企业创业园建设管理的实施意见(试行)》，要求根据会议提出的意见和建议修改完善后下发试行。会议原则同意江北高新产业园区与天一控股投资项目协议书，要求根据会议提出的意见和建议修改完善后组织签约。会议原则通过东阳江江滨景观带亮化提升工程设计方案，要求根据会议提出的意见和建议修改完善后分期组织实施。

6月21日，召开市十五届政府第二十一次市长办公会议。会议专题研究关于东阳华侨城卡乐文化旅游科技项目的议题。会议原则同意市招商局提出的战略合作框架协议，要求根据会议提出的意见和建议修改完善后提交市委常委会、市人大常委会研究。

10月27日，召开市十五届政府第二十七次市长办公会议。会议专题研究关于帮助东阳市上市企业纾困解难、化解股市风险的议题。会议原则同意市金融办提出的对东阳市上市企业金融困难的帮扶方案。

11月2日，召开市十五届政府第二十八次市长办公会议。会议专题研究远疆天域综合体项目重新核准可售面积的议题。会议原则同意市政府办公室牵头协调后所形成的核准意见。

(陈　侃)

外　事

【概况】 2018年，东阳市邀请外国友人来访审核21批32人次，代办领事认证87批133本，接待外宾来访11批

93人次,市领导出席外事会见3批29人次。受理审批因公出国(境)申请22批34人次,其中党政干部6批6人次、事业16批28人次。

【外宾到访】 2018年2月5日,来自日本、韩国、泰国的亚洲友诚进修生省内进修团一行8人访问东阳市,了解东阳市经济社会发展情况,考察东阳市影视旅游文化产业。

3月21日,德国迪恩市外办主任海尔穆特·戈尔戴茨率迪恩市教育代表团一行3人访问东阳市,洽谈迪恩市与东阳市在教育领域的合作问题,考察中国木雕博物馆、横店影视城和六石街道北后周村。

5月25日,罗马尼亚苗韦尼市市长代表团一行10人访问东阳市,代表团参观陆光正创作室,考察东阳木雕产业,洽谈苗韦尼市与东阳市在经济、文化等领域方面的合作问题。

6月15~16日,保加利亚电视制作公司一行4人到东阳市拍摄旅游专题节目。在东阳中国木雕城、横店影视城、陆光正工作室等地进行拍摄,采访亚太工艺美术大师陆光正,现场体验木雕制作等传统工艺。

6月25日,毛里求斯孔子学院学生团一行26人访问东阳市,考察横店影视城以及南马镇花园村、官桥村,了解东阳新农村建设和影视文化产业情况,体验中国传统文化魅力。

9月22日,俄罗斯喀山代表团一行6人访问东阳市,推介喀山市旅游,考察东阳市影视旅游文化产业。10月27日,阿拉伯国家新闻官员与记者研修班一行18人访问东阳市,考察东阳市影视旅游文化产业。

11月11~13日,刚果(布)林业部长罗丽莎·马东多率领政府代表团一行9人访问东阳市,参加浙江广厦建设职业技术学院木雕专业21名刚果(布)留学生开学典礼,健全合作交流机制,开展木材交易、木雕工艺品交易及木雕红木人才培养等方面的合作。

【东阳市APEC商务旅行卡推介会】 2018年5月10日,东阳市APEC商务旅行卡推介会在市行政中心召开,48家规模以上企业的60余名负责人参加,会议重点推介APEC商务旅行卡,介绍APEC商务旅行卡的功能、办理条件及办理程序。

(葛 爽)

信 访

【概况】 2018年,东阳市上访1308批4403人次(集体访211批2744人次),到北京市上访50批74人次(集体访6批30人次)、到省上访206批409人次(集体访10批124人次)、到金华市上访93批235人次(集体访10批122人次)、到市信访局上访959批3685人次(集体访185批2468人次)。

市信访局受理群众来信1460件,比上年上升4.5%;网上信访7576件,比上年上升35%;受理来电件8965件,比上年上升53.7%;受理复查189件,其中做出不予受理意见184件、做出复查撤销意见5件。

5月23日,"不忘初心 牢记使命 当好新时代东阳信访好干部"信访业务知识竞赛在市行政中心三楼报告厅举行,全市18个镇乡街道和8个部门单位的78名信访干部参加竞赛。

【领导下访约访】 2018年,领导干部开展定点接访、带案下访、专题接访、重点约访、定期回访等工作,以"领导下访"促进信访工作"控变量"。固定每月15日为信访接待日,市领导下基层接访约访,接访信访重点人员。市级领导参加接访163人次,累计接待143批797人次,其中集体访69批632人次,办结163件。5月21日开始至年末,每个工作日安排1名市级领导在群众来访接待室坐班接访,针对性安排开展重点人、重点事的接访约访,接待群众来访85批550人次。

【初信初访办理】 2018年,东阳市制定《东阳市初信初访事项办理"五项"工作机制》,建立初信初访领导包案化解、人民调解参与信访矛盾化解、重复越级信访事项督查、信访事项的提示预警和信访事项办理"规范建档"五项机制。从源头强化初信初访的包案化解工作;引入人民调解到信访事项的化解中;对于再次上访的初次信访事项或越级上访的信访事项,列入督查库进行跟踪督办;建立信访提示预警机制,对符合9种提示预警情形的镇乡街道、部门单位发放书面《信访工作预警提示单》予以警示;建立规范建档机制。

【积案化解】 2018年,市委实施市领导"三包四联"工作考核意见,把包疑难信访案件化解列入市领导的年度考核。市信访局建立"七个到位"(排查

2018年6月25日,毛里求斯孔子学院学生团体验中国书法

(市外事办提供)

2018年5月23日，“不忘初心 牢记使命 当好新时代东阳信访好干部”2018年信访业务知识竞赛举行 （市信访局提供）

摸底到位、责任落实到位、分析研判到位、帮扶处置到位、多元化解到位、长效机制到位、督导通报到位）积案化解新途径，开展信访积案“大排查、大调研、大化解”专项活动，梳理全市信访积案96件，化解67件。国家级信访积案5件，化解3件。省级信访积案2件，化解2件。金华市级信访积案17件，化解12件。构建党委领导、信访部门主导、司法行政部门主动参与、有关部门协作联动的工作格局。横店镇葛某、南市街道厉某、白云街道海德小区业主产权证办理等信访件承诺息访。

【信访业务平台建设】 2018年，市信访局开展省统一平台整合接入工作，将“12345”政务类来电数据接入统一平台，实现全市信、访、网、电在省统一政务咨询投诉举报平台上流转；完成镇乡街道“四个平台”与省统一平台的技术对接，实现数据共享和业务协同，形成统一平台在省、市、县、乡、村五级联动。

（刘芦苹）

侨 务

【概况】 2018年，东阳市人民政府侨务办公室（简称市侨办）、东阳市归国华侨联合会（简称市侨联）受理来信12件，接待来电来访15人次，结案率98%。全年接待华侨侨眷等300余人次。接待第二期浙江省海外示范性侨团侨领高级研修班的54名学员。办理“三侨生”（归侨青年、归侨子女、华侨在国内的子女）加分2人，帮助侨企协调解决难题2个。3次组织相关部门领导、部分企业家、侨联工作人员、留联会工作人员分别到杭州市、上海市、湖北省武汉市等地走访高科技企业中的东阳籍海归华侨。

侨界政协委员围绕社会民生和百姓关注的热点问题开展调研活动，提交提案9件；开展“城乡生活垃圾分类处理”专项集体民主监督3次，提出建议12条。政协侨联界《把“夕阳红经济”打造成“朝阳产业”》提案入围政协十四届三次会议发言的第一轮筛选。市侨联被评为2018年度全省侨联系统“十佳”引智单位。

【走访慰问侨界人士】 2018年春节期间，市侨办走访慰问重点侨属53人，拜会回乡过节海外侨界人士5人；端午节前，走访慰问44户东阳籍海外博士教授家庭。2月18日，50余名海外海归人才在东阳宾馆举行春节座谈会。9月20日，邀请部分侨眷侨属参加2018年中秋茶话会。组织35名侨眷侨属到衢州市江山市疗养。

【侨联活动】 2018年，市侨联参加金华市侨联组织的“海燕看金华”活动、“创启未来”2018金华城市赛海归专场赛暨第二届金华海归创业十佳评选等活动，市侨联推选的“星宗新能源科技”（浙江星宗新能源科技有限公司）和“BALON复材”2个项目获金华海归创业十佳项目，其中“星宗新能源科技”获最佳人气奖。

（郑 扬）

档案管理

【概况】 2018年，东阳市档案局（馆）开展“五水共治”档案收集整理工作，归档整理2018年度档案资料454件，数字化扫描300件，总数据量1.3GB。全市一级进馆单位开展档案登记备份工作，95%的单位开展2018年度文书档案备份工作，备份数据问题14010.27GB。配合省“美丽乡村”示范县（市）创建工作，结合农村文化礼堂建设，开展“百村档案”的收集、整理、编纂工作。参加市发改局组织的中央预算内投资项目竣工验收工作，对2012年以前的18个中央预算内投资项目的档案工作进行重点指导。

【智慧档案建设】 2018年，市档案局（馆）建设数字档案馆（室），馆藏档案数字化扫描率90%。指导虎鹿镇、吴宁街道、浙江横店影视职业学院等单位的数字档案室创建工作，创建示范化数字档案室4家。馆藏中华人民共和国成立后档案的数字化进行第五期扫描，完成扫描9253065页，条目3424198条；对第四期的数字化成果进行验收，扫描案卷24319卷、2880519页，条目976840条。完成民国档案的数字化扫描162400页，条目27000条。推进档案登记备份规范化建设，全年有

84家单位完成档案登记工作,完成率100%,76家单位完成档案备份工作,完成率90.48%。

【档案编研和宣传】 2018年,市档案局(馆)开展档案编研活动,《抗日战争时期法规选编》定稿;《抗日战争档案汇编——东阳卷》的编研任务列入国家级项目;联合金华市档案局、义乌市档案局完成《抗日战争档案——细菌战》编研任务。建设“千村档案”数据库,完成全部重点村(8个)和一般村(17个)的数据库建设。开展“6·9”国际档案日宣传工作,在市档案馆举行档案法律法规知识书面答题竞赛,173名机关单位、镇乡街道、企业的档案员参加书面答题竞赛。

【档案公共服务】 2018年,市档案局(馆)接待到馆查阅人员15927人次,调卷11625卷次、937件次,复印、打印25614页。全年接收文书档案6517件、118卷;向单位和个人征集文献图书资料120余册;挖掘照片800余张,征集“感动中国人物”孙炎明的照片档案、蔡宅家规家训、邵飘萍与其家乡的照片资料等。市档案局(馆)利用省档案局开发的异地查档平台,提供远程查档、跨馆服务,进行异地查档、跨馆服务35人次,35卷次,复印60页。市档案局(馆)将18个镇乡街道批基建房、婚姻登记、户口迁移等民生领域档案数据挂接到馆室一体化系统,给予镇乡街道查阅权限,群众不出辖区就能查阅到民生领域档案。与市民政局婚姻登记服务窗口实行数据共享,避免服务对象“多跑一次”的情况。

【档案监管和依法行政】 2018年,市档案局(馆)开展“三年一轮”的档案年检工作,对21家单位开展“双随机”(抽查单位和执法人员随机抽取)档案执法检查和档案年检,对重点工程档案进行督查,加强对市粮食局中心粮库、浙江康吉尔药业有限公司、浙江金象科技有限公司、横店集团、37省道、39省道等10余个重点建设项目档案工作的监督、指导。5月22日,市档案局(馆)开展以“新归档文件整理规范”和“档案管理过程中若干问题解决方案”为内容的档案集团化培训,全市200余名档案员参加。

(张金芸)

政务服务

【概况】 2018年,东阳市行政服务中心受理事项781910项,办结事项781723项,办结率99.97%。市交管办受理各类招标、拍卖等交易567个标次,成交额61.84亿元,比保留价增加和预算价节约合计2.61亿元,其中建设工程招标417个标次,成交额30.93亿元,比招标造价降低2.29亿元;组织政府采购143个标次,采购金额30.74亿元,比预算价节约资金约0.27亿元;产权交易7次,竞投总价0.17亿元,比保留价增加0.05亿元。

【民生事项梳理】 2018年,市行政服务中心会同市编委办指导各部门进行民生事项的梳理工作,梳理民生事项341项,其中在《省市县民生事项汇总表》指导目录中的有302项、指导目录外的有39项。督促各相关窗口单位开展权力事项库条和政务服务网上办事指南规范工作,要求各窗口单位在“八统一”(服务项目统一、办事指南统一、办事平台统一、办事程序统一、管理制度统一、单位印章统一、服务细节统一、工作时间统一)标准基础上,优化办事材料和办事时限。全年梳理“最多跑一次”事项671项;直接取消办事事项材料920项,通过数据共享取消材料999项。5月,与市编委办、市电子政务办联合举办“最多跑一次”业务培训会,对全市40余个部门单位的政务服务网界面优化完善工作进行操作培训,在金华市范围内率先完成界面优化完善工作,6月20日,向省政府申请上线政务服务网。进驻市行政服务中心事项662个(除不宜进驻市行政服务中心窗口的9个事项),实现“最多跑一次”事项100%全进驻。

【市行政服务中心搬迁】 2018年10月8日,市行政服务中心整体搬迁至市总部中心,新办事大厅开始运行。该次搬迁是市行政服务中心成立以来的第二次搬迁,新中心办公面积2.5万余平方米,设21个区块,200余个窗口。除原进驻的28个部门外,整合人力社保、税务、公安出入境、交警处罚中心、公共资源交易中心集中入驻办事大厅。按业务类别实行“综合受理+X板块”的模式,设置“无差别全科受理”服务区、投资项目审批服务区、商事登记、民政、公积金、不动产、公安、人力社保、税务9个服务区。在主大厅设置自助导航机、24小时自助服务区,在所有大厅启用叫号服务、样表查询系统和办事指南查询系统。

【“一窗受理、集成服务”改革】 2018年10月,市行政服务中心整体搬迁后设置15个“无差别全科受理”窗口,有17个部门近400个事项纳入无差别受理,实现“前台综合受理、后台分类审批、统一窗口出件”的工作模式。市行政服务中心制定《东阳市行政服务中心“跑一次没办成投诉与代办窗口”管理试行办法》,在大厅设置“跑一次没办成投诉与代办”窗口。通过集中授课、临岗指导、换岗交流等方式对“无差别全科受理”、商事登记综合受理、投资项目综合受理窗口的工作人员进行培训,组织培训8轮、143人次。在原先12个系统的基础上增加规划、人力社保等6个系统,与“一窗受理”云平台数据对接,“一窗受理”云平台办理事项70523件。配合各相关窗口开展事项开通网上办理工作,至年末,“最多跑一次”事项开通网上办理事项1075项。10月22～26日,市行政服务中心组织工作人员对市级“最多跑一次”事项实现“一网通办”进行现场实测,对相关情况作出通报。“一证通办”系统运行,部分事项可通过“刷脸”方式与公安人像数据库进行人脸比对,验证办理者身份信息,即可调取系统内部相关证明材料。至年末,系统实现“一证通办”事项63

2018年10月8日，市行政服务中心整体搬迁至市总部中心，新办事大厅开始运行 （包康轩/摄）

个。首批“刷脸”可办理换领“残疾人证”等10个事项，“一证通办”民生事项年内覆盖率50%以上。实行“统一受理，部门承办，快递送达”机制，至年末，快递送达办件18500余件。自“最多跑一次”改革工作开展以来，市行政服务中心按期办结“最多跑一次”政务事项，提前办结率92.3%。

【乡镇、村“最多跑一次”改革延伸】 2018年2月11日，市委办公室制定《关于推动“最多跑一次”改革镇乡街道、村（社区）全覆盖实施意见》，部署全市18个镇乡街道及388个行政村（社区）的便民服务中心提升和“最多跑一次”改革工作。市行政服务中心梳理规范镇乡街道“最多跑一次”改革事项92项、村（社区）“最多跑一次”改革事项63项。推进“最多跑一次”事项向基层延伸，会同市编委办完成30个示范型村级便民服务中心建设、200余个标准型村级便民服务中心建设。9月，对6个示范型村级便民服务中心进行“一窗受理”云平台系统使用培训。10～11月，对30个示范型村级便民服务中心、20余个标准型村级便民服务中心进行验收；11月，对其余标准型村级便民服务中心进行验收。11月2日，对乡镇“一窗受理”业务骨干进行“一窗受理”云平台操作培训，乡镇“一窗受理”业务骨干对村级专职代办员进行“一窗受理”云平台操作培训。

【公共资源交易监管】 2018年，市交管办对政府投资项目开评标过程进行全程现场监督，及时纠正招标人和招标代理机构在招标过程中可能影响公平竞争的行为。针对简易招标项目评标小组人员不确定而导致评标过程随意性等不规范问题，明确评标小组人员确定办法和工作职责，规范评标工作。加强标后履约监管，对市重点工程及500万元以上工程在中标后召开施工（监理）现场关键岗位人员上岗前交接会议并实行押证管理、到岗考勤、变更核准，合同备案审查。全年组织召开42个项目的交接会议，施工合同备案审查236份。

【招投标专项督查】 2018年，市交管办受理招投标投诉11件，其中处理上级转办的投诉6件，直接受理查处5件。5月，会同市纪委监委、市审计局专项督查全市18个镇乡街道2016年以来招投标情况，制订督查工作方案，明确督查内容，对相关招投标业务和政策进行现场指导，对招投标制度不落实、工作人员不到位、档案资料管理混乱、招投标程序不规范、肢解招标或规避招标等问题进行通报并督促落实整改。确定评标专家人员，在专家抽取过程中，实现业主（或代理公司）、交易中心和现场监督员3方共同监督，落实专家保密制度和专家回避制度。

【企业数据库更新】 2018年，市交管办清理并锁定数据库里的企业账户，开展企业数据库的维护和年度更新工作。完成400余家企业的年检、数据库资料更新等工作。完成企业交易席位申请及交易证办理，汇总所有投标企业的交易员信息。

【公共资源交易平台整合】 2018年，东阳市建设全流程电子化系统，开放企业数据库注册、“东阳市公共资源全流程电子交易综合系统”CA证书及电子签章办理。对全市采购人、招标代理机构、投标人进行新系统使用培训，对招标文件的编制、项目网上备案、场地预约等流程进行讲解指导。至年末，建设工程项目除CA解密开评标系统外，实现电子化全流程操作。自2月起，1000万元以下项目应用新系统网上电子交易流程。6月5日，1000万元以下项目应用投标文件网上递交，现场下载，现场解密功能试运行。6月20日，1000万元以上项目全流程网上开评标试运行。完成整个系统的测试及试运行工作,10月,需要更新的补丁开发完毕。完善投标保证金管理,至年末,有3个保证金专户供投标人选择。

(周洁倩)

电子政务

【概况】 2018年,东阳市完成政务信息资源交换与共享平台技术改造,实现与省公共数据平台的对接,11月,通过浙江省数据管理中心的验收。市电子政务办在"一窗受理"云平台上开发"一证通办"事项办理模块,完成155个事项配置。开发数据共享查询平台,封装71项电子材料供部门窗口人员查询并获取相关电子材料。推进本地自建部门业务系统与"一窗受理"云平台技术的对接,完成市规划局综合管线信息管理平台、市人力社保局五险系统、市国土局不动产登记系统与"一窗受理"云平台的对接,不动产登记系统是全省县市区不动产系统中首例与"一窗受理"云平台成功对接的系统。

【电子政务外网运维及网络安全保障】 2018年,市电子政务办建设电子政务外网运行及网络安全保障体系,确保机房服务器、网络安全设备、各应用系统等平稳运行。实施政务外网网络安全终端部署,建立超融合平台,更新机房UPS(不间断电源)主机和电池。落实机房准入制度,实行出入事项登记、备案等,开展节假日及重要会议期间的网络安保工作。完善基础设施建设,推行"一张网"通联。实施市电子政务外网延伸到388个行政村(社区)项目,实现政务外网省、市、县、镇、村五级联通。开展部门专网与电子政务外网整合工作,实施财政、交通专网与电子政务外网整合。

【政府网站常态化监管】 2018年,市电子政务办推进政府信息公开,在市政府门户网站主动公开信息26567条,受理依申请公开信息58条,公开81个部门的2017年决算和2018年预算。开展政府网站内容普查、督查工作,利用网站监测系统及时督查政务公开工作,每季度普查政府网站并通报。增设公共企事业单位政务公开栏目。在市政府门户网站执行保密审查机制,确保发布的信息不涉及国家秘密和法律法规禁止公开的信息。

【电子政务建设】 2018年,市电子政务办统筹全市电子政务项目,组织专家对70个电子政务项目进行评审。升级市党政机关协同办公系统功能,启用天谷电子印章。在市党政机关协同办公平台开发"最多一星期"功能模块,通过部门协同、流程再造、系统整合等方式提升政府部门办事效能,实现部门之间、部门同镇乡街道之间事项答复"最多一星期",市政府对部门、镇乡街道的请示答复"最多半个月"。扩充移动办公(平板电脑端)功能,增加文档管理、"最多一星期"相关审批模块。在全市机关部门推行"浙政钉",在市党政机关协同办公平台引入"钉"功能,强化文件消息必达。至年末,市党政机关协同办公系统分发文件10667份,"浙政钉"注册用户9715人,激活率100%。开展电子政务培训,参与市融创中心平台、大数据平台等项目建设。

(张　瀚)

机关事务管理

【概况】 2018年,东阳市机关事务管理局负责机关基建维修、设施设备维护、物业管理、公共机构节能管理、公务用车管理、公房管理等工作。全年询问、登记到市行政中心大院办事人员7.9万余人次。指挥、疏导大院内、外机动车辆进出31.7万余辆次,日平均1200余辆次;非机动车辆7.9万余辆次,日平均300余辆次。劝导、通知、处置大院内乱停乱放车辆5280余辆次,无发生偷盗、破坏等安全事项。完成市"两会"、全市工业经济金融工作推进会等重大会议以及重要领导视察等后勤保障工作。查处市行政中心大院消防火警、故障、误报879余次,处置因将未熄灭的烟头扔进垃圾桶引起的火情13次,发布安全警示、温馨提示90余次,发现并处理安全隐患10次。文印中心争创"金华市巾帼文明岗"。会务中心全年服务会议2410场次。市机关事务管理局全年回收报纸、书刊、保密文件等6.54万千克。完成医务室托管和资产交接等工作。开展市行政机关垃圾分类工作。完成市行政复议局改造装饰、西裙房新会议室改造装饰、市行政中心大院东西岗亭新建、市委机要室及1楼东面车库、人大常委会11楼会议室、行政中心2楼中型会议室、老市政府大楼等改造工作。完成市行政中心大楼供电、供水等设备的日常维护保养工作,完成檐沟清理、除锈并做防水处理。

【公务用车管理】 2018年1月,市机关事务管理局专项督查2017年用车情况,总体用车情况良好。健全完善公务用车智能平台功能,用车单位申请人通过电脑或手机APP无纸化派车;完成高速公路ETC收费发票系统改革、杭州机场停车场收费系统改革等工作;健全完善驾驶员管理制度,全部签订劳动合同;用手机短信等方式对驾驶员温馨提示;开展驾驶员补贴发放等工作;开展车辆费用和用车单位费用等各类统计和台账记录等工作。公务用车平台为市级领导、60余个车改单位、"五水共治""三改一拆"等20余个临时机构以及市"两会""环保督察"等各类大型会议提供用车保障服务。

【公房管理】 2018年,市机关事务管理局完善全市各机关事业单位公有房地产确权登记工作,至年末,前五批划拨的公有房地产完成确权88宗地,262处房产,土地面积396587.58平方米,建筑面积365513.09平方米,确权登记完成率分别为88.4%、93.8%。市机关事务管理局自有房地产确权2宗地,9处房产,土地面积62334.36平方米,建筑面积116390.12平方米。市机关事务管理局名下房地产完成确权90宗地,271处房产,土地面积

458921.94平方米，建筑面积481903.21平方米。市公房办现场确认城东街道塘西办公楼以及槐堂小学等18个单位的房屋建成年份，解决办证过程中遇到的土地无年份依据问题，加快事业单位的不动产登记速度。3月，走访摸查市粮食局、市卫计局、市审计局、市军干所、市人力社保局、市公安局、市市场监管局以及市疾控中心8个单位原属下的24处闲置房产，了解房屋管理的现状并确定房产性质，对房产进行清理及盘活。提出D级房屋处置意见，清退原市粮食局宿舍（中山路56号）等D级危房内的租户。6月，开展吴宁东路55号租户清退工作，至7月中旬，二号楼租户完成清退。制订城区公租房管理制度，规范出租流程及使用细节。完成承租户的续租签约工作，与承租户签订卫生保洁、门前三包责任书。

【公共机构节能统计】 2018年，市机关事务管理局完成2017年度公共机构能源资源消费数据的统计年报工作以及2018年半年报工作，全市335家公共机构统计覆盖率100%，使用新系统上报覆盖率100%。全市公共机构2017年度消费能源资源14675.41吨标准煤，比2016年下降10.3%；消费水资源373.37万立方米，比2016年下降7.51%。2018年上半年各项能耗指标中，人均能耗45.33千克标准煤，比2017年上半年下降24.1%；单位建筑面积能耗2.34千克标准煤，比2017年上半年下降12%；人均水资源消耗9.42立方米，比2017年上半年下降9.4%。制订东阳市2018年节水型单位建设方案，完成2018年度节水型单位的评审验收工作，全年建成节水型单位34个，各创建单位的人均用水量比上年下降29.5%。江北中心小学通过省级节约型公共机构示范单位和国家级节约型公共机构示范单位验收。配合浙江省能源监察总队完成对市市场监管局和市人民医院的节能专项监察。组织开展全国节能宣传周和全国低碳日活动，组建2支市机关事务管理局“绿色出行 低碳生活”健走队伍。

【市行政中心分布式光伏电站并网发电】 2018年6月20日，市行政中心分布式光伏电站并网发电。该电站安装横店集团东磁股份有限公司生产的345瓦单晶组件540块、285瓦单晶组件384块，装机容量295.74千瓦·时，首年计划年发电32.5万千瓦·时，相当于节约标准煤约40吨，减排二氧化碳324吨。至年末，发电19.3万余千瓦·时。

（蒋丹丹）

2018年6月13日，航拍的市行政中心分布式光伏电站 （包康轩/摄）

中国人民政治协商会议东阳市委员会

综　述

【概况】 2018年,东阳市政协召开常委会议5次,主席会议8次。2月1~3日,召开市政协十四届二次会议。加强与各民主党派、市工商联、人民团体和无党派人士的交流沟通,市政协十四届二次会议期间,各党派团体提交团体提案38件,占10.1%。党派团体提案《如何更好地推进分级诊疗制度的建议》被列为2018年度重点提案,在推进医共体建设中得到采纳吸收。

【信息宣传】 2018年,市政协编发多期《东阳政协》,在《联谊报》《金华日报》《东阳日报》、东阳电视台、东阳新闻网等媒体上发表播出新闻报道200余篇(条)。政协主席卜亚男应邀参加省政协第七次民生论坛,对完善"全面二孩"政策实施后的公共服务供给提出意见和建议。

【文史活动】 2018年,市政协组织文史专家和文史爱好者到安徽省黄山市屯溪区、江西省上饶市弋阳县等"东阳帮"活动区域采风,编辑出版《东阳帮》文史资料。调研古书院保护利用工作,向市委、市政府报送《复兴书院文化,增益发展优势》调研报告,提出恢复书院旧观、修缮遗存书院、强化长效管理等协商建议。组织开展二轮修志专题视察。参与省政协《之江春潮——浙江改革开放40周年亲历》《浙江文化印迹》、金华市政协《金华祠堂》等文史资料组稿工作。

(张翠翠)

政协重要会议

【市政协十四届二次会议】 2018年2月1~3日召开。294名政协委员出席会议,140人列席。市委书记黄敏在开幕会上讲话,肯定市政协2017年的工作。政协主席卜亚男代表政协第十四届东阳市委员会常务委员会作工作报告。政协副主席王玉才代表政协第十四届东阳市委员会常务委员会作市政协十四届一次会议以来提案工作情况的报告。政协副主席张卫伟致闭幕词。委员们列席东阳市第十五届人民代表大会二次会议,听取并讨论市长姚激扬所作的《政府工作报告》及其他报告,围绕市委、市政府中心工作协商议政、建言献策,以提案形式提出意见和建议376件。

会议期间举办首届大会发言,提交书面材料22篇,上台发言7人,即席发言12人,市委、市政府主要领导现场批示19篇。大会秘书处把大会发言书面材料和即席发言材料整理转化为政协提案,把领导批示复印件转交承办部门。遴选政协提案、讨论发言中的40余条精品协商建议,编撰多期简报,供市委、市政府领导决策参考。加强三级便民服务中心建设、破解看病"难贵繁"顽疾、创新优秀教师培育模式等协商建议,在深化"最多跑一次"改革、医共体建设、打造"学在东阳"品牌等党政工作中得到采纳吸收。召开东阳人联谊会(商会)会长、秘书长会议。预备会上表彰2018年度先进界别、优秀政协委

2018年2月2日,市政协工商联界、共青团界联组审议讨论《政府工作报告》

(包康轩/摄)

员、优秀提案领衔委员(团体)和文史工作先进个人。

【市政协常委会议】 2018年,市政协召开常委会议5次。

1月11日,市政协召开十四届三次常委会议。会议听取市政府关于市政协十四届一次会议提案办理情况的通报;审议通过关于召开政协第十四届东阳市委员会第二次会议的决定;审议通过政协第十四届东阳市委员会第二次会议议程(草案);审议通过政协第十四届东阳市委员会第二次会议日程;审议通过人事事项,市政协常委许树峰因岗位变动,经组织提议辞去市政协委员职务;审议通过政协第十四届东阳市委员会第二次会议邀请列席人员范围;审议通过政协第十四届东阳市委员会第二次会议召集人、联络员名单;审议通过政协第十四届东阳市委员会第二次会议执行主席和主持人名单(草案);审议通过政协第十四届东阳市委员会常务委员会工作报告及报告人;审议通过政协第十四届东阳市委员会常务委员会提案工作情况报告及报告人;审议通过《政协东阳市委员会专门委员会专题调研工作制度》。

2月2日,市政协召开十四届四次常委会议。会议听取各界组对金华市政府副市长、东阳市委书记黄敏讲话的讨论汇报;听取各界组对市政协常务委员会工作报告和提案工作情况报告的讨论汇报;听取各界组对市政府工作报告的讨论汇报;审议通过有关人事事项,胡永明、吕伟樑辞去市政协委员职务。

2月3日,市政协召开十四届五次常委会议。听取各界组讨论汇报;审议通过政协第十四届东阳市委员会提案委员会关于十四届二次会议提案审查情况的报告(草案);审议通过政协第十四届东阳市委员会第二次会议决议(草案)。

8月22日,市政协召开十四届六次常委会议。听取市长姚激扬关于东阳市上半年经济社会运行情况的通报;委员讨论;政协主席卜亚男传达省政协主席读书会精神并部署下半年工作。

12月12日,市政协召开十四届七次常委会议。审议通过有关人事事项,免去楼伟龙市政协常委、委员职务。

【市政协主席会议】 2018年,市政协召开主席会议8次。

1月2日,市政协召开十四届八次主席会议。协商讨论有关市政协十四届三次常委会议有关议题。

2月2日,市政协召开十四届九次主席会议。协商讨论大会发言优秀个人与集体事项。

2月26日,市政协召开十四届十次主席会议。协商讨论市政协十四届二次会议重点提案。

3月22日,市政协召开十四届十一次主席会议。审议通过《关于加强围绕中心、服务大局、履职为民、有为政协建设的实施意见》。

4月27日,市政协召开十四届十二次主席会议。会议研究讨论第十届界别活动月方案;讨论委员培训相关事宜;讨论机关干部、政协委员慰问相关规定。

6月20日,市政协召开十四届十三次主席会议。讨论上半年调研课题;讨论大会发言选题;听取《东阳政协》季刊和微信公众号筹备情况;听取讨论有关专委会视察活动的建议;听取委员培训组织情况;学习传达省市政协关于研讨习近平总书记关于加强和改进人民政协工作的重要思想;强调主题党日活动纪律要求;重申接待(公务)原则要求。

9月29日,市政协召开十四届十四次主席会议。传达学习省政协系统党建工作座谈会精神;学习新修订的《中国人民政治协商会议章程》;政协副主席赵晓珍介绍大会发言筹备情况;政协副主席华伟跃介绍"最多跑一次"专题协商会筹备情况。

12月10日,市政协召开十四届十五次主席会议。讨论确定大会上台发言和即席发言人员名单;人大与政协商议,政协同意,今后人大常委会议政协领导不再列席。

(张翠翠)

政治协商和参政议政

【"最多跑一次"改革工作专题协商】 2018年,市政协围绕"最多跑一次"改革工作的落实情况,发动19个界别的293名政协委员,通过明察暗访、亲身体验、倾听民意等方式,挖掘整理群众办事过程中遇到的问题。收集案例20余件,提出协商建议80余条,遴选9件案例开展专题协商,与11家职能部门进行协商,14家部门的领导及市行政服务中心窗口工作人员代表列席旁听。"农民建房审批一次性告知""驾驶培训采用电子签单""简化医保报销流程"等28条协商建议得到现场回应和整改承诺。专题协商会议全程录像转播,向社会公开。

【界别活动】 2018年,市政协开展界别活动80余次,参与委员2000余人次,参与群众3万余人次,收集意见和建议400余条。以"城乡生活垃圾分类处理,委员在行动"为主题,举办第十届界别活动月。19个界别的政协委员通过送医送药、产业转型调研、乡村振兴指导等方式,帮助基层群众解决现实难题。农业界专题考察东白山茶叶生产情况,建言"东白茶"区域品牌建设;无党派界发动委员捐款42万元,助力"'美丽乡村'"建设;医卫界联合东阳市疾病预防控制中心举办健康生活大型宣传活动,组织医疗专家开展义诊活动;工商联界组织医生团队为巍山镇象岗村村民提供医疗健康服务;妇联界召开"一村一委员,助推'美丽乡村'建设"恳谈会,献策乡村振兴。

【大调研和大走访活动】 2018年,市政协主席牵头,组织课题组成员到基层开展大调研、大走访活动。提交《城区生活垃圾分类处理的调查与思考》《完善城市社区功能体系建设的调查与研究》《转变农业经营方式的难点及对策》《提升金融业服务实体经济质效的思考与建议》等多篇调研文章,供市委、市政府决策参考。走访各类企业111家,提交

"用地难""留才难""招工难"等企业难题49个，为改善实体经济发展环境提出意见和建议。《因地制宜做好产业植入文章》《盯牢企业发展瓶颈，助力实体经济发展》等调研手记编入市大调研办简报。联合市人民法院、市人民检察院、市公安局、市司法局等单位举办"法律咨询、法律服务、法律援助"活动。组织市人民法院、市公安局等单位的政协委员和律师团队，走访在外东阳人建筑企业，提供法律难题现场咨询服务。联系推动木雕红木、东阳竹编、东阳名人、东阳民俗、东阳茶等特色文化转化发展，配合开展全国文明城市创建、高铁新城建设、"五水共治""三包四联"等党政工作。

（张翠翠）

视察与监督

【城乡生活垃圾分类处理专项民主监督】 2018年，市政协依托"一村一委员"履职平台，发动市、县两级309名政协委员和部分列席人员，组成18个监督小组，到18个镇乡街道、297个行政村开展民主监督工作。发放"五看""五问"民主监督调查表2481份，收回有效调查表2435份。通过明察暗访、跟踪监督等方式，掌握存在的问题，研究破解对策，宣传垃圾分类知识。特邀界筹资3万元，奖励南马镇垃圾分类考核先进村；经济界捐资5万元，助力千祥镇垃圾分类处理工作；共青团界开展"垃圾分一分，环境美十分"垃圾分类进校园活动；教育体育界印发宣传资料1000余份，普及垃圾分类知识。各监督小组全年召开座谈会54次，走访农户3086户，查看垃圾车415辆、阳光堆肥房162个，发现各类问题153个，提出监督意见137条，其中党委政府采纳102条。提炼联村过程中的经验做法，向金华市政协报送《为发展村集体经济牵线搭桥》《积极探索特色产业振兴》《讲好天山故事，做好旅游文章》等联村心得30篇，在《金华日报》刊登10篇。

2018年5月10日，市政协视察学前教育工作座谈会在市行政中心召开

（市政协办提供）

【专委会视察监督】 2018年，市政协制定《2018年度专委会视察活动安排》，以8个专委会为单位，专题视察校园食品安全、铁路交通建设、学前教育、拆后重建、司法体制改革等问题，提交《关于加强校园食品安全监管的视察意见》《关于铁路交通建设的视察意见》《关于学前教育工作的视察意见》《关于拆后重建的视察意见》《关于市人民法院工作的视察意见》等视察报告。提出"严格校园食品安全无缝监管""实现交通建设'全市一盘棋'""加大公办幼儿园建设资金财政保障力度""加强拆后重建全程监管""打破数据孤岛破解执行难"等视察意见，在深化百万学生饮食放心工程、交通大项目建设、学前教育财政保障体制调整、农房改造集聚安置、支持人民法院基本解决执行难等工作中得到采纳吸收。

（张翠翠）

提案和社情民意

【提案工作】 2018年，市政协举办提案写作培训活动，健全提案征集、重点提案遴选、交办督办、二次办理等机制。《加快对横店影视文化产业实验区的要素集聚》《关于建设乡镇街道微创园，破解小微企业建厂难的建议》等10件提案被列为2018年重点提案，由市政府分管副市长和市政协分管副主席督办，开展调研、视察和督导。市政协十四届二次会议收到以提案形式提交的意见和建议376件，经审查立案360件，由75家职能部门承办，全部答复。"加快农房集聚安置""公共场所设置自动除颤器""提升城区公园娱乐设施档次"等民生诉求得到解决。

【提案情景办理会】 2018年5月15日，市政协召开十四届二次会议提案情景办理会，针对提案《关于减少有关部门对学校的非教学活动干预的建议》进行现场办理，邀请市民代表、职能部门领导和提案委员等参加。市政协首次采用提案情景办理会的形式，开创金华地区政协提案督办和办理协商的新形式。市政府办公室印发《关于实施"校园安静行动"的实施意见》，从5个方面防止过度过滥的"主题教育"进校园和创建行为。5月23日，针对提案《加大对利用会销模式坑害中老年人打击力度的建议》进行现场办理。会议邀请与会政协委员、市民代表、市市场监管局等相关人员参会观看揭露会销骗局的视频，对完善提案办理进行交流发言。

【社情民意】 2018年，市政协向金华市政协和市委报送社情民意35条，《规避霍尔果斯影视泡沫溢出风险的建议》《加快推动非公企业建立住房公积金制度的建议》《倡导斑马线人车互让的建议》等多条社情民意得到采纳或向上级政协转报。

2018年东阳市政协十四届二次会议重点提案一览表

表8

案　由	领衔委员(团体)	主办单位	协办单位
加快对横店影视文化产业实验区的要素集聚	史　莹	影管委	市发改局 市国土局 市规划局
关于建设乡镇街道微创园,破解小微企业建厂难的建议	厉小兰	市经信局	市国土局 市规划局
关注"双流"现象,增强教育自信,关于重振东阳教育雄风的建议	特邀界 无党派界	市教育局	市财政局 市人力社保局
关于因地制宜推进我市城区垃圾减量化处理的建议	楼红霞	市行政执法局	市供销社
如何更好地推进分级诊疗制度的建议	农工党东阳市委会	市卫计局	市人力社保局
治危拆违初战告捷,后续推进路在何方	葛志鹏	市治危办	市建设局 市规划局 市国土局 城投公司
如何让房前屋后变成美丽庭院的建议	陈国红	市规划局	市建设局 市国土局 城投公司 市"美丽办" 江北街道
聚力"建园",切实解决"入园难"	蒋　英	市教育局	市规划局
让人民群众在"最多跑一次"改革中有更多获得感	郭昕昕	市编办	市行政服务中心
高铁新城建设如何集聚人气	徐爱民	高铁新城办	—

(张翠翠)

综　述

【概况】 2018年，中共东阳市纪律检查委员会(简称市纪委)、东阳市监察委员会(简称市监委)合署办公，履行纪检、监察两项职责，实行一套工作机构、两个机关名称。全市镇乡街道设乡镇纪委、监察办公室18个，开发区纪工委、监察办公室1个，配备专职纪检监察干部56人。市纪委、监委机关内设职能科室13个，派驻机构15个，有纪检监察干部97人(不含政法编制干部)。市委成立巡察工作领导小组，下设办公室作为日常办事机构，为党委工作部门，设在市纪委，设巡察组4个，有巡察干部19人。

【纪检监察体制改革】 2018年，市纪委推进纪检监察体制改革，巩固拓展纪检监察体制改革先行试点成果，完善线索管理、案件调查等监察工作相关的规程和制度，制定职务犯罪案件加强协作配合等文件，提升监察工作质效。加大监察留置案件查办力度，采取留置措施7人，其中乡科级2人。推进监察体系向基层延伸，东阳市18个镇乡街道全部成立派出监察办公室，与镇乡街道纪(工)委合署办公，授予部分监察职能，打通监察监督“最后一公里”。

强化派驻机构统一管理，发挥派驻监督探头作用，执行派驻机构工作协作制度，定期召开派驻机构问题线索汇报会，定期开展专项检查，定期约谈派驻纪检监察组负责人。

【纪检监察干部队伍建设】 2018年，市纪委开展各类主题活动，开展“清风树标”行动，开展“不忘初心、牢记使命，当好新时代东阳答卷人”大调研活动和大学习、大调研、大实践、大比武、大监督“365行动”。组织开展“学习月”活动，在浙江大学举办为期5天的纪检监察干部综合能力提升班，纪委机关、派驻机构全体干部和镇乡街道纪(工)委专职纪检监察干部等145人参加培训。组织开展乡镇纪委“转职能、转方式、转作风”工作情况检查。制定纪检监察干部利益回避规定。办结反映纪检监察干部问题线索3件，提醒谈话7人。开展纪检监察干部家访谈心活动。

【“清廉东阳”建设】 2018年8月3日，市委第十五届第四次全体会议通过《关于进一步推进清廉东阳建设的决定》，在纪检监察系统中开展“十大行动”(清风护航、改革攻坚、正风除弊、一体监督、生态治理、惩治腐败、廉政教育、正风除霸、科技反腐、清风树标行动)，通过清单化管理、实体化推进、精细化落实，为建设“清廉东阳”提供坚强纪律保证。牵头开展“清廉东阳·六进六创”活动。

(龚俊琳)

2018年2月7日，中国共产党东阳市第十五届纪律检查委员会第三次全体(扩大)会议召开　(市纪委提供)

纪委重要会议

【中共东阳市第十五届纪律检查委员会第三次全体(扩大)会议】 2018年2月7日在市行政中心三楼报告厅召开。全会深入贯彻党的十九大精神，按照十九届中央纪委二次全会、省纪委十四届二次全会和东阳市委十五届三次全会的部署，回顾总结2017年党风廉政建设和反腐败工作，研究部署2018年任务。金华市副市长、东阳市委书记黄敏出席会议并作讲话。全会审议通过市委常委、纪委书记胡勇春代表市纪委常委会所作的《忠实履职尽责、勇于担当作为，奋力开创新时代全面从严治党东阳新局面》的工作报告。

【2017年度履行党风廉政建设主体责任专题汇报会】 2018年4月24日在市行政中心东楼六楼会议室召开。市纪委、监委班子成员，市纪委委员，市纪委、监委各科室负责人，部分市纪委、监委派驻纪检监察组组长、副组长参加会议，各镇乡街道纪(工)委书记列席会议。会议集中听取各镇乡街道党(工)委书记和部分机关单位主要负责人关于2017年度党委(党工委、党组)贯彻落实党的十九大精神，履行党风廉政建设主体责任以及落实全面从严治党各项要求情况的汇报，部分2017年被巡察的单位汇报巡察反馈意见整改情况。会议肯定各单位党委(党组)落实主体责任方面一些好的做法，指出当前落实主体责任方面仍存在一些不足和短板。

【全市干部从严治党廉政教育报告会】 2018年12月26日在东阳市行政中心召开。会议邀请金华市委常委、纪委书记、监委主任郎文荣作廉政教育专题报告。郎文荣作的廉政教育专题报告分三个部分对全面从严治党进行阐述，分析形势、盘点工作、提出要求。会议对启动“三清理一规范”专项行动的再次申报工作进行部署。

(龚俊琳)

执纪监督和审查调查

【监督执纪】 2018年，市纪委、监委开展“清风护航”行动，加强对政治纪律和政治规矩执行情况的监督检查。围绕环保督察、“最多跑一次”改革、“三条廊道”建设等中央、省委和市委重点工作部署，严明纪律要求，开展重点检查，保障政令、决策落地见效。全年对93名党员干部实施责任追究。进一步健全完善容错纠错、鼓励担当作为机制，严格把握“三个区分开来”▲要求，为103名敢于担当的党员干部澄清问题。

市纪委、监委落实监督责任，创新建立“周学习、月报告、季函告、年检查”工作机制，推动“两个责任”(落实党风廉政建设责任制，党委负主体责任，纪委负监督责任)。落实到位。对50家单位开展重点检查，市委、市政府领导带队督促整改问题73个，约谈党员干部96人。

▲“三个区分开来”：把先行先试出现的失误和明知故犯区分开来，把改革创新中的失误和明知故犯、有法不依区分开来，把推进改革的无意过失和以权谋私区分开来。

【新型政商关系构建】 2018年3月，市委办、市政府办公室印发《东阳市构建“亲”“清”新型政商关系的实施意见(试行)》，对公职人员和企业从业人员分别提出“九应当”▲“九严禁”▲和“八做到”▲“八不为”▲的纪律要求，厘清政商交往界限、规范从政经商行为，构建亲清新型政商关系。

▲“九应当”：1.企业因发展需要邀请职能部门人员指导、协调、会商相关方案，应当给予支持；2.企业对所涉法律政策不了解，应当主动提供有效的政策解读与市场信息，帮助企业争取各类扶持政策；3.现行制度束缚企业创新发展，应当在不违反法律法规的前提下，坚持实事求是，科学用好政策，推动企业健康发展；4.企业遇到不公正待遇或遭遇突发事件，应当及时指导、帮助企业妥善应对处置；5.企业遇到土地资金人才等生产要素瓶颈，应当帮助整合资源，积极协调对接，给予必要支持；6.企业出现违规经营行为，应当及时指出，并指导落实各项整改措施，积极有效纠正；7.企业对有关部门提出重要意见建议，应当及时研究，积极部署落实；8.企业捐赠的扶贫、助学、救灾物资款项，应当及时公开，定期跟踪；9.服务事项在规定时间内可以办结的，应当及时办结，在一定条件下需要急事急办、特事特办的，应当积极回应或协调办理。

▲“九严禁”：1.严禁站位不清，与企业经营者搞“小圈子”，进行利益输送、权钱交易或通过企业为个人升迁说情打招呼、跑官要官；2.严禁向企业乱摊派、乱检查、乱收费、乱罚款、乱募捐；3.严禁在市场准入、证照办理、项目审批、土地征收、市场监管、税收征管、金融贷款、财政补贴等环节吃拿卡要、以权谋私；4.严禁对企业故意刁难、推诿扯皮，不作为、乱作为；5.严禁滥用职权干预和插手市场经济活动，尤其在土地出让、房地产开发、工程建设项目招投标等重点领域和关键环节为企业及其从业人员谋取不正当利益，或干预和插手企业具体经营管理活动，损害企业合法权益；6.严禁收受企业的礼品、礼金、消费卡等财物，参加企业的宴请或旅游、健身、娱乐等活动以及接受企业邀请出入私人会所；7.严禁与管辖区域或业务范围内的企业发生可能影响公正执行公务的各类活动，包括在企业兼职取酬、挂名领薪，或以明显低于市场的价格购买房产等商品或服务，或通过企业非法借贷谋利，或搞“合作投资”“期权腐败”，参股或持有非上市企业的股份或者证券等行为；8.严禁未经批准参加企业各类庆典活动；9.严禁纵容、默许、授意亲属和其他特定关系人从企业谋取非法利益，或将应当由本人及亲属个人支付的费用由企业支付、报销以及其他因“一家两制”发生利益冲突的行为。

▲“八做到”：1.热爱祖国，拥护党的领导，坚定不移做新时代中国特色社会主义事业建设者；2.依法治企，合法经营，严守底线，严格遵

守与企业相关的各项法律法规;3.规范经营,诚实守信,恪守商德,自觉维护良好的社会声誉和公众形象;4.坚守主业、创业创新,专注品质、追求卓越,弘扬工匠精神,做强做大实体经济,努力为地方经济社会发展作贡献;5.积极建言献策,主动加强与党委、政府的沟通交流,做到讲真话、谈实情、建诤言;6.主动履行社会责任,致富思源、义利兼顾,积极参与各项社会公益慈善事业;7.积极响应市委市政府有关"浙商回归"、重大项目集聚等有关政策号召,共推东阳经济发展;8.主动参与工业功能区建设、高铁新城建设、美丽乡村建设等市委市政府重点工作,为加快建设"影视旅游名城、经济文化强市、生态宜居东阳"贡献力量。

▲"八不为":企业及其从业人员与公职人员交往中,要坚决摒弃不良的商业行为,守住法律诚信底线,坚持不行贿、不欠薪、不逃税、不侵权、不搞利益输送、不踩红线;不干涉党委、政府工作,不以非法手段或途径妨碍影响干部选拔任用、公共决策和依法执行公务。

【审查调查】 2018年,市纪委、监委为巩固发展反腐败斗争的压倒性态势,坚持无禁区、全覆盖、零容忍,坚持重遏制、强高压、长震慑,坚持受贿行贿一起查。市各级纪检监察机关受理信访举报494件,立案269起,党纪政务处分253人(乡科级9人,移送司法机关13人),为国家和集体挽回经济损失940余万元。严肃查处市供销总社原党委委员李某某、画水镇原党委委员吴某某、东阳江镇农办原副主任徐某某等案件。

市纪委、监委开展涉纪越级信访领导包案化解活动,班子成员领办14件疑难信访件,化解8件。发挥反腐败协调小组作用,健全完善案件、线索相互移送机制,强化执纪执法部门职能配合和协作联动。市纪委全年收到其他单位移交问题线索145件,其中了结76件,立案52起。加强问题线索规范管理,对问题线索实行集中管理、统一分办、重点督办。严格规范各类审查调查措施,特别是留置措施的使用,确保办案安全。加强案件审理工作,定期开展案件质量专项检查。做好申诉复查工作,保障申诉对象权利。

市纪委、监委督促发生重大违纪违法案件的党委(党组)召开专题民主生活会,拍摄警示教育片,发挥"惩处一个、教育一片"的作用。发挥市追逃办的职能作用,组织开展出国境证照管理工作和"裸官"(配偶移居国境外,或者没有配偶、子女均移居国境外的国家工作人员)情况检查工作。

【监督体系完善】 2018年,市纪委、监委贯通运用"四种形态"▲,推进纪律监督、监察监督、巡察监督、派驻监督等力量的相互融合。执行新修订的党纪处分条例,依法行使监察权。处置问题线索939件,比上年增长64.7%;运用"四种形态"处理1007人次,比上年增长88.1%,其中第一、第二、第三、第四种形态分别占比74.1%、19.6%、1.9%、4.4%。

严格对照"七查七看七评"要求,做好政治生态分析研判工作。严格把握干部选拔任用政治关、廉洁关、形象关,市纪委回复党风廉政意见22人次,开展机构改革调整专项核查56人次。

▲"四种形态":1.经常开展批评和自我批评、约谈函询,让"红红脸、出出汗"成为常态;2.党纪轻处分、组织调整成为违纪处理的大多数;3.党纪重处分、重大职务调整的成为少数;4.严重违纪涉嫌违法立案审查的成为极少数。

(龚俊琳)

廉政宣传教育

【概况】 2018年,市纪委、监委增强纪律教育的吸引力、感染力、渗透力,打造家规家训建设"一镇一品、一村一色、百花齐放"的廉政文化新格局,拍摄《局长楼前的垃圾桶》《基层纪检监察人》等廉政微电影,《为廉者,雕也》获金华廉政微视频大赛一等奖。教育治本功能得到发挥。开通清廉东阳网站(http://www.dyjw.gov.cn/)、"清廉东阳"微信公众号进行廉政宣传教育。

【家训馆建设】 2018年,东阳市建设完成村级家训馆20个,有家训内容展示的村居99个,编立家训1.6万余条,并通过家训馆、家训长廊、家训主题园、党员家训牌等进行展示。市纪委、监委推进家规家训"一镇一品"建设。7月19日,召开全市家规家训"一镇一品"建设现场会,与会人员参观城东街道单良村、李

2018年12月14日,虎鹿镇葛宅村的葛宅家训馆开馆　　(市纪委提供)

宅社区和虎鹿镇葛宅村家训馆建设情况，在虎鹿镇召开家规家训"一镇一品"建设座谈会。

（龚俊琳）

作风建设

【概况】 2018年，东阳市纪委开展"正风除弊"行动，组织"纠四风、转作风、抓落实"主题活动，执行中央八项规定及其实施细则精神和省市有关规定。紧盯享乐主义和奢靡之风，深化"四风"问题（形式主义、官僚主义、享乐主义和奢靡之风）三级检查机制，提升检查的针对性和实效性。查纠违反中央八项规定精神问题40个，党纪政务处分7人。把查纠形式主义、官僚主义问题摆在突出位置，部署开展百日攻坚行动。提醒约谈党员干部129人，党纪政务处分11人。重要时间节点期间，每周发布一期通报，编发各类通报10期，通报重要典型案例19个。

根据金华市纪委部署，组织"三清理一规范"专项行动，开展抽查核查，灵活运用"四种形态"，分类处理违规人员238人，其中提醒谈话234人、责令检查1人、实施诫勉2人、党纪立案1人。

【正风肃纪】 2018年，市纪委、监委设立18个检查组，采用明察暗访、专项检查、随机抽查、交叉互查等手段，通过查阅台账、实地检查等方式，强化节前正风肃纪，确保廉洁过节。开展春节期间正风肃纪专项监督检查50余次，查纠问题6个，公开通报违反中央八项规定精神典型问题2起。

市纪委抓住端午节前期"关键节点"在全市范围内开展正风肃纪专项检查，采取"不定时间、不打招呼、不听汇报、直奔现场"的检查方式，重点检查有无违规发放津补贴或福利、有无违规公款购买赠送粽子等节礼、有无违规使用公车、工作纪律松弛等问题。

市纪委、监委采取随机抽查、明察暗访、专项检查等方式，开展中秋国庆节前正风肃纪检查，到超市、礼品店、酒店、市公务用车管理中心等地，对公款购买赠送月饼等节礼、违规发放津贴补贴、公款吃喝、公车私用、公款旅游等不正之风进行检查。

（龚俊琳）

巡察工作

【概况】 2018年，市纪委强化上下联动，做好中央和省委巡视反馈问题整改、市委巡察工作深化、村（居）巡察工作推进三项工作，形成巡察监督立体网络。开展中央、省委巡视组巡视整改"回头看"工作，对照38条反馈意见逐条销号，完成整改。深化市委巡察工作，健全市委巡察工作协作机制，推行巡察整改"双通报"（巡察情况反馈通报和巡察整改情况通报制度）"三会审"（巡察组、巡察办、市委巡察工作领导小组三级会审）"四步走"▲机制。加强巡察机构规范化建设，完善机构设置，组建专职化巡察队伍，探索建立调研走访、分线联系、每周例会等13项工作运行机制。

▲"四步走"：第一步，定期公开通报，定期跟踪检查巡察整改情况；第二步，对整改不力、敷衍了事的单位党组织负责人，由市委巡察工作领导小组开展提醒约谈；第三步，对约谈后整改工作进展缓慢的，责成党组织主要负责人向市委书记专题会议报告，并建议开展"回头看"；第四步，对在"回头看"中仍然整改落实不力或者拒不整改的，严肃问责。

【巡察监督】 2018年，十五届东阳市委巡察镇乡街道、部门单位党组织37个，工作进度位列金华各县市第一，发现问题965个，移交问题线索65件，党纪政务处分17人，移送司法机关处理4人，挽回经济损失400余万元，推动建立长效机制190余个。开展村（居）巡察工作，巡察村级党组织106个，发现问题408个，整改到位337个，党纪处分12人，问责99人。

（龚俊琳）

民主党派

中国国民党革命委员会东阳市基层委员会

【概况】 2018年,中国国民党革命委员会东阳市基层委员会(简称东阳民革)发展新党员7人,至年末,有党员112人。党员中有金华市人大代表1人,金华市政协委员2人,东阳市副市长1人,东阳市人大代表2人(其中常委1人),东阳市政协委员13人(其中副主席1人、常委3人),乡镇人大主席1人,乡镇副镇长2人。98.2%的党员具有大学及以上学历,88.5%的党员具有中高级及以上职称。7月7日,"东阳民革"微信公众号开通运行,至年末,发布信息15期,总阅读量18860余人次,期均阅读量1200余人次。

【民革组织建设】 2018年3月9日,东阳民革召开民革东阳市基层委员会二届六次委员会议,对各支部年度工作进行安排。5月31日,召开民革东阳市基层委员会二届七次委员(扩大)会议,讨论下半年工作计划。7月15日,召开民革东阳市基层委员会二届八次委员(扩大)会议暨学习习近平总书记重要指示精神专题会,会议通过东阳民革入党积极分子"积分制"考核评分标准。9月16日,召开民革东阳市基层委员会二届十次委员(扩大)会议,对东阳民革领导班子成员的分工进行调整。11月30日,召开民革东阳市基层委员会二届七次委员会议,讨论民革金华市委员会"2018年度双争评比"方案。12月13日,召开民革东阳市基层委员会二届十一次委员(扩大)会议,总结2018年度工作。

【民革参政议政】 2018年,东阳民革在市"两会"中提交《关于发挥科技人才作用,实施乡村振兴战略》等团体提案7件,党员中的人大代表、政协委员向大会提交个人建议和提案18件。民革党员中的特约监督员参与市人民法院、市财政局、市建设局、市司法局等各项民主监督活动。

【民革组织活动】 2018年8月4日,东阳民革在党员之家开展关爱党员义诊活动,组织卫生支部东阳市内的10名主任医师、副主任医师为全体党员及家属进行义诊,义诊项目包括内科、外科、骨科等,现场为160余人次的党员和家属提供义诊服务,配发3000余元的日常药品。8月14日,基层委员会委员、各支部主委到永康市参加由民革金华市委会召开的2018暑期读书会,会上机关支部主委包珊代表东阳民革作《如何加强基层组织建设,当好民革带头人》的大会发言。9月1日,在海天大酒店召开东阳民革2018年暑期读书会,邀请浙江省社会主义学院政党制度研究室主任黄天柱作"新时代参政党建设与履职存在的问题及发展走向"的专题讲座。9月21日,在党员之家举行2018老党员中秋茶话会,20余名老党员参加。9月30日,东阳民革在东阳市革命烈士陵园举行公祭烈士活动,50余名党员参加。10月21日,在市外国语学校举行民革浙江省东阳市基层委员会第二届趣味运动会,150余名党员和家属参加。

2018年10月21日,民革浙江省东阳市基层委员会第二届趣味运动会举行

(东阳民革提供)

【民革社会服务】 2018年，东阳民革到佐村镇、三单乡开展“同心送温暖”活动，给15户困难家庭送上慰问金和慰问品。3月20日，东阳民革为第四家“同心实践基地”湖溪镇象田村捐资3万元，协助该村开展环境整治和村庄洁化绿化美化亮化工作，培育生态休闲农业观光旅游基地，为该村精品民宿建设提出建议。11月25日，东阳民革卫生支部组织11名医疗专家到画水镇中心卫生院举行走基层关爱农村群众义诊活动，现场解答群众提出的健康问题，发放健康教育宣传资料，免费赠送纸巾、塑料袋等礼品。

【民革交流考察】 2018年3月16日，民革新疆石河子市委会主委谢星辉一行到东阳民革考察党员之家建设。4月17～20日，主委卢海岩随浙江民革考察团一行到河南民革考察学习。5月11日，民革中央企业家联谊会秘书长李海燕一行8人到东阳民革参观指导，与东阳民革企业家进行交流。6月9～10日，东阳民革组织部分骨干党员到龙游、衢州、江山等民革组织考察学习。6月22日，山东省新泰市人大常委会副主任、新泰民革原主委渠红梅等一行到东阳民革考察学习“党员之家”的建设经验。8月4日，民革衢州市企业家联谊会一行16人到东阳民革考察学习。8月28日，东阳民革组织部分基层委员会委员、支部主委及企业家等17人到民革中央考察学习，参观民革中央机关各部门、团结报社和民革中央企业家联谊会。11月15日，民革台州市椒江区委会一行15人到东阳民革考察学习“党员之家”的建设经验。11月22日，民革河南省洛阳市委会一行16人到东阳民革考察“党员之家”的建设经验。

（钱丽晓）

中国民主同盟东阳市基层委员会

【概况】 2018年，中国民主同盟东阳市基层委员会（简称东阳民盟）发展新盟员6人，至年末，有盟员128人。本科及以上学历占81.3%，高级职称占45.3%。5月，浙江省副省长、省民盟主委成岳冲到东阳“盟员之家”调研，指导东阳民盟的盟务工作。12月5日，东阳民盟召开2018年度盟员大会，4个专委会负责人、6个支部主委上台述职，总结2018年盟务工作。12月21日，庆祝改革开放40周年暨中国民主同盟东阳市基层委员会成立30周年书画展开幕式在市博物馆举行。东阳民盟获金华民盟盟务工作先进集体、金华民盟思想建设和宣传工作先进集体、金华民盟纪念中共中央“五一口号”发布70周年征文活动优秀组织奖。周晓玫获2018年金华市政协优秀政协委员。张丽青、范赛红获2017～2018年度金华民盟宣传工作先进个人。

【民盟参政议政】 2018年，参政议政工作委员会多次召开专题会议研究部署政协会议团体提案、政协论坛发言及社情民意工作。东阳民盟全年向市政协提交大会团体提案7件，委员个人提案16件。组织参政议政骨干专题调研东阳教育发展情况，形成调研报告提交市委、市政府。金华市人大代表陈侃侃提出的“关于深化‘最多跑一次’改革的建议”被评为“优秀建议”。完善考核机制，把提交提案和反映社情民意纳入对人大代表、政协委员、班子成员和先进支部的考核内容，要求每名政协委员每年至少递交1份政协提案，支部班子成员每年至少递交1份社情民意书面材料。加强信息员培训，组织首期骨干盟员社情民意及提案撰写专题培训，8月4日，邀请民盟浙江省委会调研室副主任徐国强为25名骨干盟员作参政议政专题讲座。召开信息工作座谈会，拓宽信息收集形式，全年上报社情民意信息12件，其中3件被民盟浙江省委会采用。

【民盟宣传工作】 2018年，东阳民盟开展“五个一”（一系列学习活动、一个微信公众号、一次考察学习、一批信息、一期盟讯）活动。推行学习日制度，组织骨干盟员传达学习各级“两会”精神、市委全会精神、民盟中央主席丁仲礼的讲话精神等。5月26日，组织思想宣传工作委员会的10名信息员考察金华日报融媒云平台，与金华日报社相关负责人进行交流。9月11日，开通“东阳民盟”微信公众号，全年推送文章9篇。东阳民盟全年编写信息33篇，在《东阳统战信息》上发表5篇，在《金华民盟》上发表11篇。编印第十九期《东阳盟讯》。

【盟务活动】 2018年6月23～24日，东阳民盟组织盟员学习考察龙泉青瓷小镇；9月，考察宁波象山渔港；10月，组织退休盟员到衢州市开化县学习考察根雕艺术。10月14日，东阳民盟在吴宁第四小学举行以“我参与、我运动、我快乐”为主题的第五届趣味运动会，运动会设海底传月、迎面接力、螃蟹运球等6个项目，东阳民盟6个支部和市委统战部共7支队伍参加。12月26日，东阳民盟在吴宁四校举办“民间借贷案件适用法律问题”专题讲座，盟员吴江峰主讲，200余人参加。

【民盟社会服务】 2018年1月，东阳民盟第三个同心实践基地“千祥·名医服务站”挂牌成立，全年有126名患者就诊，开展讲座1次，受益群众260余人。4月14日，企业支部、医卫支部到巍山镇甲坵村开展送医送药等公益关爱服务活动，发放药品价值6517元。5月31日，东阳民盟在春蕾学校举行“烛光行动”第八次活动，为春蕾学校的学生举办十岁集体生日会。6月6日，东阳民盟和市水务局工作人员在东阳江边开展“增殖放流”活动，放流花鲢、白鲢200万尾。7月1日，“党盟共建·同心实践基地”的成员到横店镇尚伦庄村开展党盟共建活动。8月28日，企业支部为千祥镇岭脚村学生黄华东送去开学助学金和学习用品，到巍山镇甲坵村为学生虞巧薇捐赠学费17000元。

【东阳民盟成立30周年纪念大会】 2018年12月5日，东阳民盟成立30

2018年12月5日,东阳民盟成立30周年纪念大会召开 (东阳民盟提供)

周年纪念大会在东阳电视台演播大厅召开,主委虞乐生介绍东阳民盟的发展和建设情况,出席会议的领导向入盟30周年以上的老盟员颁发荣誉证书并送上鲜花。举办庆祝东阳民盟成立30周年文艺演出。

(胡龙品)

中国民主建国会东阳市基层委员会

【概况】 2018年,中国民主建国会东阳市基层委员会(简称东阳民建)规范新会员入会程序,发展新会员4人。东阳民建被民建金华市委会评为"宣传工作先进集体"。6月20日,在民建浙江省委会"初心·见证"经典朗读活动中,卢春燕、韦甸斌、徐涓涓代表金华民建参赛,获浙江省二等奖。12月29日,会员徐圣文被中国民主建国会浙江省委员会评为改革开放40周年"浙江民建优秀企业家"。

【民建参政议政】 2018年,东阳民建参与市政协开展的"一村一委员"监督活动,参与统一战线"最多跑一次"民主监督工作。市"两会"期间,提交集体提案6件、个人提案18件、意见和建议4条,涉及垃圾分类、斑马线礼让行人、拆后重建、产业植入等热点。《打造智能交通平台,助推公共交通出行》被定为市政协重点提案;《关于加强市区行道路树科学选择与管理的建议》《关于切实加强我市职业教育的建议》及《关于加快义乌疏港高速公路东阳延伸段规划、立项和报批的建议》被评为市政协优秀提案。马余芳、陈丹红、杜文康、何红兵、李玉鹏5名会员被评为东阳市优秀政协会员。

【民建社会服务】 2018年,东阳民建六支部为儿童康复中心捐赠价值8000元的康复器械。东阳民建七支部联合红十字救援队到外国语学校、吴宁四校、吴宁一校等10余所学校开展防溺水安全教育培训30余场次,培训人数8600余人。在第二十八个"助残日"期间,东阳民建一支部主委虞跃新为江北街道上卢社区残疾人、老年人送上价值10万余元的电子产品。

【民建交流活动】 2018年3月,东阳民建邀请民建金华市委领导给全体会员作"学会章、跟党走"专题宣讲活动,学习修订后的民建新会章,回顾民建发展史。11月5~9日,组织会员到深圳特区开展为期5天的考察培训,调研"新时代民营企业发展环境"。12月,多个支部集中学习"习近平总书记在庆祝改革开放40周年大会上的讲话"。推荐会员参加市政协组织的参政议政业务提升培训、市统一战线中青年非公经济人士"赶超发展,再创辉煌"培训、民建省委统战宣传骨干培训学习等。

【东阳市公共场所AED设置暨捐赠仪式举行】 2018年7月27日,由东阳民建、市红十字会主办的"救"在身边——东阳市公共场所AED(自动体外除颤器)设置暨捐赠仪式在东阳汽车东站举行。捐赠仪式现场,东阳民建向市红十字会捐赠5台AED,价值10万元。5台AED分别投放在东阳汽车东站、东阳汽车西站、市行政服务中心、市博物馆和五交化商场,东阳市首批公共场所AED投入使用。

(曹靓娴)

中国民主促进会东阳市基层委员会

【概况】 2018年,中国民主促进会东阳市基层委员会(简称东阳民进)发展新会员4人,至年末,有会员38人,其中女会员22人、男会员16人,会员中有浙江省第十三届人大代表1人,金华市第七届人大代表1人,政协东阳市第十四届委员7人、列席委员4人;民进中央文化艺术专委会委员1人,民进金华市委会专门工作委员会委员6人。东阳民进被民进金华市委会评为2018年度优秀基层组织。

11月28日,中国民主促进会东阳市基层委员会成立大会暨一届一次会员会议召开,中国民主促进会东阳市支部委员会更名为中国民主促进会东阳市基层委员会,设主委1人、副主委3人,有委员3人。

【民进参政议政】 2018年,东阳民进有7名政协委员和4名列席委员参加市政协十四届二次会议,支部向大会提交《关于加大财政扶持力度,加强非遗保护工作的建议》《关于有效缓解我市城区交通堵塞的建议》《关于完善城区机动车礼让行人管理的建议》《关于进一步发展城区学前教育的建议》和《关于民办学校优秀教师与公办教师同等享受事业单位社会保险政策的建议》5件团体提案,委员们向大会提交个人提案8件。支委徐爱民的大会发言《高铁新城建设如何集聚人气》获市政协十四届二次会议大会发言优秀个人三等奖。支部团体提案《关于要求按标准核定教师编制的建议》和主委楼红霞的个人提案《关于加强农村集体经济财务管理的建议》获2017年度市政协优秀提案。

【民进社会服务】 2018年1月，东阳民进到佐村镇斯光村开展“春联万家·送春联下乡”和“同心·送温暖”活动，为斯光村村民送出春联100余幅、斗方400余个，为该村居家养老服务中心送出慰问金5000元。9月12日，为白云初中56名家境困难、品学兼优的新东阳人子弟颁发“民进·同心”助学金2万元。10月13日，到佐村镇斯光村专题调研新农村建设情况，开展重阳节慰问活动，为该村居家养老服务中心捐赠价值5000元的大米、面粉和食用油。

【民进交流活动】 2018年3月10日，东阳民进组织支部女会员和市商务局女工作人员到北卡巍山基地和巍山屏开展庆祝三八妇女节踏春登山活动。4月21日，承办2018“激情五一、同心筑梦”东阳市统一战线纪念“五一口号”发布70周年暨第二届“同心·趣味”运动会。4月28日，东阳民进合唱队参加东阳市统一战线“统战之声”合唱活动。5月26日，东阳民进组织会员到湖州市南浔区开展学习交流活动，与民进南浔区基层委员会座谈交流，组织参观南浔古镇。12月6～9日，组织全体会员和入会积极分子到闽西、赣南开展“重走革命路，初心永铭记”红色主题学习教育活动。

（吴晨辉）

中国农工民主党东阳市委员会

【概况】 2018年，中国农工民主党东阳市委员会（简称农工党市委会）发展新党员8人，至年末，全市有农工党党员162人。党员中有金华市政协委员3人，其中常委1人，金华市人大代表1人；市政协委员10人，市政协常委3人，市人大代表1人。12月，农工党市委会、农工党东阳市人民医院三支部被农工党浙江省委会评为2018年度社会服务工作先进集体。农工党直属支部被农工党金华市委会评为2018年度先进基层组织。农工党直属支部、农工党经济科技支部被评为东阳市先进基层组织。蒋英、叶寄生被评为2018年度东阳市优秀政协委员，吴伟强被农工党金华市委会评为民主监督先进个人。

【农工党参政议政】 2018年，农工党市委会在市“两会”期间提交人大建议2件，政协集体提案6件和个人提案22件。蒋英《聚力“建园”切实解决“入园难”》的发言和金俊杰《重夺东阳教育至高点》的发言获大会发言一等奖，楼胜昔《寻求“四大突破”做好产业植入》的发言获大会发言二等奖。《如何更好地推进分级诊疗制度的建议》《聚力“建园”，切实解决“入园难”》2个提案被选为市政协重点提案和优秀提案。在农工党金华市委会的专项课题调研中，《如何充分发挥村级组织在乡村振兴中的作用》获农工党金华市委会调研一等奖。农工界多次组织政协委员、列席委员到白云街道开展生活垃圾分类处理、“一村一委员”民主监督活动。

【农工党社会服务】 2018年春节前夕，农工党市委会到佐村镇石桥村和西营村慰问贫困户10户。6月，开展结对帮扶市特殊教育学校30年系列活动，为师生提供体检服务，举办卫生知识讲座，捐建学校两个功能教室的软包装，价值3.5万元。9月30日，农工党市委会“健康农工”社会服务点在市特殊教育学校挂牌，农工党市委会全体委员与学校师生共同庆祝东阳市特殊教育学校建校30周年。农工党人民医院一支部、二支部、三支部多次联合巍山医院到偏远山区开展送医送药活动。

【纪念东阳地方组织成立70周年系列活动】 2018年11月3日，农工党市委会开展“重走东磐路”系列活动。向马宅镇孔村捐赠2万元建设“同心广场”。组织党内15名医疗专家到南马镇前山头村开展送医送药活动，赠送价值7000余元的药品；走访慰问贫困群众10余户；瞻仰农工党东磐地区工作委员会成立会址。12月12日，召开组织成立70周年纪念大会，全市农工党党员参加，农工党市委会副主委王正平作《不忘合作初心，继续携手前进》的讲话，会议为24名党龄满30年

2018年11月3日，农工党市委会组织医疗专家到南马镇前山头村开展送医送药活动

（农工党市委会提供）

的党员颁发荣誉证书,授予老主委吴兆震“功勋党员”称号。

【纪念“五一口号”发布70周年系列活动】 2018年4月28日,农工党市委会牵头组织全市6个民主党派在节庆广场开展“健康东阳统战助力”义诊活动。组队参加“不忘合作初心,继续携手前进”的“统战之声”歌唱晚会演出。组织参加金华市征文活动,2篇入选征文集。制作展板,参加全市统一战线成果巡回展。

(蒋君霞)

九三学社东阳市支社

【概况】 2018年,九三学社东阳市支社(简称东阳九三学社)吸收新社员5人,至年末,有社员26人,其中中高级职称22人,占84.6%;金华市第七届人大代表1人;政协第七届金华市委员3人、常委1人;政协第十四届东阳市委员4人、常委2人;东阳市青联委员2人、常委1人。东阳九三学社全年召开班子会议、社员会议30余次。组织社员外出培训32人次,组织专题学习会4次、专题调研5次,举办读书会1次。全年发布信息30余条,上报九三学社浙江省委会、九三学社金华市委会、市委统战部、市政协信息17条,在《东阳日报》、东阳电视台、新闻客户端发表支社活动信息12篇。

东阳九三学社被九三学社浙江省委会评为“2018年度全省社会服务工作先进基层组织”,被中共金华市委统战部评为“民主党派社会服务先进集体”。12月,严济慈陈列馆、严济慈故居被九三学社中央委员会批准建设为“九三学社全国传统教育基地”。主委徐巧英被评为九三学社浙江省委会2018年度参政议政先进个人、金华市优秀政协委员。副主委舒理建被评为九三学社浙江省委会2018年度优秀社员。社员胡德宝被评为九三学社浙江省委会参政议政先进个人、中共金华市委统战部参政议政先进个人。

【支社参政议政】 2018年,东阳九三学社提交政协提案10件,其中团体提案1件、个人提案9件。市“两会”期间,社员郭昕昕《让人民群众在“最多跑一次”改革中有更多获得感》的发言获大会发言一等奖,委员张扬明《关于用东阳历史文化名人来命名东阳城市道路的建议》的发言获即席发言一等奖。副主委舒理建撰写的《关于推进精细化工反应安全风险评估工作的建议》被评为金华市政协七届一次会议优秀提案。东阳九三学社调研“推动影视产业发展,实现文化优势转化”的课题,完成《关于进一步推进中国横店影视产业持续健康发展的几点建议》调研报告,获全国政协副主席、九三学社中央常务副主席邵鸿批示,被采纳为全国政协提案。

【支社社会服务】 2018年1月,东阳九三学社联合市书画院到马宅镇雅坑村等地开展书写春联活动,送出春联900余份。4月28日,社员葛康康参加由市委统战部举办的义诊活动,为市民提供服务。5月25日,社员包云娟参加由九三学社金华市委会组织的“我爱我,走出心灵的孤岛”浙江省第五监狱心理健康援助活动。7月26日,东阳九三学社开展送文化送健康送科技进雅坑“同心·实践基地”活动。组织书法家现场书写家风家训,助力家风家训馆建设;组织社员中的医生举办健康知识讲座和科普知识讲座,普及健康知识。8月16~19日,东阳九三学社组织第三届科技夏令营活动,组织骨干社员带领优秀学生营员参观考察重庆三峡博物馆和重庆科技馆等地。

【支社交流活动】 2018年2月18日,东阳九三学社举办首届“爱国民主科学座谈会”,邀请全国各地30余名东阳籍九三学社社员参加,学习交流各地工作经验。3月30日,全国政协副秘书长、九三学社中央副主席赖明参观严济慈陈列馆,调研指导东阳市工作。6月8日,联合九三学社杭州市滨江区基层委到浙江睿洋科技有限公司、创业软件股份有限公司和西湖大学等地开展调研活动,考察文化旅游和高新技术产业发展情况。7月26日,邀请九三学社金华市委会主委张跃进实地参观中科院院士潘建伟的老宅,考察科普教育基地建设情况,指导马宅镇雅坑村“美丽乡村”建设。8月16日,开展“寻根之旅”,联合九三学社重庆市委会开展学习交流活动,瞻仰九三学社成立旧址,学习九三学社发展历史。11月1日,九三学社浙江省委会副主委、九三学社宁波市委主委叶正波参观严济慈陈列馆,调研东阳市的城市建设和古民居保护等工作。同日,东阳九三学社联合九三学社宁波市委会调研东阳市小城镇环境综合整治、文化产业发展、社会服务基地建设等。12月14日,联合九三学社宁波市委会卫生健康专委会调研东阳市医共体建设情况。

(马 康)

2018年8月17日,东阳九三学社组织带领学生参观重庆科技馆

(东阳九三学社提供)

人民团体

东阳市总工会

【概况】 2018年，东阳市建立独立基层工会98家，吸收工会新会员6096人。至年末，全市有基层工会2348家，其中单建工会2099家、联合工会249家，职工271949人，会员257713人。市总工会创新服务职工新模式，构建线上线下服务阵地，推广“金华工会”微信公众号，关注人数12万余人次，列金华市第一位。组织参加金华市首届职工网络文化节，获金华市优秀组织奖。培育建设市职工疗休养基地，在全市建立金华市级职工疗休养基地6家，推荐点13家。在安徽省铜陵市、浙江省杭州市等地举办东阳市职工疗休养产品推介会，组织相关基地推介东阳市职工疗休养产品。全年有1.1万名职工在东阳市参加疗休养。

【工会规范化建设】 2018年，市总工会选优配强镇乡街道、开发区工会主席、副主席，配齐专职、兼职工会干部，推进镇乡街道总工会建设，至年末，全市有9个镇乡街道、开发区总工会通过金华市达标验收。市总工会制定《2018年度全市工会工作考评办法》，推动横店影视产业工委、巍山镇总工会、湖溪镇总工会的群团改革。横店集团工委主任张军被推选为中国工会十七大代表。

【工资集体协商】 2018年8月30日，东阳市质效提升规范化集体协商培训会在花园新材料股份有限公司举行，全市各镇乡街道总工会代表以及部分企业工会代表近百人参加。到会代表现场了解花园新材料股份有限公司工资集体协商过程，花园新材料股份有限公司企业方代表与职工方代表对调整计酬方案、技能等级与工资挂钩、提高合理化建议奖励标准、建立健全帮扶制度等方面进行商讨，在基本问题达成一致的前提下签订初步协议。集体协商培训会推动全市开展工资集体协商“要约行动”，全年签订工资集体协议1422份，覆盖企业8734家。

2018年7月25日，市总工会在杭州市举办东阳市职工疗休养产品推介会
（市总工会提供）

【职工医疗互助保障】 2018年，市职工服务中心对行动不便的患病职工推出“跑腿”代办服务；在职工医疗互助保障结算过程中，推出“缺省”服务和预约延时服务，简化职工医疗互助报销流程，实现实时结算。全市公务员、全额事业单位在编在职工作人员互助保障金列入财政预算，全市有7.2万名职工参加职工医疗互助保障，每人交纳互助保障金50元。全年补助患病职工2098人次，补助金额197.76万元。

【工匠劳模评选表彰】 2018年4月19日，马跃华等46人被评选为首届“东阳工匠”，吕雄心等11人被评为“八婺工匠”，黄小明、冯文土、吴初伟3人被评为“浙江工匠”。4月26日，市总工会举办庆五一劳动模范、东阳工匠表彰大会暨职工文艺晚会，表彰2017年评选的25名劳动模范、9个模范集体和2018年“东阳工匠”。

【精准帮扶】 2018年，市总工会制定《东阳市总工会关于困难职工救助的实施办法》，按标准建立全国级困难职工档案104户、省级困难职工档案69户、市县级困难职工档案83户，发放救助金64.85万元。在“春送岗位”活动中，现场发放宣传资料1800余份，推送岗位300余个。开展“金秋助学”工程，建立全国级困难职工子女档案15人，助学困难职工子女46人。开展“送清凉、送安全、送健康”高温慰问一线工作者，发放慰问金33.9万元。

【职工权益维护】 2018年，市总工会建设市职工服务中心，创建工会法律援助志愿者队伍，有成员19人，开展“遵法守法·携手筑梦”服务农民工公益法律服务行动，送法进企业10余次。全市建立工会劳动法律监督委员会1380个，培训监督员1500人，参加无欠薪工程建设领域“大培训、大检查、大落实”活动，为职工提供法律援助21件，化解劳动争议18件。市职工服务中心被评为“全市劳动争议调解组织先进单位”。全年创建“心灵港湾工作室”20个。在金华市推出“职工三满意”（职工满意餐厅、职工满意公寓、职工满意活动室）评选活动，17家企业被评为金华市“职工三满意”先进企业。建设“妈咪暖心小屋”12家，其中7家被评为金华市“妈咪暖心小屋”示范点，国网浙江东阳市供电有限公司被评为省级第三批“妈咪暖心小屋”示范点。市总工会组织300余名一线职工和优秀工会干部参加免费疗休养。

【工会组建】 2018年，市总工会组织召开全市维护职工队伍稳定暨开展工会组建工作专项会议，扩大工会组织覆盖领域，组建红木行业工会联合会，在南市街道、南马镇、画水镇、横店镇成立4家红木行业分工会；组建物流货运司机工会，成立花园村物流快递行业联合工会，吸收会员200人；成立横店影视产业工委，下设横店影视企业联合工会、“横漂”工会、横店影视后期制作工会、横店影视道具工会4个基层工会。

【区域职工活动中心建设】 2018年，市总工会制定《东阳市总工会关于开展区域职工活动中心建设的指导意见》，建设重点镇乡街道、经济开发区等区域职工服务活动中心阵地，全年建设区域职工活动中心14个。市总工会举办全市首届工会干部趣味运动会，30支代表队、600余名工会干部参加拔河、气排球、乒乓球3个团体项目和“赶猪跑”等11个趣味项目。举办2018年市财贸工会迎五一乒乓球邀请赛，25支代表队、170余名运动员参加，比赛分团体和单打两项，国网东阳供电有限公司获团体冠军。3月7～8日，举办庆三八气排球比赛，30支代表队、300余名女运动员参加比赛。

【劳动竞赛】 2018年，市总工会在全市重点工程和规模以上企业开展职工技能比武和岗位练兵大赛100余场，参与职工2万余人次。围绕先进制造业、现代服务业、建筑、木雕、交通运输等重点领域，组织开展市级职业（工种）技能大赛6场。组织50余名职工参加全国、省和金华市决赛，在全国职工职业技能大赛金华选拔赛中，横店集团东磁有限公司代表队获三等奖，浙江联宜电机有限公司高级技师孙祝兵获“全国技术能手”称号。浙江普洛家园药业代表队在金华市危险化学品事故应急救援技能竞赛中获团体第二名，市红十字会医院唐俊华在金华市应急救护技能大赛中获个人第一名。

【微电影《父亲的酒》获奖】 2018年12月6日，湖溪镇总工会推送的微电影《父亲的酒》在2018年第五届全国职工微影视大赛上获宣传片类金奖、最佳导演奖和最佳编剧奖3个奖项。《父亲的酒》由湖溪镇政府和湖溪镇总工会联合出品，湖溪镇政府投资拍摄，东阳AGO视频工作室（东阳肆喜视频工作室）承制。9月，由金华市总工会推荐参加全国职工微影视大赛，该项比赛有1000余部影视作品参加。

（杜娅玲）

共青团东阳市委员会

【概况】 2018年，东阳市有团员48580人，专职团干部23人，兼职团干部5141人，基层团（工）委70个，团总支46个，团支部1525个。共青团东阳市委员会（简称团市委）落实发展团员编号制度，发展团员2353人，收回违规发展团员编号24个。至年末，完善团市委党组议事规则、团费收缴使用、团市委机关干部密切联系青年等制度。采用“年初承诺+年末述职评议”的方式，年终通报团干部的考核情况。

2018年7月12日，横店集团东磁有限公司举行东磁公司“电焊工、车工”技能PK大赛理论考试

（市总工会提供）

团市委被评为2018年度浙江省"书香机关"、2017年度东阳市综治信访工作先进集体,获东阳市争创"平安金鼎"工作集体嘉奖;东阳籍科学家、中国科学技术大学教授陆朝阳被评为金华市"十大杰出青年"。

【共青团改革】 2018年,团市委改进运行方式,组建项目组。团市委专职、挂职、兼职干部通过项目领办的方式,开展"青春花YOUNG跑"等活动。在"智慧团建"系统录入团组织1641个、团员4.8万余人,实现团建网络基本覆盖。推行"以奖代补"工作机制,争取"特色小镇团建"专项经费28万元,改善基层"四缺"(缺编制、缺人员、缺经费、缺场所)问题。指导支持巍山镇、湖溪镇、横店影视产业文化实验区开展共青团改革试点工作。推进"双百双提升"▲工作,完成薄弱团组织销号2家。

▲"双百双提升":全省每年在基础相对薄弱、有提升空间的镇乡街道团(工)委和中学团组织这两类对象中各确定100个团建工作整顿提升点,通过集中精力、规范整顿、专项提升,实现基层团组织的整体提质。

【青少年思想道德建设】 2018年,团市委开展"青年大学习"行动,全市各级团组织开展学习分享会、青年大讲堂等主题团日活动135场。开展十九大精神宣讲、"不忘初心,让青春在奋斗中闪光"主题演讲、"读习爷爷读过的书 争当新时代好队员"读书征文等活动,覆盖1.2万人次。推出《两会青年说》《青语青愿——团团带你读好书》等线上专栏,升级改造市青少年宫"丹桂学堂",建成金华市首个"红领巾1013"阵地,开展"立礼·养正"十岁成长礼、"红领巾小书虫交流"等活动17场。选出"全国青年岗位能手标兵"孙祝兵、"红木家具行业优秀青年企业家""新时代好少年"等优秀青年典型。

【"乡村振兴·青年先行"行动】 2018年,团市委举办"助推乡村振兴 共话青春担当"2018东阳市各界青年座谈会、青年人才回流座谈会等活动。通过培训、沙龙等方式挖掘与培养"新农人"▲,发展乡村振兴青年"领头雁"26人。成立"乡村振兴——东阳青年突击队"18支,全市团员青年开展"河小二"助力治水、植绿护绿等活动85次。推进六石街道"梅客邦"青年创业社区建设,开展资源对接、招商、部门联系等工作,吸引好乐多、青云等知名零售商和青年创业项目开业入驻。

▲"新农人":具有科学文化素质、掌握现代农业生产技能、具备一定经营管理能力,以农业生产、经营或服务作为主要职业,以农业收入作为主要生活来源,居住在农村或城市的农业从业人员。

【助力全国文明城市创建行动】 2018年8月21日,团市委举办"举青春之力·创文明之城"全市青年创建全国文明城市誓师大会,助力全国文明城市创建行动。线上推出"斑马线前礼让行人""痰吐得体"等文案,推送"创文宣传超燃硬照"3期,拍摄创文公益宣传片1部。线下开展"井盖绘画 美化东城"井盖绘画、"创建文明城市 争做新时代文明有礼好少年"开笔礼等活动25场,在社区、公园、医院等人口密集场所建设学雷锋志愿服务站39个。

【志愿服务】 2018年,团市委组织开展青年志愿者行动121次,参与服务5000人次。在春运、中高考等时期,开展春运暖冬行动、爱心助考、车站安全巡查等志愿服务活动。在省级小城镇环境综合整治考核验收时期,指导5个试点乡镇组建青年观察团,开展青年志愿服务集中攻坚行动21次。选拔3200余名青年志愿者服务2018横店马拉松、残运会等。建设"红色V站"志愿服务站130家,免费提供爱心雨伞、手机充电、急救药箱等便民服务。

【助力对口支援地区脱贫攻坚】 2018年8月8～9日,团市委主要领导带队到四川省理县开展实地走访对接,与理县签订《东西扶贫协作三年战略合作协议》,在"实施就业帮扶计划""实施爱心物资募集活动""搭建各界青年交流平台"方面达成合作,募集助学款5万元,捐赠电脑10台、小学图书25箱5000余册。

【服务"横漂"青年】 2018年,团市委指导成立横店影视产业协会团委和横店镇区域共建委员会,建设"横漂之家"实体阵地4处,强化"横漂之声"服务平台作用,推荐2名"横漂"成为东阳市影视行业特殊人才,帮助30名"横漂"青年报戏。举办"闪耀青

2018年8月21日,团市委举办"举青春之力·创文明之城"全市青年创建全国文明城市誓师大会 (团市委提供)

春 献礼五四"青春快闪、"横漂剧星"选拔大赛等活动,开展"横漂沙龙"、公益性表演、武术培训等活动20余次,覆盖2000余名"横漂"青年。联合昊强文化传播有限公司拍摄"横漂"网络大电影《幻影凶间》,总投资60余万元,创作人员均为"横漂"青年。

【青少年成长成才服务】 2018年,团市委举办"童心共筑中国梦""超级童声""校园金话筒"等品牌活动,开展第五届"七彩假期"暑期青少年关爱行动、"流动少年宫"等活动7次,覆盖少年儿童3000余人。联合市人力社保局、市商务局等单位开展东阳市第三届青年创业大赛,159个项目参赛。举办"商业模式大讲堂""创业者眼中的股权攻防"等创业沙龙5期。

【青少年合法权益维护】 2018年,团市委完善"共青团+检察院+社工机构"三方协作机制,指导建立青少年事务社工机构1家(东阳市爱盟社会工作服务中心),为18名涉罪未成年人提供观护帮教、心理干预等服务。4月13日,团市委联合吴宁街道团工委、禁毒办、司法所在黉门广场开展东阳市青少年事务社工送法进社区暨2018年首场"三禁三防三自"主题宣传活动。建立青少年专门教育基地(位于东阳市青少年综合服务中心),开设青少年启航班,针对重点青少年群体和涉罪未成年人每季度举办培训1次,全年开办4次,200人次参加。举办"开学季,爱让我们在一起"助学活动、"青少年毒品预防宣传教育,我们在路上""亲青帮"心理专家走进槐堂初中等活动17次。

(蔡　甜)

东阳市妇女联合会

【概况】 2018年,东阳市有镇乡街道妇联18个,全市机关(系统、单位)妇委会31个,集团妇联4个,女职工委员会1个,社区妇联43个,村妇联345个。5月,横店影视产业协会妇联成立。7月,开展街道妇女组织体制改革工作,各街道召开妇女代表大会,选举产生第一届妇联执行委员会。国土资源妇委会、东阳市吉荣塑料实业有限公司妇联被评为"金华市先进妇女组织";吕珍芳、徐义芳、黄海燕被评为"金华市优秀妇联干部"。

【来料加工】 2018年,市妇联制定《关于东阳市2018年度加快发展来料加工产业的实施办法》,扩大来料加工项目奖励资金的覆盖面,加大对山区低收入农户集中区经纪人的补助。全市有来料加工点672个,来料加工经纪人741人,从业人员3万余人,市妇联全年发放来料加工费3.61亿元。千祥镇、马宅镇、佐村镇被评为2017年度东阳市来料加工工作先进镇乡,湖溪镇郭宅二村、马宅镇岭山村、三单乡前田村被评为2017年度东阳市来料加工特色村,市妇联下拨来料加工先进奖励(集体和个人)21.1万元。给5名来料加工经纪人下拨交通补贴1.85万元;下拨困难加工户补助款73人、16.7万元;2017年度来料加工经纪人贷款贴息补助2人、1.76万元;给36户从事来料加工的困难户下发补助款9.6万元。

市妇联举办东阳市来料加工经纪人培训班,组织50名来料加工经纪人到浙江省妇女干部学校培训,实地考察杭州互联网创业园"梦想小镇"智汇未来科技城。召开来料加工经纪人协会三届二次会员大会暨优秀经纪人培训班,组织东阳市3家来料加工点(千祥陈丽群加工点、佐村葛维明加工点、巍山蔡金萍加工点)参展中国义乌国际小商品博览会。举办第七届来料加工技能大比武,18个镇乡街道的18支队伍参加腰带、围巾、圣诞礼品、饰品4个项目的团体赛和个人赛。

【巾帼文明行动】 2018年8月23日,市妇联联合市文明办举办"文明创建 巾帼同行"暨家风家训主题宣传活动,发放文明创建倡议书6.5万份、宣传扇3万把。在全市开展"星级文明户"创建活动,城区街道八星级以上文明户创建率10%,全市创建"星级文明户"21249户,评选出"东阳市文明美丽家庭"101户。市妇联下拨镇乡街道"特色家庭"创建经费17.1万元。开展寻找"最美家庭""最美母亲"等活动,全年创建金华市"最美家庭"2户。5月10日,省委宣传部、省文明办、省妇联联合发布2017年度浙江百户"最美浙江人·最美家庭",湖溪镇张云仙家庭被评为2017年度"浙江省最美家庭"。郭竹仁、张坚伟

2018年4月13日,东阳市青少年事务社工送法进社区暨2018年首场"三禁三防三自"主题宣传活动在黉门广场举行　(包康轩/摄)

2户家庭被评为“金华市最美家庭”。吴厚忠、陈伟、陈繁、邵剑芳、张天明5户家庭被评为“金华市美丽庭院示范户”。各级妇联举办垃圾分类培训班、垃圾分类知识竞赛、垃圾分类演练培训等活动243场次，参与人次25860余人，发放垃圾分类宣传单26万份。

【“绿色家庭”创建】 2018年，市妇联开展“绿色家庭”创建活动，王美娟、蔡跃兰、陆志宣3户家庭被评为“浙江省绿色家庭”；陈菊英、戚维娟、卢美英等20户家庭被评为“金华市绿色家庭”。开展“巾帼同行”宣传活动，推行绿色环保理念，市妇联组织各镇乡街道妇联开展植树护绿活动6次，500余名巾帼志愿者参与，种植树木6000余株。

【关爱帮扶活动】 2018年，市妇联联合市卫计局开展2018年“关爱女性健康，提高两癌保障”活动，全年完成筛查42216人，下发贫困母亲“两癌”补助金1万元。开展六一关爱、困难妇女儿童补助、“春蕾助学”等活动，慰问127人，下拨帮扶款16.67万元。联合市义工协会开展“焕新乐园”项目，为5名低保儿童改造卧室环境，开展心理辅导结对陪伴。举办关爱讲座5次，开展法律、艾滋病预防、心理辅导等宣传教育6次。

【家庭教育】 2018年，市妇联制定《关于进一步加强家庭教育工作的意见》，开展家庭教育点单式公益讲座7次，1340余人受益，建立家庭教育讲座激励机制，对开展讲座的村级妇联进行奖补，全年下拨奖励金近万元。举办全市“庆六一”家庭教育讲座，强化“东阳市少年儿童成长热线”服务能力，在《金报东阳》设立专栏，发表典型成长案例50余篇，在“东阳妇联”微信公众号推送家庭教育知识，组织少年儿童成长热线志愿者参加全国家庭教育培训。下拨佐村镇宅口小学“留守儿童之家”活动经费1.5万元，赠送图书、篮球等，建立留守儿童信息库和动态管理机制，实施留守儿童监护体系，落实一对一帮扶制度。组织各镇乡街道妇联参与“书香飘万家”2018全国家庭亲子阅读主题活动。

2018年8月23日，“文明创建 巾帼同行”暨家风家训主题宣传活动启动仪式举行 （市妇联提供）

【平安家庭创建】 2018年，各镇乡街道妇联开展宣传活动68场次，在微信公众号、微信群等发布宣传信息3万余条，发放宣传单10万余份。发放倡议书6万余份、“平安家庭”知识问答卷2.5万份。发放手机支架、环保袋、雨伞、“平安家庭”宣传扇等礼品1万余份。开展“六进”（进学校、进社区、进农村、进单位、进场所、进企业）活动，组建巾帼文明宣传队216支，成员万余人，开展“平安家庭”创建宣传活动5000余次；开展消防安全教育和平安教育宣讲56场次。全年创建市级“平安家庭”示范户22户。

【维权工作】 2018年，市妇联建立首问责任制，接待妇女来电、来访62起。举办“三八维权周”现场咨询服务活动，发放宣传资料和小册子5700余份、“平安家庭”宣传伞500把，现场解答涉及婚姻、权益保障等方面法律咨询1000余人次。开展“法制讲座进校园”活动，六一儿童节期间带领“平安校园梦”——法制维权团队开展送法下乡活动。举办妇女儿童维权知识讲座，为镇乡街道妇联主席以及部分村、社区妇联主席普及《中华人民共和国婚姻法》第24条司法新解释的内容。聘请李发新等5人任东阳市婚调委专职调解员，全年处理婚姻家庭矛盾纠纷35件。联合市义工协会在市人民法院立案庭设立“巾帼V站”，建立导诉服务平台，8月23日，第一批巾帼志愿者上岗。

【巾帼建功】 2018年，市妇联开展“巾帼心向党·建功新时代”“争当红船好儿女 争创巾帼新业绩”等主题教育活动。开展“百千万巾帼大宣讲”等活动3100场次，10万人次参加活动。联合市委宣传部开展“网聚正能量·争做巾帼好网民”等主题活动，收到网络作品30余个、《我的岗位故事》50余篇，其中横店影视城广州街香港街景区妇女之家的“百千万巾帼大宣讲暨导游演讲会”入选浙江省十大优秀视频，在全国妇联女性之声上进行展播。开展“晒妈妈的芳华”微头条活动，征集照片500余张。开展“你有多久没有牵妈妈的手”活动，征集图片、文字等100余幅（条）。寻找东阳市“最美厨娘”、特色小吃，推荐择子豆腐、萝卜丝饼、上卢馄饨为金华市特色乡村小吃，上卢馄饨及厨娘金芬芳受邀参加省妇联“民间美食厨娘秀”现场展示活动，获三等奖。承办金华市“礼仪金华 人文婺州”礼仪培训暨巾帼文明岗岗长经验交流会，组织各县市巾帼文明岗200余人参观全国巾帼文明岗广州街香港街导游组。举办巾帼文明岗岗长培训班，70余人参加，进行岗位创建知识的业务培训和先进典型交流。国网浙江东阳市供电公司营销部营业二班、东阳市惠民公共交通有限公司公共自行车闸机租车管理点被评为“金华市巾帼文明岗”，浙江省东阳市交通旅游有限公司导游部、东阳市横店影视城影星酒店有限公司客房部、东阳市横店圆明新园·新圆明园导游组被评为“2017年度旅游系统巾帼建功先进集体”。张田芳、陈丽敏被评为“金华市巾帼建功标兵”。市妇联发放女性创业创新贴息贷款补助1.3万元，其中补助画水镇永燕家庭农场1万元、三单乡张妙兴家庭农场3000元。

【拥军活动】 2018年，各级妇联通过标语、上街宣传、广播电视等形式开展拥军优属宣传活动。1月19日，歌山镇妇联、西宅小学到驻军某部开展国防日活动，送去学生制作的米塑作品《军民一家亲》。市妇联联合市双拥办、歌山镇政府举办以“凤凰谷之约，携手强军梦”为主题的第四届东阳市军地联谊会。

（丁依琳）

东阳市科学技术协会

【概况】 2018年，东阳市科学技术协会（简称市科协）下属学会、协会27个，会员7100人；乡镇科普协会12个，会员1980人；街道科普协会6个，会员1550人。开展院士专家工作站建设和学术交流、科普宣传、全国科普日、青少年科技创新大赛等活动，为2000余名科技人员提供专业技术人员继续教育补课、查档、签发证明等服务。

市科协全年组织参与送科技下乡活动6次。组织开展“茶与健康”“膳食营养”“家政服务”等科普知识讲座30余场次，听课人数5000余人次。开展金华市青年科技奖推荐申报工作，推荐5名候选人上报金华市科协，东阳市香榧研究所胡文翠、市人民医院王茂峰、浙江联宜电机有限公司阮小丁等3人获金华市青年科技奖。5月28日，开展“全国科技工作者日”活动，市领导走访市妇女儿童医院，看望慰问院长郭兰中；走访普洛药业研究院，看望慰问院长詹威强。

【科协组织改革试点】 2018年，市科协对横店影视产业管委会、湖溪镇和巍山镇进行调研，召开现场座谈会，研究制订改革方案，解决改革过程中的困难和问题。横店影视产业管委会搭建切合影视产业特色的科协组织构架。开展“三长”（医院院长、学校校长、农技站站长）试点工作，确定市妇女儿童医院、湖溪镇卫生院、巍山镇农技站、吴宁五校为试点单位。市科协为试点单位配送1000册科普资料，安排科普宣传经费8万元。湖溪镇卫生院组建3个科普宣传队，走村入户为村民举办科普讲座、健康知识宣讲、疾病义诊等活动。

【院士专家工作站建设】 2018年，全市创建金华市级及以上院士专家工作站12家，其中全国示范院士专家工作站2家、省级院士专家工作站8家。至年末，全市院士专家工作站引进院士16人，入驻团队专家100人，开展科研项目257项，获授权专利1187件，获省级及以上成果奖励36项，制定技术标准364个，培养硕士研究生学位以上人才75人，获副高工程师以上人才76人。增加产值70.3亿元，利税14.3亿元。

浙江石金玄武岩纤维股份有限公司创建省级院士专家工作站，东阳市人民医院创建金华市级院士专家工作站。横店集团东磁股份有限公司院士专家工作站在第三批省级站周期性绩效考核中获“优秀”等次。被誉为院士专家工作站建设的“横店现象”入选省科协成立六十周年“60系列”中的“60个组织”，完善院士专家工作站管理“四个机制”（保障机制、工作机制、考核机制、服务机制）建设。建设院士专家信息库、科技成果库和企业技术需求库。市委制定《关于大力实施人才强市战略服务赶超发展的若干意见》，对院士专家工作站提供资助和奖励。修改完善企业重大技术创新专项研发经费管理、技术创新管理办法和技术创新奖励实施细则等。根据《东阳市院士专家工作站评先争优考核办法》，对院士专家工作站实行动态管理和量化考核。1月，对全市建站满1年的9家院士专家工作站进行考核，安排30万元专项经费，对考评优秀的院士专家工作站进行奖励。制定《东阳市院士专家工作站建设和管理资助操作细则》，保障院士专家工作站奖励资金规范运营。

市科协指导帮助浙江石金玄武岩纤维股份有限公司创建省级工作站、东阳市人民医院创建金华市级站和横店集团东磁股份有限公司迎接省级站周期性考核。对全市12家院士专家工作站和7家有创建金华市级站意向的企业进行走访调研。与省院士专家工作站服务中心及大专院校沟通联系，帮助企业引进院士和专家团队。为有建站意向的浙江华洋缝制有限公司、浙江佰耐钢带有限公司、浙江思科制冷股份有限公司、东阳市鹏程电子有限公司、东阳横店国际商贸城新纳电子有限公司等企业提供帮助。浙江华洋缝制有限公司与浙江工业大学林强和卢纯福签约，上报创建金华市级院士专家工作站申报材料。到义乌东方医院看望院士黄荷凤，协助市人民医院完成与黄荷凤的合作项目签约；协助市人民医院开展与院士张英泽的项目签约和学术报告的组织工作；指导浙江联宜电机有限公司申报全国模范院士专家工作站。建立全市院士专家工作站工作例会制度，每季召开1次。11月13～15日，组织全市院士专家工作站负责人到绍兴市、嘉兴市等先进院士专家工作站学习参观。

【学会学术交流】 2018年，全市各学会、协会组织科技人员开展学术交流活动。市建材协会开展学术性调研活动，连续24年被评为全国建材行业先进单位。市医学会围绕医学实践中的疑难问题、新技术应用等开展

4次学术研讨活动。市水果行业协会开展精品果园和水果产业园区建设，举办4期专业技术培训，2000余名果农参加。市农学会推广农业新品种新技术，10余项成果获省级和金华市级科技奖。

【青少年科技活动】 2018年，东阳市第32届青少年科技创新大赛收到科技小发明、小论文、科技实践活动报告、科幻画、机器人创新和科技创意作品1150余件，评出一等奖45个、二等奖76个、三等奖131个、优秀组织奖12个。市科协选送60件作品参加金华市第32届青少年科技创新大赛，获一等奖9个、二等奖11个、三等奖23个。选送9件作品参加浙江省第32届青少年科技创新大赛，获一等奖2个、二等奖3个、三等奖3个。白云银田小学学生杨冰怡的科幻画《战狼号——救援与营救方舟》获第33届全国青少年科技创新大赛二等奖。吴宁五校、白云中心小学和六石街道吴良小学被列为2018年全国青少年科学调查体验活动推广试验单位。3月18日，市科协联合市教育局在市外国语学校举办首届高中段科技创新大赛，比赛包括科技创新设计、科技创新制作和小发明等内容。大赛收到科技小发明作品52件、科技小论文35篇、创意机器人项目3件、科技创意作品7件，评出科技小发明作品一等奖9个、二等奖16个、三等奖20个；科技创意作品一等奖1个、二等奖2个、三等奖4个；科技小论文作品优胜奖14个；机器人创意项目优胜奖3个。

【玄武岩纤维产品应用推广创新基地成立大会暨学术论坛召开】 2018年10月17～18日，“玄武岩纤维产品应用推广创新基地成立大会暨学术论坛”在横店镇举行。该活动是第17届中国·金华工业科技合作洽谈会的首个活动，由浙江石金玄武岩纤维股份有限公司等5家单位发起。中国工程院院士周丰峻、刘嘉麒、张建民，日本工程院院士吴智深，省科协副主席陆锦，东阳市领导及市经信局、市科技局、市科协等有关部门领导和从事玄武岩产业研究的10余名专家教授等60余人参加活动。在学术交流活动中，中国工程院院士周丰峻作《玄武岩纤维产业发展分析及其在军事国防和民用领域运用》的报告，中国工程院院士刘嘉麒作《加强玄武岩纤维材料产业联盟，推动玄武岩纤维材料快速发展》的报告，日本工程院院士吴智深作《玄武岩纤维技术发展及工程应用》的报告，10余名专家教授对玄武岩纤维产业的现状、应用领域、发展前景等进行交流发言。

（朱金灵）

2018年10月17～18日，玄武岩纤维产品应用推广创新基地成立大会暨学术论坛在横店镇举行

（市科协提供）

东阳市工商业联合会（总商会）

【概况】 2018年，东阳市工商业联合会（总商会）（简称市工商联）有主席1人，副主席21人，常委43人，执委89人，政协委员30人。有基层商会13个，在东阳的异地商会9个，东阳市同心商家联合会1个，企业家协会1个，会员企业3111家。市“两会”期间，工商联界政协委员提交提案23件。市工商联被评为全省工商联系统专项工作先进单位。1月19日，市工商联被浙江省工商联评为浙江省“五优”县级工商联。市工商联组织13名企业家到四川省阿坝州理县开展扶贫工作，各企业家分别与13个村签订“万企帮万村”结对协议，给13个村捐资50万元。

8月29日，全国工商联发布“2018中国民营企业500强榜单”，东阳市有4家企业（中天发展控股集团、广厦控股集团、海天建设集团、花园集团）入选中国民营企业500强。12月，东阳市有5名企业家（横店集团东磁有限公司董事长何时金、巍华化工有限公司董事长吴顺华、浙江东峰制冷配件有限公司总经理陈天贵、浙江思科国祥制冷设备有限公司董事长陈俊健、歌山建设集团总裁何向全）被评为金华市非公有制经济人士新时代优秀中国特色社会主义事业建设者。

【调研活动】 2018年2月26～27日，省工商联党组成员、秘书长林建良一行3人到东阳市开展“走企问需强信心”调研活动。市工商联召开企业家座谈会，6名企业家讲述各自企业2017年度生产经营状况和主要面临的困难和问题，对2018年宏观经济形势和企业经营环境发表看法，对如何减轻企业负担、完善产业政策、市工商联如何更好地服务企业等问题提出意见和建议。10月，市工商联联合国家统计局东阳调查队从规模以

2018年2月26～27日，省工商联党组成员、秘书长林建良一行3人到东阳市开展“走企问需强信心”调研活动　（市工商联提供）

上企业库中选取20余家磁性材料、红木、箱包、医药、针织服装、电子元件等行业企业为调研样本开展调研，撰写《东阳市中小型工业企业情况调研报告》，上报市委、市政府和市委组织部大调研办公室。12月12～13日，邀请全国7名专家组成专家组到东阳市5家企业进行调研，给4家企业指出问题13个，改善建议36个，技改方案6个。

【非公经济人士培训班】 2018年，东阳市举办非公经济人士培训班，为期7个月，每月集中授课两天，53人参加。培训期间组织学员外出考察参访，9月21～23日，到青岛海尔集团、青岛啤酒集团参访学习，邀请海尔集团专家授课；11月10～11日，到宁波慈溪方太集团参访学习，邀请方太集团孔子学院专家授课。

【新生代创业创新联合会调研考察活动】 2018年，市工商联组织新生代创业创新联合会（简称创联会）开展系列培训和赴外地考察联谊活动。3月26～27日，创联会走访无锡物联网产业研究院、无锡传感设备产业园以及耕林生命公寓等地，与无锡新生代创业创新联谊会进行交流。8月24日，创联会到杭州市良渚参观设计小镇，委托中国轻工业联合会教育培训班开展东阳市企业家设计与产业对接培训与研讨班。

【同心商家联谊会首届“特商”建材家装博览会】 2018年10月，市同心商家联谊会在东阳市中振汽车城举办首届“特商”建材家装博览会，为期两天，博览会面积7500余平方米，70余家商家参与，到场客户2000余人，成交金额约170余万元。

【企业走访】 2018年8月23日，市工商联党组书记、常务副主席李荣跃带领金华市工商联相关负责人到东阳市可欣服装有限公司、东阳市派对纸制品有限公司、东阳市银光线业有限公司、东阳市华韵相框有限公司、东阳市嘉拓塑胶有限公司开展“两送两增”（送政策、送服务，增感情、增信心）企业走访工作，将企业大走访问题汇总表上报市市场监管局、市委组织部大调研办公室。

【企业家协会管理】 2018年10月10日，企业家协会的业务主管单位由市委组织部“两新”工委调整为市工商联。10月17～26日，市工商联党组书记、常务副主席李荣跃走访企业家协会会长、执行会长、常务副会长和副会长以及“2017年度东阳市功勋企业家”和“2017年度东阳市经济建设杰出人物”，征询如何做好企业家协会工作的意见和建议。

【企业家服务】 2018年11月3日，邀请中国人民解放军少将、军事专家金一南到东阳市为1000余名企业家作“新时代中美战略博弈及关系走向”的演讲。11月15～16日，市工商联、企业家协会组织100余名企业家到杭州空军疗养院进行免费体检，邀请杭州空军疗养院的专家到东阳市为企业家解读体检报告，讲解健康知识。

（斯媛媛）

2018年8月24日，创联会到杭州市良渚参加2017～2018年度工信部中小企业经营管理领军人才轻工业创业创新班学习培训　（市工商联提供）

政法委与综治

【概况】 2018年，东阳市完成首届中国国际进口博览会、“枫桥经验”纪念大会等系列重大活动维稳安保工作；开展信访积案“大排查、大调研、大化解”专项活动，化解市级重点信访积案67件；处置驰成破产案件第一次债权人大会、P2P平台爆仓等重大涉众型经济案(事)件，推进“吴英案”后续资产处置，推动鼎立、中仑、皮卡王等非法集资案件处置。

【服务保障】 2018年，市政法委开展全国文明城市创建、生态廊道建设等重点工作，推进稳定风险评估，深化“河道警长制”“项目警官制”等做法，化解重点工作不稳定因素10件。深化“最多跑一次”改革，建立出入境办证24小时自助服务区；实现公安办事事项100%“最多跑一次”，开通检察工作一站式“微服务”平台，整合电子卷宗、远程接访等资源。关注涉众型经济犯罪、恶意逃废债等案件，实现案件打处量、接报数、利益受损群体的“一升一降一平稳”，破获非法集资、恶意逃废债等各类经济案件65起，起诉147人。

【基层社会治理】 2018年，市政法委坚持发展新时代“枫桥经验”，探索“基层党建+社会治理”的创新模式。推进全科网格建设，每年提供经费近5000万元组建一支1300余人的专职网格员队伍，上报处理各类事件5万余件。在全市建立各类调解委员会和调解协会470个，形成市、镇、村三级联动调解工作机制，选任、聘任人民调解员2474人。加快“雪亮工程”(以县、乡、村三级综治中心为指挥平台；以综治信息化为支撑、以网格化管理为基础；以公共安全视频监控联网应用为重点的群众性治安防工程)“智能门禁”“人脸识别”等工程建设，实现城乡重点公共区域视频100%全覆盖，完成全市社会面视频资源整合，实现平安建设信息系统、综治视联网、公共视频的对接联网，全年通过人像比对抓获犯罪分子137人，通过人脸识别抓获逃犯35人。

【平安东阳建设】 2018年，东阳市部署实施深化平安东阳建设3年行动计划，严格把控平安建设12项过程性指标。开展扫黑除恶专项斗争，全市打掉涉黑涉恶组织团伙33个，抓获涉黑、涉恶犯罪嫌疑人563人，扣押、冻结涉案资产7.7亿元。维护社会治安安全，全市刑事、治安案件比上年分别下降14.9%和8.72%，连续12年保持命案和“五类恶性案件”100%侦破。推进平安创建，完善每月模拟扣分、每月工作推进会、重点约谈等平安东阳创建体制机制。3月29日，在全省建设平安浙江工作会议上，东阳市连续第12年获“平安县市”称号，获得“平安金鼎”。

【基层防线工作】 2018年，市政法委推进机构更名换牌、基层国家安全人民防线建设与指导督查、重点军事目标单位的安全隐患排查与联动机制建设维护、国家安全与“反奸防谍”主题教育宣传活动、“两外”因素调研等工作。以“保核心、保要害”，铸就群防群治的“反奸防谍”钢铁长城为首要目标，抓实军地隐蔽斗争机制建设和隐患排查。以“4·15”“11·1”两大主题宣传教育活动为契机，发挥基层国家安全人民防线组织的组织发动和信息覆盖作用，全年发放宣传画报200余份、宣传册3000余份、宣传物品1000余件，组织教育座谈会6场，举办国家安全教育巡回展1次。

(贾芸芸)

法治政府建设

【概况】 2018年，东阳市人民政府法制办公室(简称市法制办)为“最多跑一次”改革提供法律服务，组织梳理行政处罚、行政裁决事项，组织清理与“最多跑一次”改革不相衔接的相关规范性文件，从政策文件层面配合改革取得成效。参与治危拆违、小城镇整治、“低小散污”暨“四无”企业“飓风整治”“清零入园”专项活动、环保整治、棚户区拆迁和改造、高铁新城拆迁等全市各项重点工作，汇编印发行动法律、法规、文件等资料，供企业和相关执法部门学习参考。2018年年初向金华市政府、东阳市委及市人大常委会报告《2017年东阳市法治政府建设工作情况》。6月，对2018年的工作要点作部署，报市政府常务会议审议通过后印发《2018年法治政府建设工作要点》。组织常务会议学法6次，学习国土、统计、税收、监察、招投标、宪法等方面的法律。探索乡镇依法行政示范点建设工作,将南马镇列入金华市级示范点,指导做好依法行政示范点创建的各项准备工作和相关台账,提升东阳市整体依法行政水平。5月18日,金华仲裁委员会批复成立东阳分会。

【行政复议】 2018年,市法制办推进行政复议体制改革。全年收到复议申请152件,比上年增长59.2%。审查后受理51件,审结50件(包括2017年旧存13件)。受理的53件案件中,市公安局(包括交警大队、各派出所)25件,占47.16%;市人力社保局(包括社会保险事业管理局)8件,占15.09%;市国土局、市规划局、市环保局各2件,各占3.77%;市市场监管局、市水务局、市卫计局、市安监局、市国资办、市运管局、市房地产管理处、六石街道、南市街道、横店镇、巍山镇、歌山镇、马宅镇、佐村镇各1件,各占1.88%。审结的51件案件中,维持34件,占66.66%;驳回2件,占3.92%;确认违法2件,占3.92%;责令履行职责1件,占1.96%;经调解后当事人撤回申请终止案件12件,占23.52%。

【行政调解】 2018年,市法制办推进行政调解工作。10月25日,与市人民法院联合成立"东阳市行政争议化解联合调解中心",在市行政复议局挂牌运行,完善行政调解工作制度。加大调解力度,探索行政调解新机制、新方法。

【行政争议化解】 2018年,市法制办探索新型府院联席会议机制,组织召开"两地一府两院"(东阳市政府、婺城区人民法院、东阳市人民法院)联席会议,合力化解行政争议,推进东阳市法治政府建设。全年有行政机关诉讼案件188件,列金华市第三,行政负责人出庭应诉率100%。

【文件合法性审查】 2018年,市法制办文件合法性审查54件,其中属于行政规范性文件36件。在合法性审查过程中,参加规范性文件征求意见会49次,提出具体修改意见及建议350条,被采纳330条。审查重大合同21个,提出修改意见及建议147处,被采纳139处。

【行政执法人员管理】 2018年,市法制办组织执法人员培训1次,培训人数230人。参加综合法考试230人,考试合格率85%。执法证审核75本,办理新证件44人,补证2件,注销1人,到期换证23人,跨区换证5人。实现法律顾问"有形覆盖"向"有效覆盖"的转变,解决聘而不用的问题;指导法律顾问主动参与、提前介入,为行政机关提供法律意见和建议。

(潘婷婷)

公 安

·综述·

【概况】 2018年,东阳市公安局全面贯彻中共十九大会议精神,履职尽责,维护全市治安稳定,政治安全,为全市推进"影视旅游名城、经济文化强市、生态宜居东阳"持续创造和谐稳定的社会环境。全年调度出警39216起,救助伤员706人,救助群众974人。侦破刑事案件3418起,抓获作案人员2723人;打击"毒恐交织"恶势力团伙1个,黑社会性质组织1个,恶势力犯罪集团3个、团伙29个。侦破经济犯罪案件33起,挽回经济损失7188.8万元。侦破毒品犯罪案件19起,缴获各类毒品2544.31克。侦破食品药品环境犯罪案件46起、移送起诉113人。查处治安案件5760起3878人次,治安处罚3858人。处置群体异常信访33起,完成大型活动安全保卫18次、警卫2次。处理交通事故151起,死亡80人,伤82人,直接经济损失44.86万元。办理出国境申请65380人次,其中出国26166人次;登记境外人员13899人次,查处涉外案件22起。5人获2018年"信义金华"最敬业警察、1人获一等治安荣誉奖章、6人获二等治安荣誉奖章,立集体二等功2个、个人二等功6人、集体三等功2个、个人三等功28人。

【"不忘初心·再学枫桥"大走访、大排查、大化解集中攻坚】 2018年4月8日,市公安局印发《"不忘初心·再学枫桥"大走访、大排查、大化解集中攻坚行动实施方案》,成立以市委常委、公安局局长李强为组长的攻坚行动领导小组,建立局领导联系负责"大片区"、民警包干"村(社区)"的分工负责制。至6月末,出动警力7000余人次,走访自然村482个、群众85167人,检查学校710家次、加油站155家次、寄递业378家次、公共复杂场所1048家次。发放安全防范宣传资料10万余份,收集各类意见建议70余条。检查发现问题隐患542处,整改389处,责令停业整顿261处。排查矛盾纠纷2260起,列入化解1683起,化解1673起,化解率99.4%。

【信访积案集中攻坚化解】 2018年4月4日,市公安局启动信访、伤害积案集中攻坚化解专项行动。市公安局信访接待室、17个派出所(公安分局)安装视频接访系统,市公安局信访接待室、横店公安分局和吴宁、南市、江北、白云4个派出所设立律师工作室,邀请律师参与信访核查、化解工作。至年末,市公安局列入集中攻坚化解信访积案43件,化解35件,化解率81.4%。市公安局信访接待室等6个律师工作室化解信访群众29批,化解信访案件4件,核查上级领导机关交办信访9件。4月24日、25日,市公安局领导开门接访信访群众16批26人,当场办结8件。

(吕俊红 方胜天)

·刑事犯罪侦查·

【概况】 2018年,市公安局侦破刑事案件3418起,抓获作案人员2723人。7起命案、38起"五类恶性案件"全部破案,命案和"五类恶性案件"的破案率连续12年保持100%。开展"扫黑除恶"专项斗争,打击侵财、通信网络诈骗、"套路贷"▲等犯罪活动,开展男性家族排查系统建设工作,管理网约车、出租车,开展电动车物联网登记管理。

▲"套路贷":是对以非法占有为目的,假借民间借贷之名,诱使或迫

使被害人签订“借贷”或变相“借贷”“抵押”“担保”等相关协议，通过虚增借贷金额、恶意制造违约、肆意认定违约、毁匿还款证据等方式形成虚假债权债务，并借助诉讼、仲裁、公证或者采用暴力、威胁以及其他手段非法占有被害人财物的相关违法犯罪活动的概括性称谓。

【“扫黑除恶”专项斗争】 2018年1月24日，中共中央、国务院下发《关于开展扫黑除恶专项斗争的通知》，决定在全国范围内开展为期3年的扫黑除恶专项斗争。2月7日，东阳市召开“全市扫黑除恶专项斗争”动员部署会。2月8日，市人民法院、市人民检察院、市公安局、市司法局联合发布《关于依法严厉打击黑恶势力违法犯罪的通告》，向社会公布涉黑涉恶线索举报电话、网址、邮箱。市公安局制定《扫黑除恶工作实施方案》《涉黑涉恶线索排摸核查工作规范》，将横店镇、白云街道等地列为打击“黑恶”势力重点区域。在刑侦中心成立“扫黑除恶”工作专班，实行“扫黑除恶”线索排摸“四长责任制”（派出所所长、刑侦大队长、分管副局长、局长）和线索核查“三长责任制”（刑侦大队长、分管副局长、局长）。全年排摸梳理出涉黑涉恶线索37条，上报金华市公安局“扫黑办”涉黑涉恶线索26条，录入公安部刑专系统扫黑除恶系统平台22条。组织6次“扫黑除恶”集中打击行动。刑事拘留“十类”涉黑涉恶违法犯罪▲嫌疑人572人（包括省公安厅指定管辖的打黑专案），移送起诉422人，打掉恶势力团伙29个、犯罪集团3个，黑社会性质组织1个，破案454起，缴获枪支4支，查扣涉案资产折合人民币7.7亿元，查处保护伞3人（不包括省厅228专案）。侦破黄赌领域恶势力犯罪集团案件1起34人。

▲“十类”涉黑涉恶违法犯罪：威胁政治安全特别是政权安全、制度安全以及向政治领域渗透的黑恶势力；把持基层政权、操纵破坏基层换届选举、垄断农村资源、侵吞集体资产的黑恶势力；利用家族、宗族势力横行乡里、称霸一方、欺压残害百姓的“乡霸”“村霸”“地霸”等黑恶势力；在征地、租地、拆迁、工程项目建设等过程中煽动闹事的黑恶势力；在建筑工程、交通运输、矿产资源、渔业捕捞等行业领域强揽工程、恶意竞标、非法占地、滥开滥采的黑恶势力；在商贸集市、批发市场、车站码头、旅游景区等场所欺行霸市、强卖强买、收取保护费的市霸、行霸等黑恶势力；操纵、经营“黄赌毒”等违法犯罪活动的黑恶势力；非法高利放贷、暴力讨债的黑恶势力；插手民间纠纷、充当“地下执法队”的黑恶势力；境外黑社会入境发展渗透以及跨国跨境的黑恶势力。

2018年2月7日，全市扫黑除恶专项斗争动员部署会召开 （蔡伟华/摄）

【打击“套路贷”犯罪】 2018年5月29日，南市派出所在工作中发现一起“套路贷”犯罪线索，抓获该团伙成员6人。通过审查深挖，抓获犯罪嫌疑人20人，摧毁“套路贷”涉恶团伙2个。经查，自2016年8月起，该诈骗团伙，以借钱不用还、替朋友借钱给他人担保能赚钱等为幌子，诱骗26人签订虚高借款合同、阴阳借款合同等明显不利于借款人的借款协议计259万元。2018年9月6日，该诈骗团伙20名犯罪嫌疑人被移送市人民检察院审查起诉。2018年9月12日，市公安局通过前期调查，分别在东阳市、杭州市、江西省南昌市、山西省太原市等地展开对蔡某伟、李某杰、李某、邹某、苏某阳等“套路贷”犯罪团伙的抓捕行动。经查，2017年5月至2018年4月，该犯罪团伙在东阳市白云街道江南路唐川金融公司以“套路贷”方式诈骗受害人汤某某人民币20万元。

【网约车、出租车管理】 2018年，东阳市被列入金华市网约车管理试点单位。全市有网约车公司5家，具有服务资格证书的网约车驾驶人160余人，由市道路运输管理局主管。市公安局与市道路运输管理局合作，对网约车驾驶人进行登记备案，建立网约车出城登记制度，网约车出城就近到出租车管理站进行登记。举办两期出租车治安管理业务培训，456辆出租车的895名驾驶人参加培训。至年末，出租车出城登记30303车次，网约车出城登记460余车次。

【打击通信网络诈骗犯罪】 2018年，市公安局按照上级公安机关工作部署，自4月10日起，在全市开展打击防范通信网络新型违法犯罪暨“反诈宣传”全城总动员活动。市公安局成立活动领导小组，制订活动工作方案，建立东阳市打击治理通信网络新型违法犯罪工作联席单位工作群。在“6·29”“5月至11月”集中开展“宣

2018年9月1日,虎鹿派出所民警到虎鹿镇白峰村老年协会进行"反诈"宣传 (蔡伟华/摄)

传日""宣传月"活动,横店镇分局、吴宁街道等16个派出所分别组成"反诈宣传"小组,与各家银行网点工作人员到社区、村居、企业、学校、家庭、商场、集市、工地,向市民宣传通信网络诈骗形式。发挥多警种合成作战优势,对现行通信网络诈骗违法犯罪实施精准打击。全年出动警力3000余人次,开展"反诈"宣传50余场次、发放宣传资料30万份,悬挂"反诈"宣传横幅120条、制作LED电子屏"反诈"宣传标语500余条。摧毁通信网络诈骗团伙10个,破获通信网络诈骗案件218起,抓获通信网络诈骗犯罪嫌疑人277人,涉案金额89万余元。

【电动车物联网登记管理追赃理赔】 2018年,东阳市设电动车物联网登记网点83个,其中电动车登记网点20个、电动车行登记点63个。全年登记物联网电动车45135辆。发生盗窃物联网电动车刑事案147起,占盗窃电动车全部刑事案件(1291起)的11.39%,破案追回物联网电动车117辆,破案追回率79.5%。比盗窃电动车全部刑事案件的破案率(51.95%)高出27.55%。保险公司理赔电动车156辆,理赔金额12.66万元;理赔第三者责任险362起,理赔金额153.71万元。

【"净网2018"专项行动】 至2018年年末,市公安局开展"净网2018"专项行动,侦破侵犯公民个人信息案件27起,抓获犯罪嫌疑人44人,移送起诉38人;查获黑客2人,逮捕1人,其他强制措施1人,移送起诉2人。查获网络赌博团伙2个,采取强制措施52人。

(吕俊红 方胜天)

·禁毒和食品药品环境犯罪侦查·

【概况】 2018年3月,市公安局启动"禁毒2018两打两控"(打击制毒犯罪、打击贩毒犯罪和管控制毒物品,管控高危吸毒人员暨病残吸毒人员收戒收治)专项行动。突出对重点制毒物品、吸毒人员的排查管控,开展毒品堵源截流查缉工作。8月10日起,全市开展禁毒"百日攻坚"会战。至年末,全市侦破涉毒犯罪案件19起,抓获涉毒犯罪嫌疑人20人,其中侦破省目标案件3起。侦破贩卖运输毒品12起13人,侦破强迫引诱、教唆欺骗容留他人吸毒7起7人,缴获各类毒品2544.31克。查处吸毒138人,强制隔离戒毒71人。毛发检测5347人次,发现吸毒34人。道路检查查获"毒驾"9人。按照省林业厅、省农业厅、省公安厅《关于进一步做好2018年禁种铲毒工作的通知》要求,组织踏查铲除,依法查处非法种植毒品原植物违法犯罪活动,破获非法种植罂粟原植物案件33起,刑事拘留犯罪嫌疑人2人,行政拘留1人,行政拘留并处罚款1人,行政拘留不执行1人,行政罚款28人,罚款9100元,铲除罂粟2451株。3月至12月,为8名社区戒毒康复出所人员举行"入戒仪式"。5月,吴宁三校被评为全国青少年毒品预防教育"6·27"工程示范学校。

【易制毒化学品管理】 2018年1月9日,市公安局召开派出所分管所长、禁毒专干会议,部署易制毒化学品安全排查工作,对相关业务进行培训。对市三龙化工有限公司、民爆物资有限公司、浙江普洛康裕制药有限公司所涉的N-苯乙基-4-哌啶酮、4-苯胺基-N-苯乙基哌啶、N-甲基-1-苯基-1-氯-2-丙胺、溴素、1-苯基-1-丙酮5种物品的购销、运输依法实行许可备案。7月、11月,在"双随机"抽查中,分别对浙江新纳材料科技有限公司等9家单位的易制毒化学品管理进行检查,当场整改2家,抽查结果情况通过企业信息平台向社会公布。9月19～21日,检查易制毒化学品使用单位台账224家(含挂靠集体户135家),评出金华市甲级单位5家、东阳市甲级单位8家。11月9日,市公安局、市市场监管局、市药监局等部门对制药公司超过有效期的伪麻黄碱、咖啡因、麻黄碱3类管制易制毒化学品进行集中销毁。

【金属饰品污染环境专项整治】 2018年,市公安局紧盯热点问题,摸排线索、循线深挖,以"零容忍"的态度发挥打击犯罪职能作用,保卫人民群众饮食用药和生态环境安全。1月起,开展金属饰品污染环境专项整治行动。以金属饰品生产加工为目标,打击私设暗管或者利用渗井、渗坑、裂隙、溶洞等非法排放、倾倒、处置污染物的违法犯罪活动，保护河流、水渠及地下水源安全。至年末，全市侦破金属饰品污染环境犯罪案件4起，其中侦破公安部督办案件2起，移送起诉10人。

【打击食品药品农资环境违法犯罪】 2018年10月10日，市公安局根据上级公安机关的统一部署，启动为期3个月的深化打击食品药品农资环境违法犯罪行动。至年末，全市侦破食品药品环境刑事案件46起，强制措施118人，移送起诉113人。其中，侦破公安部督办案件4起、省公安厅督办案件4起；侦破食品犯罪案件18起，强制措施69人，移送起诉62人；侦破药品犯罪案件2起，强制措施2人，移送起诉2人；侦破环境犯罪案件26起，强制措施47人，移送起诉49人。

（吕俊红 方胜天）

·经济犯罪侦查·

【概况】 2018年，市公安局受理经济犯罪案件70起，立案47起，破案33起，其中侦破隐匿、故意销毁会计凭证、会计账簿、财务会计报告1起，非国家工作人员受贿12起，非国家工作人员行贿6起，职务侵占4起，挪用资金2起，非法吸收公众存款1起，销售假冒注册商标商品1起，合同诈骗1起，虚开增值税专用发票、用于骗取出口退税、抵扣税款发票5起，抓获作案成员35人，移送起诉38人，挽回经济损失7188.8万元。市公安局被评为2018年金华市经侦工作优胜单位，获金华市公安机关2018年度惩治恶意逃废金融机构债务专项整治考核成绩第3名。

【打击涉众型经济犯罪】 2018年，市公安局开展打击涉众型经济犯罪专项行动。接待、登记、受理群众报警85起，网络报案33人。开展“与民同心、为你守护”为主题的“5·15”打击防范经济犯罪大型宣传日活动等宣传12次，发放宣传资料2000余份。排查涉众型经济犯罪风险对象490家，输入“一点通”警务系统232家。约谈贷款逾期企业负责人7家。立案侦查涉众型经济犯罪2起，涉案金额1.88亿元，破案1起，挽回经济损失5000万元。协查涉众型经济犯罪案件68起1029人，涉案金额3000余万元。

【“猎狐2018”专项整治行动】 2018年1月21日，市公安局将潜逃西班牙4年多的经济犯罪嫌疑人韦某某成功引渡回国。其为东阳市“猎狐2018”首名归案逃犯，也是金华市猎狐行动以来第一名被引渡回国的红通境外逃犯。2018年3月2日，逃往香港的经济犯罪嫌疑人王某某向公安机关投案自首。3月17日，逃往泰国的经济犯罪嫌疑人舒某某回国向公安机关投案自首。5月18日，逃往境外经济犯罪嫌疑人吴某在广东省深圳市皇岗口岸入境时被边防警抓获。自2014年开展猎狐行动至2018年年末，市公安机关抓获逃往境外经济犯罪嫌疑人18人。

（吕俊红 方胜天）

2018年3月27日，市公安局横店分局民警到横店影视城，向“横漂”宣讲禁毒知识 （蔡伟华/摄）

·社会治安管理·

【概况】 2018年，市公安局受理治安案件6335起，查处5760起3878人次，其中调解处理1935起。治安处罚3858人（拘留2049人、罚款1355人、警告454人）。依据7月11日施行的《金华市公安机关易涉黄场所分级分类管理工作规范（试行）》，市公安局、市市场监管局、市工商局、消防大队、市卫计局等部门，对全市易涉黄场所进行联合执法，整治场所340家，责令关停不符合规范标准场所261家。列为一级管控1家、二级管控22家、三级管控297家。依据9月11日施行的《金华市公安机关易涉赌场所分级分类管理工作规范（试行）》，市公安局对全市电子游艺（游戏）场所、棋牌室、提供棋牌服务的茶室等进行分级分类管理。至年末，全市列为易涉赌场所一级管控3家、二级管控11家、三级管控190家。

【黄赌违法犯罪专项整治行动】 2018年，市公安局早部署、早行动，打击整治黄、赌丑恶现象。第一季度末，全市打击整治工作完成全年打击过半目标。5月，市公安局打击桑拿浴场、养生馆、足浴、保健按摩、美容美发等场所内的卖淫嫖娼及歌舞娱乐KTV内的介绍卖淫、淫秽表演等违法犯罪活动；打击宾馆酒店内的发卡招嫖、电话招嫖、微信招嫖等违法犯罪活动；整治站街招嫖、休闲足浴“一条街”等重点区域治安秩序；打击涉黄组织者、经营者和幕后“保护伞”。至年末，破获涉黄刑事案件16起51人（其中组织强迫引诱介绍卖淫14起48人、制作贩卖传播淫秽物品2起3人）、涉赌刑事案件6起48人，侦办公安部督办案件1起、省公安厅督办案件5起。查处卖淫嫖娼276起598人，行政拘留572人

(并处罚款19人)、罚款26人;查处拉客招嫖21起48人,行政拘留48人;查处引诱容留介绍他人卖淫14起25人,行政拘留25人。查处涉赌行政案件446起1171人,行政拘留409人(并处罚款102人)、罚款757人。

【缉枪治爆专项行动】 自2018年1月起,市公安局在全市开展为期3个月的缉枪治爆专项行动。4月,以实现"三个有效、三个下降、三个提升"▲为目标,启动为期2年的打击整治枪爆违法犯罪专项行动。市政府成立由15个机关部门组成的打击整治枪爆违法犯罪联席会议。市公安局成立专项行动领导小组和办公室,开展多警协同,查缉枪爆违法犯罪。至12月20日,核查涉枪线索108条,侦办刑事案件7起,采取强制措施9人,办理涉枪行政案件24起,行政处罚26人。收缴气枪53支、仿真枪支249支、其他枪支23支、各类子弹13564发、爆炸物雷管250枚、索类爆炸物品60米、战争遗留物手榴弹2枚、管制刀具384把、弩2把。

▲"三个有效、三个下降、三个提升":实现境内制贩、境外走私、网上贩卖高发势头有效遏制,非法入境和流通渠道有效阻断,易制枪爆物品有效管控;枪爆非法制造窝点数量大幅下降,社会面非法枪爆物品存量明显下降,持枪和爆炸犯罪案件持续下降;网上抵制"枪支文化"氛围不断提升,严管严控政策社会共识显著提升,群众参与积极性全面提升。

【涉枪涉爆涉危险物品管理】 2018年,市公安局对涉枪涉爆涉危物品单位从严管理,进行每月2次明察和不定期暗访督查,累计安全检查586次,暗访检查48次,当场整改81次,发整改通知书62份。5月,举办安全管理业务培训,19家涉剧毒单位、95家涉易制爆物品单位500余名管理、从业人员参加培训。11月28~29日,全国影视烟火安全管理工作现场会在东阳市横店镇召开,市公安局在会上介绍建立影视烟火制品和道具枪专用仓库等影视烟火制品和道具枪支安全管理的做法。

【巡逻防控】 2018年,市公安局巡警大队探索巡逻防控机制,实行12网格动态布警、"高峰巡逻、错时驻守、机步协同、设卡清查",城区、横店镇区按照3~5分钟快速反应,学校、商场超市等重点部位就近驻守等模式,开展巡逻防控。至12月20日,投入街面、卡点巡查警力16500余人次,武装巡逻3696人次,车辆1980车次,盘查可疑人员51200人次,抓获盗窃"两车"(摩托车、电动自行车)2人、逃犯2人、其他违法犯罪嫌疑人11人,处置持械斗殴、醉酒闹事等21起,处置持刀砍人、携汽油桶讨薪等暴力案事件3起,查获非法改装汽车15辆。

(吕俊红 方胜天)

·人口户籍和出入境管理·

【概况】 自2018年7月末起,市公安局户籍窗口对居民身份证换领、补领、挂失申报实行"全省通办"和户籍26项民生事项金华市"一城通办"服务。申请人凭居民身份证办理申请事项(即"一证办",不需提交其他证明材料)。至12月20日,全市办理省内网上迁移1278例、临时身份证13178张(其中派出所、公安分局办理临时身份证12399张)、受理户口咨询19997人次,审核签发二代居民身份证53150张,办理户口准迁1282人、户口迁出1664人、迁入登记2006人、出生登记9227人、死亡注销5294人,办理管内移居17377人、项目变更21668人次、行政审批1838件,打印户口簿25883本、户籍证明25060份,发放边境通行证297张,受理特种行业许可申请157件。开展疑似重复户口问题线索核查工作。至12月20日,全市核查疑似重复户口问题线索626条,注销重复户口133人。

【基础信息采集】 2018年,市公安局根据金华市公安局统一部署,3月16日至6月20日,开展"一标三实"(一标是指街、路、巷、乡镇村组,房屋门牌及楼栋户号的标准地址;三实是指标准地址下的实有人口、实有房屋、实有单位)基础信息采集第二次攻坚行动。成立工作领导小组和办公室,发布基础信息采集工作情况通报7期、工作提示3期。全市17个派出所(公安分局)采集标准地址25351个、实有房屋26666幢、实有单位13504家、实有人口550044人,张贴关联各类二维码192956张,采集日志103475条,108个行政村居(小区)完成基础信息采集工作并通过验收。7月,按照新的"一标三实"

2018年11月28~29日,全国影视烟火安全管理工作现场会在横店镇召开

(蔡伟华/摄)

2018年10月30日，第一个可申办居民身份证的警务室启用 （蔡伟华/摄）

采集标准要求，对验收区域采集信息进行查漏补缺和信息更新。至12月20日，新登记流动人口528451人，新登记出租房屋17341户。核查流动人口信息34231人，核查流动人口夜间上网5673人。

【出租房屋智能门禁系统】 2018年1月，市综合治理办公室、市公安局联合印发《东阳市全面推行出租房屋智能化管理建设工作实施方案》，在南马镇先行出租房屋智能化建设工作试点。至年末，全市安装智能门禁系统8141户，占出租户总数的8.39%。借助出租房屋智能门禁系统，抓获逃犯1人，查处治安案件164起，行政拘留2人，罚款156人，警告6人。

【港澳台居民居住证申领发放】 2018年，根据国务院办公厅《港澳台居民居住证申领发放办法》的规定，吴宁街道、白云街道、江北街道、南市街道、横店镇、南马镇、巍山镇7个户籍窗口自9月1日起，市行政服务中心公安户籍窗口自10月起，受理港澳台居民居住证申领发放工作，至12月20日，全市发放港澳台居民居住证71张。

【出入境证件异地办理】 自2018年9月1日起，内地居民可在全国范围内异地申请换（补）发出入境证件，内地（大陆）居民可在全国范围内异地办理往来港澳台团队旅游签注，内地居民办理出入境证件签发时限全部缩短至7个工作日，为有应急需求的外籍人员提供便利。至年末，市公安局出入境接待服务窗口发放异地出入境证件1760件，办理异地往来港澳台团队旅游签注1120件。

（吕俊红 方胜天）

·道路交通管理·

【概况】 2018年，市公安局交警大队处理交通事故151起，死亡80人，伤82人，直接经济损失44.86万元；查处危险驾驶372起、304人。自4月21日起，市公安局交警大队开展道路交通“一创一治”（创文明交通，治秩序乱象）五大行动▲。至年末，修复“礼让行人”标志27处，增加礼让行人高清抓拍点2个、电子警察2个、违法停车高清抓拍球机16个，取消过密斑马线9处，关闭道路中间护栏21个，完善标志标线126处。曝光斑马线不礼让行人机动车63起，印发《党员干部“礼让斑马线”文明出行承诺书》6000份。对承担违规主体责任3家企业负责人进行约谈，其中客运公司2家、危险化学品运输企业1家。完成5处省市级事故多发点段和2处市级临水临涯高落差危险路段的整治。查处各类交通违法行为67.8万起，其中现场处罚90382起、非现场处罚588070起。查处醉酒驾驶465起，饮酒驾驶1390起，超速27988起，无证驾驶2330起。查扣非法改装车42辆，行政拘留1人，“追违清库”15人。

▲五大行动：交通违法现场严管行动、源头隐患“追违清库”行动、公路安全设施“防护提升”行动、交通安全宣传“进农村进学校进企业”行动、交通安全“综合能力提升”行动。

【“路长”责任制】 2018年，市公安局交警大队在全市开展“关爱生命，远离车祸”预防道路交通事故攻坚行动。参照“河长制”模式，对东永线、嵊义线、东仙线、诸东线、新40省道、新37省道、金义东公路、南下线、大永线、后葛线10条干线和城市主干路建立镇乡街道、交警部门共同参与的四级“路长制”，其中设立国省道路长5人、县道路长5人、乡道路长30人、村级路长105人，建立“一路一档”10份，制订“一路一策”10个。全年全市重点防控道路死亡人数比上年下降11.83%。

【道路隔离开口专项整治】 自2018年8月29日起，市公安局交警大队以10条干线公路和城市主干道路中未按设计规范要求或未经审批擅自开设的隔离开口（含中间隔离和机非隔离）及事故多发点段隔离开口为整治目标，开展“封口除患”集中整治行动。至12月20日，封闭城市主干道开口97处、干线公路开口83处，加装爆闪灯495盏、隔离设施9859米，完善标志15块、标线1092平方米。

（吕俊红 方胜天）

·案例举要·

【盗窃电缆线团伙案侦破】 2018年3月5日，盗窃电缆线团伙案犯罪嫌疑人张某某等12人被移送市人民检察院审查起诉。2017年11月25日，据华某某关于建设工地电缆线被盗割的报案，市公安局立案侦查。至2017年12月21日，犯罪嫌疑人张某某、徐某某、董某某、杜某某（均为河南省鹿邑县人）等12人先后被抓获归案。经查,2017年10月至11月27日,犯罪嫌疑人张某某等8人进入东阳市小九天工地、市体育馆工地、兰溪市绿城兰园广场工地、金华市雅畈镇安地南山郡工地、义乌市佛堂镇宝龙广场工地、金华市金东区孝顺镇香堤墅工地等工地切割电缆线10起,由犯罪嫌疑人胡某某(安徽省阜南县人)等4人销赃,造成8个建筑工地经济损失23.64万余元,追回赃款9.77万元。

【通信网络诈骗团伙案侦破】 2018年1月30日,通信网络诈骗团伙案犯罪嫌疑人颜某某等17人被移送市人民检察院审查起诉。2017年8月24日、9月27日,马来西亚警方先后将犯罪嫌疑人颜某某(台湾省云林土库镇人)、钟某某(台湾省台北市人)、阮某某(台湾省基荣中正区人)移交给市公安局侦查。犯罪嫌疑人卢某某(广东省南雄市人)、杨某某(广东省惠州市人)等14人于2017年10月12~27日因涉嫌诈骗犯罪被东阳市公安局抓获归案。经查,2015年5月至2017年5月,在台湾籍犯罪嫌疑人关某某(刑拘在逃)等人组织下,招募台湾籍及大陆人员组成诈骗团伙,到塞班岛、乌干达、马来西亚等地实施通信网络诈骗。该团伙诈骗人民币2295余万元。

(吕俊红 方胜天)

·消防·

【概况】 2018年,东阳市消防大队接警出动665起,出动警力7005人次、车辆1335台次,抢救被困人员65人、疏散被困人员1人,抢救财产价值约5.1亿元。受理行政许可项目315个(设计审核69个、竣工验收59个、开业前消防安全检查187个),备案项目511个(消防设计备案242个、竣工验收备案228个、设计复查3个、竣工复查38个),满意率100%。

【机构改革】 至2018年10月,东阳市公安消防大队隶属于公安武装序列,执行一类大队编制,辖东阳中队、吴宁中队、横店中队3个消防中队。10月,中共中央办公厅、国务院办公厅推进公安消防部队和武装森林部队转制,组建国家综合性消防队伍,部署建设中国特色应急救援主力军和国家队。东阳市公安消防大队(中国人民武装警察部队东阳市消防大队)进入改制转隶期。

2018年9月28日,白云街道塘头微型消防站举行消防演练

(楼瑶琳/摄)

【消防安全管理】 2018年,市消防大队推进东阳市网格化消防组织实体化运作,检查出租房、沿街合用性经营场所,落实"网格员、社区、街道"三级督改。市消防大队联合建设、民政、综治等部门整治高层建筑,联合市安监局、市文旅办、市影视实验区管理委员会整治影视场所,联合教育部门整治校外培训机构。完成43个社区、172个重点单位微型站建设,开展全市225个千人村微型消防站配车培训工作;推广消防远程监控系统安装251处,安装智慧用电、可视监测系统13套;排摸153个自然村的消防水源,规划建设9个人工水源。

【消防宣传】 2018年,市消防大队开展消防宣传"七进"(进机关、进社区、进家庭、进农村、进学校、进企业、进网站)工作,分层次做好各类人员的宣传教育工作。在安全生产月、聘任社区消防宣传大使等活动期间,开展系列宣传活动。利用电视、广播、报刊等传统媒体和运用微博、微信等新媒体平台,宣传消防重点工作。全年开展各类互动体验式活动300余次,进社区、家庭及人员密集场所开展消防安全培训200余场,发放消防宣传资料3万余份,发送消防安全警示手机短信2万余条。

【消防安全检查】 2018年,市消防大队开展消防产品专项整治、夏季消防安全、重大火灾隐患、商业综合体消防安全专项整治、居住出租房和区域性火灾隐患集中整治等专项行动。全年检查单位6405家,发现并督促整改火灾隐患9000余处,发出责令改正通知书5478份,发出行政处罚决定书416份,发出临时查封决定书163份,责令"三停"(停止施工、停止使用、停产停业)150家,罚款149万余元,拘留108人。市领导带队开展各类消防安全检查30余次。发挥"96119"功能,举报处理查处率100%。市消防大队开展"四无"企业"飓风整治"、红木行业整治和"清零入园"等隐患整治行动,限电限产1368家,查处企业违章建筑957家、拆除建筑面积133万平方米,推动旧厂房和技术改造228家,投入资金近53亿元。

2018年8月22日，市消防大队对防爆消防灭火侦察机器人进行功能检测

（楼瑶琳/摄）

【智慧消防建设】 2018年，东阳市消除火灾隐患，打击消防违法行为，全市智慧防控建设得到副省长高兴夫的批示肯定。市政府推动在东阳市设有火灾自动报警系统的单位推广使用消防远程监控系统，提升社会单位消防设施完好率。市政府提升消防部门装备科技水平，增强应急救援力量，出资5000万元，配备消防机器人51台。

【横店“5·4”厂房火灾救援】 2018年5月4日9时11分，市消防大队接到报警称：横店镇东磁大厦后方东磁集团厂房着火。接警后，市消防大队调派横店中队3车12人、东阳中队3车12人、横店专职队2车8人、南马专职队3车12人、马宅专职队1车4人到现场扑救。9时41分到场出水，10时15分火势得到控制，11时02分明火扑灭。起火建筑为2层钢混结构建筑，建筑面积约300平方米，过火面积约100平方米。

【南马“7·11”摄影棚火灾救援】2018年7月11日20时51分，市消防大队接到报警称：南马镇南马工业园方海机械公司对面摄影棚着火。接警后，市消防大队调派东阳中队4车22人、横店中队2车12人、吴宁中队3车16人、南马专职队3车15人、千祥专职队2车10人、马宅专职队1车6人到现场扑救。21时30分，火灾得到控制。21时40分，明火基本扑灭。22时30分，现场工作人员反馈有2人失联。23时10分，在摄影棚西南角距离出口5米处找到2具遇难者遗体。起火建筑为单层钢结构建筑，建筑面积约2000平方米，作为剧组影视摄影棚使用，过火面积约300平方米。

（应志登）

检 察

【概况】 2018年，东阳市人民检察院开展业务培训，强化岗位实战练兵。联合中南财经政法大学开展检校共建合作，组织干警到中南财经政法大学等学校开展专题培训40余人次。全年有25人次受到省、市级表彰。推进涉法涉诉信访改革，加强“12309”检察服务中心建设，运用下访巡访、律师参与、刑事和解、司法救助等方式，促进矛盾纠纷化解。

【刑事检察】 2018年，市人民检察院办理审查逮捕案件894件1446人，审查起诉案件1792件2793人。开展扫黑除恶专项斗争，与市公安局、市人民法院等部门协作配合，批准逮捕203人、提起公诉89人。重点办理全国扫黑办挂牌督办的杭州滨江虞某某等59人特大涉黑案、省扫黑办挂牌督办的彭某某等18人重大涉恶案等一批典型案件。打击各类严重刑事犯罪，批捕故意杀人、故意伤害、强奸、非法拘禁等严重暴力犯罪74人、起诉101人；批捕涉枪涉爆、妨害公务、聚众斗殴、寻衅滋事等扰乱社会秩序、危害公共安全犯罪179人、起诉488人；批捕盗抢骗、黄赌毒等多发性犯罪586人、起诉1330人。

【诉讼监督】 2018年，市人民检察院加强刑事立案和侦查活动监督，监督立案86人，追捕追诉漏罪漏犯40人，其中被判处三年有期徒刑以上刑罚19人。2件案件获评全省侦查监督精品案件。对办案中发现的各类问题，发出纠正违法通知书、瑕疵通报等35件次。监督刑事审判，建立公诉案件“三书”（公安机关的起诉意见书、检察机关的起诉书、人民法院的判决书）比对审查和抗诉线索交叉审查机制，提出或提请上级院抗诉4件，获法院改判2件。联合市人民法院制定规范性文件，健全检察长列席法院审委会制度，对重大疑难复杂案件依法提出检察意见。监督刑事执行，履行监管场所巡查、捕后羁押必要性审查、财产刑执行、强制医疗执行、社区矫正等监督职能，提出书面纠正意见21件次，建议收监执行2人，建议变更强制措施39人。做好民事行政检察，优化机构设置、人员配备和内部协作机制。监督法院生效裁判，对认为确有错误的民事裁判，提出再审检察建议或提请上级院抗诉16件。监督审判执行活动，开展非诉执行活动监督，发出18份检察建议均被采纳。关注民间借贷、“校园贷”“套路贷”等重点风险领域，开展民事虚假诉讼专项监督，全年立案25件，其中移送公安机关立案侦查9件19人，提请民事抗诉14件，市人民法院均指令再审或审结改判。1件案件获评全省虚假诉讼监督精品案件。

【公益诉讼】 2018年2月22日,市委、市政府制定《关于支持检察机关开展公益诉讼工作、推进法治东阳建设的意见》,支持保障公益诉讼工作,市人大多次专题调研公益诉讼开展情况。6月29日,东阳市人民检察院公益损害与诉讼违法举报中心在市人民检察院12309检察服务大厅挂牌成立,该举报中心经省编办批准,省三级检察机关同步挂牌成立。全年办理行政公益诉讼诉前程序案件14件,督促修复山林1.07公顷,复垦农田2.8公顷,放流鱼苗42万余尾,追回国有财产220余万元;提起刑事附带民事公益诉讼4件,市人民法院判决被告人支付赔偿金21万余元。

【服务非公经济专项检察开展】 2018年,市人民检察院起诉破坏市场经济秩序、金融管理秩序、侵犯知识产权等各类经济犯罪119人。1件案件获评全省金融检察优秀案件。保护民营企业合法权益,起诉强迫交易、串通投标等妨害企业经营以及侵占挪用、商业贿赂等侵害企业财产犯罪46人。对犯罪情节轻微的涉企案件建议变更强制措施17人,作不起诉41人(含单位)。围绕市建筑产业转型发展,在全省率先发布《建筑业检察白皮书》《建筑领域犯罪案件证据收集审查指引》,统一执法司法标准,促进行业规范治理,增强风险防控能力。

【服务民生民利】 2018年,市人民检察院起诉污染环境、非法采矿等破坏环境资源犯罪26件46人,主动督促涉案人员落实经济赔偿以及土地复垦、补植复绿等修复补偿工作。惩处民生领域犯罪,起诉侵犯公民个人信息、电信诈骗、非法集资等涉众型犯罪207人,"套路贷"、虚假诉讼、恶意欠薪、拒不执行判决裁定等严重失信犯罪46人,立案监督食药品领域犯罪3件11人。加强涉农检察工作,依法打击开设赌场、破坏选举等危害农村稳定,以及虚报冒领惠农补贴、挪用侵占集体资产等侵害农民权益的犯罪。

2018年6月29日,市人民检察院公益损害与诉讼违法举报中心挂牌成立
(邓 俊/摄)

【绿荫工作室】 2018年,市人民检察院深化未成年人检察工作。5月4日,东阳市成立全省首批"一站式"未成年人检察办案场所绿荫工作室,工作室总面积100平方米,配备刑事和解室、心理疏导室、询问取证室、谈话室、训诫宣告室。全年开展市人民检察院未成年人检察主题开放日活动1次,开展检察官进校园活动5次,联合多部门建立一系列社会化联动支持机制,开展羁押监管监督、社区矫正监督、观护帮教、法律援助、综合救助等工作,1件案件获评全省涉未成年人诉讼监督精品案例。

【"阳光检察"建设】 2018年,市人民检察院加强案件管理监督,依托全程网上办理、文书自动生成、司法差错

2018年5月23日,市人大代表、政协委员参观绿荫工作室
(市人民检察院提供)

拦截、办案流程监控的检察业务办案系统，加强对司法办案活动的全程同步动态监督，健全案件质量评查机制，做到案中案后质量把控全覆盖。持续打造“阳光检察”，完成“12309”检察服务中心建设，落实检察环节“最多跑一次”改革，为群众提供信访举报、信息查询等“一站式”服务；深化检务公开，增强司法透明度，发布案件程序性信息3204件，公开法律文书1655件。

【全省首例食品安全领域民事公益诉讼案件】 2018年3月13日，市人民检察院公诉部门依法受理审查周某涉嫌生产、销售有毒有害食品一案，并将案件线索移送民事行政检察部门，成立专案办案组开展立案调查。经调查，周某生产、销售“口水油”的基本事实清楚、证据充分。认定周某在2017年10月至2018年1月17日期间，从顾客食用过的火锅汤底中收集餐厨废弃油脂制作20千克左右“口水油”。在制作火锅汤底时，周某每次将0.18千克左右的“口水油”加入火锅底料中，配置成新的火锅汤底供顾客食用。周某的行为违反食品安全法相关规定，损害不特定消费者的健康安全与消费知情权，危害社会公共利益，除依法应受刑事处罚外，还应承担相应的民事侵权责任。

2018年5月2日，市人民检察院以公益诉讼起诉人的身份，依法对周某涉嫌生产、销售有毒有害食品罪提起刑事附带民事公益诉讼。该案系全省首例食品安全领域提起诉讼的民事公益诉讼案件。

（曹 越）

法 院

【概况】 2018年，东阳市人民法院新收各类案件31819件，比上年下降6.70%，结案34769件，比上年增长5.84%，法官人均结案数501.36件，为全省平均数的近两倍，列全省第五。服判息诉率94.14%，二审改判发回案件83件，占审结案件总数的0.45%，二审改判发回瑕疵率为零。办案质量、效率、效果指标位列金华市各基层法院第1位，综合成绩连续5年保持金华市各基层法院前2名，连续6年获全国“在司法新闻、司法理论宣传工作中做出突出成绩的人民法院”称号。

【刑事审判】 2018年，市人民法院新收刑事案件1357件，审结1335件，惩处犯罪分子1970人。开展扫黑除恶专项斗争，依法受理涉黑涉恶案件13件53人，依法审结公安部督办的“陈才强涉黑系列案”被告人之一杨建荣涉黑一案。依法审结聚众斗殴、寻衅滋事等案件39件106人，审结“黄赌毒”犯罪案件172件413人。严惩职务犯罪，审结贪污、贿赂等犯罪案件9件9人。依法审结食品安全领域犯罪案件9件21人，其中刑事附带民事公益诉讼案件3件。打击盗窃、抢夺、非法吸收公众存款等侵犯公民财产、破坏金融秩序的犯罪，审结416件495人。打击新型诈骗犯罪，依法审结颜某某等57名被告人特大跨国电信网络诈骗案，开庭审理翟某某等52名被告人买卖邮币诈骗案。实施宽严相济的刑事政策，对原取保候审、监视居住的不宜适用非监禁刑的321名被告人判处实刑，决定逮捕，收监执行；对犯罪较轻、认罪悔罪态度好的440名被告人判处非监禁刑或免予刑事处罚。深化以审判为中心的刑事诉讼制度改革，有33件刑事案件的43名鉴定人、侦查人员等出庭作证，证人到庭率100%。完善刑事案件律师辩护全覆盖工作，对可能被判处3年以上有期徒刑的被告人指派法律援助律师出庭辩护，辩护率100%。

【民事审判】 2018年，市人民法院新收民商事案件15270件，比上年下降4.35%，审结15710件，解决争议标的额122.40亿元。改革家事审判方式，妥善审结婚姻、继承等家事案件943件；落实《中华人民共和国反家庭暴力法》，与市司法局、市妇联协同构建反家暴工作机制，发出首张“婚姻家庭人身安全保护令”。审结房屋买卖、建设工程纠纷等案件961件。审结知识产权纠纷案件361件。审结涉外案件18件。对物业服务纠纷案件审理情况提出司法建议，助力住建部门及房地产协会出台《东阳物业服务行业会员单位自律公约》。

【行政审判】 自2018年1月1日起，金华市中级人民法院实行基层人民

2018年12月7日，翟某某等52名被告人买卖邮币诈骗一案开庭审理

（市人民法院提供）

法院异地集中管辖行政诉讼案件的办法。婺城区人民法院管辖原由市人民法院管辖的行政诉讼案件。市人民法院继续负责审理本院涉10人及以上的集团诉讼、不动产登记、政府信息公开的行政诉讼三类案件及非诉行政执行案件的审查、执行等工作。全年新收行政诉讼案件52件，审结64件，比上年分别下降55.17%和46.67%。其中判决行政机关败诉的12件，败诉率18.75%。达成和解协议或撤回起诉的12件，占18.75%。规范当事人依法行使行政诉讼权利，对23件不属于行政诉讼受理范围的案件，依法裁定不予立案或驳回起诉。审查和执行非诉行政案件，审查232件，执结77件，执行到位标的额262.41万元。落实行政机关负责人出庭应诉制度，出庭应诉率100%。强化司法与行政良性互动，落实府院联席常态化机制，连续7年发布《行政审判白皮书》。

【执行工作】 2018年，市人民法院新收执行案件13704件，比上年下降9.72%，居全省第8；执结16253件，比上年增长22.99%，列全省第5，到位标的额31.23亿元。建立院领导督办机制，有财产可供执行案件法定期限内实际执结率98.18%，无财产可供执行案件终结本次执行程序合格率99.99%，执行信访案件办结率100%，三年执结率92.06%。网络查控财产，发起银行、支付宝、理财账户存款查询5万余次，冻结8661万元；发起房产、车辆等查询33万余次。累计公布失信被执行人名单信息13535条，纳入限制高消费名单24824人；采取拘留措施798人次，限制出境1700余人次。与公安部门协作，联合布控被执行人4241人，协控到位车辆71辆。推进“院所合作”社会矛盾化解工作，联合拘留所民警对被执行人进行疏导教育，执结案件154件，到位标的额2069.15万元。打击拒不执行判决、裁定行为，联合市公安局、市人民检察院建立协同机制，移送公安立案侦查47件61人，判处拒执罪17件18人。运用执法记录仪，实现执行活动的全程留痕。完善执行案款管理制度，运用“一人一案一账号”管理系统，确保执行款及时发放。自主研发执行案件展示平台，设置案件节点提醒、超期预警、实时统计等功能，动态管理执行工作。完善立案、审判、执行衔接机制，强化各环节财产查控和案件调解力度，督促当事人自动履行义务，民事调解案件自动履行率78.35%，列全省第4。利用官方网站、微信等平台，公开执行信息和流程，保障当事人的知情权和监督权。在《金报东阳》头版开设执行专栏，通过公布典型案例、公开被执行人名单等，全方位开展宣传。召开打击拒执工作新闻发布会，向社会通报工作开展情况。发布宣传稿件136篇，比上年增长110%，微信单篇最高阅读量2万余人次。

【服务大局】 2018年，市人民法院制定《关于依法保障和促进我市建筑行业发展的十点意见》，为东阳市建设“工匠之乡”“建筑之乡”提供司法保障。开展“企业大走访”活动，为企业良性发展提供司法保护，走访企业34家，实地化解纠纷20余起。化解涉影视企业纠纷，加强与影视中心调委会的沟通联系，处理纠纷32起。服务红木产业发展，实地走访红木家具制造厂20余家，提供法律咨询服务。受理企业破产案件74件，审结59件，通过执行拍卖程序稳妥处置“僵尸企业”（丧失自我发展能力，必须依赖非市场因素即政府补贴或银行续贷来维持生存的企业）22家。与市财政局联合印发《东阳市企业破产援助资金管理和使用办法》，强化企业破产保障。审执金融债权案件，审结1041件，执结1388件，到位标的额17.91亿元。累计化解涉众型、涉房地产开发公司系列案9批737件，维护房地产秩序稳定。审结破坏环境资源犯罪案件25件44人。依法支持环保行政执法，审结环保部门申请强制执行的污染环境案件68件，准予执行率100%。审理涉土地承包、征地补偿等“三农”案件307件。发挥人民法庭在基层治理中的作用，累计“送法进乡”20余次，接受咨询240余人次。在三单乡设立巡回审判点，选取典型案件开展巡回审判，邀请村民参与旁听。加强与辖区调委会、派出所的联动，提前参与矛盾纠纷化解工作，化解纠纷60余起。

【规范化建设】 2018年，市人民法院建立案件信息共享机制，保证关联案件的承办法官全面掌握案件信息，统一裁判尺度。打击虚假诉讼、职业放贷等行为，累计将20起涉嫌虚假诉讼的犯罪线索移送公安机关，判处虚假诉讼罪案件5件8人。落实《案件质量差错责任追究办法》，评议案件100件，无认定瑕疵案件。规范送达工作，联合市司法局印发《加强送达工作的意见》，明确律师、法律工作者如实准确填写送达地址的责任，提高送达效率。

【诉讼服务平台建设】 2018年，市人民法院优化诉讼服务中心的功能布局，配齐智能化服务终端，深化“最多跑一次”改革。9月10日“浙江微法院”上线，引导当事人和律师通过微法院进行立案、咨询，通过微法院立案537件，进行证据交换、达成和解、送达文书等120余件。推广使用在线矛盾纠纷多元化解平台，线上化解纠纷1656起，居金华各基层法院第一。推进庭审记录改革，运用智能语音识别系统，提高审判效率。推进电子卷宗深度应用工作，实现诉讼档案的网上调取、异地阅卷、同步查询。

【基层基础建设】 2018年，市人民法院巩固提升星级人民法庭创建成果，为辖区提供优质的司法服务。发展“枫桥经验”，将诉前调解、文书送达、纠纷化解等职能延伸至各村（社区），助力调处各类纠纷。完善驻庭人民调解员工作机制，3个派出法庭引调案件738件，调解成功376件，收案比上年下降11.52%。

（虞天浩）

司法行政

【概况】 2018年，东阳市司法局下辖直属乡镇司法所18家，配备司法助理员24人。有律师事务所21家，执业律师162人。有基层法律服务所6家，基层法律工作者47人。有行业性、专业性人民调解组织470个，人民调解员2474人。有公证处1家，公证从事人员20人，其中公证员8人。

市联合人民调解委员会被司法部命名为“全国人民调解工作先进集体”。在金华市司法局对各县（市、区）司法局的2018年度工作综合考评中列第一位，被评定为优秀单位，记集体三等功1次，连续3年在市级机关部门工作目标责任制考核中获一等奖。

【律师管理】 2018年，市司法局制定和印发《关于建立东阳市律师工作联席会议的通知》。全年召开联席会议2次，审议通过《东阳市律师工作联席会议制度》，建立健全律师执业监管跨部门协调机制和律师执业权利保障跨部门协调机制。加强对参与打击涉黑涉恶案件律师的学习培训、报告备案、集体研究、检查督查四项制度，重点加强律师代理涉黑涉恶案件督导。

【公共法律服务建设】 2018年，市司法局制订《关于公共法律服务体系建设的实施方案》《关于进一步规范东阳市公共法律服务站点建设的通知》。建设公共法律服务中心、镇乡街道法律服务站、村（居）法律服务点三大实体平台。成立金华范围内首家五星级规模的公共法律服务中心，在18个街道便民服务中心设立公共法律服务站，实现18个镇级公共法律服务站落实“三个一”（一块牌子、一个窗口、一项导引）平台外观建设要求。388个村级公共法律服务点完成“三个一”（一块牌子、一个公示栏、一个法律服务资料架）平台建设任务。建设司法行政工作室和“三室一站”（法治宣教工作室、人民调解工作室、法律服务工作室和社区矫正工作站）。在村（居）委会、老年活动中心等人口密集场所，设置公告栏展示公共法律服务项目和服务途径。推进农村社区法律顾问工作，结合“百名律师（法律工作者）进千企”专项法律行动，实现全市378个村（社区）法律顾问全覆盖。全市有312家规模以上企业、4家商会、6家行业协会配备法律顾问。配合市政府法制办做好政府法律顾问工作，全市58家机关部门、乡镇街道办事处均配备法律顾问，覆盖率100%。

【人民调解】 2018年，市司法局推进“12348浙江法网”建设，践行“最多跑一次”改革要求，实施人民调解“线上+线下”双重预约制度，开设网上调解室、网上调解专家等项目。升级“12348”法律援助热线，将人民调解纳入热线服务，由市公共法律服务中心聘请律师接听热线，统一解答咨询、登记调处申请。在市信访局和18个镇乡街道设立人民调解工作室和访调对接工作室，集中化解信访矛盾纠纷。开展信访案件摸排150次，排查出适合人民调解信访矛盾纠纷32件，受理21件（其中信访积案9件），成功调解10件。全年市、镇、村三级调委会组织开展社会矛盾纠纷排查983次，受理矛盾纠纷2588起，成功调处2587起，调处成功率99.96%，涉及金额12021.2万元。行业专业性调查委员会受理矛盾纠纷11413起，成功调处8935起，调处成功率78.29%，挽回经济损失14379.18万元。

【社区矫正】 2018年，在改革开放40周年和“枫桥经验”55周年纪念大会、首届中国国际进口博览会、世界地理信息大会、第五届世界互联网大会等重大活动期间，市司法局统筹做好社区矫正维稳安保工作。开展“三整三查”（开展社区矫正隐患整治、查实安全短板活动；开展社区矫正纪律整顿、查补秩序短板活动；开展社区矫正作风整改、查补队伍短板活动）专项行动，保证社区服刑人员在重要时段“零犯错”。召开全市社区矫正“扫黑除恶”专项斗争动员部署视频会议，以司法所为单位摸排涉黑涉恶、涉枪涉爆人员，摸排出涉枪人员6人。开展季度社区矫正执法检查和半年度公检法联合社区矫正执法检查。印发《2018年度社区矫正工作、特殊人群管控考核办法》，规范镇乡、街道社区矫正及特殊人群管控工作。开通校企统一培训与上岗资格考证绿色通道，开展高中学历进修和全课时技能资格培训。促进社区服刑人员“双证解矫”，全年开展此项教育18期、1172人次。全年减少应矫正人员344人，其中期满解矫308人、变更居住地26人、收监执行6人、死亡4人。全市在册社区服刑人员402人，其中管制5人，缓刑333人、假释56人、暂予监外执行8人、未成年社区服刑人员2人，患精神疾病1人。

【社区矫正职业技能培训中心成立】 2018年4月，市司法局联合东阳市职业教育中心学校、东阳市社区成技学院成立金华市首家社区矫正职业技能培训基地。在市职业教育中心学校建立建筑体验场地和木雕工艺体验场地，实施“就业帮扶工程”，按照“四学”（因人设学、按需定学、分类教学、就近参学）原则，设置5大类12个子项目课程。

【安置帮教】 2018年，市司法局完善归正人员二级核对制度，实现百分百建档；建立安置帮教基地4个，解决归正人员就业问题，衔接率100%。开辟刑释解教人员就业、劳动技能培训绿色通道，落实普惠政策和社会保险政策。全年接收刑释解教人员413人，至年末，有归正人员1831人，重新犯罪0人，重新犯罪率0%。到省十里丰、十里坪监狱开展超前帮教活动，与省十里坪监狱签订2018年度监地衔接合作协议。

【人民陪审员选任】 2018年，根据《中华人民共和国人民陪审员法》，市司法局首次确立人民陪审员司法行政机关选任、人大常委会任命、法院使用的工作机制，完成人民陪审员候选人随机抽选。选任方式采取随机抽选为主，个人申请和组织推荐为辅，产生186名人民陪审员，其中，41名人民陪审员通过144名推荐自荐候选人中随机抽选产生,145名人民陪审员经市司法局会同市人民法院、公安机关从辖区内年满28周岁的常住居民名单中随机抽选产生。新任命加之之前任命的86人,全市有人民陪审员272人。

【法治宣传】 2018年,市司法局开展普法宣传教育,组织开展"3·5学雷锋日""3·8妇女节""3·15消费者权益保护日""4·15国家安全日""世界知识产权日""6·26国际禁毒日"等系列普法宣传活动。成立社会化普法志愿组织,开展"明法笃行 伴你成长""争当文明守法公民""青春路上,与法同行""三八妇女维权普法宣传"等各类普法宣传活动52次,累计志愿服务11526小时。全年在东阳电视台播出《生活与法》和《东阳老娘舅》栏目157期,推送法律法规知识245期735条;在《东阳日报》刊出《法律故事会》25期;"东阳点点点法"微信公众号平台发表文章738篇;开办新普法期刊《江中法治》,全年刊出12期。在市政府门户网站开设东阳普法专栏,发表文章216篇。制定《市政府常务会议学法实施方案》,实施全市公务员"学法用法三年轮训行动"。全市各部门单位开展宪法专题学习活动60余次,发放宣传资料2.5万余份。

【基层民主法治建设】 2018年,市司法局推进民主法治示范村(社区)创建工作,创建国家级民主法治示范村(社区)1个(南马花园村)、省级16个、市级80个,获批省级法治文化示范点2个(南马镇花园村、横店禁毒馆),"七五"普法联系点1个(南马镇花园村),建成省级青少年法治宣传教育基地1个(横店禁毒馆),省级法治宣传教育基地1个(东阳法治文化公园),省级法治宣传优秀项目1个(花园村法治文化建设示范点)。创建金华市级民主法治示范村(社区)13个。根据"一镇一特""一村一品"工作理念,将各地的特色和亮点与法治文化元素相融合。东阳江镇上陈村结合该村"普法老人"陈星水的法治漫画打造特色法治主题景观带;城东街道单良村将家规家训与法治元素有机融合打造特色法治文化礼堂。

【法律援助及"148"法律服务专线】 2018年,市司法局完善四级法律援助网络,建成1个法律援助中心、18个镇乡街道法律援助工作站、390个村(社区)法律援助联络点、12个行业法律援助工作站。全年法律援助中心接待来访来电群众3912人次,办理援助事项846件,其中刑事案件771件、民事案件75件,开展各类宣传活动17场次,发放法律援助宣传册3800份。10月,实现刑事案件法院阶段辩护律师全覆盖,建立法律援助律师"点援制",编制《东阳市法律援助律师点援册》,标明律师擅长案件类型,供家属参考。全年援助中心受理全覆盖类刑事援助案件367件。

【公证】 2018年,公证处参与农房集聚区选房、"治危拆违"、拆迁安置等政府中心工作,全年办结公证事项6742件,业务收费约560.184万元,其中民事公证4795件、经济公证772件、涉外公证1175件。参与司法调解1件,参与法院执行的保全证据12件。简化1万元以下小额遗产继承公证办证流程,免收公证费用,全年办理相关公证60件,涉及小额遗产48.6万元,为当事人免去公证费用1万余元。继续与5家建筑企业签订协议;为影视企业办理各种公证32件,减免收费1万余元;为影视明星办理各类公证15件,减免收费6000余元。推进"最多跑一次"改革与电子信息化结合,在微信公众号、公证云等信息化平台提供网上咨询、网上申办等服务。全年通过平台办理相关公证事项1592件。

【宪法宣传系列活动】 2018年3月30日,省普法办联合省诗词与楹联协会、《浙江法制报》《浙江日报》到南马镇花园村开展民主法治村采风活动暨"法治村里话宪法"系列直播活动,"浙江普法"微信公众号、"浙江新闻"APP进行同步直播。省司法厅党委委员、副厅长、省普法办主任劳泓参加活动。12月4日,由市普法办、市司法局主办的首个宪法宣传周暨"12·4"国家宪法日广场法律咨询活动在市黉门前广场举行,市行政执法局、市市场监管局、市司法局、市人力社保局、市国土局、吴宁街道等15家部门单位参加活动。

(潘婷婷)

2018年3月30日,省普法办到南马镇花园村开展民主法治村采风活动暨"法治村里话宪法"系列直播活动 (市司法局提供)

人民武装

【概况】 2018年，中国人民解放军东阳市人民武装部（简称市人武部）组织开展“传承红色基因、担当强军重任”“和平积弊大起底大扫除”主题教育活动。10月24日，组织全市各镇乡街道40余名专职武装干部到义乌市参观陈望道故居。加大基础训练强度，完成军分区赋予训练任务。8月4日，东阳市优秀退役军人代表座谈会在市行政中心召开。市人武部被省军区评为“省级战备训练先进单位”。马自成被金华军分区评为“2017年优秀专武干部标兵”，卢金华被金华军分区评为“2017年度优秀民兵连长标兵”，徐锋平被金华军分区评为“2017年战备训练先进个人”。

【民兵队伍建设】 2018年，市人武部调整全市普通民兵人数，基干民兵分三类建设。按照专业对口要求，编建上级纳入基干民兵组织规划的专业队伍。成立2个检查组，验收18个镇乡街道检查整组工作成效，到点率91.2%，点到率100%。指定江北街道作为基层武装部规范化建设试点，提高基层建设水平。

按照2小时内出动80%的要求，担负战备值班分队的市民兵应急连每季度、镇乡街道民兵应急排每月至少组织紧急出动演练1次。4月1日，组织民兵配合市公安部门完成横店马拉松赛事安保任务；4月13日，市人武部在市民兵训练基地组织召开全市2018年度民兵应急分队整组点验大会，全市民兵应急排参加集中点验；5月，参加浙江省“民兵+民间”救援演练；11月11～13日，出动民兵协助市公安局做好在绍兴市举办的纪念毛泽东批示学习推广“枫桥经验”55周年暨习近平总书记指示坚持发展“枫桥经验”15周年大会安保工作。11月12～14日，组织民兵应急连在江北街道青山头村市民兵训练基地开展为期3天的集中训练，来自吴宁街道、江北街道、六石街道和市红十字救援队的队员参加集训。在省军区第一届民兵岗位大比武中，东阳市组训的民兵通信专业分队获第一名。把红十字救援队部分队员编入民兵应急连，组建民兵兼职教练员队伍，实现“民兵+民间”的融合。

【国防教育】 2018年，市人武部开展“军属大走访”“八一光荣榜”等活动，增强全民国防意识；建立民兵宣传队1支，使用微信推广国防教育内容；利用横店国防科技园，以“全民国防教育万映计划”为载体，开展国防教育。

【新兵征集】 2018年3月，市人武部到辖区普通高中开展专题国防教育和现场政策咨询，开展“征兵宣传进校园”活动；镇乡街道武装部到村居、企业进行普遍宣传，重点解读大学生征兵优惠政策。对全市年满18周岁适龄青年进行兵役登记，登记率100%。7月25日，东阳市征兵体检工作启动。使用网络版征兵体检信息化管理系统，体检完成后系统自动生成体检报告。从应征青年家长、转业退伍军人、退休干部、人大代表、政协委员、热心群众中聘请78名廉洁征兵监督员，确保廉洁征兵。8月29日至9月2日，市征兵办公室根据国防部征兵办公室《关于组织开展预定新兵役前教育训练的通知》要求，在横店国防科技园组织开展双合格预定新兵役前训练。9月10日，2018年新兵入伍欢送大会在东阳剧院举行。

【全市武装工作会议】 2018年3月20日，全市武装工作会议召开。市人武部部长王建军对2017年的武装工作进行总结，对2018年的武装工作进行部署。金华市副市长、东阳市委书记、市人武部党委第一书记黄敏在会上作报告。江北街道、佐村镇党（工）委书记在会上作党管武装工作述职。会议表彰2017年度武装工作先进单位和个人。各镇乡街道党（工）委书记、全体专武干部、市国防动员委员会、市国防教育委员会全体成员参加会议。

【“军事日”活动】 2018年11月27日，金华市副市长、东阳市委书记黄敏带领卜亚男、李宝春、王忠源等市四套班子领导，到海军某部开展“军事日”活动。参加“军事日”活动的领导按照军事纪律，身着戎装，参观军史馆，交流军地发展经验，了解当前国际形势。活动结束后，在东阳市行政中心召开市委常委议军会议，金华市副市长、东阳市委书记黄敏主持会议，市人大、政协主要领导和市委常委出席会议。会议听取市人武部关于东阳市2018年度武装工作情况报告，传达金华市委常委议军会精神，进行讨论研究。

2018年11月27日,市领导集体到海军某部开展“军事日”活动

(包康轩/摄)

【慰问军属】 2018年1月28日,市人武部与市民政局、市双拥办、爱国拥军促进会等相关单位负责人到千祥镇、横店镇慰问军人王胜祥、何正红及家属,送上喜报和奖金。2月8日,省军区战备建设局局长方寿祥到城东街道慰问楼耀亮家属,送上春节祝福、慰问品和“将军之家”牌匾;到南马镇看望东部战区海军副司令员支天龙的母亲,送去“将军之家”牌匾和慰问品。

【退役军人返乡欢迎仪式暨专场招聘会举行】 2018年9月14日,2018年退役军人返乡欢迎仪式暨专场招聘会在市人力社保局举行,返乡退役士兵参加,金华军分区副司令员闫扩远到会指导。专场招聘会上,23家单位提供200余个就业岗位,有多名退伍军人现场与企业达成就业意向。

(王秀文)

武警东阳中队

【概况】 2018年,中国人民武装警察部队金华支队东阳中队(简称武警东阳中队)学习贯彻中共十九大精神,学习贯彻习近平强军思想,结合实际制定“赓续传统、凝聚共识、建强根基、共谋发展、再启新篇”的工作思路,抓好“传承红色基因、担当强军重任”主题教育,利用驻地红色资源建队育人。年末被武警金华支队评为“基层建设先进中队”。全年1人荣立三等功,1人被评为“优秀基层干部”,5人被评为优秀士官,3人被评为优秀义务兵,5人获得嘉奖,3人改选高级士官,发展中共党员2人。

【双拥共建】 2018年,武警东阳中队拥政爱民工作规范化、制度化、经常化。春节前夕,组织官兵到驻地困难弱势群众家中开展帮扶活动;2月,开展双拥宣传月活动;6月,邀请驻地书法协会艺术家为中队官兵创作书法作品20余幅;7月,开展流动图书进军营活动,发挥“文化共建联创”载体作用,受赠各类图书100余册;12月11日,组织10名官兵与地方舞蹈学院共同进行文艺演出。

【中队重要活动】 2018年,武警东阳中队围绕维护社会稳定,保卫驻地安全原则开展反恐处突准备。中队学雷锋事迹被CCTV—7相关栏目报道。2月7日,中队邀请雷锋生前所属连连长虞仁昌老人到队讲述雷锋故事;学唱雷锋系列歌曲;开展“学习雷锋精神,争做雷锋传人”活动。

(何　仪)

人民防空

【概况】 2018年,市人民防空办公室(简称市人防办)根据省、金华市人民防空会议精神,夯实应急应战准备,开展防空防灾基础设施建设,提升人防工程建设数量和质量,结合“3·1国际民防日”“5·12防灾减灾日”等活动开展人防宣传教育工作。在“东阳发布”微信公众号和微博发布公告和宣传人防知识法规,在《东阳日报》、东阳电视台等媒体进行人防演练活动报道。为城区8所初级中学和小学试点学校提供人防教材4000余册。完善重点镇的人防展览馆和民防教育基地的宣传教育及技能训练功能。

【防空防灾基础设施建设】 2018年,市人防办管理维护0603人防工程,确保指挥所各通信信息系统、设备正常运行。定期开展视频图像和声音的互联互通及短波电台通信联络训练,指挥车设备设施和指挥中心视频会议系统处于良好使用状态,保障应急指挥和视频会议召开。完成4套防空防灾警报的改造提升。

【防空防灾专业训练】 2018年,市人防办开展民防队伍训练、群众疏散演练、跨区拉练外训和警报试鸣等工作。5月12日,结合第十个全国“防灾减灾日”举行防灾警报试鸣并在艺海星城组织人口疏散演练活动。9月18日,开展防空警报试鸣。参加金华人防办组织的民防应急指挥车跨区域通信保障演练,参与金华市人民防空实战化演习相关工作。

【人防工程管理】 2018年,人防工程资料及时入档,深化平战转换方案的编制工作;开展人防“双随机”检查活动,对检查中存在的问题作出督促整改。定期、不定期对在建和已建的人防工程进行施工质量监督,建立完善维护管理年检制度。在地下空间开发利用建设中,落实人防兼顾工程建设,发挥人防工程在推进治理城市交通拥堵问题的作用。

(徐超群)

发展与改革

【概况】 2018年，东阳市实现地区生产总值585.00亿元，按可比价计算，比上年增长5.5%。其中，第一产业增加值16.8亿元，第二产业增加值276.5亿元，第三产业增加值291.7亿元，分别比上年增长1.0%、5.6%、5.7%。三次产业结构为2.9∶47.2∶49.9。全市固定资产投资比上年增长13.8%。其中，民间投资比上年增长14.3%，交通运输投资比上年增长11.1%，生态保护和公共设施投资比上年增长100.4%，高新技术产业投资增长93.5%。横店影视产业园、花园高性能铜箔等一批投资超10亿元的重大项目进展顺利。梦上海一期竣工，广州街·香港街完成改造提升，卢宅文化休闲园开业运营。完成中山路等59条道路改造，打通广福东街、江滨南街断头路。横店通用机场通航，南上湖至郭宅公路建成通车，义东高速东阳段、S315南市至画水段等工程开工建设。金丽温天然气管道东阳支线开通运营。

东阳市各类商品供应充足，价格总体平稳。粮食价格有涨有跌，食用油价格总体平稳，猪肉价格先抑后扬，鸡蛋、仔猪、饲料价格小幅波动，蔬菜价格涨跌相望，建材价格波动明显，液化气价格先涨后跌。价格主管部门通过加强价格管理、开展各类价格专项检查、加强市场价格监管、强化价格举报受理工作等措施，维护全市消费物价的稳定。

【课题规划】 2018年6月，市政府办公室印发《东阳市国民经济和社会发展第十三个五年规划中期评估实施方案》，启动“十三五”规划纲要执行中期评估工作。9月，市发改局形成送审稿并向市政府常务会议、人大财经工委会议、人大主任会议、人大常委会进行汇报。完成《金融支持实体经济发展的调查与思考》《关于花园村申报小城市培育试点的调研报告》《对我市燃气行业的调查与思考》《“标准地+承诺制”助力企业投资项目“最多一百天”工作》等课题报告。

【经济形势分析】 2018年，市发改局制订年度国民经济和社会发展计划，围绕经济运行出现的新情况新问题，做好每月、每季度的经济形势分析，固定资产投资分析和价格监测分析。健全监测分析制度，完善经济监测网络，召开经济运行监测预警部门联席会议，完成每季度全市经济运行分析报告和140家企业(80家工业企业和60家服务业企业)运行监测调查报告。

【公车改革】 2018年，市发改局印发《东阳市事业单位和国有企业公务用车制度改革工作方案》《东阳市事业单位公务用车制度改革实施意见》，推进事业单位和国企公车改革。开展机关车改考核评估，提出重点阶段性工作用车解决方案。

355家事业单位改革前车辆数为562辆，改革后车辆数为526辆(业务用车154辆、特种车343辆、执法执勤车29辆)，取消36辆；改革前司勤人员数为293人，改革后司勤人员数为281人，安置12人(其中解聘4人、内部转岗8人)；改革前公务交通支出4185万元，改革后公务交通支出4019万元，节支率3.97%。除市卫计局下属事业单位部分救护车和市交通局下属事业单位执法执勤车按照上级部门制式统一喷涂不列入喷涂范围外，其余保留车辆均按事业单位车改要求进行喷涂。

事业单位和国有企业取消车辆60辆，其中报废车辆28辆(事业单位21辆，国有企业7辆)，公开拍卖车辆32辆(事业单位15辆，国有企业17辆，评估价78.3万元，成交价121.7万元)。

【重点项目建设】 2018年，东阳市安排政府投资项目293个，年度计划投资121.33亿元。其中，重点建设项目20个，一般性建设项目273个，重大前期项目21个，一般性前期项目84个。4月3日，全省扩大有效投资重大项目集中开工仪式金华分会场在南马镇花园村举行，花园集团年产5万吨高性能铜箔建设项目等7个项目参加此次集中开工，总投资110.2亿元。5月18日，“六比六看”重大项目推进现场会在市经济开发区召开。

省重点项目、金华重点项目、第五批省集中开工项目、第六批省集中开工项目超额完成年度投资计划，分别完成年度计划的173.8%、175.1%、186.6%、176%。7个省重点项目、32个金华重点项目、14个省集中开工项目实现开工率100%。全年有5个项目列入省市县长项目工程，其中年产

2018年4月3日，全省扩大有效投资重大项目集中开工仪式金华分会场在南马镇花园村举行 （市发改局提供）

50000吨高性能铜箔建设项目、横店影视产业园项目、年产2000万件(套)电子器件项目3个项目开工入库，项目落地率60%。增加星月理想庄园等3个项目为省重大产业项目，增加木材交易中心等7个项目为2018年省服务业重大项目。列入省重点建设项目计划9个，获批省“4+1”重大工程14个。

【特色小镇建设】 2018年，木雕小镇2017年度考核获得“良好”。完成木雕小镇规划调整和国家AAA级旅游景区景观质量专家评审，小镇客厅、小镇茶室、手作坊投入使用，交易中心项目一期、检验检疫中心建设完成。4月，调整市特色小镇规划建设工作联席会议成员名单及职责，成立东阳市花园红木家居小镇创建工作领导小组，健全特色小镇有关体制机制。9月13日，在全省特色小镇规划建设工作现场推进会上，公布省级特色小镇第四批创建名单和第三批培育名单。东阳花园红木家居小镇列第四批创建名单。

【新能源建设】 2018年，东阳市完成居民光伏并网1209户，完成汽车充电桩建设163个。推进巍山新能源示范镇建设，制订专项资金分配方案。完成2017年度东阳市温室气体清单编制和20家重点企(事)业单位碳排放报告编制及核查工作。推进综合供能服务站建设，成立协调推进小组。加快高污染燃料锅炉淘汰扫尾，106台燃煤锅炉完成本体拆除。全市列入淘汰范围的燃煤锅炉完成验收，对650台淘汰锅炉发放财政补助资金3775.09万元。

东阳市推进天然气管道工程。5月30日，西气东输东磐支线开工仪式在湖溪镇上红湖村南湖田举行。8月10日，金丽温省级天然气管道金衢段配套管道工程东阳支线建成投产，在吴宁街道孙村的东阳市天然气输气站举行投产仪式。

【企业投资项目开工前审批“最多100天”改革】 2018年4月，市政府办公室印发《东阳市“标准地”模式实施方案》《东阳市企业投资项目“一窗受理、集成服务”实施方案》；10月，东阳市印发《东阳市一般企业投资项目开工前审批“最多100天”改革实施方案》；12月，市政府办公室印发《东阳市企业投资项目承诺制改革容错纠错实施办法》，召开“最多100天”推进会及工业用地联审会20余次。增加工业出让用地81宗，其中标准地68宗，占比84%。7月至9月，“最多100天”项目完成率100%。

【价格管理】 2018年，东阳市开展清费减负工作，清费减负额为469.5万元。推进管道天然气价格改革，调整天然气试销价格(2.95元/立方米)，降低用气成本。推进农业水价综合改革试点工作，促进农业节水减排。降低重点国有景区门票价格，中国木

2018年8月10日，东阳市天然气输气站举行投产仪式 （市发改局提供）

雕博物馆景区2018年开始实行免费。落实电价优惠政策，清理规范转供电环节不合理加价行为。

【价格监测】 2018年，市物价局定期做好重要商品和服务价格监测，对富坤批发市场、华润万家等价格监测点进行实地采价抽查，做好每月3期的民生价格发布和每月的价格分析。完成城市供水定期成本审查，核减成本603.32万元。完成教育部门办幼儿园、机关幼儿园、妇联幼儿园保育教育成本监审，核减总成本496.51万元。

【价格监督检查】 2018年，市物价局组织开展城市供水、供气、电信领域、涉企收费等专项检查，完成20家商业银行和行政审批中介服务收费检查，为企业减少各类费用2000余万元。全年受理各类投诉举报件637件，责令商家退还或赔偿消费者各项费用10万余元，罚没2万元。

（王海霞）

财　政

【概况】 2018年，东阳市财政总收入112.41亿元，比上年增长11.4%，其中一般公共预算收入65.75亿元，比上年增长12.3%；一般公共预算支出92.52亿元，比上年增长11.9%。全年财政收支平衡。

【财政收入】 2018年，东阳市一般公共预算收入占GDP的11.2%，占财政总收入的58.5%，其中税收收入57.73亿元，占一般公共预算收入的87.8%。推进政府非税收入电子化收缴，实现行政事业性收费全部纳入统一公共支付平台。全年非税收入总额66.62亿元，其中国有土地使用权出让收入54.28亿元。

东阳市建立财政收入协调工作机制，调控地方财政收入，完善财政收支分析、预算执行和收入征缴体系，成立东阳市财税工作协调小组，与税务、经济主管部门共享信息、共同协作，建立"税眼看发展"分析研判机制。

【服务经济发展】 2018年，市财政局制定《关于进一步减轻企业负担增强企业竞争力的若干意见》，落实减负降本56条，累计为企业减负10.46亿元。落实财政奖补政策，兑现各类惠企专项资金12.45亿元。推进产业基金运行，完善制度建设，制定《东阳市产业基金绩效考核评价管理暂行办法》，实现基金投资3500万元，其中政府产业基金出资1100万元。扶持重点产业发展，扩大影视产业奖补范围，奖励资金兑付由半年兑现改为季度兑现，下达影视文化产业发展专项资金4.72亿元。下拨振兴实体经济（传统产业改造）财政专项资金3.29亿元，其中支持红木企业规范升级专项资金4690万元、支持建筑企业回归兑现专项资金3.45亿元。

【民生支出】 2018年，东阳市民生支出73.11亿元，比上年增长14.5%，占一般公共预算支出的79.0%。统筹安排18.74亿元保障重点工程建设。拨付3.55亿元继续支持小城镇环境综合整治三年行动计划。拨付3.87亿元推进农村危旧房治理改造。强化政府投资项目管理，全年审核估算、概算、预算各类项目1318个，送审217.26亿元，审定207.46亿元，核减9.80亿元。推进教育服务均衡化发展，全市教育投入19.99亿元，比上年增长10.8%。加快中小学校（幼儿园）建设改造力度，基建投入2.30亿元；学前教育专项资金提高至3000万元，推进基本办学条件薄弱的14所公办幼儿园改善提升。推进医疗卫生体系建设，全市医疗卫生和计划生育支出8.96亿元，比上年增长32.9%。深化医药卫生体制改革，着重保障医共体▲建设，安排医共体资金1.72亿元。完善落实社会保障和就业制度，全市社会保障和就业支出11.19亿元，比上年增长12.0%。

▲医共体：指由东阳市人民医院、中医院、妇保院、横店医院4家市级公立医院牵头，分别对全市18家社区卫生服务中心、连带104个卫生服务站进行托管，形成一个涵盖全市各级公立医疗机构的利益共同体。

【政府采购】 2018年，东阳市实现政府采购预算17.07亿元，实际采购金额14.65亿元，节约资金2.42亿元，资金节约率14.2%。其中，工程类采购金额783.06万元，货物类采购金额2.02亿元，服务类采购金额12.55亿元。4月25日，制定并实施《东阳市2018年度政府集中采购目录及采购限额标准》。

【财政监管】 2018年，市政府制定《关于进一步加强财政支出绩效评价工作的意见》，强化部门（单位）支出责任意识。市财政局组织2018年度50万元以上专项绩效目标申报审核，涉及的部门和单位115个，项目260个，财政资金14.53亿元。做好2017年度50万元以上专项绩效自评工作，涉及部门和单位144个，项目280个，财政资金14.17亿元。在全省首先实现镇乡街道财政整体支出绩效评价全覆盖，选取8个镇乡街道和2个部门实施重点评价，其他镇乡街道自评。应用评价结果，书面反馈各项目单位，督促问题整改。

【财政改革】 2018年，市财政局改革预算管理，统筹预算，将预算编制中2017年政府性基金预算、国有资本经营预算调入一般公共预算，计1.33亿元。建立财政存量资金动态管理和定期清理机制，盘活存量资金0.99亿元；取消不符合条件的财政专户，统筹财政专户资金5.77亿元。深化"最多跑一次"改革，推行"互联网+政务服务"，实现会计人员信息登记变更、中介机构审批、高级会计专业技术资格评审等7大类29项会计审批和服务事项"零上门"，网上办结会计审批和服务事项4320件。推进非税收入电子化收缴，将"东阳人社"APP接入统一公共支付平台，实现城乡居民医保和大病保险申报与缴款统一。开展"上门服务至少一次"活动，累计服务1010次。完成国税地税征管体制改革。7月20日，国家税务总局东阳市税务局挂牌。11月，配合落实国家税务总局东阳市税务局职能配置、内设机构和人员编制规定，完成转隶123人，无偿划转税务部门实际占有、使用的资产。加强社会保险费和非税收入管理,完成征管职责划转。

【会计核算管理】 2018年,市财政局完成全市市级行政事业单位的报销受理、审核、资金支付工作,审核支付资金88.63亿元,其中直接支付61.42亿元、授权支付0.08亿元、其他支付27.13亿元。开展工资发放管理改革工作,上线中科工资管理系统,完成市级行政事业单位工作人员工资统一发放。完成204家市级预算单位公务卡开卡工作,完成各单位的社保五费、残保金、个税、住房公积金等同城委托扣缴工作。清理ETC账户,取消完成公车改革行政单位的ETC账户,账户产生的保证金利息上缴国库。清理财政存量资金,督促预算单位上缴财政存量资金5840万元。

【财政风险化解】 2018年,市财政局为化解地方政府债务风险,明确隐性政府性债务偿债主体责任,通过市场化和财政预算安排方式逐步化解。调研全市债务管理现状,编制防范化解政府性债务风险专项行动实施方案和隐性债务五年化解计划。化解养老保险基金收支平衡风险,做好社保基金保值增值工作,组织资金存放4期,涉及资金42.45亿元,增加收益1.35亿元。完善失地农民参保和转保政策,所有未落实征地指标失地农民不得转入职工养老保险。化解区域性金融风险,帮助企业化解资金链、担保链风险,办理应急周转金转贷290笔,计24.68亿元。发挥阳光担保基金职能,累计发放小微企业担保贷款155笔,担保金额3.26亿元。

【乡村振兴工作推进】 2018年,市财政局推进一事一议财政奖补助推"美丽乡村"建设试点工作,申报建设项目5个,总投资7346万元,其中财政补助5000万元。扶持村级集体经济发展试点工作,申报发展项目11个,总投资4285万元,其中财政补助2200万元。完成2018年度农村综合改革集成示范区建设试点项目申报立项工作,总投资2.63亿元,其中省级财政补助2000万元。加快产业植入,创建产业特色精品村11个,申报产业植入项目147个,总投资1.65亿元,其中财政补助1527万元。

(方晓晨)

国家税务

【概况】 2018年,国家税务总局东阳市税务局(简称市税务局)组织各项收入149.03亿元,比上年增长13.44%。其中,税收收入109.71亿元,比上年增长10.46%;非税收入39.32亿元,比上年增长22.69%。在金华市税务学会优秀论文评选中,5篇税收调研论文获奖。加强信访工作,规范内部转办流程,全年处理信访件110件,实现"件件有答复、事事有回音、回访零投诉"。继续保有全国模范职工小家(国家税务总局东阳市税务局横店税务分局)、全国工人先锋号(国家税务总局东阳市税务局吴宁税务所)、全国巾帼文明岗(国家税务总局东阳市税务局第一税务所)荣誉,保有浙江省文明单位(国家税务总局东阳市税务局)、浙江省青年文明号(国家税务总局东阳市税务局第一税务所)、浙江省模范职工小家(国家税务总局东阳市税务局吴宁税务所、国家税务总局东阳市税务局横店税务分局)称号。

【国家税务总局东阳市税务局挂牌】 2018年7月20日,国家税务总局东阳市税务局挂牌成立。落实国家税务总局东阳市税务局职能配置、内设机构和人员编制规定,设立党建股、纪检组、内设机构、派出机构、事业单位18个。

【国地税征管体制改革】 2018年,市税务局开展国税地税征管体制改革工作。自6月15日起,纳税人在全省综合性办税服务厅、浙江省网上税务局可以统一办理原国税、地税业务,实行"一窗通办""一网通办""主税附加税一次办"。与市人力社保局、市财政局对接,召开3个部门联席会议,完成社会保险费和非税收入征管职责划转。成立综合、财务、征管等7个改革工作组,完成上级下发的36份督导清单的350项工作任务。在市税务局挂牌和落实职能配置、内设机构和人员编制的关键节点,近500名(次)干部参与完成信息系统升级,推进"金税三期"并库。

【税收优惠政策落实】 2018年,市税务局落实党中央、国务院颁发的各项减税政策,协同推进增值税改革、个税改革,开展税收新政大宣传、大辅导活动。落实减税政策,税收增速逐步下降,由前4个月的15.78%回落到后8个月的11.11%。全年减免税费9.2亿元,其中5～12月降低增值税税率,减税1.7亿元;办理增值税留抵退税2006万元;自10月1日起,个人所得税第一步改革施行3个月,减税约4000万元;落实小微企业增值税、企业所得税税收优惠政策,减税约3.7亿元;减免高新技术企业税收1.7亿元;下调各类保险费率,减费约8500万元。落实2次提高出口退税率政策,全年办理出口退(免)税20.25亿元,其中出口退税18.45亿元。审核办理一类企业退税次数由1个月1次增加到1个月2次,全市办理退税平均用时约8.35天,达到国家税务总局退税平均时间缩短至10个工作日以下的要求。

【税收征管】 2018年,市税务局开展"金税三期"系统数据核对和清理,累计清理数据46万余条,完成数据清理、岗责配置、"双规"运行和人海压力测试等工作。管理个体定额税收,登记定额户70243户,确保新定额调整到位、通知到位、征收到位。深化"以电控税"▲,加强电力数据应用,清理电户号308户,完成企业电费结算1568户,查补税款1069万元。完善风险管理体系,完成风险应对4493户。完成9家汽车销售公司机动车销售发票风险分析应对,价税合计8328.56万元。发现偷税漏税犯罪嫌疑人1人,移送公安机关。开展企业所得税汇算清缴,持续提高申报准确率。管理国际税收,做好"走出去"企业服务工作。完成环境保护税费改税工作。

▲"以电控税":按行业归类的方法,对不同行业纳税人单位耗电税负水平进行测算并制定税负预警值,再据此比对分析纳税人申报的真实性,从而发现异常疑点,对明显不匹配的,按税法规定核定纳税人单位耗电量应纳税款。

市税务局落实房产税、城镇土地使用税"征前减免"(纳税人符合税费优惠条件的,减免的税费款在纳税申报时直接从应征税费款中扣除,不征收入库)优惠政策,减免487户企业房产税、城镇土地使用税9115.7万元。完成土地增值税清算项目34个,补税2.9亿元。加强欠税清理,制订个性化欠税催缴方案,实行以票控欠,定期发布欠税公告,清理欠税3.5亿元,其中2018年欠税款2.9亿元、陈欠税款5222.6万元。做好"小升规"工作,定期开展走访"小升规"培育企业,培育企业150户,上规企业73户。对建筑企业开展"一对一"预约服务、"面对面"辅导服务、"键对键"全天候服务,全年建筑业总税收21.7亿元,比上年增长81.6%。

【影视行业税收专项治理】 2018年,市税务局为规范影视行业税收秩序,开展影视行业税收专项治理,在国家税务总局、国家税务总局浙江省税务局统一部署下开展影视企业所得税征收方式"核转查",组织影视企业开展收入自查自纠工作。开展影视行业多缴税金清理,累计清理多缴39户,退税7775万元。开展影视业专项调研,支持东阳市影视文化产业发展的调研报告获金华市委书记陈龙的批示肯定。

【依法治税】 2018年,市税务局为推进分层分类法治教育,实行执法人员持证上岗和资格管理制度。增强干部法治意识,组织干部学习《中华人民共和国宪法》《中华人民共和国行政复议法》等;举办法制专题讲座2期;落实税务法律顾问制度,建立公职律师队伍。全年审理重大案件48件,移送公安34件,补缴税款及罚款1929.76万元。组织开展2018年度执法督察工作,对"营改增"、税收优惠、发票等方面进行核查。"内部控制监督平台"上线运行,接受申辩申请134户次。税收执法风险监控子系统扫描出疑点596个,补缴滞纳金5万余元。落实"双随机、一公开"工作制度,推行"阳光·智慧"税务稽查,集中开展打击虚开骗税专项行动和发票违法犯罪活动。至10月20日,安排检查企业111户,实现稽查查补收入8828.5万元。对47户涉嫌发票违法企业立案检查,涉及发票764份,挽回税款1407万元。

【税务宣传】 2018年,市税务局为宣传税收法治,对纳税人进行正反两方面的税法宣传和教育。开展青少年税法教育,举办小记者进办税大厅体验行活动,普及税法知识。全年在国家级媒体刊发新闻7篇,在《浙江日报》、浙江税务等省级媒体刊发新闻17篇,在金华及东阳级新媒体平台刊发新闻83篇。信息被上级部门采用23篇,获各级领导批示8篇。健全网络舆情监控制度,确保对涉税舆情事件及时发现、积极应对、稳妥处理,全年处理3起涉税舆情事件。

4月12日,由金华市国税局、金华市地税局主办,市财政局、市国税局、市地税局承办的"优化税收营商环境 助力经济高质量发展"金华市2018税收宣传进小镇活动启动仪式在东阳木雕小镇徐土龙创作室举行,各县(市、区)国地税部门联动在全市10个特色小镇同步开展,现场连线直播。"税务直通车"主持人与税收部门负责人开展税收访谈,企业代表对税收工作现场提问。宣传活动组织小学生参观木雕小镇,到手作坊学习木雕工艺,现场体验融入税收元素的木雕竹编税宣用品制作。

【纳税服务】 2018年,市税务局连续第5年开展"便民办税春风行动"。制订优化税收营商环境工作方案,市税务局上报的《着力优化发展环境为民营经济高质量发展保驾护航》专报获副省长高兴夫的肯定批示。推进"最多跑一次"改革,146项涉税业务实现"最多跑一次",其中133项涉税业务实现"零上门",占总事项的91%。简化办税流程,推行税务注销"免办"和"即办"服务。推广电子税务局,推行"网上办税为主、自助办税为辅、实体办税服务厅兜底"的办税模式,实现"线上线下"服务的互补互促。办税服务厅入驻总部中心,增设10个窗口、4台自助查询机、17台自助办税终端。纳税人平均等候时间从12.81分钟缩短至11.58分钟,提速10%以上。联合邮政速递打造"税邮合作、助推改革"服务项目,通过"网申邮送"方式寄递纳税人申领发票3434户次,邮

2018年4月15日,金华市2018税收宣传进小镇活动现场举行"税务直通车"暨嘉宾访谈环节 (包康轩/摄)

寄纳税人申请代开发票252份。推行"容缺受理"▲服务,对临时经营纳税人设立登记等42项业务实行容缺受理。不动产一体化征收系统上线,实现税务、国土窗口共享数据,垂直二手房交易由原来的4~5个工作日办结缩短至即时办结。

市税务局举办纳税人学堂培训,开展27场次、培训6000人次。实施个人所得税改革,开展个人所得税法政策培训20场次,发放宣传资料13620册,培训6391人次。开展"问需求 优服务"座谈会和"问需求、查短板、帮发展"民营企业座谈会3次,收集问题79条,当场解决68条,事后答复11条。开展"两送两增"大走访活动,走访纳税人10054户,收集解决纳税人需求82条。开展"税易贷"助力小微企业发展活动,通过税银互动渠道为152户企业办理贷款1.85亿元。

▲"容缺受理":对基本条件具备、主要申请材料齐全且符合法定形式,但次要条件或申请材料欠缺的政务服务事项,经过申请人作出相应承诺后,政务服务单位先予受理,当场一次性告知需要补正的材料、时限和超期补正处理办法,并进行审查,在申请人补正全部材料后,在承诺办结时限内及时出具办理结果意见,颁发相关批文、证照的制度。

(朱兰英)

国有资产经营与管理

【概况】 2018年,全市有105家国有企业(含企业化管理事业单位),资产总额272.78亿元,净资产159.08亿元,2018年度营业收入21.75亿元,净利润1.58亿元。6月,完成资本收益金收缴工作,将国有资本收益收缴比例从15%调整到30%,收缴国有资本收益金3095.94万元。规范企业采购管理,降低企业采购成本,全年办理国有企业公开招标采购审核43项,涉及金额9625.64万元。

【国有企业营运监管】 2018年1月,市政府国有资产监督管理办公室对东阳市保安服务有限公司、东阳市公路设施有限公司、浙江省东阳市公证处、东阳市规划建筑设计院、东阳市机动车检测有限公司、东阳市民爆物资有限公司、东阳市思源供水有限公司、浙江东阳正天机电公司、东阳市自来水有限公司、东阳市惠民公共交通有限公司10家国有企业经营目标考核进行结算兑现。

6月,市政府国有资产监督管理办公室开展2018年度考核扩面工作,全年纳入经营目标考核企业26家,其中东阳市交通投资建设集团有限公司(简称交投集团)、东阳市城市建设投资集团有限公司(简称城投集团)、东阳市水务投资集团有限公司(简称水投集团)三大集团及所属子公司18家。在考核调研中,发现新纳入考核的集团企业问题,指导和协助集团企业梳理职责分工,明确管理和人事关系,完善体制机制等。

2018年度东阳市纳入经营目标考核企业名单一览表

表9

序号	单位名称
1	东阳市惠民公共交通有限公司
2	东阳市优耐特天然气有限责任公司
3	东阳市民爆物资有限公司
4	东阳市规划建筑设计院
5	东阳市机动车检测有限公司
6	东阳市保安服务有限公司
7	东阳市公证处
8	东阳市水务投资集团有限公司
9	东阳市思源供水有限公司
10	东阳市自来水有限公司
11	东阳市交通投资建设集团有限公司
12	东阳市交通物流有限公司
13	东阳市交通绿化有限公司
14	东阳市公路设施有限公司
15	东阳市南山交通技术培训中心有限公司
16	东阳市交通建设监理咨询有限公司
17	浙江省东阳市公路建设工程有限公司
18	东阳市城市投资建设集团有限公司
19	东阳市公共停车服务有限公司
20	东阳市城发项目管理有限公司
21	东阳市城资资产经营管理有限公司
22	东阳市国置房屋拆迁有限公司
23	东阳市城建建筑材料有限公司
24	东阳市国置物业服务有限公司
25	东阳市国置房地产开发有限责任公司
26	东阳市成建市政园林绿化有限公司

【国有资产清查】 2018年10月，市政府国有资产监督管理办公室制定《东阳市国有资产清查工作方案》，开展全市行政事业单位和企业国有资产清查工作。清查范围包括全市行政事业单位（含财政拨款社会团体）和国有企业所有、管理、使用的资产，包括固定资产、流动资产、长期投资、无形资产和其他资产；清查分为自查、核查、整改、完善4个阶段。

【国有企业财务监管体制改革】 2018年7月16日，市政府国有资产监督管理办公室制定《关于进一步推进国有企业财务监管体制改革、加强国有企业财务监管工作的实施意见》《东阳市国有企业财务机构和人员管理暂行办法》，明确国有企业财务监管的主要工作内容，为今后加强财务监督和管理明确方向。

8月，首次由国资办统一公开招聘4名会计和1名财务总监，经过岗前培训后全部下派到城投集团、水投集团、东阳市市场开发公司、东阳市机动车检测公司、交投集团5家国有企业。改革财务会计人员管理体制，通过统一招聘、岗位交流、考核、常态化培训学习机制等方式队伍建设。10月12日，开展国有企业财务人员全员培训，邀请专家从国企政策、国企会计税收、团队建设等方面进行授课培训，组织参训人员146人。

【国有企业公务用车改革】 2018年11月12日，市政府印发《东阳市事业单位公务用车制度改革实施意见》《东阳市国有企业公务用车制度改革实施意见》，召开国有企业公务用车制度改革工作会议。全市国有企业75家、5家事业单位（市供水公司、市汽车技术学校、市汽车性能综合检测站、市交通设计所、市供销学校）和7家集体所有制企业（东阳方圆集团公司、方圆农资公司、方圆医药公司、日用工业品公司、废旧物资公司、方圆石化公司、供销电商公司）根据国有企业公务用车制度进行改革。87家单位原有车辆132辆（不包括工具车辆和配套专用设备车辆），改革后108辆，取消24辆；原有司勤人员59人，改革后46人，安置（内部转岗）13人；改革前公务交通支出1112万元，改革后公务交通支出983万元，节支率11.6%。103辆车按照相关规定进行车身喷涂。

【国有企业资金监管】 2018年7月16日，市政府制定《东阳市国有企业“资金池”▲管理办法（试行）》，明确“资金池”运作的模式、范畴、流程、目标等各项内容。9月25日，市国资办制定《东阳市国有企业“资金池”资金竞争性存放管理办法》，建立东阳市国有企业“资金池”资金存放管理机制，实现资金保值增值，防范资金存放安全风险和廉政风险。87家入池企业分批分期上线运行，逐步实现“资金池”系统的全覆盖。全年“资金池”累计归集资金50亿元，存量资金26.2亿元。以公开询价方式竞争性存放13笔，累计存放资金23亿元，增加收益1062万元。

7月，“资金池”管理信息系统上线，实现对资金的实时归集和联动拨付，反映国有企业收支情况。8月，建立出资人监管信息系统，推进企业信息、人事管理、资产管理、项目管理等的透明化和规范化。对各企业联络员分批进行上线培训（第一批8月27日，第二批9月18日，第三批11月23日），至年末，94家企业上线出资人监管信息系统，录入人事、资产等基础数据。9月，推进会计核算统一电算化系统，43家企业纳入该平台，统一会计政策。12月，将3个信息系统进行集成，构建国企大数据中心，建立覆盖企业各个管理级次和业务内容的管理信息系统，提高国有企业管理和监督信息化水平。

▲“资金池”：在维持各国有企业及其他有关机构现有职责、权利、义务以及资金所有权、借款和还款主体责任、独立核算主体不变的前提下，对各国有企业及其他有关机构所持有的资金通过统一平台实行集中管理和调剂，这个平台称“资金池”。

【规范融资】 2018年，东阳市改革投融资体制，强化防范和化解地方政府性债务风险责任，增强国有企业的实力和抗风险能力，推进国有企业市场化转型。协助交投集团的绿色交通、加油站及甲供材料等经营性项目落地；协助城投集团成立项目代建公司和学前教育投资发展公司、建筑材料供应链服务公司。交投集团、城投集团、水投集团、市总部中心、东阳市白云开发建设公司5家国有企业市场化转型成功，实现实体化经营。

全市开展规范融资工作，筹措新建项目资金。西岘棚改项目国家开发银行授信12亿元，放款3.3亿元；交投集团40省道项目国开行放款6.03亿元；长征投资开发公司木材交易中心商务楼项目宁波银行放款1.8亿元。全年累计落实融资资金11.93亿元，还本85500.25万元，2018年国有企业建设项目期末融资余额501599万元。

（徐小倩）

审 计

【概况】 2018年，东阳市审计局完成审计项目72个。审计查出主要问题金额302685万元，其中管理不规范金额302658万元。审计处理处罚6699万元。审计移送处理事项5件，移送处理人员10人。制订制度65个，提出并被市政府和有关部门采纳的各类审计建议33条，被市委、市政府有关领导批示的审计专报8篇。

【财政同级审计】 2018年，市审计局披露预算执行、财政管理、国有资产管理、道路交通事故社会救助基金使用绩效等方面发现的主要问题，把在经济责任审计、政府投资项目审计以及第二污水处理厂建设运营和绩效、2015~2016年度医保基金、城区公共停车资源规划利用管理、2014~2016年度编制外合同制职工用工管理和编内人员借用、江北高新园区村级留用地、农村生活污水治理项目建设和管理、物业专项维修资金和物业保修金等审计（调查）中发现的主要问题，逐项写入《审计工作报告》，提交市人大常委会审阅。

【投资审计】 2018年，市审计局开展投资审计情况全面自查，完善和规范投资审计工作。按照投资审计转型要求，在投资审计工作中按照东阳市政府投资项目监督需求和自身审计力量相适应的原则，制订审计监督模式。在审计项目计划管理上强调突出重点。对于500万~3000万元项目视自身力量具体情况决定是否安排审计人员直接实施，自身力量不足部分聘请中介机构参与协审。在投资审计项目计划安排上注重向开展专项审计调查和控制跟踪审计项目数量方向转型。在审计内容上突出从价格结算审计向全方位审计转型。在关注造价的同时注重工程项目事前、事中、事后的合法性、真实性、效益性审核。全年完成投资审计项目62个，送审金额12.82亿元，为政府核减资金5760万元。

【领导干部经济责任审计】 2018年，市审计局科学安排经济责任审计项目，做到年初与财政预算执行审计、财务收支审计、专项资金审计等结合起来，使各个审计项目之间互相利用审计成果，提高审计效能。在审计项目开展之前，听取组织、纪检监察等部门的意见和建议，明确审计目标，确定审计重点，编制审计实施方案，与组织部门一起进点。在审计过程中，到纪检等部门了解情况，获取线索，在审计中深入查证。审计项目结束后，及时向相关部门反馈审计成果，促进审计成果运用。全年完成领导干部经济责任审计项目9个，查出主要问题金额35万元，为市委、市政府以及被审计单位提出建议6条。配合省审计厅完成对东阳市委书记黄敏、市长姚激扬任期经济责任审计，配合金华市审计局完成对东阳市人民检察院检察长胡宇翔的任期经济责任审计。

【审计考核】 2018年9月，市委、市政府制定《2018年度市级机关部门工作目标责任制考核意见》《2018年度镇乡街道工作目标责任制考核意见》，首次明确将审计工作列入负面清单进行考核扣分，内容包括配合支持审计、审计发现问题、审计整改落实、内审工作开展四个方面。

（厉伟兰）

统　计

【概况】 2018年，东阳市召开各专业年报会议18场，1800余人参加。完成名录库、农业、工业、能源、科技、投资、建筑、房地产、服务业、批零、住餐、劳动工资、综合核算等专业的年报数据收集、审核、上报工作。开展粮食生产监测、人才资源调查、科技进步监测、特色小镇评价、5‰人口抽样、平安浙江满意度调查等工作。

【第四次全国经济普查】 2018年，市统计局推进第四次经济普查工作，根据时间进度安排，开展经济普查宣传发动、划区绘图、两员选聘与培训、普查试点、清查摸底、清查数据审核验收等工作。全年组织召开各类普查工作会议15场次，2000余人参加。6月，成立东阳市第四次经济普查领导小组，完成第四次经济普查机构的组建工作。7月，组织开展综合试点工作动员、业务培训、入户清查、普查登记等工作。在《东阳日报》开设《第四次全国经济普查》专栏。8月，组织开展划区绘图和“两员”（普查员和指导员）选聘工作。9月，召开宣传工作会议，开展单位清查业务培训，到各乡镇实地指导，保质保量完成“地毯式”清查入户工作。10月，市委副书记、市长姚激扬带队到市经普办调研第四次全国经济普查工作。组织开展四经普数据质量联审和编码工作。11月，开展第二轮清查数据质量集中会审工作，落实单位清查工作质量抽查和清查部门数据质量评估。12月，组织开展普查登记业务培训。

【统计监测服务】 2018年，市统计局分季度、月度分析研判经济运行态势，形成统计专报24篇。每月印发《经济月报》、主要经济指标进展情况卡片材料，编印季度相关指标分析资料汇编。为“两会”参会代表提供《2018年东阳经济发展报告》；向社会发布《2018年东阳市国民经济和社会发展统计公报》。

【统计执法检查】 2018年，市统计局开展“双随机”统计执法检查，对22家企业进行统计执法检查，其中“双随机”抽查20家。立案处理金华市统计局移交执法案件1起。

【统计普法宣传】 2018年，市统计局通过会议、培训、报纸、普查等形式开展统计普法宣传。组织“第九届中国统计开放日”活动，以“走进四经普”为主题，开展统计咨询和经济普查宣传活动。在《金报东阳》刊发“纪念《统计法》颁布35周年”版面。

（吴媛媛）

市场监督与管理

【概况】 2018年，东阳市市场监督管理局“最多跑一次”改革取得成效，强化对各类市场主体的事中事后监管，完善智慧监管平台建设，开展食品安全保障工作，推进药品安全保障工作，维护特种设备安全，推进市场建设，开展“放心消费”工作，推进标准化工作，开展质量强市工作，推进品牌建设工作。

市市场监督管理局获市委市政府目标责任制考核优秀单位，金华市场监管局、金华质监局考核优秀单位，食品安全工作考核连续3年获金华市优秀，注册窗口连续16年获市级先进窗口称号；“东阳市运用效能评定办法推动传统木雕红木产业转型升级”“关于处置情况的报告”等多项工作获省、市、东阳各级领导批示15次。

【企业及个体户登记】 2018年，全市新设市场主体19815户，注册资本（金）251.34亿元，分别比上年增长3.93%、31.84%。新设企业4922户，增加注册资本(金)233.43亿元，分别比上年增长30.77%、34.62%，新设个体工商户14893户，比上年下降2.7%，增加出资总额17.91亿元,比上年增长3.89%。

全市市场主体总量84627户,注册资本(金)1630.45亿元,分别比上年增长12.73%、22.95%。企业总量21881户,注册资本总额1560.19亿元,分别比上年增长20.9%、23.37%。个体工商户总量62746户,出资总额70.26亿元,分别比上年增长10.13%、14.17%。注销市场主体11615户,比上年增长64.92%。其中企业1258户,比上年增长62.53%;个体工商户10357户,比上年增长65.21%。

市政府办公室发布《东阳市深化"最多跑一次"改革全面推进政务服务"无差别全科受理"实施方案》,17个部门、110个主项、294个子项的涉企事项纳入通办范围实行综合受理,"涉企证照工商通办"启动。推进"工商注册通"落地,全市74个银行网点开展代办工作,提供代办服务660余次。9月11日,东门菜场党群服务中心注册登记通办窗口启用。非上市股份公司取得委托登记权限,个人独资企业登记实现基层所办理,企业名称预先核准登记实现同城通办。8月,市政府办公室印发《东阳市放宽企业住所(经营场所)登记条件实施细则(2018年修订)》,推行企业住所申报承诺制。开展全程电子化登记工作,网上申报量14501户。改革"多证合一","五证合一"扩展为"31证合一",发放"多证合一"执照2.3万余件。实行"容缺受理制",为3000余名办事对象提供"容缺受理"服务。

【市场改造提升】 2018年,八达、六石、马宅、湖溪4家农贸市场实施改造提升,累计投入改造资金1300万元,改造市场面积9800平方米。开展星级市场创建工作,东阳中国木雕城、东阳红木家具市场、花园红木家具城、东门菜场、西门菜场5家市场创建为浙江省星级文明规范市场。西门菜场、横店菜场、大联综合市场、横店后明菜场4家市场创建为浙江省放心农贸市场,累计投入资金280万元。指导强化农贸市场"双体系"建设,推进小城镇和农村农贸市场快速检测室建设工作,横店菜场、横店花厅菜场、大联综合市场检测室建设按要求逐步规范。

【"守合同 重信用"企业认定】 2018年,市市场监督管理局开展"守合同、重信用"企业申报工作,指导112家企业开展浙江省"守合同、重信用"公示工作。认定AAA级"守合同、重信用"企业4家,续展21家;认定AA级"守合同、重信用"企业24家,续展35家;认定A级"守合同、重信用"企业23家,续展3家。

2018年9月11日,个体工商户在东门菜场党群服务中心注册登记通办窗口办理相关事项 (包康轩/摄)

【经济监督检查】 2018年,市市场监督管理局开展"春安行动"护舌尖、"百日执法"促公平、"红盾网剑"净网络、"金剑秋风"维秩序、"蓝剑行动"保质量等行动,严格稽查执法,强化市场监管。全年立案查处各类违法案件430件,罚没款425.33万元,移送公安机关11件,移送其他行政机关57件。查处无照经营案件94起,案值1451万元,罚没款64.17万元;查处网络虚假宣传、网络刷单等网络违法案件6起,罚没款3.94万元;强化保健品检查,查处1起保健品案,罚款10万元。完成2017年"7·16"特大走私冷冻食品案的善后处置工作。

【企业监管】 2018年,东阳市开展2017年度各类市场主体年度报告工作,企业应报16993家,已年报15724家,查无列异659家,自然年报率92.53%,工作年报率96.41%;农民专业合作社应报435家,已年报342家,查无列异67家,自然年报率78.62%,工作年报率94.02%;个体户应报50965家,已年报46596家,查无列异3120家,自然年报率91.43%,工作年报率97.55%。开展"双随机、一公开"监管工作,跨部门开展外国投资企业"双随机"联合抽查;邀请市纪委、监委派驻纪检监察组参与食品生产企业随机抽查;对745家年报企业开展"双随机"和定向抽查。推行新一轮"小微企业三年成长计划"工作,增加小微企业4111家,增加个体工商户转型升级为企业424家,增加入库培育小微企业180家。

【商标管理】 2018年,东阳市增加商标6450件,累计注册商标31435件。向国家商标局申报"东阳红木家具"和"东白"2个集体商标。横店集团得邦照明股份有限公司等4家企业被确认为浙江省商标品牌示范企业,横店集团控股有限公司等13家企业被确认为金华市商标品牌示范企业。取消金华市著名商标和东阳市知名商标的认定。立案查处侵犯注册商标专用权案件76件,罚没款124.25万元。修订《关于深入实施商标品牌战略的意见》。

2018年东阳市获浙江省、金华市商标品牌示范企业一览表

表10

荣 誉	企业名称
浙江省级商标品牌示范企业	横店集团得邦照明股份有限公司
	东阳市双洋红木家具有限公司
	浙江大清翰林古典艺术家具有限公司
	东阳市御乾堂宫廷红木家具有限公司
金华市级商标品牌示范企业	横店集团控股有限公司
	横店集团东磁股份有限公司
	浙江花园生物高科股份有限公司
	横店影视股份有限公司
	浙江红天下家具有限公司
	东阳市南马品康家具厂
	浙江龙珍阁红木家具有限公司
	浙江卓木王红木家俱有限公司
	浙江大清翰林古典艺术家具有限公司
	浙江思科制冷股份有限公司
	浙江金路达皮具有限公司
	东阳市御乾堂宫廷红木家具有限公司
	国祥红木家具有限公司

【广告管理】 2018年，市市场监督管理局开展虚假违法广告"雷霆5号"专项执法整治行动，强化对严重不良导向问题广告和医疗、药品、保健食品、医疗器械、含有升值投资回报承诺的房地产广告、投资理财广告的监管，查处案件12起，罚没款3.55万元。加强对广播、电视、报刊等传统媒体的广告监管，全年处理传统媒体举报2次，约谈4次。约谈三大通信运营商3次，相关经营单位停止发布容易引发误解的广告。

【消费维权】 2018年，市市场监督管理局受理各类投诉举报6923件，为消费者挽回经济损失460万元。推进"放心消费在东阳"建设，创建省放心消费示范单位450家，其中放心商店302家、放心网店59家、放心餐饮店52家、放心市场4家、放心示范红木企业29家、放心示范区4家，完成年度任务的130%。推行无理由退货承诺296家，完成年度任务的114%。深化消费维权机制建设，设立消费维权服务站6家，累计设立12315维权服务站71家；设立绿色通道企业2家、"先行赔付"企业2家，设立手机维修等4家体验示范店。开展行政约谈6次，发布消费警示12期。

【《东阳市市长质量奖评审管理办法》修订】 2018年9月14日，市十五届政府第三十四次常务会议同意《东阳市市长质量奖评审管理办法(2018年修订)》。10月，市政府印发《东阳市市长质量奖评审管理办法(2018年修订)》，该办法自11月23日起施行。东阳市市长质量奖是东阳市人民政府设立的最高质量荣誉，包括东阳市市长质量奖、东阳市市长质量奖贡献奖、东阳市市长质量奖提名奖，其中提名奖为质量奖附属奖项。质量奖获奖组织每次不超过4个，其中建筑企业1家；提名奖每次不超过3个；"贡献奖"获奖团队和个人每次各不超过1个。根据《东阳市市长质量奖评审管理办法(2018年修订)》相关要求，市市场监管局制定《东阳市市长质量奖评审管理细则(2018年修订)》。

【质量工作】 2018年度产品质量合格率94.5%，竣工工程质量验收一次验收合格率100%，集中式饮水水源地水质达标率100%，环境空气质量优良率88.8%。抽查生产领域的针织服装、烧结多孔砖和混凝土普通砖、红木家具等产品质量，抽查99个批次，合格率100%。监测流通领域非食品类商品，抽取玩具、童装、纸尿裤等儿童商品，汽油柴油、太阳镜、电动自行车以及充电器、水泥、钢筋和涂料等120个批次，其中合格98个批次、不合格22个批次，合格率81.7%。对不合格产品进行后续处理，相关经营者全部立案处罚。管理工业、食品相关产品生产许可证，完成7家省级发证企业申报资料的受理和现场审核工作。开展学生服质量提升行动，制定《东阳市学生服质量提升行动实施方案》。12家企业导入卓越绩效管理模式。浙江花园农业发展有限公司创建为浙江省中小学生省级质量教育基地。

【标准化工作】 2018年，东阳市推进国家标准化综合改革试点各项任务，建立标准化工作机构，配备专门工作人员，成立分管副市长任组长的标准化工作领导小组，市政府制定《关于全面推进标准化战略行动的实施意见》。以"质量月""世界标准日""公益讲座"等活动为重点，开展普及标准化知识的主题活动。运用财政激励政策引导企业主导并参与国际标准、国家标准、行业标准等先进标准的制定工作。浙江花园高科有限公

司增加主导制定国家标准1项，浙江巍华化工有限公司增加主导制定行业标准1项、横店东磁主导制定国际标准2项，进入IEC（国际电工委员会）询问CDV阶段（委员会草案投票阶段），有10家企业主导或参与15项国际、国家、行业标准的制订和修订。规模以上企业主导产品采标率62%。355项企业标准在企业标准信息公共服务平台声明公开。

【名牌培育】 2018年6月，市政府办公室发布《关于深入实施商标品牌战略的意见（2018年修订）》，提出至2020年名牌培育具体量化目标，全市要鼓励和引导品牌发展，提升商标品牌，推进产业集群商标品牌建设，加强基层品牌指导站建设和商标品牌公共服务，健全商标品牌保护体系，开展商标品牌战略示范创建，推进商标专用权质押贷款工作，该意见于6月8日起施行。《东阳市品牌发展扶持奖励办法》同日施行，浙江名牌奖励金额从10万元提升至20万元，增加金华名牌奖励，奖励5万元。调查跟踪各级名牌产品企业，建立2018年名牌培育库，全年增加浙江名牌6个、金华名牌3个。

【“浙江制造”创建】 2018年，东阳市推进“浙江制造”培育工作，开展前期品牌调研工作，培育扶持、宣传、保护“浙江制造”品牌。全年确定9家企业入“浙江制造”培育库；21项“浙江制造”标准项目立项；12家企业主导制定“浙江制造”标准发布实施；6家企业产品通过“浙江制造”品牌认证。

【特种设备安全监察】 2018年，市市场监督管理局检查企业776家，排查隐患334项，整改隐患318项，立案14件，查处金额26.5万元。每月特种设备定期检验率99%以上。专项整治叉车，采用集中检验、开展培训和加装安全带等方式提升整治成效。建设双重预防机制，对300家企业开展宣贯培训，督促建立风险分级管控和隐患排查治理工作机制。推进“+”安全管理模式，以“用户零费用”模式推广“电梯+互联网”智慧监管，安装上线智慧监管设备730台；推动“电梯+保险”模式，全市7582台电梯购买安全责任保险，覆盖率75.1%，人员密集场所电梯实现保险全覆盖；推进“互联网+燃气”安全管理模式，40万个液化石油气钢瓶安装智能角阀。强化应急能力训练，组织开展6次应急救援演练，开展电梯应急救援92人次。

2018年东阳市“浙江名牌产品获得企业”一览表

表11

序号	企业名称
1	浙江花园铜业有限公司
2	横店集团东磁股份有限公司
3	浙江中科磁业有限公司
4	浙江伟成塑胶有限公司
5	浙江浪人工艺品股份有限公司
6	浙江花园生物高科股份有限公司

2018年东阳市“金华名牌产品获得企业”一览表

表12

序号	企业名称
1	浙江中科磁业有限公司
2	横店集团得邦工程塑料有限公司
3	东阳市荷生粮食专业合作社

2018年东阳市入选“浙江制造”培育库项目一览表

表13

序号	立项标准名称	企业名称
1	对氯三氟甲苯	浙江巍华化工有限公司
2	隧道照明用LED灯具	横店集团得邦照明股份有限公司
3	耐高低温永磁铁氧体	浙江凯文磁钢有限公司
4	公路工程用短切玄武岩纤维	浙江石金玄武岩纤维股份有限公司
5	线棒材高速轧制用硬质合金辊环	浙江恒成硬质合金有限公司
6	红木家具	东阳市红木家具行业协会
7	电动轮椅用永磁直流电动机	浙江联宜电机股份有限公司
8	蒸发冷却式冷水（热泵）一体化机组	浙江思科制冷股份有限公司
9	聚对苯二甲酸乙二醇酯	浙江佳友生物科技有限公司

2018年东阳市企业主导制定"浙江制造"团体标准项目立项名单一览表

表14

序号	立项项目	企业名称
1	耐高低温永磁铁氧体	浙江凯文磁钢有限公司
2	盐酸安非他酮	浙江普洛家园药业有限公司
3	新能源汽车专用高压直流继电器	浙江英洛华新能源科技有限公司
4	对氯三氟甲苯	浙江巍华化工有限公司
5	旋磁多晶铁氧体材料	东阳富仕特磁业有限公司
6	一次性塑料餐饮具(PET)	浙江佳友生物科技有限公司
7	铜门用及铜门装饰用铜带	浙江花园铜业有限公司
8	公路工程用玄武岩短切纤维	浙江石金玄武岩纤维股份有限公司
9	隧道照明用LED灯具	横店集团得邦照明股份有限公司
10	名贵实木工艺寿盒	东阳福山木雕有限公司
11	新能源汽车用钕铁硼磁钢	浙江英洛华磁业有限公司
12	高纯氯化氢焊接气瓶	浙江金象科技有限公司
13	木工立式锯床	冀发集团有限公司
14	水下机器人清洗机用电机	东阳市东政电机有限公司
15	超薄TV喇叭磁钢	浙江中科磁业有限公司
16	单晶硅光伏电池	横店集团东磁股份有限公司
17	益智磁性玩具	东阳市万利电子有限公司
18	纺织机械用永磁交流伺服电动机	浙江联宜电机有限公司
19	电动轮椅车	浙江英洛华康复器材有限公司
20	建筑用纸蜂窝复合墙板	花园新材料股份有限公司
21	汽车电子水泵转子用粘结磁体	浙江英洛华磁业有限公司

2018年东阳市企业主导制定"浙江制造"团体标准发布实施名单一览表

表15

序号	标准名称	企业名称
1	对氯三氟甲苯	浙江巍华化工有限公司
2	隧道照明用LED灯具	横店集团得邦照明股份有限公司
3	耐高低温永磁铁氧体	浙江凯文磁钢有限公司
4	公路工程用短切玄武岩纤维	浙江石金玄武岩纤维股份有限公司
5	线棒材高速轧制用硬质合金辊环	浙江恒成硬质合金有限公司
6	红木家具	东阳市红木家具行业协会
7	电动轮椅用永磁直流电动机	浙江联宜电机股份有限公司
8	蒸发冷却式冷水(热泵)一体化机组	浙江思科制冷股份有限公司
9	名贵实木工艺寿盒	东阳市福山木雕有限公司
10	聚对苯二甲酸乙二醇酯	浙江佳友生物科技有限公司
11	旋磁多晶铁氧体	东阳富仕特磁业有限公司
12	永磁铁氧体瓦形磁体	横店集团东磁股份有限公司

2018年东阳市通过“浙江制造”品牌认证企业一览表

表16

序号	企业名称
1	浙江金路达皮具有限公司
2	横店集团东磁股份有限公司
3	浙江石金玄武岩纤维股份有限公司
4	浙江巍华化工有限公司
5	浙江卓木王红木家俱有限公司
6	浙江凯文磁钢有限公司

【民生计量检查】 2018年，市市场监督管理局开展元旦春节期间计量专项检查、“放心计量进超市（商店）”等活动，对农贸市场、大型超市、水果店、金银首饰店、加油站、液化气站进行计量监督检查。出动执法人员30余人次，检查农贸市场、大型超市、金银首饰商店60余家。对全市69家加油站（点），658把加油枪进行1年2次的免费检定。检定全市农贸市场及周边的电子秤、台秤3345台。处理计量方面投诉33起。在西门菜市场开展“5·20世界计量日”活动，服务现场群众100余人次，发放宣传资料500余份。

【合格评定】 2018年，市市场监督管理局联合市公安局、市环保局等部门对机动车检验机构开展专项检查，要求各机构进行自查并在30个工作日内整改到位提交书面整改报告，发现问题12处，全部整改完毕。组织17家检测机构参加省、金华技能比武4次，机动车检测项目、乳粉中蛋白质测定项目、饮用水中溴酸盐和硝酸盐测定项目能力验证和技术核查、环境检测项目和尾气排放检测项目，比对结果均为满意。

【产品质量检验检测】 2018年，市质量标准计量检验检测中心完成机构合并和人员调整，为465家企事业单位提供计量检定服务，检定项目包括燃油加油机、压力表、衡器、B超、心电图、血压计、氧气吸入器、天平砝码、温度计、酸度计、分光光度计、压力试验机、焦度计、验光仪、出租车计价器、水表、温湿度计等，全年完成强制检定计量器具10951台件次，非强制检定校准3170台次。

【省级食品安全市创建】 2018年，市食安办根据2017版省级食品安全市创建考核细则，对其中的212项具体细则进行责任分解，将创建工作列入2018年度食品安全工作目标管理责任书。

1月11日、3月21日，召开全市性会议推动创建工作。11月9日，在歌山镇召开全市省级食品安全市创建现场会。市食安办印发省级食品安全市创建“一月一镇一主题”活动方案，确定12个月的活动主题和牵头镇乡街道及机关部门。到城东街道、南马镇等地开展大型现场宣传咨询活动。举行省级食品安全市创建毅行、餐饮业质量安全提升三年行动现场会、食品安全工作新闻发布会、省民生实事农村家宴放心厨房建设推进会等活动。

开展多形式宣传，市食安办统筹相关部门和镇乡街道采用门型框展架、海报、桌签、折页宣传册、购物袋、扇子等进行创建宣传，印制发放各类宣传资料20万余份。利用建筑围挡、墙体广告做好宣传，完成8000余平方米宣传画面，完成高炮广告2个，强化户外宣传；利用食品相关单位LED显示屏循环播放创建宣传标语。

【基层食安办规范化建设】 2018年，市食安办把巩固食安办规范化建设成果列入市政府年度食品安全工作目标责任书内容；7月，检查指导全市18个镇乡街道食品安全工作，督促镇乡街道查漏补缺，检查结果以文件形式进行通报。突出网格员作用，食品安全列入全科网格员重点工作内容，强化对各镇乡街道的业务指导。制作食品安全协管员业务知识培训幻灯片，对横店镇、白云街道全科网格员开展食品安全业务知识培训。发挥市场监管所力量，在各镇乡街道开展网格员培训4次。

【餐桌安全治理】 2018年，东阳市制定系列文件保障食品安全，3月，市委办公室、市政府办公室印发《东阳市食品安全党政同责实施细则》，市政府办公室印发《东阳市食品安全工作评议考核办法》，8月，市政府办公室发布《关于强化农村集体聚餐食品安全风险防控工作的实施意见》。推进民生实事，全年建设农村家宴放心厨房18家，创建名特优作坊6家；食品抽检检测5.4份/千人；158家学校食堂（含等级幼儿园）餐饮量化等级AB率93.6%（要求90%）；建成阳光厨房140家，建成率88.6%（要求80%）；校园品牌超市入驻率92.3%。市市场监督管理局开展“示范餐饮双千双百”提升工程，全市38家社会餐饮单位和15家学校食堂通过省级验收。开展餐饮环节监督抽检和风险监测工作，抽检肉制品（自制）15批次及冷加工糕点（自制）12批次，抽检火锅底料2批次，监督抽检餐饮具489批次，合格率63.5%。市市场监督管理局开展网络餐饮线下专项整治工作，出动746人次，检查线下餐饮单位1157家，发现违法违规经营户99起，立案1起，处罚金额5000元。开展“口水油”专项整治工作，检查火锅店165家，发现可疑线索3条，公安审查嫌疑人6人，移送公安“口水油”案件6起，3家涉嫌犯罪的餐饮业主刑事立案。

【食品生产许可】 2018年，市市场监督管理局按照“最多跑一次”改革要求，加大服务帮扶力度，资料齐全、生产加工场所符合要求，企业到办证窗口申请时跑一次即可取得生产许可证。全年发放食品生产许可证26家,其中延续换证20家、变更3家、新发证3家。

【食品安全整治】 2018年,市市场监督管理局开展“春安行动”,开展清明和端午食品市场、校园及周边、进口食品、饮料、酒类、食用调和油、面制品、冻品、“五毛”食品等近20类专项检查工作,立案查处62件,取缔“黑窝”点1个,发现可疑线索3条,移送公安6件。

组织开展白酒小作坊整治提升工作,检查酒类小作坊42家次,全市有22家白酒小作坊取得食品生产经营登记证。开展问题食用调和油排查整治工作,出动执法人员574人次,检查经营户771户,查获问题食用油2824.7千克,全部下架处理。开展猪肉市场专项整治,结合非洲猪瘟疫情防控工作,9月开始开展每周1次清查,出动执法人员1077人次,检查肉类经营者1201户次,查处无证肉品经营单位1家,责令整改27户。

开展农村及城乡接合部食品安全排查工作,针对“3·15”晚会曝光问题食品,开展全面检查,出动执法人员334人次,检查食品经营单位601户次,食品批发市场1个,农贸市场33个次,责令整改7家,下架封存仿冒椰子汁6箱144罐,未发现央视曝光企业生产的产品。

探索食品快检延伸工程,向社区和农村延伸食用农产品快速定性检测。在吴宁街道西街社区、马宅镇马宅村、佐村镇佐村村、歌山镇西宅村建立农产品快速检测室,开展7个项目食品安全快检,检测农产品2777批次,不合格2批次,合格率99.93%。

创建全国文明城市期间,举行“奋战一百天、餐饮整治勇争先”活动,全年出动执法人员5917人次,检查食品生产经营单位8861家次,检查各类市场359家次,小药店305家次,监督抽检食品、农产品525批次。发放整改通知书2341份,立案查处食品类违法案件352件,罚没款计55.9万元。

2018年8月2日,市市场监督管理局举办“奋战一百天、餐饮整治勇争先”助力全国文明城市创建启动仪式 (陈 敏/摄)

【重大活动餐饮服务食品安全保障】 2018年,市市场监督管理局开展节日和重大活动餐饮安全保障监管干部培训工作,制订重大活动餐饮服务保障监管方案。完成市“两会”、慈善年夜饭、4月高中学考选考、横店马拉松比赛、红博会、中高考、七夕庙会、家具制作东阳选拔赛、首届农民丰收节9次重大活动餐饮服务食品安全保障监管工作,出动保障监管人员215人次,检查社会餐饮单位166家次、学校食堂39家次,保障人员33000余人次。

【便民餐车监管】 2018年3月,市市场监督管理局组织召开2017年度便民餐车规范经营户表彰会,全市30个摊点90名便民餐车经营业主参加,为25家规范经营户发放奖金3.15万元。根据《浙江省食品小作坊小餐饮店小食杂店和食品摊贩登记管理办法》的要求,对便民餐车进行系统管理,规范餐车经营,完善奖励机制,强化源头管理,建立退出机制,落实“五个统一”(统一规划摊点、统一经营时间、统一设计篷车、统一营业服装、统一体检培训),督促经营户提升竞争意识、自律意识,以确保餐车整洁、人员健康、操作得当、食品安全。每周开展定期巡查,全年对23名摊位经营户进行处罚,处罚金额1640元。

【食品安全岗前培训】 2018年,市市场监督管理局每周三下午开展城区餐饮单位经营人员岗前集中培训,经营人员通过考试后发放培训合格证明单。对2年以上从业人员,加强新的法律法规和操作规范知识的更新,累计培训16800人次。对学校、大型餐饮单位,上门开展集中培训,并现场进行指导,开展培训18场、培训1500余人。8月,对大型及以上、部分学校食堂等食品安全管理员进行培训,发放证书225本。

【首届东阳市食品生产企业出厂检验技能大比武举行】 2018年12月5日,东阳市首届食品生产企业出厂检验技能大比武在市食品药品检验检测中心举行,全市8家黄酒生产企业的出厂检验化验员参加比试,浙江东阳童氏酒业有限公司许晓平获第一名,东阳市青联酒厂张军英获第二名,东阳市荣鑫酒业有限公司吴敏敏获第三名。5~12月,市市场监督管理局组织食品出厂检验专项整治,开展饮料、茶叶、肉制品、炒货、酒类、糕点、其他食品7期专项食品出厂检验培训,开展出厂检验能

2018年12月5日，首届东阳市食品生产企业出厂检验技能大比武
（孙振华/摄）

力比武，对食品生产企业出厂检验进行专项检查。

【化妆品安全监管】 2018年，市市场监督管理局开展化妆品执法检查工作，查处1起无证从事化妆品生产经营案，没收违法所得8000元，罚款3.2万元；查处1起生产侵权化妆品案，罚款4万元；查处4起生产经营不合格化妆品案，没收违法所得36163元，罚款4707元。推进化妆品"百千万"美丽消费示范工程（"百"指一百条美丽消费示范街；"千"指一千个美丽消费示范市场；"万"指一万个美丽消费示范经营店）创建，创建示范街1条、示范商场2家、示范经营单位68家。采取多种形式宣传科学护肤知识，分发化妆品知识宣传单和宣传手册300余份、宣传扇子1000余把，提供义诊服务15余人次、免费化妆10余人次。对染发产品进行督查，出动执法人员36人次，检查染发用品经营单位68家，发现问题产品36批次，下架处理21批，查扣15批。

【保健品安全监管】 2018年，市市场监督管理局开展保健食品生产经营安全监管工作，印发《保健食品非法会议营销专项整治方案》，打击保健食品会销存在的违规营销宣传产品功效、误导和欺骗消费者等违法行为。4月，组织监管干部和保健食品经营单位300余人召开保健食品业务培训会。制作"保健食品专柜"标识牌12000块，"经营单位承诺公示牌""消费安全警示牌""产品信息明示牌"3种公示牌900块，按需发放。结合食品、保健食品欺诈与虚假宣传整治工作，对全市保健食品经营环节进行监管规范。至年末，全市城区经排摸有20家保健食品会销经营场所，建立监管台账，下发行政指导书。查处一起某药房销售不合格保健食品案，检出涉案保健食品添加药品成分西地那非，罚款10万元。

【食品药品科普宣传】 2018年，市市场监督管理局开展食品安全宣传月活动，组织开展相关宣传咨询、开放日活动，举行知识讲座等近40场次，召开新闻发布会1次，在广播、电视、报纸等媒体及微信公众号等新媒体报道50次，制作、张贴海报标语5万张，印制发放宣传册、扇子、倡议书等宣传材料15万份，发送手机短信85万条，食品安全宣传进学校180所。

【食品抽检】 2018年，全市开展食品定量检测4395批次，其中市食安办开展重点品种抽检71批次。市市场监督管理局完成食品抽样2602批次，品种涉及粮食加工品、餐（饮）具、酒类、糕点、调味料、蔬菜、肉制品、糖果等；市卫计局完成食品风险监测样本903份，抽检集中消毒餐饮具100批次；市农业局完成定量检测600批次；市林业局抽检香榧、青枣79批次；市水务局完成年度抽检40批次。定量检测合格率95.8%。

【药品医疗器械监管】 2018年，市市场监督管理局组织开展中药材中药饮片、非法渠道购进、药师兼职虚挂、非药品清理、违法违规经营使用医疗器械、公众消费医疗器械产品说明书标签等专项整治，无菌和植入类专项检查，对存在的问题进行通报和督促整改。结合投诉举报、各类专项检查，检查药械生产企业29家次、药品批发连锁公司18家次、医疗机构195家次、药店158家次、医疗器械经营企业115家次，下发责令改正通知书13份，立案6起（药品5起，医疗器械1起），罚没款3.37万元。对东阳疾控中心疫苗管理情况进行现场检查，监督销毁过期疫苗。开展网上监管工作，安排专人每周开展温湿度在线监管、品种在线监管、执业药师在线监管。24家药店通过新版GSP（药品经营质量管理规范）认证。每季度监督检查浙江省东阳市医药药材有限公司、浙江省东阳市方圆医药有限公司两家经营特殊药品的批发企业，受金华市市场监督管理局委托，对浙江省东阳市医药药材有限公司购买的马来酸麦角新碱注射液开展3次现场核查。对全市230家药品零售企业进行2017年度信用等级评定，其中11家新开办企业经营时间不满6个月不参评。参评的219家中，评出"守信等级"企业101家，占比46.1%；"基本守信等级"企业108家，占比49.3%；"轻微失信等级"企业10家，占比4.6%。

【药品不良反应监测】 2018年，全市上报药品不良反应（ADR）报告1271份，完成金华市下达目标值的145.3%，其中新的、严重的报告591份,占报告总数的46.5%;严重的(含新的严重的)报告320份,占报告总数的25.2%。东阳市人民医院加入国家药品不良反应监测哨点联盟,成为金华市首个国家级药品不良反应监测哨点医院。上报医疗器械不良事件(MDR)报告190份,完成金华市下达目标值的135.7%,其中严重的报告42份,占报告总数的22.1%。市市场监督管理局被金华市市场监督管理局、金华市卫生健康委员会评为2018年度金华市医疗器械不良事件监测工作优秀集体。

【医药产业发展扶持】 2018年,市市场监督管理局开展前期调研工作,完成《关于东阳市药企原料药实施关联审评过渡期存在问题的报告》上报省食品药品监督管理局,推动省食品药品监督管理局制定原料药关联审评审批过渡期政策,解决药企难题。帮助指导浙江普洛家园药业有限公司以零缺陷通过美国FDA(食品药品监督管理局)现场检查。推进仿制药一致性评价工作,2家药企的4个规格被国家食品药品监督管理局受理,等待审批。收集各企业的国内外认证审计和产品注册情况,5家企业根据《东阳市医药产业扶持专项资金管理办法》兑现奖励和补助金额97万元。

【食品药品检验检测】 2018年,市食品药品检验检测中心完成食品检测各项任务4326(含快检)批次,其中监督抽检1668批次、风险监测2527批次、委托检测81批次、执法抽检50批次,检测合格率95.7%。全年完成药品快检400批次。组织食品检验培训10余场次,培训企业80余家次,培训检验人员近100人次。为企业和市民检测酒类、饮用水、蔬菜及火腿等80余批次,不合格16批次。涉及检测项目200余项。

(陈　敏)

安全生产监督管理

【概况】 2018年,东阳市发生各类事故32起,死亡27人,比上年减少15起、15人,分别比上年下降31.91%、35.71%。工矿商贸企业事故4起,比上年减少2起,比上年下降33.3%,死亡5人,比上年减少1人,比上年下降16.7%;生产经营性道路交通事故28起,比上年减少13起,比上年下降31.7%,死亡22人,比上年减少14人,比上年下降38.9%。全市未发生列入统计口径的生产经营性火灾、水上交通、渔业船舶及铁路路外等事故,未发生较大及以上事故。其中工贸行业事故是2005年以来事故起数、死亡人数最少的一年。危化品行业连续第6年实现"零"死亡。推进道路交通、消防火灾、危险化学品、城市安全、城乡危旧房、工贸行业领域6大安全攻坚战和安全生产3年综合治理行动。

【安全生产责任体系完善】 2018年,市委、市政府制定《关于深入推进安全生产领域改革发展的实施意见》,落实党委和政府领导责任、部门监管责任、企业主体责任,完善安全生产考评体系,健全安全生产履职监督机制。市委、市政府制定《东阳市党政领导干部安全生产责任制实施细则》,细化镇乡街道和部门单位五类党政领导干部安全生产责任,规范履责考核和结果运用,东阳市是全省最先制定实施细则的地区。市政府印发《东阳市安全生产通报警示约谈实施办法》,建立完善安全生产通报、警示、约谈3项推动安全生产责任落实的制度。市委常委会每季度定期会商安全生产和消防安全工作,市安委会推动"1+X"机制(安委会+专安委)运行,根据市领导分工调整修订完善"1+X"责任体系,增加市委组织部、市民宗局等部门为安委会成员单位。建立安委会专题例会制度,协调解决各专委办或有关行业主管部门提交的、需安委会决策协调的问题、工作或重大事项。强化督查考核,坚持安全生产重点工作开展情况通报制度;完善安全生产考核机制,修订完善《2018年度安全生产目标管理责任书》,根据考核对象差异,分类制定安全生产责任书。

【隐患排查治理】 2018年,东阳市有各级政府公布重点隐患23处,其中省级公布隐患2处、金华市级公布隐患10处、东阳市级公布隐患11处,10月末全部按整改方案完成整治,投入整治资金400余万元。8月15日,金华市安全生产重点工作第四督查组检查巍山镇人民政府、凯悦公馆二期建筑工地、九龙公馆高层建筑、银泰城商场、电力设施挂牌隐患、西门菜市场等单位安全生产情况,发现9个问题隐患,全部落实整改。组织开展"两会"期间事故隐患排查整治工作,下发整改督查告知书12份,并落实整改;加强雨雪冰冻天气安全隐患排查治理工作,对矿山、尾矿库采取停产停业措施,及时转移从业人员;8月,市安委会主任和各专委会主任担任组长带队督查高温汛期安全生产工作,检查单位40家,对发现的问题进行落实整改。9月,罗山黄金矿拆除回采设施和坝体,复垦腾空的尾矿库土地。12月,完成尾矿库销库手续办理工作。完成中央财政资金支持项目佐村萤石矿尾矿库"头顶库"(下游1000米距离内有居民或重要设施的尾矿库)治理,综合利用尾砂7.5万立方米,尾矿库隐患得到治理。

【影视拍摄基地及摄影棚(场)消防安全专项整治】 2018年,市安监局开展影视拍摄基地及摄影棚(场)消防安全专项整治,排查单位200余家;梳理全市室内影视拍摄场所安全监管职能,明确室内影视拍摄场所产权单位、承租使用单位的主体责任,横店影视产业实验区管委会、市文旅委办公室的行业监管责任,各镇乡街道的属地管理责任,市安监局、市消防大队的业务指导职能;制定《关于规范东阳市影视拍摄场所消防安全管理的指导意见(试行)》,明确安全管理和消防设施设备等标准,建立健全消防安全长效管理机制。

【工贸行业专项整治】 2018年,市安监局开展工贸行业专项整治攻坚战,重点整治“三场所二企业”(有限空间作业场所、可燃爆粉尘作业场所、喷涂作业场所,涉氨制冷企业、机械加工企业)。推动红木企业环保治理,开展红木企业除尘装置、喷涂作业场所安全整治工作,制定安全整治标准,关停企业228家,整改隐患12000余处,立案处罚13起。

【消防火灾专项整治】 2018年,市安监局开展电动自行车消防安全综合治理工作,排查整治电动自行车生产、销售、使用等环节,排查销售单位222家,维修单位161家,储存超百辆单位23家,其中超千辆单位2家。

开展加强高层建筑消防安全综合治理,排摸高层建筑338栋,建立花名册,141栋高层公共建筑全部明确消防安全楼长。推广使用消防远程监控系统,接入251家单位。

【城市安全专项整治】 2018年,市安监局开展全市城镇燃气设施安全运行管理工作,执行燃气经营许可证制度,采用取缔不合格供应站和合并规模较小供应站等方式逐步减少各镇乡范围内的不规范供应站,有9家瓶装燃气供应站被取消燃气经营资格。打击燃气经营非法行为,全年扣押各型号气瓶349个、行政拘留2人、属地派出所告诫谈话2人,以非法改造气瓶和非法经营立案调查各1起。

【城乡危旧房专项整治】 2018年,东阳市制定《关于加快推进危旧房治理改造工作的实施意见》,市委、市政府制订《关于推进农房集聚区建设的指导意见(试行)》,危旧房治理以村级为主体,农户自愿为原则,全市拆除各类危旧房4.8万余户,占地面积350万平方米,盘活农村土地350余公顷,涉及全市18个镇乡街道、1000余个自然村。对D级危房严格落实“五个一律”▲措施,实行动态监管。

▲“五个一律”:一律依法由乡镇、街道发布危房公告,一律依法限期搬离(逾期未搬离的由属地政府依法强制搬离),一律依法贴封条禁止出入,擅自撕毁封条回迁入住的一律依法追究法律责任,涉及危害公共安全的一律依法拆除。

【危险化学品安全综合治理】 2018年,东阳市制定《东阳市2018年度危险化学品专项整治行动工作方案》,开展16个方面的非法、违规行为整治,对工作开展不力的1家单位进行行政约谈,对存在问题隐患的6家单位采取责令限期整改等执法措施。危化区域性应急队伍建设、危化仓储经营规范化建设2项危化品安全监管工作保持全省前列,实现两个方面突破(联合气防站建设取得突破、危化企业安全文化建设形势取得突破),全市危化品行业连续6年实现零死亡事故。8月2日,省委常委、常务副省长冯飞到横店集团普洛药业股份有限公司检查安全生产工作。普洛康裕制药有限公司、普洛得邦制药有限公司被评为“浙江省安全文化建设示范企业”。

【构成一级重大危险源危化企业联合气防站建设】 2018年,东阳市有构成一级重大危险源危化企业2家(浙江巍华化工有限公司,浙江康峰化工有限公司),即将构成一级重大危险源1家(东阳市巍华制冷材料有限公司),3家企业自身建设气防站困难。为全面解决涉毒气体企业应急能力不匹配问题,确定联合建设辐射全市有毒气体应急服务危化品气防站的筹建方案,以“政企合作,企业出资,按标装备”的形式,以巍华化工为中心的“一站三点一医院”(以巍山镇专职消防队为气防站,下设浙江巍化化工有限公司、浙江康峰化工有限公司、东阳市巍华制冷材料有限公司气防组点,各医院应急联动,辐射全市涉毒害气体事故应急救援服务)组织架构。年末,投资90万元,在巍山镇建成金华地区第一个构成一级重大危险源危化企业联合气防站。委托专家制定安全目视化管理实施方案,3家化工生产企业、1家经营企业完成安全目视化管理试点建设。

【烟花爆竹安全监管】 2018年,市安监局执行市委、市政府关于烟花爆竹禁燃工作部署,实行双禁前批发经营公司产品“只出不进”规定,建立零售经营产品统筹调剂、流向登记和库存产品退货管理3项制度。禁燃前,批发公司、75家零售点实现“零库存”。结合实施全区域全年禁止禁放烟花爆竹,开展烟花爆竹清零工作,联合各镇乡街道多轮次的排摸、核查全市90家烟花爆竹零售店库存情况,联合市行政执法局、市供销社统一回收15家零售点未销售完的库存产品,回收库存产品1170件并完成销毁处置,货值17.78万元;做好许可注销工作,依法分批对2家批发经营、90家零售店办理注销手续和许可证收缴,完成烟花爆竹批发经营企业、零售经营店关闭退出工作。

【职业卫生监管】 2018年,市安监局专项治理危化生产企业、矿山、建材(水泥制品、砖瓦)、印刷制品和木质家具制造等行业的职业卫生工作,重点检测申报(作业场所职业病危害申报和职业病危害因素申报)、劳动者职业健康检查和个体防护用品配备使用等。17家危化生产企业、2家正常生产矿山企业、13家建材企业、10家印刷企业全部落实整治要求;开展“职业健康执法年”活动,查处“八大类”重点职业卫生违法行为▲,检查企业179家次,发现隐患和问题213项,其中当场整改167项、责令限期整改46项、责令暂停作业1家、立案查处14起。组织职业健康检查企业310家,参检人数6978人,266家企业签订检测评价协议。以“四个一”(开展1次集中宣传活动、组织1次专项检查执法、举办1次职业卫生知识培训、开展1次警示教育)活动为重点,开展《中华人民共和国职业病防治法》宣传周活动,制作《职业病防治指南》,在“东阳安监”微信公众号和创安网校上发布。

▲“八大类”重点职业卫生违法行为:(1)作业现场职业病危害因素浓度(强度)严重超标但未采取有效工程或个体防护措施的;(2)未依法

向安监部门申报产生职业病危害项目的;(3)未开展工作场所职业病危害因素定期检测的;(4)未按规定组织劳动者职业健康检查的;(5)未按照规定向安监部门报告职业病、疑似职业病例的;(6)可能发生急性职业损伤的有毒、有害工作场所,未设置报警装置,配置现场急救用品、冲洗设备、应急撤离通道和必要的泄险区的;(7)放射工作场所未配置防护设备和报警装置,接触放射线工作人员未佩戴个人剂量计的;(8)使用国家明令禁止的可能产生职业病危害的设备或者材料,如打磨作业使用不带除尘的砂轮机,木质家具制造喷漆工艺未单独设置喷漆间等。

2018年10月16~17日,市安监局参加第九届中国国际安全生产论坛
(市安监局提供)

【安全生产社会化服务】 2018年,市安监局推进"标准化+社会化服务"模式,规范安全服务机构管理,实行社会化服务目标管理责任制和自律承诺书,对10家服务机构实施目标管理责任制和社会化服务承诺制。组织开展机构办公场所、办公设施、制度建立执行、人员配备、工伤保险等情况检查工作,督促服务机构按目标管理责任制要求落实服务工作。引导企业实行委托管理服务,增加服务企业619家,托管企业1749家。做好危化、矿山、交通运输、建筑施工、民爆、金属冶炼等重点行业领域安全生产责任险投保工作,全市参加投保生产经营单位92家,保费2745.76万元,保额159.08亿元。推进智慧式用电管理系统推广工作,全年安装2300套。10月16~17日,市安监局受邀参加第九届中国国际安全生产论坛;10月17日,举行企业安全管理体系分论坛,局长陈其宪主持关于提升第三方中介机构服务水平专题讨论。11月15日,东阳·海安安全标准化示范地区合作交流暨金华创安与安康技术项目合作签约仪式在东阳市举行,江苏省海安市安监局主要负责人带领安全服务机构参加。

【安全生产标准化建设】 2018年,市安监局发挥"标准化+托管"模式作用,推进小升规企业标准化创建,引导优秀企业提升标准化等级,做好标准化到期复评并融合推进双重预防机制建设,239家三级标准化复评企业中,关闭37家,签约复评174家,签约率86%,二级复评通过4家;挑选15家企业打造安全生产精品企业,示范企业创建取得成效。4月11日,全省工贸行业综合监管暨深入推进安全标准化现场会在东阳市召开。6月26日,金华市创建全国安全生产标准化样板地区启动仪式暨安全生产标准化建设工作现场会在东阳市召开。7月19日,组织15家示范企业负责人、相关乡镇安监所长、机构负责人参观东政电机有限公司现场安全管理。8月2日,应急管理部领导到东阳市检查指导全国工贸行业安全生产标准化样板地区建设工作;12月11~13日,全国工贸行业安全生产标准化样板地区建设工作通过国家应急管理部专家组的验收。

【全省工贸行业综合监管暨深入推进安全标准化现场会】 2018年4月11日在东阳市召开。省安监局副局长、总工程师李公杭,副巡视员叶松明,全省各地市安监局分管领导、业务科室负责人、相关县市(区)安监局分管领导参加会议,与会人员现场观摩浙江联宜电机有限公司安全标准化创建工作。会议总结2017年全省工贸领域安全监管工作,安排部署2018年工贸行业综合监管重点工作。金华、温州、湖州、舟山、东阳、宁海等地对涉爆粉尘整治、SCORE(企业可持续发展)项目推广、双重预防机制建设、涉氨企业整治、小微企业标准化建设、深化拓展社会化服务等工作作典型发言。

【应急管理能力建设】 2018年,市安监局加强4支危化、矿山区域性应急队伍建设,联合横店集团邀请国家工信部全国应急产业联盟专家为4支应急救援队和社会救援队进行应急管理培训。组织开展应急演练,市相关职能部门组织演练21场,投入演练资金182万元,企业组织演练906场,参演人数10万余人次。

【安全生产宣传教育培训】 2018年,市安监局巩固"东阳安监"微信公众号、《金报东阳》专栏《安监之窗》等宣传平台,加强安全生产社会化宣传;开展以"生命至上、安全发展"为主题的第十七个全国安全生产月活

2018年7月3日，东阳市液化石油气储配站反恐及泄漏应急处置演练在城东街道李宅液化气储配站举行 （包康轩/摄）

动；开展企业主要负责人、安全管理人员和特种作业"三项岗位"人员培训工作，培训企业主要负责人1413人、安全管理员1245人、特种作业949人。开展打击假冒特种作业操作证专项整治行动，查处无证作业行为7起。

【行政执法】 2018年，市安监局加大生产安全事故处罚力度，对1起非法承包和无资质施工的责任事故实施罚款30万元的顶格处罚。打击非法生产、经营、违规储存化工原料、油漆、烟花爆竹等违法行为，查处10起，罚没款76.8万元。联合镇乡街道进行执法检查，检查企业24家，查处违法企业9家；开展特种作业持证上岗专项执法，检查企业25家，立案查处无证上岗15起，罚款12.8万元。配合市委、市政府中心工作，加大红木企业安全生产违法行为的查处力度，查处违法违规红木企业8家，实施停产整顿5家，关停50余家；开展红木企业粉尘治理设施、涂漆作业场所和废气处理设施电气防爆设施安装和运行情况随机执法检查，依法取缔55家不符合安全条件的城乡油漆店，占总数的53%。查处厂房出租单位违规出租、只租不管等违法行为，立案查处违规出租单位4起，罚款51.2万元，没收违法所得6.375万元。加大职业卫生执法力度，立案查处14起，罚款17.2万元。全年查处安全生产违法案件136起，比上年增长60%，罚没款413.48万元，移送司法机关追究刑事责任4人，治安处罚1人。

（张　帆）

出入境检验检疫

【概况】 2018年，全市有进出口企业568家，进出口金额31.45亿美元。金华出入境检验检疫局东阳办事处（简称东阳办事处）完成436家企业的检验检疫备案及产地证备案工作。检验检疫货值6541.8万美元，签发原产地证书15237份、金额4.5亿美元，按优惠税率5%折算，东阳市出口企业累计可享受国外关税优惠1507.7万美元。

【机构改革海关转隶工作】 2018年，东阳办事处根据国务院《有关深化党和国家机构改革方案》和海关总署的统一部署，在4月20日前开展检验检疫标识标牌的拆除工作，更换为海关的标识标牌，开展检验检疫专用章的登记及交接工作，完成检验检疫向海关的转隶。

【检验检疫工作优化】 2018年，东阳办事处取消通关单，启用关检融合新报关单，开展企业报关报检资质优化整合工作。通过"互联网+海关"及"单一窗口"的一次申报，在海关内部实现数据流通和共享，对企业做到"一次放行"。简化企业申报流程，减少通关环节，加速货物放行，压缩货物通关流程时长，实行审单放行新模式，降低制度性交易成本。开展施检无纸化功能试点上线运行工作。

自8月1日起，东阳办事处开展新版报关单报文格式启用、检验检疫单证电子化、出口货物检验检疫监管优化等工作，通过电话、QQ群、微信群、告示栏等方式告知企业，解读相关政策。组织进出口企业参加国际贸易"单一窗口"标准版关检融合统一申报等业务培训。设立绿色通道，优先办理企业资质补录，上门服务，与企业对接，进行一对一指导。

【进出口食品安全管理】 2018年，东阳办事处开展进口食品安全监管工作，履行食安办成员单位义务，推进省级食品安全市创建工作。结合"3·15国际消费者权益日""一月一镇一主题"、食品安全宣传月等活动，开展现场宣传活动8次，对群众关心的问题作出解答。开展"进口食品安全社区行"活动。与市场监管部门开展联合检查4次，检查对象包括进口食品馆、冷库、大型超市、大型市场等，覆盖进口肉制品、红酒、食用油、奶制品等品类。对2家供港火腿出口企业开展日常监督管理工作，完成食品注册评审员审核计划任务，开展非洲猪瘟防控工作，保证猪腿来自CIQ备案的非疫区养殖场。开展进口粮食风险管控工作，在进口粮食储备管理和疫情防控制度体系建设、进口粮食重大安全防控管理两个方面进行监管。开展食品、化妆品安全风险预警工作，上报风险预警信息，获海关总署录用3篇。

【生物安全监管】 2018年，东阳办事处开展外来林木害虫监测工作，在南马花园木材交易市场和国际物流园木材交易中心设置监测点，针对大小蠹、长小蠹、齿小蠹、材小蠹等外来林木害虫，设置8个诱捕器。4月15日，东阳办事处工作人员到市实验小学开展“国门生物安全”进校园活动，向学生宣传外来有害生物和生态安全的相关知识。

【敏感商品安全监管】 2018年，东阳办事处完成辖区24家出境竹木草制品生产企业注册登记换证考核工作，完成1家新出境竹木草制品生产企业（东阳市得昌装饰品有限公司）的注册登记考核工作。按照《进出境动植物产品注册登记企业日常监管“双随机”工作实施细则》，对出口企业实施分类管理和日常监督管理。开展辖区内2个检疫熏蒸点监督管理工作，完成5个检疫性实蝇监测点的布置工作，及时做好样本送检和疫情上报。对东阳市粮食收储有限公司上周中心库的外来杂草进行3次监测。调查遭国外退货的商品14批，了解国外技术性安全壁垒信息，规避风险，减少损失。调查摸底辖区内15家危险化学品使用（储存、充装等）企业。

2018年4月15日，东阳办事处工作人员到市实验小学开展“国门生物安全”进校园活动 （王学谦/摄）

【中国出口质量安全示范企业监督管理】 2018年，根据金华局的部署安排，依据《中国出口质量安全示范企业创建工作规范（试行）》的相关要求，东阳办事处完成对辖区2家“中国出口质量安全示范企业”的年度监督管理工作，将企业该年度进出口情况报告提交给省局，对2家企业的质量管理经验进行介绍宣传。

【进口汽车售后监管】 2018年，东阳办事处现场监管奔驰、宝马、奥迪3家进口车经销商的售后“三包”（包修、包换、包退）和召回情况。针对央视“3·15”晚会曝光的进口大众途锐汽车安全风险的报道，组织人员对进口奔驰GL系列制动系统风险、奔驰部分车型驾驶员正面气囊意外展开等开展召回监管工作，排查上报采埃孚公司生产的部分制动卡钳存在风险的涉及车辆。

【进口一般工业品检验】 2018年，东阳办事处对入境旧钢瓶的检验流程优化、旧机电产品技术文件缺失、操作手册为国外语言等不合格项等方面进行整改。开展中美贸易摩擦影响专题调研，重点走访浙江联宜电机有限公司和冀发集团有限公司，采取措施，化解贸易摩擦带来的不利影响。

（吴丹丹）

农 业

·综述·

【概况】 2018年，东阳市监管农产品质量源头，成功创建国家农产品质量安全县。全面完成省农业领域“机器换人”示范县创建，被认定为全国主要农作物基本实现全程机械化生产示范县。农业行政执法连续12年获评全省先进。农村土地承包经营权确权登记颁证工作通过综合验收，土地流转制度改革试点全面完成。提标改造粮食生产功能区5个、面积346.67公顷。增加美丽田园500公顷，建成全国休闲农业与乡村旅游星级示范园区6家、省级现代农业综合区2个。 （胡金晓）

【农产品安全监管】 2018年，东阳市探索农产品质量安全监管新方式，建立监管体系，推进农资管理规范化、生产管理标准化、安全监管智能化等工作。11月，农业农村部委托省农业厅组织开展东阳市国家农产品质量安全县创建验收工作，东阳市通过资料审查、暗访检查及群众满意度测评，到省农业厅参加国家农产品质量安全县答辩验收会并通过核查验收。东阳市建立“农安东阳”APP网格化监管体系。完善追溯体系建设，172家农产品生产主体被纳入追溯库，实现蔬菜水果种植基地、专业合作社、规模畜禽养殖场、种粮大户等主体生产的主要农产品全部可追溯。市农业局制订农产品质量安全监测计划。全年抽检蔬菜、水果样品410批次，茶叶10批次，稻米25批次，生猪尿样90批次，猪禽肉蛋60批次，其他5批次，整体合格率99.5%。 （叶 凯）

【农业科技】 2018年，东阳市农技人员在省级及以上刊物、杂志发表农业科技论文17篇，农业论著3本，董航顺参与的“浙中水稻绿色增产增效技术研究与应用”农业科技项目获2017年度浙江省农业丰收奖二等奖，贾华凑获浙江省农业技术推广贡献奖。 （李 珊）

【农业法制】 2018年，东阳市落实农业系统“谁执法谁普法”的普法责任制。启用浙江省行政执法监管平台，推进“双随机、一公开”监管工作。建立“一单两库”（一张执法清单，一个执法人员库，一个检查对象库）平台，制订抽查计划，通过“双随机”摇号系统，抽取执法人员和检查对象，开展执法检查。市农业局全年办理农业行政处罚案件44起，结案40起，罚没金额17.28万元。全年增加执法证件22本。 （叶 凯）

【两区建设】 2018年，现代农业园区搭建连栋钢架大棚15040平方米、单体钢架大棚7.35万平方米。创建全国三星级休闲农业与乡村旅游示范企业1家（东阳市单良农业发展有限公司）、金华市农旅融合示范点1个（东阳市尚侃农业休闲园）。

全市实施耕地保护补贴和规模种粮补贴，调整、合并优化原有的粮食扶持政策，将水稻病虫害统防统治补贴与规模种粮补贴合并，将水稻集中育秧补贴与机插作业环节补贴合并。在插秧机上安装农机北斗管理终端，水稻育插秧作业面积依据农机北斗管理终端数据进行核定。 （何 琴 金 怡）

【农作物种植】 2018年，东阳市270户规模种粮户流转承包耕地面积4640公顷，稻麦复种面积7273.33公顷，其中早稻面积3046.67公顷。全市建立早稻高产示范方15个，面积144.67公顷，品种主要为“中早39”“金早47”；单季稻高产示范方10个，面积243.33公顷，其中六石街道紫光村、巍山镇沈良村省级千亩高产示范片2个，面积147.6公顷，主要种植“甬优12”“甬优5550”“浙优19”“嘉丰优2号”等品种。全市完成巍山镇光里湖畈、画水镇黄田畈、东阳江镇和乐畈、歌山镇安溪畈、六石街道六石晨光畈5个粮食生产功能区提标改造工程，面积343.47公顷。

东阳市蔬菜播种面积7127公顷，总产量18.6万吨，总产值7.3亿元。全市有常年蔬菜基地28个，面积283公顷；高山蔬菜基地37个，面积268.7公顷。加强蔬菜基地质量安全整治，对全市19个重点监管蔬菜基地进行不定期抽检，检查生产记录情况和农药使用情况。

东阳市水果生产面积3597公顷（不包括西甜瓜、草莓），产量46996吨。由东阳市种植业技术推广中心承担，东阳市冠绿果品种植场为实施主体，开展浙江省产业技术团队生产示范点建设项目——“改良棚架梨园综合增效技术示范”的实施,该项目省补资金20万元用于购买有机肥、果袋、优新农药和技术操作人工支出。开展改良棚架梨园农药减量增效技术、种养结合综合增效技术、整形修剪技术、控产提质技术等示范工作。

东阳市茶叶面积3240公顷,总产量1620吨,总产值18478万元,其中名优茶1207吨,产值16263万元。在浙江绿茶博览会(银川)上,东白山茶场选送的样品被评为金奖产品。5月,市政府开展“东白”茶文化宣传推广月活动,举办东阳市首届东白茶开采节、(斯村富坤)市民品茶大会、(中国木雕城)“一bei子的幸福”茶文化活动周等活动。在金华市炒茶能手比赛中,刘坎明、麻致杰获三等奖。举办初级、中级茶艺师(评茶员)培训班,427人参加培训,有920人获初级、中级茶艺师职业资格证。韦跃飞到浙大茶学系培训高级茶艺师,全市有高级茶艺师10人。（金　怡）

【农业机械】 2018年,东阳市农机总动力47.99万千瓦,农机原值7.16亿元,有大中型拖拉机776台,联合收割机619台,粮食烘干机339台,插秧机266台,主要粮食生产耕种收机械化水平84.43%。东阳市创建浙江省农业领域“机器换人”示范县。市农机站全年办理购补农机具717台(套),受益农户343户,报废拖拉机、联合收割机102台。完成水稻机播作业面积5867.07公顷,油菜机收面积146.67公顷,使用农机购置补贴资金1246.88万元,报废补偿资金31.55万元,作业环节补贴资金275.19万元,使用财政补贴资金1553.62万元。建立粮食烘干中心(户)1个(巍山镇徐赢范)。全市水稻烘干中心烘干粮食6.35万吨。

东阳市推广高速插秧机38台,大中型拖拉机45台,全喂入联合收割机27台,粮食烘干机74台,茶叶加工机械107台,旋耕机93台。完成全国第三批率先基本实现主要农作物生产全程机械化示范县创建。

东阳市举办拖拉机驾驶员培训考试1期,检验合格拖拉机1036辆。发生农机伤亡事故2起,死亡1人,农机事故死亡人数控制在政府和上级业务部门标内,完成农机监理业务工作各项指标。（倪璐嘉）

·农村经济·

【概况】 2018年,东阳市集体经济总收入191356.80万元,其中经营收入120034.82万元、发包及上缴收入7389.01万元、投资收益1884.03万元、补助收入30458.06万元、其他收入31590.88万元;总支出69971.45万元,收益121385.35万元。全市有村经济合作社508个,年收入1000万元以上的村经济合作社30个,500万~1000万元的村经济合作社40个,100万~500万元的村经济合作社229个,50万~100万元的村经济合作社76个,10万~50万元的村经济合作社121个,10万元以下的村经济合作社12个。有经营收益的村481个,无经营收益的村27个。至年末,村级集体资产总额1329800.14万元,其中流动资产490093.49万元、农业资产1353.32万元、长期资产838353.33万元。村级集体负债总额80116.12万元,其中流动负债60516.84万元、长期负债19599.28万元。

【经济薄弱村消除】 2018年,东阳市完成集体经济薄弱村消除工作。至年末,消除省定经济薄弱村75个。全市345个行政村年经营性收入均超过5万元。全市345个行政村年总收入112908.61万元,村均327.27万元,比上年增长94.15%;经营性收入75350.03万元,村均218.41万元。

【村经济合作社股份制改革】 2018年,东阳市有村经济合作社508个,493个村经济合作社完成股份制改革,占村经济合作社总数的97%。共量化资产总额811219.21万元,其中经营性净资产470954.82万元。界定社员股东713342人,核发股份经济合作社证明书468份,产生董事会(社管会)成员3138人,监事会(社监会)成员2102人,全年股金分红总额5673.71万元。

【农村集体“三资”管理】 2018年,东阳市农村集体资产总额1329800.14万元,其中货币资金374013.61万元;村级集体负债总额80116.12万元,核实所有者权益1249684.02万元。集体所有农用地总面积123569.81公顷,其中耕地21658.67公顷、园地2640.67公顷、林地97702.27公顷、养殖水面1134.87公顷、其他433.33公顷。全市508个村经济合作社实行财务公开和会计电算化。全市配备村(组)会计(报账员)969人(具有会计从业资格证223人),接受培训1858人次。

【农村财务管理与审计】 2018年,东阳市健全完善清账理财制度,规范清账理财工作方法,及时公布清账理财成果,全市开展村级财务审计工作,按照“三年一轮审”的要求开展农村审计,注重问题调查核实和后续整改,对涉嫌违纪违法的,及时移交相关部门处理。完成农村财务清理和审计265个村(小区),审计单位资金总额140167.58万元,发现违纪金额10.23万元。

【农民专业合作社】 至2018年年末,东阳市有农民专业合作社429家,其中种植业266家、林业43家、畜牧业7家、渔业8家、服务业75家、其他30家。有规范化合作社111家。合作社联结基地面积4187.53公顷,带动农户1.38万户,合作社统一组织销售农产品总值8284.93万元。合作社总收入18170.99万元,总支出14007.36万元,盈余4163.63万元,资产总额22260.31万元。

【家庭农场】 2018年,东阳市设立家庭农场39家。至年末,全市有家庭农场489家,其中从事种植业376家、畜牧业10家、渔业22家、种养结合58家、其他23家。增加省示范性家庭农场3家(东阳市巍山佳灵家庭农场、东阳市歌山镇祥光家庭农场、东阳市画水王贤良家庭农场),金华市示范性家庭农场4家(东阳市横店桂龙家庭农场、东阳市虎鹿晓峰家庭农场、东阳市大联紫荆家庭农场、东阳市东阳江镇陈汝架家庭农场），东阳市示范性家庭农场11家。家庭农场经营土地面积4130.33公顷，家庭农场劳动力数量1981人，年销售农产品总值17113.49万元。拥有注册商标的家庭农场有35家，通过农产品质量认证的家庭农场有40家。

（吴海潮）

·新农村建设·

【概况】 2018年，东阳市以“十美村十差村”考核评选和“百局联百村”活动为主要载体，推进美丽乡村建设和红木长廊建设，开展农村生活污水治理工程，探索推广农村生活垃圾智能化管理模式，推进产业植入工作，实施“尾水返田”项目，完成生态洗衣房建设。

【农村生活污水治理】 2018年，东阳市完成27个农污项目的新建续建任务。推进项目移交工作，移交终端931个，完成243个接厂农污项目。实施“尾水返田”项目，制订“尾水返田”建设基本标准，推广实施“尾水返田”主要模式，完成第二批“尾水返田”项目90个。完成第二批42个生态洗衣房建设。开展池塘清淤和生态景观池塘整治工作，完成池塘清淤399口、31.42万立方米，356个行政村完成生态景观池塘整治工作。完成白溪江巡河24次，督促整改问题12处。

【农村生活垃圾分类】 2018年，湖溪镇夏黄村和虎鹿镇合力村完成省级示范村创建工作，70个省级垃圾分类处理任务村（金华市级优秀分类村）通过验收。东阳市修改完善《东阳市农村生活垃圾分类示范村考核办法》，创建东阳市级农村生活垃圾分类示范村100个。推广湖溪镇农村生活垃圾分类管理新模式，至年末，全市16个镇乡街道（除吴宁街道、白云街道外）完成1080个自然村的农户信息采集工作，完成率99.91%。注册考垃APP用户165433户，933个自然村运行该管理软件，占总自然村的86%。设置分拣中心和回收网点，建设湖溪镇、南马镇分拣中心，配备上门预约回收人员10人；完成52个村级再生资源回收网点（兑换超市）布点并运行。全年回收可再生资源3516吨，其中通过考垃APP回收1260.79吨。

【扶贫开发】 2018年，市农办委托第三方统计事务所开展低收入农户认定复核、动态管理工作，全市认定低收入农户9726户、17654人。完成5个生态乡镇2017年度山区发展项目财政贴息贷款利息补贴，贴息1405244元。完成全市2017年度低收入农户小额贷款贴息，贴息124066元。完成5个生态乡镇的21个村级基础建设项目。开展扶贫领域专项巡查整改工作，整改3户非低收入农户享受扶贫贷款贴息问题，对发放的资金及时追缴交回财政国库。实地走访对口支援帮扶所在地金华市婺城区沙畈乡，了解帮扶项目政策办法、项目完成和资金落实情况；实地走访调研结对帮扶所在地磐安县玉山镇张村，针对实际情况开展帮扶。

【农家乐管理】 2018年，东阳市创建金华级农家乐集聚村1个（湖溪镇郭宅一村象田自然村）、三星级经营户5户（东阳市湖溪镇聚味阁农家乐饭店、东阳市湖溪镇霜龙农家乐饭店、东阳市湖溪镇游龙农家乐饭店、东阳市湖溪镇舞龙农家乐、东阳市湖溪镇奇龙农家乐饭店），东阳市级农家乐集聚村1个（佐村镇平坑行政村塘坵自然村）、二星级经营户17户，金华市级农家乐特色点3个（东阳市九石洞农庄、东阳市九宫山庄、东阳市城东单良春雷生态休闲农庄）、东阳市农家乐特色点6个。至年末，全市农家乐接待游客344万余人次。落实各镇乡街道与所属农家乐集聚村、特色点签订《二〇一八年度东阳市农家乐安全目标责任书》，开展2018年度农家乐安全生产“百日攻坚”行动。组织参加2018年长三角休闲农业和乡村旅游博览会，发放旅游指南等宣传品1000余份、南马镇花园村优惠或免费门票100张，咨询解答近500人次。

（王宇辉）

·乡村振兴·

【概况】 2018年，东阳市坚持城乡统筹、工作统筹理念，以全国农村社区治理实验区建设和浙江省美丽乡村示范县创建为抓手，以“乡村振兴·歌画东阳”大讨论、大比武、大展示主题实践活动为载体，推进乡村振兴战略实施。全年安排财政资金37.3亿元，比上年增长136%。制定《建设全国农村社区治理实验区实施乡村振兴战略三年行动计划》，确立10大类135项指标体系，系统梳理6大类77项重点任务责任清单，构建实施乡村振兴战略的政策体系、责任体系、指标体系、考核体系。在三年行动计划的基础上，明确2018年度部门单位31大项61小项和镇乡街道“4+3”年度重点工作任务，以“乡村振兴·歌画东阳”大讨论、大比武、大展示主题实践活动统筹推进。4月18日，“乡村振兴·歌画东阳”大讨论、大比武、大展示主题实践活动启动仪式举行。

【工作机制体系建立】 2018年，东阳市构建党委统一领导、政府具体负责、党委农村工作部门统筹协调的乡村振兴工作领导体制和工作机制。建立健全乡村振兴工作检查、考核、通报和报告制度，把乡村振兴工作情况纳入相关部门和镇乡街道一把手年度述职评议考核。推进农房拆后重建、产业植入、小城镇环境综合整治、浙中生态廊道建设、小微园建设、全国文明城市创建等工作，统筹推进城乡融合发展。每季度对照部门单位、镇乡街道重点工作“大比武”项目，对重点工作落实情况进行考核、排名、通报，召开现场推进会。

【绿色生态农业发展】 2018年，东阳市推进农业“两区”建设，完成粮食生产功能区提标改造343.47公顷，建设粮食高产示范区2个，畜禽粪污综合

2018年4月18日，“乡村振兴·歌画东阳”大讨论、大比武、大展示主题实践活动启动仪式举行　　（市委办公室提供）

利用率99.5%。推进农产品质量安全追溯平台建设，建立健全三级质量安全监测体系，至年末，有170余家主体进入追溯库，基本实现全市主要农产品全部可追溯，省级农产品质量安全检测合格率100%，东阳市创建金华市第一个国家农产品质量安全县。启动农产品区域公用品牌建设，制订“东白”农产品品牌战略规划，创建各级名牌农产品28个、农产品著名商标51个，获浙江省农博会金奖产品2个。培育新型农业经营主体，创建省级示范性家庭农场23家，市级农业龙头企业100家。提高农机装备水平，创建浙江省农业领域“机器换人”示范县，东阳市被认定为全国第三批基本实现主要农作物生产全程机械化示范县。

【工业绿色转型发展】　2018年，东阳市制订安全、环保等管控标准，推进“飓风整治”“清零入园”行动，整治企业7487家。至年末，全市70%以上的村居低散乱企业“清零”目标和小微园建设任务基本完成。

【产业植入推进】　2018年，东阳市推广产业植入“十大模式”，因地制宜培育发展影视文化、乡村旅游、休闲农业、农村电商等农村新产业新业态，创建A级景区村庄22个、影视特色村20个、民宿农家乐集聚村20个。实施产业特色精品村培育工程，制定竞争性评选和动态管理制度，完成首批11个村创建任务，总投资1.75亿元。发挥内外东阳人互动优势，加大政策扶持和创业服务，鼓励社会各界人士投身乡村建设，推动工商资本和人才“上山下乡”，全市引入产业植入项目98个，实际完成投资24.88亿元。

【农村改革深化】　2018年，东阳市完成农村土地承包经营权确权登记颁证工作，通过上级综合验收。完成4个镇、街道的土地流转制度改革试点工作，全市增加土地流转面积666.67公顷，规范土地流转面积533.33公顷。开展全域土地综合整治与生态修复工程，完成拆除复垦28.51公顷，消化批而未供土地187.13公顷，低效用地再开发90.93公顷，盘活存量建设用地103.33公顷，闲置土地处置率99.2%。推进“三位一体”农合联改革，组建产业农合联3家，完成7家镇乡街道农合联的组织达标认定工作。东阳农商银行信贷投入60亿元支持乡村振兴战略，至年末，发放13.88亿元。

【环境革命】　2018年，东阳市完成城镇污水配套管网建设改造25千米，完成农村生活污水“尾水返田”90个示范项目建设，建成农污运维监管平台和前端站点104个，治理中小河流19千米，完成绿道建设194千米。推行农村生活垃圾分类“三化”管理模式，实现76%的自然村运行考垃APP，农村生活垃圾回收利用率30%，资源化利用率80%，无害化处理率99%。增加平原绿化597.33公顷、生态廊道彩色林带35.1千米。创建省级森林城镇4个、金华级森林村庄35个。小城镇环境综合整治行动三年任务两年完成，全市15个镇乡街道通过省级达标创建。开展地质灾害隐患“三年清零”综合治理行动，完成地质灾害隐患点核销工作。

【“美丽乡村”建设】　2018年，东阳市以美丽庭院建设为重点，开展“十美村十差村”评选活动，每月评一次“十美十差”，年终评“最美最差”，由两代表一委员担任评委，第一时间公布评选结果。全市培育市级秀美村50个，提升美丽庭院3200户，增加绿化面积7.5万平方米，整治“赤膊房”5.6万平方米，创建省级美丽乡村示范镇1个、特色精品村4个。建设“美丽乡村”风景线3条、美丽田园示范带2条。湖溪镇象田村被评为全省最美田园。

【田园城市建设】　2018年，东阳市域总体规划纲要通过评审，完成中心城区和横店镇等12个镇区控规编制，实现城乡控规“一张图”。探索“社区标准化、小区化管理”模式，建设美丽县城。推进“三改一拆”，18个镇乡街道完成金华市级“基本无违建”创建，创建浙江省基本无违建市。推进农房拆后重建，开展统一规划、统一建设，全市村庄规划报批基本完成，宅基地排基到户率80%，4个农房集聚区开工建设，完成安置凭证发放工作。建设特色小镇，花园红木家居小镇列入第四批省级特色小镇创建对象名单。

【乡村文化建设】　2018年，东阳市发挥农村文化礼堂传统阵地功能，全年建设农村文化礼堂64家，组织开展“非遗文化进礼堂”等活动500余场。巩固公共文化服务基础，整改提升省定公共文化服务重点乡镇、19个公共文化服务重点村，创建基层综合性文化服务中心10个、金华市文化示范村3个。

【家风家训建设】 2018年，东阳市组织开展“立家训、传家训、树家风”主题活动，全市编立好家训1.6万个，挖掘新老家风故事580个，开展好家训家规故事宣讲255场次。开设“小善大成”道德讲堂，培育“善文化”品牌，以“知善、行善、扬善”为重点，用东阳方言讲述群众身边道德故事。开展文明美丽家庭等系列评选活动，推行“好家风信用贷”，全市3%以上家庭被评选为镇村“星级文明户”，评选市级文明美丽家庭100户，发放好家风信用贷款3238户、7.42亿元。

【乡村治理集成化】 2018年，东阳市推进“最多跑一次”改革和“基层治理四平台”建设向农村延伸，实施电子政府外网村村通工程，改造提升18个镇乡街道“365”便民服务中心和268个村级便民服务中心，梳理并下放镇乡街道事项63项，村（社区）事项92项。建设“红色网格”，创新实施“一网格+一支部（党小组）”基层综治模式，市财政每年投入近4000万元专项资金，配备1326名专职网格员开展社会化服务。

【三社联动】 2018年，东阳市改造提升社区综合服务设施。培育壮大社会组织，加大政府购买服务和公益创投力度，引导社会组织参与社区治理与服务，全市登记和备案社会组织有2600家。建设社工人才队伍，全市持证社工231人。健全志愿服务网络，建成室外学雷锋志愿服务站19个、“红色V站”130家。

【基层民主治理机制健全】 2018年，东阳市总结推广南马镇花园村乡村治理经验，“花园经验”入选央视《坚持发展“枫桥经验”》大型政论片，在全国宣传推广。推进“三治融合”，规范三务公开、村务监督、村规民约等工作机制，全年创建金华市级民主法治示范村（社区）13个、省级民主法治示范村5个。探索“引智、筹资、优服务、强治理”的新乡贤治村模式，建立市镇村三级乡贤组织体系，成立村（社区）乡贤理事会120余个。落实社区事务准入制度，推动社区减负增效。

【田园社区建设】 2018年，东阳市制定全域建设田园社区实施意见、田园社区星级评定标准，设定涉及24个指导部门、26项指标和117项具体工作的千分制指标体系。创建五星级田园社区15个、三星级田园社区60个。

【农民收入保障】 2018年1～10月，东阳市345个行政村集体经济总收入5.33亿元。经营性收入3.26亿元，比上年增长8.6%，平均每个村的经营性收入94.5万元，省定75个消除集体经济薄弱村年经营性收入超过5万元。实施低收入农户全面奔小康行动计划，结合产业植入、异地搬迁、社会帮扶、金融支持、低保兜底等举措，实现低收入百姓收入持续增长。

【城乡一体化基础设施完善】 2018年，东阳市建设城乡公共交通体系，新建农村公路83千米，建设港湾式公交停靠站103个，增加公交线路3条，横店通用机场通航，义东高速东阳段开工建设，金甬铁路、杭温高铁工程完成沿线土地征收，金义东市域轨道交通工程3个标段完成土建工程总量的40%。完善城乡供排水工程，实施引水工程、山塘整治、水厂改造和配套管网建设，完成南马大元水库引水工程等26.9千米管网、5座饮用水源建设，提升改造乡镇水厂2个，完成乡镇单村供水工程16处。建设市域污水处理设施，污水处理厂四期、南马镇西污水处理厂投入使用，实现城乡截污纳管全覆盖。加快城乡天然气管网建设进度，完成金丽温天然气管道东阳支线27.2千米的天然气管网建设。

（楼胜昔 楼亚迪）

·畜牧业·

【概况】 2018年，畜禽饲养量趋于稳定。年末东阳市生猪存栏数5.87万头，其中能繁母猪0.41万头、出栏生猪12.65万头。存栏生猪50头以上规模猪场留存77家，存栏3.97万头；年末山羊存栏数0.85万只，年出栏1.47万只；年末牛存栏数882头，年出栏865头；全市家禽存栏数41.76万羽，出栏92.02万羽，存栏家禽500羽以上蛋禽场40个，存栏家禽19.1万羽，出栏家禽2000羽以上肉禽场18个，出栏17.7万羽。

【畜牧业生态项目建设】 2018年，东阳市巩固提升4个美丽生态牧场（东阳市皇野生态农业有限公司、浙江森太农林果开发有限公司、东阳市何氏鸽业、东阳市虎鹿新东方农庄）。11月23日，陈正进养猪场通过省级美丽生态牧场创建验收。由东阳市皇野生态农业有限公司、浙江森太农林果开发有限公司实施的省级现代农业发展资金项目，郭惠民等实施的蜂产业提升项目等畜牧业转型升级项目，通过市农业局和市财政局的联合验收并对项目开展绩效评价。

【畜禽产品安全生产】 2018年，东阳市创建国家农产品质量安全县，市畜牧局落实畜产品生产主体及监管职责分工，指导和监督管理畜产品生产主体的生产。宣传畜产品安全知识，规范养殖行为，与全市规模养殖场签订《东阳市动物防疫与畜产品质量安全承诺书》。检查饲料及饲料添加剂、兽药等投入品档案记录，未发现使用违禁用品。配合农业农村部、省、市及市农业局农产品质量安全例行检查，对生猪定点屠宰场、农贸市场、超市以及规模养猪场、养禽场等进行畜禽产品安全检查。全年抽检猪肉、猪肝、禽肉、禽蛋等126批次，抽检合格率100%。

【畜禽场污染整治】 2018年，市畜牧局巡查畜禽养殖场1900余场次，监督畜禽养殖场污染治理设施正常运行和排泄物综合利用。制定《东阳市畜禽养殖废弃物高水平资源化利用工作方案》，改造提升规模养殖场集粪棚，完成7个存栏生猪500头以上规模养殖场集粪棚密封改造和东阳市皇野生态农业有限公司的农牧对接绿色循环体建设。

【动物春秋集中强制免疫】 2018年，全市集中免疫猪瘟66.7万头份，免疫生猪21.4万头；使用猪口蹄疫疫苗37.1万毫升，免疫生猪12.26万头；使用猪高致病性蓝耳病疫苗17.25万头份，免疫生猪12.16万头；使用牛羊口蹄疫疫苗3万毫升，免疫牛、羊1.09万头；使用小反刍兽疫疫苗1.2万头份，免疫羊0.21万只；使用禽流感疫苗64万毫升，免疫家禽84.2万羽。

【非洲猪瘟阻击】 2018年，自公布全国首例非洲猪瘟疫情后，东阳市开展全覆盖疫情排查工作，所有猪场禁喂泔水，执行禁调制度，市畜牧局开展扑疫应急准备工作，落实非洲猪瘟紧急排查日报制、综防措施等。东阳市防治动物疫病指挥部制定《东阳市非洲猪瘟防控工作方案》《东阳市防控非洲猪瘟疫情应急预案》。市畜牧局在曾饲喂过泔水的59家养猪场大门口安装视频监控，实行实时远程监控，确保泔水不进猪场。落实封闭、隔离、无害化处理和消毒等措施，控制人员、车辆进出养殖场所，切断人为传播途径，落实生猪及其产品的流通监管，排查流通动物及产品,参加各部门联防联控工作。

【动物疫病监测】 2018年，市畜牧局监测畜禽样品4598份。牲畜口蹄疫抗体933份，免疫合格率81.89%；H5re6亚型禽流感抗体720份，免疫合格率91.52%；新城疫抗体400份，免疫合格率87.5%；H7N9禽流感抗体720份，免疫合格率89%；H7N9禽流感病毒30份，为阴性；猪瘟抗体778份，免疫合格率92.4%；高致病性猪蓝耳病抗体643份，免疫合格率90.4%；小反刍兽疫抗体95份，免疫合格率87.3%，小反刍兽疫病原95份，为阴性；布鲁氏菌病123份，为阴性；狂犬病抗体检测18份，为阳性；血吸虫检测43份，为阴性。

【动物检疫】 2018年，市畜牧局实施生猪产地检疫65176头，生猪屠宰检疫118506头，检出病害动物55头，病害动物产品10567千克。检测“瘦肉精”尿样18696批次，其中检测盐酸克伦特罗6232批次、莱克多巴胺6232批次、沙丁胺醇6232批次，检测结果全部为阴性。

【动物卫生监督执法】 2018年，市畜牧局办理动物卫生监督执法案件27起，其中一般程序案件18起、简易程序案件9起，涉及9类不同案由，其中案由为未按规定申报备案擅自从省外调入动物案的案件占44%，其他8种案由案件为首次办理。

【宠物用品店监管】 2018年2月5日，市动物卫生监督所收到金华市信访局移送的信访案件，信访人投诉横店镇都督北街51号巧乐宠物用品店未取得动物诊疗许可证从事动物诊疗活动，市畜牧局派出3名执法人员到横店巧乐宠物用品店进行现场检查，发现该店涉嫌未取得动物诊疗许可证从事动物诊疗活动，经请示批准立案调查。经执法人员调查，2017年11月15日至2018年2月5日期间，横店巧乐宠物用品店在未取得动物诊疗许可证的情况下进行动物诊疗活动29次，违法所得1467元。东阳市动物卫生监督所依法责令其停止诊疗活动；根据《浙江省农业行政处罚裁量基准》规定，考虑到当事人系初次违法且未造成危害后果，作出没收违法所得1467元和罚款3500元的处罚决定。“东阳市横店巧乐宠物用品店未取得动物诊疗许可证从事动物诊疗活动案”被浙江省动物卫生监督局评为2018年全省优秀案卷。

（杜敏凤 张晓航）

·玉米研究·

【概况】 2018年，东阳玉米研究所落实省农科院学科体系建设，建立玉米育种、玉米栽培和特色旱粮3个学科。引进博士后1人、硕士2人。建立分子生物学研究室，开展鲜食玉米功能标记分子辅助育种，加快甜糯玉米品质育种进程。全年有20余人次参加学术会议交流，3人次到中国农业科学院、中国农业大学交流学习。参加浙江省农业科学院110周年院庆，宋费玲获省农科院工会“优秀积极分子”称号，郭国锦、楼肖成获“王一成”式优秀科技工作者称号。卢华兵在浙江省科技特派员工作15周年总结表彰大会上被评为“成绩突出科技特派员”。

【科学研究】 2018年，东阳玉米研究所到位科研经费434.5万元(其中到所248.7万元)。参与国家重点研发专项子课题2项，承担农业农村部、省科技厅等科研项目20余项。发表学术论文12篇(其中SCI1篇)。列入省主导品种1个，省主推技术3项。获2018浙江省十大农业科技成果1项(玉米等旱粮地方种质资源收集鉴定与创新作用)，科技成果鉴定1项。“浙甜11”“华耐甜糯101”2个玉米品种通过国家审定，“浙甜16”“浙糯玉16”2个玉米品种通过浙江省审定，“浙糯玉7号”通过浙江省与福建省联合审定。“浙糯玉16”以鲜穗1276.15千克/亩创造浙江省秋季鲜食糯玉米产量之最。

【成果推广与科技开发】 2018年，东阳玉米研究所参加浙江省科技成果拍卖会，“浙甜10号”以36万元2年品种使用权和“浙糯玉16”以46万元+6元/千克提成价格成交。承接企事业单位委托的“四技”服务(技术开发、技术转让、技术咨询、技术服务)和成果转化项目28项，合计173.05万元。建立示范推广基地15个，对接农业合作社、企业50家，对接种养大户505家，示范推广面积4533.33公顷。举办科技培训11场次，受训人员1000余人次。

【平台建设】 2018年，东阳玉米研究所借助国家玉米产业技术体系东阳综合试验站平台，与8家单位组成国家东南区鲜食玉米联合体，联合鉴定甜玉米品种10个、糯玉米品种27个。搭建浙中综合试验站微信平台，示范推广省农科院水稻、玉米、大豆、油菜、番薯等新品种20余个。

2018年6月26日，东阳玉米研究所承办2018浙江鲜食玉米品鉴大会

（东阳玉米研究所提供）

【2018浙江鲜食玉米品鉴大会】 2018年6月26日，由浙江省农业厅、浙江省农科院和市政府主办，东阳玉米研究所承办的2018浙江鲜食玉米品鉴大会在东阳玉米研究所举行。参加品鉴的20个甜玉米和30个糯玉米品种由200余名大众评审通过现场比较、品尝鉴定，投票选出5个金奖甜玉米品种、5个金奖糯玉米品种。金奖甜玉米品种分别为“雪甜7401”“金银208”“金玉甜2号”“浙甜10号”“超甜4号”；金奖糯玉米品种分别为“京科糯2016”“浙糯玉16”“钱江糯3号”“金糯685”“苏科糯3号”。

（吕学高）

林 业

·综述·

【概况】 2018年，东阳市林业局落实森林系列创建、浙中生态廊道建设、林业产业建设、松材线虫病防治等工作，推进“森林浙江”和生态文明建设。全市林业总产值198.74亿元。创建“浙江省现代国有林场”，举办首届中国香文化论坛、第37届浙江省野生动植物保护宣传月暨“爱鸟周”活动。市林业局获评“2017年度全省林业好信息二等奖”，获“2017年度全市林业信息宣传工作先进单位”称号。东阳市林业总场被评为“浙江省国有林场建设突出贡献集体”。

【森林城市创建】 2018年9月6日，全市生态环境保护暨绿化工作大会在东阳剧院召开，推进绿化工程和森林城市创建工作。全市创建省级森林城镇4个（千祥镇、马宅镇、佐村镇、三单乡），金华级森林村庄35个，东阳市森林村庄97个。推进绿化重点项目23个，完成5个；一般项目119个，完成76个。完成创建省级“一村万树”示范村5个、“一村万树”推进村40个。

【古树名木保护】 2018年，东阳市实施《浙江省古树名木保护办法》和《浙江省古树名木保护五年行动方案》，按照“一树一策”要求推进古树名木保护，开展挂牌、认养等工作。全年保护古树名木94株（包括4个古树群），完成所有古树（8307株，其中古树群56个）的挂牌保护工作。

（马丹雅）

·林业产业发展·

【龙头企业培育】 2018年，东阳市增加省级林业重点龙头企业1家（浙江卓木王红木家俱有限公司）、金华市林业重点龙头企业1家（东阳市盛世九龙堂红木家具有限公司）。至年末，2018年度省级林业重点龙头企业测评合格，保留“省级林业重点龙头企业”称号的企业8家。

【特色产业】 2018年，市林业局组织企业参加2018中国（中山）红木家具文化博览会暨大涌红木文化节、第四届中国（杭州）红木家具精品博览会暨中式生活体验展、第四届中国（东阳）木雕红木家具交易博览会、第11届中国义乌国际森林产品博览会、第13届中国（东阳）木雕竹编工艺美术博览会等展会、博览会。7家红木家具企业获“第二届中国林业产业创新奖（红木类）”称号；首批全国红木制品溯源保真试点（示范）单位的15家红木企业中，东阳市企业有11家；在第11届中国义乌国际森林产品博览会上获金奖9个、优质奖4个。

【可食林产品安全监管】 2018年，每月开展食品安全“一月一镇一主题”活动，指导香榧企业开展食品安全生产工作，与35家企业签订食品安全承诺书。建立健全生产档案记录制度，实现质量安全可追溯，增加20家林业企业列入全省可追溯农产品平台。3～8月，开展食用林产品安全隐患大排查专项行动，印发行动方案。联合浙江省林产品检测站、金华市林业局对东阳市青枣企业和香榧企业进行抽样检测，8月抽检青枣样品4批次、10月抽检香榧样品75批次，检测结果合格率100%。全市可食林标准化生产面积3763.33公顷，占全市可食林产品总面积的66.41%。

【首届中国（东阳）香文化论坛举行】 2018年5月30日，由中国林产工业协会、浙江省红木研究会、市政府主办，市林业局和市红木办承办的以“传承香事文化·促进产业发展”为主题的首届中国（东阳）香文化论坛在东阳中国木雕城举行，专家学者、香文化爱好者等300余人参加，研讨交流香文化复兴、香文化传承与创

2018年5月30日,首届中国(东阳)香文化论坛在东阳中国木雕城举行
(市林业局提供)

新、香文化产业发展等情况。论坛现场,省林业厅授予东阳市居木堂艺术品有限公司“省红木研究会香文化研究中心”牌子。

【科技兴林】 2018年,东阳市建设国家级良种基地47公顷,增加种质资源5份。完成“东阳香榧”地理标志证明商标续展。“东榧1号”“龙凤细榧”2个香榧品种通过浙江省林木品种审定委员会审定为良种。市林业局组织1个项目(“香榧优质早实丰产及良种繁育示范与推广”)参加第18届浙江省科技兴林奖评选,获二等奖。开展宣传咨询、科技下乡、森林医生服务年、林业科技周等宣传活动,发放宣传资料300余份,借助《金华之声》栏目宣传林业实用技术——“香榧采收及采后管理”。举办香榧高效栽培培训班2期、病虫害防治培训班1期、科学合理施肥培训班1期,组织食用林产品生产企业、农民专业合作经济组织和专业户120余人参加培训。

【森林旅游】 2018年3月,市林业局委托浙江农林大园林设计院有限公司完成《东阳市森林古道调查、修复规划》的编制工作。5月,市林业局委托浙江农林大学编制《东阳市车慈岭至破岗岭森林古道修复工程》。东阳市森林风景资源调查与评价通过省级专家论证,湖溪镇象田村被评为“全国生态文化村”,东阳江镇天山村被命名为“省级森林人家”。东阳市林业总场西甑山分场被命名为“浙江省生态文化基地”。

【林业服务】 2018年,市林业局办结林业行政许可事项14729件。在“最多跑一次”改革事项中,主项由原来的11项增加到24项,子项由原来的17项增加到34项,实现林业部门所有行政审批事项进驻市行政服务中心窗口。涉及企业投资项目事项的办理实现100%网上受理、办结。1月15日,金华市林业局在南马镇花园村组织召开“最多跑一次”改革工作现场会,确定将“东阳模式”(服务下沉到最基层)向金华市推广。

(马丹雅)

·森林资源保护·

【森林资源二类调查】 2018年3月,市林业局修改完善森林资源规划设计调查成果及文本报告,以市政府的名义向省林业厅申请确认森林资源规划设计调查(简称二类调查)成果。6月4日,省林业厅批复同意东阳市使用2016年完成的二类调查成果数据。

【森林消防】 2018年4月10日,千祥镇秀溪村发生较大火灾1起,过火面积11.4公顷,受害面积5.7公顷。全市实现“三无”(无重大火灾、无人员伤亡、无火烧连营)目标,达到省政府下达的2项指标:森林火灾发生率控制在每10万公顷森林面积20次以内,森林火灾受害率控制在0.8‰以内。

【有害生物防治】 2018年,市林业局防控松材线虫病,清理枯死松树1148.5万千克,在重点地段辅助生物措施防治松褐天牛。施放花绒寄甲40000头,施挂诱捕器300台,喷施噻虫啉粉剂4吨,防治面积1033.33公顷。枯死松树清理质量验收实行分级验收,在专业队自查的基础上,先由村协管员初查,镇乡街道核查,再由市统一聘请的专业监理公司组织验收,质量合格的由市林业局组织统一抽查。10月19日,全市森林消防暨松材线虫病防控工作会议在市行政中心召开,各镇乡街道开展枯死松树清理工作,派出5个工作组由班子成员带队每周进行督查,市松材线虫病防治指挥部每半个月通报1次。开展“林业绿剑执法年”专项行动、“森林医生服务年暨绿剑检疫年执法活动”等活动。对全市松木加工企业进行检查,对运往定点加工企业的死松树进行销毁。

【林业执法】 2018年,市林业局开展“禁种铲毒”“扫黑除恶专项斗争”“2018雷霆行动”“春雷2018”“绿剑2018”“2018利剑行动”6次专项行动。全年办理各类案件127起,刑事移送起诉24人,行政罚款200余万元。首次在全市范围内开展“森林督查”(卫片执法),对全市卫星图片涉及的382个疑似变化图斑进行现场勘查,查处破坏林地面积较大、社会危害性较大的违法行为,至年末,办理林地违法案件64起。

【林业综合行政执法改革】 2018年5月,根据《浙江省人民政府关于深化行政执法体制改革全面推进综合行政执法的意见》,制定《东阳市林业综合行政执法改革方案》,以森林公安队伍为基础，联合东阳市野生动植物保护站（市木材检查站）、东阳市森林病虫害防治站、东阳市森林植物检疫站、东阳市林业种苗站成立东阳市林业综合行政执法大队，承担全市范围内的林业刑事案件侦破和林业行政案件的处罚职能，明确执法主体和工作职能。6月，东阳市林业综合行政执法大队研究制定案件会审、执法和案件审核分离、执法人员回避、办案期限、集体讨论决定、行政执法过错责任追究等执法办案制度，建立办案程序，完成综合行政执法改革。

（马丹雅）

水 务

·综述·

【概况】 2018年，东阳市农田水利建设增加高效节水灌溉面积148公顷，改造渠道24.46千米。完成全市所有山塘的清查与注册登记工作，全市有山塘518座，其中高坝山塘57座、屋顶山塘131座、普通山塘330座。完成巍山镇红前山塘的标准化创建工作；完成马宅镇牛蹄坞等5座山塘的综合整治工作。

【河道治理】 2018年，东阳市推进中小河流全流域治理，建设六石街道、马宅镇、东阳江镇、画水镇4个中小河流治理工程，至年末，完成投资9416万元。完成中小河流治理14.8千米。建设农村河道综合整治工程（河道生态修复），完成河边绿化、洁化、美化24千米。开展“美丽河湖”创建工作，泗渡溪3.5千米被评为金华市级“美丽河湖”。完成河道划界45.7千米，其中白溪江26千米、柽溪江19.7千米。创建“无违建河道”总长度31.7千米，其中南江16.7千米、白溪江15千米。

【水资源管理】 2018年，东阳市推进水资源管理保护和节水型社会建设，落实用水总量、提升用水效率和水功能区限制纳污等各项措施。落实《东阳市节水型社会建设工作方案》，建设城乡供水管网4.2千米，改造5千米，供水管网漏损率控制在9.87%；全年完成节水器具推广500套，“一户一表”改造385户。全市有节水型灌区1个、节水型企业7家、公共机构节水型单位35家和节水型居民小区3个。市水务局联合市“五水共治”办、市水投集团举办大型“世界水日”毅行活动，到江北小学开展以“节水、护水、亲水”为主题的宣传教育活动。

水务综合执法大队落实水资源有偿使用制度，加大水资源费征收力度。全年征收东阳市水资源费1800万元，征收义乌市水资源公司水资源费1000万元。实行取水计划管理，推行计划用水管理制度。开展市自来水有限公司、思源供水公司等11家公共取水户计划用水管理工作，全年下达计划取水总量75317.5万立方米，比许可总量少277万立方米。实施水资源论证制度、取水许可制度，将水资源论证、取水许可列入发改、经商等部门项目审批的前置条件。年内无高耗水、高污染企业落地。市水务局联合市国土局开展地下水资源管理工作，控制城区供水管网覆盖区域的地下水资源审批，城区地下水资源管理实行萎缩化管理。

【防汛防旱】 2018年，东阳市年面雨量1200毫米，略少于多年平均水平。梅雨期雨量偏少，全市面雨量174.7毫米，其中东阳水文站159毫米，比常年偏少36.7%，降水分布不均。全年受4个台风影响，其中受“摩羯”台风影响，全市平均面雨量97.1毫米，超80毫米的气象站有36个，超100毫米的气象站有18个，最大降雨量出现在白云街道，降雨量147.3毫米。全年无险情与灾情发生。6月20日，市委副书记、市长姚激扬带领有关部门负责人到画水镇、南马镇等地检查防汛工作。

【水土保持】 2018年，东阳市完成水土流失治理面积11平方千米。加强开发建设项目水土保持监督管理工作，水行政主管部门审批开发建设项目水土保持方案82个，组织监督检查40次，征收水土补偿费392万元。

【城乡供水】 2018年，市水投集团完成南马镇大源水库引水工程以及东阳江镇、千祥镇、佐村镇、马宅镇的5座山塘工程建设。改造提升马宅、景山2个水厂；完成画水镇、虎鹿镇、马宅镇、巍山镇等8处镇乡单村供水工程。新建和改造上卢片、巍山镇、千祥镇、高铁新城等自来水管网12千米。改善、提升农民饮用水环境，受惠农村人口10万余人。市水务局对全市农村饮用水现状进行调查摸底，编制《东阳市农村饮用水达标提标三年行动计划》。

【水利标准化管理】 至2018年年末，东阳市列入省水利厅标准化管理的水利工程有170个，含水库（90座）、山塘（35座，5万立方米以上）、堤防（6段）、电站（12座，1000千瓦以上）、灌区（2个，3333.33公顷以上）、农村供水（11座）和水文站（14个）7大类，全年完成162个水利工程标准化创建工作，占创建总数的95.3%。推进东阳市水利工程标准化建设工作第三方物业化管理，形成镇乡街道直接管理，市水务局抽查的管理模式。2018年，标准化长效管护机制通过省水利厅标准化长效管护考核。

【水政渔政管理】 2018年，水务综合执法大队开展渔业“三打一严”和“春潮行动”等联合执法活动，全年开展渔政执法（包括水产品质量安全）巡查143次，参检510人次。“110”等举报处警42次。在东阳江禁渔区执法巡查112余次，立案9起，移交市人民检察院18人次。抽样检测初级水产品质量50批次，到各乡镇和用水企业巡查220人次。全市有实时监控点23个和水量计时器55个，完好率100%。

（王安妮）

·横锦水库·

【概况】 横锦水库是一座以灌溉、防洪为主，兼发电、供水、养鱼等综合利用的大(2)型水库,控制流域面积378平方千米,总库容2.74亿立方米。2018年,横锦水库管理局完成发电量1528万千瓦·时,向东阳市安全供水5547万立方米,向义乌市安全供水4999.9万立方米,实施生态放水9次、3100万立方米。全年降雨量(指横锦水库集雨区)1425.6毫米。

12月29日,横锦水库管理局召开横锦水库建库60周年座谈会,市水务局历届领导、横锦水库管理局历任领导、建库时期的功臣33人参加座谈会。与会人员观看水库建库60周年宣传图片、水库介绍影像制品及PPT,对横锦水库的发展提供意见和建议。

【防汛抗台】 2018年,横锦水库管理局调整横锦水库防汛抗旱领导小组,形成防汛责任体系。3月9日,开展汛前检查,对水库大坝等水工建筑物进行检查,对备用电源带负荷闸门进行启、闭联动试验,整改完成检查中发现的3处问题。4月13日,进行汛前再检查,各项水利工程设施工况良好。5月18日,根据省防汛视频会议精神和省水利厅厅长马林云的指示,进行防汛设施、泄洪设施设备的再检查和试运行,水利工程设施运行安全。5月23日,组织泄洪桌面推演及以水库发生渗漏和塌坑为险情的工程抢险演练。5月29日,参加水库管理局组织的东方红水库泄洪演练。入汛后,执行汛期24小时值班制度,完成防汛防台任务。开展"玛莉亚""云雀""摩竭"等台风的防御工作。

【大坝安全鉴定】 2018年1月,横锦水库管理局收集横锦水库大坝安全鉴定项目的工程勘测设计、施工与运行管理等相关资料;2月,完成横锦水库大坝现场安全检查;3月,完成对横锦水库大坝、溢洪道、放空洞、输水洞进水口等混凝土结构、金属结构和启闭设备的现场安全检测。根据现场检查、检测及相关档案资料编制安全评价报告,按《水库大坝安全评价导则》要求,9月完成大坝现场检查、工程质量评价、运行管理评价、防洪能力复核等报告。

【灌区节水配套改造工程】 2018年,横锦水库管理局督促灌区节水配套改造工程施工单位开展整改工作。4月末,完成灌区节水配套改造工程的整改;8月,通过市财政局、市水务局、水利工程质监站等的完工验收。通过验收后,督促施工单位开展施工结算、审计等工作。

【库区二期护栏和视频监控安装】 2018年5月8日,横锦水库管理局完成库区二期护栏、视频监控的政府采购投标工作。6月,施工单位进场施工。7月末,完成护栏安装1602米、视频监控安装18只。11月28日,通过市水务局、市财政局、市水库管理局的验收。

【绿色小水电站创建】 2018年,横锦水库管理局开展绿色小水电站创建工作。3月,成立绿色小水电站创建工作小组;4月11日,召开首次创建工作会议,布置创建相关工作;4月27日,开展绿色小水电站创建讨论,签订绿色小水电站创建咨询委托合同;6月末,完成资料整理工作;7月,完成网上申报工作。根据绿色小水电站创建需求,7月,实施完成生态流量监测设施建设、电站厕所排污改造等工程。8月,绿色小水电站通过省水利厅的初步验收,上报水利部审核。

【灌溉放水】 2018年,横锦水库管理局结合灌区渠道实际情况,开展清淤除障工作。渠道清淤工作引入招投标竞争机制,清淤采用小型挖机和铲车作业。全年投入清淤资金25万元,完成工程量4500立方米。全年灌溉放水3次、8天,放水700余万立方米。

【饮用水源保护】 2018年,横锦水库管理局加强水源地保护,张贴宣传标语80份,组织30名职工参加由市水务局组织的"3·22"世界水日毅行活动。巡查库面、尾水池、进水口等,及时清理垃圾漂浮物,防范蓝藻,清除库区水质安全隐患,确保供水安全。

【渔政管理】 2018年,横锦水库管理局通过视频监控、库面巡逻开展渔政管理,打击非法捕鱼活动,年初拘留5人。5月18日,横锦水库水上执法中队警务室投入使用。5月30日,金华市组织周边县市在横锦水库开展渔业联合执法行动。全年没收游丝100余匹、鱼竿80根。

【安全生产】 2018年,横锦水库管理局加强水库安全日常管理,健全安全

2018年5月18日,横锦水库水上执法中队警务室启用 (胡扬辉/摄)

生产网络，签订安全生产责任书。开展安全生产月活动，举办消防知识讲座2次。组织开展节假日安全检查、隐患排查、水库工程年度检查等专项安全检查17次，参与检查140余人次，查出安全隐患9条，整改落实9条。对机组设备进行维修养护和隐患整改处理，加强电站安全检查和职工业务知识及安全知识的学习培训。4月，组织电站安全规程考试，合格率100%。根据电站安全生产标准化的要求，开展电站机组检修工作。10月，组织开展电站1号机组的大修工作，12月25日大修工作结束。至年末，一级电站连续安全运行11630天，二级电站连续安全运行13788天。

（杜英萍）

·南江水库·

【概况】 南江水库位于钱塘江流域金华江上游支流南江，坝址位于湖溪镇南江村上游500米处，距东阳市区36千米，是一座以防洪、灌溉为主，结合供水、发电、养殖等综合利用大（2）型水库。坝址以上集雨面积210平方千米，总库容1.19亿立方米。2018年，南江水库管理局完成发电量759.3万千瓦·时，发电收入308.34万元；完成供水量2460.9万立方米，供水收入243.79万元，其他收入249.23万元，经济总收入801.36万元。

【防汛防台抗旱】 2018年，南江水库管理局编制《南江水库开闸放水预警方案》和《南江水库安全应急预案》等。编制《水库控制运用计划》报市政府防汛防旱指挥部和省水利厅批复，按照批复科学调度。全年降雨量（指南江水库集雨区）1442毫米，入库径流量11681万立方米。针对全年降雨量偏少、高温时间长，旱情较重的情况，南江水库管理局提前制订灌溉计划，合理安排农田灌溉用水。

【水利工程维修养护巡查】 2018年，南江水库管理局编制水利工程养护计划，实施内容22项，计划养护经费94.25万元，项目均开工建设，按标准化管理要求对施工过程进行管理。完成大后山上坝防汛公路专项计划投资60万元，6月，完成大后山过水路面修复工程施工图及预算初稿；10月，完成大后山上坝防汛公路中标通知、合同审查等。组织开展水利工程日常巡查、汛前检查、特别检查和年度检查。2月28日，南江水库管理局组织开展汛前检查，对水库大坝、泄水设施、电源设备、进水口、坝体廊道等9个方面进行检查，整改问题3个。12月10日，南江水库管理局组织人员开展年度检查，对检查结果及时编制年度检查报告。委托东阳市迪亚机械厂对大坝机电设备进行全年维修养护，委托浙江省广川咨询有限公司对大坝进行观测并资料分析。确保设备正常运行，观测资料和分析资料完整正确。

【安全灌溉】 2018年，渠道管理所按照标准化要求开展各项管理工作。5月，投入27.4余万元对渠道全线进行清淤，清理土石方5280立方米，按照年初计划开展渠道养护工作。全年进行大流量灌溉6天、小流量灌溉8次，灌溉水量835万立方米。

【电站安全运行】 2018年，一级、二级电站按照电站标准化要求开展工作，维护保养机组。至年末，两个电站完成发电759万千瓦·时，未发生安全生产事故。6月，通过招投标，开展一级、二级电站并网数据传送工作，7月通过验收。开展一级电站3号机中修、主变的大修和二级电站1号机大修工作，确保设备完好。年末，二级电站完成标准化复评。

【水资源保护】 2018年，南江水库管理局建设南江水库二期库区物理围栏，总投资325万元，建设物理围栏23千米。项目通过政府采购招投标，7月末，南江水库饮用水源护栏项目材料进场验收；11月末，完成建设任务并通过验收。开展库面保洁工作，投入人工701.5人次，打捞清理垃圾128车、192吨，投入库面保洁资金24.27万元。

【联合执法】 2018年2月，南江水库管理局制订相应措施进行渔业管理。联合公安、渔政、环保、政府等相关部门开展联合执法行动11次，劝离钓鱼人员1121余人次；教育处理违法垂钓事件21起，抓获偷鱼人员8人，治安拘留3人；对水库周边违法侵占水域等情况采取措施，处理事件3起，处理教育3人。

【南江水库加固改造工程】 至2018年年末，南江水库加固改造工程建设项目全部完成，推进竣工验收工作。土建标、管理房标、金属结构标、栏杆标、附属工程标完成工程审价；各参建单位完成建设管理报告；8月，完成南江水库加固改造工程技术鉴定工作；9月末，南江水库加固改造管理房消防工程发改立项，完善各项资料；12月3日，南江水库加固改造工程档案通过浙江省档案局验收；管理房工程完成避雷验收；完成工程财务决算；南江水库加固改造工程通过市审计局竣工决算并形成审计报告。

（张盛阳）

工 业

综 述

【概况】 2018年,东阳市有460家规模以上工业企业,全年规模以上工业企业增加值比上年增长3.1%。分轻重工业看,轻工业比上年增长6.2%,重工业比上年增长4.0%;分企业规模看,大型企业比上年下降0.3%,中型企业比上年增长8.7%,小型企业比上年增长5.2%,微型企业比上年增长17.1%;分行业看,全市33个行业大类中,21个行业增加值正增长,铁路船舶航空航天和其他运输设备制造、农副食品加工、食品制造、石油煤炭及其他燃料加工、汽车制造、非金属矿采选、印刷和记录媒介复制、有色金属冶炼和压延加工、专用设备制造、医药制造、纺织服装服饰行业增长较快,分别比上年增长67.6%、60.5%、51.1%、21.1%、19.3%、17.5%、17.1%、16.7%、16.1%、11%、10.1%。

全年规模以上工业销售产值比上年增长6.3%,其中出口交货值比上年增长2.8%。规模以上工业新产品产值比上年增长41.1%,新产品产值率31.9%,比上年提高7.7个百分点。规模以上工业企业主营业务收入比上年增长7.8%;利润比上年增长31.3%;工业企业产品销售率97.5%,比上年下降0.7个百分点。市级以上企业技术中心60家,其中国家级企业技术中心2家,当年新开发省级新产品70个。完成规模以上工业新产品产值比上年增长2.6%,新产品产值率21.0%,比上年下降2.7个百分点。工业投资比上年增长6.2%。50个市重点技改项目完成投资20.43亿元,完成年度计划的96.23%。"三改一拆"旧厂区改造完成71.64万平方米,完成年度任务的159%。

1月26日,横店集团东磁股份有限公司在2018第三届中国电子信息行业发展大会暨企业家高峰论坛上获"中国电子信息行业社会贡献50强";公司董事长何时金被评为"中国电子信息行业卓越企业家"。4月11日,浙江联宜电机有限公司方广忠入选全省20名高技能领军人才名单;浙江新东阳木雕有限公司黄小明入选全省9名传统工艺领军人才名单。12月20日,在第八届中国电子高峰论坛暨2018全国电子信息行业优秀企业家表彰大会上,何时金被评为"2018全国电子信息行业领军企业家"。

【财政奖励】 2018年3月20日,省财政厅、省经信委印发《关于下达2018年省工业与信息化发展财政专项资金的通知》,东阳市获专项资金转移支付467万元,其中竞争性分配因素资金300万元、考核奖励分配因素资金16万元、要素性分配因素资金151万元。11月30日,市财政局、市经信局印发《关于预拨2018年东阳市振兴实体经济(传统产业改造)财政专项激励资金的通知》,预拨奖励资金3976万元。

【企业服务优化】 2018年4月3日,市委、市政府印发《关于开展"关心关爱企业家、助企强企增活力"主题服务活动的通知》,指导全市开展主题服务活动。全市开展市领导现场办公活动15次,走访企业40余家,印发各类专题会议纪要13个,涉及办理事项80余项。帮助135家企业办理转贷290家次,使用转贷周转资金24.68亿元,减轻企业负担864余万元。组织实施企业培育工程,增加"小升规"企业73家。

【全市工业经济与科技创新大会】 2018年3月1日,全市工业经济与科技创新大会在东阳剧院召开。会议总结2017年工业经济与科技创新工作,表彰工业企业纳税百强、2017年市长质量奖、市长质量奖"个人贡献奖"、工业航母企业、巨人企业、工业企业贡献奖、升级奖、中小企业市长科技创新奖、工业企业品牌奖、高成长星级企业等,对2018年做好工业经济工作进行强调部署。

【科技企业对外合作】 2018年7月18日,浙江金象科技有限公司与韩国ITO公司举行合作签约仪式,成立股份合资公司,致力于LPG加气泵车、小型LPG储罐成套配件的市场开发。10月30日,浙江金象科技有限公司与日本ITO株式会社进行合作协议签约,合作成立浙江金象伊藤智能控制有限公司,双方在智能控制阀领域强强联合,致力于各种智能控制阀、阀门、气化器、换热器等的研发生产。

【节能降耗】 2018年,东阳市审查项目139个,其中新增用能量1000吨标准煤以上项目9个。全市1048

2018年6月7日，横店集团东磁股份有限公司光伏系统投资开发部运维人员在巡检20.7兆瓦屋顶光伏电站 （包康轩/摄）

个光伏发电项目完成安装并网，装机容量1.8万千瓦，发电1011.6万千瓦·时，其中居民发电573.9万千瓦·时、非居民发电量437.7万千瓦·时。推广新能源汽车434个，其中私人领域204个、公交车8个、租赁190个、其他32个，共计标准车522个。提前三个月完成中央环保督察下达的煤气发生炉淘汰拆除任务，全市淘汰72家企业203台一段式煤气发生炉，"一段式煤气发生炉淘汰工作"获副省长彭佳学"积极整改，主动作为"批示肯定。扶持先进绿色典型，践行绿色发展理念，创建国家绿色工厂1家，鼓励企业实施清洁生产工艺，完成6家企业清洁生产阶段性审核验收。完成创建金华市级节水型小型企业7家、浙江省节水型企业3家。实现固定资产投资项目节能审查进一步简化，制订浙江东阳经济开发区、浙江东阳横店电子产业园区区域节能报告审查意见。

（卢 宏）

企业技术创新和技术改造

【概况】 2018年，东阳市中标国家工业强基工程1项（横店集团东磁股份有限公司"智能可穿戴设备无线充电软磁材料开发项目"），入选第三批制造业单项冠军产品名单1家（横店集团东磁股份有限公司"全自动单晶硅生长炉"），7家企业的项目入选浙江省重点技术创新专项计划，10个项目入选浙江省重点

2018年东阳市工业企业及项目入选各级技术创新和技术改造情况一览表

表17

级 别	省市项目情况	东阳市入选企业和项目	时 间
国家级	2018年国家工业强基工程	横店集团东磁股份有限公司"智能可穿戴设备无线充电软磁材料开发项目"成功中标，分包名称：铁氧体片封装材料	8月3日
国家级	第三批制造业单项冠军企业和单项冠军产品名单	横店集团东磁股份有限公司"全自动单晶硅生长炉"入选单项冠军产品名录	11月1日
省级	2017年浙江省重点技术创新专项计划	浙江中科磁业有限公司"新能源汽车用高性能稀土钕铁硼的研究与开发"等7家企业项目	1月5日
省级	2017年浙江省重点高新技术产品开发项目计划	横店集团得邦工程塑料有限公司"电容器专用高灼热丝无卤阻燃增强PBT"等10家企业项目	1月5日
省级	2019年全省装备制造业重点领域首台（套）产品107项。其中国内首台（套）产品3项、省内首台（套）产品104项	浙江联宜电机有限公司"全自动转子轴检测设备（LY4）"、浙江金象科技有限公司"高纯化工气体用焊接钢瓶"等2个产品列入	10月30日
金华市级	2018年金华市100项技术创新项目	横店集团得邦照明股份有限公司"新型LED防眩玻璃射灯"、浙江普洛家园药业有限公司"L-2-氨基丁酰胺酸盐合成工艺技术创新及产业化"等2个项目入选	5月16日

高新技术产品开发项目计划,2台(套)产品入选全省装备制造业重点领域首台(套)产品。5月28日,浙江南磁实业股份有限公司、浙江石金玄武岩纤维股份有限公司、浙江日升昌药业有限公司3家企业技术中心入选金华市第十七批企业技术中心名单。10月12日,市经信局、市财政局印发《关于认定东阳市第十五批企业技术中心和第六批工业设计中心的通知》,认定花园新材料股份有限公司,东阳市甘特电气有限公司、浙江澳亚织造股份有限公司、浙江北生药业汉生制药有限公司4家企业技术中心为东阳市第十五批企业技术中心;浙江省东阳市鸿运皮具有限公司、浙江盛琦手套有限公司2家企业设计中心为东阳市第六批工业设计中心。12月29日,东阳市万利电子有限公司"基于三维立体构造的磁悬构建式磁性玩具"获第七届(2018)金华工业设计大赛产品结构设计类二等奖。

【入选省"四个百项"重点技术改造示范项目计划】 2018年4月16日,省经信委印发《关于印发入选省"四个百项"重点技术改造示范项目计划的通知》,东阳市18个项目入选。智能化"机器换人"项目计划4项,新兴产业项目计划5项,产品升级和工业强基项目计划5项,绿色制造项目计划4项。

2018年东阳市入选省"四个百项"重点技术改造示范项目计划一览表

表18

序号	项目实施企业	项目名称
(一)智能化"机器换人"项目计划		
1	浙江联宜电机有限公司	年产85万台高效节能自动门电机技改项目
2	浙江华洋缝制有限公司	年产8000万只梭芯套的技术改造项目
3	横店集团东磁股份有限公司	年产1.5GWH汽车动力蓄电池技改项目
4	浙江金象科技有限公司	年产160万只庆典用气瓶生产线技改项目
(二)新兴产业项目计划		
5	横店集团得邦照明股份有限公司	年产200万套汽车灯技术改造项目
6	横店集团东磁股份有限公司	智能可穿戴设备无线充电软磁材料开发项目
7	浙江普洛得邦制药有限公司	年产400吨抗生素生产线技改项目
8	浙江石金玄武岩纤维股份有限公司	年产4000吨玄武岩纤维池窑项目
9	浙江花园新能源有限公司	年产1万吨锂电池铜箔生产线技改项目
(三)产品升级和工业强基项目计划		
10	浙江新纳陶瓷新材料有限公司	年产2000万件电子陶瓷标签天线生产线技改项目
11	浙江英洛华磁业有限公司	直驱风力发电机组专用高性能钕铁硼磁体产业化项目
12	横店集团得邦工程塑料有限公司	新增年产20000吨改性PP及PC合金粒料技改项目
13	浙江花园铜业有限公司	年产1万吨精密引线框架铜带生产线技改项目
14	东阳市奥隆机械设备有限公司	年产10台(套)SSMS纺织生产线技改项目
(四)绿色制造项目计划		
15	浙江普洛康裕制药有限公司	年产1亿片口服固体剂生产线及化学制药废气治理技术改造项目
16	横店集团东磁股份有限公司	年产16000万片高效光伏电池片及120万件高效光伏组件技改项目
17	浙江普洛康裕生物制药有限公司	年产300吨硫酸安普霉素生产线技改项目
18	浙江普洛家园药业有限公司	年产500吨原料药多功能生产线技改项目

【产学研合作】 2018年3月16日，浙江大学材料科学与工程学院和浙江花园新能源有限公司战略合作签约仪式在南马镇花园村举行。12月21日，市政府与浙江工商大学全面战略合作签约仪式在浙江工商大学举行，市科技局与浙江工商大学签订产学研转移中心共建协议，浙江工商大学与普洛药业有限公司、得邦照明有限公司分别签署产学研合作协议。

【入选2018年金华市重点技术改造项目计划】 2018年3月9日，金华市经信委印发《关于印发2018年金华市重点技术改造项目计划的通知》，东阳市50个项目入选。智能化"机器换人"项目计划8项，新兴产业项目计划26项，产品升级和工业强基重点项目计划10项，绿色制造重点项目计划4项。

2018年东阳市入选金华市重点技术改造项目计划一览表

表19

序号	项目实施企业	项目名称
(一)智能化"机器换人"项目计划		
1	横店集团得邦照明股份有限公司	年产200万套汽车灯技术改造项目
2	浙江华洋缝制有限公司	年产8000万只梭芯套的技术改造项目
3	浙江同力服装有限公司	年产100万套梭织服装生产线技改项目
4	浙江筑工科技有限公司	年产100万平方米PC板及整体浴室、成套管廊、60万立方米预拌混凝土生产项目
5	浙江联宜电机有限公司	年产6万台电动代步车驱动电机技改项目
6	浙江泰尔塑业有限公司	年产600万米强抗压双壁PE波纹管技术改造项目
7	花园金波科技股份有限公司	年产1000万只真空开关管用不锈钢波纹管技改项目
8	东阳市李氏塑胶有限公司	年产3万吨塑料薄膜生产线项目
(二)新兴产业项目计划		
9	浙江花园新能源有限公司	年产1万吨锂电池铜箔生产线技改项目
10	横店集团东磁股份有限公司	年产1.5GWH汽车动力蓄电池技改项目
11	浙江联宜电机有限公司	年产85万台高效节能自动门电机技改项目
12	横店集团东磁股份有限公司	智能可穿戴设备无线充电软磁材料开发项目
13	横店集团东磁股份有限公司	年产16000万片高效光伏电池片及120万件高效光伏组件技改项目
14	浙江英洛华装备制造有限公司	年产1万吨核电精铸件技改项目
15	浙江中科磁业有限公司	年产8000吨节能电机磁瓦、500万片新能源汽车电机钕铁硼磁钢技改项目
16	浙江银达生物技术有限公司	年产2亿片医疗用品技改项目
17	浙江瑞邦科技有限公司	年产6000吨磷酸铁锂材料生产线项目
18	浙江省东阳市东磁诚基电子有限公司	无线充电模组及Z轴线性马达技改项目

续表19

序号	项目实施企业	项目名称
19	东阳市顶峰磁材有限公司	年产9000吨铁氧体和1000吨钕铁硼技改项目
20	浙江普洛得邦制药有限公司	年产400吨抗生素生产线技改项目
21	浙江野风药业有限公司	年产1000吨普鲁兰多糖、20吨酰化酶产品技改项目
22	东阳市奥隆机械设备有限公司	年产10台(套)SSMS纺织机器生产线技改项目
23	横店集团得邦工程塑料有限公司	新增年产20000吨改性PP及PC合金粒料技改项目
24	浙江英洛华磁业有限公司	年产2000吨高性能汽车电机用钕铁硼磁体技改项目
25	浙江新纳陶瓷新材有限公司	年产2000万件电子陶瓷标签天线生产线技改项目
26	浙江普洛康裕生物制药有限公司	年产300吨硫酸安普霉素生产线技改项目
27	东阳市安瑞磁业有限公司	年产300吨高性能钕铁硼切片磁钢技改项目
28	浙江石金玄武岩纤维股份有限公司	年产4000吨玄武岩纤维池窑项目
29	浙江金象科技有限公司	年产160万只庆典用气瓶生产线技改项目
30	花园药业股份有限公司	年产8亿片片剂生产线技改项目
31	东阳市金陵机械有限公司	年产100套沙特消防泵生产线技改项目
32	浙江花园生物高科股份有限公司	年产200吨羊毛脂胆固醇技术改造项目
33	浙江微度医疗器械有限公司	年产30万套一次性使用腹腔镜穿刺器生产线技改项目
34	浙江思科制冷股份有限公司	年产2万台高效净化空调技改项目
	(三)产品升级和工业强基重点项目计划	
35	浙江飞翔线业有限公司	年产1000吨金银丝技改项目
36	花园新材料股份有限公司	年产2500万平方米新型彩印纸箱自动化生产线技改项目
37	东阳市陈氏塑胶有限公司	年产600万米塑料印花箱包布及7000吨伍辊压延机薄膜生产线技改项目
38	浙江东峰制冷配件有限公司	年产4000万件连接管路件技改项目
39	浙江浪人工艺品股份有限公司	年产2000吨铝管氧化产品流水线技术项目
40	东阳市方维墙纸有限公司	年产2500万米墙纸技改项目
41	东阳市港龙红木家私有限公司	年产1200套精品红木家具生产线技改项目
42	东阳市佳华机电有限公司	年产3000万只铝压铸件生产线技改项目

续表19

序号	项目实施企业	项目名称
43	浙江朋诚科技有限公司	年产100套45度侧交高速轧钢设备配套备件生产线技改项目
44	东阳市茂盛塑胶有限公司	年产100万平方米SPC塑料地板项目
45	东阳市华鑫塑胶有限公司	年产1600万米无毒环保塑料牛津布的生产线技改项目
46	浙江康恩贝养营堂食品有限公司	年产364万盒食品生产线项目
(四)绿色制造重点项目计划		
47	浙江花园铜业有限公司	年产1万吨精密引线框架铜带生产线技改项目
48	浙江普洛康裕制药有限公司	年产1亿片口服固体剂生产线及化学制药废气治理技术改造项目
49	浙江普洛家园药业有限公司	年产500吨原料药多功能生产线技改项目
50	浙江康峰化工有限公司	年产6000吨三氟甲苯技改项目

【东阳市级重点新建项目】 2018年5月31日,市委、市政府印发《关于印发2018年度东阳市重点工业项目计划的通知》,公布东阳市5个新建重点项目及50个重点技改项目。重点新建项目5个为浙江筑工科技有限公司的年产100万平方米PC板及整体浴室、成套管廊、60万立方米预拌混凝土生产项目(总投资8600万元,其中设备投资6000万元),东阳弘翔新能源有限公司的东阳市第二生活垃圾填埋场生物天然气发电扩建项目(总投资2500万元,其中设备投资2100万元),浙江花园新能源有限公司的年产1万吨锂电池铜箔生产线技改项目(总投资6.1亿元,其中设备投资40050万元),浙江康恩贝养营堂食品有限公司的年产364万盒食品生产线项目(总投资2509万元,其中设备投资1310万元),浙江银达生物科技有限公司的年产2亿片医疗用品项目(总投资9700万元,其中设备投资4350万元)。

【企业技术改造财政专项奖励结算】 2018年8月3日,东阳市企业技术进步(技改)领导小组印发《关于下达东阳市2017年度企业技术改造财政专项奖励资金的通知》,对横店集团东磁股份有限公司"磁性材料智能化技改项目"等70个技改项目及163个技术进步项目予以奖励,其中2017年度70个技改、新建、土建项目奖励资金9271万元;2017年度省级新产品123个项目奖励资金998万元;2017年度企业技术中心12个项目奖励资金90万元;优秀工业新产品、装备制造业首台(套)、技术创新等28个项目奖励资金525万元。8月13日,市财政局、市经信局印发《关于下达2017年度工业企业技术改造和技术创新项目财政奖励资金的通知》,对以上相关项目进行结算奖励。

(卢 宏)

数字经济

【概况】 2018年,东阳市数字经济增加值占东阳市生产总值的比重达16.7%。11月7日,市委、市政府印发《关于成立东阳市数字经济工作领导小组的通知》,成立领导小组。12月24日,市政府印发《东阳市数字经济发展五年行动计划(2018~2022年)》,明确数字经济发展目标和主要任务。全年下拨数字经济相关扶持资金2.7亿元。

东阳市列入工信部"两化"融合管理体系贯标试点企业1家,2个项目列入金华市数字化车间示范项目,26个项目列入金华市"两化"融合重点项目。实施95个市级"两化"融合项目,验收上年度"两化"融合项目41个,兑现补助资金824万元,兑现各级"两化"融合示范企业及示范项目奖励资金330万元。12月24日,金华市经信委、金华市财政局组织专家对东阳市"省级'两化'深度融合国家综合性示范区"建设进行验收。东阳市成为金华地区首个通过验收的示范区。

【省区域"两化"融合发展水平评估】 2018年2月7日,省经信委发布2017年浙江省区域"两化"融合发展水平评估报告,东阳市"两化"融合发展指数为80.13,由2016年的二类地区进入一类地区,列第29位。其中基础环境17.25、工业应用40.66、应用效益20.22,工业应用指数进入全省前20位。

【省信息化发展水平评估】 2018年2月23日,省经信委、省统计局发布2017年浙江省信息化发展水平评价报告,东阳市信息化发展总指数94.72。其中,网络就绪度指数24.55,信息通信技术应用指数46.56,应用效益指数23.61。

2018年东阳市入选金华市“两化”融合重点项目一览表

表20

序号	项目实施企业	项目名称
1	东阳市巍华制冷材料有限公司	甲类罐区和混配充装车间安全自动化控制技术改造项目
2	浙江澳亚织造股份有限公司	生产周期排程项目
3	东阳市东政电机有限公司	智能生产自动化项目
4	浙江水中花针织内衣有限公司	服装分销管理信息化项目
5	东阳市李氏塑胶有限公司	李氏塑胶管理信息化项目
6	横店集团得邦照明股份有限公司	进出口贸易管理系统应用项目
7	浙江海森药业股份有限公司	有机废气高温焚烧自动处理系统项目
8	浙江省东阳市江南铝材厂	铝型材生产管理信息化项目
9	浙江富鸿科技有限公司	生产自动化与办公信息化建设项目
10	东阳市红太阳电声有限公司	扬声器生产线自动化改造项目
11	东阳市大金五金工具有限公司	大金五金工具数控加工中心建设项目
12	浙江浪人工艺品股份有限公司	木料加工生产线自动化控制项目
13	浙江花园生物高科股份有限公司	羊毛脂综合利用技术改造自动化控制项目
14	浙江普洛得邦制药有限公司	EHS可视化报警系统及头孢类生产线自动化改造项目
15	浙江普洛康裕制药有限公司	合成车间工艺可视化自动控制系统建设项目
16	浙江普洛家园药业有限公司	CMP车间自动化改造项目
17	浙江普洛康裕生物制药有限公司	生物发酵尾气处理系统自动控制项目
18	花园新材料股份有限公司	企业综合信息系统建设项目
19	浙江同力服装有限公司	智能制造信息化项目
20	浙江九洲红家具股份有限公司	九洲红综合管理信息系统项目
21	浙江中科磁业有限公司	成品智能分选系统项目
22	浙江菲尔特工贸有限公司	ERP系统应用项目
23	浙江英洛华磁业有限公司	精细系统管理信息化车间项目
24	浙江省东阳市荣盛橡塑制品有限公司	精密型注塑生产线自动化改造项目
25	横店集团东磁股份有限公司	东磁供应链管理系统平台
26	浙江金路达皮具有限公司	金路达管理信息化项目

2018年东阳市工业企业入选各级数字经济示范企业项目一览表

表21

省市项目情况	东阳市入选企业和项目	时 间
浙江省第一批上云标杆企业118家	横店集团东磁股份有限公司	1月9日
2018年省级制造业与互联网融合发展试点示范企业115家	横店集团东磁股份有限公司“面向供应链管控与服务的新型能力建设”列入“两化”融合管理体系贯标示范	7月12日
2018年全国制造业与互联网融合发展试点示范项目125个	横店集团东磁股份有限公司实施的“一体化采购能力”项目	8月31日
2018年国家级“两化”融合管理体系贯标试点企业703家	花园新材料股份有限公司	8月31日
2018年度省级工业互联网平台创建47家	横店集团东磁股份有限公司“磁性材料行业工业互联网平台”	9月28日
2018年金华市“数字化车间”和“物联网工厂”示范项目	横店集团东磁股份有限公司“新型高效组件数字化车间项目”、浙江英洛华磁业有限公司“稀土钕铁硼粘结磁体制造数字化车间项目”2个项目入选“数字化车间”示范项目	10月10日
2018年金华市“两化”融合重点项目	东阳市巍华制冷材料有限公司“甲类罐区和混配充装车间安全自动化控制技术改造项目”等26个项目入选	10月10日
2018年全国工业互联网试点示范项目72家	横店集团东磁股份有限公司“磁性行业智能化生产工业互联网平台（工业互联网平台集成创新应用试点示范项目）”平台集成创新应用试点示范项目作为全省2家上榜企业项目之一入选。	12月25日

【核心产业数字化】 2018年，东阳市推进以传统制造为主体的产业数字化转型，协同推进以电子信息制造业为核心的数字产业化发展。依托重点企业，集中实施高效太阳能电池、智能无线充电软磁、高性能稀土永磁、高性能铜箔、锂离子电池等一批重大项目。全市规模以上电子信息制造业增加值比上年增长3.2%。

【智能制造】 2018年，东阳市与省机器人产业集团合作建设东阳市智能制造研究院，10月11日，东阳市智能制造研究院领导小组会议暨签约活动在市行政中心举行。以红木行业智能制造为突破口，推动产业转型发展。开展数字化车间、物联网工厂建设，鼓励龙头企业、重点企业率先试行，通过政策引导、典型示范，推动全市企业开展智能化改造。创建金华市级数字化车间6个，列入工业强基、工业互联网平台集成创新应用等国家级企业项目4个，省重点技改、制造业与互联网融合示范等省级项目计划21个。

【工业互联网平台建设】 2018年，东阳市对接省“1+N”工业互联网体系，结合产业特点推动工业互联网平台建设。横店集团东磁股份有限公司与阿里巴巴启动磁性行业工业互联网平台共建工作，该项目列入工信部试点示范项目及省级工业互联网平台创建名单。推进“企业上云”，助力企业降低信息系统构建成本，加快数字化、网络化、智能化转型。贯彻落实省政府“十万企业上云”行动计划，新增“上云”企业近1300家，举办各类“企业上云”培训对接会35场，覆盖企业1408家，培训3520人次。推进“企业上云”经验做法，4月，东阳市在全省“企业上云”专题工作推进会上，作为唯一县（市、区）代表进行交流发言。按照无线浙江Wi-Fi产业联盟i-zhejiang建设标准及服务规范，完成市域重要公共区域免费Wi-Fi建设，建成开放5642个AP点位，覆盖市域主要的行政大楼、办事大厅、客运站、公园、公交站亭、主要旅游景点、商业街区等区域。列入全省“上云”标杆企业1家。4月24日，东阳市获省财政厅“企业上云”奖补资金110万元。

【影视文化产业数字化转型】 2018年，东阳市推进影视文化产业数字化转型，发展数字影视和数字动漫。以横店影视产业实验区为龙头，实施影视数字化战略，优化数字影视企业服务，争创金华市国家数字内容产业基地，打造数字影视产业示范区。推进影视文化产业与网络视听、网络剧、网络电影、网络综艺、动漫游戏、数字文化装备等新业态融合发展。

（卢 宏）

小微园建设

【概况】 2018年,市政府制定《关于成立小微企业创业园项目工作组的通知》《关于建立小微园建设工作联席会议及工作专班制度的通知》《关于进一步加强小微企业创业园建设管理的实施意见(试行)》,实施部门联席会议月度分析及项目专班制度,印发各类专题会议纪要11个,明确各类事项95项。全市启动建设(改造提升)10个小微园区块,5个建成,完成投资9.8亿元,占当年投资计划的104%,入园企业229家。成功列入全省2019年小微园建设提升县市之一。金华市下达的7个任务超额完成。

5月16~17日,市人大常委会、市转升办、市国土局、市规划局及巍山镇等相关负责人,到丽水市、温州市,开展小微园建设实地考察调研活动。8月8日,金华市小微企业园区建设工作会议在东阳市召开,金华市经信委党委委员童顺清及各县(市、区)经信部门分管领导和业务科室负责人参会。9月28日,召开全市小微园建设提升工作座谈会,市经信局汇报小微园建设工作建议,经济开发区、江北街道、南市街道、巍山镇、歌山镇、千祥镇、画水镇等单位作交流发言,对土地、资金等要素保障、有关配套建设和建设主体等提出建议和意见。12月26日,省经信厅、省财政厅印发《关于公布2019年浙江省小微企业园建设提升工作实施主体名单的通知》,确定20个县(市、区)为工作实施主体(一档1000万元资金激励5个、二档750万元资金激励10个、三档500万元5个),东阳市列入第二档专项激励。

【小微园建设项目】 2018年7月26日,市政府在开发区万洋众创城建设现场为开发区小微园(东区块)、开发区小微园(西区块)、南市街道大联红木小微园、歌山镇渔具小微园、巍山镇狮山区块5个小微园项目举行集中开工仪式,5个小微园项目总投资额24亿元,总建筑面积89.5万平方米,可入园企业340余家。

开发区小微园项目由万洋众创城开发有限公司投资建设,位于长松岗功能区核心区块,分东、西两个区块。东区主要以文教玩具、工艺品及相关配套产业为主导,西区以服饰配饰、五金机械及相关配套产业为主导,总体建设规模约36.4万平方米。南市街道大联红木小微园项目位于南市街道大联村内,占地面积约6万平方米,总建筑面积约15万平方米。歌山镇渔具小微园项目位于歌山镇北江农垦场,建筑面积约16.6万平方米,以渔具产业为主导产业。巍山镇狮山区块小微园项目位于狮山区块,总用地约16.27公顷,以金银丝材料及相关产业为主导产业。

(卢 宏)

2018年7月26日,东阳市工业小微园项目举行集中开工仪式

(市经信局提供)

工业企业整治

【概况】 2018年,东阳市印发《东阳市区域能评改革实施方案》《东阳市磁性材料行业煤气发生炉淘汰改造实施方案》《关于进一步推进"飓风整治"暨开展村(社)居民区低小散污企业"清零入园"专项行动的通知》,指导全市区域能评改革工作以及磁性材料行业煤气发生炉淘汰改造工作,开展全市工业企业整治工作。

11月20日,省经信厅、省财政厅印发《关于公布2019年度工业与信息化重点领域提升发展工作实施名单的通知》,确定40个市、县(市、区)89项重点工作,东阳市"低效企业改造提升"工作列入5个试点县(市、区)之一,获1000万元专项资金支持。

【问题企业整治】 2018年,东阳市以低散乱企业飓风整治"清零入园"行动为载体,倒逼落后产能淘汰。建立健全周通报、月考评、季例会的长效推进机制,部门镇街联动,常态化整治推动。关停淘汰1152家,超额完成金华430家目标任务要求。中央环保督察反馈的4263家"四无"问题企业,全部整改到位。全面完成上年度用地0.2公顷以上1681家(宗)工业企业亩产效益评价工作并辅以实施水、电、气资源要素差别化配置,加价征收C类、D类企业差别化水电费110余万元。对照金华市要求,220家亩产税收万元以下低效企业完成出清115家。

【亩产效益综合评价体系建设】 2018年6月1日,市政府印发《东阳市工业企业亩产效益综合评价办法》,指导工作推进。7月12日,市政府印发《关于公布2017年度工业

2018年7月17日，东阳市深化“亩均论英雄”改革大会召开

（市经信局提供）

企业亩产效益综合评价结果的通知》，全市规模以上企业评定A类企业71家、B类企业402家、C类企业26家。规模以下企业地块评定B类地块754宗、C类地块292宗、D类地块136宗。7月16日，市政府印发《关于进一步加强工业企业亩产税收清理规范工作的通知》。7月17日，东阳市深化“亩均论英雄”改革大会在市行政中心三楼报告厅召开，会议对全市深化“亩均论英雄”改革工作进行部署。

【2018年度东阳市零增地低效用地改造专项资金奖励】 2018年9月13日，市政府办公室召集市经信局、市财政局、市国土局、市规划局、市行政执法局、市环保局、市不动产登记中心、市消防大队等零增地低效用地改造工作领导小组相关成员单位，在市行政中心会议室对2018年度东阳市零增地低效用地改造生产建设项目申报及部分项目奖励兑现情况进行专题协商。9月30日，市财政局、市经信局印发《关于下达2015～2016年东阳市零增地低效用地改造专项资金奖励的通知》，安排奖励资金210万元。其中，2016年第二年零增地低效用地改造项目3个，奖励资金178万元；2015年第三年零增地低效用地改造项目2个，奖励资金32万元。

（卢 宏）

东阳经济开发区

【概况】 2018年，东阳经济开发区（简称开发区）规划控制范围为白云街道、江北街道、六石街道、城东街道行政管辖区域，托管六石街道、城东街道，江北街道迎宾大道以东区域规划、基础设施建设和产业项目落地由开发区统一实施，总面积270平方千米，规划开发面积92平方千米。开发区有工业企业2353家。其中规模以上工业企业242家，产值超亿元企业28家。完成规模以上企业工业总产值129.4亿元；完成规模以上企业工业增加值27.29亿元；完成税收30.3亿元；增加省级以上高新技术企业14家，累计42家；省级以上专利示范企业12家；增加省级以上工业技术研发中心2家，累计18家。

【东阳经济开发区】 2018年，东阳经济开发区核心区块（六石、上卢）68家规模以上工业企业完成总产值35.34亿元，比上年增长11.57%；完成固定资产投资19.59亿元；完成规模以上新产品产值11.43亿元，比上年增长15.76%；完成外贸出口总额10.16亿元，比上年增长12.4%；完成税收4.1亿元，比上年增长23.54%；完成浙商回归资金7.57亿元，完成内资7.29亿元，利用外资1000万美元；增加规模以上工业企业12家，限上（限额以上）服务企业4家。

【白云商贸园区】 2018年，白云商贸园区57家规模以上企业完成产值29.12亿元，比上年增长8.41%。完成税收13.15亿元，比上年增长15.01%。实现外贸出口27.6亿元，比上年增长3%。固定资产投资16.26亿元，比上年下降66.34%。引进内资9.83亿元，外资8万美元，浙商回归资金9937万元。

【江北高新产业园区】 2018年，江北高新产业园区完成税收6.92亿元，比上年增长33.85%，总量列全市各镇乡街道第三位，净增2亿元；完成固定资产投资45亿元，列全市第一；规模以上工业总产值完成25.06亿元，比上年增长12.6%；建筑业新办理注册企业31家，其中建筑劳务企业24家，建设公司4家，设备租赁、市政、装饰公司各1家；7家建筑劳务企业“双证落地”（建筑资质证、安全生产许可证），超额完成年度目标任务；外贸出口完成年度目标的100.17%；引进内资9.45亿元，浙商回归资金4.52亿元。

（徐振亮）

浙江东阳横店电子产业园区

【概况】 2018年，浙江东阳横店电子产业园区（简称电子园区）完成工业总产值165.27亿元，比上年下降0.01%；规模以上工业企业实现产值144.65亿元，比上年下降0.01%；规模以上企业完成出口交货值42.66亿元，比上年增长2.5%；规模以上企业主营业务收入139.79亿元，比上年增长5.73%；规模以上企业实现利税16.32亿元，比上年增长16.36%；规模以上企业利润13.53亿元，比上年增长20.27%。

【电子园区科技创新】 2018年，电子园区完成2018～2019年省级知识产权示范园区工作方案的申报。

电子园区企业申请专利1305项,其中发明专利433项;获授权专利645项,其中发明专利105项。获国家级知识产权优势企业1家(浙江英洛华装备制造有限公司),获浙江省级专利示范企业2家(浙江中科磁业有限公司、浙江普洛得邦化学有限公司),获金华市级专利示范企业1家(浙江微度医疗器械有限公司)。电子园区有国家级知识产权示范单位3家,国家级知识产权优势单位3家,省专利示范企业9家,金华市专利示范企业23家。增加国家级高新技术企业2家(东阳市茂盛塑胶有限公司、浙江英洛华新能源科技有限公司),增加金华市级高新技术企业3家(东阳市添齐电机磁瓦有限公司、东阳市明堂红木家俱有限公司、东阳市横店友联磁业有限公司);增加省级高新技术企业研发中心2家(浙江中科磁业有限公司、浙江石金玄武岩纤维股份有限公司),增加金华市级高新技术企业研发中心2家(浙江英洛华新能源科技有限公司、浙江微度医疗器械有限公司);增加省级企业技术中心1家(浙江中科磁业有限公司),增加金华市级企业技术中心1家(浙江石金玄武岩纤维股份有限公司),增加金华市级工业设计中心1家(浙江明堂红木家俱有限公司),增加金华市"浙江省科技型中小企业"12家。科研项目被列入2019年度浙江省重点研发计划项目2项,其中招标项目1项、竞争性项目1项。东磁公司的"无线充电用高磁导率FS500铁氧体开发及量产"项目获国家科技创新奖二等奖。

【电子园区品牌建设】 2018年,电子园区增加浙江省名牌产品2个(横店集团东磁股份有限公司、浙江中科磁业有限公司),增加金华市名牌产品2个(浙江中科磁业有限公司、横店集团得邦工程塑料有限公司),获金华市复评通过的工业名牌产品2个(浙江卓木王红木家俱有限公司、东阳市振宇红木家具有限公司);获2018年度"浙江省信用管理示范企业"1家(浙江中科磁业有限公司);获浙江省商标品牌示范企业2家(东阳市双洋红木家具有限公司、横店集团得邦照明股份有限公司);横店集团东磁股份有限公司获浙江省第二批"创新型领军企业",横店集团东磁股份有限公司和普洛药业股份有限公司获2018年度金华市"十强工业企业",浙江英洛华康复器材有限公司获2018年度金华市"高成长标杆企业",横店集团控股有限公司、横店集团东磁股份有限公司、横店影视股份有限公司获2018年度金华市级商标品牌示范企业称号,东阳市双洋红木家具有限公司获"2018年度东阳市市长质量奖";横店集团东磁股份有限公司的永磁铁氧体瓦形磁体通过"自我声明+形式检验+浙江制造评价规范管理要求评审+获证后监督"的高标准认证模式,获得由浙江制造国际认证联盟颁发的"浙江制造"认证证书。

【电子园区规范性建设】 2018年,横店镇出资30万元,由杭州市市政工程集团有限公司完成《浙江东阳横店电子产业园区总体规划(2016~2025)》;出资45万元,由浙江环科环境咨询有限公司完成《浙江东阳横店电子产业园区总体规划环境影响评价》报告的编制,通过省环境工程技术评估中心组织的有关专家学者评审。印发《东阳市横店电子产业园区"区域环评+环境标准"改革实施方案》。出资7.8万元,由东莞市水利勘测设计院有限公司杭州分公司编制完成《浙江东阳横店电子产业园区水土保持方案报告书》,通过市水务局组织的有关专家学者评审;出资9.4万元,由杭州经略科技服务有限公司编制完成《浙江东阳横店电子产业园区区域节能评估报告书》。

【电子园区基础设施建设】 2018年,横店镇投资250余万元完成济慈路与科兴路之间园六路的排水排污管网建设、路面硬化和两边人行道铺设工程以及人道树的种植工程;投资20万元,完成园七路(昌盛路至济慈路)排水工程和工业大道(昌盛路至济慈路)排水工程;完成园六、园七、园八路人行道工程的初步设计,完成祥和路、园一路人行道工程和工业大道、园九路人行道工程的初步设计和预算审核。

【电子园区工业性投入】 2018年,电子园区列入市重点技改项目20项(新建18项、续建2项),总投资额218456万元,其中设备投资147303万元;完成投资121023万元,其中设备投资91378万元。申报市级"两化"融合项目37个(新建26个、续建11个),项目实施预算资金9252万元,完成投资5202万元。利用闲置土地、旧厂房拆除等进行旧厂区改造项目9个,完成旧厂房改造120476.75平方米,其中拆除旧厂房18240.38平方米、新建厂房102236.37平方米。

【电子园区节能环保】 2018年,全市检查企业"三废"排放情况,开展木雕红木家具行业的环保治理。检查治理煤气发生炉,淘汰高污染燃料锅炉68台;开展电子园区企业雨污分流、截污纳管大检查,实施排水许可证制度,对企业排入城镇管网的污水进行13项指标检测,检测合格同意排入并发放许可证,完成200家企业排水许可证申领;治理电子园区烟气,淘汰高污染燃料锅炉。协助燃气公司完成管道总长8千米、投资1415万元的天然气管道安装工程,电子园区16家企业用上天然气;拆除中央环保督察淘汰改造的电子园区11家企业19台高污染煤气发生炉,另外22家企业57台煤气发生炉淘汰拆除或淘汰改造。

【电子园区招才引商】 2018年,横店镇在西环路东侧划出80余公顷土地作为电子园区招商的拓展平台,进行招商引资。根据横店镇《关于加快工业功能区建设 强化招商引资工作的若干意见》《关于横店电子产业园区二期企业招商入园的有关意见》,拓宽引资渠道。引进内资58256万元,引进外资500万美元,完成浙商回归资金1.27亿元。申报省级高级人才7

人，增加金华市“双龙计划”创新领军人才2人，横店集团东磁股份有限公司董事长何时金获“2018年全国电子信息行业领军企业家”称号。电子园区有国家级专家型人才1人，省级专家型人才7人。

【电子园区网格化管理】 2018年，横店镇将电子园区划分成9个网格小组，建立企业安全生产信息网络，落实安全生产责任制，定期开展安全生产隐患排查；对电子园区企业进行全面调查走访，建立企业档案，搭建电子园区企业信息平台；开展“节日慰问”“走企连心精准服务”活动，帮助企业解决各类难题65项。开展纠纷大排查，为电子园区企业调处劳资纠纷、工伤事故188起，涉及资金3360826元，其中劳资纠纷136起，涉及资金1527926元；工伤事故52起，涉及资金1832900元；开展4次电子园区环境卫生大巡查大整治行动，规范电子园区的垃圾清运、物品摆放。

（徐永其）

东阳市总部中心

【概况】 2018年，东阳市总部中心开发建设有限公司（简称市总部中心）建立新型企业运营管理体制，5月，总部中心市场化转型获市政府批准。6月29日，市政府印发《关于进一步明确东阳市总部中心开发建设有限公司运营体制的通知》。11月12日，成立中共东阳市总部中心总支部委员会，党总支下设总部中心机关党支部、企业联合党支部等党组织。

7月3日，《市总部中心开发建设有限公司职能配置、内设机构和人员编制规定》获市人力社保局批准。市总部中心设立4个部门：综合部（编制4人）、招商部（编制4人）、工程物业部（编制8人）、人事保障部（编制4人）。设立董事长1人，共计21人。年内，市总部中心有入驻单位93家（含租赁企业），市行政服务中心、水投集团等入驻园区，办公人员1000余人。“医药邦”、基金家园，“启迪之星”等子平台引进100余家企业注册入驻总部中心，创营业额13513万元，创税收650余万元。

【行政服务中心搬迁入驻】 2018年4月，市委、市政府作出将市行政服务中心整体搬迁入驻东阳市总部中心的决策。市总部中心制订工期倒排方案，与市行政服务中心管委会到义乌市、金华市、衢州市等县市行政服务中心考察；与所有机关部门进行对接，确定平面设计合理方案；按程序确定设计单位、施工单位。10月8日，举行市行政服务中心搬迁入驻东阳市总部中心办公仪式。

【商业业态引进】 2018年，市总部中心有8幢大楼，总建筑面积195641.98平方米。其中，招商引进企业集资联建116家，总建筑面积129070.71平方米；市总部中心自持房产66571.27平方米。前期招聘商业招商代理机构，制订商业招商具体方案，引进大型酒店、餐饮、超市等商业业态。市委、市政府确定行政服务中心搬迁入驻市总部中心后，大部分商业区块面积安排办公使用，及时终止与商业代理机构的协议，对剩余房产编制符合服务企业，配套行政服务中心的招商业态方案，引进刻字复印、银行等中介服务机构。至年末，完成53658.26平方米自持房产招商工作。

（陈锦铃）

2018年9月3日，东阳市总部中心 （包康轩/摄）

木雕 红木家具

综 述

【概况】 2018年,东阳市有木雕红木家具企业1336家,其中规模以上企业55家(龙头骨干企业17家)。全年销售额58亿元。有东阳中国木雕城、东阳红木家具市场、花园红木家具城3大交易市场;以及木雕小镇木材交易中心、横店木材交易中心、花园木材交易中心3大木材交易中心。增加省商标品牌示范企业3家、金华市商标品牌示范企业7家、金华市政府质量奖企业1家、东阳市市长质量奖企业1家。至年末,有亚太手工艺大师3人,中国工艺美术大师11人,浙江省工艺美术大师48人,金华市级工艺美术大师124人。组织市内企业参加外地展会13次,举办第四届中国(东阳)木雕红木家具交易博览会和第十三届中国(东阳)木雕竹编工艺美术博览会。

11月9~11日,东阳市明堂红木家俱有限公司、浙江中信红木家具有限公司、浙江卓木王红木家俱有限公司、东阳市御乾堂宫廷红木家具有限公司、东阳市双洋红木家具有限公司、东阳市荣轩工艺品有限公司6家企业参加中国国际(上海)红木文化博览会暨中国国际(上海)木文化交流博览会。东阳展区获"红顶杯·最佳站位奖"。

【第四届中国(东阳)木雕红木家具交易博览会】 2018年5月31日至6月3日,由中国家具协会、中国林业产业联合会、中国林产工业协会、市政府主办,东阳中国木雕城和东阳红木家具市场联合承办的第四届中国(东阳)木雕红木家具交易博览会(简称红博会)在东阳市举行,国务院参事室特邀研究员,人社部原党组副书记、副部长杨志明出席开幕式。该博览会在东阳中国木雕城国际会展中心设置四个展厅,展区面积8000余平方米,总面积16000平方米。博览会期间举办"2018中国红木家具大会——红木智造2025专题论坛"、第三届"中国的椅子"原创设计大赛启动仪式、3D动态版《清明上河图》首秀、"嗨夏东阳"木雕红木魅力游、东阳红木家具市场超级团购等各项行业活动。开幕式上,中国家具协会理事长徐祥楠为中国东阳家具研究院授牌,标志着中国东阳家具研究院成立。红博会吸引320家企业参展,参会经销商618人,终端客户和游客达8.9万人次,成交量及意向订单12.25亿元。

【第十三届中国(东阳)木雕竹编工艺美术博览会】 2018年11月15~18日,由中国工艺美术协会、中国林业产业联合会、市政府联合主办,东阳中国木雕城承办的第十三届中国(东阳)木雕竹编工艺美术博览会暨中国(东阳)木雕红木产业发展大会(简称东博会)在东阳中国木雕城国际会展中心举行。100余名国家级、省级工艺美术大师,20余个省市的工艺美术协会和红木家具行业代表及采购商参加。该届东博会设招展面积2.5万平方米,标准展位1400余个,展览面积15万平方米,分别对红

2018年11月15~18日,第十三届中国(东阳)木雕竹编工艺美术博览会暨中国(东阳)木雕红木产业发展大会在东阳市举办 (市红木办提供)

木家具、木雕、竹编竹雕、非遗类、文创类等优秀展品进行展览。展会期间，推出“红创二代新品展”“东博会展品评奖”“走进非遗”“东阳味道品鉴”等文化类系列活动以及“木雕城惠购节”“省检测专家导购团”等营销类系列活动。展会结合“互联网+”的会展模式，创新推出以绿色办展为主题的扫码进展模式。主会场邀请采购商、经销商1500余人，参展商600余人。东博会客流量达8.2万人次，成交量及意向订单超过6亿元。

2018年9月19～20日，2018年中国技能大赛——全国家具制作职业技能竞赛浙江东阳赛区选拔赛举行　（市红木办提供）

【中国技能大赛——全国家具制作职业技能竞赛】 2018年9月19～20日，由浙江省家具行业协会和东阳市人民政府主办，东阳市木雕红木产业管理办公室、东阳市人力资源和社会保障局、东阳市红木家具行业协会承办的2018年浙江省家具制作职业技能竞赛暨2018年中国技能大赛——全国家具制作职业技能竞赛浙江东阳赛区选拔赛，在东阳中国木雕城国际会展中心举行，来自全省35家企业134人报名参赛。有9名东阳企业参赛选手进入前10名。11月4～5日，2018年中国技能大赛——全国家具制作职业技能竞赛总决赛在江西省南康区举办，东阳市4名选手进入10强。浙江大清翰林古典艺术家具有限公司的张好弟获“工匠之星·银奖”和“全国技术能手”称号，东阳市御乾堂宫廷红木家具有限公司张兴保、东阳市明清居红木有限公司方善斌、东阳市南市美林圆台红木家俱厂朱伟强获“工匠之星·铜奖”和“全国轻工行业技术能手”称号。

【东阳木雕红木广告片亮相央视】 2018年10月2日，东阳木雕红木广告片在央视综合频道和新闻频道的《朝

2018年中国技能大赛——全国家具制作职业技能竞赛总决赛浙江东阳赛区获奖名单一览表

表22

序号	单位名称	姓　名	奖　项	称　号
1	浙江大清翰林古典艺术家具有限公司	张好弟	工匠之星·银奖	全国技术能手
2	东阳市御乾堂宫廷红木家具有限公司	张兴保	工匠之星·铜奖	全国轻工行业技术能手
3	东阳市明清居红木有限公司	方善斌		
4	东阳市南市美林圆台红木家俱厂	朱伟强		
5	东阳桂福堂	陈李强	工匠之星·优秀奖	中国家具行业技术能手
6	浙江磐安金茂富士工艺品有限公司	朱茂兴		
7	东阳市城东兴艺古典工艺家具厂（古人行）	韦新忠		
8	浙江省东阳市华厦家具有限公司	李志刚		
9	东阳市双洋红木家具有限公司	孔爱民		
10	东阳市城东兴艺古典工艺家具厂（古人行）	何耀明		
11	东阳市红木家具市场朝皇居家具店	陈元祥		
12	东阳市雍王府家居科技有限公司	程文霜	工匠之星奖	中国家具行业工匠之星
13	东阳市和合一家家具居设计工作室	沈江泳		

闻天下》栏目播出，时间持续3个月。该广告片由《遇见东阳》导演携专业影视拍摄团队打造，亚太地区手工艺大师、中国工艺美术大师陆光正代言，将东阳木雕技艺的鬼斧神工、东阳红木家具的精良技艺与新中式空间美学有机融合，面向全国观众以电影大片的质感展示东阳红木家具更好的工艺、更优的设计和更多的选择。

（方立东）

行业管理

【概况】 2018年，东阳市木雕红木产业管理办公室（简称市木雕红木办）组织开展第六届浙江省工艺美术大师、第四届金华市工艺美术大师评选推荐工作，增加国家级工艺美术大师2人（施德泉、徐土龙）、省级14人，金华市级44人。

市木雕红木办组织执法人员到杭州市富阳区、宁波市奉化区、绍兴市诸暨市以及山东省威海市、江苏省张家港市、山西省大同市等地开展异地打假9次，涉案金额121万余元。

【机构调整】 2018年，市市场监管局根据市机构编制委员会《关于调整市市场监管局主要职责内设机构人员编制的通知》，在市场监管局增挂市木雕红木办牌子。在市木雕红木办增设木雕红木产业发展科、木雕红木行业管理科、木雕红木市场开发科3个内设机构，增设木雕红木家具稽查中队直属机构1个。

【木雕红木产业政策扶持】 2018年，市财政局根据《东阳市木雕红木行业2017年度销售额2000万元以上企业奖励通报》《东阳市木雕红木行业2017年度第二批销售额2000万元以上企业奖励通报》，对东阳市木雕红木行业上年度169家销售额2000万元以上企业进行销售增长奖励，每家奖励15万元，共计2535万元。市财政局依据《东阳市木雕红木行业2017年度税收增长企业奖励通报》《东阳市木雕红木产业2017年度第二批税收增长企业奖励通报》，对东阳市木雕红木行业上年度111家企业进行税收增长奖励，共计1779.94万元。

【木雕红木家具行业环保整治】 2018年，全市开展木雕红木家具行业环保整治工作，对2310家木雕红木家具企业开展废气、粉尘、废水治理。2月1～3日，市木雕红木办牵头组织市环保局、市安监局等部门对全市18个镇乡街道1000余家含喷漆工艺的红木家具企业分5期开展环境保护和安全生产业务培训。3月15日，东阳市木雕红木家具行业环保整治工作推进会在市行政中心召开。3月23日，《关于开展东阳市木雕红木家具企业环保整治的通告》在全市发布。4月19日，全市召开木雕红木家具行业环保整治现场推进会。市领导带领相关部门单位负责人及木雕红木规模以上企业负责人260余人到5家红木家具企业参观学习。5月10日，在南市街道大联村召开木雕红木家具企业环保整治工作推进会，市领导带领相关部门单位及木雕红木企业负责人180余人先后到南马万洋众创城，南市街道的恒达、华夏·大不同2家红木家具企业参观学习。6月13日、6月20日、7月12日，3次在市行政中心召开木雕红木家具行业环保整治工作推进会。8月31日，全面完成木雕红木家具行业环保整治联合验收，关停淘汰974家，通过环保联合验收1336家；1392家含喷漆工艺的木雕红木家具企业关停淘汰464家，通过环保联合验收928家。

【中国东阳家具研究院成立】 2018年1月15日，东阳市在浙江省木雕红木家具产品质量检验中心增挂中国东阳家具研究院牌子。5月，提出筹建中国东阳家具研究院的具体工作思路和工作举措。5月31日，东阳市人民政府与中南林业科技大学签订战略合作协议，中国家具协会理事长徐祥楠为中国东阳家具研究院授牌，中国东阳家具研究院成立。12月22日，中国东阳家具研究院首次引进1名高层次人才，聘请中南林业科技大学张仲凤教授为研究院副院长。

中国东阳家具研究院落户在经济开发区木雕小镇的实训基地，主要职能是开展家具理论研究、家具设计研发、人才培养开发等，为东阳红木家具行业可持续发展提供技术服务。

【木雕红木家具产品质量检验】 2018年，浙江省木雕红木家具产品质量检验中心为100余家企业和个人提供技术服务，完成检验报告、家具用材检验证书1700余份。开放实验室，为企业及消费者提供红木家具相关知识服务及技术指导，接待人员180余人次，提供免费咨询服务150余人次，举办专题讲座2场。国家木雕及红木制品质量监督检验中心（筹）获国家认可委及认监委颁发的实验室认可证书、检验检测机构资质认定证书、检验检测机构资质认定授权证书。

【诚信体系建设】 2018年，市财政局授权东阳市金融控股有限公司履行出资职责，出资200万元，东阳中国木雕城有限公司出资200万元，设立400万元红木家具行业诚信基金，成为全国首个对消费者实行先行赔付的木雕红木生产基地。在第四届红博会开幕式上，中国红木制品溯源保真平台与东阳木雕红木家具行业诚信促进会签署战略合作协议，36家红木家具企业纳入溯源保真平台。

【花园红木产业发展】 2018年9月，全省特色小镇规划建设工作现场推进会召开。会上公布省级特色小镇第四批创建名单和第三批培育名单，东阳花园红木家居小镇等21个小镇被列入第四批创建名单。南马镇花园村形成原木市场、板材市场、雕刻·油漆中心、产业核心区块以及红木家具城等产业群，涵盖原木、板材、锯板、烘房、雕刻、油漆以及红木家具设计、生产、销售环节。建成花园村红木文化长廊，该项目是2018年一事一议财政奖补助推“美丽乡村”建设试点项目。红木文化长廊全长3.5千米，经过西田、南山、柳塘、环龙4个小区。

（方立东 陈 敏）

行业协会

·东阳市工艺美术行业协会·

【概况】 2018年，东阳市工艺美术行业协会（简称工艺美术协会）组织参加2018中国（温州）工艺美术精品博览会、第八届中国（浙江）工艺美术精品博览会、第四届中国（东阳）木雕红木家具交易博览会、亚太手工艺文化周精品博览会、浙江工艺美术主题创作大赛、第十三届中国（东阳）木雕竹编工艺美术博览会暨中国（东阳）木雕红木产业发展大会等各类展会，获奖项366个，其中特等奖25个、一等奖（金奖）114个、二等奖（银奖）131个、三等奖（铜奖）90个、优秀作品奖6个。

【大师评选晋升】 2018年，东阳市完成国家级大师、省级大师、金华市级大师的推荐、考核、资格审核等工作，完成各级大师的推选工作。5月14日，中国轻工业联合会下文公布第七届中国工艺美术大师评选结果。施德泉、徐土龙获“中国工艺美术大师”称号。11月26日，省经济和信息化厅、省人力资源和社会保障厅下文公布第六届省工艺美术大师名单，东阳市14人上榜。全市有省工艺美术大师48人。10月19日，金华市第四届工艺美术大师授牌仪式举行，东阳市44人入选。

【会员培训考核】 2018年，东阳市推荐申报“拔尖技能人才”和“优秀技能人才”，省工艺美术大师胡先民被确定为浙江省“百千万”高技能领军人才培养项目人员。12月5日，黄小明技能大师工作室被评为省级技能大师工作室。全市有国家级技能大师工作室1个、省级技能大师工作室7个、金华市级技能大师工作室16个。6月，完成由市政府组织的省级大师技能考核工作。7月11日，审核确认《精工绝艺》一书有关全市金华市级大师图稿内容。9月，2018年中国技能大赛——全国家具制作职业技能竞赛浙江东阳赛区选拔赛在东阳中国木雕城国际会展中心举行，工艺美术协会协助红木办做好考场准备服务、作品材料发放、作品数字登记和记分等工作。11月4日，邀请中国美术学院中国画系山水教研室主任陈磊到东阳市讲授写生艺术。12月7日，对参加2018年东阳市工艺美术职称评审的35人进行继续教育培训，完成规定学时，组织考核工作。

【服务会员企业】 2018年5月，工艺美术协会组织环境整治培训班，邀请市木雕红木办公室常务副主任陆文献为培训班成员作辅导，40余家企业到会。9月7日，第七届中国工艺美术大师徐土龙木雕作品鉴赏会在宝悦君亭酒店举行，工艺美术协会协助完成来宾的邀请和接待工作。5月10日，完成“双十品”门店从木雕城一期迁入中国木雕博物馆期间的作品搬运、布置、作品的储备等工作，全年代销“双十品”137件。9月30日，大清御品首届红木直销节暨高端红木会所开业庆典，省委宣传部原副部长高而颐、浙江省工艺美术行业协会吴祖熙、中国工艺美术大师陆光正参加庆典活动。10月20日，工艺美术协会邀请大师及专家委员会成员参加东阳市圣华工艺品有限公司举行公司成立三十周年活动。完成工艺美术协会党委的换届。推进工艺美术协会微信品牌建设，微信公众号推送文章51篇。 （徐小红）

2018年9月19日，2018年中国技能大赛——全国家具制作职业技能竞赛浙江东阳赛区选拔赛现场

（工艺美术协会提供）

·东阳市红木家具行业协会·

【概况】 2018年,全市有红木家具企业1336家,其中规模以上红木家具企业55家,从业人员近10万人,全年产值200余亿元。红木家具行业增加已授权专利300余件,全行业累计已授权专利2400余件。东阳市荣轩工艺品有限公司、浙江浪人工艺品股份有限公司被评为2018年度金华市专利示范企业。增加浙江省名牌产品1个,4个通过浙江省名牌产品复评,4个通过金华市名牌产品复评。东阳市南林木材科技服务中心检测认定红木家具4万余套。开展木雕红木家具行业环保整治工作。8月末,全市关停淘汰974家木雕红木家具企业,通过环保联合验收1336家。

东阳市红木家具行业协会(简称红木家具协会)组织企业参加第39届及40届国际名家具(东莞)展览会、第5届中国—南亚博览会暨第2届昆明南亚东南亚国际木文化博览会、2018杭州国际家具展览会、第24届中国国际家具展览会暨第三届摩登上海时尚家居展、第六届中国(深圳)国际红木艺术展暨中式生活博览会、第11届中国义乌国际森林产品博览会、中国国际(上海)红木文化博览会暨中国国际(上海)木文化交流博览会等各类展会8次。承办第四届中国(东阳)木雕红木家具交易博览会、2018年浙江省家具制作职业技能竞赛暨2018年中国技能大赛——全国家具制作职业技能竞赛浙江东阳赛区选拔赛。

2018年10月,东阳木雕红木形象片(记录)在中央电视台多频道连续展播。

【浙江省首个《红木家具》“浙江制造”团体标准发布】 2018年9月7日,由东阳市红木家具行业协会为主起草的《红木家具》“浙江制造”团体标准经省品牌建设联合会批准正式发布,9月30日起实施。该标准适用于精品红木家具,规定红木家具的范围、规范性引用文件、术语和定义、命名和分类、基本要求、产品要求、质量明示、试验方法、检验规则、标识、包装、运输和贮存、质量与服务承诺等,涵盖准入、生产、上市销售各个环节,制定的多项标准超过现行行业标准和国家标准。

该标准于上一年度被列入第一批“浙江制造”标准制定计划,由浙江省家具与五金研究所牵头,东阳市红木家具行业协会、浙江省木雕红木家具产品质量检验中心以及浙江卓木王红木家俱有限公司、东阳市明堂红木家俱有限公司、东阳市东艺工艺品有限公司等红木家具龙头企业共同参与制订,召开5次标准论证会议,2018年8月通过省品牌建设联合会专家组评审。

【红木家具行业协会青年企业家委员会成立】 2018年6月8日,红木家具协会青年企业家委员会成立大会在东阳宝悦君亭酒店召开。副市长蒋震雷,市政府办公室、团市委、市市场监督管理局、市木雕红木产业管理办公

2018年东阳市木雕红木家具龙头骨干企业一览表

表23

企业名称	法人代表	荣誉
东阳市明堂红木家俱有限公司	张向荣	东阳市木雕红木家具龙头企业
浙江中信红木家具有限公司	李忠信	
浙江卓木王红木家俱有限公司	杜承三	
东阳市新明红木家具有限公司	张新明	
浙江大清翰林古典艺术家具有限公司	吴腾飞	
东阳市陆光正创作室	陆光正	
东阳市御乾堂宫廷红木家具有限公司	马海军	
东阳市苏阳红红木家具有限公司	蒋国根	东阳市木雕红木家具骨干企业
东阳市旭东工艺品有限公司	李晓东	
浙江华盈工贸有限公司	金彪云	
东阳市双洋红木家具有限公司	王海洋	
浙江浪人工艺品股份有限公司	金　胜	
东阳市华龙工艺品有限公司	金红强	
国祥红木家具有限公司	张国强	
东阳市恒达木业有限公司	陈国良	
东阳市港龙红木家私有限公司	何界立	
浙江万家宜家具有限公司	吴明月	

2018年东阳市入选浙江省名牌产品一览表

表24

产品名称	企业名称	商　标	备　注
木雕红木家具	浙江浪人工艺品股份有限公司	雍王府	2018新增
木雕红木家具	浙江卓木王红木家俱有限公司	卓木王	2018复评
木雕红木家具	浙江大清翰林古典艺术家具有限公司	大清翰林	
国祥红木	国祥红木家具有限公司	国　祥	
木雕红木家具	浙江万家宜家具有限公司	万家宜	

2018年东阳市入选金华市名牌产品一览表

表25

产品名称	企业名称	备　注
木雕红木家具	浙江卓木王红木家俱有限公司	2018复评
木雕红木家具	浙江大清翰林古典艺术家具有限公司	
红木家具	东阳市振宇红木家具有限公司	
国祥红木	国祥红木家具有限公司	

2018年东阳市红木家具行业优秀青年企业家一览表

表26

序　号	单位名称	姓　名
1	东阳市双洋红木家具有限公司	王海洋
2	浙江卓木王红木家俱有限公司	杜长江
3	东阳市御乾堂宫廷红木家具有限公司	马姣姣
4	东阳市苏阳红红木家具有限公司(东遇)	吴春飞
5	东阳市东木居明式家具有限公司	单华栋
6	东阳市东西南北中红木家具有限公司	马汉龙
7	浙江九洲红家具股份有限公司	黄秋奇

2018年东阳市红木家具行业优秀青年人才一览表

表27

序　号	单位名称	姓　名
1	东阳市荣轩工艺品有限公司(荣鼎轩)	徐超霖
2	东阳市华龙工艺品有限公司	金旭东
3	东阳市远达红木家具有限公司(华夏一品)	张　拓
4	东阳市古艺福红木家具厂	胡冰清
5	东阳市大清御品红木家俱有限公司	张昱凯
6	浙江中信红木家具有限公司	洪　亮
7	东阳市东木居明式家具有限公司	彭　龙

续表27

序　号	单位名称	姓　名
8	浙江豪族科技有限公司	金克涛
9	东阳市海强红木家具有限公司	陈敬奇
10	东阳市中堂机械设备有限公司	张晓峰
11	东阳市横店众博红木家具服务中心	金丹枫
12	东阳市南林木材科技服务中心	叶洪军
13	东阳市振宇红木家具有限公司	胡续振
14	东阳市海檀红木家具有限公司	陈谱文
15	浙江龙珍阁红木家具有限公司	陆　勋
16	东阳市南马金闪闪坐垫厂(秀饰坊)	陈　斌
17	东阳市全景网络科技有限公司	孔祥安

室、市红木家具行业协会相关人员，红木家具行业青年企业家，新闻媒体等50余人参会。会议审议并通过《东阳市红木家具行业协会青年企业家委员会管理细则》。经过投票选举，王海洋为青年企业家委员会主任，马姣姣、杜长江、吴春飞、张拓、陆勋、金凯、周晓兰为青年企业家委员会副主任。

【红木家具行业手工木工中级技能培训班】 2018年7月、9月，红木家具协会举办2期东阳市红木家具行业手工木工中级技能培训班，来自东阳市御乾堂宫廷红木家具有限公司、浙江省东阳市华厦家具有限公司(大不同红木)、东阳市盛豪红木家具有限公司、东阳市桂龙红木家具有限公司等企业的73名木工师傅参加培训，主要培训家具制图、家具结构与工艺设计、榫卯结构、生产设备使用等手工木工理论和实操方面的课程内容，60人考试合格取得中级职业资格证书。

【中国传统家具设计与创新论坛】 2018年7月28日，红木家具协会举办中国传统家具设计与创新论坛，60余名红木家具企业负责人和设计师参加。论坛邀请南京林业大学古典家具与红木工艺研究所所长、南京明式家具研究学会副会长吕九芳教授和当代著名家具设计师乔子龙分别作“互联网时代——红木家具品牌的推广与营销”“‘文心意韵，始于图制’——传统家具设计线形与标准”的主题演讲。

【首届青年企业家红木家具新品展】 2018年11月15～18日，首届“红创二代”新品展亮相第十三届东博会，该展区由中国东阳家具研究院、市委人才办主办，东阳市红木家具行业协会青年企业家委员会承办。“红创二代”(指40周岁以下的东阳木雕红木家具规模以上企业法人、35周岁以下的东阳木雕红木家具企业接班人)新品展区首次集中展出21名东阳红木家具企业接班人设计创作的红木家具新品，结合产品现场讲述品牌创业故事，阐述设计理念和经营理念，分享产品文化与匠人精神，是该届东博会的特色展区。

(郑文婷)

东阳木雕小镇

【概况】 2018年9月13日，全省特色小镇规划建设工作现场推进会公布上一年度省级特色小镇创建和培育对象考核结果，东阳木雕小镇(简称木雕小镇)获评“良好小镇”。木雕小镇位于浙江省东阳经济开发区核心区域内，距离东阳城区约10分钟车程，距离规划火车站、甬金高速东阳东西出口均约5分钟车程，距离横店和义乌约半小时车程，交通区位优势明显；规划面积2.9平方千米，建设用地面积130余公顷，分三期建设，计划总投资55亿元；集木雕艺术创意设计、生产销售、展示展览、休闲旅游、行业研讨、木材交易等功能为一体，成为工业木雕红木产业创新研发基地、跨界融合平台、信息传承交流中心，打造独具东阳本土特色的历史文化产业新标杆。至年末，木雕小镇拥有省级以上非物质文化遗产4项，亚太级工艺美术大师3人、国家级工艺美术大师6人、省级工艺美术大师16人，其中国家级非遗代表性传承人5人、省级非遗代表性传承人3人，入驻木雕红木企业91家。

【小镇重点项目】 2018年，东阳市完成木雕小镇实训基地、检验检疫中心、木材交易中心一期项目建设；完成小镇游客中心、木材交易中心商务楼和公寓楼、木材交易中心二期(6.67公顷)等项目主体结顶；推进小镇公共文化广场、石马溪两侧景观等项目建设。完成文化创意区块19家企业投资协议签订和土地招拍挂，开展动工前期审批工作；开展重庆锦天集团民俗文化风情街项目、三贤楼东派古建文博园项目、夏荦生“太阳鸟”教育系列和中央美院东阳分院项目对接工作，东派古建文化园项目完成投资协议修改稿并上报市政府，中央

2018年1月，木雕小镇Logo(标志)公布　　　　（市经济开发区提供）

美院东阳分院编制可研报告初稿，会同市有关部门多次赴杭州市、北京市进行前期考察对接。

【小镇标志公布】 2018年1月，东阳木雕小镇Logo(标志)正式公布。该Logo由木雕工艺的工具——刻刀、刨、斧、锤、尺组成，将木雕工具组合成小镇造型，呼应东阳木雕精湛工艺。木雕工具以毛笔笔触形式表现，体现东阳木雕大师技艺和中国文化精髓。标志中的“东阳”二字用红色印章的设计形式，突出重点，有中国文化韵味。Logo设计出自东道品牌创意集团有限公司。

【文化创意区块项目招商】 2018年1月24日，木雕小镇文化创意区块项目招商在开发区召开。市红木办、经济开发区、陆光正创作室及各报名大师企业代表参加座谈。2月26日，木雕小镇文化创意园地块抽签及项目推进工作会议举行。该次地块分配按照“公平、公正、公开”的原则，采取现场抽签的形式，做到地块公开、程序公开、结果公开。至年末，完成文化创意区块19家企业投资协议签订和土地招拍挂，开展动工前期审批工作。

【小镇发展政策扶持】 2018年4月，市政府发文对东阳市特色小镇规划建设工作联席会议成员名单及职责进行调整，通过落实成员，修订职责，确保工作有人抓，责任有人担。东阳市制定《东阳市木雕小镇发展专项扶持资金专项管理办法》《东阳木材交易中心招商奖励政策实施方案(试行)》《东阳木雕小镇工业用地项目准入指导意见》等20项扶持政策。

【第一届毅行活动暨六石一日游启动仪式】 2018年5月27日，“不忘初心、不负匠心”东阳木雕小镇第一届毅行活动暨六石一日游启动。毅行路线从木雕小镇至长松岗工业区至北后周古村落至木雕小镇，全程总长约10千米，1000余人参加。该次活动由东阳经济开发区管委会、六石街道办事处、木雕小镇管委会主办，旨在加快文化优势转化为发展优势，进一步推动旅游全域化发展，加强开发区企业之间的交流，围绕“匠心”木雕小镇、“初心”北后周古村落，“本心”长松岗工业区，做好木雕小镇“匠心”文章。

【木材交易中心建设】 2018年3月30日，东阳市十五届政府第二十四次常务会议原则通过东阳木材交易中心有限公司股份调整方案。8月，市政府与舟山市金塘管委会签署战略

2018年5月27日，木雕小镇第一届毅行活动暨六石一日游启动仪式举行
（六石街道提供）

合作协议，共同推动舟山—东阳木材进口通道建设。招引中林集团、中国铁建等43家企业入驻木材交易中心，进驻木材货值3.5亿元。与金华银行达成千万元授信，推进“融资担保+木材质押”授信业务。

（徐振亮）

东阳中国木雕城

【概况】 2018年，东阳中国木雕城实现市场成交额103.2亿元，上缴税费5600万元。承办第十三届东博会、第四届红木家具博览会等活动。12月，东阳中国木雕城通过国家AAAA级旅游景区5年评定性复核，并通过AAA级旅游厕所的评定。

东阳中国木雕城制定商旅文综合体总体规划方案，即“两心三轴五片区”。两心即商贸核心和文旅核心，商贸核心依托产业为基础，将市场进行升级换代，重产品销售；文旅核心以文旅产品为核心，重文化展示和体验，满足游客的食住游娱购需求。三轴即商旅融合轴、城市形象轴、生态景观轴，通过三者将项目各个片区进行有机串联，满足客群不同消费需求。五片区为木艺文化商贸区、滨江风情休闲区、家具家居商贸区、中式文化生活体验区和文旅配套服务区，五片区联动打造中式生活文化商旅综合体业态链闭环。

2018年11月15日，市民游览东阳中国木雕城（孙振华/摄）

【2018年东阳中国木雕城“茶赏大荟”】 2018年4月28日至5月1日，由市政府主办，东阳中国木雕城承办，市农业局、市文旅办、市茶文化研究会等协办的以“一‘bei’子的幸福”为主题的2018年“茶赏大荟”在东阳中国木雕城木艺文化馆举行。在活动现场，游客可以欣赏茶艺、音乐、舞蹈等多种形式的表演，也可以学习不同品类茶叶的冲泡技法、炒茶技艺、茶道表演。在商户展示区，紫砂、建盏、青瓷、景德镇瓷以及茶台、茶桌等精美的茶器一一陈列，使参与者感受茶之韵、器之美，以及传统文化的魅力。

【七夕·我与木雕城有个约“惠”】 2018年8月17～19日，中国东阳木雕城举办“七夕·我与木雕城有个约‘惠’”活动。活动期间，朋友圈转发集齐28个赞即可领取精致木梳一把，凭购物小票消费满500元即可参与购物卡抽奖。同时凡情侣在8月17日现场参与“七夕·我与木雕城有个约‘惠’”活动，即可领取鲜花一束。为期三天的“七夕·我与木雕城有个约‘惠’”活动有600余户商家参与，市场成交额近300万元，活动总计送出价值12万元超市卡。50对情侣领取东阳中国木雕城送出的七夕鲜花和活动送出的100份精致梳子礼包。

（陈小红）

建筑业 房地产业

建筑业

【概况】 2018年，东阳市建筑业总产值2600.3亿元，比上年增长1.06%，连续十年列全国县级市首位。至年末，全市有建筑企业451家，其中特级企业7家，一级企业67家，二级、三级及其他企业377家。完成建筑业税收21.8亿元，占全市财政总收入的19.4%，比上年增长81.6%。全年签订合同总金额5286亿元，比上年增长6.6%，其中2018年度新签合同额2892亿元，比上年增长5.1%。房屋施工面积3.8亿平方米，比上年增长7.3%。建筑企业在省外实现产值1460亿元，占总产值的73.2%。年产值超过100亿元的建筑企业有5家，与上年持平；年产值在50亿～100亿元的建筑企业有4家；年产值在30亿～50亿元的建筑企业有6家。2018年，获"鲁班奖"项目1项。

【建筑产业发展联盟活动】 2018年，建筑产业发展联盟开展向企业征求问题和建议活动4批次，征得各类问题280余个、建议60余条，梳理后进行逐一答复。召开工作例会3次，围绕"走出去"发展、化解工程保函难题、提升施工现场管理水平等主题，研究制订发展规划，促进企业抱团发展，推动产业转型升级。

【建筑产业人才培养】 2018年，围绕"东派民居"营造技艺以及装配式、BIM技术等新型产业需求，以校企合作方式成立木作实训中心。全年开展建筑技工培训10余期，参加培训的各工种技工3000余人。组织开展"三类人员"（建筑施工企业主要负责人、项目负责人和专职安全生产管理人员）计算机网络考试，13069人次参加考试；"三类人员"延期继续教育培训2265人次。组织建设领域现场专业人员（七大员）计算机网络考试，11850人次参加考试。

【安全生产】 2018年，市建管局完善工程建设管理体制，创新工程安全管理措施，落实工程安全管理主体责任，建筑工程安全生产运行总体平稳。监督在建工程167个（2017年度结转工程29个，2018年新受监项目138个），监督面积（不含拆除工程）620万平方米（2017年结转面积215万平方米，2018年新受监面积405万平方米），安全监督覆盖率100%。组织各类综合和专项检查5次，发出隐患整改通知单138份，依据《建设工程安全生产管理条例》《浙江省建筑施工安全监督管理办法》对36项工程、70家单位和个人进行立案调查。全年有11个项目获金华市建筑施工安全文明标准化工地、5个项目获省建筑施工安全文明标准化工地称号。

【建筑业产业结构】 2018年，申报资质企业83家，至年末，总数达451家。天祥建设集团股份有限公司晋升为国家特级建筑总承包企业，全市特级企业数量列全国县级市第一位。东阳江城建设集团有限公司、浙江凯瑞建设工程有限公司晋升为房屋建筑总承包一级资质企业。28家企业增加市政、公路、水利等专业承包资质。中天建设集团有限公司、浙江海天建设集团有限公司、天祥建设集团股份有限公司、广宏建设集团有限公司等企业在房地产、建材生产、投融资等领域实现横向拓展。

【业务合作】 2018年，市建管局与中国建筑集团有限公司、中国铁路工程集团有限公司、内蒙古水务投资集团有限公司等大型央企国企开展业务对接，市内多家建筑企业与中国中铁六局集团有限公司在广东、湖南等省进行业务合作。

【首家全资国有建筑企业落地】 2018年，市建管局和江北街道共同引进内蒙古水务投资集团有限公司，全资收购东阳市1家暂停运营的一级建筑企业（浙江万家建设有限公司），更名为"蒙晟建设有限公司"，蒙晟建设有限公司是东阳市首家全国资的一级建筑企业。

【建材采购平台建立】 2018年5月，东阳建筑供应链服务有限公司成立。注册资本7091万元，为国有控股企业。其中，市政府出资3971万元，占总股本的56%；建筑产业发展联盟企业出资3120万元，占总股本的44%。至年末，东阳建筑供应链服务有限公司为12家联盟企业提供建材采购配送服务，建筑企业采购钢材成本每吨降低50～150元。

【建筑业招商和"营改增"】 2018年，东阳市招引新建筑业企业162家，资

2018年8月10日，全市建筑业工作暨建筑业招商和“营改增”工作推进会在市行政中心召开（市建管局提供）

质落地企业158家，增加纳税企业102家，招商税收超10亿元。全市18个镇乡街道完成年初市委、市政府提出的目标任务，7个镇乡街道招商总税收超5000万元，2个镇乡街道超亿元，7个镇乡街道实现招商税收翻番。

【建筑业“店小二”服务中心完善】 2018年，建筑业“店小二”服务中心完善“一站式办理、一条龙服务”工作模式，“店小二”窗口即办件办结时限提速50%以上。开展建筑企业防范互保联保金融风险工作，在建筑业“店小二”服务中心成立建筑房产企业帮扶办公室，帮助涉险企业化解危机。设在“店小二”服务中心的公检法机构完善联动服务机制，市公安局建筑业犯罪侦查中心受理建筑类案件21起，立案17起，查处12起，约谈47人次；市人民检察院建筑业检察事务中心对移送的建筑类案件批准逮捕5起，提起公诉8起；市人民法院建筑业巡回法庭审结案件1573件，调撤1134件，为企业挽回经济损失32.85亿元。

【建筑企业表彰】 2018年2月27日，市政府召开全市建筑业工作会议，对2017年度建企航母、建筑业龙头企业、境外施工企业示范奖、建筑业十强企业、建筑业十强专业企业、建筑业招商回归十强企业、建筑业先进集体进行表彰。

东阳市建筑企业表彰情况一览表

表28

荣誉名称	建筑企业名称
建企航母	中天建设集团有限公司、海天建设集团有限公司、浙江省东阳第三建筑工程有限公司、歌山建设集团有限公司
建筑业龙头企业	广厦建设集团有限责任公司、浙江新东阳建设集团有限公司、广宏建设集团有限公司、浙江华厦建设集团有限公司、天祥建设集团股份有限公司、浙江横店建筑工程有限公司、浙江花园建设集团有限公司、东阳江城建设集团有限公司、浙江中艺建设有限公司、浙江金立建设有限公司、浙江小九天建设集团有限公司、东阳市泰安建筑劳务有限公司、浙江东阳建工集团有限公司、浙江中垚建设有限公司、浙江东匠建设有限公司
境外施工企业示范奖	浙江省东阳第三建筑工程有限公司
建筑业十强企业	浙江省东阳市江南建设有限公司、浙江宏成建设集团有限公司、浙江君傲建设有限公司、利越集团有限公司、浙江省东阳市市政环境工程有限公司、长庚环境建设有限公司、浙江东驰钢结构有限公司、浙江省东阳木雕古建园林工程有限公司、东阳市顺风交通设施有限公司、东阳市晨辉建筑劳务有限公司
建筑业十强专业企业	浙江佳和建设有限公司、浙江金顺路桥建设有限公司、东阳市中驰生态建设有限公司、东阳市文物建筑修缮有限公司、广厦东阳古建园林工程有限公司、东阳市横店市政建设工程有限公司、浙江宏信建设有限公司、浙江立昂市政园林建设有限公司、浙江森威监理有限公司、晨阳建设集团有限公司

续表28

荣誉名称	建筑企业名称
建筑业招商回归十强企业	东阳江城建设集团有限公司、东阳市晨辉建筑劳务有限公司、东阳市泰安建筑劳务有限公司、东阳市开衢建筑劳务有限公司、东阳市天和工程咨询有限公司、东阳市众人建筑劳务有限公司、东阳市津东建筑劳务有限公司、浙江省东阳市一帆建筑劳务有限公司、东阳市港安建筑劳务有限公司、东阳市特安建筑劳务有限公司
建筑业先进集体	东阳市港安建筑劳务有限公司、浙江省东阳市汇隆建筑劳务有限公司、浙江金鲁建设有限公司、浙江省东阳市华东暖通设备有限公司、东阳市特安建筑劳务有限公司、东阳市浩荣建筑劳务有限公司等81家企业

（许　杭）

建筑企业选介

·中天建设集团有限公司·

【概况】　2018年，中天建设集团有限公司（简称中天建设集团）竣工面积超2700万平方米，承接业务超1100亿元，业务超100亿元的4家（中天七建、中天三建、中天五建、中天二建）；80亿～100亿元的2家（中天四建、中天九建）；70亿～80亿元的2家（中天六建、天津公司）。中天建设集团列中国承包商80强第8位。创中国建设工程“鲁班奖”1项（杭州阿里中心支付宝大楼），全国绿色施工示范工程3项，全国施工安全生产标准化建设工地4项，省级优质工程43项，省级文明工地155项，省级新技术示范工程20项，省级绿色施工示范工程14项。中天建设集团获东阳市2018年度铁路项目建设“先进单位”称号。

【“鲁班奖”工程】　2018年12月6日，中天二建承建的杭州阿里中心支付宝大楼入选中国2018～2019年度第一批“鲁班奖”项目。杭州阿里中心支付宝大楼位于杭州市西湖区，是一

2018年中天建设集团承建的重点工程一览表

表29

序号	单位名称	工程名称	结构层数	合同造价（万元）	建筑面积（平方米）	说　明
1	中天一建	义乌市国内公路港物流中心一期配套综合楼工程	框架 −2～15层	43349	150025	大体量物流中心
2	中天二建	合肥市第一人民医院门急诊住院综合楼工程	剪力墙 −3～24层	41083	95000	三甲医院，合肥市重点工程
3	中天三建	昆山东部医疗中心门诊医技楼、病房楼、行政教学楼、科研楼、后勤楼、传染楼、地下室等工程	框剪 −2～19层	68662	237253	三甲医院，昆山市重点民生工程
4	中天四建	永丰项目120、132、162地块总承包工程	剪力墙 −3～11层	44860	308327	万科总对总集采项目，绿色建筑；被动房
5	中天五建	洋县华阳创建AAAAA级景区建设项目	—	40886	99700	陕西旅游重点发展区域，国家AAAA级景区
6	中天六建	华中科技大学同济医学院附属协和医院金银湖协和医院施工总承包	框架 −2～7层	83763	156800	施工总承包，大体量医院
7	中天九建	郑州华润新时代广场项目一期总包工程	框剪 −3～33层	64989	319166	大体量综合体
8	中天城轨	杭州地铁7号线SG7-2土建施工	—	50993	一站三区间	省重点工程

续表29

序号	单位名称	工程名称	结构层数	合同造价（万元）	建筑面积（平方米）	说明
9	中天城轨	杭州地铁3号线SG3-6标	—	106582	—	省重点工程
10	中天城轨	杭州地铁3号线SG3-13标	—	42222	—	省重点工程
11	PPP事业部	杭州市西湖区社会福利中心二期PPP项目	框架-1~5层	13790	25510	杭州首个财政部PPP财政库养老项目
12	PPP事业部	庆元县兰溪桥水库扩建工程PPP项目	—	158909	—	大型水利工程
合计				760087	1391782	—

栋建筑平面近似于Z字形的现代化商务办公楼。总建筑面积124992平方米，地上九层（局部八层）为商务办公，地上建筑面积84830平方米，建筑高度39.4米；地下二层为车库及人防工程，地下建筑面积40162平方米。工程造价6.35亿元。工程于2013年11月21日开工建设，2017年3月31日竣工验收，2017年7月25日竣工备案。

【3项浙江省建设科研项目通过验收】 2018年10月18日，由浙江大学、同济大学等单位的5名专家组成验收组，对中天建设集团有限公司天津公司承担的“框筒结构装配式外挂板施工技术”、中天建设集团有限公司第六建设公司承担的“三维可视化技术交底系统研发”、技术发展部承担的“基于BIM（建筑信息模型）技术的综合支吊架集成布置系统研发”3项省级科研项目进行验收。验收组认定3项科研项目均完成申报的研究目标和内容，同意通过验收。

“框筒结构装配式外挂板施工技术”项目组根据高层建筑主体结构与装配式外墙挂板同步吊装施工的要求，自主设计壁式悬臂吊机，解决重型构件的同步吊装技术难题，形成PC外挂板施工作业方法。“三维可视化技术交底系统研发”项目组对传统施工技术交底存在的不足，开发基于Unity3D（综合型开发工具）引擎面向房建工程施工技术交底的三维可视化交底系统框架，形成三维技术交底系统。“基于BIM技术的综合支吊架集成布置系统研发”项目组基于BIM平台，设计开发设备安装工程支吊架集成布置系统。

【绿地广场（郑州会展宾馆）入选“改革开放40年百项经典工程”】 2018年11月28日，中国建筑业协会发布“改革开放40年百项经典工程”名单，中天建设集团承建的绿地广场（郑州会展宾馆）入选。郑州会展宾馆位于郑州市郑东新区CBD的中心，总建筑面积238725.63平方米，建筑总高度280米，地上60层，地下3层，框架核芯筒结构。该工程在施工中应用建设部建筑业十项新技术（2005版）10大项中36小项；总结形成省级工法3项，获国家级QC成果1项，省市级QC成果8项，国家实用新型专利1项，被评为河南省建筑业新技术信用示范工程和河南省建筑业绿色施工示范工程。项目获2014～2015年度中国建设工程“鲁班奖”。

（张乐源）

·海天建设集团有限公司·

【概况】 2018年，海天建设集团有限公司（简称海天建设集团）完成营业

入选“改革开放40年百项经典工程”的绿地广场（郑州会展宾馆）

（中天建设集团提供）

收入168亿元，总资产超百亿元，新承接业务240亿元。海天建设集团获省级优质工程7项，省级文明工地7项，省级新技术示范工程2项，国家级QC成果二等奖2项，省级QC一等奖8项，获国家实用新型专利3项（葛金道、胡伟权等人的“外墙陶板竖向插销式安装结构”，葛金道、王粤河等人的“外墙陶板女儿墙压顶节点结构”，胡新锋、王小燕等人的“高位大块玻璃安装装置”），省级工法3项（孟青、回中兴、吕杨等人的“建筑工程大截面梁混凝土分层浇筑施工工法”，回中兴、孟青、赵亮等人的“建筑工程悬挑脚手架架体防护系统施工工法”，孟青、回中兴、赵亮等人的“建筑工程新型模板支撑体系施工工法”）。6月21日，2018年度上海市金山区建设工程质量、安全综合创优观摩会在海天建设集团上海公司承建的枫泾镇H3H4地块商品房项目部召开。

海天建设集团获“中国民营企业500强”“浙江省百强企业”“浙江省守合同重信用AAA企业”等称号。

【市场开辟】 2018年，海天建设集团开辟7个地(市)级市场，新开辟市场承接业务36亿元，完成建安产值13.2亿元。单项合同额超5亿元的项目有19项。新签投融资项目15项。开辟泰国市场，承建泰国芭提雅市体育中心项目，造价16亿泰铢，承建彭世洛人民医院门诊中心大楼，造价6.16亿泰铢。

2018年海天建设集团承建的重点工程一览表

表30

序号	项目名称	合同造价（万元）	建筑面积（平方米）
1	颍上县人民东路下元棚改区建设工程项目	112713.18	587226.38
2	良渚新城小洋坝农居点一期项目地块	80010.34	234340.00
3	磁安康养小镇居住配套项目设计、采购、施工总承包(EPC)项目	55897.00	275319.52
4	中海城南公馆A地块二标段	23945.10	156000.00
5	西宁康美华府项目	79170.15	351670.00
6	灵璧县建设南路南延、钟灵大道东延、三山路EPC项目	27000.00	—
7	杭政储出(2017)23号地块住宅项目	68355.36	228373.50
8	奉新县文化艺术中心及东湖公园、九天阁等道路建设工程	45000.00	39000.00
9	伊宁县轻纺产业区家纺服装园二期区块-PPP项目	42904.60	149118.06
10	江滨香格里花园六期项目	43287.20	158370.50

2018年海天建设集团优质工程项目一览表

表31

序号	工程名称	荣誉称号	表彰单位	表彰时间
1	富华大厦	陕西省优质结构	陕西省建筑业协会	2018年2月
2	青浦区香花桥街道E-04-01地块项目5号楼	上海市优质工程	上海市建筑业施工行业协会	2018年3月
3	青浦区香花桥街道E-04-06地块项目22号楼	上海市建设工程白玉兰奖	上海市建筑业施工行业协会	2018年8月
4	青浦区香花桥街道E-04-06地块项目26号楼	上海市建设工程白玉兰奖	上海市建筑业施工行业协会	2018年8月

（吴凯乐）

·广厦建设集团有限责任公司·

【概况】 2018年,广厦建设集团有限责任公司(简称广厦建设集团)下辖山西、天津、西安、江西、贵州、安徽等30余家分公司,总资产174余亿元,净资产74余亿元,完成建筑业总产值150余亿元。有各类经济、工程和技术人员7000余人,中高级职称人员2000余人。3月,广厦建设集团被浙江省建筑业行业协会评为“2017年度浙江省先进建筑业企业”。7月,广厦建设集团被浙江省工商行政管理局评为“浙江省AAA级守合同重信用企业”。

7月,广厦建设集团承建的金华市婺城区第二人民医院迁建工程项目(一期)获2018年度浙江省建设工程“钱江杯”奖(优质工程)。贵州省安顺市西秀区2016年西山、太平片区城市棚户区改造建设项目被贵州省住房和城乡建设厅授予“2018年贵州省建筑安全文明施工样板工地”称号。江苏省南京市鼓楼区河西公共服务中心工程项目获“江苏省优质结构工程”“江苏省建筑施工标准化文明示范工地”称号。

8月29日,江苏省副省长樊金龙,南京市鼓楼区区委书记、区长等到广厦建设集团承建的南京市鼓楼区河西公共服务中心项目视察。樊金龙对河西公共服务中心项目的工程质量、安全文明、环境保护及项目管理情况表示肯定。

【现场观摩会】 2018年6月13日,由山西省临汾市住房保障城乡建设管理局组织的临汾市建筑施工围挡现场观摩会在广厦建设集团山西公司恒大悦龙台项目部召开,临汾市建设、安监、执法、城建等单位及全市施工、建设、监理等单位相关人员参加观摩会。6月25日,贵州省安顺市城镇建筑工地扬尘治理、工程质量标准化管理、项目安全标准化建设现场观摩会在广厦建设集团承建的安顺市中华西路棚户区改造四号地块召开,安顺市各县(区)住建局、市安监站、市质监站、市属各建筑施工企业及有关单位200余人参加。6月30日,绿城管理集团“全国工地开放日”(第五季)西安站在西安市灞桥区绿城新兴·玉园举行,该项目由新兴方舟(西安)房地产开发有限公司投资,绿城管理集团代建,广厦建设集团西安公司承建。开放日期间,项目部向业主、客户、合作伙伴、媒体等社会各界展示广厦建设集团项目现场工地情况。12月4日,由国家电网公司组织的“小型基建项目现场交流推进会”在广厦建设集团承建的浙江省余杭区智能电网产业基地举行,全国各省市区电网系统的基建骨干代表近120人参加。

(蔡　莉)

·浙江新东阳建设集团有限公司·

【概况】 2018年,浙江新东阳建设集团有限公司(简称新东阳建设集团)完成建安产值87.11亿元,承接业务123项,合同金额103.17亿元。与恒大、碧桂园、中梁地产等10余家国内大型房地产开发商合作,扩大业务规模,开辟陕西榆林、甘肃陇南、安徽宣城等8省10地市的业务承接基地。7月26日,新东阳建设集团承接东阳市商业区块室内装修项目,由新东阳建设集团鑫盛装饰公司施工,地点位于东阳市总部中心,建筑面积13574平方米。9月21日,由新东阳建设集团承建的东阳市中医院迁建工程项目举行开工仪式,项目总用地面积7.89公顷,床位数600张,总投资4.7亿元,工程建设周期5年,拟于2022年建成交付使用。全年获国家发明专利2项(柴玉明、黄惠等人的“一种建筑工程用模板支撑梁装

2018年广厦建设集团工程获奖情况一览表

表32

序号	工程名称	奖项	表彰单位	表彰时间
1	沈阳广厦绿园二期13-14号楼	辽宁省建设工程优质结构	辽宁省建筑业协会	2018年1月
2	太原恒大御景湾1号、2号楼,独立商业1号、12号、13号、16号、17号、18号楼	山西省建筑安全标准化优良工地	山西省建设工程安全监督管理总站	2018年1月
3	金华市婺城区第二人民医院迁建工程项目(一期)	浙江省建筑安全文明施工标准化工地	浙江省建筑业管理局	2018年3月
4	恒景园(恒大帝景)1-4号楼、10号楼	天津市建设工程优质结构	天津市建筑业协会	2018年3月
5	天津宁河御景半岛地块二B区三标段3号、11-13号楼	天津市建设工程优质结构	天津市建筑业协会	2018年3月
6	永安实验学校	江苏省优质工程奖“扬子杯”	江苏省住房和城乡建设厅	2018年4月
7	金华市婺城区第二人民医院迁建工程项目(一期)	浙江省建筑业新技术示范工程	浙江省住建厅	2018年7月

续表32

序号	工程名称	奖项	表彰单位	表彰时间
8	金华市婺城区第二人民医院迁建工程项目(一期)	浙江省建设工程“钱江杯”奖(优质工程)	浙江省建筑业行业协会、浙江省工程建设质量管理协会	2018年8月
9	恒大御景湾23号楼(地块五)	山西省优质结构工程	山西省建设工程质量监督管理	2018年8月

置”,谢武金、马晨磊等人的“一种喷射混凝土施工装置”)。

新东阳建设集团获“浙江省先进建筑业企业”“浙江省工商企业信用AAA级守合同重信用单位”“金华市建筑业诚信企业”“金华市先进建筑业企业”等称号。由新东阳建设集团承建的沛县盛世珑庭住宅小区5号、6号楼获徐州市“古彭杯”优质工程奖;万雅国际商贸城2-2号楼、5号楼获安阳市优质结构工程;海东平安区全民健身体育中心、广达数码城、保集湖海塘、金华市东市街文化创意园、天麟金水湾获市建筑施工安全文明标准化工地;2月,枣庄4号楼获2018年山东省优质结构奖。

【年度承建重点工程】 2018年1月16日,新东阳建设集团承建公建项目——南雄12万平方米危旧房改造工程,该项目系政府重点工程,建筑面积12.76万平方米,中标价2.54亿元。全年完成主体结构6.3万平方米,其中4-1号楼、4-2号楼、6-1号楼、6-2号楼、7-1号楼、7-2号楼结顶。

【应急救援演练现场会举行】 2018年6月27日,广东省南雄市2018年建筑施工“安全生产月”活动暨住建系统生产安全事故应急救援演练现场会在新东阳建设集团第五建设公司承建的南雄左岸府项目部举行,召集施工单位、监理单位等200余人参加观摩活动。现场进行消防、触电、脚手架坍塌3项演练,演练结束后参观在建项目。

(全锦超)

·天祥建设集团股份有限公司·

【概况】 2018年,天祥建设集团股份有限公司(简称天祥建设集团)在建施工面积900万平方米,在建项目64个,年产值51亿元。拥有国家建筑工程施工总承包特级资质,以房屋建筑、装饰装修、市政工程为主要经营业务。拥有5家全资子公司、1家控股子公司、2家参股公司和6个区域公司。有员工3万余人,其中管理团队1600余人、工程技术人员600余人、教授级高级工程师3人、高级工程师等职称36人,一级建筑师、一级建造师、一级结构师等各类注册工程师80余人。2月15日,东阳市建筑业工作会议在市行政中心召开,天祥建设集团获东阳市“龙头企业”称号,董事长胡刚锋获“发展杰出人才”称号。11月,住房和城乡建设部颁发建筑业企业资质证书及工程设计资质证书,天祥建设集团获建筑工程施工总承包特级资质和工程设计建筑行业(建筑工程、人防工程)甲级资质。

天祥建设集团成立于1998年6月,具备房屋建筑工程总承包特级资质、建筑行业工程设计甲级以及7项专业资质。2017年1月20日,天祥建设集团在“新三板”挂牌。公司合作模式为直营和股份制(项目经理或项目团队以入股的方式进行承包,公司占主导权,项目经理或项目团队可占有10%~49%的股权)。在国内形成以广州、南宁、西安、合肥、湖南、云南等省和中心城市为主的区域市场,经营地域覆盖国内20余个城市、自治区。天祥建设集团多次被市政府授予“重合同、守信用企

2018年天祥建设集团优质工程奖名单一览表

表33

序号	工程名称	获奖名称	表彰单位	表彰时间
1	保利曲江春天花园二期二标段14号楼	2017年度陕西省建筑业绿色施工示范工程	陕西省建筑业协会	2018年1月
2	天誉花园5号地块小学	南宁市2017年建设工程“邕城杯”奖	南宁市建筑业联合会	2018年1月
3	保利双水磨小区地块四17号、19号楼	2017年度(下半年)西安市建筑优质结构工程奖	西安建筑协会	2018年2月
4	保利曲江春天花园二期二标段9号、11号、14号楼	西安市建筑业绿色施工示范(创建)工程	西安市建筑节能协会	2018年6月
5	保利曲江春天花园二期二标段9号	2018年度(上半年)西安市建筑优质结构工程奖	西安市建筑业协会	2018年8月

续表33

序号	工程名称	获奖名称	表彰单位	表彰时间
6	天誉南宁东盟创客城一组团1-6、1-7、1-15号楼	2018年广西建筑工程优质结构奖	广西建筑业联合会	2018年11月
7	天誉花园6组1号楼及地下室	2018年广西建筑工程优质结构奖	广西建筑业联合会	2018年11月

业”“建筑业龙头企业”称号，工程项目合格率100%。天祥建设集团与中国保利集团有限公司、万科企业股份有限公司、碧桂园集团、中国奥园地产集团股份有限公司等开发商建立战略合作伙伴关系，承建优质工程。公司房屋建筑业务涵盖住宅、商场、酒店、办公楼、旅游景区、展览馆等各形态建筑。承建广州威座大厦、赫基大厦、嘉裕酒店、奥园国际中心等多座170米以上的超高层建筑；承建合肥保利东郡花园、天誉花园等总建筑面积超60万平方米的大型住宅体。创建保利威座大厦、西安保利梧桐语、保利曲江春天花园等9项国家级、省级建筑业示范工程；创建天誉花园、大唐盛世、珠海马戏城等12项省优质工程；创建天誉半岛、百信广场、合肥保利香槟国际等28项市优质工程。承包洲头咀高级住宅项目、长隆马戏酒店、保利洲际酒店、保利成都皇冠假日酒店等装饰装修工程。承建海陵岛十里银滩西区建设项目三号、四号路工程，37省道改造工程二期等市政工程。

推广“四新”(新技术、新材料、新设备、新工艺)和建设部的十项新技术的应用，形成研发、招标、采购、施工、服务体系。拥有国家级、省级工法8项，实用新型专利29件、发明专利4件，其中控股子公司容联科技申请国家专利34件，19件获专利授权。联合容柏生建筑结构事务所成立广州容联建筑科技有限公司(天祥控股)，研究开发免模装配一体化钢筋混凝土结构工业化体系(PI体系)成套技术。

【保利·天悦DK3/5一标段项目】2018年，在保利2018年第三次第三方过程评估中(全国有389个标段参与，考核内容包括实测实量、安全文明、质量风险施工)，由天祥三建承建的保利·天悦DK3/5一标段项目获全国住宅类项目综合排名第二，其中标段实测获全国排名第一。该项目位于西安市经五路以西、科技五路以南，代征路以北、以东，总建筑面积206435.78平方米，地上34层，地下2层，钢筋混凝土框架结构，钢筋混凝土剪力墙结构。

【考察交流】2018年12月6日，由朝鲜柳京总会社社长李明日、陈氏兄弟集团董事长陈晓峰、陈氏兄弟集团总裁陈晓晨等组成的考察团到天祥建设集团考察，集团副总裁江青华从行业情况、PI优势、研发成果、落地情况、政策优势等方面向考察团介绍PI体系成套技术的科技成果，介绍容联科技的背景优势和研发能力。考察团对PI装配式建筑体系表示肯定。

(楼列伟)

房地产管理

【概况】2018年，东阳市完成存量房房屋网签4624宗，面积98万平方米；完成商品房网上备案10086套，面积126万平方米；完成商品房预查封、预解封1514套；发放租赁证27份；完成商品房预测成果备案审核27宗，建筑面积232万平方米；出具查档证明470份；出具涉及房改证明188份。联合东阳市房地产业协会对东阳市房地产经纪机构进行培训、考试，给考试合格人员发放经纪人从业证。完成49家房地产经纪机构的审核备案工作，在《东阳日报》进行公示。

【住房保障】2018年2月，东阳市公共租赁住房一期项目主体工程竣工并通过验收；室外附属工程4月开工，10月竣工并通过验收。年末，基本完成项目各项分类验收工作，进行整体综合验收。开展小区主入口道路建设前期工作，完成发改立项工作。全市增加公共租赁住房申请家庭72户，接收市民政局审核完毕的档案76户。5月，完成第一批家庭实物配租24户；发放货币租赁补贴1.2万元。清退不符合住户48户，收取房租130余万元。

【第二次城镇既有住宅排查】2018年，市住建局(市房管处)开展第二次城镇既有住宅大排查工作。制订第二次城镇既有住宅排查工作方案，派工作人员到杭州市进行排查培训，完成对市体育局、市交通局、市卫计局、市民宗局、市民政局、市教育局等相关单位和各街道办事处的培训工作，17人参与培训。培训后由街道安排人员排查辖区内住宅房屋结构安全情况，由各单位排查自身房屋结构安全情况。至年末，排查并录入到浙江省城镇房屋安全信息系统6096套。

【住房安全管理】2018年，市住建局(市房管处)开展公共租赁住房、直管公房安全隐患排查工作，排查公房渗水、开关损坏、门窗破损等问题，定期排查消防灭火器和消防水带的状态情况，向住户宣传消防安全知识。针对降水、大风等恶劣天气，市房管处通过短信平台统一发送信息5次，每次发送500余条，向公租房住户提示天气变化。

【物业管理】2018年6月20日，市住建局(市房管处)联合消防大队组织

2018年6月20日，市住建局（市房管处）联合消防大队组织召开东阳市物业服务企业消防安全知识培训会 （市房管处提供）

召开东阳市物业服务企业消防安全知识培训会。对东阳市39个物业服务小区消防安全检查17次，督促物业服务企业对安全隐患进行整改。组织人员对173个住宅小区（高层、地下建筑）、2个老旧小区的消防安全隐患进行检查，发出整改通知单，并进行回访，跟踪安全隐患的整改工作。督促全市物业服务小区开展全国文明城市创建工作；完成18个小区业主大会召开及业主委员会成立登记备案工作；完成32个物业服务公司、102个小区物业管理合同备案工作；配合相关街道、社区参与8个小区的物业权益纠纷调解工作；配合指导街道、社区开展15个小区业主大会召开及业委会选举工作。拨付专项维修基金43宗，金额205.72万元；退还保修金2宗，金额74.7万元。

【白蚁防治】 2018年，市住建局（市房管处）完成白蚁预防项目政府服务的招投标工作；白蚁旧房灭治接待85宗，新建房屋白蚁预防受理22宗，结算75宗，出具新建房屋白蚁预防证明书15份。

（杜　俊）

住房公积金管理

【概况】 2018年，东阳市住房公积金业务指标实现年初目标，浙江政务服务网"互联网+政务服务"住房公积金管理29项服务项目中，除省住建厅认定不适宜网办的5项外，其他24项实现全程网办，网办率80%以上；17项民生事项中，有12项实现"一证通办"，占全部事项的70%以上。10月，成立"住房公积金综合服务区"，引进四大银行进驻，形成"一站式"办结体系。金华市住房公积金管理中心东阳分中心获"东阳市行政服务中心2018年度先进窗口""2018年度金华市住房公积金管理机构工作目标考核优秀单位"称号。

【住房公积金归集与支取】 2018年，东阳市增加开户单位330家，增加缴存职工11015人，实缴净增8441人，归集9.00亿元，比上年增长18.82%；全市支取住房公积金85896人，支取5.74亿元，比上年增长18.60%。至年末，全市住房公积金开户67324人，其中实际缴存54864人（活跃人数50874人）、封存16450人。

【住房公积金贷款发放】 2018年，东阳市增加与17个楼盘建立住房公积金贷款合作业务；增加浙江东阳农村商业银行股份有限公司为贷款合作银行，开设住房公积金委托贷款账户；向1064户家庭发放贷款4.52亿元；收回贷款484户，收回本金2.78亿元；本息回收率100%；个人住房公积金存贷比为94.35%，比上年下降5.69%。

【公积金政策调整】 自2018年1月起，公积金贷款额度与公积金账户余额挂钩，由公积金账户余额的20倍调整至10倍。自2月起，实施《金华市港澳台同胞住房公积金缴存使用实施办法》，港澳台同胞在大陆就业与大陆居民在公积金政策上拥有同等待遇。

自6月1日起，实施新的《金华市住房公积金个人住房贷款办法》。贷款对象由东阳市范围内改为全国范围内的住房公积金缴存人。贷款期限调整为：二手住房及新建商品住房的"不动产权证书"12个月（含）内；房屋已结顶及已支付规定比例的首付款，购买在建住房，签订买卖合同24个月（含）内；建造、翻建住房，大修住房需领取规划部门的批文12个月（含）内。最长贷款期限为30年，男性不超过65周岁，女性不超过60周岁。按公积金贷款月还款额不超过家庭月收入的60%，家庭月收入按夫妻双方的公积金缴存基数或收入证明认定。

6月12日，东阳市住房公积金贷款实施二手房组合贷款政策，即满足公积金贷款条件的公积金缴存人，购买二手房现房且已领取不动产权证一年内，可以申请公积金组合贷款。自6月28日起，除不得向拥有二套房以上的职工发放贷款外，也不得向办理过两次以上公积金贷款的职工发放住房公积金贷款。自7月1日起，实施高层次人才住房公积金优惠政策。

（任妙旦）

商贸

综述

【概况】 2018年，市委、市政府制定《关于促进商务经济高质量发展的若干政策意见》《东阳市促进开放型经济发展专项资金实施细则》。委托浙江现代商贸发展研究院编制《东阳市商贸服务业规划纲要（2018－2020年）》。市商务局制定《东阳市促进外贸出口稳定增长的补充细则》。加强对商贸服务业项目和小微企业的培育扶持；支持电商平台建设、农产品上行、电商专业村和服务站建设；培育外贸综合服务企业和有效出口主体，鼓励开展国际服务贸易；支持外经企业投保海外投资保险。开展商贸统计工作。组织参加首届中国国际进口博览会，市商务局获首届中国国际进口博览会成绩突出集体称号。开展安全生产大检查，出动人员345人次，检查企业167家次；59个加油站点完成地下油罐更新改造。

【商贸服务业】 2018年，东阳市社会消费品零售总额280.18亿元，比上年增长1.24%，其中限额以上企业社会消费品零售总额63.58亿元，比上年下降8.12%，列金华市第二位；批发业销售额530.53亿元，比上年增长13.24%；零售业销售额650.62亿元，比上年增长57.39%；住宿业营业额10.86亿元，比上年增长16.77%；餐饮业营业额39.98亿元，比上年增长12.08%。举办第十届休闲购物节、首届中国（东阳）夏凉枕头小件产品博览会暨全国席品交易会。全年举办各类展会32场，总成交额30.28亿元，比上年增长137.5%。完成挂牌股权交易中心企业34家，完成股改工作企业3家。受理单用途预付卡相关投诉789起，成功处理686起，转交其他途径处理103起。

【电子商务】 2018年，东阳市完成网络零售额114.48亿元，比上年增长25.53%。邮政跨境电商小包邮件收寄量176.7万件，比上年增长50.25%，其中"一带一路"国家国际小包占27.47%。使用一达通外贸综合服务平台企业504家，代理出口累计1804.48万美元，阿里巴巴国际站企业用户306家，为企业提供电商培训37场，参与人数1300余人次。建成11个电子商务专业村，完成率列金华市第一位。斯村、金马村、夏屠村、怀鲁村被新认定为"淘宝村"，全市"淘宝村"达到10个。新建"天猫优品"服务站10家、农商银行"丰收驿站"60家。"邮乐购"累计建设站点596个，代购笔数15364笔，实现批销额1660.45万元。京东商城"中国特产·东阳馆"上线10个产品，累计上线产品50个，是金华市唯一一家"京东好店"特产馆。

【对外贸易】 2018年，全市外贸进出口总额207.31亿元，比上年增长4.59%。其中，出口额190.17亿元，比上年增长5.43%；进口额17.15亿元，比上年下降3.83%。国际服务贸易进出口总额47.2亿元，列金华市第二位。增加备案外贸企业144家，全市备案外贸企业数量1360家。2018年春秋两季中国进出口商品交易会参展企业109家，展位170个，参展代表600余人，累计成交金额约3865万美元。2018年中国华东进出口商品交易会参展企业14家，参展代表80余人。宣传推介"义新欧"班列品牌，对接联系浙江紫东供应链管理有限公司，动员企业组织货源参与"义新欧"班列。

【对外经济合作】 2018年，全市完成对外承包工程营业额3亿美元，占金华市对外承包工程营业额的92.3%。中方在外劳务人员1897人，雇佣项目所在国劳务人员2425人，雇佣第三国劳务人员1512人。新设境外公司2家、办事机构2家，增资2家，中方对外直接投资备案额462万美元。承办金华市对外承包工程业务培训，组织企业参加省对外承包工程业务培训、省"一带一路"论坛、省企业境外投资培训、央企浙企项目对接会等活动，参加企业38家次，累计培训88人次。增加2家有对外承包工程实绩企业（东阳市中筑建设有限公司、浙江海天建设集团有限公司），有对外承包工程实绩企业总数6家；拓展1个对外承包工程项目国（非洲贝宁共和国），对外承包工程项目国总数8个。妥善处理对外承包工程企业6起境外劳务纠纷。

【首届中国（东阳）夏凉枕头小件产品博览会暨全国席品交易会】 2018年3月6日，由省会展行业协

2018年3月6日，首届中国（东阳）夏凉枕头小件产品博览会暨全国席品交易会在南马镇东湖村开幕 （胡扬辉/摄）

会、市商务局、南马镇人民政府主办的为期6天的首届中国（东阳）夏凉枕头小件产品博览会暨全国席品交易会（简称枕博会）在南马镇东湖村开幕。枕博会现场面积1.2万平方米，国内16个省市地区的200余家企业参展，参展商品包括草席、童席、童车凉席、枕头小件等。枕博会期间，东湖村接待国内外参观者、客户2万余人次，博览会成交额2.7亿元，其中国外采购商成交额近500万元。

【影视文创对外交流】 2018年5月，市商务局组织华谊兄弟传媒股份有限公司、浙江唐德影视股份有限公司、新丽传媒股份有限公司等企业参加中国（北京）国际服务贸易交易会；6月，组织东阳正午阳光影视有限公司、横店影视制作有限公司等企业参加夏纳（杭州）电视节；9月，组织陆光正大师工作室到英国伦敦参加“百分百设计展”；10月，组织东阳欢娱影视文化有限公司、欢瑞世纪（东阳）影视传媒有限公司等5家企业参加法国戛纳（浙江）影视展；11月，组织东阳市陈国华木雕工艺品有限公司、东阳市王向东木雕工作室参加浙江（美国）文创展，组织东阳嗨乐影视娱乐有限公司参加新加坡影视展。

【电子商务创业创新大赛】 2018年6月15日，市商务局与市人社局、团市委、东阳日报社等单位共同举办的“东阳市第三届青年创业大赛暨电子商务创新创业大赛”在浙江广厦建设职业技术学院举行。收到参赛项目202个，参赛项目涉及文化创意、节能环保、科技通信、互联网、种养殖、农产品加工、APP研发、乡村旅游、居家养老等领域。全市初选出159个参赛项目，经过初赛，确定20个项目参加决赛。评选出一等奖（“香榧油冷榨工艺创新及其市场营销”项目）1人，奖励2万元；二等奖2人，各奖励1万元；三等奖3人，各奖励8000元；优胜奖6人，各奖励5000元；鼓励奖8人，各奖励2000元。结合东阳市产业特色和决赛情况，推荐“蜜旅”“演家”“振作东方红木O2O”等6个项目参加金华市第二届电子商务创业创新大赛。7月10日，“演家”项目参加金华市第二届电子商务创业创新大赛决赛，获初创组二等奖，入围“之江创客”2018年全球电子商务双创大赛半决赛。

【贸易摩擦应对】 2018年9月，金华市贸促会协助东阳市相关企业向美国贸易代表办公室（USTR）提交公众评审意见，帮助3家企业的部分产品从美国2000亿美元征税清单中移除。其中，2家对美国出口企业的“对氯三氟甲苯”产品获得全部豁免，1家对美国出口企业的“沙滩椅和折叠椅”产品获得部分豁免，以上豁免产品2018年对美出口额近5000万美元。

（吕港港）

供销合作

【概况】 2018年，东阳市供销合作总社实现总经营收入29.7亿元，实现利

2018年6月15日，第三届青年创业大赛暨电子商务创新创业大赛在浙江广厦建设职业技术学院举行 （李 磊/摄）

润4083万元，消化企业改制费用111万元，上缴财政税收1685万元。企业所有者权益25691万元，资产总额5.6亿元，固定资产原值15294万元，固定资产净值7424万元；市属公司产业活动单位324个，基层供销社经营网点113个，在职员工1485人。全市9家基层供销社在年末落实新一轮经营责任制，收缴承包款1707万元（到期部分），比上年增加399万元，增幅约30%。

市供销合作总社辖属专业公司9家（方圆农资连锁总公司、日用工业品总公司、废旧物资总公司、土特产果菜总公司、方圆石油化工有限公司、方圆医药有限公司、方圆大药房连锁有限公司、东阳市供销电子商务有限公司、东阳市西园供销有限公司）；仓储企业1家（义乌转运站），9月签订征迁补偿协议，10月关停；中等专科学校1家（市供销学校）；基层供销社9家（吴宁供销社、黄田畈供销社、六石供销社、巍山供销社、虎鹿供销社、湖溪供销社、横店供销社、千祥供销社、南马供销社）。市供销总社内设办公室、人事政工科、财务资产管理科、监察审计科、合作经济指导科5个职能科室，有机关干部15人、方圆集团工作人员11人，实际有工作人员26人。

由供销社牵头创办的农民专业合作社47家，其中5家获国家级示范性农民专业合作社称号，5家获省级示范性农民专业合作社称号；获绿色产品证书5个和无公害产品、产地证书15个；创办服务综合体9家、村级综合服务社76家。

【方圆农资】 2018年，东阳市方圆农资连锁总公司位于人民路90号，公司注册资本500万元，在册员工40人，下设行政办公室、财务部、化肥部、农药农膜部、市场管理服务部、仓储部、回收部和配送中心，有农资连锁店97家和加盟连锁店1家。全年完成销售收入4964万元，销售化肥1.47万吨、农药965吨、农膜507吨，实现利润231万元。

方圆农资连锁总公司筹备资金1300余万元，购进和落实可供优质化肥15000吨、农药620吨、农膜350吨。获政府惠农采购招标有机肥5000吨、复合肥900吨。至年末，配送有机肥2000吨、复合肥700吨；通过全市93个废弃包装物回收点回收各类农药废弃包装物456万余件，回收重量62.6吨并全部处置，支付回收额70万元。全年举办新产品订货会、产品使用现场观摩会10余场，引进化肥新产品20余个、农药新产品20余个。开展各类农技培训8场，300余人参训，为农户微信诊断配方200余次，送农资科技下乡发放资料2000余份，解答农民提问数百次。3月，完成下属97家农资连锁店营业执照变更工作。至年末，符合标准的方圆农资连锁总公司及下属57家农资连锁店通过市农业局审核，完成农药经营许可换证工作。完成农资大楼一楼18间营业房和77家农资连锁店的新一轮责任制落实，收缴承包款、管理费112万元。

【方圆医药】 2018年，方圆医药有限公司全年完成销售额8178万元，实现利润125万元。公司有员工71人，有各类专业技术人员20人，其中药学类技术人员15人。

因人事变动，方圆医药有限公司变更企业法定代表人、企业负责人和质量负责人。7月，省药品监管部门到公司开展为期3天的突击GSP飞行检查，认可公司药品质量管理体系和日常管理工作。8月，与“中华老字号”制药企业——云南腾药启动战略合作。开展门店中药饮片经营专项整治。对经营中药饮片的66家门店的购进情况进行检查，发现各类缺陷项目10余项，责令3家门店改正违规行为。11月，首次开展非药品统采统配工作，推出将近900个品规的产品，收到60余万元的订单。

【方圆石化】 2018年，东阳市方圆石油化工有限公司下辖具备经营汽油、柴油、煤油、润滑油的分支机构（加油站）8个，具备经营柴油、煤油、润滑油的分支机构（加油点）4个，分布在东嵊线、东磐线、东永线及乡镇公路边。全年销售总额11022万元，销量成品油12431吨，其中汽油销量7511吨、柴油4920吨（直销配送柴油2198吨）。实现利润1997万元，上缴税金599万元。公司关注价格市场信息，合理把握库存，通过多轮价格上调给企业直接创造增值利润100余万元。

方圆石油化工有限公司推进公司加油站点的双层油罐改造工程建设，至年末，公司所有加油站点全部完成改造任务，总投资500万元。6个直营加油站增设电子显示屏，对李宅、巍山、徐宅3个加油站增设路牌广告，对殿口、双桐2个加油站路牌广告进行更新，对李宅、湖溪、殿口3个加油站雨棚进行加宽改造及更换广告牌。根据李宅加油站的成品油消费量，更换四枪加油机1台。

【废旧物资】 2018年，50家网点全年再生资源回收量52371吨，其中废金属25661吨、废纸25063吨、废塑料1599吨、其他废旧物资48吨。与安徽德丰公司合作共同参与东阳市垃圾分类和再生资源回收体系建设，湖溪镇农村生活垃圾回收运营正常，全年完成再生资源回收量2208吨，兜底回收量204吨，其中有毒有害物回收量2.46吨。佐村镇14个村级再生资源回收网点启用；虎鹿镇、马宅镇、三单乡的兑换超市门面完成装修，积分兑换账户开通；南马镇标准化分拣中心试运行，横店镇分拣中心场址完成签约。全年德丰（东阳）公司再生资源回收量16872吨，其中湖溪回收物资总量2208吨、城西分拣中心回收物资总量5544吨、江北分拣中心回收物资总量9120吨。浙中再生塑料集散加工中心有租赁企业24家，全年完成9幢厂房的招投标工作。

【防汛物资储备情况】 2018年，市供销总社下辖8个物资储备点，储备和供应应急救灾物资等。全年储备防汛麻袋10100个、编织袋25274个、1.5米木桩760根、3米木桩100根、彩条布10件2000平方米、手套420双、安全帽160个、救生衣200件、抛绳268条、铁锹175把、锄头89把、大榔头13

把、救生圈50个、雨鞋141双、雨衣111件、手电筒179个、便携式工作灯16只、汽车防滑链20付。

【烟花爆竹批发业务】 2018年,日用工业品公司配合市政府做好烟花爆竹全市禁放工作(自2018年3月20日起实施)。公司从1月5日起停止进货,1月26日开始盘点核实库存,采用折价处理、退回厂家和调剂到外市批发公司等多种方式开展处置工作。2月13日至3月3日,组织车辆和人员为全市烟花爆竹零售店进行库存货物相互调剂和退换服务,最大限度减少市场库存量。3月15日,公司库存烟花全部处置完成。

【蚕桑业务】 2018年,土特产果菜总公司实现蚕丝被销售额30.1万元,实现经营利润8.53万元。制定《土特产果菜总公司蚕丝被经营责任制考核办法》。5月、10月,开展蚕宝宝现场示范饲养和免费领养活动;9月末、11月,以"东舒牌"蚕丝被销售展示厅开业四周年和公司获金华市2017年度诚信企业称号为契机,策划和开展感恩回馈和酬宾活动。10月至11月,组织公司员工赴磐安县协作单位和永康特产公司参观学习。

【职业教育】 2018年,市供销学校全年有入学新生368人,招生人数创纪录。学校与东阳大厦签订校企合作协议,在卢家湾大酒店建立学生实训基地,并举办首届校园招聘会,26家企业提供100余个实习岗位。高二年级260名学生参加东阳市人力资源与社会保障局组织的餐台服务、计算机办公应用、银钱结算3项技能考试,通过率100%。修订《学生管理制度》,开展文明学生、文明班级评比等文明创建活动。

【供销电商】 2018年,市供销电子商务公司组织农村电子商务培训3期420人、品茶员培训1期80人、退伍军人创业培训2期89人、家政服务类培训1期55人。春节期间销售农产品礼盒364份,累计销售额20万元。12月26日,在杭州之江饭店对面地段,租用40平方米,设立东阳市农产品展示与销售窗口。

【"农合联"体系建设】 2018年,全市组建7家镇级农民合作经济组织联合会(简称农合联),总会员数395人,业务经营范围涵盖中药材、茶叶、粮食、蔬菜瓜果、香榧等农业主导产业。巍山镇农合联有会员57人(团体会员47人,个人会员10人);虎鹿镇农合联有会员60人(团体会员34人,个人会员26人);六石街道农合联有会员62人(团体会员53人,个人会员9人);画水镇农合联有会员52人(团体会员47人,个人会员5人);东阳江镇农合联有会员50人(团体会员42人,个人会员8人);佐村镇农合联有会员64人(团体会员58人,个人会员6人);三单乡农合联有会员50人(团体会员45人,个人会员5人)。完善农合联架构,成立农合联千祥镇、南马镇和城东街道3家办事处,吸收各类会员92人。

【供销大厦项目结顶】 2018年,市供销综合大楼工程位于吴宁西路以南、新南路以西、乐园路以北,总用地面积7316.71平方米,总建筑面积44582平方米,地下2层,地上16层。7月,五层裙楼封顶;11月,工程主体结顶;12月,完成电梯招投标并签订合同。至年末,完成投资额7000万元。

(王江峰)

粮食流通

【概况】 2018年,全市粮食供需平衡,粮食价格稳定,粮食流通规范有序,粮食经济稳步发展。年中完成收储企业机构调整,东阳市粮食收储总公司增设资产管理部,下属单位上周中心粮库从巍山分公司划出,内设办公室、财务部、业务部、资产管理部,下设卢宅分公司、巍山分公司、横店分公司和直属上周中心粮库;领导和中层岗位进行竞聘上岗;经市人力社保局公开招聘合同制职工6人。市内收购政策性粮食(订单内)22534吨,比上年增长19.71%,其中订单收购早籼谷17194吨(含代省收购9000吨)、订单收购晚籼谷5115吨、订单收购小麦234吨;省储早籼谷轮出3793吨,补库9000吨,补库后调拨至衢州储备库4000吨。至年末,省储粮规模17000吨,跟年初相比规模增加1207吨。市储粮轮出总计21910吨,分别是早籼谷6338吨、小麦10500吨、杂交谷5072吨。以上轮出数量分别由早籼谷8194吨、小麦8644吨、杂交谷5072吨补入。轮换后市储粮品种结构发生变化,储备规模(按省下达储备任务44200吨)不变。全年销售粮食42289吨,国有粮食收储企业经营收入9991.94万元,实现利润15.08万元。

2018年11月,市供销综合大楼结顶 (王江峰/摄)

【产前服务惠农扶农】 2018年3月，市粮食局开展“五送”(送政策、送订单、送农技、送信息、送资金)惠农服务活动，组织粮食系统干部职工22人次到农村调研粮食生产种植情况，走访种粮大户和粮食专业合作社，宣传粮食收购政策，发布粮食产销信息。春耕前与229户种粮大户签订早稻谷订单收购合同18593吨，落实早稻订单种植面积3098.87公顷。建立农户订单粮食种植信息档案库，为农户办理支付售粮款银行“一卡通”。为13户种植规模大、信誉好的种粮大户发放粮食收购定金143万元。

【订单收购准备】 2018年，夏粮收购期间，市粮食局从局机关抽调14名工作人员组成3个工作组到收粮一线帮助企业解决问题。粮食收储企业安排67名企业干部职工在5个粮食收购点收粮，实现粮食质检、过磅、入库、结算“一站式”收购服务；粮站全程机械化，节省劳力提高效率；各收粮点悬挂宣传横幅8条、张贴标语16条；售粮款通过储蓄银行“一卡通”支付；为售粮农民安排休息区，备好茶水和防暑药品等。

【储备体系和应急体系完善】 2018年，市粮食局采取储备粮规模管理、按期轮换、提升储粮安全水平等措施完善粮食储备体系；根据储备粮管理规定，及时制订储备粮轮换计划。代储中储粮小麦到期出库17459吨；轮换省级储备粮3793吨、市级储备粮21910吨；全年拍卖市级储备轮出粮食21910吨(早籼谷6338吨、小麦10500吨，晚籼谷5072吨)。加强对粮油市场的监测和信息采集工作，确保14家粮食经营单位维持粮食必要库存量，保证26个应急供应点、1家应急加工企业的4个加工点、380吨成品粮储备和相应运输能力落实到位。

【粮食收购价格和政府奖励】 2018年，订单早籼谷收购价格参照省级订单早稻收购价格，按每50千克123元的价格执行(国标中等质量)；储备小麦(国标中等以上)按每50千克125元收购，订单晚籼谷收购价格按每50千克(国标中等质量)143元(含补贴)的价格进行收购。订单早籼谷政府奖励标准：种粮大户、粮食专业合作社社员每投售50千克订单早籼谷奖励30元，每亩最高奖励240元。订单外早籼谷(国标中等质量)，按每50千克123元的最低收购价格进行保护性收购，不享受政府奖励。订单早籼谷收购执行时间至8月31日，订单外早籼谷最低收购价执行时间至9月5日。

【粮食流通监管】 2018年，市粮食局落实《粮食流通管理条例》等粮食法规，监测和监管粮油市场。全年按“双随机一公开”原则对粮食储存、加工、流通各环节进行行政执法检查55人次，形成检查记录和反馈整改意见，指导经营户建好粮食统计台账。做好粮食行业协会的指导工作，规范从业人员行为，提高服务意识和质量意识，推进“放心粮油”工程。重视军粮供应工作，更新供应的粮油品种，提升服务质量，定期走访驻军部队，主动征求意见和建议。

【订单收购早稻谷】 2018年7月17日，早稻谷开秤收购。至8月31日，收购订单早稻谷17194吨，比上年增加1194吨，增长7.46%，订单早稻谷收购量连续5年(2013年至2017年的收购量分别为7288吨、9798吨、10531吨、15051吨和16000吨)增长。兑付粮食订单收购政府奖励金1307.02万元，其中省级奖励399.62万元、市级奖励907.40万元。

【爱粮节粮宣传】 2018年10月16日，市粮食局在市中心黉门广场举行“世界粮食日”爱粮节粮宣传活动，现场解答粮油质量、营养健康、粮油储存等方面的问题，发放粮食安全宣教系列图书100册，全国爱粮节粮宣传册、爱粮节粮倡议书、科学储粮知识问答等宣传资料400余份，优惠供应部分粮油。组织粮食安全大走访、大调研活动，走访调研5户种粮大户、1家用粮单位，向种粮大户宣传推广粮食品质测报和质量监测知识。利用“政务公开”《市民问政》《行风热线》“8890”便民服务平台等宣传粮食政策，解答关注热点问题。

【粮库扩建改造】 2018年，市粮食局开展市中心粮库三期工程建设，利用市中心粮库现有场地扩建5幢平房仓，建筑面积6724平方米，计仓容2.50万吨，加上相应的仓储配套设施，总投资2649万元，年末竣工。“粮安工程”(实施粮食收储、供应安全保

2018年8月2日，市粮食收储有限公司上周中心粮库早籼谷入库

(包康轩/摄)

障工程)危仓老库维修改造工程启动,全年完成仓库气密性改造项目15个。粮库信息化一期工程完成验收;投资340万元,完成粮库信息化二期工程;改造千祥镇、六石街道、南马镇泉府村、湖溪镇等集镇所在地的5个粮站。

【粮食安全责任制】 2018年,市粮食局根据省、金华市粮食安全责任制考核方案,协助政府分析和梳理部门工作中存在的问题,分解落实各部门和各镇乡街道的工作任务,通过完善考核机制、细化考核内容、强化考核目标等工作措施,促进粮食工作分级负责机制的形成,推动各项保障粮食安全措施落实。粮食安全责任制考核在全市形成制度化、系统化、长效化的粮食工作行政首长负责机制。2016~2018年连续3年获金华市政府颁发的"粮食安全责任制考核优秀单位"称号。

(陈俊艳)

烟草专卖

【概况】 2018年,东阳市烟草专卖局(分公司)卷烟批发销量37270.35箱,比上年增长0.01%;含税销售额15.99亿元,比上年增长6.20%;单箱销售额4.29万元,比上年增长6.19%。缴纳地方税收14325.37万元,比上年增长15.01%。10月1日,卷烟零售许可实行"一窗受理、集成服务"。被金华市烟草专卖局(公司)授予"卷烟营销特别贡献奖""专卖管理特别贡献奖"。3月15日,市烟草专卖局(分公司)在全市开展打击假冒、消费维权专项活动,为消费者讲解如何鉴别真假烟。

【案件查处】 2018年,市烟草专卖局(分公司)查获各类违法案件424起,比上年增长49.82%;查获违法卷烟823.64件,比上年增长40.04%;涉案物品价值822.97万元,比上年增长55.74%。其中,真烟564.12件,比上年增长48.42%;假私烟259.52件,比上年增长24.72%。经营办理网络案14起,侦破一级国标网络案1起,二级国标网络案2起,抓获涉案人员35人,追刑24人。

【烟草专卖零售许可证】 2018年,市烟草专卖局(分公司)受理烟草专卖零售许可证新办申请986户,与上年基本持平。其中,准予许可946户,不予许可40户。延续1284户,比上年增长48.61%;注销583户,比上年增长32.5%。至年末,辖区持证户4889户,比上年增加164户。

【第一起一级国标网络案】 2018年4月,"2017·08·23"本地销假网络案被浙江省烟草专卖局批复为一级国标网络案,其为市烟草专卖局(分公司)破获的第一起一级国标网络案。该案涵盖运输、购进、仓储、销售4个环节。执法部门在金华市、义乌市等地捣毁假私卷烟窝点7个,查获涉案假私卷烟5400余条,抓获涉案人员10人,总涉案金额1050万元。

【卷烟零售客户自律互助小组】 2018年8月,卷烟零售客户成立自律互助小组,至年末,成立252个,3162家零售客户参加,签订《卷烟零售客户自律公约条例》,投票选举小组组长和副组长,推进规范经营和终端建设。

【授牌游客消费推荐店】 2018年5月,市烟草专卖局(分公司)向首批横店镇11家游客卷烟消费推荐店的零售户发放统一标识牌,卷烟消费推荐店承诺明码标价、诚信经营,提升横店旅游市场卷烟销售终端形象。

(张 玲)

2018年3月15日,市烟草专卖局(分公司)工作人员在为消费者讲解如何鉴别真假烟 (市烟草专卖局提供)

盐业专营

【概况】 2018年,东阳市盐业分公司调整盐类销售品种结构,推广雪涛澳洲海盐、绿海多品种盐、蓝海星高附加值盐等多品种盐品。小包装碘盐、工业用盐销量因体制改革因素比上年下降。全年购进各类盐产品3633.42吨,销售3612.38吨,比上年4659.04吨减少1046.66吨,其中口食小包装碘盐销售1506.4吨,比上年2183.64吨减少677.24吨。销售澳洲海盐819吨,实现利润23.3万元。因周边县市销售市场冲击,导致小包装碘盐销量未能提高;由于印染企业经营困难,导致工业漂染用盐销售量减少。

【盐业品市场竞争】 2018年,进入东阳市销售的省外盐业企业有20余家,其中多家企业在东阳市设立分公司。销售食用盐品种70个,以低端盐为主。另有高端全系产品进入商场超市、学校食堂等,冲击全市食用盐销售市场。

(龚 俏)

石油经营

【概况】 2018年，全市销售汽油、柴油2大类成品油271982.07吨，其中汽油192483.70吨、柴油79498.37吨。中国石化销售有限公司浙江东阳石油支公司(简称东阳石油)销售汽油、柴油2大类成品油194615.85吨，其中汽油132756.2吨、柴油61859.65吨，占全市经营量的71.55%。(中石化歌山与怀鲁高速公路加油站销售经营量不列入东阳市经贸部门数字统计)。东阳市巨樟中石化加油有限公司被评为东阳市“小巨人企业”和“十佳商贸服务企业”;中石化东阳石油支公司经理王锐被评为东阳市“十佳商贸服务企业优秀经营者”。

【油价调整】 2018年，国内油价经历25次调整。10月20日，调整油价最高，0号柴油7.62元/升，92号汽油7.95元/升，95号汽油8.46元/升，98号汽油9.27元/升。12月29日，调整油价最低，0号柴油6.04元/升，92号汽油6.42元/升，95号汽油6.83元/升，98号汽油7.48元/升。

【企业管理】 2018年，东阳石油下属4家管理公司合并为2家，双提升(提高工作效率，提高员工收入)工作取得成效。对加油站进行防渗改造，在安全环保基础上提升加油站整体形象。8月，中石化东阳石油支公司开始销售天然气。花园加油站完成原地改扩建，9月30日重新营业。开展加油站业务操作员理论知识培训以及防盗防抢、消防应急预案实战演练，开展业务操作员技能鉴定，提高员工整体素质。加强加油站数质量管理工作，把好进销存各环节关口，实行专车专运、专罐专用，定期开展加油机计量鉴定，确保每一滴油质量合格。签订HSSE(健康、安全、保障、环境管理体系的简称)管理责任书，落实安全生产责任制，开展环保评价与审批办理。配合政府相关部门开展成品油市场整治行动。

【加油站分布】 2018年，全市在营加油站(含加油点)66座，其中东阳石油加油站33座、高速公路加油站4座、中石油加油站6座、方圆石化加油站9座、社会加油站点14座。东阳石油拥有大寺下成品油配送库1座，是东阳唯一的一家批发单位。东阳石油拥有IC卡联调站31座，站级发卡点和充值点27个，98号高标号汽油业务站17个。

(刘欢珍)

2018年6月，东阳市某加油站组织员工开展消防实战演练

(市石油公司提供)

旅 游

综 述

【概况】 2018年,东阳市接待游客2565.02万人次,比上年增长15.20%;旅游收入230.87亿元,比上年增长19.82%。乡村旅游接待游客429万人次。推进东阳江、南江、白溪江、柽溪江两岸的18个文旅项目建设,文化旅游项目、精品村、特色村连点成线,融合生态廊道建设与乡村旅游。虎鹿镇省级旅游风情小镇、马宅镇雅坑村和湖溪镇象田村省级老年旅游养生示范基地完成申报。木雕小镇通过国家AAA级旅游景区质量评估。11月,东阳市众旅旅游有限公司晋级为浙江省三星级品质旅行社。12月,东阳市和美酒店晋升为浙江省银鼎级特色文化主题饭店。年内注册成立东阳市云美旅行社有限公司和东阳易去旅行社有限公司。至年末,全市有国家AAAA级及以上景区5家,旅行社17家,星级饭店12家。

【全域旅游发展】 2018年3月,市政府印发《东阳市全域旅游发展总体规划(2016—2030)》。完成《落鹤—社姆山风景名胜区总体规划》报批,省政府下文批准实施。将智慧旅游平台建设纳入"智慧东阳"建设总体规划,10月末,建成形成省、市、县之间的高速数据通道。

4月,市委、市政府印发《关于进一步加快旅游全域化发展的若干意见》《关于扶持民宿发展的若干意见(试行)》,市财政局拨出1000万元作为奖励补助资金,鼓励民宿旅游发展。湖溪镇象田村、横店镇联盟村和官桥村初步形成民宿集聚村。指导培育横店庆兰民宿、东阳江镇天山村云海客栈为上等级精品民宿。印发《东阳市创建国家、省全域旅游示范市任务分解表》。5月18日,召开东阳市推动文化优势转化为发展优势暨全域旅游发展动员大会。

【国家A级景区村庄建设】 2018年,东阳市结合《关于深化农业供给侧结构性改革加快农业农村转型发展的实施意见》的工作要求,开展省级A级景区村庄建设。建立市、镇、村三级联创机制,举办"创A"培训班,邀请4个专业团队到各个村进行业务指导。至年末,相关村庄通过验收,创建A级景区村庄40个(目标任务34个),其中省级AAA级景区村庄7个、省级AA级景区村庄20个。

【江滨景观带提升工程】 2018年,江滨景观带植入"江畔梨园""童趣学堂""荷塘乐吧""民乐广场""声乐舞台""艺苑作坊"等文化业态;江滨景观带及迎宾大道业态提升规划编制启动,规划预计到2020年完成江滨景观带文化旅游提升工程。

【夜游东阳项目】 2018年3月30日,市十五届政府第二十四次常务会议决定启动夜游东阳首期项目(东阳江城区段,东起学士大桥,西至中山大桥)。市文旅办推进游船画舫投放、码头建设、茶室建设等项目,市文旅投资

2018年东阳市国家AAAA级及以上景区一览表

表34

名 称	地 址	等 级
横店影视城	横店镇	AAAAA
明清民居博览城	横店镇康庄南街188号	AAAA
华夏文化园	横店镇华夏大道566号	AAAA
东阳中国木雕城	东阳市世贸大道188号	AAAA
花园村	南马镇花园村	AAAA

2018年东阳市旅行社一览表

表35

名 称	地 址	星 级
东阳市中国旅行社有限公司	东阳市环城北路140号	四星
横店影视城国际旅行社有限公司	东阳市横店镇迎宾大道111号	四星
东阳市广厦旅行社有限公司	东阳市人民路儿童公园	三星
东阳市春秋旅游有限公司	东阳市东针路10-1号	三星
东阳市康嘉旅游有限公司	东阳市黉门前29号二楼	三星
东阳市欣兴旅游有限公司	东阳市金玉巷100号	三星
东阳市旅游有限公司	东阳市和平路16号	三星
东阳市中青国际旅游有限公司	东阳市吴宁街道吉祥路10号	三星
东阳市交通旅游有限公司	东阳市兴平东路500号	三星
东阳市花园旅行社有限公司	东阳市花园工业区花园大道3号	三星
东阳市青年旅行社有限公司	东阳市环城北路127号吉祥路口	—
东阳市望之旅旅行社有限公司	东阳市树德路175—2号	—
东阳市途趣旅游有限公司	东阳市人民185号6楼	—
东阳市畅游旅行社有限公司	东阳市吴宁东路176号安达楼下	—
东阳市众旅旅游有限公司	东阳市人民路119号西大门北侧	三星
东阳市云美旅行社有限公司	东阳市广福东街1号聚才楼302室	—
东阳易去旅行社有限公司	东阳市江北街道茗田社区高园下村103幢	—

2018年东阳市星级旅游饭店一览表

表36

名 称	地 址	星 级
东阳世贸君澜大酒店	东阳市世贸大道190号	五星
横店集团东磁股份有限公司东磁大厦	横店工业区	四星
横店国际会议中心大酒店有限公司	横店工业区	四星
东阳市华厦大酒店有限公司	南市路359号	四星
东阳市花园大厦有限公司	南马镇花园工业区	四星
东阳市横店影视城国贸大厦有限公司	横店镇康庄南路18号	四星
东阳市丰景嘉丽大酒店	横店镇康庄南路186号	四星
东阳市五洲大酒店有限公司	双岘路36号	三星
东阳国际大酒店有限公司	望江路20号	三星
东阳市嘉华大酒店有限公司	人民路199号	三星
横店影视城影星酒店有限公司	横店镇医学路77号	三星
横店影视城旅游大厦有限公司	横店镇万盛街1号	三星

发展有限公司投资1000万元。6月,“歌山号”“画水号”游船画舫到位,7月中旬试营业,8月18日正式开业。至年末,接待游客1万余人次。10月,推出自开船业务,有自开船30艘。

【旅游厕所建设】 2018年是东阳市“厕所革命”三年行动计划的第二年,推进“厕所革命”,把旅游厕所建设与省级A级景区村庄建设有机结合,聘请专业团队对厕所进行设计,建造符合当地特色的厕所。至年末,新建改建旅游厕所85座,超额完成年度目标。创建AAA级旅游厕所9座,总数列金华市第一位。

【精品民宿建设】 2018年,东阳市发挥乡村资源优势,推进民宿建设。4月,市委、市政府制定《关于扶持民宿发展的若干意见》,通过奖补的方法发展民宿。市文旅办与北京首旅寒舍集团联系,签订《关于东阳市“首旅寒舍”民宿项目合作框架协议》,解决民宿创建中遇到的问题和困难,落实0.33公顷建设用地指标。至年末,全市有民宿170家、客房1737间、床位3612张。其中,民宿集聚村3个(湖溪镇象田村、横店镇官桥村、横店镇联盟村),省金级民宿1个(横店庆兰民宿),省银级民宿3个(横店衡逸阁民宿、巍山镇行云山居民宿、横店花涧民宿)。

【产业融合示范基地建设】 2018年,东阳市将旅游与产业融合,开发新的旅游项目。江北良子农庄以“渔业休闲”为特色,实现休闲与旅游的融合,被评为“浙江省省级休闲渔业精品示范基地”。恒森中药养生园以地道“浙中八味”中药材标准种植为特色,创新形成“中药养生+康体旅游”模式,被评为“省中医药养生旅游示范基地”,是全市首个省级中医药文化养生旅游示范基地。

(申屠徐超)

旅游宣传促销

【概况】 2018年,东阳市文旅办与私家车107、FM100.2频道签订合同,开展广播宣传,开发自驾游客户;与浙江省教育电视台合作,拍摄旅游专题片,湖溪镇、东阳江镇、虎鹿镇、三单乡等旅游专题节目在浙江电视台公共新闻频道《旅游快车》栏目播出;与移动公司合作,以群发短信的形式精准营销,每天向潜在游客发送最新东阳旅游资讯,全年发送短信近100万条。8月2日,从长沙黄花国际机场飞往横店的载着百余人的旅游专机起飞,启动“湖南首趟包机游横店”活动。该次包机游横店活动由市文旅办、横店影视城和厦门航空携手开展,是首个以横店为核心目的地的包机游产品。

【东阳义乌“双城游”推介活动】 2018年10月15～21日,市文旅办与义乌市旅游与会展管理委员会共同推出“双城游”活动。联合横店影视城在河南省洛阳市、陕西省西安市开展主题为“东阳影视木雕·义乌购物美食游”的宣传推介活动。推介会采用“现场推介+剧院促销宣传+观影广告宣传”的院线推介形式,在洛阳市和西安市市区商业经济圈内的横店电影城进行6场专题推介,其中洛阳市1场、西安市5场。推介会后,在影院片头广告、当地主流媒体、线上门户网站等进行持续一周的宣传。

【旅游促销活动】 2018年,市文旅办组织旅游企业参加金华旅游产品发布会、2018“乡约浙中·畅游金华”系列活动,“粤享浙里”诗画浙江广东推介活动,第十五届上海世界旅游博览会、第十届中国国际旅游商品博览会、“畅游金华”平台发布会及金华旅游(上海)社区推广活动,2018宁波国际旅游展、2018中国国际旅游交易会等活动,推广宣传东阳“木雕之都·影视名城”的旅游形象。

【乡村旅游节】 2018年3月23日,在湖溪镇象田村策划组织2018“歌山画水·梦归田园”东阳市春季乡村休闲旅游节开幕式暨“醉美花田·人文湖溪”旅游产品新闻发布会;6月15日,在虎鹿镇蔡宅村举办2018“歌山画水·梦归田园”东阳市夏季乡村休闲旅游节开幕式暨“隐趣小镇·风情虎鹿”旅游产品新闻发布会;9月30日,在城东街道李宅村举办首届“中国农民丰收节”系列活动——东阳市秋季乡村旅游节开幕式。各镇乡街道组织开展乡村休闲旅游节庆活动20余场。

(申屠徐超)

2018年10月15～21日,“东阳·义乌 影视木雕·购物美食游”宣传推介活动

(市旅游局提供)

2018年6月20日,东阳市旅游行业法律法规知识竞赛比赛现场

(市旅游局提供)

旅游行业管理

【旅游技能竞赛】 2018年4月,市文旅办组织东阳代表队参加金华市首届乡村旅游美食节,获团体三等奖。6月20日,东阳市旅游行业法律法规知识竞赛在浙江横店影视职业学院举行,来自东阳市旅游行业主管部门、旅游企业和旅游院校的24名参赛选手组成8支代表队参加比赛,东阳市旅游局代表队获团体二等奖;12月11日,组织参加金华市"清风之旅"家风家训主题知识竞赛,东阳代表队获团体三等奖。

【文明旅游】 2018年7月13日,市文旅办组织开展旅游行业"我为创建文明城市做什么"大讨论活动和文明旅游培训;8月14日,组织"歌山画水东阳行·文明旅游我先行"暨"文明旅游随手拍"主题活动,成立东阳市旅游志愿服务队,开展旅游志愿服务公益活动。

【旅游安全和市场秩序监管】 2018年,市文旅办和各旅游企业签订《旅游安全目标管理责任书》,制定《东阳市旅游行业落实全员安全生产责任制实施方案》,预防和减少旅游安全事故,确保责任落实到位。7月13日、11月30日,组织开展全市旅游系统消防安全培训及消防安全演练。12月中旬,金华市旅游局、市文旅办主办全市旅游行业反恐应急演练。全年开展旅游安全检查17次,出动检查人员69人次,检查企业83家次,其中与市公安局、市消防大队、市市场监督管理局等部门联合检查7次,排查安全隐患并限期整改。全年受理旅游投诉84件,结案率100%。全年无重大旅游投诉和涉旅安全事故发生。

(申屠徐超)

东白山生态旅游

【概况】 2018年,东白山省级旅游度假区管委会(简称东白山管委会)推进东白山度假区建设,理顺度假区管理体制机制,完善系列规划编制,协调处置矛盾纠纷,谋划重点项目前期工作,开展招商洽谈,做好景区基础管理,推进宣传推介。东白山度假区全年接待游客约47.58万人次,比上年增长32%。

【东白山开发建设领导小组成立】 2018年1月20日,市委、市政府组织召开东白山开发建设领导小组第一次会议,成立由市委书记、市长担任组长,市委副书记担任常务副组长的东白山开发建设领导小组,人大、政府、政协的分管领导担任副组长,成员由东白山管委会、虎鹿镇、巍山镇、市农业局等相关单位和乡镇组成,领导小组下设办公室,负责日常工作的组织协调。根据领导小组会议研究意见,市委书记、市长每季度主持召开一次领导小组会议,市委副书记每月主持召开一次工作例会。

【系列规划修订完善】 按照2018年1月17日、4月20日东白山开发建设领导小组第一次、第二次会议研究意见,东白山管委会联系对接相关编制单位,做好系列规划修改完善,完成《东白山综合旅游开发项目》审批稿及项目环评报告的编制工作。根据东白山综合旅游开发项目可行性报告环评工作需要,从6月开始启动东白山度假区环评报告、污水外引处理方案的编制工作,完成初稿的编制工作。

【矛盾纠纷协调处置】 2018年4月20日,东白山开发建设领导小组第二次会议召开,研究部署东白山开发建设有关事项。市委副书记李宝春分别于4月26日、5月16日召开东白山开发建设协调会、东白山开发建设推进会,研究部署东白山山林资源集体权属关系、坟墓搬迁、历史遗留问题等矛盾纠纷集中调处工作,成立由副市长黄阳明担任组长、市政协副主席张卫伟任副组长的东白山专项矛盾纠纷集中处置领导小组,每周召开工作例会。东白山管委会联合市农业局和所在镇乡对排查梳理出来的28个矛盾纠纷和隐性问题进行调查、研究、梳理、处置,完成对所有矛盾纠纷隐患的资料整理建档和9项矛盾纠纷集中排查处置工作,其余矛盾纠纷会同相关单位与利益相关方协调沟通,研究制订处置方案。

【重点项目前期工作】 2018年,东白山管委会开展太白峰道文化建筑群、中华道文化博览馆、东白山庄等重点项目的立项、可行性研究、土地政策处理等前期准备工作。联合市国土局做好东白山项目土地空间指标对接工作，完成度假区核心区、南大门、西大门1:500地形图测绘、套图等相关工作，开展项目地质灾害和压覆矿调查、林地征占用手续审批办理工作。重点项目一期所需空间指标和土地指标全部统筹保障落实，按要求完成用地报批所需资料的上报工作；联合市建设局、市发改局、市环保局做好项目前期准备工作，完成重大产业项目可行性研究报告初稿，同步开展项目环评报告编制等相关工作。

【项目招商洽谈】 2018年，东白山管委会按照市委、市政府决策部署开展招商工作。7月，与无锡灵山文化旅游集团有限公司（简称灵山文旅集团）开展东白山项目合作洽谈，市委、市政府多次召开座谈会对东白山项目进行对接洽谈。7～10月，灵山文旅集团多次到东白山进行实地考察。9月，灵山文旅集团派规划设计工作人员对主要建设项目选址确认。12月10日，根据双方洽谈达成的意向，市委召集市发改局、市国土局、市农业局、市林业局、市环保局、虎鹿镇政府等相关单位召开东白山项目土地报批相关事项协调会，部署落实土地报批相关事项。

【规范基础性管理】 2018年，东白山管委会加强度假区规范化管理工作，完善核心区警务室、监控三期、放马坞临时厕所、临时摊位区、供水系统、景区LED显示屏、标识标牌等配套设施建设，实现度假区垃圾清运常规化，制定和实施保安定时定点巡逻制度，在清明节、五一劳动节、端午节、中秋节等节假日和暑期周末安排工作人员上山值班。在七夕庙会（8月16～20日）、国庆节长假期间，联合市公安局、市交通局、市卫计局、市行政执法局、市农业局、市林业局、虎鹿镇政府、红十字救援队等单位开展安保工作。投入58万元实施核心区域春秋季绿化工作和东白山茶场水库荒地生态修复，种植柳杉、云杉、冷杉、映山红等苗木1.26万株，绿化面积约4万平方米。加强指导区内企业生态修复工作，督促相关企业做好该项工作。

【旅游宣传推介】 2018年，东白山管委会委托东阳日报有限公司新媒体中心运营管理"东阳东白山"微信公众号及官方微博账号，定期更新推送东白山旅游资讯。开设《传奇东白山》专栏，推出东白山文史相关内容，在七夕节、中秋节等传统节庆期间，联合东阳日报社举办"秀恩爱""中秋晒团圆照"等主题活动，其间"东阳东白山"微信公众号增加1.8万关注量。结合全市推出的乡村四季休闲旅游节，联合巍山镇、虎鹿镇、市长跑协会、市登山协会等乡镇及协会举办蔡宅端午乡村休闲旅游节、大爽古山道越野赛、东白山LSD（长距离慢跑）拉练活动、重阳东白山登山活动等系列活动。

【东白茶开采节开幕】 2018年4月12日，由市政府主办，市农办、市农业局、东白山管委会、市文旅办、虎鹿镇人民政府承办的东阳市首届东白茶开采节在东白山天池之畔开幕。各地茶企业主、茶学专家、茶文化团体代表与茶爱好者以香烛礼乐之仪，祭拜中国茶神陆羽。开幕式上安排东白茶品尝、茶舞表演、体验采茶等活动。东阳市有茶园3200公顷，是列入受国家龙井茶原产地保护的18个县市区之一。"东白茶"被评为浙江省名牌产品，"东白"牌被评为浙江省著名商标。

（曹刚平）

2018年4月12日，"会稽之巅 名茶归来"2018东白茶开采节在东白山天池举行

（东白山管委会提供）

影视管理

【概况】 2018年,浙江省横店影视文化产业实验区(简称实验区)入区企业实现营业收入268.24亿元,比上年增长17.58%;上缴总税费26.21亿元,比上年增长8.74%;增加企业231家,入区企业累计1215家;增加工作室89家,入区工作室累计684家。4月24日,省委、省政府印发《关于加快推进横店影视文化产业发展的若干意见》,提出在实验区基础上设立横店影视文化产业集聚区。东阳正午阳光影视有限公司的《大江大河》、横店影视制作有限公司制作的《面向大海》、东阳市乐视花儿影视文化有限公司的《北京人纽约客》等8部电视剧入选"2018～2022百部重点电视剧选题规划"。千乘影视股份有限公司的《右玉和她的县委书记们》、浙江东阳九彩影视文化传媒有限公司的《岁岁年年柿柿红》等多部作品在央视一套黄金时段播出。广厦传媒有限公司被认定为国家高新技术企业。发布《新时代影视创作宣言》《关于"加强行业自律、规范行业秩序、促进影视精品创作"倡议》《关于"争做影视行业'示范生',为中国影视产业发展贡献横店力量"倡议》。影视企业实体落地取得进展,亿和影视传媒有限公司、中青旅影视等企业签订落地协议。7月,腾讯众创空间开展集中推介招商活动,引进企业13家,意向入驻企业30余家。

【横店影视产权交易中心开业运营】 2018年7月16日,横店影视产权交易中心开业运营,交易系统和商城系统同步上线。在开业仪式后,清华启迪之星、杭州网艺文化有限公司、东阳市大唐影视股份有限公司、东阳天沐影业股份有限公司等多家企业与浙江横店影视产权交易中心进行合作项目现场签约。至年末,该交易中心与地方电视台建立发行运营联盟,上线版权228部,上线融资项目15个,发展会员48个。

【影视政策制定】 2018年1月,实验区制定《影视文化产业投入奖励专项资金管理办法》,由市财政每年安排1000万元设立影视文化产业投入奖励专项资金,用于奖励入区企业剧组、获奖作品、实质性落地、上市挂牌、参与影视产业植入或影视特色村建设的企业等。11月,联合市财政局、市税务局等制定《关于推进影视文化产业规范发展的若干意见》,加强影视企业个人所得税代扣代缴工作,对影视企业作品给予奖励,降低影视企业制作成本。

【招商留商举措】 2018年,实验区管委会建立健全影视企业数据库,掌握入区企业和非入区优质企业信息,入区企业划分为2017年纳税前50强重点企业、成长型企业(196家)、业务流失明显的外流型企业(56家)3类,实施分类管理服务。对优质非入区企业,根据企业主营业务、公司规模、上市情况等细分为业务型招商企业(239家)、业态型招商企业(33家)两类进行管理。

实验区管委会制定《横店影视产业实验区"联合招商"机制工作方案》,与横店集团影视文化产业服务中心、横店影视城建立招商联合体,依托入区企业资源,在北京市、上海市、广州市、成都市等地建立8个招商联络点,在北京市、上海市、杭州市、广州市等地组织召开招商推介会,吸引100余家企业参加,引进18家企业注册。

实验区管委会制定《关于进一步加强剧组服务工作的实施意见》,做好剧组日常联系、慰问工作,开展剧组联系慰问60余次。开展集中走访调研。3月,联合市金融办、市财政局、市国税局等部门,分4组到北京市、上海市、杭州市等地,集中走访调研59家重点企业。6月,金华市副市长、东阳市委书记黄敏和市长姚激扬带领实验区管委会、市财政局、市国税局等部门,走访20余家影视企业。全年走访企业300余家次。

【公共服务平台管理】 2018年,实验区做好备案立项、审查、电视剧乙种制作许可证初审、网络剧播出资质审查、版权登记等工作,全年审查影视剧9部、备案立项150部、电视剧乙种制作许可证初审11部、网络剧播出资质审查31部、版权登记62部。由中国电影家协会电影剧本孵化中心和横店影视剧审查中心共同组成专家团队,组建影视剧创作拍前指导团,制定具体工作细则。

【外景基地管理】 2018年,全市增加城东街道上屋影视拍摄外景基地、千祥镇方坞影视拍摄外景基地、南马镇东庄影视拍摄外景基地、湖溪镇正信影视拍摄外景基地等16家影视外景基地，全市有影视外景基地58家。根据《东阳市影视拍摄外景基地管理办法》《东阳市人民政府办公室关于进一步扶持影视文化产业发展的补充意见》，兑现2017年度影视外景基地奖励补助110万元，东阳市祥湖影视基地经营有限公司、东阳市六石街道樟村村委员会各获最高奖励补助15万元。

【横店影视文化产业创新服务综合体创建】 2018年，根据《关于印发浙江省产业创新服务综合体建设行动计划的通知》，实验区开展省级产业创新服务综合体创建工作，编制《东阳市产业创新服务综合体建设总体规划》《横店影视文化产业创新服务综合体建设规划》，创新服务综合体创建通过省级论证答辩。

【基层群团改革试点】 2018年，实验区开展群团改革试点工作，是全市基层群团改革3个试点之一。制定《浙江省横店影视文化产业实验区群团改革试点工作实施方案》，完成实验区群团阵地建设，设立横店影视产业工委、共青团横店影视产业协会委员会、横店影视产业协会妇女联合会、横店影视产业科学技术协会、横店影视产业文学艺术界联合会等群团组织，建立实验区群团改革工作制度。

【党建工作】 2018年，实验区完善剧组临时党员登记制度，登记流动党员90人，组建剧组临时党支部6个，组织开展剧组临时党支部学习活动9次。创新党建活动特色载体，组建协会党建微信群，开展组织学习、微型党课学习等党性教育14次。组织举办“五月的鲜花献给党”主题文艺晚会。

【影视文化人才管理改革试验区建设推进】 2018年，实验区管委会联合市委组织部开展影视文化人才调研，完成《关于大力实施人才强市战略服务赶超发展的若干意见》文件中“关于影视文化人才集聚计划”具体实施细则和申报奖励程序，加大影视文化人才引进培育力度。

【“横漂”管理服务】 2018年，实验区管委会建立“横漂”分类管理人才库，对“横漂”演员按照群众演员、前景演员、特约演员、角色演员4类进行分类管理。11月2日至12月11日，浙江省横店影视文化产业实验区管委会、东阳市委“两新”工委、市总工会、团市委联合主办第五届“横漂”才艺大比拼之2018“横漂剧星”选拔大赛，该届才艺大比拼主题为“横漂影视魂 光影逐梦人”，“横漂”演员和横店影视学院师生等500多人报名参赛。总决赛颁奖仪式上，浙江东阳九彩影视文化传媒有限公司与五强选手进行现场签约。

2018年12月11日，2018“横漂”剧星第五届“横漂”才艺大比拼总决赛

（市影管委提供）

【“2018中国文联文艺培训志愿服务项目——横店电影培训班”开班】 2018年10月20日，由中国文联、中国电影家协会、中国文艺志愿者协会、浙江省横店影视文化产业实验区管委会联合主办的“2018中国文联文艺培训志愿服务项目——横店电影培训班”开班仪式在浙江横店影视职业学院举行。培训班邀请中国第五代电影导演、中国传媒大学教授梁明，中国电影剪辑学会会长、国家一级剪辑师、北京电影学院教授周新霞，中国文艺志愿者协会副主席、国家一级演员岳红等进行授课。“2018中国文联文艺培训志愿服务项目——横店电影培训班”举办3期，开班期间举办电影领域专业讲座20余场，电影展映6场，实地教学2次，全国各地选拔招募的正式学员近300人，“横漂”导演、“横漂”演员和横店影视职业学院青年教师等旁听学员约700人次参加培训班。

【香港青年到横店学习交流】 2018年7月11日，香港新界青年联会组织的“演艺之路——浙江学习之旅”团到横店镇，进行为期5天的学习交流。该团成员主要是爱好演艺的青年学生。7月12日，开班仪式在横店红军长征博览城举行。香港中联办新界工作部副部长张肖鹰发表开班致辞，学生们重走长征路。7月12日，港澳青年影视交流实践基地在横店影视学院成立。活动期间，学习团成员在横店影视学院体验表演、后期制作、录音等课程，了解影视制作的整个流程，游览横店圆明新园和秦王宫、明清宫苑等景区，参观绿幕抠像、微电影拍摄等拍摄场景。8月3日，香港青年双创交流团到横店开展交流学习活动。在横店影视学院,学院相关人员与交流团成员对未来影视发展主流与趋势、表演专业学生的机遇与挑战、香港青年在内地创业的优劣势、对创业创新发展的认识等内容,进行交流讨论。活动期间,交流团成员游览秦王宫、明清宫苑、清明上河图等景区。

【领导调研影视文化产业】 2018年6月15日,中宣部副部长孙志军到横店镇调研影视文化产业情况。10月9日,浙江省政协主席、省委宣传部部长葛慧君到横店镇专题调研影视文化产业,组织召开横店影视企业座谈会和相关管理部门座谈会。

(张 刚)

2018年8月30日,游客在横店影视城广州街·香港街景区夜游

(包康轩/摄)

影视旅游

【概况】 2018年,横店影视城接待中外游客1608万人次,比上年增长2%。接待中外影视摄制剧组370个(不包含45个广告剧组),比上年增长26%。全年营业收入比上年增长4%,利润比上年增长1.8%。横店影视城获2018中国主题公园发展高峰论坛暨2017年度主题公园行业首届“星空奖”最受游客欢迎主题公园奖,横店马拉松赛事入选“国家体育产业示范项目”。

【《老年旅游服务规范景区》实施】 2018年7月1日,《老年旅游服务规范景区》实施。《老年旅游服务规范景区》由国家标准化管理委员会于2017年12月29日发布,横店影视城参与制定。《老年旅游服务规范景区》是旅游景区服务和老年消费者权益保护的交叉领域规范性技术文件,是老年旅游服务领域的首项国家标准。该规范规定旅游景区在安全管理、文明礼让、设施设备便捷方面的总体要求,对服务提供者从服务组织、服务人员、服务设施设备、服务信息4个方面提出综合性要求。

【梦泉谷温泉度假区开放】 2018年2月4日,横店影视城首个休闲度假型项目——梦泉谷温泉度假区(一期)正式对外开放,该区占地面积17.33公顷。温泉度假区一期分为综合服务区、山水温泉区、美食休闲区3个区域,拥有各种泡池(含蒸房)78个,其中纯天然原汤类泡池27个,特色养生泡池33个,以及15间蒸房、3间石板廊等。还有儿童及成人戏水游乐设备、特色美食餐饮、康体娱乐等丰富的体验项目,日接待最高容量7000人次。至年末,接待游客9万人次。

【广州街·香港街景区提升】 2018年7月1日,广州街·香港街景区(香港街区域)全面休闲化提升后重新推出,在延续百年老香港韵味下深度挖掘影视元素,融入主题民宿、主题商业、主题演艺、主题博物馆并开放夜游项目,打造中国首家以影视元素为内涵的沉浸式互动体验主题度假综合体。景区内打造一批根据在横店拍摄过的兼具地域特色、时代特色以及较高知名度的15部电影电视剧中的重要场景为原型的影视主题精品酒店,酒店设有大床房、标准间、亲子房、套房等多种房型131间。

【梦外滩酒店竣工】 2018年10月,梦外滩酒店完成工程筹建、开业筹备工作,该酒店以民国老上海风情为主题,毗邻梦外滩景区,集住宿、餐饮、会议、旅游、休闲、娱乐等功能于一体。酒店总建筑面积38508平方米,总占地面积6760平方米。包含百老汇大厦、俄罗斯公馆、礼查饭店等4家老上海风情主题度假型酒店,以20世纪20~30年代上海外滩中的上海大厦、俄罗斯领事馆、浦江饭店为建筑原型建造。拥有各类风格的单人间、标准间、三人间、大床房、亲子房、高档套房等597间,近1000个床位。

【影视产业园项目开工】 2018年6月,浙江省重点产业示范类项目——横店影视产业园项目开工。该项目位于浙江横店影视城产业园区内,横店影视大道以西、南江名郡以南、横店商贸城以北间和横店影视大道以西,任湖田以北间区块;距横店镇中心4千米,距金华市区约65千米,是一个以高科技摄影棚为核心的集现代戏拍摄、后期制作及工作生活配套等功能于一体的影视文化工业园区,规划建设29座国际标准摄影棚,面积3000~8000平方米不等。至年末,该项目总用地面积62.5公顷,总建筑面积656104平方米。

【影视拍摄】 2018年,横店影视城接待电影、电视剧剧组370个(不含广告组45个），其中电视剧剧组64个、电影剧组306个。组建一支15人的艺人支队，新签艺人7人。接待首次入驻横店拍摄的影视制作公司70余家。开发大宋皇宫大庆殿、府邸、花园等稀缺场景。与社会摄影棚合作，完成88个社会摄影棚的营销托管。拓展社会合作场景，东阳市范围内挂牌外景拍摄基地43处，与横店影视城合作的外景拍摄基地12处，可供剧组拍摄的外部场景70余个。

【演员公会】　2018年，演员公会挑选并签约14家影视工作室和8家影视特技队。开展演员培训班，提升群演综合素质，举办各类群演培训180批次，专业技能提升培训20期，受训人数1.7万余人次。承接杭州市、兰溪市、象山县等地的演员推送业务，全年对外发送演员4490人次。

【博物馆建设】　2018年7月1日，广州街博物馆主题商店（巧克力博物馆、面包博物馆、糖果博物馆和音乐餐厅）对外开业。10月1日，清明上河图大宋市井生活博物馆对外开放。清宫御膳博物馆和海上洋货博物馆正在施工建设中，预计于2019年暑期开放。与15家规模较大的藏品供应商建立合作关系，在各网络平台中挑选8家信誉较高、资源较为丰富的商家作为线上供应商，藏品涵盖家具、钟表、雕塑、餐具、民俗怀旧老物件、西洋老物件等十几个门类。累计收藏老物件藏品19909件，其中2018年收集7901件，比上年增长42%；累计收集影视藏品35019件，其中2018年收集9158件。

【横店影视城宣传推广】　2018年，横店影视城举办春节大庙会、春季喜剧节、影视狂欢大巡游、八月亲子季之巡游活动、梦幻谷抖音大咖演出活动、首届“横漂”节、梦幻谷大月亮活动、国庆聂远见面会、延禧跑活动、银泰大巡游活动、横店机械未来电音节、横店影视节等大型活动。利用横店影视城的影视元素，推出穿古装体验剧中人、剧组探班、吃剧组同款盒饭、拍一部属于自己的电影、绿幕抠像等影视特色体验产品。

横店影视城与浙江6频道、浙江教育科技频道、江西5套等传统媒体开展长期合作。与网络媒体新蓝网、新华社、全明星探、Go硬工作室等建立合作关系，参加李宏毅应援、陈哲远粉丝应援现场拍摄及宣传，对接TVB《兄弟大茶饭》综艺录制、中国蓝TV《造物君》节目、腾讯视频《纪实72小时》栏目、腾讯·大浙网横店明星会客室采访等媒体拍摄与活动。与腾讯、阿里、今日头条、网易、新浪等国内网络平台开展合作，实施网络广告投放。“横店影视城”官方抖音账号，粉丝量达100万，新浪微博“横店娱乐频道”目前粉丝数30万，位居全省旅游景区第一。

全年接待来访来函媒体40余批次，其中接待省级及国家级媒体9批次，接待来自美国、法国、瑞典、芬兰、俄罗斯、阿拉伯等国家的国际媒体9批次，法国电视台、《纽约时报》等国际主流媒体对横店影视产业进行大篇幅报道，提升横店的国际影响力。

【旅游营销】　2018年，横店影视城年度培育收入千万元以上的市场有11个，团队主要集中在华东地区，其中浙江占60%、江苏占11%、江西占8%、福建占7%、安徽占5%、上海占4%。在网络销售方面，有网络代理商164家，其中1000万元以上的有5家（美团、携程、驴妈妈、途牛、同程），比上年增加3家；5000万元以上的3家（美团、携程、驴妈妈），排名前10的网络代理商占总电商营收的93%以上。全年接待450余批会议，有会务客户渠道277家，增加渠道9家。成立高铁航空公司，开发和布局全国市场。

2018年7月19日，东阳籍海外华裔及港澳台地区青少年“中国·东阳寻根之旅”夏令营营员在横店影视城体验微电影拍摄　（胡扬辉/摄）

【影视新业务拓展】　2018年，横店影视城加快横店文创产品的更新速度，以娱乐化、场景化、互动化的方式打造体验式商业空间，与上海豫园、华谊兄弟电影世界等国内多家知名景区开展合作。横店研学成立课程研发小组，提出中华优秀传统文化课程基地、青少年影视研学体验基地、中小学生社团课程总部基地、红色文化教育基地4大主题系列产品。横店微电影开展“影视体验+影视承制+影视培训”影视项目综合业务，打造《十二花仙》少儿自制剧品牌。3月，少儿影视培训项目“童星学院”启动。

【景区活动和演出】　2018年，秦王宫、清明上河图景区推出“飞檐走壁”

“明修栈道暗度陈仓”等体验项目和新场景。明清宫苑景区推出兵器馆、延禧宫、军机处、绿幕抠像等体验项目。横店影视城艺术团全年演出12万余场次。7月，改版后的《暴雨山洪》重新推出。推出《香江夜艳》，改版《花车巡游》，升级《梦幻太极》《大话飞鸿》《紫禁大典》《游龙戏凤》等经典主题秀，增加《乾隆选妃》《宫廷礼仪》《宫廷互动秀》街头秀，形成23台主题演艺秀+118个街头秀的旅游演艺格局。

【“2018第八届中国旅游项目投资大会暨首届中国文化旅游融合发展论坛”举行】 2018年9月6～8日，由ITIA艾蒂亚机构主办，横店影视城公司等协办的中国旅游投资界盛会“2018第八届中国旅游项目投资大会暨首届中国文化旅游融合发展论坛”在横店镇举行。国内外60余名文化、旅游领域的企业家和学者专家，围绕历史、文化、艺术、科技等人类文明的优秀成果与旅游产业的融合和发展展开讨论。该次大会专门设立横店影视城专题分享会，横店影视城公司管理团队向与会嘉宾详细介绍横店影视城发展历程以及演艺、文创、营销推广等方面的情况。

【横店圆明新园建设】 2018年，横店圆明新园占地466.67公顷，位于横店镇南部官桥村、路西村、仁棠村附近。横店圆明新园开放新圆明园(春苑)、新长春园(夏苑)、新绮春园(秋苑)、新畅春园(冬苑)、动物乐园等景点。新圆明园(春苑)以“圆明园四十景”为蓝本，是圆明新园内面积最大的园区，有45个景园，1个大型水域(福海)。新长春园(夏苑)以北京圆明园盛时长春园为蓝本，有中式经典皇家建筑欧式宫殿和喷泉，夏苑开发夜游项目，演出“火烧圆明园”实景电影。新绮春园(秋苑)以北京圆明园盛时绮春园为蓝本，有后妃寝宫、皇家寺庙、庭院小景和横店圆明新园文博中心。新畅春园(冬苑)以畅春园为蓝本，复建九经三事殿、寿萱春永殿、澹宁居、春晖堂等著名十景。皇家动物实景王国是中国野生动物保护协会批准的“全国野生动物保护科普教育基地”，总建筑面积53000平方米，是模拟自然生态的场景式野生动物标本展馆。

2018年1月28日，“浙江横店2018迎春艺术品慈善拍卖会”在横店圆明新园综合文化馆举行 (横店集团提供)

【横店圆明新园传统文化传承与发展研讨会暨2018横店圆明新园旅游合作商大会】 2018年1月10～11日在横店圆明新园新长春园(夏苑)举行。人民日报社、新华社、中新社、中央人民广播电台、浙江日报、浙江之声、腾讯、网易、今日头条、凤凰周刊、一点资讯、金华日报、金华广播电视台等各大知名媒体代表，以及来自全国各省市旅游业的代表200余人参加，会议探讨新形势下中国传统文化与爱国主义教育的弘扬和发展。大会现场进行优秀代理商颁奖仪式及2018年代理商代表签约仪式。

【“浙江横店2018迎春艺术品慈善拍卖会”举行】 2018年1月28日，“浙江横店2018迎春艺术品慈善拍卖会”在横店圆明新园综合文化馆举行，拍品涵盖字画、玉器、名酒、文玩杂项等。该次活动由横店共创共有共富共享工作委员会指导，东阳横店文化艺术品有限公司主办，浙江横店拍卖有限公司承办，金华日报、东阳日报、东阳市广播电视台、横店集团报协办。该次活动围绕“慈善拍卖·圆梦圆明”主题，拍卖所得扣除税款等支出后的款项，捐赠给横店圆明新园全面建成开业庆典，并为所有竞买方颁发慈善证书。

【全域旅游品牌影响力颁奖盛典举行】 2018年1月31日至2月2日，2017全域旅游品牌影响力颁奖盛典暨“我的景区我代言”寻找中国人气景区最美讲解员晋级活动在横店圆明新园举行。该次活动邀请国家旅游局、各省市旅游局、旅游协会负责人、全国各大景区代表以及海内外50余家主流媒体出席。盛典颁发“全域旅游品牌旅游目的地”“全域旅游品牌特色景区”“全域旅游品牌特色小镇”“全域旅游品牌践行者”“全域旅游品牌营销事件”等多个奖项。国家AAAA级以上景区的1000余位讲解员到现场参与角逐，通过晋级活动产生“中国人气景区100强”及“中国最美讲解员100强”。

【庆新春活动】 2018年2月18日，“闹新春赏非遗”大型活动在横店圆明新园的春苑福海万人看台处举行，数万名游客观看非遗表演。2月26日至3月4日，横店圆明新园开展早春观花、品赏宫灯、喜猜谜语、非遗展演、福海赏月迎元宵游园活动。

【五四成人礼活动举行】 2018年5月4日，横店圆明新园举办以“传承民族文化，弘扬爱国主义精神”为主题的五四成人礼活动。来自全国各地的青年学生，头顶礼冠、身着汉服，列队进入圆明新园夏苑的“海岳开襟”，向巨幅孔子像行礼。

【“不忘初心 砥砺前行”下基层专场文艺演出】 2018年7月16~17日，由浙江艺术职业学院主办、横店圆明新园承办的“不忘初心 砥砺前行”下基层专场文艺演出在横店圆明新园举行。浙江省首批定向培养乡镇文化员到横店镇，向基层群众宣传中国共产党的十九大精神。该演出是横店圆明新园走校企合作之路，创新演艺人才培养模式的探索。

【首届中华旗袍文化交流峰会举行】 2018年10月12日，横店圆明新园举办“首届中华旗袍文化交流峰会”，黑龙江、重庆、江西、海南、安徽等地的20个旗袍团队、400余名旗袍佳丽齐聚横店圆明新园，上演旗袍秀。该次旗袍文化交流峰会历时3天，除佳丽走秀活动外，举办旗袍文化论坛。从事多年模特教学的著名模特艺术导师周立贞教授现场教授行走礼仪等知识。

（赵菡菡 陆国强 马丽娟）

影视制作与院线影城

【概况】 2018年，横店影视股份有限公司（简称横店影视）投资建设影院52家，实现票房收入24.61亿元，比上年增长8.32%，非票收入6.9亿元，占比持续提升。提升管理水平，更新影城标准化培训模式，每月开展标准化主题活动。进行市场数据分析，全面升级自营平台“横店电影城”APP，多渠道营销创收。加快影城项目拓展，加强与长春市吉均房地产开发有限责任公司、西安锦墨翰置业有限公司等国内大型商业地产商以及河南大裕城商贸有限公司、武汉百纵商业发展有限公司等百货集团的联合多渠道拓展优质项目，建设影城、开展商业综合体项目合作等。组建收购兼并工作小组，对接拟收购项目。全年各影院举办有黄晓明、陈奕迅、王大陆、刘纯燕（金龟子）等明星分别参加的多场见面会。

【影视国际合作】 2018年4月27日，巴里国际电影节在意大利巴里举行。电影节期间，横店集团欧洲分公司与意大利普利亚地区电影协会签订合作意向书。6月2日，迪斯尼某影片主创团队以及知名导演、制片人等组成的好莱坞文创团队第三次到横店，该影片制作团队一行20余人参观考察秦王宫等拍摄基地，对影片的取景拍摄进行实地演练。4月19~22日，横店集团欧洲分公司总经理、2010年中国政府“友谊奖”获得者毕华带队，由欧洲影视文化专家、意大利名校米兰圣心天主教大学师生等组成的影视艺术访问团，到横店镇了解横店影视文化产业发展情况，共同探讨中外影视文化。

【特色影院建设】 2018年4月，云南省首家“红色影院”在官渡横店影城揭幕，昆明市官渡区有关领导为影城授牌。9月20日，由中国电影基金会、黑龙江省国防教育办公室主办的“国防教育特色影院”授牌仪式在龙江横店影城举行，龙江横店影城成为全国首家“国防教育特色影院”。

【影像新技术运用】 2018年7月27日，由横店影视股份有限公司、中影光峰激光影院技术（北京）有限公司主办的全国首条全激光覆盖院线新闻发布会，在横店影视院线旗下的杭州纷腾电影生活馆举行。12月27日，横店影视股份有限公司在云南横店电影城（昆明大悦城店）举行“横影巨幕”揭牌仪式暨新闻发布会。“横影巨幕”是横店影视启用中影光峰C50激光放映解决方案，并联合杜比全景声合力打造的高端巨幕品牌。

【影视制作】 2018年，浙江横店影业有限公司依托横店影视的平台作用和品牌影响力，优化电影市场和电影生产等产业链各个环节，全年投资的电影票房收入162亿元，占全国电影总票房的26.7%，票房规模居行业首位。横店影视制作公司整合北京优秀的创作资源、制作资源及发行资源，开展影视制作、内容研发、项目发行等工作。横店影视产权交易中心开拓业务，建立业务架构和交易设施，完成主要系统开发，

2018年6月2日，好莱坞文创团队在秦王宫进行取景拍摄实地演练

（横店集团提供）

影视文学版权登记系统正式上线运营。

【国防教育主题影片放映和创作活动开展】 2018年5月28日，由国家国防教育办公室、国家电影局主办，中国电影基金会、横店影视承办的“国防万映”2018年度重点工作发布会在北京市举行。会上，横店集团与中国电影基金会签订战略合作协议，双方将在国防教育主题影片公益放映、创作优秀国防和军事题材影片、举办国防主题电影盛典等方面进行合作。横店影视股份有限公司向中国电影基金会捐赠500万元，作为开展2018年“国防万映”的专项基金。该款项是全国首家首笔捐赠的“国防万映”专项基金。10月22日，2018“国防万映”年度表彰盛典在横店镇举行。会议表彰2018年度“国防万映”计划活动的优秀影片、微电影、微视频、优秀宣传画作品、先进单位、组织单位。横店影视和龙江横店影城获评先进单位。

【电视剧制作】 2018年2月22日，横店影视制作有限公司联合出品的电视剧《台湾往事》作为浙江卫视开年大戏，在浙江卫视中国蓝剧场及腾讯视频同步播出，部分场景在横店革命战争博览城拍摄。5月14日，入选国家广电总局2018-2022首批百部重点电视剧选题、纪念改革开放四十周年现实主义史诗大剧《面朝大海》发布“创业者”片花。《面朝大海》是由深圳大益顺和、横店影视制作有限公司、腾讯影业、阿里影业等联合出品的改革开放40周年献礼剧。11月26日，由横店影视制作有限公司参与制作的超燃抗战大戏《特种兵之深入敌后》，在浙江卫视周播剧场开播。12月13日，传奇爱情剧《金陵往事》在江西卫视金牌剧场首播，该剧由横店影视制作有限公司、山东影视制作股份有限公司、东阳荆棘鸟文化发展有限公司、河北影视集团有限公司联合出品。

【航空拍摄】 2018年4月26日，由浙江省旅游局、浙江广播电视集团联合推出，浙江横店锐智九州科技有限公司拍摄承制的专题片《再瞰诗画浙江》，在杭州未来科技城举行首飞仪式。2018兰州国际马拉松赛上，横店锐智九州科技有限公司与法国传媒巨头拉加代尔集团联手，推出“国际+卫视+网络+全民”的新型直播模式。横店锐智九州公司是中国影视航拍内容供应商，是美国好莱坞电影航拍公司Team 5、美国V3E GLOBAL公司以及法国拉加戴尔体育集团在中国的战略合作伙伴。参与《红海行动》《飞驰人生》等多部影视作品拍摄；承担航拍的作品有《航拍中国》第一季、第二季、第三季等，获第十四届精神文明建设“五个一工程”优秀作品奖等多项国家级大奖。

（陆国强 马丽娟）

2018年5月28日，“国防万映”2018年度重点工作发布会在北京市举行

（横店集团提供）

2018中国横店影视节

【概况】 2018中国横店影视节暨第五届“文荣奖”颁奖典礼于10月20～22日在横店镇举行。该影视节由浙江省新闻出版广电局、东阳市人民政府、浙江横店影视产业实验区管委会、中国电影基金会指导，横店影视产业协会、浙江横店影视职业学院、浙江横店影视城有限公司主办，设置影视项目投融资对接会、2018中国(横店)影视产业文化发展大会、影视大巡游、横店影视产业协会会议、“文荣奖”颁奖典礼、“国防万映”年度表彰盛典等活动。

【影视文化项目投融资对接会】 2018年10月20日在横店镇东磁大厦召开，该会议由横店影视产业协会主办，浙江横店影视产权交易中心和横店集团影视文化产业服务中心共同承办。64家单位向大会提交100余个影视文化项目，投资机构和专家从中评选出35个入围项目，其中12个项目在活动现场进行路演。30余家从事影视投资的专业机构和7家银行的代表与影视文化企业进行沟通洽谈。横店影视产权交易中心为对接会提供线上线下交易服务，报名并符合条件的影视文化项目信息在该中心电子交易平台上挂牌发布。

【2018中国(横店)影视文化产业发展大会】 2018年10月20日在横店镇召开，大会由市委、市政府主办，以“信心、情怀、担当”为主题，邀请国家广电总局、中国文联，省委宣传部、省发改委、省科技厅、省财政厅、省税务局、省工商局、省广电局、省金融办、省电影家协会、中行浙江省分行、金华市等领导和110余家影视企业、50余家主流新闻媒体参加，对“2018文明剧组奖”“2018新锐奖”“2018成长最快影视企业”“2018影视金牌企业”“2018影视功勋企业”“实验区成就奖(银奖)”“实验区成就奖(金奖)”“主旋律成就奖”等获奖企业进行表彰。实验区与中国电影家协会签订战略合作协议，成为“中国电影家协会创

2018年10月20日，2018中国（横店）影视文化产业发展大会在横店镇召开
（市影管委提供）

新创业基地”，启动“横店DREAM（梦）计划——海外留学归国人才影视创业扶持计划”，吸引海外高水平影视人才到实验区开展影视创新创业工作。

【2018横店影视产业协会会议】 2018年10月21日在横店镇举行。原国家广电总局副局长、中国电影基金会理事长张丕民，浙江省新闻出版广电局副局长王国富等出席会议。横店影视产业协会会长、华谊兄弟副董事长兼CEO王中磊代表协会作工作报告。该次会议主题是“树信心、讲情怀、勇担当”，协会会员代表围绕会议主题和“将横店打造成全国行业规范从业示范生、全国政策落地调研地和试验田”的发展目标进行交流。至年末，横店影视产业协会有会员企业389家。

【第五届“文荣奖”】 2018年10月21日，第五届“文荣奖”颁奖典礼在横店影视城举行。该届“文荣奖”由中国电影导演协会会长、导演李少红担任评委会主席，设电影、电视剧、网络及组委会4个单元，参评作品为2017年、2018年在横店拍摄，或由浙江省横店影视文化产业实验区入区企业出品已播出的电视剧作品，有20部电视剧作品和10部网络作品入围。该届“文荣奖”有18个奖项，增设“最佳制片人奖”“最佳美工奖”“最佳群演奖”。近千名影视机构负责人、颁奖嘉宾、入围作品代表出席，30余名横店在拍剧组主创人员参加。

（张 刚）

影视教育

【概况】 2018年，浙江横店影视职业学院（简称横店影视学院）建有63个校内实训室和74个校外实习实训基地，其中浙江省“十三五”高职示范性实训基地4个。学校下设影视表演、影视制作、影视美术、影视旅游、影视经济、继续教育6个二级学院，在校学生5135人。设23个专业，省级优势专业2个、省级特色专业6个、省级现代学徒制试点1个。“‘五进两服务’让党建工作润物无声”入选首批全省高校党建特色品牌。组织党员参加“全国党组织书记网络培训班”；举行第二届“微党课”大赛。被东阳市委统战部授予“横漂自由职业者实践创新站”，横店影视学院学生参加

第五届“文荣奖”获奖名单一览表

表37

单 元	奖 项	获奖作品/获奖人
电影单元	电影突出贡献奖	《红海行动》
电视剧单元	最佳电视剧	《延禧攻略》
	最佳导演	张永新(《军师联盟》)
	最佳制片人奖	侯鸿亮
	最佳男主角	陈思诚(《远大前程》)
	最佳女主角	刘涛(《军师联盟》)
	最佳男配角	翟天临(《军师联盟》)
	最佳女配角	岳以恩(《美好生活》)
	最佳编剧	娟子(《急诊科医生》)
	最佳美工奖	邵昌勇
网络单元	最佳网络电影	《罪途1之死亡列车》
	最佳人气奖	《夜天子》
	最佳剧情奖	《法医秦明2清道夫》
	最佳网络剧	《致我们单纯的小美好》
	年度最优剧集奖	《你好，旧时光》
组委会奖	影视旅游助力大使	陈浩民 、何中华
	未来之星	陈哲远、芦展翔、贺楚清
	最佳群演奖	任学海

40个技能竞赛,获奖346项,一类大学生技能竞赛获奖71项、国家级竞赛获奖7项、一类国家级技能竞赛获奖1项。张思思获2018年省高校优秀辅导员称号。

【师资建设】 2018年,横店影视学院落实人才引进计划,加强师资队伍建设。学校有教职工354人、专任教师261人。其中硕士及以上学历162人,占专任教师比例62%;中级职称88人,占专任教师比例34%;高级职称57人,占专任教师比例22%。学校引进专任教师和行政人员51人,聘请18名影视行业专家为学校客座教授,聘用和管理70名外聘教师。完成5名“十三五”省高职高专专业带头人培养等4个层级10项师资培养人才项目。

【教学科研】 2018年,横店影视学院制订完善2018级23个高职专业、与中职学校联合办学招收“3+2”的9个专业、由学校统筹招生的五年一贯制2个专业的人才培养方案。完成2016年和2015年立项的省级2项教育教学改革项目和3项课程教学改革项目结题验收。开展“教学质量年”专项教学活动,建设“百门示范课堂”96门,征集教学改革案例79个。在线开放课程《民族民间舞》《服装工艺》,获省级第二批精品在线开放课程立项。省微课竞赛获一等奖1项,二等奖3项,三等奖1项。获浙江省教育技术成果评比在线开放课程三等奖。教师出版专著《中华服饰文化与传承工艺综述》、教材《电子商务视觉设计》《2018网店美工微课版》、校企合作教材《影视动画制作》《三维动画设计与制作》。启动新一轮的校级教材建设申报评审工作,立项教材建设4项。开展科研活动,地市级以上纵向科研项目立项58项;学校教师公开发表论文292篇,其中在核心期刊上发表14篇;开展横向课题25项。教师刘晓东的作品《幕间休息》获第八届金考拉国际华语电影节最佳导演、最佳影片两项提名。

【校园文化】 2018年,横店影视学院组织开展影视专业技能大赛、导游风采大赛、外语演讲大赛、摄影作品展演、创意设计、跳蚤市场、社团专场展示等各类校园文化活动123场次。举办第十届“青牛奖”颁奖盛典。学校承办3期由中国文联、中国电影家协会、中国文艺志愿者协会、横店影视文化产业实验区管委会联合主办的“2018中国文联文艺培训志愿服务项目——横店电影培训班”,聘请周新霞、卢奇、季冠霖等16名客座教授。组织学生参与横店马拉松、首届中国国际进口博览会等大型活动的志愿者工作。

【招生工作】 2018年,横店影视学院招生总量首次突破2000人,入学新生2182人。单独考试招生录取率100%,报到率91.11%。上半年有677名学生实行过渡学制,2016级中职合作校采用过渡学制。全年提前招生指标500人,提前招生预录取率97.00%,报到率96.91%。外省录取人数41人,录取率95.35%,录取率比上年增长26.35%。扩大中高职一体化招生规模,拓展合作专业23个,净增14个专业。

【毕业就业】 2018年,横店影视学院2018届毕业生总就业率98.87%,签约率90.23%。开展第一届大学生创新创业大赛,11名选手参赛。在2018年第十届浙江省大学生职业生涯规划与创业大赛中,学校选送的4份作品全部获奖。组织举办一次大型校园招聘会,参会单位269家,参会学生3200人次,实际招聘岗位2026个,实际达成就业实习意向学生数400余人。开展2018年浙江省高校毕业生跟踪调查工作,学校学生总体作答率在全省105所高校中排第11名,周国宝获评“2018年浙江省高校毕业生跟踪调查工作先进个人”。

【合作交流】 2018年,横店影视学院拓展(国)境外交流,全年接待境外团组、高校来访8个团组、206人;到(国)境外交流师生6个团组、44人。4月20日,学校举办主题为“中欧影视文化新趋势、新契机”的中欧影视国际论坛,10名来自意大利影视界专家参加论坛。向教育部申报招收并培养港澳台侨学生资格。7月12日,中央政府驻香港联络办等部门联合授予横店影视学院“港澳青年影视交流实践基地”。争取韩国影视文化及艺术类高校资源,11月,向韩国相关部门提交在横店影视学院建设“中韩影视教学基地”申请。引进韩语、英语外教各1人,与国(境)外4所高校签署合作协议。

(吴学科)

金　融

综　述

【概况】 2018年，东阳市形成以银行业、证券业、保险业为主，新型金融业态为辅的多元化金融组织体系。全年金融业增加值37.98亿元，占GDP的6.5%，占服务业增加值的13.0%。年末全市金融机构本外币存款余额1231.17亿元，比上年增长10.85%；金融机构本外币贷款余额838.95亿元，比上年增长10.95%。保险机构保费收入29.09亿元，比上年增长12.49%。其中，财产险10.59亿元，比上年增长9.74%；人身险18.50亿元，比上年增长14.12%。证券交易额158.71亿元，比上年下降19.95%，期货交易额12.86亿元，比上年下降16.93%。小额贷款公司累计发放贷款55.01亿元，贷款余额18.51亿元，净利润1.17亿元，纳税0.58亿元。民间融资服务中心累计撮合成交29.66亿元，撮合成交余额3.87亿元，成交平均年利率13.63%。民间资本管理公司办理短期财务性投资业务1147笔，累计金额32.57亿元，股权及1年期以上债权投资项目17个，累计投资2.18亿元。

【金融机构】 2018年年末，东阳市有银行业金融机构20家(年内增加1家，台州银行股份有限公司金华东阳支行)，小额贷款公司7家，民间融资服务中心1家，民间资本管理公司2家，产权交易中心1家，公募基金1家，证券公司分支机构8家，期货公司1家，保险公司分支机构33家，其中财产保险公司20家、人寿保险公司13家。

（金　栋）

金融管理

·市金融工作办公室·

【概况】 2018年，东阳市制定《2018年东阳市银行业金融机构支持地方经济发展考核办法》，召开银行业金融机构、新型金融组织工作例会和银企对接座谈会，开展存贷比调研分析、不良贷款调研分析，引导银行业金融机构强化对地方实体经济发展的支持。制定《关于打好金融风险防控攻坚战服务实体经济高质量发展的实施意见》《加快金融债权案件司法处置府院联动十条措施》，成立东阳市金融债权案件处置府院联动工作领导小组，推进金融风险化解。召开新兴制造业企业与资本对接会、医药化工企业资本对接会、境外上市研讨会、影视产业投融资对接会，组织企业到上海证券交易所观摩企业上市仪式、参观证券机构等，推进全市企业上市和兼并重组，帮助企业拓宽直接融资渠道。服务和监管新型金融组织，修订《东阳市民间资本管理公司考核办法(试行)》，开展小贷公司专题调研，引导推动小贷公司、民资公司、民融中心发挥民间资金融资服务功能。开展发债企业和股权质押企业流动性风险排摸，做好风险防范工作，推进3个重点担保圈风险企业资产处置工作，专项开展建筑业重点出险企业帮扶工作。会同综治办印发《关于地方金融风险排查纳入网格化管理的通知》，开展金融风险“天罗地网”监测防控系统运行和地方金融风险网格化管理工作，防范和处置辖内金融风险。

【上市挂牌和直接融资】 2018年年末，全市上市公司8家，进入中国证监会浙江监管局上市辅导2家，全国中小企业股份转让系统挂牌13家，区域资本市场挂牌199家，股份制企业79家。年内区域资本市场挂牌增加62家(其中成长板挂牌1家——东阳市科灵装备制造股份有限公司)；股份制企业增加16家。年初，浙江味格生态农业开发有限公司1460万元控股浙江合旺香榧有限公司；3月，林芝腾讯科技有限公司受让北京光线传媒股份有限公司持有的新丽传媒股份有限公司27.64%的股份(估值120亿元)；8月，阅文集团155亿元并购新丽传媒股份有限公司100%股权；12月，横店集团东磁股份有限公司收购浙江省东阳市东磁诚基电子有限公司100%股权。全年实现直接融资84.7亿元，其中债市融资84.6亿元、股市融资0.1亿元。

【金融知识宣传教育活动】 2018年，市金融办制订金融知识宣传教育活动年度实施方案，加强金融法规宣传，普及金融知识，在市区中山路、吴宁东路、吉祥路等报刊栏刊登宣传资料，完善“东阳金融”微信公众号，举办第四届“健康理财 由我领跑”金融之夏荧光夜跑活动，结合民生部门工作会议对农村创业人员开展金融风险和投资理财方面的知识宣传，与市司法局等部门协作开展金融知识和金融政策走进校园法规宣传。开展大型集中宣传活动1场，面向机关、企业、社区、学校、市场等开展金融知识宣传活动13场次，发放传单、手册2000余册，参与群众超过3000人次。

【荧光夜跑活动】 2018年5月4日，市金融办联合东阳广电台、东阳富民村镇银行举办第四届“健康理财 由我领跑”金融之夏荧光夜跑活动。从节庆广场出发，沿江滨至歌山画水—望江大桥—亲子公园—中山大桥—市民广场—人民大桥路线，至节庆广场结束，吸引新型金融组织员工及电台听友300余人参加。夜跑活动视频在东阳广电台城市频道、东阳广电台新农村频道滚动播出，“东阳广电台”微信公众平台图文推送、报道该活动动态，普及金融知识，宣传金融方面相关内容，推动全民健身，引领健康生活理念。

（金国超）

·中国人民银行东阳市支行·

【稳健货币政策落实】 2018年，中国人民银行东阳市支行制定《2018年东阳市货币信贷工作指导意见》，确定全年新增贷款、不良化解、金融市场、乡村振兴等工作目标。召开全市货币信贷工作例会，传达上级行货币信贷工作会议精神，对货币信贷工作目标进行任务分解，落实责任。分析信贷投放变化情况，采取金融机构约谈等措施，督促各家金融机构完成年度信贷投放目标。至年末，全市金融机构本外币贷款余额838.95亿元，比上年增长10.95%，比年初增加82.81亿元（超过2015年至2017年各年新增数）。加强MPA（宏观审慎评估体系）关键性指标非现场监管，开展现场评估，引导法人机构合规经营。实施宏观审慎管理，开展法人机构信贷调控工作。向上级行争取合意贷款规模，满足法人机构的信贷需求。加强金融市场政策宣传和业务指导，至年末，全市法人金融机构累计发行同业存单55.8亿元、发行大额存单6.1亿元、“三农”专项金融债1亿元。引导和支持非金融企业发行债务融资工具，开展调查摸底，组织专题宣传。全市非金融企业债务融资工具发行规模达87.1亿元，占金华市全部发行量的23%，居金华各县（市）前列。

【加强信贷支持】 2018年，中国人民银行东阳市支行对全市65家重点企业进行“进企连心送服务，金融助力促发展”主题走访，了解企业生产经营和金融服务需求情况，建立企业金融服务交办跟踪制度。落实小微企业发展政策，引导全市金融机构贯彻执行中国人民银行等五部门联合印发的《关于进一步深化小微企业金融服务的意见》精神，通过会议、走访调研等形式，指导金融机构在信贷规模、授信管理、贷款审批、产品创新、降本增效等环节上向小微企业倾斜。12月，组织召开金融支持小微、民营企业政银企对接洽谈会，20家市本级金融机构与到会企业签订8亿元的综合授信协议。加大信用贷款支持力度。在全市范围内推广“好家风信用贷”专项贷款业务，对符合条件的企业和农户运用信用贷款等方式给予支持，12月末，全市“好家风信用贷”贷款余额7.8亿元。扩大应收账款融资服务平台及动产融资登记平台应用，发展应收账款质押融资业务，加大商标专用权等新型抵质押贷款业务拓展力度。全年累计发放各类抵质押贷款11.4亿元。继续发挥担保基金贷款作用。“同筑梦想·共享阳光”担保基金自2013年成立以来，至年末累计发放担保基金贷款金额15.7亿元。

【优化外汇服务】 2018年，中国人民银行东阳市支行配合地方政府实施“最多跑一次”改革，优化外汇业务流程。推动进出口单位收付汇名录和资本项下外债登记网上办理业务落地。设立“东阳市外汇管理局对外服务窗口”办事指示标牌，设立“最多跑一次”行政审批服务规范、流程等公示牌。与浙江政务服务平台对接，将企业进出口名录登记事项从线下移到线上，实现企业名录登记“零次跑”。推出资本项下外债登记网上办理业务。至年末，网上增加进出口企业名录登记156家，网上外债登记业务2家。

【企业开户优化】 2018年4月，中国人民银行东阳市支行开通新设企业开立基本存款账户绿色通道、实现“123”工作目标。新设企业开立基本存款账户，中国人民银行东阳市支行当日受理当日办结，银行柜台自受理新设企业完整的开户资料起2个工作日内完成审核、报送、开户许可证领取及交付（含邮寄）或通知企业领取开户许可证等工作，新设企业开立基本存款账户总的时间控制在3个工作日内。全年开立账户9968个，比上年增长26.2%。

【金融管理】 2018年，中国人民银行东阳市支行批准台州银行股份有限公司金华东阳支行加入金融管理与服务体系。对6家金融机构开展执法检查9次，其中综合执法检查1次、专项执法检查8次，合计处罚28.2万元。组织开展对2017年在营业银行业金融机构的综合评价，评出A级金融机构2家，B级金融机构16家。严格规范性文件管理，按要求公示行政许可信息5176条，行政处罚信息4条。

【金融风险防范化解】 2018年，中国人民银行东阳市支行监测不良贷款企业、关停企业、出险企业，关注辖区不良贷款变化情况。关注过剩行业、“两链”风险、债务违约、影子银行、互联网金融、房地产金融及非法集资风险，及时发现和掌握辖区金融风险苗头和隐患。指导金融机构信用防控工作，通过会议、调研等方式促进金融机构提高信用风险防范水平。按照市委、市政府部署，开展不良贷款压降工作。运用金融机构年度综合评价等手段，督促银行机构创新不良贷款处置方式、拓宽不良贷款处置渠道，加大不良贷款处置力度。至年末，全市不良率1.3%，低于金华市平均水平。开展涉嫌洗钱罪案联系工作。与公、检、法等司法机关沟通联系，建立会商机制，推动洗钱案件立案、公诉和审判。与市公安机关建立案情通报制度，及时协助梳理案件线索，多次到市人民检察院，开展情报会商，了解案件处理情况，宣讲反洗钱法规，推动案件公诉。加强与市人民法院会商，讲解洗钱罪类型，分析犯罪构成要件，促成洗钱罪最终判决。至年末，向公安部门移送线索15条，其中立案并破获1起、法院判决洗钱罪2起。

【外汇监管】 2018年，中国人民银行东阳市支行非现场监测外汇企业，及时发现异常线索。运用和挖掘各项业务条线系统功能，科学设置预警指标及阈值，提高监测分析精准度。根据日常监测结果，对重点监测库指标异常的企业下发货物贸易现场核查通知书或风险提示函，实施现场核查。全年发放风险提示函22份，完成现场核查企业22家，增加B类企业▲6家，完成B类企业到期评估31家。加强对B类企业监管。做好B类企业的日常跟踪监测，及时关注其指标变化情况，并提前给予提醒和警示，对已列入企业在降级期间实施严格的额度管理，至年末，为B类企业发放超额度登记表94份。

▲B类企业：外汇局根据非现场或现场核查结果，结合企业遵守外汇管理规定等情况，将企业分成A、B、C三类。在分类管理有效期内，对A类企业贸易外汇收支，适用便利化的管理措施。对B、C类企业的贸易外汇收支，在单证审核、业务类型及办理程序、结算方式等方面实施审慎监管。

【"信用县"创建】 2018年，东阳市成立创建"信用县"工作领导小组，制订创建工作方案，形成创建工作机制。根据信用县创建工作主要内容以及指标任务，对有关部门进行工作分工、任务分解。开展农户信用档案征集工作，在5月末完成总量24.3万户的建档数。在巍山镇、虎鹿镇、佐村镇等8个乡镇开展"三信"（信用乡镇、信用村、信用户）创建工作，参与"三信"创建镇乡达到11个，占全市镇乡街道的61%。经过初评，向上级行推荐省、金华市级"信用镇乡"2个，省、金华市级"信用村"39个。10月，经金华市农村信用体系建设领导小组评定，江北街道、马宅镇被评为金华市级信用镇（街道），清溪村等30个行政村被评为金华市级信用村（社区）。

【移动支付便民工程创建】 2018年，中国人民银行东阳市支行在全市范围内开展移动支付便民工程创建工作，印发《东阳移动支付便民示范工程实施方案》，成立创建工作领导小组。通过实地走访、召开移动支付示范创建工程推进会等多种形式了解活动进展情况、存在的问题和建议，落实具体任务目标和措施，对移动支付推进不力银行进行约谈。浙江广厦建设职业技术学院全面覆盖移动支付。12月1日，城区45条公交线路167辆公交车实现移动支付全覆盖，推进横店影视城AAAA级以上旅游景区二维码支付改造工程。市人民医院、市中医院、市妇女儿童医院、市红十字会医院和巍山医院等9家公立医院上线智慧医疗支付——东阳人社APP，实现医疗支付收费移动支付。

【金融消费者权益保护推进】 2018年，中国人民银行东阳市支行结合"3·15金融消费权益日"和金融知识普及月活动，与新闻媒体、消保部门以及司法机关合作，开展以权利、责任、风险为主题的金融知识普及与教育活动。通过政策宣传、摸底排查、走访约谈等措施开展整治拒收人民币现金活动，对群众举报开展调查核实，通过与被举报单位签订不拒收人民币现金承诺书，处置举报事件。

（吴雪婷）

·金华银监分局东阳办事处·

【概况】 2018年，全市银行业金融机构各项存款余额1184.39亿元，比年初增加94.78亿元；各项贷款余额849.65亿元，比年初增加93.52亿元；五级不良贷款余额10.91亿元，比年初增加0.66亿元，不良贷款占比1.28%，比年初下降0.08个百分点。全市有银行业金融机构20家。台州银行股份有限公司金华东阳支行于1月开业。

【新增不良贷款控制】 2018年，金华银监分局东阳办事处(简称东阳银监办)督促银行按照金华银监分局的要求，按月梳理正常类、关注类贷款欠息企业清单，协助进行欠息贷款企业约谈，暂缓逾期欠息的正常贷款进入不良；落实银行风险防控的第一责任人责任，对新发放的贷款形成不良较多的银行，采取监管挂钩措施。

【资金链和担保链风险化解】 2018年，东阳银监办督促银行业建立常态化监测分析和风险排查机制，分析掌握关键环节、核心企业和介入时机，结合困难企业帮扶工作，形成化解"两链"风险的普适性办法和有效手段。全年化解"两链"（企业资金链、担保链）风险企业比上年减少37户，化解风险敞口（风险敞口：指未加保护的风险，即因债务人违约行为导致的可能承受风险的信贷余额，指实际所承担的风险）14.09亿元。

【债权人委员会组建】 2018年，东阳银监办发挥政府牵头、企业自救、银监引导、协会会商、银行帮扶、司法护航"六位一体"帮扶机制的作用，组建债权人委员会（根据需要，由企业债权银行组建，一企一个债权人委员会）。至年末，参加各类债委会、主办行会议20次。

【打击逃废债行为】 2018年，东阳银监办加强银行机构与地方政府、司法机关的信息共享和工作联动，提升各部门风险防控合力，推动落实跨部门失信联合惩戒机制,开辟金融案件快立、快审、快判、快执通道,扩大简易程序适用范围,开展依法保护银行债权、打击逃废银行债务活动。通过联合惩戒机制化解的不良资产数额712万元。

【不良贷款处置】 2018年,东阳银监办督促全市银行业加大处置化解力度,督促辖内各分支机构加强与上级行以及资产管理公司的沟通,争取打包转让指标规模;督促法人银行机构通过提足拨备、限制分红等措施,加大核销力度。依托政府在风险处置中的综合协调作用,加强银行业机构同相关部门、司法机关之间的联动协作,合力推进金融风险化解工作,提升不良贷款的处置效率,全年处置不良贷款19.38亿元。

【减轻企业融资负担】 2018年,东阳银监办引导银行机构推广"转贷通""年审制"等续贷政策,加大违规收费清理规范和检查处罚力度,规范收费行为,防止发生不合理收费,禁止收费质价不符和无服务的乱收费;对必要的收费项目,按照互利共赢的原则,合理稳妥定价。引导创新融资工具、拓宽融资渠道、优化融资方案,为企业降低融资成本。全市银行业为企业客户减免各类服务费用2.05亿元,惠及客户86423户。为小微企业客户减免的服务费用1.81亿元,惠及客户15625户。

【金融服务】 2018年,东阳银监办引导辖内各银行业金融机构将信贷资源向小微企业倾斜,单列信贷投放计划,建立小微企业信贷资源配置的量化监测制度,逐步实现小微企业贷款占比与其在当地经济的占比相适应。落实小微企业贷款"三个不低于"目标(即小微企业贷款增速不低于各项贷款增速、贷款户数和申贷获得率不低于上年),对达不到目标的机构跟进监管措施。全市银行业金融机构企业贷款年化利率5.28%,比上年下降0.25个百分点。

【法人机构监管】 2018年,东阳银监办重点监管东阳农商银行和东阳富民村镇银行,履行属地监管责任。开展日常监管分析和风险提示,按季开展风险分析评估。引领政策落地,督促机构落实监管要求和目标,开展三方会谈、审慎监管会谈,传递监管要求;列席董监事会、行务会,掌握董监事、管理层履职情况;走访机构网点,了解机构实际经营状况。督促机构整改各项检查问题,通过检查和督导,提出监管要求。

(王颂洁)

银行业

【概况】 2018年,全市金融机构本外币各项存款余额1231.17亿元,比上年增长10.85%,比年初增加120.49亿元。本外币各项贷款余额838.95亿元,比上年增长10.95%,比年初增加82.81亿元。 (吴雪婷)

【中国农业发展银行东阳市支行】 2018年,中国农业发展银行东阳市支行各项贷款余额9.98亿元,日均贷款余额10.48亿元;存款余额1.83亿元,日均存款余额2.61亿元;不良贷款余额3629万元,比年初下降1794万元;不良贷款率3.64%,比年初下降1.27%;实现账面利润1443万元。发放粮食储备贷款1.04亿元,支持轮入、调入省、市级储备粮30910吨,用于早籼谷、小麦及晚籼谷的轮入、轮换,保证本地粮食收储、增储任务完成。 (吴蓓蕾)

【中国工商银行股份有限公司东阳支行】 2018年,中国工商银行股份有限公司东阳支行(简称工行东阳支行)各项存款余额153.36亿元,各项贷款余额93.69亿元,不良贷款余额1.51亿元,不良率1.61%。将影视、红木、建筑等行业确定为重点信贷投放对象,发放表外贷款6亿元、系统内贷款1亿元。

工行东阳支行推广网贷通和预审制,允许贷款到期前7天开始申报贷款审查审批流程,在贷款到期前完成贷款审批,比例达90%;对于资金紧张的企业,允许借新还旧,减轻企业转贷压力;提高小微企业的支持力度,针对1000万元以下融资,抵押方式的小微企业,融资利率比上年下降0.8个百分点;完成与评估机构信息共享,企业抵押贷款不再支付评估费用。以信用方式发放流动资金贷款100万元,对影视器材租赁企业制订批量营销方案。

工行东阳支行分别向交通建设、横店集团投放信贷资金6亿元、5亿元,拓展小微企业31户,增加贷款1.2亿元。向上级行争取获得小微信贷业务审批权限,设立小微金融业务中心,对抵押方式融资,且抵押物为住宅或工业出让房地产的存量小微企业,实现一条龙服务、一站式审批的绿色通道。9月,实现3个工作日内完成纺织企业小微贷款发放工作。支持"大众创新 万众创立",东阳开发区万洋众创城项目、东阳南马万洋众创城项目2个众创园项目获授信额度2亿元。

工行东阳支行帮助某红木企业获延缓5年代偿政策,保证9395万元信贷资金正常;破除"虚假租赁"案例,风险贷款7549万元成为省行推广的有效帮扶模板;对于已形成不良的客户,组合运用现金清收、批量转让、呆账核销、以物抵债等清收方式,打包资源5亿元。 (蒋晓聪)

【中国农业银行股份有限公司东阳市支行】 2018年,中国农业银行股份有限公司东阳市支行(简称农行东阳市支行)下辖21个营业网点,其中直属营业中心1个、城区网点7个、乡镇网点13个。各项存款余额234.30亿元,比年初增加29.64亿元,各项贷款余额128.78亿元,比年初增加9.89亿元。制造业贷款26.69亿元,占对公贷款余额的42.9%;家具制造业贷款余额3.79亿元;建筑行业贷款8.52亿元,比年初增加1.22亿元。

农行东阳市支行新发放的普惠型小微企业法人贷款平均利率4.61%,比上年下降147BP(basic point基点,表示万分之一)。新发放的普惠型个体工商户和小微企

2018年11月22日，农行东阳市支行与市市场监督管理局签订全面战略合作协议 （农行东阳市支行提供）

业主贷款平均利率为4.71%，比上年下降121BP。小微网贷累计发放38户，共计52笔，合计金额2622万元。微捷贷累计发放10户，共计16笔，合计金额389.2万元。不良贷款余额9739万元，比年初下降2.2亿元，不良率0.76%，比上年下降1.88个百分点。累计处置不良资产4.11亿元，表内不良清收累计2.9亿元。

农行东阳市支行拓宽与集团客户合作，成功获批“浙江花园新能源有限公司年产5万吨高性能铜箔建设项目”项目银团贷款，授信3亿元支持花园集团的转型发展。 （张永超）

2018年东阳市银行业金融机构情况一览表

表38

机构分类	单位名称
政策性银行（1家）	中国农业发展银行东阳市支行
国有商业银行（5家）	中国工商银行股份有限公司东阳支行
	中国农业银行股份有限公司东阳市支行
	中国银行股份有限公司东阳支行
	中国建设银行股份有限公司东阳支行
	中信银行股份有限公司金华东阳支行
股份制商业银行（13家）	东阳市农村商业银行股份有限公司
	金华银行股份有限公司东阳支行
	兴业银行股份有限公司金华东阳支行
	交通银行股份有限公司金华东阳支行
	平安银行股份有限公司金华东阳支行
	浙江稠州商业银行东阳支行
	浙商银行股份有限公司金华东阳支行
	上海浦东发展银行股份有限公司金华东阳支行
	浙江东阳富民村镇银行股份有限公司
	浙江民泰商业银行金华东阳支行
	恒丰银行金华东阳支行
	浙江泰隆商业银行金华东阳支行
	台州银行股份有限公司金华东阳支行
邮政储蓄银行（1家）	中国邮政储蓄银行股份有限公司东阳市支行

2018年年末东阳市各银行业金融机构存贷款余额(本外币)统计表

表39

单位:万元

金融机构	年末存款余额			年末贷款余额			
	合计	单位存款	个人存款	合计	短期贷款	中长期贷款	票据融资
农业发展银行	14190	14190	—	99764	19764	80000	—
工商银行	1533603	621958	904177	936920	476249	460414	256
农业银行	2343005	891565	1444787	1287840	852838	384575	50427
中国银行	749983	336051	409843	971768	633737	334295	3629
建设银行	1141409	589103	549652	938128	585313	318720	34095
农商银行	3488478	1236019	2153248	2115126	1406512	708609	—
富民村镇银行	65778	24760	41017	172070	150705	21365	—
金华银行	415470	336313	78929	260927	184201	48726	28000
邮政储蓄银行	1129893	23584	1105141	250752	110522	140230	—
兴业银行	209967	182236	27729	183364	133439	49925	—
交通银行	93975	66231	27729	142610	70392	71168	1050
平安银行	23010	8061	14949	84730	54730	30000	—
稠州银行	91538	51702	39077	117830	73461	44265	104
浙商银行	175536	118846	56690	308787	168370	139819	597
中信银行	226053	178274	47767	312575	166055	146520	—
浦发银行	174823	150461	24239	125691	62778	62913	—
民泰银行	31952	19868	12085	32069	26440	5629	—
恒丰银行	9524	754	8769	12244	7464	4779	—
泰隆银行	16513	7563	8950	19264	18872	392	—
台州银行	7125	3019	4105	16996	15044	1951	—
合计	11941823	4860558	6958884	8389454	5216886	3054295	118159

说明:各行(社)存款金额不包含代理财政性存款

【中国银行股份有限公司东阳支行】 2018年,中国银行股份有限公司东阳支行(简称中行东阳支行)本外币各项存款余额80.80亿元,比年初增加1.10亿元;本外币各项贷款余额97.33亿元,比年初增加5.42亿元。个人贷款8.78亿元,比年初增加4.55亿元,个贷余额15.96亿元。不良贷款余额0.91亿元,不良率0.93%,全年合计清收化解不良资产1.74亿元。10月,首次获得开办地方国库集中收付代理业务资格,获得财政预算单位代发薪业务资格。

中行东阳支行发挥“投资银行及影视文化产业专业支行”特色,依托“影视通宝”融资产品,扶持影视企业,核定授信总量7.1亿元,贷款余额4.67亿元。协同金华市商务局召开全市对外承包工程业务推进会,为市建筑龙头企业开立全省首笔协议联合体项下履约及预付款保函,年末合计为11家东阳企业开立境内外保函62笔,共计金额2.06亿元,实现国际结算量7.97亿美元,跨境人民币3.54亿元。 (张　瑜)

【中国建设银行股份有限公司东阳支行】 2018年,中国建设银行股份有限公司东阳支行(简称建行东阳支行)各项存款余额114.16亿元,其

2018年6月29日，建行东阳支行与广厦学院党建共建合作单位揭牌仪式举行 （建行东阳支行提供）

中对公存款余额58.92亿元、个人存款55.22亿元、同业存款0.02亿元。各项贷款余额93.81亿元，比年初增加10.82亿元。贷款不良额4946万元，比上年减少5270万元，不良率0.53%，比年初下降0.7个百分点。其中对公贷款不良额减少4343万元、个人贷款不良额减少927万元。实现中间业务净收入7546.12万元，比年初提升0.18个百分点。其中，对公中间业务净收入3970.10万元，个人中间业务净收入3576.02万元。实现主营业务收入3.26亿元。实现拨备前利润2.6亿元。实现经济增加值0.86亿元。实现上级行KPI（关键绩效指标）综合考核得分202.47分(二百分制)，列金华分行系统县市支行前3位。获2016～2017年度中国银行业协会安全管理百家先进单位称号。建行东阳支行各营业网点有全国级青年文明号1家，省级青年文明号2家，省级巾帼文明示范岗2家，省级“十佳女职工网点”1家。继续保持浙江省银行业协会“最安全银行”荣誉，继续保持“中国银行业文明规范服务千佳示范单位”称号。

2018年5～12月，建行东阳支行党委与浙江广厦建设职业技术学院党委、南马南磁实业有限公司以及虎鹿镇葛宅村、湖溪镇清潭村、后山店东村3个省级文明村党支部签订《党建共建协议书》。依托“党费云”平台，帮助党建共建单位实现手机缴纳党费。

2018年8月，东阳市首家“劳动者港湾”在建行东阳支行营业部揭牌，“劳动者港湾”休息室配备有卫生间、饮水机、微波炉、图书、手机充电器、老花镜等基础惠民服务设施以及雨具、急救箱等应急使用服务设施。至年末，该行10个网点挂牌“劳动者港湾”。 （黄湘乔）

【浙江东阳农村商业银行股份有限公司】 2018年，浙江东阳农村商业银行股份有限公司（简称东阳农商银行）各项存款余额348.85亿元，比年初增加43.98亿元，增长14.43%，占全市金融机构市场份额的28.33%；各项贷款余额211.51亿元，比年初增加31.52亿元，增长17.51%，占全市金融机构市场份额的25.21%。不良贷款率0.93%，低于全省农信、金华农信及东阳市银行业平均水平，20项监管指标达到银监部门好银行标准，连续三年获银监会2C级监管评级。

东阳农商银行与市政府联合发起“3355”工程（通过3年时间，到2020年末普惠签约授信总额达到300亿元，五大服务助推乡村振兴，五大改革助力乡村振兴），与乡镇（街道）签订“银村、银镇”战略合作协议，组建村级信用小组，选派“金融顾问”，推进小微园和集聚区农房改造项目，参与全市“十美村”“百局联百村”助力薄弱村建设等活动。信用小组覆盖40%的行政村，普惠快车农户建档35.33万户，建档面100%；推出“阳光·幸福存”定期存款产品、大额存单等存款类产品和“阳光·续贷通”“阳光·美丽乡村贷”“阳光·安居贷”等贷款产品，涉农与小微企业贷款分别比年初增加29.6亿元、18.23亿元，占新增贷款九成以上，其中95%以上

2018年1月29日，东阳农商银行存贷总额超500亿发布会暨2000万“阳光·助教基金”成立仪式举行 （吴 超/摄）

投向500万元以下的个人和小微企业;普惠签约率37.33%,比年初增长3.58%,在390个行政村(社区)、268个单位开展"整村授信"工作;上线"浙里贷"产品,以无面签在线申请、零等待实时审批放款的办理模式,实现信贷业务办理"一次不用跑";服务在外东阳人,回归存款75亿元,发放贷款32亿元。发行首期高净值客户专享理财产品,年内累计发行理财产品182期,累计募集金额突破50亿元;推进省农信联社清算路径,完成国际结算量2.5亿美元,比上年增加1206万美元。开展乡村振兴"青春花样跑"、支持"红领青年"创新创业、成立2000万元的"阳光·助教基金"等举措,累计向社会捐款4000余万元,2018年缴纳税收3.4亿元,连续十三年蝉联市纳税十强企业。

东阳农商银行启动"社银联通"工程,开通"工商注册通"业务,布放"发票自助申领机具"。发展线上金融,推出综合积分系统,抢占线上客户,至年末,签约"丰收互联"客户30.82万户,比年初增加10.67万户,"丰收互联"客户覆盖率61.66%,互联网客户占全市人口1/3。通过缴费通业务实际缴费5.96万笔,金额5884万元,带动电子银行业务拓展,增加电子账户2.3万户。与市卫计局、市人力社保局合作推出"东阳人社"项目,实现社保业务"掌上办理"和医疗服务"线上体验",是全省首个"社保、医疗"项目嵌入"丰收互联"端,全市80余万人次参与该项目的线上服务体验(其中"丰收互联"端1.7万人),作为社保合作典型项目在全省农信系统推广。完成"金华社保代发系统""流动性风险管理系统"的研发工作,开展"全员营销系统""电子回单打印系统"等科技项目。将城区4家分理处升级为二级支行。

60万元(含)以下小额贷款82.84亿元,占比39.16%,比年初上升1.12个百分点;收回表内外不良贷款本息1.89亿元;东阳农商银行制定《全面风险管理体系建设三年规划》,建立风险偏好指标和风险限额两大体系。组织开展消费者权益保护工作等29个审计项目;开展安全评估总结验收等大检查,连续六年获"省级平安单位"。 (叶　端)

【金华银行股份有限公司东阳支行】 2018年,金华银行股份有限公司东阳支行(简称金华银行东阳支行)各项存款余额41.5亿元,比年初增加7.06亿元,增长20.4%;各项贷款余额26.09亿元,比年初减少0.4亿元,下降1.55%;不良贷款余额3850万元,比年初减少5735万元;全年实现经济利润2933万元,比上年减少995万元。实现无经济案件、无刑事案件、无重大责任事故的"三无"目标。继续保持浙江省级文明单位称号。增加各类贷款4.5亿元,比上年增长22.7%;增加贷款企业68户,投放信贷资金1.26亿元;上缴各类税费1261万元,获东阳市2018年度纳税百强企业称号。

金华银行东阳支行推出科技风险池贷款、诚信纳税企业信用贷款、"小微通"循环贷、"小微通"订单贷等新品种,成为企业融资新渠道;推出"转贷宝"和"微贷"贷款服务项目,优化信贷服务。开展信贷业务、零售业务、综合临柜业务、安保等培训23次,参加培训人员1046人次;加大检查监督力度,全年下发《检辅通报》和《督查通报》各12个,处罚违规人员59人次;组织开展重要岗位人员轮岗和强制休假,安排重要岗位人员轮岗47人、强制休假10人;全年开展贷款风险排查12次,主动退出公司贷款40户和金额5750万元;全年收回历年和当年新产生不良贷款本金8077万元。

2018年5月,金华银行东阳横店小微企业专营支行开业。支行位于东阳市横店镇康庄北街99号。内配员工8人,内设自动存取款机2台。支行可办理银行卡、定期存款、转账、开通网上银行、手机银行、短信提醒、生息宝、自助银行存取款、水电费代扣、信用卡、小微企业及个人贷款、购买理财等业务。 (杜刚红)

【中国邮政储蓄银行股份有限公司东阳市支行】 2018年,中国邮政储蓄银行股份有限公司东阳市支行(简称邮政储蓄银行东阳市支行)各项存款余额112.98亿元,各项贷款结余35.77亿元,不良贷款率0.79%。

邮政储蓄银行东阳市支行推出走访小微企业活动,举办客户座谈、产品推荐会10余场。开展外拓活动300余次,宣传客户1万余人,发放宣传折页3.5万余份;布放商易通机具670台,扫码付1002户,提高商家结算便捷度;与政府平台、协会、商会等机构开展合作,通过机构推荐、上门营销、流程跟踪、贷后回访等模式提高信贷业务发展。 (虞旭凯)

【兴业银行股份有限公司金华东阳支行】 2018年,兴业银行股份有限公司金华东阳支行(简称兴业银行东阳支行)本外币一般性存款余额20.99亿元,比年初增加4.24亿元,增长25.31%;本外币贷款余额18.34亿元,比年初增加7.75亿元,增长73.18%;不良贷款率0.69%;关注类贷款率1.31%。继续保持浙江省"青年文明号"、浙江省"巾帼文明岗"、金华市"文明单位"、金华市"创安"先进单位、东阳市十佳"银行业金融机构群众满意服务窗口"等称号。兴业银行东阳支行党支部被推选为杭州分行星级基层党支部,1人获杭州分行"优秀共产党员"、2人获义乌分行"优秀员工"、1人获"东阳市劳动模范"称号。

兴业银行东阳支行通过政府转贷资金为困难企业办理转贷20笔,金额2.42亿元,通过资产转让方式处置不良资产4笔,涉及金额5026万元,至年末,不良贷款余额1260万元,不良贷款率0.69%。

兴业银行东阳支行开展"安愉学院"课堂。针对老年人群,为老年客户提供金融服务,开展养生、法律知识讲座、才艺培训等符合老年人兴趣爱好活动20余场。

小康路社区支行提供错时服务、各类签证代办、代收代缴、养老等综合金融服务,至年末,社区支行办理借记卡4229张,综合金融资产余额达2.14亿元,受理个人贷款累计金额1.43亿元。

(孙金燕)

【交通银行股份有限公司金华东阳支行】 2018年，交通银行股份有限公司金华东阳支行（简称交通银行金华东阳支行）本外币各项存款余额10.26亿元，各项贷款余额14.25亿元。全行新增投放个人按揭贷款171笔，投放金额1.27亿元。建立专职小微客户经理队伍，负责小微客户营销拓展与管理。新拓展小微客户30户，授信金额1.48亿元。

交通银行金华东阳支行开展公司客户走访工作，累计走访公司授信客户及拟授信客户52户，完成全年进度的173%。全年上报授信30户（小微授信30户），金额1.48亿元。成功营销首个股市募集资金专户——浙江联宜电机股份有限公司，日均存款4100万元。

交通银行金华东阳支行推动网点服务新模式，配置2台智易通、1台现金循环机、2台手持终端等设备。创建会计达标示范行，成为金华分行4家省级会计达标示范网点之一。获中国银行业协会"三星级营业网点"称号；在总行开展的"走进交行，感受温馨"消保服务专项劳动竞赛中，大堂经理被评为"优秀大堂经理"。 （张晓东）

【平安银行股份有限公司金华东阳支行】 2018年，平安银行股份有限公司金华东阳支行各项存款余额2.3亿元，比年初增加3934万元；各项贷款余额8.47亿元，比年初减少8.09亿元；年度利润-230万元，不良贷款余额2.29亿元，不良贷款率26.97%。

11月8日，横店镇平安银行股份有限公司金华东阳横店社区支行开业。创新推出"线上预约、专人引导、现场开卡"等服务项目，开展"金融知识万里行""金融知识进万家"等各项主题宣传活动6次，发放宣传资料4000余份。 （赵 刚）

【浙江稠州商业银行东阳支行】 2018年，浙江稠州商业银行东阳支行各项存款余额9.07亿元，各项贷款余额11.78亿元，上缴各项税收487万元。被评为浙江稠州商业银行金华分行2018年度先进支行；党支部获浙江稠州商业银行总行2018年度先进党支部称号。 （吴晓宏）

【浙商银行股份有限公司金华东阳支行】 2018年，浙商银行股份有限公司金华东阳支行本外币存款余额17.55亿元，比年初增加0.25亿元；本外币贷款余额30.88亿元，比年初增加2.62亿元；五级不良贷款余额2389万元，比年初减少329万元，不良贷款率0.77%，比年初下降0.19%；获东阳市2018年度纳税超千万企业称号。小企业贷款余额15.30亿元，比年初增加4.65亿元，获总行"标杆机构奖励"、金华分行"先锋贡献奖"和"奋战100天，冲刺90亿"阶段性专项竞赛活动"优胜奖"。 （吕丽明）

【上海浦东发展银行股份有限公司金华东阳支行】 2018年，上海浦东发展银行股份有限公司金华东阳支行（简称浦发银行金华东阳支行）各项存款余额17.48亿元，比年初增加5.04亿元，增长40.5%；各项贷款余额12.57亿元，比年初增加0.8亿元，增长6.78%；总资产22.94亿元；总负债22.96亿元；不良贷款率5.13%。获金华市平安单位称号。推出"线上预约开户"服务，企业客户只需3步即可开立单位结算账户，提前预约。扶持小微企业，推出"房抵快贷""小微创业贷"等针对小微企业的金融产品，拓宽抵押范围、延伸服务对象；重视降低小微企业成本，根据小微企业的具体情况实行利率优惠。 （吴佳佳）

【中信银行股份有限公司金华东阳支行】 2018年，中信银行股份有限公司金华东阳支行各项存款余额22.61亿元；各项贷款余额31.26亿元，余额存贷比138%。与东阳市交投集团有限公司、东阳市城投集团有限公司等国资企业开展合作；向上级行争取，成功获批并投放中南新城樾府项目代销信托5.5亿元。贷款余额在全市金融机构中名列第八，列中小股份制银行第一。推动处置和化解风险，采用帮扶资金企业转贷累计金额2.09亿元。不良贷款余额2096万元，不良贷款率0.67%，低于全市平均不良贷款率61个百分点。 （王 英）

【浙江东阳富民村镇银行股份有限公司】 2018年，浙江东阳富民村镇银行股份有限公司存贷款规模25亿元，各项存款余额65777.63万元，比年初增长20992.4万元，比上年增长46.9%；各项贷款余额172069.71万

2018年3月15日，浦发银行金华东阳支行走进广场开展金融知识进万家活动
（浦发银行金华东阳支行提供）

元，比年初增长36201.53万元；不良贷款率0.18%，较年初下降0.09%；3家网点借记卡累计发放8724张；存款户数13913户。东阳富民村镇银行被评为“鹿城农商银行优胜村镇银行”“东阳市先进单位”“全国支农支小先进村镇银行”等称号。（陈　超）

【浙江民泰商业银行金华东阳支行】 2018年，浙江民泰商业银行金华东阳支行（简称民泰银行东阳支行）各项存款日均2.78亿元，比年初增加1.08亿元；贷款日均2.9亿元，比年初增加0.39亿元；不良贷款余额321万元，不良贷款率1%。

2017年11月24日，民泰银行东阳支行成立浙江民泰商业银行东阳横店小微企业专营支行，地址东阳市横店镇东磁路26号。至2018年年末，支行各项存款日均0.35亿元，比年初增加0.22亿元；贷款余额0.3亿元，比年初增加0.29亿元。（何楼强）

【恒丰银行金华东阳支行】 2018年，恒丰银行金华东阳支行存款余额9524万元，贷款余额12244万元，不良贷款率为零。获杭州分行“青年文明号”称号。（郭佳佳）

【浙江泰隆商业银行金华东阳支行】 2018年，浙江泰隆商业银行金华东阳支行各项存款余额16513万元，各项贷款余额19264万元，实现账面利润473万元，比年初增加601万元。落实“党建+金融”普惠金融示范村项目，与全市5个乡镇开展“党建+金融”示范乡（镇）合作，为3个村开展“整村授信”、与市总工会合作推出电子工会会员证即“敬业卡”业务，向市总工会授信10亿元，敬业卡有“会员、金融、福利”三卡合一功能，在全市推广。（沈田阳）

【台州银行股份有限公司金华东阳支行】 2018年2月7日，台州银行股份有限公司金华东阳支行成立，下设前台业务部、业务拓展一部、业务拓展二部、小额信贷拓展4个职能部门，在编职工24人。至年末，各项存款余额7125万元，其中储蓄存款余额4105万元；各项贷款余额16996万元，不良贷款率为零。（陈梦玲）

证券　期货

【概况】 2018年，全市有证券公司分支机构8家，存量账户数203485户，比上年增长6.33%，环比增长0.32%；新增开户数711户，比上年下降44.07%，环比下降17.71%；证券交易额158.71亿元，比上年下降19.95%，环比下降30.37%；保证金金额8.28亿元，托管市值余额125.91亿元，净流量（流入—流出）-0.25亿元。私募理财产品销售数0.38亿元，月末融资余额8.24亿元，融券余额114万元。

全市有期货公司1家，存量账户数715户，比上年增长7.84%，环比增长0.14%；新增开户数1户；总交易额12.86亿元，比上年下降16.93%，环比下降36.65%；保证金金额514万元，比上年下降55.75%，环比下降59.70%；成交量15757宗，比上年下降23.72%，环比下降21.47%；资金净流量0.29亿元，比上年增长34.66%，环比下降11.64%。（金国超）

【浙商证券股份有限公司东阳新南路证券营业部】 2018年，浙商证券股份有限公司东阳新南路证券营业部（简称浙商证券东阳营业部）代理沪深两地证券交易、基金、债券、期货中间介绍（IB）及监管部门许可的其他金融业务。浙商证券东阳营业部客户数84703户，存量资产69亿元。完成A股、基金和“两融”类交易总量1190亿元。营业部期货IB业务完成交易量130.2亿元，存量资产904万元。融资融券业务日均规模6.2亿元。销售各类基金和理财产品8.5亿元。（蒋舒蓓）

【浙商证券股份有限公司横店万盛北街证券营业部】 2018年，浙商证券股份有限公司横店万盛北街证券营业部客户数9100户，日均资产8.08亿元，完成A股、基金和“两融”类交易总量约84亿元。配合市政府金融办及各乡镇开展企业对接资本市场宣导工作，成功动员9家企业挂牌浙江股交中心基础层创新板。（蔡　虹）

【中信证券股份有限公司东阳中山路营业部】 2018年，中信证券股份有限公司东阳吴宁西路证券营业部36人具备基金销售资格，9人具备期货从业资格，14人具备投资顾问咨询资格。实现营业收入1357.31万元，被市政府评为“2018年度纳税百强企业”。（王倩倩）

【方正证券股份有限公司东阳吴宁东路营业部】 2018年，方正证券股份有限公司东阳吴宁东路营业部完成A股、基金和“两融”类交易总量205亿元，手续费收入612万元，托管市值6.47亿元，存量客户账户50066户，信用账户188户。获方正证券股份有限公司第八届“赢在方民”业务竞赛新业务卓越奖和杰出奖。（周慧君）

【金元证券股份有限公司东阳中山路证券营业部】 2018年，金元证券股份有限公司东阳中山路证券营业部新增客户总数105户，新增信用账户零户；累计托管资产2.34亿元，“两融”余额860万元；累计交易量86.76亿元；总收入为106.36万元，利润-0.14万元。（吴大成）

【财通证券东阳甘溪西街营业部】 2018年，财通证券东阳甘溪西街营业部开户766户，核心客户数10户，增加资产8500万元。A股总交易量19.95亿元，客户交易结算资金余额821万元，指定与托管证券市值2.5亿元。（王　挺）

【中国银河证券东阳十字街证券营业部】 2018年，中国银河证券东阳十字街证券营业部开户1029户，其中融资融券账户1户，引进客户资产10.32亿元，资产峰值17.68亿元，总成交量34亿元。6月，被中国银河证券总部授予“百日业务大比拼”营销精英奖。该营业部于2017年10月成立，2017年12月正式开业，地址吴宁街道十字街13号。内设交易运行部、综合管理部、营销部3个部门，员工8人，是金华银河证券营业部的卫星营业部。（黄莺歌）

【西藏东方财富证券有限公司东阳人民路证券营业部】 2018年，西藏东方财富证券有限公司东阳人民路证券营业部总开户数192户，客户托管总资产1800万元，年度增加资产924万元，年度总成交金额14.28亿元，交易佣金33.85万元，交易净佣金23.53万元。该营业部于2017年5月24日成立，地址吴宁街道江滨社区人民路210号，隶属于西藏东方财富证券股份有限公司旗下营业部，主要经营证券经纪、证券投资基金代销、证券投资咨询、代销金融产品、融资融券(依法须经批准的项目，经相关部门批准后方可开展经营活动)。 (金向乐)

【浙江新世纪期货有限公司东阳营业部】 2018年，浙江新世纪期货有限公司东阳营业部存量账户数724户，比上年增长7%；总交易额271.10亿元，比上年增长38.2%；保证金金额2922.89万元，比上年增长36.1%；成交量325255宗，比上年增长0.1%；资金净流量流入776.28万元。 (楼云霞)

保险业

【概况】 2018年，东阳市有保险公司分支机构33家，其中财产保险公司20家、人寿保险公司13家。保费收入29.09亿元，其中财产险10.59亿元，比上年增长9.74%；人身险18.50亿元，比上年增长14.12%；赔款支出10.52亿元，其中财产险5.41亿元、人身险5.11亿元。

【中国人民财产保险股份有限公司东阳支公司】 2018年，中国人民财产保险股份有限公司东阳支公司(简称东阳人保财险)实现保费收入4.11亿元，成为东阳市首家四亿规模的财险公司，处理各类赔案30967件，累计赔款2.17亿元。

东阳人保财险优化服务，推出“直升机救援”服务项目；与相关政府职能部门开展医疗责任险、校园责任险、体育设施公众责任险、养老机构责任险、残疾人意外险等民生保险合作，独家承保道路安全责任保险、精神病人监护人责任保险。与市建管局、公共资源交易中心合作，独家承办建筑行业投标保证保险。9月19日，市公共资源交易管理委员会办公室发布通知：自9月24日起，由东阳人保财险牵头，开展建设工程投标保证金保险保函试点工作，东阳人保财险出单平台与东阳市公共资源交易中心网站投标模块创建链接，建立交易平台，投标企业通过东阳市公共资源交易中心网站就能选择保函投标，再到人保公司缴费出单，即可完成投标报名。10月25日，东阳人保财险为东阳建筑企业办理全市首单投标保证保险。 (方扬晔)

【中国太平洋财产保险股份有限公司东阳支公司】 2018年，中国太平洋财产保险股份有限公司东阳支公司实现保费收入1.05亿元，比上年增长15.3%；市场份额9.9%，居行业第三位；赔款支出5277.57万元，缴纳地方税款32.2万元。 (卢俊霞)

【中国平安财产保险股份有限公司东阳支公司】 2018年，中国平安财产保险股份有限公司东阳支公司在售保险产品：机动车辆险、企业财产险、家庭财产险、工程险、责任险、意外险等。2018年保险份额占全市23.4%，东阳市同业排名第二。 (李 芊)

【中华联合财产保险股份有限公司东阳支公司】 2018年，中华联合财产保险股份有限公司东阳支公司保费收入1844.16万元，比上年增长16.90%，赔款支出1134.37万元，比上年增长1.5%。 (张朝亮)

【中国人寿保险股份有限公司东阳市支公司】 2018年，中国人寿保险股份有限公司东阳市支公司保费收入11.3亿元，受理各类理赔案件23266件，给付赔款6411.85万元。

2018年东阳市保险业运行情况表

表40 单位：万元

保险机构		本年累计保费收入	比上年增长	本年累计赔款支出	赔付率
财产险	全市财险合计	105858	9.74%	54060	51.07%
	人保财险	41127	11.44%	21371	51.96%
	太平洋财险	10477	15.30%	4924	47.00%
	平安财险	24753	16.63%	11565	46.72%
	天安财险	1669	8.67%	887	53.18%
	中华联合财险	1844	16.90%	1134	61.51%
	大地财险	5471	5.40%	2908	53.15%
	阳光财险	1999	−15.29%	1707	—
	中银保险	463	−13.98%	76	16.48%
	亚泰保险	—	—	—	—
	人寿财险	8373	11.42%	3654	43.64%
	华泰财险	110	−14.71%	—	—

续表 40

保险机构		本年累计保费收入	比上年增长	本年累计赔款支出	赔付率
财产险	长安保险	982	—	394	58.20%
	安诚财险	833	−41.02%	759	91.16%
	浙商财险	1438	26.02%	822	57.18%
	紫金财险	964	—	717	74.36%
	永安财险	471	−33.74%	383	81.43%
	太平财险	2545	16.95%	1180	46.38%
	安邦财险	949	−25.12%	996	104.90%
	华安财险	371	—	—	—
	都邦财险	1019	—	579.78	56.88%
人寿险	全市人寿合计	185066	14.12%	51094	—
	中国人寿	108430	9.23%	33891	—
	太平洋人寿	8736	25.21%	3727	—
	平安人寿	37457	23.24%	8326	—
	太平人寿	5923	4.97%	0	—
	人民人寿	10378	9.22%	4161	—
	信泰人寿	814	365.24%	118	—
	幸福人寿	534	−29.87%	58	—
	泰康人寿	2999	64.60%	116	—
	新华人寿	4987	21.44%	589	—
	民生人寿	230	−10.30%	65	—
	中德安联人寿	1032	0.05%	0	—
	华泰人寿	862	−6.31%	0	—
	合众人寿	957	37.30%	45	—
	农银人寿	1420	464.96%	0	本市无 分支机构
	阳光人寿	307	−15.17%	0	—

说明：数据由金华市保险业协会提供

被省委省政府命名为“文明单位”，被市政府评为“2018年度纳税百强企业”。 （韦　华）

新型金融组织

【小额贷款公司】 2018年年末，全市有小额贷款公司7家，总注册资本17亿元，贷款余额18.51亿元；年化加权平均利率15.61%；逾期贷款余额5亿元；逾期率27.03%。放贷款55.01亿元，比上年增长48.03%；净利润1.17亿元，比上年增长37.17%；纳税0.58亿元。年内汇峰文创小贷减资0.4亿元。凤凰通宝小贷与北京融世纪信息技术有限公司合作开展网络小额贷款业务，至12月末，贷款余额206.79万元，客户91户，年化平均利率11%。

【民间融资服务中心】 2018年年末，民间融资服务中心出借需求登记余额19.32亿元，借入需求登记余额125.61亿元，撮合成交余额3.87亿元，其中自有资金匹配1.11亿元、委托资金匹配2.76亿元，成交平均年利率13.63%。2014年5月开业至2018年年末办理转贷业务4293笔、金额89.60亿元。

【民间资本管理公司】 2018年年末，全市有民间资本管理公司2家，注册资本1.5亿元。全年增加定向集合资金募集项目9期，即东阳市钜银民间资本管理股份有限公司（简称钜银民资）增加9期，投资总额1.46元。全年完成短期性财务投资（含转贷业务）1147笔。其中，东阳市花园民间资本管理股份有限公司（简称花园民资）284笔，累计金额5.62亿元，年末余额2023万元；钜银民资863笔，累计金额32.57亿元，年末余额5090万元。全年自有资金（一年以上股权或债权）投资8笔。其中，花园民资2笔，投资金额4000万元；钜银民资6笔，投资金额3250万元。两家公司2018年度考核等级均为优秀。

（金　栋）

城乡规划

【概况】 2018年，东阳市规划局完成城区城市规划项目论证31项，规划公示121项，规划报批82项，出具规划设计条件82件，组织建设项目规划批前公示130项；受理行政审批事项812项，办结797项；完成村庄危旧房整治规划方案785个，方案报批782个，启动定桩放样村庄数727个，完成定桩放样户13134户；核发建设项目"一书三证"(《建设项目选址意见书》"建设用地规划许可证""建设工程规划许可证""乡村建设规划许可证")1189件，建设工程规划核实确认书22件；查处违法建设案件38起，下达停建通知书33份，上报市政府对违法抢建作出强拆的责成意见10份，做出行政处罚3起，罚款31026.77元。承办人大代表建议34件，政协提案42件，满意率100%。

【上位规划编制推进】 2018年，杭温高铁项目确定总体规划。高铁新城项目确定总体规划。6月，市域总体规划纲要形成评审稿；9月，通过省住建厅专家评审。完成并通过横店镇、巍山镇、南马镇等12个乡镇的总体规划方案评审。联合高铁新城管委会，委托省城规院编制高铁新城总体规划，3月，获市政府批准实施。

【控规编制】 2018年，全市编控规(控制性详细规划)覆盖率100%。中心城区有30个控规单元，18个单元报经市政府批准实施，5个单元涉及重要基础设施或重要项目暂缓报批，1个单元待相关路网明确后再行报批，6个单元完成评审方案；迎宾大道以东区块形成控规评审方案。横店镇有13个控规单元，8个上报市政府审批，其中6个获批准实施；巍山镇、虎鹿镇、歌山镇、东阳江镇、马宅镇、佐村镇、三单乡7个乡镇控规单元报市政府审批，获市政府批准；南马镇、湖溪镇、千祥镇、画水镇4个镇控规单元报市政府审批，通过市规划委员会审议；各镇乡街道镇域控规完成初步规划。

【配套服务设施专项规划】 2018年，浙中生态廊道专项规划、绿色建筑专项规划、综合交通廊道规划、中心城区综合交通改善规划经市政府批准实施；市域给水排污专项规划、绿地系统规划修编、第一批与第二批历史建筑规划完成报批；中心城区公共交通规划、轨道交通站点衔接规划形成公示稿，第三批历史建筑规划在公示；浙中生态廊道修建性详细规划、轨道交通站点周边用地控制规划通过评审。市规划局配合开展低小散工业用地的整治工作，完成巍山镇平安区块、巍山镇狮子山区块、南马镇南湖仿古微创园、千祥镇箱包微创园、歌山镇西宅区块、南市街道大联区块6个区块的微创园规划编制工作。

【危旧房治理改造规划编制工作】 2018年，市规划局完成村庄危旧房整治规划方案编制工作，加快推动规划落地实施。联系镇乡政府，对完成规划公示的村庄，落实农户分户工作；按照规划公示村边报批边定桩放样的原则，在国土部门农房批基审批的基础上，加快农房规划审批。全年完成村庄规划方案785个，规划编制率100%。完成方案报批782个，报批率99.62%；启动定桩放样的村庄727个，完成定桩放样户13134户，定桩放样率53.16%；抽查拆后重建户数2334户，发现违章建设户数74户，违建率3.17%。

【测绘与地理信息服务】 2018年，市规划局完善地下管线信息管理平台，修订地下管线(道路挖掘)审批流程；对接"一窗受理"平台，通过平台审批事项58起，新建、改建地下管线30余千米。《东阳市第一次地理国情普查公报》报金华市地理国情普查领导小组审核，市政府审批同意。开展全市镇乡建成区监测、危旧房改造监测和生态环境监测工作。组织开展2018年1:500地形图修测工作，更新2017年1:500基础地形图数据库9.6平方千米；完成2017年60平方千米地名地址调查成果入库工作，开展2018年65平方千米精细地名地址调查工作。办理2018年基础测绘成果使用许可13次，提供测绘成果总价值800余万元。

【"零跑路"审批】 2018年，市规划局创新审批模式，对公布的32项"最多跑一次"审批事项，推进"零跑路"审批。规划窗口办理"最多跑一次"事项797件，网上申报96件，办理"零跑路”事项526项,免费快递证书、文书89件。

(徐超群)

国土资源管理

【概况】 2018年,东阳市国土资源局增加建设用地指标191.81公顷,其中单独选址S217(39省道)东阳市十里头至官清段改建工程指标66.00公顷。完成建设用地城市分批次审批14个批次,总面积169.60公顷,其中增加建设用地119.89公顷、农用地117.31公顷(含耕地75.11公顷);完成S217(39省道)东阳市十里头至官清段改建工程报批71.90公顷,其中增加建设用地66.00公顷、农用地62.00公顷(含耕地23.29公顷)。

【土地开发整理】 2018年,金华市下达垦造耕地任务98.67公顷,垦造水田任务89.33公顷,高标准农田建设任务1760公顷,农村土地综合整治项目任务7.60公顷,耕作层剥离任务33.33公顷。至年末,增加垦造耕地面积125.80公顷,完成垦造水田224.40公顷、高标准农田3260公顷、农村土地综合整治项目7.89公顷、耕作层剥离33.53公顷。

【土地宏观调控】 2018年,市国土资源局处理批而未供土地313.93公顷,完成金华任务数(153.33公顷)的201.74%;低效用地再开发125.87公顷,完成金华任务数(60公顷)的209.78%;盘活存量建设用地188.67公顷,完成金华任务数(103.33公顷)的182.58%;闲置土地处置率99.2%以上。

【土地市场供应】 2018年,市国土资源局招拍挂(招标、拍卖或挂牌)出让土地225宗,面积260.04公顷,出让金594076.19万元。其中工业用地84宗、102.81公顷,出让金45646.33万元;经营性用地141宗、157.23公顷,出让金548429.86万元。

【国土资源监察】 2018年,市国土资源局加强违法用地的管控工作,全年巡查4830次,发现违法用地26宗。开展土地卫片执法检查整改拆除工作,拆除复垦27宗,立案拆除48宗,移交其他部门查处12宗。制定《2018年度亮剑行动工作方案》,整治农村违法用地突出问题16个。开展非法开矿专项整治行动,立案查处违法开采矿产资源案件29件。开展扫黑除恶线索排查工作,做好调查报结。开展“大棚房”问题整治工作,排查项目26个,发现问题41个,完成整改工作。配合完成中央、省环保督察整改工作,中央交办的11件全部完成整改,省交办的13件完成整改12件。开展信访登记、受理工作,全年受理群众来信来访658件。

【征地管理】 2018年,市国土资源局完成土地征收项目201个,面积215.74公顷,安置人数1277人。12个乡镇、8个村完成被征地农村基本养老保障参保条件审核,办理参保对象1948人。

【矿产资源管理】 2018年,采矿权总量控制在金华市国土资源局下达的指标内,全市持证矿山总数19家,全年创建国家级绿色矿山1家(东阳市佐村萤石矿),至年末,有国家级绿色矿山2家(东阳市忠信堂萤石矿、东阳市佐村萤石矿)。金华市国土资源局下达的年度废弃矿山“三年清零”治理任务23家,邀请专家对废弃矿山进行现场踏勘,编制治理设计方案并进行招投标。至年末,治理完成通过验收14家。

【重要地质灾害隐患点综合治理行动】 2018年,全市完成15处重要地质灾害隐患点综合治理任务,减少受威胁人数762人。其中,完成避让搬迁7处,减少受威胁人数716人;工程治理8处,减少受威胁人数46人。完成千祥镇岭脚村伏虎山滑坡、东阳江镇学陶村岭园自然村南东沟泥石流、马宅镇岭干村村北滑坡、六石街道裘家岭滑坡、南马镇绕川村蔡明星屋后崩塌5处省重大地质灾害隐患点避让搬迁任务。核销地质灾害隐患点70处。在金华市2018年度地质灾害综合治理考核中排名第一。

(王玫瑰)

城乡建设

【概况】 2018年,东阳市开展小城镇环境综合整治工作。全市15个镇乡街道完成小城镇环境综合整治行动专项规划编制,南马镇获省级优秀规划方案,画水镇、城东街道获金华市级优秀规划方案;15个小城镇通过省级小城镇环境综合整治达标创建,达标创建率100%,城东街道、六石街道、巍山镇、歌山镇、南马镇5个镇街道为省级样板镇。治理改造危旧房,建设农房集聚区。开展城中村改造工作展开。“最多跑一次”改革深化,按照全市统一部署开展行政审批网上自助办理“零跑路”事项和“主动上门服务”事项清理,对照“八统一”标准(服务项目统一、办事指南统一、办事平台统一、办事程序统一、管理制度统一、单位印章统一、服务细节统一、工作时间统一)完善规范服务指南。10月,房地产开发资质在窗口进行网上申报。

【行政审批】 2018年,市住房和城乡建设局行政审批办件量482件,其中三级及以下房地产开发企业资质核准40件、二级房地产开发企业资质核准初审2家、房地产评估机构资质备案2件、商品房预售许可核准30件、建筑工程施工许可5件、燃气类事项1件、市政类事项125件、园林类事项29件、污水排入排水管网许可证核发248件。完成农房信息调查录入工作,录入、审核信息23.05万余条。完成城建档案查询66人次,利用档案412卷;新入工程16个、2204卷。

【公共服务设施建设】 2018年,市住房和城乡建设局完成13期29个小区截污纳管项目前期工作,建设污水处理厂四期和南马西区污水处理厂一期工程,确保按时进水试运行。完成中山路、双岘路道路改造,完成主城区城南东路、解放路、东西街道路改造前期工作。完成体育公园一期前期工作，推进园林绿化建设，助力“园林城市”创建。推进生活小区“污水零直排区”创建，指导各镇乡街道170个小区对标创建。加快改造农村公厕，根据金华市要求，东阳市公厕改造提升任务为798座，至年末，完成改造852座，其中独立式公厕279座、附属式公厕573座，任务完成率106.77%。

【小城镇环境综合整治】 2018年，东阳市小城镇整治实施项目1121个，开工项目1076个，完工938个。2018年新实施项目701个，开工项目666个，完工561个，完工率80%。开展以“环境卫生、道乱占、车乱开、房乱建、线乱拉、低小散”等为重点的专项治理工作。创建国家卫生乡镇1个（横店镇）、省级卫生乡镇7个（横店镇、南马镇、巍山镇、湖溪镇、东阳江镇、佐村镇、三单乡），创建金华市卫生乡镇实现全覆盖。整治“道乱占”“车乱开”现象，开展文明街路共建活动368次，出动人数30300余人次，查处超限超载车辆275辆、污染车辆1025辆；建立道路交通管理队伍15支，查处各类交通违法行为10095起。通过“线乱拉”专项治理行动，实施“线路上改下”整治105.3千米，梳理架空线路442.54千米，完成入户线整治43095户，完成率89.6%。“低散乱”块状行业治理，实施“飓风整治”暨开展村（社）居民区低散乱企业“清零入园”专项行动，完成整治村（社）居民区488个，企业731家，整治涉及安全、消防、环保、无证无照、违建等问题企业3909家，确定“小升规”培育企业168家，拆除581家企业违章建筑面积1667284平方米，腾出用地空间130.07公顷，腾出厂房568369平方米。全市微创园建设布局规划初步完成，10个小微园启动建设。

【危旧房治理改造】 2018年，市住房和城乡建设局验收通过6户“三类人员”（低保户、特困人员、贫困残疾人家庭）的农村危房改造，发放补助资金7.5万元。完成规划编制、国土审核，高标准编制村庄规划785个，完成宅基地审批36402户。启动拆后重建，定桩放样村庄750个，定桩放样14116户，农户宅基地排基到户率57.47%。推进城区、横店镇、巍山镇、南马镇4个农房集聚区建设。全市申请集聚区报名审核通过并发放集聚凭证10080户，一期集聚总占地面积21万平方米，总建筑面积60.04万平方米，可安置4700余户。其中，城区农房集聚区，总用地面积66181平方米，总建筑面积259512平方米，由12幢28层高层住房和裙房组成，可安置1720户；横店农房集聚区，总用地面积78525平方米，总建筑面积286394平方米，由14幢21~33层高层住房和裙房组成，可安置1633户；南马农房集聚区，总用地面积35352平方米，总建筑面积127474平方米，可安置708户；巍山农房集聚区，总用地面积32716平方米，总建筑面积127053平方米，由9幢高层建筑和裙房组成，可安置702户。至年末，4个农房集聚区都按期开工建设，计划2020年年末交付使用，城区、横店2个农房集聚区（一期）于11月30日完成安置顺序号电脑摇号工作。

【城中村改造】 2018年，东阳市开展城中村改造工作，完成槐堂（高铁新城）项目可行性研究报告的编制和征收补偿协议的签订工作；完成南山改造项目可行性研究报告的编制，补充、更正、完善前期资料；完成金店棚改项目房屋评估、宅基地初审公示、社会稳定风险评估，完成签约288户，签约率93%；基本完成西岘小区棚改项目房屋腾空、拆除工作。

（陆先坤）

城市管理

【概况】 2018年，东阳市城市管理行政执法局办理一般程序案件2735起，收缴行政罚没款380.7万元；参与拆除违法建筑2209宗，建筑面积93.48万平方米；数字城管平台派遣处置件38599起，结案数37862起，结案率98.09%；劝导流动摊贩9759起，查扣918起；劝导占道经营12361起，查处462起；取缔灯箱广告819个；受理行政许可5728件，收取各类规费118.52万元；受理信访1596件、“96310”举报投诉1882起、乡镇“四个平台”事件2635件；承办市人大代表建议和政协提案47件（主办27件，协办20件）；处理城乡生活垃圾44.3万吨，日处理约1210吨；城区清扫保洁面积1091万平方米，机械清扫面积445万平方米，机械冲洗面积606.7万平方米；园林绿化养护面积282万平方米；管理城市道路227千米、污水管道222千米、雨水管道261千米、城市路灯32083盏。全局有工作人员1602人，其中执法干部在岗218人、事业在岗129人、编外人员1255人。有在职党员178人。

【机构改革】 自2018年3月2日起，将原由市住房与城乡建设局承担的市政公用、园林绿化、路灯等城市基础设施运行、维护、管理及燃气行业管理等职责整合划入城市管理行政执法局。5月15日，市住房与城乡建设局所涉及的市政公用管理方面的行政审批及行政处罚等事宜，由市城市管理行政执法局负责实施。

【队伍建设】 2018年，市城市管理行政执法局开展“强基础、转作风、树形象”三年行动。4月9日、6月4日、6月19日，分别对2011至2016年招录的69名年轻干部、2018年招录的36名公务员和29名基层中队长进行训练和培训，并进行过关考核。修改完善《局系统防汛应急演练预案》《局系统防汛应急演练实施方案》，7～8月，组织市城市管理行政执法局各大队、市环卫处、市政公用管理局开展防汛应急演练14次，参演人数272人次。

【行政执法人员换装】 2018年11月1日，市城市管理行政执法局在市民广场举行换装仪式。该次换装为全国统一的城市管理执法制式服装和标志标识，服装颜色为藏青色及天空蓝色，搭配金色标志，标志标识的设计采用国徽、人字飘带、盾牌、牡丹花、橄榄枝等元素。5朵牡丹花代表构建权责明晰、服务为先、管理优化、执法规范、安全有序的城市管理

2018年11月1日,市城市管理行政执法局举行统一换装仪式
(市城市管理行政执法局提供)

体制。制式服装及标志标识文字统一使用“城市管理执法”字样,表明着装队伍身份。

【市容管理】 2018年,市城市管理行政执法局落实23条精品街常态化管理工作,刊发一周一督查通报50期,协调、落实区域交叉、职责重叠、权属不清案件169起,精品街微信群派遣4268起,金华市精品城市管理考核成绩平均分98分以上,列金华各县市第二(裸分第一)。7月,制定《优化服务措施、强化源头管理工作实施方案》和《精品街区、小区创建工作实施方案》,将精品城市考核模式扩大到32条街(区)的创建范围,通过每月2次的检查排名,提升城市管理精细化水平。

【全市禁燃烟花爆竹】 自2018年3月20日起,全市行政区域内全年禁止燃放烟花爆竹。3月,市政府办公室印发《全市烟花爆竹禁燃工作方案》,成立以市长姚激扬为组长的市烟花爆竹禁燃工作领导小组,下设办公室在市城市管理行政执法局。开展禁燃宣传工作,签订承诺书15.55万份,出动宣传车546车次,发放宣传资料13.44万份,悬挂横幅1377条,设置LED显示屏宣传标语581条,入户宣传4.43万户,建立村级防控队伍1093支,设置山林墓地宣传牌557块,发送短信27.43万条,每周发布禁燃工作动态。组织相关部门、镇乡街道干部在清明、冬至等节假日期间在重点地段不间断巡查,清明节当日发生1起违规燃放行为,冬至期间无违规燃放。至年末,全市违规燃放13起。

【建筑垃圾规范化处置】 2018年7月,市政府办公室印发《关于推进城区建筑垃圾规范处置的实施意见》,对城区范围内的建筑垃圾统一由公开招标中标的渣土运输承包商名录成员单位负责有偿清运。因装饰装修房屋等产生的少量建筑垃圾,居民可拨打“12345”和“86020022”,由指挥平台指派清运车辆进行统一清运。清运公司对居民装饰装修建筑垃圾清运收费实行优惠,小型运输车辆不超过200元/车。居民装修垃圾及砖石、混凝土、陶瓷等石质类为主的建筑垃圾,统一运输到东阳市建筑垃圾回收处理场(设在吴宁街道孙村)进行分选并分类处理。可以利用的废土,统一运输到东阳市建筑废土储备调剂中心。其他不可利用的建筑垃圾,运输到建筑垃圾消纳场回填。至年末,市建筑垃圾回收处理场累计进场清运车辆9067车次,回填垃圾36300余立方米。市城市管理行政执法局查处城区范围内违法运输、处置建筑垃圾类案件209起,处罚金额92550元。

【餐饮油烟整治】 2018年8月,市城市管理行政执法局组织开展餐饮业油烟和散煤使用的自查自纠行动,对699家产生油烟单位及417家相关单位进行排查,对净化装置、烟道设置、散煤使用进行检查,并责令限期整改,逐一销号督促问题解决。至年末,排摸餐饮油烟单位1527家,安装净化装置1499家,完成率98.2%。查处餐饮油烟污染类案件25起,处罚金额12.8万元。

【执法办案】 2018年,市城市管理行政执法局办理一般程序案件2735件(市容环卫类1003件、市政公用类407件、工商管理类703件、绿化管理类26件、环境保护类27件、规划建设类569件),收缴行政罚没款380.7万元。参与拆除违法建筑2209宗,建筑面积93.48万平方米。受理信访1596件。行政诉讼1起(胜诉),无行政复议案件。6月,制定《局法制员工作制度》,在各大队(分局)、中队配备1名以上法制员,案件审核先由法制员进行把关,再逐级上报,以提高办案质量。同月,推广网上办案,逐步实现案件在执法平台上流转,全年网上办案924件,正常办结810件。9月,印发《局“非接触性”执法工作实施方案》,构建管理大数据库,强化部门执法协作,开展新疆籍摊贩、朝阳路占道经营等重点顽疾“严管重罚”。

【执法保障】 2018年,市城市管理行政执法局采购执法记录仪71台、台式计算机71台、打印机20台、对讲机18台、多功能一体机9台、数码相机9台、执法数据存储管理系统平台5台。联合市公安局城管执法大队开展执法行动,当场调解纠纷25起,查处阻碍公务案件20起,刑事拘留1人,治安拘留9人,罚款3人。

【环卫管理】 2018年,市环境卫生管理处加强作业管理,坚持社区每3

天一普扫，精品小区每月2次冲洗。做好垃圾巡回收集工作，收运车辆全部纳入“智慧环卫”平台实时监控，动态调整收集频次，减少垃圾暴露时间。9月，开展城区餐厨垃圾收集收运工作，安排6辆车上门收集(城中区域2辆、江北1辆、白云市场化区域2辆、横店1辆)，收运餐饮单位23612家次，收运餐厨垃圾2538.2吨。

规范中转站和车辆设备的管理工作，完善日常管理各类台账，实现全过程记录。推进环卫设施更新维护，改造公厕5座，补装维修果壳箱291只。开展管理用房安全大检查，清退腾空中转站、公厕、业务用房等违规居住人员125人，搬离商户7家。开展卫生文明公厕创建活动，统一管理考核评分标准，推行分级管理，定人、定时管理。

加强监管考核，查处违反单位规章制度725人次，督办市场化公司日常问题8620个，处置各类环卫投诉举报案件652起。加强填埋场的生产运行和内部管理，填埋气发电1785.86万千瓦·时，处理垃圾渗滤液22.8万吨(日均624.8吨)，建设喷淋除臭设施4套，更新除臭风炮2台。

【城区生活垃圾分类】 2018年5月，市政府办公室印发《2018年城区生活垃圾分类工作实施方案》。市生活垃圾分类管理工作办公室开展垃圾分类宣传工作和“八进”[进社区、进家庭、进学校、进企业、进机关、进商场(市场)、进宾馆(酒店)、进窗口]活动，通过媒体报道360余次，播放垃圾分类公益广告5900余次，入户宣传6600人次，制作围挡、宣传牌7000余块，教育培训67批次9150人次，发放宣传资料25200份，推送短信60000余条。加强垃圾分类收集收运建设，增加分类收集车40辆、分类清运点141个。推动示范小区(街)建设，争创省级高标准示范小区2个、示范街1条。建立每周局长办公会、处务会、每月城区分类工作推进会等工作机制，加强分类指导、检查，全年考核通报12次。至年末，城区生活垃圾分类覆盖率50.87%，垃圾回收利用率30.5%，垃圾无害化处理率100%。

【市政设施维护】 2018年，市市政公用管理局完成城区道路挖掘行政审批141件、排水许可证241件；维修破损车行道3608平方米、人行道21315平方米；维修破损沥青道路11565平方米；盲道改造17166平方米。更换破损雨污水窨井盖595只；维修改造破损窨井348座；安装窨井安全防护网680只；完成茗田花园小区、山口大道、轻纺街、江滨北街等路段13427只窨井、检查井的清淤工作；完成东义路、南市路、博士路、工人路等326.13千米雨污水管网的疏通工作；完成荷山路平川路口、东义路农商银行门口、树德路垃圾转运站等21处积水、污水外溢点改造工作。做好在管桥梁的上下部结构裂缝和沉降的跟踪观测，上报市政府审批中山大桥维修改造工程和迎宾大桥伸缩缝维修加固工程。

【园林绿化管理】 2018年，市市政公用管理局修剪灌木364.37万平方米、草坪割草167.4万平方米，整枝10407株、抹芽6764株；春秋季补种乔木679株、灌木80.67万株、地被植物19464平方米；病虫害防治黄山栾树、紫薇等乔木15189株，防治小叶女贞、红叶石楠、杜鹃等灌木121万平方米，防治地被植物60200平方米；对各路段公园、广场内乔木施肥9900株，草坪、灌木施肥63.7万平方米。

市市政公用管理局完成迎宾大道、兴平西路、百工园、市民花园等路段区域内的绿化整改工作，种植黄山栾树、樱花等乔木640株，八角金盘、南天竹、红花继木等灌木48.5万株，马尼拉等地被植物11664平方米，灌木球75个。在桂花公园、百工园等区域增植无患子、鸡爪槭等乔木578株，红花继木、红叶石楠等灌木11.06万株，种植鲜花19500盆。移植兴平路、迎宾大道等区域香樟、樱花、无患子等乔木237株、灌木4000株。

市市政公用管理局维修歌山画水、节庆广场、市民广场等公园广场地面大理石板、青石板587平方米，修补地砖366平方米，更换木地板264根，安装汀步94块，更换雨水盖板1047块，挖排水沟490米，维修

2018年5月1日，园林工人在城南西路处理因雷暴大风天气倒伏的行道树
(市城市管理行政执法局提供)

座凳、长椅200条,木地板、亭子、长柱油漆530平方米。整修城南东路、望江北路树池233个,铺装南街行道树护树板55棵;处理迎晖路、工人路等路段被水泥封死行道树106棵;维修各路段绿化带侧石4833米,安装、维修绿化带护栏363米;维修、更换人民路东溪大理石栏杆12根。

市市政公用管理局全年完成紫荆尚品、紫樾府、东方诚品等19个工程项目绿化审核工作,完成学士家园、紫荆二期、汇豪名苑等8个工程项目绿化竣工验收。

【路灯管理】 2018年,市市政公用管理局完成对辖区道路、小区路灯的日常维修工作,更换电器光源6620套;三桥两岸及8个公园更换电器光源781套。排查修复城南西路、经八路、关山北路、迎宾大道等路段的控制箱、架空线路、电缆故障484处。矫正安装西街、城南西路、39省道、东永路等路段歪斜灯杆、破损灯头111处。应急处理被撞灯杆32起。监控中心开关灯1334次,报警派工及接受群众报单844起。

市市政公用管理局更换、增设通江花园、节庆广场、百工园、江堤春晓、人民大桥等生锈破旧灯杆和庭院灯231杆,更换管线11510米。增补世贸大道、东义路、城南东路、兴平路等20条道路路灯杆门盖板3244块。完成迎宾大道、节庆广场13杆高架灯的大修及节庆广场中华灯的亮化工作。迁移艺海路—学士路段路灯27杆,铺设及更换双岘路西侧、双岘路(吴宁路—南市路)东侧部分路灯管线2782米。

【燃气行业综合整治】 2018年,市城市管理行政执法局对不符合要求的江北、怀鲁等9家门市部责令停业整改。指导燃气公司加快钢瓶产权置换,严格执行实名登记制度,制订相关考核标准,实行末位淘汰制度,落实配送人员严格执行瓶装燃气销售实名登记制度。至年末,全市智能角阀气瓶完成建档数51万只,钢瓶产权置换完成100%,销售实名登记率80.76%。

8月,金丽温省级天然气管道金衢段配套管道工程东阳支线投产,孙村天然气门站开通运行,吴宁街道、江北街道、白云街道、城东街道、歌山镇、六石街道通气。居民管道燃气价格由原来的4.45元/立方米降到2.95元/立方米,东阳城区26651户居民用上管输天然气。

(朱三五)

三改一拆

【概况】 2018年,东阳市拆除违法建筑316.79万平方米,完成金华市任务数的158.39%。"三改"(旧住宅区、旧厂区、城中村改造)面积524万平方米,完成金华市任务数的142.65%,其中旧住宅区改造232.24万平方米、旧厂区改造102.46万平方米、城中村改造189.3万平方米。全市18个镇乡街道完成金华市级"基本无违建乡镇(街道)"创建,其中湖溪镇等9个镇乡街道完成金华市级"无违建乡镇(街道)"创建;全市1308个自然村、小区中有1298个通过市级"无违建"初验,创建率99.2%。

【拆违工作】 2018年,市"三改一拆"办在全市开展"双十"(每月十大违法建筑和十大"无违建"创建村、小区整治集中攻坚行动)整治行动,拆除重点难点违法建筑46宗、25.05万平方米,整治违建重点村40个、22.56万平方米。5月,市"三改一拆"办制定《"创无违建、助乡村振兴"违法建筑拆除集中攻坚行动工作方案》,针对连片违建、违建重点村、集镇区块违建等10类问题开展集中攻坚行动。全市拆除0.66公顷以上的连片区块17个,违建面积68万平方米,腾出用地空间33.75公顷。

【拆后重建监管】 2018年,市"三改一拆"办开展危旧房拆后重建监管工作,要求农户带方案审批、挂牌施工、统一建设,对放样定桩、正负零验线、施工过程、竣工验收4个环节进行全程监管。市"三改一拆"办每周进行实地抽查,督促镇、村两级落实网格化监管,实行1周1通报。至年末,全市开工重建6881户,竣工2894户,涉及村(小区)452个。开展市级抽查248个村次,拆除违建88处,整改123处。

【道路沿线环境整治】 2018年,市"三改一拆"办开展"四边三化"(在公路边、铁路边、河边、山边等区域开展洁化、绿化、美化行动)整治行动,加强对"两路两侧""桥下空间利用"等问题的整改,完成省、金华市交办以及市级排摸的问题点位整改128宗,创建省级精品示范道路1条(S40省道)。

2018年10月,画水镇杨梅园连片拆违后航拍图

(市"三改一拆"办提供)

【“无违建”创建】 2018年，镇乡街道开展未达标村的“无违建”创建活动，列出创建清单，逐一实施攻坚。南马镇东三村在“无违建”创建中拆除违建120余处、1.23万平方米；千祥镇田心村对房前屋后乱搭乱建问题进行整治，拆除47处、1万平方米。至年末，全市新创“无违建”村(小区)122个，金华市级“无违建乡镇(街道)”3个。

【省“基本无违建市”创建工作汇报会】 2018年1月8日，省政府办公厅副巡视员王飞一行到东阳市考核验收“基本无违建市”创建工作。东阳市召开省“基本无违建市”创建工作汇报会，金华市副市长、东阳市委书记黄敏汇报东阳市“基本无违建市”创建工作情况。参会人员观看东阳市“三改一拆”“无违建”创建视频短片，金华市“三改一拆”办负责人通报东阳市“基本无违建市”创建初评情况。

(朱三五)

高铁新城建设

【概况】 2018年，高铁新城规划控制区域为城东街道罗屏工作片，南市街道槐堂、南溪工作片行政管辖区域，东起城东街道白火上村，南至屏岩山，西至规划东义高速，北至南山，规划总面积为23.31平方千米，核心地块面积10.8平方千米。高铁新城是连接城区、横店两大版块的核心，是全市重点打造的城市平台，是谋划产业发展项目的新高地，是浙中区域性交通中心。1月1日，高铁新城管委会办公地点移至南市街道五一工业功能区，开始现场办公。

【规划编制】 2018年，东阳市完成高铁新城总规、控规和城市设计、房屋征收红线规划编制工作。高铁新城总体规划经市政府批准实施，结合高铁新城新的规划开展规划管理工作，对城东街道原东屏工业功能区、东联工业功能区建成企业停止改扩建，对未建的企业实施解除投资协议或按高铁新城项目推进情况启动收回工作；对按规划列入城市建设和城中村改造的村庄停止农民拆改建、扩建、新建房和装饰装修工作；对村级公墓建设按规划实施选址。完成核心区域14.75平方千米1∶500地形测绘。完成4个行政村(10个自然村)房屋征收红线规划编制。高铁站广场等城市建设项目涉及4个村约260户，被征收房屋建筑面积约62112平方米，城中村改造涉及6个村约2300户，被征收房屋建筑面积约478118平方米。

【征迁工作】 2018年，东阳市完成高铁新城槐堂棚户区改造、危旧房改造集聚安置区、城东金交椅公墓、站南路(部分)、40省道连接线(东永线至东仙线段)、金义东城际轨道交通改溪工程等项目的土地征用工作，涉及2个街道10个村总计49.68公顷土地征用工作，支付征地费、青苗费、地面附着物补偿费3703.3071万元，基本完成清表划地工作。完成18.2公顷空间规划调整、28.51公顷农用地转建设用地上报审批。完成40省道祥兰苗木场一期花木迁移。完成高铁新城房屋征收政策的制订工作。启动上槐村房屋征收工作，上槐房屋征收签约率达99.67%，302户被征收户提前签约。完成槐堂棚户区改造集聚安置用地坟墓迁移工作。城东金交椅公墓一期完成施工，实施南市街道骨灰存放堂土地征用和存放堂建设。草拟高铁新城无坟化治理行动方案。

【改造集聚安置区建设】 2018年，槐堂棚户区改造集聚安置区规划用地12.89公顷，完成7.61公顷农用地转建设用地上报审批；完成可研立项、环评审批、政府单一来源购买服务招标，申请上报审批棚改融资4亿元。完成高铁新城危旧房改造集聚安置区(一期)规划用地5.48公顷土地征用、项目建设立项和环评工作，着手上报市国土局农用地转建设用地审批4公顷。

【基础设施建设】 2018年，博士路隧道工程完成设计招标、项目建设、可研、扩初编制、地质初探、详探、工程概算编制和审价、可研审批、人大常委会项目投资审批工作，实施工程施工招标。完成40省道连接线(东永线至东仙线段)14.11公顷土地征用清表工作，完成土石方工程可研、工程造价编制和审价工作，实施工程施工招标。完成高铁新城总体规划环评、“四横三纵”规划选址、可研编制审批工作。启动新40省道供电线路建设、东仙线直径600毫米自来水管安装施工协调。

【影视产业制作中心项目推进】 2018年，高铁新城完成影视产业制作中心涉及浙江鸿鹄谷科技有限公司相关用地17.67公顷和5.5万平方米房屋收回协议的洽谈，相关房屋的土地使用权证报市不动产中心注销。完成经三路、纬四路道路施工图设计及箱涵设计方案与企业用地的衔接工作，编制工程估算，完成项目立项。

(吴　爽)

五城同创

【概况】 2018年，“五城同创”工作以创建文明城市为中心，全市开展国卫巩固、国家园林城市创建、省级生态文明建设示范市创建、城区风貌提升等工作，迎接省文明办对东阳市全国文明城市创建的两次暗访考核、国家园林城市省级调研指导等，完成年初预定的目标任务。

市“五创”办细化三年行动计划、年度工作项目清单，策划全国文明城市创建特色工作，召开动员大会、工作推进会、培训会等全市性会议7次。建立创建工作周例会、月例会、季大会、周一夜学等工作机制，推进文明城市创建。组织修订各镇乡街道、机关部门、教育部门、城区车站、金融系统、农贸市场、公园广场、公租房、建筑工地等11个考核办法。完善《各镇乡“五城同创”工作考核办法》，组织每季度1次的工作考核,推进"乡村振兴、歌画东阳"大比武行动。

【文明共建活动】 2018年,市"五创"办开展公职人员带头践行文明出行、文明居住活动,发出工作通报12期,通报公职人员违章1824人次。组织开展星级文明窗口评选活动,评出星级文明窗口38个。组织6个街道开展星级小区评定工作,评出一星级卫生文明小区208个、二星级卫生文明小区59个、三星级卫生文明小区27个。开展共建街活动,扩大共建内容,调整完善共建街联系领导及考核办法,将道路共建工作列入市领导"三包四联"工作内容。建立每周三交通路口文明劝导机制,对共建街沿街商户"红黄榜"进行评选。5~12月,评出文明创建示范户(红榜)721户、落后户(黄榜)478户。

【文明宣传】 2018年,市"五创"办组织开展"做文明有礼东阳人""不忘初心跟党走我为党旗添光彩"庆七一党员助力全国文明城市创建、公民道德宣传日暨全民志愿服务等大型主题宣传活动。组织开展"奋战一百天·创建勇争先"全国文明城市创建系列活动。开展公益广告全覆盖工作,协调完成4个客运车站广告位的回租工作和南街口广场、黉门广场、东阳一百等大型视频公益广告的播出工作。利用公共交通设施进行公益宣传,制作公交站点公益广告552幅,制作公共自行车站点"社会主义核心价值观"公益广告205幅,制作公共自行车公益广告500幅。在西门小公园、西山公园等地设计制作文明宣传小品,在城区主干道、公园广场等地以灯杆旗、宣传牌、绿地提示牌等形式制作文明城市宣传牌6700块(处)(不含街道、部门自行制作的)。在《东阳日报》阅报栏制作公益广告24幅,制作"文明如厕"宣传广告75个、公共楼道宣传牌2100个、餐馆公益宣传牌4000块,印发《创建全国文明城市倡议书》5万份,制作"禁烟标志""文明乘梯"提示牌10700套。创建"文明东阳"微信公众号,在《东阳日报》、东阳广播电视台、《金报东阳》开设《创建文明城市》专栏,刊发(播出)文明创建新闻报道459篇,《东阳日报》刊发创建全国文明城市专版20期,"东阳发布"微信公众号、"歌画东阳"微信公众号、"东阳日报"微信公众号、新闻网等新媒体同步推送创建文明城市信息162条,分别设立不文明行为曝光台,曝光不文明行为。

【督察整改】 2018年,东阳市坚持市领导每周晨查机制,市委书记黄敏、市长姚激扬等市级领导晨查20次。邀请第三方对文明城市创建工作进行检查。邀请全市道德模范、两代表一委员、志愿者及市民群众组建"啄木鸟"市民监督团,开展督查活动。上级考核、市领导晨查、市民监督团和市"五创"办分组督查发现需整改问题696项,发放履职通知书83期,到期整改率87.8%。制订园林城市创建工作计划和绿化项目工程计划,开展创国园工作培训活动,接受省建设厅的预检。完成创国园遥感调查资料的上报以及台账资料的收集整理工作。制定《东阳市生态文明建设规划》,完善生态市创建工作台账,开展省级考核迎检准备工作。落实病媒生物防制市场化运作机制。开展城区风貌提升工作,建设园林绿化项目工程,34个风貌提升项目完工13个,推进园林绿化建设项目25个、改造提升项目20个。

(张梦芸)

供 电

【概况】 2018年,东阳市供电公司完成固定资产投资16395.34万元,其中电网建设与改造投资16000.2万元。总产值292285.13万元,资产总额126931.26万元,固定资产净值111325.73万元,利润总额2149.01万元,资产负债率33.29%。营业收入292285.13万元,其中售电收入288287.26万元。营业成本290359.05万元,其中购电成本236912.47万元、输配电成本51142.82万元、其他成本及费用2303.76万元。销售利润1964.06万元,上缴增值税8110.10万元。具有中等职业教育以上学历或初级以上职称职工人数比例100%,人才当量密度1.2204。

东阳市供电公司申请专利4件,获授权专利11件。获省公司2018年县级科技成果奖三等奖、金华公司科技成果奖一等奖。公司自主设计研发的无源无线测温系统在37座变电所推广应用,实现总产值300万元。

东阳市供电公司综合绩效列金华公司第二位,获金华公司年度精神文明建设先进单位称号。获"全国工会职工书屋示范点""国网公司职工书屋示范点""浙江省放心消费示范单位"等称号,获国网公司管理创新三等奖、省公司管理创新一等奖,保持"浙江省文明单位"称号。横店供电所获"国网公司先进班组"称号,巍山供电所获"省公司五星级供电所"称号。

【电网建设和新农村电气化建设】 2018年,东阳市境内有500千伏变电所1座,主变压器2台,变电容量200万千伏安;220千伏变电所3座,主变压器7台,变电容量141万千伏安;110千伏变电所16座,主变压器32台,变电容量155万千伏安;35千伏变电所4座,主变压器8台,变电容量7.1万千伏安;500千伏线路4条;220千伏线路12条;110千伏线路33条,线路总长279.81千米;35千伏线路19条,线路总长198.44千米,其中小水火风电专线9条;10千伏线路378条,总长4066.72千米,电缆长度1056.99千米,其中小水电专线1条;配电变压器11336台,配电容量3512.05千伏安,其中公变4194台,容量161.76万千伏安;10千伏开闭所93个,环网柜181个;发电企业46家,其中火电1家、光伏12家、小水电31家、风电1家、新能源1家,发电机装机容量187259千瓦。增加思科一光伏站,容量2400千瓦;增加思科二光伏站,容量2600千瓦。

4月26日,110千伏莲塘变电站投运,变电站主变容量2×5万千伏安，用地规模0.29公顷；110千伏石田1447线、石马1446线、石田1447莲塘支线、石安1434莲塘支线投运。8月24日，35千伏金畈临时变电所退出运行，退出运行时主变压器2台，容量1.6万千伏安；35千伏金畈线退出运行。9月15日，35千伏六阳3660线投入运行，线路全长12.476千米。东磁光伏电站改接六阳线至220千伏东阳变电所并网，35千伏广鹤3686六石支线退出运行。

东阳市完成东阳电网“十四五”发展规划，完成可研获批4项、核准4项。220千伏大坑变电所初步设计经中电联技经中心审核出具评审意见，完成土地征用工作，110千伏花园变电所完成土地征用工作。110千伏莲塘变电所投产，110千伏后岑山变电所、湖溪变电所开工建设。220千伏太平—深泽线路工程（东阳段）完成主体工程。110千伏金宅（莲塘）变电所获省公司质量艺术金奖。

东阳市新建改造10千伏线路118条，低压台区395个。配合政府小城镇环境综合整治项目，累计完成“上改下”（架空线路改成电缆线路）19.45千米，架空线路整治121.11千米，入户线整治1220余户。服务政府“综合交通廊道”项目，配合落实线路迁改工作，确定涉及强电迁改33处，完成迁改11处，涉及迁改资金1300余万元。完成三单乡地震隐患处理、虎鹿镇地质灾害点农户搬迁涉及的强电线路迁移。

【供电用电】 2018年，东阳市供电量为509746.11万千瓦·时，售电量492840.7615万千瓦·时。全社会用电量504103.73万千瓦·时，其中第一产业用电量2296.98万千瓦·时、第二产业用电量335613.51万千瓦·时、第三产业用电量77074.11万千瓦·时，城镇居民生活用电量35514.2万千瓦·时、农村居民生活用电量53604.93万千瓦·时。全市用电户数390317户，其中城乡居民用电户340647户。最高供电负荷921100千瓦，负荷率82.89%，综合线损率3.32%。城市供电可靠率99.9579%，农网供电可靠率99.9262%，农网综合电压合格率99.9798%。供电成本每千千瓦·时105.17元，平均售电价每千千瓦·时584.95元，电费回收率100%。

【电力服务】 2018年，东阳市推进电能替代，打造全电农业、全电景区等重点项目，横店影视城全电景区建设入选能监办特色亮点工作。建立综合能源服务组织体系，开拓智慧电务、汽车充电等新型业务，与横店影视城、东阳市交通投资建设集团有限公司、交通运输公司签订充电站投资建设战略合作协议，建成充电站3座、充电桩24个，开展客户设备代运维业务65户，综合能源累计实现营收952万元。应用“光伏云网”（国家电网公司研发的云平台），增加并网光伏用户1225户，并网容量3.18万千瓦。

东阳市实施“一型三化”（客户互动型、服务精准化、催费专业化、停复电自动化）集中催费管理模式，智能交费用户占比92.39%，预收电费2.15亿元，《深化智能电管家应用，推行“一型三化”集中催费模式》典型经验入选2018年省公司营销管理典型经验库。办电窗口入驻行政服务中心，实现1645户非居民用户“最多跑一次”，9032户居民用户“一次都不跑”。

全市完成带电作业1737次，减少停电9.35万时户（户数乘以时间），多供电量499万千瓦·时。落实各项保电措施，完成“两会”“中高考”等重大保电应急任务22起。配合政府“治危拆违”“红木整治”“低效土地整治”“环保整治”，开展配合停电工作156次，检查企业5210家，完成市容市貌整治项目218起。

（陆俊英）

2018年1月28日，工作人员为市轻轨建设进行高空高压线改造作业

（李　磊/摄）

生态环境

生态建设

【绿化造林】 2018年，全市完成平原绿化597.33公顷，占任务数的128%；山地造林21.67公顷，占任务数的108.3%；迹地更新34.6公顷，占任务数的103.8%；森林抚育723.67公顷，占任务数的108.6%；四旁植树27.6万株，占任务数的138%。组织“新植千万株珍贵树”行动，至年末，建设珍贵彩色健康森林3266.67公顷，完成珍贵树种造林40.34万株，建设珍贵树种发展示范点3个、局长示范林3个、示范单位3个。完成2017年中央财政森林抚育1440公顷、木材战略储备林66.67公顷。建设彩色林带35.1千米。

【生态公益林建设】 2018年，市林业局完成2017年度金义东轻轨等9个建设项目的公益林调整和补划工作，面积10.87公顷。完成公益林内4000余公顷非林地的调查、县际重叠图斑核查和小班落界工作。更新完善公益林矢量数据库，确保44086.67公顷公益林建设总规模不变。完善图、表等相关资料，实现林地“一张图”。配合参加自然资源审计和中央环保督察、审计署长江经济带环保审计等工作，实地核查公益林地块被破坏的7个图斑。组织编制公益林发放清册，逐户核对姓名、账号、面积并进行公示，9月末与市财政局联合下文，拨付2018年森林生态效益补偿资金，全市重点生态公益林补偿面积44086.53公顷，补偿标准为每公顷525元，发放补偿资金23145430元（其中12392户农户补贴3863906元，745个集体补贴19281524元）。全市公益林优质林分面积38000公顷。

【南山森林公园建设】 2018年，国家林业局华东林业调查规划设计院修编完成《东阳市南山省级森林公园总体规划（2018～2027）》。9月，东岘峰至白石冈游步道连接工程(概算投资221.69万元)完工。东岘峰游步道修缮工程（概算投资640.18万元）完成招投标并动工，至年末，完成30%的工程量。东岘峰山脚改造工程（概算投资1381.6万元）完成招投标。

【省级湿地公园建设】 2018年，全市投资54万元建设东白山高山湿地公园，实施仙女湖南侧绿化覆土生态修复工程和湿地公园部分绿化修复工程，覆土1700立方米，绿化面积1950平方米，种植常绿鸢尾、菖蒲、芦苇等湿地植物。市林业局修改完善东阳江省级湿地公园建设项目（总投资122万元）实施方案。10月18日，完成东阳江生态保护与修复项目的招投标工作。完成市民花园——东湖和健身公园湖累计1447平方米的生态护坡工程和湿地植物展示（标牌标识宣传）。在市行政中心大楼前中心湖内建设生态浮岛3个，面积660平方米，展示路易斯安那鸢尾等水生植物，西边浅滩搭设水下平台，摆放精品荷花405平方米。2月2日，开展第22个“世界湿地日”宣教活动。落实湿地保护责任，把保护沿江原生态河岸工作写入相关镇乡街道的《保护发展森林资源目标责任书》，加强对湿地公园红线范围的保护监管。全年开展湿地公园巡查检查48人次，整改落实巡查发现的问题5个。

【东江源省级自然保护区建立】 2018年3月1日，经省人民政府批复同意，东阳市建立东江源省级自然保护区，成为金华市首个省级自然保护区。东江源省级自然保护区范围为2423公顷，涉及东阳江镇的八达、黄铺、金浦、岭下、尚锦、天秀6个行政村和市林业总场南江分场。分布在山谷的道路把保护区分为东、南、北三片，相应区划分3个核心区，核心保护区面积1095.35公顷，占总面积的45.21%。8月8日，省野生动植物保护管理总站副站长梅岩良到东江源自然保护区督查保护区内野生动植物保护管理情况。

【野生动植物保护宣传】 2018年4月12日，省林业厅、金华市林业局、金华市广电总台和东阳市政府联合在横店圆明新园皇家动物乐园举办2018年第37届浙江省野生动植物保护宣传月暨“爱鸟周”活动金华分会场启动仪式，300余人参加活动。

（马丹雅）

环境保护

【概况】 2018年，东阳市出境断面三项考核指标均符合水质目标要求，跨行政区域交接断面出境水质初步评价良好。环境空气$PM_{2.5}$平均浓度32微克/立方米，比上年同期的

38微克/立方米下降15.8%，$PM_{2.5}$平均浓度在金华地区排名第二，空气质量综合指数在金华地区排名第二。主要污染物中，化学需氧量比上年下降46%、削减2547吨，氨氮比上年下降21%、削减229吨，二氧化硫比上年下降15%、削减411吨，氮氧化物比上年下降7%、削减150吨。完成253个点位的农用地土壤污染状况详查样品监测分析；完成61个重点行业企业用地基础信息调查；开展6个退役场地环境初步调查，其中3个场地被确认为污染地块；关停重金属减排企业，实现全市重点行业重金属污染物排放量比2013年下降10%以上。

【浙江省打赢蓝天保卫战现场会召开】 2018年4月26～27日，浙江省打赢蓝天保卫战现场会在东阳市召开，会议总结全省大气污染防治工作成绩，交流工作经验，对打赢蓝天保卫战进行动员和部署。"大气十条"（《大气污染防治行动计划》）实施以来，浙江省连续4年将雾霾治理纳入政府十方面民生实事，推进大气污染防治各项工作，提前2年实现$PM_{2.5}$削减20%的目标，超额完成考核任务，连续3年保持国家考核优秀。

【环保督察】 2018年，市环保局落实"党政同责"（党政指的是中央和地方各级党委和政府，包括从省一级到乡镇街道一级的党政机关；同责指的是无论是党委还是政府部门，在环境保护管理或者监管方面都同样承担职责）和"一岗双责"（一个单位的领导干部应当对这个单位的业务工作和党风廉政建设负双重责任）制度，制定信访件督查制度、网格员巡查制度、督办单制度、暗访曝光制度、随机执法制度和信访举报制度等督察整改制度。中央环保督察组向东阳市交办信访件164件，其中9件重点件全部完成整改；省环保督察组交办信访件21批、122件，其中9件重点件全部办结。完成涂膜产业集聚区企业废气治理问题，6月末，淘汰一段式煤气发生炉103台，较上级要求提前3个月完成任务。8月末，红木家具行业废气治理问题完成整改并通过验收，完成验收公示并上报销号。

【环境执法监管】 2018年，市环保局开展"蓝天保卫""清土净废""碧水斩污""低小散"企业等专项执法行动；实施环境行政执法与刑事司法联动机制，坚持"重典"治污，打击环境犯罪。深化"双随机"制度，推行跨部门"双随机"抽查机制。全年出动执法人员1.9万余人次，检查企业5310家次，立案查处315起，采取查封措施41起，关停无证无照的"散、乱、污"企业140家，行政约谈企业负责人167起，移送公安8起，被采取刑事强制措施10人，行政拘留5人。

【生态环保领域改革】 2018年，8个乡镇完成试点镇级生态环境状况报告制度。东阳市作为省试点单位，实施流域上下游横向生态保护补偿机制，3月末签订上下游横向生态补偿协议书，争取到省财政奖励资金800万元。市环保局落实"最多跑一次"改革，推进"区域环评+环境标准"改革实施，横店电子园区、东阳经济开发区和木雕小镇实行"区域环评+环境标准"环评审批制度改革。完善排污权交易机制，建立排污权质押贷款工作机制，组织3次排污权交易电子竞价，交易金额460万元；开展1次排污权二级市场交易，交易金额12万元。

（厉颖蕾）

2018年4月26～27日，浙江省打赢蓝天保卫战现场会在东阳市召开

（市环保局提供）

五水共治

【概况】 2018年，东阳江、南江全流域水质持续巩固提升，境内国控断面1处（义东桥）、省控断面3处（横锦大桥、义东桥、岩下大桥）、金华市控断面3处（许村、三景头、方塘）、县控断面1处（南江水库大坝）交接断面水质常年保持在三类水以上。6月5日，浙江省生态环境保护大会暨中央环保督察整改工作推进会上公布2017年度全省"五水共治"（河长制）工作优秀市、优秀县（市、区）"大禹鼎"工作先进单位，东阳市再次获"大禹鼎"。

【"污水零直排区"创建】 2018年7月，市政府办公室印发《东阳市"污水零直排区"建设实施方案》，开展"污水零直排区"创建工作。至年末，佐村镇首个完成镇乡（街道）类"污水零直排区"创建工作；江北街道金家小区、白云街道学陶小区完成生活小区类"污水零直排区"创建工作。

【污水处理工程建设】 2018年,东阳市污水处理厂能力从16.3万吨/日提升至19.5万吨/日,提升3.2万吨/日的污水处理能力。处理量3万吨/日的污水处理厂一厂四期正式运行,处理量0.2万吨/日的南马镇西污水处理厂一期进水试运行。提升污水处理厂处理效率,排查问题19处,完成整治14处。

【源头污染管控】 2018年,东阳市出动执法人员15160人次,检查企业4087家,立案170起,移送公安8起,刑事拘留10人,行政拘留4人,查封扣押41起。劝离垂钓人员680余人次,警告教育290余人次,没收渔网57片、鱼竿若干,制止水事违法事件10次,禁渔区电毒炸案件追究刑事责任19人次。关停库边农家乐21家。完成河湖库塘清淤96万立方米。畜禽养殖污染治理运行合格率100%。

【截污纳管工程】 2018年,东阳市推进城区截污纳管工作进程,完成吴宁街道16个小区、白云街道6个小区、江北街道11个小区的截污纳管建设任务。排查污水处理二厂周边经济开发区、江北街道、城东街道、六石街道的管网,确保雨污分流。

【垃圾分类处理】 2018年3月,东阳市召开农村生活垃圾分类工作现场推进会。全市垃圾分类处理自然村覆盖率99.91%,行政村验收合格335个,占总数的95.99%。农村生活垃圾回收利用率30%以上,资源化利用率80%以上,无害化处理率99%,完成"一年打基础"的目标,提前达到省委、省政府提出的要求。

4月25日,省委常委、秘书长陈金彪对市农办报送的《东阳推广"制度化、社会化、智能化"新模式全力打造农村生活垃圾分类处理升级版》一文作批示。5月14日,副省长陈伟俊在2018年第12期《浙江省"五水共治"工作简报》农村生活垃圾分类处理专辑上对《智能化社会化规范化——东阳市打造农村生活垃圾分类管理新模式》一文作批示。

【"美丽河湖"创建】 2018年,东阳市做好系统治理,90座水库全部完成限权划界。推进"美丽河湖"建设。泗渡溪(3.5千米)成功创建金华市级"美丽河湖"。东阳市延伸"美丽河湖"创建工作载体,市委宣传部、市河长办、市农办合作共同推出"最美河流""最美池塘""最美河长"评选活动,于9月3~12日开启网络投票环节,最终评选产生东阳市"最美河流""最美池塘""最美河长"各5个,总投票数2577430票,参与人数5630672人次。

2018年11月22日,东街道路截污纳管施工现场 (包康轩/摄)

【"尾水返田"改造工程】 2018年5月17日,东阳市召开农村生活污水治理"尾水返田"推进会,开启2018年东阳市农村生活污水治理"尾水返田"工作。提出《关于2018年度农村生活污水治理"尾水返田"实施意见》。全年完成90个"尾水返田"项目。东阳市在"尾水返田"示范项目基础上,建立项目建设基本标准和七大主要模式。七大模式包括建立"尾水"提升井(储备池)、种植水生经济作物、水田灌溉、旱地补充用水、无土栽培种植蔬菜、补充鱼塘养殖水源、苗木绿化用水。

(王业雄)

浙中生态廊道建设

【概况】 2018年,东阳市开展浙中生态廊道建设。3月,浙中生态廊道——绿道动工。12月,完成单侧贯通。

浙中生态廊道是金华市第七次党代会提出建设的3条廊道之一。2017年5月19日,东阳市委、市政府印发《关于成立浙中生态廊道建设领导小组的通知》,由金华市副市长、东阳市委书记黄敏和市长姚激扬任组长,市委副书记李宝春,市委常委方雪飞,市人大副主任蒋银生、陈绍龙,副市长蒋震雷、楼国民、陈巧锦,市政协副主席华伟跃任副组长。领导小组下设办公室(简称市廊道办),按照"一年打基础,三年见成效,五年成廊道"工作要求开展生态廊道建设工作。2017年12月5日,印发《东阳市浙中生态廊道建设实施方案》。

【规划编制】 2018年9月,东阳市完成浙中生态廊道东阳江(含白溪江)、南江、柽溪江江滨景观带规划设计论证。12月,完成浙中生态廊道绿道、水利、林业、农业、文化、体育专项规划编制。

2017年5月,东阳市委托浙江省城乡规划设计院和中国美院同时启动浙中生态廊道东阳段专项规划以及东阳江、南江、白溪江、岭溪江生态廊道绿道修建性详细规划编制工作。7月中旬，市廊道办到台州市仙居县、温州市瑞安市、杭州市建德市、金华市浦江县调研学习绿道建设经验。8月10日，东阳市成为金华市各县市区首家通过生态廊道专项论证单位。浙中生态廊道建设领导小组5次组织人员，通过骑行公共自行车等方式沿廊道两侧分段进行实地考察，调研各流域沿江控制范围、绿道规划、生态资源、项目谋划等情况。11月20日，市政府同意东阳市浙中生态廊道专项规划。

【绿道建设】2018年，浙中生态廊道——绿道建设采用EPC总承包(受业主委托,按照合同约定对工程建设项目的设计、采购、施工、试运行等实行全过程或若干阶段的承包)模式，由东阳市城市建设投资集团有限公司任业主单位，将东阳江、南江、白溪江、岭溪江分成4个标段，由浙江省东阳第三建筑工程有限公司、海天建设集团有限公司、歌山建设集团有限公司、中天建设集团有限公司4家具有建设项目总承包资质的公司分别实施。建立由市委副书记召集的项目推进工作月例会制度以及市人大副主任召集的周检查制度。全年召开生态廊道项目推进会12次、绿道现场办公会16次，协调、解决、落实难点和堵点。建立绿道建设专项督查机制，辖区镇街每周督查、市廊道办每周督查、市级领导不定期督查，全年进行绿道专项督查86次，推动绿道建设进度，完成建设及改造提升自然生态型、自然山地型、美丽城防型、亲水游憩型4种类型绿道125.1千米，累计连通169千米。

东阳江生态廊道：起于横锦水库，经东阳江镇、歌山镇、城东街道、江北街道、吴宁街道、白云街道，止于白云街道何宅大桥东阳与义乌连接处，全长约73千米。东阳江绿道以活力东城、多彩北江为定位，提出秀丽山水、江塘湿地、城市休闲3大主题线，打造揽江思千古、时尚运动汇、滨江新天地、江塘水乐园、花卉展览园、三江汇田园、拾趣红石滩、歌山艺匠廊、林头栈桥园、品味东江源、绿荫稻香洲等节点。

南江生态廊道：起于南江水库，经湖溪镇、横店镇、南马镇、画水镇，止于画水镇南岸村(东阳与义乌连接点)，全长约112千米。南江规划以分区分层的手法，四镇九段十节点的布局，文旅长廊、生态长廊的定位集合流域内4个中心镇域，打造黄藤洗尘、天宝听梵、八面来风、浪漫横国、华夏梦园、木艺丹青、松风水月、野趣乐湾、十里画溪、画溪酷骑十大节点。

2018年4月11日，南马镇夏厝村岭溪自然生态公园游步道　(包康轩/摄)

岭溪江生态廊道：起于沈岭坑水库，经千祥镇、南马镇，于双溪口汇入南江，全长约31.7千米。岭溪江规划提出田园乡野、山溪药谷两大主题线，合理利用并改造提升现状道路与堤顶道路作为绿道，结合资源设置节点，结合驿站、观景平台、公园、停车场等功能，让骑行者体验原生态的自然与人文。

白溪江生态廊道：起于东方红水库，经虎鹿镇、巍山镇、六石街道、歌山镇、城东街道，止于双江口，全长约59.3千米。白溪江绿道以耕读白溪、秀丽白溪为定位，提出人文乡村、魅力田园两大主题线，打造竹海影视园、吴良桃李滩、双溪乐渔湾、蔡宅踏花田、溪口问源处等节点。

【生态廊道项目建设】2018年，按照"治水全覆盖，廊道全贯通，文旅全域化"总要求，实施浙中生态廊道项目37个。推进江滨景观带城区绿道连通工程、夜游东阳游船项目、横店万花园·冬园示范项目，完成江滨景观带15处节点及4座拱桥连通，建成游船码头、画舫、售票厅等设施建设并投入使用，新畅春园及会展中心主体框架完成，建设多处主题园林景观群。

【浙中生态廊道彩色林带建设】2018年，东阳市新建改造浙中生态廊道彩色林带35.1千米，其中东阳江段9.4千米、南江段22千米、岭溪江3.7千米。东阳市贯彻金华市《关于大力推进生态文明建设加快打造浙中生态廊道的若干意见》等文件精神，按照"一年打基础、三年见成效、五年成廊道"总体目标，结合"一村万树"和新植千万株珍贵树行动，以及"两路两侧""四边三化"等工作，加强沿江两岸及两侧山体、两侧宜林地段的绿化彩化，营造大绿量、多层次、多树种、多功能的彩色林带，串联森林斑块和绿化带，建设生态廊道彩色林带，构筑集生态保护、休闲观光、文化体验、绿色产业于一体的生态经济带，推进国家森林城市的创建。

全年财政安排400万元用于珍贵彩色森林建设、通道沿线林相改造、森林抚育的补助，珍贵树种每亩补助750~950元。争取到省厅珍贵树种浙江楠、南方红豆杉、乌桕赠苗4.9万株，加上本地2个定点苗圃培育的珍贵树种苗木，准备苗木进行绿化。通过招标，确定具有造林资质的东阳市三禾景观园林绿化有限公司、展刚花木场等多支造林专业队进行绿化，建立珍贵彩色森林局长示范林3处、珍贵彩色森林示范点3处，珍贵彩色森林示范单位3个，东阳市完成珍贵彩色森林2793.33公顷、新植珍贵树36.5万株，建设珍贵树种发展示范点3个、局长示范林3个、示范单位3个，完成中央财政森林抚育1440公顷、木材战略储备林66.67公顷。

【东阳市江滨景观带示范段项目建设】 2018年，东阳市实施江滨体育公园、夜游东阳游船项目、体育馆周边配套项目、污水处理厂四期工程、卢宅文化休闲园、东阳市城区沿江风貌提升工程6个东阳市江滨景观带示范段项目。污水处理厂四期工程投入运营。建设市非遗文化街区，完成爱必依景区业态招商及布局，将卢宅打造成著名的古民居展示基地、非遗文化历史街区、文化创意园等综合性文化创意场所。

【东阳市小城镇环境综合整治】 2018年11月至12月初，南市街道、巍山镇、东阳江镇、六石街道、南马镇、歌山镇、千祥镇、画水镇、虎鹿镇、马宅镇10个镇乡街道相继通过小城镇环境综合整治考核，东阳市15个镇乡街道全部完成省级达标创建任务。12月10日，《浙江日报》连续两版刊登《东阳江畔白鹭飞 歌山画水乡愁醉 探寻小城镇蝶变的“东阳密码”》报道。

2018年东阳市浙中生态廊道项目一览表

表41

序号	项目名称
1	东阳市工业园区截污纳管雨污分流工程
2	东阳市江滨景观带城区绿道连通工程
3	东阳市东阳江绿道建设工程
4	东阳市白溪江绿道建设工程
5	东阳市南江绿道建设工程
6	东阳市柽溪江绿道建设工程
7	东阳市夜游东阳游船项目
8	东阳市江滨体育公园
9	东阳市中国木雕文化博览项目(木雕城二期)
10	东阳市彩色林带建设
11	东阳省级森林城镇创建
12	东阳市森林资源保护、提质工程(珍贵彩色森林建设)
13	东方伊甸园花海项目
14	东阳市城区旧居住区截污纳管工程
15	东阳市城区风貌提升工程
16	东阳市域污水处理厂全覆盖工程
17	东阳市南江流域综合治理工程
18	东阳市北江流域综合治理工程
19	东阳江江滨景观带(渔溪至山口大桥段)
20	东阳市花园村国际乡村旅游目的地景区提升工程
21	李宅古民居开发建设项目
22	东阳市红枫林养生中心项目
23	东阳市小城镇环境综合整治
24	东阳木雕小镇
25	横店万花园·冬园
26	横店影视产业园项目
27	横店影视城花木山庄温泉度假区项目
28	横店圆明新园欢乐大世界
29	东阳市影视博物馆群
30	东阳市天宝生态文化园
31	东阳市歌山·凤凰谷生态旅游农业园项目
32	东阳市卢宅文化休闲园
33	东阳市传统民居营造技艺工作站
34	东阳市卢宅爱必依景区旅游项目
35	东阳市创建乡村A级旅游景区和旅游风情小镇工程
36	东阳市美丽乡村精品村、秀美村打造
37	东阳市体育馆周边配套项目

【产业植入】2018年,市委、市政府在绿道延伸成型的生态基础上,立足特色,融合生态、人文、产业,建设开放共享的生态经济带。对“廊道+”进行多种探索,形成“廊道+产业”“廊道+旅游”“廊道+文创”等形式。在垂钓赛场设展销会,有展位180个,其中渔具展位128个、农副产品展位50个、卢宅与横店影视城展位各1个,成交额1200万余元,另设“东阳味道”美食节摊位27个。

【领导调研】2018年7月10日,金华市规划局副局长、生态廊道建设部常务副部长贾亦俭到南马镇、画水镇检查绿道建设情况,听取东阳市生态廊道建设、“五水共治”亮点工作汇报。9月6日,金华市副市长张伟亚现场检查金华都市区绿道闭合圈连接点绿道建设情况。11月24日,金华市副市长张伟亚、生态廊道建设部常务副部长贾亦俭参加首届中国·东阳生态廊道自然流域垂钓大赛开幕式,检查生态廊道建设情况。11月27日,金华市委副秘书长邵旭东现场调研巍山段生态廊道建设工作。

【首届中国·东阳生态廊道自然流域垂钓大赛】于2018年11月24~26日在东阳江流域歌山镇林头村段绿道举行,是全国首项自然流域垂钓赛事。全国20余个省份1944名参赛选手参加比赛,比赛设裁判员420人,投放鱼量300吨,比赛赛段长1.2千米,连续钓鱼48小时,冠军奖金100万元,亚军和季军奖金分别为10万元和3万元。大赛围观参展人数10万余人次。11月26日比赛结束,杭州参赛选手张健、钟琪涛获冠军。

(蒋婉婉 厉晓君)

2018年11月24~26日,首届中国·东阳生态廊道自然流域垂钓大赛在东阳江流域歌山镇林头村段绿道举行 (孙振华/摄)

交　通

综　述

【概况】 2018年，东阳市境内公路总里程2431.166千米，公路密度139.2千米/百平方千米。按行政等级分，国道120.809千米，省道161.163千米，县道590.814千米，乡道915.534千米，村道642.846千米；按技术等级分，高速公路95.19千米，一级公路69.739千米，二级公路350.291千米，三级公路88.463千米，四级公路1827.483千米；按路面等级分，水泥混凝土1786.16千米，沥青混凝土561.63千米，简易铺装路面79.03千米，未铺装路面4.346千米。公路桥梁总计738座34944.07延米，隧道32道24372延米，全市完成客运量1560万人次，旅客周转量59769万人千米；货运量1559万吨，货物周转量75341万吨千米。梳理整合交通事项，实现数据共享，至年末，当场可以办结的交通事项16项，在政务服务网上申报办理事项8项。交通部门收到人大建议和政协提案114件，其中72件主办件全部形成办理方案。至年末，解决3个，部分解决20个，正在解决43个，待创造条件解决6个。交通部门开展"两增两送"（给小微企业送政策、送服务，增感情、增信心）大走访活动，走访东阳市鑫路发无纺布厂、东阳市新光汽车配件厂等小微企业15家，实地考察工厂环境，了解企业经营情况。

【交通项目建设】 2018年，交通部门推进政府投资建设项目42个（不包括铁路、航空等），其中交通重点项目3个、重大前期项目2个、一般性项目32个，一般性前期项目5个。至年末，全市公路总里程2431.166千米。

（李健军）

交通基础设施建设

【交通重点工程建设】 2018年9月27日，南上湖至郭宅公路改建工程建成通车。该项目于2017年7月1日开工建设，起点位于南上湖东村，终点位于新塘村，与里歌线相接，按一级公路技术标准设计，设计速度80千米/小时，双向四车道，路基宽度24.5米，路线全长5.19千米，项目总投资16552万元。

岭头至西垣（磨水苍）公路于2018年11月19日交工验收。该项目起点为211省道岭头，终于与县道巍东线相接处，路线全长13.3千米，按照二级公路技术标准进行设计，路基宽8.5米，路面宽7米，设计速度40千米/小时，总投资约28371万元。

义东高速江北至南市段工程于2018年12月27日开工建设。该项目起点与甬金高速公路相接，终点位于西甑山隧道出口附近，顺接义东高速公路东阳南市至南马段，路线全长10.7千米，采用双向六车道高速公路建设标准，设计速度100千米/小时，路基宽33.5米，全线设桥梁1座、隧道1座、互通3处，总投资43.98亿元。

315省道东阳南市至画水段改建工程于2018年12月27日开工建设。该项目起点位于南市街道梨枫村附近，与217省道（在建）顺接，终点位于画水镇陆宅村附近，与金义东公路画水段平面交叉，路线全长9.36千米，采用双向六车道一级公路标准，设计速度80千米/小时，路基宽30米，概算8.96亿元。

351国道东阳市兴平路口平改立工程于2018年12月27日开工建设。该项目位于迎宾大道（351国道）与兴平路的平面交叉口处，项目主线为351国道迎宾大道，主线全长1864.09米，预算1.81亿元。

至年末，217省道（39省道）东阳市十里头至官清段改建工程完成路基工程的66%（含桥梁、隧道工程）。该项目于2017年8月26日开工建设，路线全长15.6千米，采用一级公路双向六车道标准，设计速度80千米/小时，项目概算总投资16.3亿元。

【重大前期项目】 2018年，根据国家土地政策，交通部门将211省道（22省道）东阳怀鲁至山口段改建工程项目分为两期重新进行立项审批，其中迎宾大道至山口段按照国道项目进行重新立项审批，于12月17日通过省发改委、省交通运输厅组织的工程可行性研究报告审查。

351国道东阳周官至山口段主线起点位于东阳市周官村，与351国道（迎宾大道）相接，起点处设置迎宾大道互通，主线终点位于义乌市埠头村东侧的东阳与义乌交界处，主线全长约6.9千米，八华路连接线全长约0.9千米，总投资约22.1亿元。

9月6日，351国道磐安安文至东阳马宅公路通过省国土厅组织的土地踏勘论证会。该项目起点位于磐安县安文镇汽车站附近，终点位于东阳市马宅镇下洋村附近。东阳段长约7.3千米（其中连接线约1.96千米），按一级公路技术标准设计，路基宽22.5米，总投资约10.93亿元。

【一般前期项目】 至2018年年末，39省道南午岭至朱山段改建工程进展至工可文本编制，一级公路，全长5.3千米，路基宽40米；214省道萧山至磐安公路东阳三联至磐安新渥段改建工程（东阳段）进展至工可文本编制，二级公路，全长10千米，路基宽12米；209省道桐乡至永康公路东阳怀鲁至南马段改建工程进展至工可文本编制，一级公路，全长约45千米，路基宽32米；214省道义乌佛堂至东阳画水段改建工程进展至工可文本编制，一级公路，长约9千米，路基宽24.5米；城东街道勤裕至李宅公路工程进展至工可文本编制，长10千米，路基宽32米，并入规划209省道，作为连接线实施。

（李健军）

公路管养

【概况】 2018年，东阳市公路部门完成清扫路面13.43万千米，修补坑洞1.98万平方米，清理路肩27万千米，路肩培土2.2万平方米。美化提升新怀万线两侧路肩，播撒草籽500余千克，种植2.3万平方米。投入20余万元，组织对211省道诸东线、310省道嵊（东）义线、218省道东仙线等进行藤类绿化种植，种植1860棵。年平均公路技术状况优良率比上年同期有所提升，全年干线好路率85.48%，支线好路率74.65%。

【公路养护工程】 2018年，公路部门投资5738.64万元，完成310省道嵊义线李宅至冯高楼段“白改黑”工程7.1千米，年末完成80%的工程量。全年投资246万元，完成211省道诸东线段“白改黑”工程4.1千米。完成2017年续建工程217省道东永线K5+200—K27+040段公路养护大中修工程。全年投资5910.3万元，完成县道“白改黑”工程42.73千米，年末完成50%的工程量。全年投资8500万元，完成农村公路大中修工程128.33千米，其中县道15条、80.43千米，乡道18条、34.09千米，村道12条、13.81千米，年末完成投资额8500万元的100%工程量。投资1700万元，拆除重建古渊头桥等7座桥梁，对永安桥等20座桥梁桥面进行病害维修加固，年末完成主体工程。投资1000万元，增设维护农村公路安全生命防护及干线公路标志标线22条线、22.00千米。投资600万元，提升改造农村公路30千米。完成2018年全市级事故多发点（段）整治和平安道路工程100%工程量。

2018年2月8日，公路部门组织人员在县道上岭线与磐安交界路段清理余雪

（单跃跃/摄）

【路政管理】 2018年，路政上路巡查率100%、查处结案率100%、准确率100%，无行政复议和行政诉讼案件。全年上路巡查365天，出动8940人次，清理堆积物3960立方米，拆除非公路标牌1000（幅）块，查处公路污染车辆1220辆次、路产损坏案件301件，查处违法超限运输车辆215辆次，卸载货物9602吨，卸载率100%。开展小城镇环境综合整治“道乱占”治理工作，联合交警中队开展治超及污染公路专项整治行动，查处公路污染车563辆。开展以“规范执法，护路为民”为主题的路政宣传月活动，发放宣传资料1000余份，悬挂横幅标语32幅。修复完善缺损、破旧的交通标志标线，投入经费78.96万元，完成11处、41个车道治超非现场执法点建设，形成覆盖全市路网的治超非现场执法网络。

【“四好农村路”建设】 2018年，东阳市召开全市高水平建设“四好农村路”推进会，市政府制定《东阳市人民政府关于高水平建设“四好农村路”的实施意见》，成立全市高水平建设“四好农村路”领导小组。公路部门开展全市高水平建设“四好农村路”三年行动计划，完成“两圈一环”（南、北片各建设1个覆盖区域的内闭合圈，全市建设1个囊括南北片的外环，环线包含东阳市所有镇乡街道）规划。开展“四好农村路”一镇一路示范路创建工作，建设“四好农村路”精品线，创建“美丽经济交通走廊”。确立“红色路长制”，结合全市“自然风景、科创产业、生态富民、历史人文”四大美丽经济交通走廊建设，打造42条、577千米的资源路、旅游路、产业路。推进农村客运服务功能，巩固全市建制村“村村通”客车成果，督促运营企业做好公交车按规定时间、按规定班次、按规定线路运营以及特殊人群优惠乘车等方面的服务工作。全年新建港湾式停靠站103个、乡镇运输服务站3个,增加公交线路3条,优化调整公交线路6条,延伸公交线路3条。

【新技术应用】 2018年,310省道嵊义线李宅至冯高楼段“白改黑”工程引进河海大学研制的沥青路面智能化监控系统;团结桥、古渊头桥等桥梁建设采用矮T梁结构形式,吴良大桥、歌山桥等桥梁在桥面铺装时采用玄武岩纤维复合筋;嵊义线李宅至冯高楼段和3条县道“白改黑”工程采用玄武岩纤维土工格栅、玄武岩短切纤维和共振碎石化技术。

【公路服务站建设】 2018年,公路部门投资248万元,建设218省道东仙线徐宅公路服务站、S217东永线里村公路服务站、李宅公路服务站。218省道东仙线徐宅公路服务站位于34K+600徐宅大桥附近路段,总投资约30万元,总占地面积约1402.4平方米,绿化面积约470平方米,可同时停放车辆10余辆;217省道东永线里村公路服务站位于东永线K27+000左侧,结合路侧景观设计设置,服务站占地面积约300平方米,设停车位10个,设置公共卫生间和临时休息区;李宅公路服务站位于310省道K64+620—K64+820处,占地面积2500平方米,设停车位14个,其建筑为防腐木结构,设有公厕、休息廊架、公园、停车区等便民设施。

(李健军)

交通管理

【概况】 至2018年年末,东阳市有营运车辆1084辆,其中客运班车226辆、旅游包车96辆、城区公交车192辆、城乡公交车114辆、出租车456辆。有城区公交营运线路44条、城乡公交营运线路108条。全市有出租车公司3家,全市客运线路跨省21条,日发14.84个班次;跨地市39条,日发82个班次;跨县市41条,日发273个班次。全市349个行政村开通公交车(班车),通达率100%。

2018年10月1日,20辆纯电动出租车在横店镇投入营运 (王永平/摄)

【绿色节能交通】 2018年4月,公共自行车推行手机扫码租车1小时内免费骑,至年末,完成251个站点建设,投放公共自行车6600辆,发行具有公共自行车租赁功能公交IC卡25380张,租用量近471万次;9月,8辆6.5米长的纯电动公交车投入营运;10月1日,20辆纯电动出租车在横店镇投入营运,在金华市属首次首批。城区322辆出租车完成油改气。

【出租车管理】 2018年,运管部门加强出租车网约车经营管理,召回检查出租车4979辆次,处以停业整顿49辆次,整改208辆次。美化出租车内环境,统一更换为真皮皮套,出租车每年进行一次维护保养;对426辆出租车的计价器进行校核,增设色带。市区426辆出租车与滴滴公司签订融合发展协议,完成网约车办证174辆,有从业资质人员450人。

【现代物流业】 2018年,运管部门对全市105家物流企业进行经营管理、诚信服务等方面的综合评定和考核,7月1日,市政府办公室公布东阳市震宇物流有限公司、东阳市交通物流有限公司、东阳市大联乾坤托运部3家企业为东阳市2017年度现代物流“三强”企业。完成9家物流企业新购置营运车辆财政补助申报工作。东阳市震宇物流有限公司、东阳市路路通物流有限公司、东阳市鸿运运输有限公司3家物流企业被评定为国家AA级物流企业。创新发展农村物流项目,培育农村物流品牌企业,完成2018年度农村物流网点建设任务,建设农村物流网点32个。

【道路专项整治】 2018年,运管部门开展泛长三角地区春运运政执法联动工作,出动执法人员980人次、稽查车230次,检查车辆近2700辆,查处违法违章车辆53辆。4月,开展全市网络预约出租汽车经营行为专项稽查行动,出动执法人员186人次,检查车辆约220辆,查处网络预约出租汽车非法经营行为35起,打击成果列金华市第一位。对715辆教练车进行安全生产大检查。开展道路运输市场秩序专项整治“1号行动”“2号行动”“3号行动”。8月,开展全市道路客运包车专项稽查行动,出动执法人员281人次,检查车辆约530辆。

【维修和驾培服务模式改革】 2018年，运管部门开展“先培后付、计时收费、学员评价”机动车驾驶人培训服务模式改革，13家驾校开展学员服务评价工作，完善文明教学综合评价体系。开展从业人员继续教育，通过应用移动客户端和网络远程形式开展继续教育，全年网络继续教育比例100%。完成一类、二类维修企业《浙江省汽车维修企业信息档案调查表》台账，督促一类维修企业开展“汽车电子健康档案”上传工作，推广维修行业APP管理模式。

【车辆征费】 2018年，37省道、39省道东阳征费所征收车辆通行费2631万元，建设普通收费公路通行费增值税电子发票系统，开展违章逃费车辆专项整治活动。落实“绿色通道”车辆免费政策和重大节假日小型客车免费通行政策，5个重大节假日免征小型客车97594辆，免征通行费188.72万元。

【智慧交通建设】 2018年，城市公交车载视频、发车点视频监控接入运政信息指挥中心；建立公路应急指挥中心。自1月1日起，东阳市惠民公共交通有限公司增加公交移动支付方式，联合交通银行金华东阳支行推出“银联云闪付”，首批吴宁东路、吴宁西路上的1路公交车进行手机移动支付试运行。至年末，移动支付方式覆盖城市公交。

【交通设计】 2018年，交通设计所完成产值320万元，完成农村公路大中修工程、农村公路生命防护工程等各项工作目标。农村公路大中修工程：县道项目11个(16个路段)，设计里程80.43千米；乡道项目17个(12个路段)，设计里程34.09千米；村道项目10个(11个路段)，设计里程13.81千米。农村公路生命防护工程：县道、乡道、村道项目20个，路线长21.71千米。

【安全生产】 2018年，运管部门组织召开安全生产例会16次，组织437人次对“两客一危”(从事旅游的包车、三类以上班线客车和运输危险化学品、烟花爆竹、民用爆炸物品的道路专用车辆)企业开展例行月度安全检查，发出安全事故隐患督查整改通知书14份，企业完成整改。加强“三口一场一厅”(进出站口、安检口、检票口、停车场、候车厅)等重点场所安全防范工作，落实旅客购票实名制。推广应用“金华市道路运输安全教育培训系统”，4家客运企业、8家危险品运输企业完成系统安装。针对安全管理薄弱环节和暴露出来的问题，全年约谈重点企业5次。

2018年1月2日，乘客在使用手机支付公交车费　　(包康轩/摄)

【安全演练】 2018年，交通部门开展公路、公交、水上运输防恐消防演练、地震模拟演练及公路“三防”、公路隧道应急抢险演练。公路部门在114县道金义东地质灾害易发路段开展“三防”(防汛、防洪、防台)演练，联合多部门在S310新嵊义线天宫寺隧道开展公路隧道应急抢险演练，从物资储备、预防养护、应急抢险等各方面进行调控。应对强降雨、雪等极端天气引发的自然灾害，第一时间赶赴现场处置，公路部门全年出动巡查人员252人、车辆126台次，巡查道路5800千米，投入抢险资金59万余元。

【公交安全管理】 2018年，东阳市惠民公共交通有限公司设立首席安全官，每月召开1次安全工作会议，对司乘人员进行常规教育和定期培训。坚持每日门检制度，每月对所有车辆的轮胎、制动、方向盘、灭火器、安全锤等技术状况进行检查，及时整改和复检发现的安全隐患。制定安全运营制度，驾驶员和乘客发生矛盾和纠纷时，驾驶员第一时间靠边停车，确保公交运营安全。设立“委屈奖”，安抚在营运过程中受到委屈的驾驶员。

【桥隧安全管理】 2018年3月，东阳市成立金华市首家公路养护与应急保障中心桥隧分中心，对全市桥梁、隧道实施专业化、系统化、精细化、智能化管养。7月31日，该中心在巡查南片桥梁时，发现521县道横黄线下湖头桥存在发生坍塌的危险，采取封道措施。在极端天气期间，及时记录相关病害并对较严重的病害进行重点整治。全年记录发现病害桥梁50余座，对古渊头桥等7座桥梁进行拆除重建，对永安桥等20座桥梁桥面进行病害维修加固，对其余病害较轻、不影响安全通行的桥梁进行定期巡查，加强观测。

【车辆检测】 2018年，东阳市汽车综合性能检测站完成车辆安检检测27897辆，环保检测25862辆，二级维护检测4701辆,事故车检测500余辆。年审检测首次上传通过率91.88%,其中7座以下小客车95.2%,首次突破95%的标准要求。

【质量监督】 2018年,交通质监部门完成辖区内受监督项目10个,建安投资97393万元,监督覆盖率100%。对新开工项目及时办理监督通知书,交底覆盖率100%。开展质量监督检查34次,综合执法大检查2次,签发质量监督抽查意见书10份。开展试验监督检查12次,抽检原材料质量9批次,抽检构造物实体3批次,受监(督)项目工程质量总体处于可控状态。

【水上运输】 2018年,横锦渡口完成正常航班3120班次,客运量10.3万人次,周转量82.4万人千米,实现水上运输第32个安全年目标。提升渡口环境,将八达、岭下、上村、横锦渡口老码头、西宅里、沈岭坑6个渡口列入"美丽渡口"创建计划。

【便民举措】 2018年,东阳市顺风站场服务有限公司在汽车客运东站和汽车客运西站开通"携程网""微信"购票,增设务工人员和学生购票专属窗口,采取延长售票时间、提前预售票、发售团体票、上门售票等措施。利用"12328"24小时交通服务热线、"行风热线""8890"便民服务平台,全年受理咨询投诉1195件,其中"12328" 24小时交通服务热线104件、"四个平台"715件、"信访平台"376件,回访满意度98.3%。浙江运政综合监管平台发现问题806个,派发工单711个,办结工单711个,办结率100%。

(李健军)

铁路建设

【概况】 2018年,东阳市推进金甬铁路(东阳段)、杭温高铁(东阳段)、金义东市域轨道交通(东阳段)3个重点工程项目,全年完成总投资约23.89亿元。6月6日,市铁路建设办召开党建联盟工作推进会,浙交工05标与南市街道后赵村,中天建设集团04标与白云街道望江社区,中铁十六局07标与吴宁街道兴平社区成为东阳市首批轨道交通党建联盟对象。6月29日,市铁路建设办联合吴宁街道组织社区和轨道交通施工单位开展党建与保障项目共建活动。

【金甬铁路(东阳段)工程】 2018年,金甬铁路(东阳段)工程完成投资28280万元。1月11日,完成金甬铁路(东阳段)工程沿线4个镇、街道共73个自然村100公顷的土地征用。6月1日,完成全线坟墓搬迁。6月5日,参加由中国铁路经济规划研究院召开的金甬铁路建筑概念设计方案评审会。9月23日,会同中铁第四勘察设计院集团有限公司、杭州铁路枢纽建设指挥部召开金甬铁路东阳段牵引变电所、应急救援站协调会。

【杭温高铁(东阳段)工程】 2018年,杭温高铁(东阳段)工程完成投资29150万元。4月26日,新建杭州至温州铁路义乌至温州段初步设计获浙江省发展和改革委员会批复。4月28日,确定民营社会资本参与其建设。9月26日至10月8日,完成杭温高铁(东阳段)工程沿线6个镇乡街道44个村的84公顷土地征用签约。12月,推进坟墓迁移工作,完成迁移总量的60%。12月21日,参加杭温铁路项目控制性工程建设推进动员大会。

【金义东市域轨道交通(东阳段)工程】 2018年,金义东市域轨道交通(东阳段)工程完成开工路段土建工程的40%,完成有效投资181512万元。1月,完成地下段涉及110千伏迁改及道路修复,完成项目建设沿线坟墓迁移。5月15日,由中天建设集团承建的客运中心站至八华南路站盾构区间地下隧道始发掘进。6月,完成人会区间管线迁改共沟建设。9月27日,692米的地下隧道贯通。11月4日,由浙江交工承建体东隧道全线贯通,体东隧道施工项目进口端位于城东街道雅溪村啸陵自然村,出口端位于南市街道后赵村,隧道全长1775米,是轨道交通工程最长的山岭隧道。

(包一诺)

航空建设

【概况】 2018年,横店通用机场组织153个飞行日,保障各类飞行任务1449架次,安全飞行280.4小时。该机场位于横店镇莲塘下村,占地面积34.76公顷,飞行区等级2B,设计最大机型Y12,跑道长800米、宽45米,由两条垂直滑行道连接停机坪,机坪面积26000平方米,可停放A、B类飞机

2018年3月24日,浙江东阳横店通用机场通航　　(黄　鸣/摄)

24架。机库面积7464平方米，可停放A、B类飞机30架，是全国第一个镇级通用机场。该机场是浙江省重点建设项目，总投资约10亿元，2017年12月26日，获民航华东地区管理局颁发的A1类通用机场许可证。

浙江东华通用航空有限公司、江苏润扬通用航空有限公司、亚捷通用航空无锡有限公司、浙江白领氏通用航空有限公司、精功通用航空股份有限公司等多家通航公司进驻横店通用机场，开展航拍航测、私照培训、低空旅游、高空跳伞等业务。2018年7月16日，浙江横店航空产业有限公司与中民通航科技(上海)有限责任公司举行战略合作签约仪式。双方在飞行服务建设、低空航线申请等方面进行合作。

2018年12月28日，东华通航公司CCAR－135部运行合格证颁证仪式在横店通用机场举行 (横店集团提供)

【横店通用机场通航】 2018年3月24日，浙江东阳横店通用机场3架飞机起飞，机场正式启用。中国民用航空局相关直属单位、民航协会组织、军方、地方政府、航空企业、影视传媒行业以及横店集团等有关单位的400余人参加首航仪式。2月1日，首批飞机(千岛湖飞来的2架塞斯纳206和1架塞斯纳172飞机)在机场降落。

【横店通用机场改扩建项目】 2018年4月，省委、省政府印发《关于加快推进横店影视文化产业发展的若干意见》，提出加快横店通用机场的改扩建，支持开展升级为民用运输机场的前期研究，并争取列入全国民用运输机场布局规划。9月27日，由中国民用航空局和国家发改委联合主办的民航领域鼓励民间资本投资项目推介会暨签约仪式在北京市举行，中国民用航空局局长冯正霖出席。横店通用机场改扩建项目作为全国首批签约的8个项目之一。横店通用机场改扩建项目计划投资21.06亿元，跑道将扩建至1800米，配套建设相应滑行道、航站楼、停机坪、机库、油库、助航灯光、通信导航等，打造国内首个公务机特色机场。

【浙江东华通用航空有限公司】 2018年，浙江东华通用航空有限公司(简称东华通航公司)开展科学实验、航空探矿等传统通航业务，拓展航空旅游、培训、维修、科普教育等新兴业务，推进公司各项文化和制度建设。2018年12月，东华通航公司CCAR－135部运行合格证颁证仪式在横店通用机场举行，东华通航公司成为CCAR－135部新规实施后浙江省首家获该资质的通航企业。

东华通航公司于1995年5月经中国民用航空局批准筹建，2011年，国有资产退出公司，东华通航公司成为横店集团全资子公司。东华通航公司是国内首家通过《CCAR－91部商业非运输航空运营人运行合格审定》的通航企业。

公司有员工76人，其中飞行员24人，飞行教员4人，机务、航务等专业人员33人，其他人员15人。有Y12II机型飞机2架、Y12Ⅳ型飞机2架、Y5B机型飞机3架、塞斯纳172S机型2架、T206H机型2架。

东华通航公司许可的经营范围包括医疗救护、航空探矿、空中游览、私用或商用飞行驾驶执照培训、航空器代管业务、航空摄影、空中巡查、空中广告、海洋监测、渔业飞行、气象探测、城市消防、飞机播种、航空护林、空中拍照、科学实验；民用飞机销售及飞机零件零部件销售等。

【“航空+影视+旅游”发展研讨会举行】 2018年3月24日，“航空+影视+旅游”发展研讨会在横店镇举行。该次研讨会由东阳市人民政府、横店集团控股有限公司主办，中国民航报社出版社、中国民航宣教中心、中共中央党校出版社、中国航空运输协会、中国民用机场协会、中国民航科普基金会、中国电影基金会为指导单位，与会者对如何打造航空与旅游、文化行业的交流合作平台等问题进行沟通和探讨。

(陆国强 马丽娟)

邮政 通信

邮　政

【概况】 2018年,东阳市邮政分公司(简称东阳邮政)实现业务收入2.53亿元,完成年计划的98.68%,比上年增长17.55%,规模列全省第7位。金融业务收入1.45亿元,完成年计划的100.11%,比上年增长8.68%;包裹快递业务收入8026万元,完成年计划的101.4%,比上年增长35.99%。实现经营性利润上缴3018万元,超额完成计划指标。全年增加"邮乐购"站点209个,至年末,有"邮乐购"站点754个,其中商超型491个,完成全年建设目标的106.05%。

8月2日,东阳邮政山口营业所通过原址改造,重装开业。8月28日,东阳邮政画溪营业所迁址开业。9月,整合东阳邮政寄递业务主要资源和东阳市邮政速递物流公司全部资源,成立东阳市寄递事业部,内设市场部、运营监控部、客户营销中心、客户服务中心。11月7日,东阳邮政喇干营业所迁址开业。

【传统邮政业务】 2018年,东阳邮政实现函件业务收入357.44万元,完成年计划的72.65%,比上年增长17.64%。实现集邮业务收入434.18万元,完成年计划的137.4%,比上年增长47.27%。实现报刊业务收入1048.09万元,完成年计划的96.6%,比上年下降3.09%。开展小型集邮品鉴会42场次,810名集邮爱好者和集邮会员参加。6月28日,在市图书馆举办庆祝改革开放40周年浙江银龄集邮展览。全市23个"警医邮"网点全年办理业务5.8万笔,比上年增长245.52%。

2018年7月17日,省邮政公司党组成员、纪检组组长王玮(左一)到东阳邮政环城北路营业所开展高温慰问活动　　(东阳邮政提供)

【代理金融业务】 至2018年年末,储蓄余额规模99.87亿元,2018年净增12.04亿元,东阳邮政完成省邮政公司"3000亿元"分解目标。价值存款规模93.22亿元,占93.33%,活期存款占22.11%,比上年下降3.04个百分点。市场占有率14.41%,比上年提高0.31个百分点,全年增加存款市场占有率16.59%。完成折算保费3.25亿元,完成年计划的101%;创业务收入1549万元,比上年增长24.7%。实现中邮期交销售4994万元,为计划数的104%;完成中邮长期险746万元,为计划数的111%。销售理财产品4.5亿元、基金1.01亿元。激活手机银行3.2万个,办理ETC929个,签约"云闪付"1.4万户。

【包裹快递业务】 2018年,东阳邮政实现快递包裹收入4674万元,完成年计划的88.98%,比上年增长28.19%;国际小包收入3197万元,完成年计划的136.4%,比上年增长57.34%;标准快递收入155万元,比上年增长18.32%。3月末,完成全省快递包裹"200万件"分解目标;9月末,完成全省快递包裹"260万件"分解目标。11月11~18日,东

2018年11月13日，工作人员在分拣包裹　　（东阳邮政提供）

阳邮政交寄快递包裹58.98万件，峰值日14.2万件。开展“我为包裹省一毛钱”活动，运用经营辅助管理系统，分析核算成本，合理管控资费、区域、重量等。

【农村电商业务】 2018年，东阳邮政整合招商资源，提高平台自主招商能力，招商4家，金额62万元。完成批销金额3462万元,提前3个月完成全年批销计划。代购交易笔数4.33万笔，代购金额83.28万元。助力精准扶贫，推进“万斤农产品进城”项目，销售东山翠冠梨6000千克。

【领导调研】 2018年7月17～18日，省邮政公司党组成员、纪检组组长王玮到东阳邮政开展高温慰问活动。7月25日，省邮政公司企发部副总经理(主持工作)张敏到东阳邮政调研指导三单邮政所营业投递用房原址拆建工作。9月5日，省邮政公司金融业务部副总经理章如权到东阳邮政开展客户分类指导流程导入工作。9月10日，省邮政公司机要局局长李志铭到东阳邮政检查指导机要通信工作。9月19日，省邮政公司渠道平台部副总经理张逸到东阳邮政调研指导简易险及自由一族业务发展工作。

（严　宣）

中国电信股份有限公司东阳分公司

【概况】 2018年，中国电信股份有限公司东阳分公司(简称东阳电信)完成主营收入2.39亿元，预算完成率列金华全区第三位，基础收入完成率列金华全区第二位；宽带新增完成率列金华全区第四位；手机用户新增完成率列金华全区第四位；天翼高清ITV(交互式网络电视)新增完成率列金华全区第一位。

东阳电信被中国电信股份有限公司金华分公司评为“年度‘云行动’先进经营单元”，政企部政企支撑室获“工人先锋号”称号，政企部党支部“云业务拓展攻坚”项目被评为优秀攻坚项目，市场部第二党支部获“2018年度先进基层党组织”称号。中心营业厅被评为东阳市巾帼文明岗。

【组织机构建设】 2018年，东阳电信成为省公司区县组织架构优化试点。10月26日，东阳电信召开六届二次职工(委员)代表大会，审议通过《东阳分公司组织优化试点方案》。11月，完成公司组织架构及人员的调整，优化后公司下设市场部、网络部、政企部、综合部4个部门，设13个分支局。11月13日，中共中国电信股份有限公司东阳分公司委员会换届选举党员大会召开，选举产生新一届委员会和纪律检查委员会。

【电信信息基础设施建设】 2018年，东阳电信开通LTE1.8G站点35个、LTE800M站点37个，开通室分场所29个、信源320套。光网改造后全市光纤到位或光改网格有1382个，FTTH能力41.69万线。

【电信信息化项目建设】 2018年，东阳电信签约实施东阳市公安局交警大队指挥中心项目和机房搬迁工程，机关事务管理局大屏及配套项目，公

2018年11月13日，中共中国电信股份有限公司东阳分公司委员会换届选举党员大会召开　　（东阳电信提供）

安警务通系统项目,南江水库、横锦水库监控等项目。完成全省“交通专网整合”和“地税专网整合”工作。完成全省“360天擎”(安全管理系统)项目约2800个安全终端的实施。部署电信天翼云服务平台上的东阳市农业和农村工作办公室考垃圾分类APP项目。完成东阳市大数据平台电子政务云服务项目,该项目被上级公司评为年度转型标杆项目,电子政务外网延伸到村(社区)项目380个点位网络开通。

推进“企业上云”,普洛药业股份有限公司私有桌面云项目成为金华全区桌面云标杆项目。推进“智慧校园”建设,为学校提供桌面云、天翼云应用服务,在浙江广厦建设职业技术学院建成覆盖全校的有线无线一体化校园网。

全年完成规模型ICT项目8个,签约建设小微ICT项目132个,包括南马镇泉府村、歌山镇西宅村、虎鹿镇厦程里村等“美丽乡村”改造项目21个,南马镇、画水镇、歌山镇、东阳江镇等小城镇“上改下”(架空杆路、光电缆改为地埋管道线缆)项目25个。

【网络通信应急保障】 2018年,东阳电信完成全省第五次扩大有效投资重大项目集中开工活动、浙江驰成建设有限公司第一次债权人会议、美的国宾府等重大项目现场通信保障工作。完成横店马拉松、首届中国·东阳生态廊道自然流域垂钓大赛等大规模活动的现场通信保障工作。完成东阳市“两会”期间,中考、高考期间,东白山七夕期间的通信保障工作。

(卢美玲)

中国移动通信集团浙江有限公司东阳分公司

【概况】 2018年,中国移动通信集团浙江有限公司东阳分公司(简称东阳移动)完成运营收入7.2亿元,通话用户规模96.3万户。至年末,自办营业厅29家(含加盟厅12家),社会签约渠道385家,辐射各镇乡街道,全市行政村移动网络覆盖率100%。东阳移动被金华市委组织部评为“五星基层党组织”,横店区域营销部、政企客户部被评为“东阳市巾帼文明岗”。

【移动信息化项目建设】 2018年,东阳移动提供优质云服务,完成949家企业上云。10月16日,东阳移动联合市经信局在金华浙中产业园组织召开“数聚金华 云启未来”企业上云高峰论坛会,邀请100余家企业、18个镇乡街道的分管领导及经发办领导、市经信局领导参加。完成横店集团控投有限公司网站、横店产权交易中心交易服务平台、浙江横店建筑有限公司办公系统、东阳市人民医院HIS系统(医院信息系统)上云。依托东阳移动自主研发的“四个平台”基层业务协同系统,按照全科网格建设要求,以“三网(视联网、政务网、公网)融合”为载体,接入公共安全视频监控系统,配备相应手机APP,将“四大平台”职能延伸到网格当中,实现“高空慧眼”、道路监控、各村党员会议活动室党建监控、示范型便民服务中心视联网互动等四大功能。

【移动网络建设】 2018年,东阳移动建设4G网络站点96个、室分站点135个、小微站102个。提升网络深度覆盖能力,解决新区跟进和交通干线的覆盖。4G网络覆盖全市6个街道、12个乡镇、重要景区和高速公路,行政村覆盖率100%,全市人口覆盖率99%以上。规划5G站点,建设节点机房29个,建设管道41千米、传输管线467千米。全年完成大小交流会保障98次,包括8个重要节日及市“两会”、横店马拉松、象田油菜花旅游节、节庆广场“统战之声”演唱会等通信保障800万余人次。

【参与“美丽乡村”建设】 2018年,东阳移动专项治理“乱拉线”现象,完成上改下综合线路整治项目24个、“美丽乡村”整治项目18个。覆盖范围包括南市街道(大联村),城东街道(李宅村),歌山镇镇区,南马镇(人民路、振兴路、坦阳路、南洋路等),横店镇(官桥村、马上桥村等),六石街道(镇区、六裘线),巍山镇(东嵊路、长街、中横街等),画水镇(花宁路、画江路),马宅镇镇区,湖溪镇(环城北路、南湖路等),虎鹿镇(厦程里村),东阳江镇(镇区、中兴街、友谊路),佐村镇(镇区、上林口村),三单乡(鹤溪村)等所辖的30余个片区及主干道。

(蒋嘉峪)

中国联合网络通信有限公司东阳市分公司

【概况】 2018年,中国联合网络通信有限公司东阳市分公司(简称东阳联通)完成业务收入5490万元。其中,4G收入1065万元,增加4G用户6512户;3G收入2016万元,增加3G用户4823户;2G收入1065万元,增加2G用户9976户;固网收入1006万元,增加公众宽带7652线;其他收入338万元。7月,东阳联通横店支公司成立。横店区域建设渠道2家,累计建设小微渠道33家,高级合伙人3家。至年末,自有营业厅5家,实体渠道79家,二级点405家,增设王卡驿站5家。释放移网流量,推出流量无限用等惠民套餐,续约用户享受优惠资费。

【联通网络建设】 2018年,东阳联通完善网络覆盖,做好4G网络深度覆盖和宽带网络重点覆盖。根据市场及公共服务需求,全年建设4G基站142座,基站保有量879座。推动企业技术升级与民生工程建设,在东阳公安350兆警用数字无线通信系统、城市公众Wi-Fi建设项目基础上,以“大数据”“云计算”“物联网”为载体,助力智慧城市建设。

(胡宝明)

科学技术

综　述

【概况】 2018年，东阳市科技局高新技术产业增加值61.62亿元，高新技术产业投资额18.68亿元，省科技型中小企业数349家，市级以上高新技术企业数196家，国家高新技术企业数78家，市级以上企业研发中心104家。东阳市获省重点研发计划项目3项，金华市级科技计划项目29项。增加国家高新技术企业13家，金华市级高新技术企业15家，省科技型中小微企业75家。增加省级企业研究院1家，省级企业研发中心3家，金华市级研发中心10家。浙江思科制冷股份有限公司获批省级企业研究院。

1月30日，东阳市制定《东阳市中小企业市长科技创新奖管理办法》，每年财政支出300万元重奖10家入选企业。4月24日，东阳市被中国专利保护协会评为"2017年知识产权领域最具影响力县域"，是金华市唯一入选的县级市。

【科技型企业信贷】 2018年7月，《东阳市科技信贷风险补偿引导资金管理办法》实施，市科技局联合市财政局、金华银行东阳支行、人保财产保险公司东阳分公司对东阳市的科技型企业发放贷款5笔，发放科技信用贷款710万元。开展专利权质押融资工作，浙江永尔佳环保科技有限公司、浙江朋诚科技有限公司、浙江花园铜业有限公司、浙江凯文磁钢有限公司、东阳市奥隆机械设备有限公司5家企业质押融资登记额21372万元。

【防震减灾】 2018年，东阳市完善重大建设工程地震安全性评价工作，规范地震前兆观测站和GNSS基本站管理。4月，省地震局局长宋新初对市红十字救援队进行调研考察。市科技局组织开展防震知识进社区、进农村、进企业、进学校、进广场活动，发放宣传手册1000份，赠送中小学地震应急读本2600册，"5·12"宣传周期间，制作市中心广告宣传栏32块，进行全方位宣传。

【地震速报员培训】 2018年11月15日，市科技局举办全市地震速报员培训会。18个镇乡街道的速报员参加培训。东阳市地震应急救援队（红十字救援队）的救援专家讲解地震基础知识、地震宏观观测、地震灾害特点、地震灾情速报的程序、内容、方法等，现场演示应急伤口处理、心率复苏等应急处理方式，速报员通过培训熟悉地震群测群防和灾情速报工作要点，掌握多种应急救援方式。

【2018年东阳市增加各级各类企业】

国家高新技术企业16家：

浙江富鸿科技有限公司
浙江万衡工贸有限公司
东阳市衡班机电有限公司
浙江新衣诚服装有限公司
东阳市奥隆机械设备有限公司
广厦传媒有限公司
东阳市华能新型建材有限公司
浙江省东阳市剑华磁业有限公司
浙江华洋缝制有限公司
东阳市顶峰磁材有限公司

2018年11月15日，市科技局举办全市地震速报员培训会

（市科技局提供）

浙江省东阳市塑料有限公司
浙江飞翔线业有限公司
东阳新东煌服饰有限公司
东阳市茂盛塑胶有限公司
浙江英洛华新能源科技有限公司
东阳市金陵机械有限公司

省级企业研究院1家：
浙江思科制冷股份有限公司

省级高新技术企业研发中心3家：
浙江中科磁业有限公司
浙江石金玄武岩纤维股份有限公司
浙江野风药业股份有限公司

金华市高新技术企业研发中心10家：
浙江省东阳市塑料有限公司
东阳市奥隆机械设备有限公司
浙江赛诺威工贸有限公司
浙江英洛华新能源科技有限公司
花园新材料股份有限公司
浙江微度医疗器械有限公司
浙江宝森波纹管有限公司
浙江永尔佳环保科技有限公司
浙江北生药业汉生制药有限公司
东阳市万利电子有限公司

省科技型中小企业75家：
东阳市丹娜袜厂
东阳艺佳服饰有限公司
浙江浩男服饰有限公司
浙江东阳金牛针织制衣有限公司
东阳市帛泰纺织有限公司
浙江省东阳市新力量箱包有限公司
东阳市华美金银线有限公司
东阳市赛歌服饰有限公司
东阳市横店影视城文化创意发展有限公司
东阳市华富金银线有限公司
东阳市好而奇服饰有限公司
东阳市晶日金银线有限公司
东阳市巍山晨光丝线厂
东阳市家强塑胶有限公司
东阳名泰科技有限公司
东阳市巍山环球包芯线带厂
东阳市小亲家工艺品厂
东阳市伟美金线有限公司
东阳市真牛针织服饰有限公司
东阳市必成实业有限公司
东阳市帆迪尔纸制品有限公司
东阳市纯本森活红木家具有限公司
东阳市杜邦红木家具有限公司
东阳市奥特机电有限公司
东阳市怡乐钓具有限公司
浙江省东阳市弄潮制衣有限公司
浙江正辉彩印包装有限公司
东阳市银河东方电子有限公司
浙江晨宇化纤有限公司
东阳市木子渔业有限公司
东阳市浅草化妆品有限公司
东阳市家博家居有限公司
东阳市昌骏服饰有限公司
东阳市新特机电厂
东阳市千丝坊渔具有限公司
浙江省东阳市开源金属制品有限公司
东阳市久和成文化创意有限公司
东阳市金晶伞业有限公司
浙江省东阳市森达工艺品有限公司
浙江龙珍阁红木家具有限公司
东阳市陆鑫堂红木家具厂
浙江天勤红木家具有限公司
东阳市荣轩工艺品有限公司
东阳市扬名建筑工具有限公司
东阳市欧力工艺品有限公司
东阳市甘特电气有限公司
东阳市医药卫生用品有限公司
浙江省东阳市康翔箱包有限公司
东阳市瑞启富泰巄红木家具有限公司
东阳市添齐电机磁瓦有限公司
浙江省东阳市鸿运皮具有限公司
东阳市熙嘉木业有限公司
东阳市荣耀食品有限公司
东阳市横店友联磁业有限公司
浙江德艺堡食品有限公司
浙江朗泰环境工程有限公司
东阳市海强电声配件有限公司
浙江九洲红木家具股份有限公司
浙江亚德工贸有限公司
东阳市富祥箱包厂
东阳市祥浩箱包有限公司
东阳市虎鹿倡东刀片厂
东阳市乔老爷铝业有限公司
东阳市翔和磁材有限公司
浙江金路达皮具有限公司
浙江省东阳市喜中喜寝具有限公司
东阳东港工艺品有限公司
浙江省东阳市定达皮具有限公司
东阳市旭东工艺品有限公司
东阳市明堂红木家俱有限公司
浙江东阳市三星实业有限公司
东阳市东木居明式家具有限公司
东阳市吉盛红木家具有限公司
东阳市辉盛电子有限公司
东阳市标君工艺品有限公司

国家知识产权优势企业1家：
浙江英洛华装备制造有限公司

国家知识产权保护规范化培育市场1家：
浙江博嘉阳光家居有限公司

省级专利示范企业4家：
浙江海森药业股份有限公司
浙江普洛得邦制药有限公司
浙江中科磁业有限公司
东阳市万利电子有限公司

金华市专利示范企业7家：
浙江浪人工艺品股份有限公司
浙江斯达克照明有限公司
东阳市荣轩工艺品有限公司
东阳市万利电子有限公司
东阳市航晓电器有限公司
浙江微度医疗器械有限公司
浙江凯文磁业有限公司

（刘　静）

科研活动

【校企科技合作】 2018年4月，浙江恒成硬质合金有限公司与南京理工大学签订校企业合作框架协会并成立共建研发中心。5月，组织磁性材料、医药化工行业部分企业到兰州地区与兰州大学、兰州理工大学、中国科学院兰州化学物理研究所开展科技项目(人才)合作交流活动；浙江大学、浙江工业大学、南京理工大学、上海应用技术大学、中国科学院兰州化学物理研究所义乌中心的专家教授到东阳市开展科技合作交流，共计43人次。6月，花园集团与上海应用技术大学共建"东阳应用技术产业研究院"。与兰州大学开展东阳兰州大学共建公共服务平台事宜。

【东阳科技大市场】 2018年6月，东阳科技大市场通过验收；9月，科技大市场试运行。科技大市场举办高新技术企业培育、社发类项目申报、企业科技财务管理专题等3场专业知识培训会，举办香榧产业科技对接会、浙江大学智能制造专场、浙江工业大学红木产业技术对接专场和南京航空航天大学自动化与新材料科技成果发布4场科技成果发布和技术对接会。征集企业技术难题、需求和人才需求71项；发布高校科技成果120余项，达成初步合作意向8项；引进中介机构6家；入驻大学技术转移中心2家；全年完成技术交易额2.94亿元；组织企业外出考察学习、技术对接两场，参与浙江网上技术市场科技成果竞价拍卖项目1项。

【科技合作项目对接】 2018年10月，市科技局开展首届世界东阳人发展大会的各项会务工作以及后续项目跟踪对接工作。完成2017年浙江省网上技术市场活动周和第十六届金华工科会的各项工作任务，上报征集企业技术需求20项；落实科技合作协议签约项目12项(会上签约7项)、张榜招贤参会企业5家、资智对接项目5项招院引所意向引进1家和参会企业80家。

2018年东阳市各级科技计划项目一览表

表42

序号	项目名称	承担单位	计划类别
1	航空件专用制造装备研发及应用——航空关键零部件高速智能精轧机组装备研发及应用	浙江朋诚科技有限公司	浙江省重点研发计划
2	高性能纤维材料及制品关键技术——面向军方需求的玄武岩纤维产业化关键技术研究	浙江石金玄武岩纤维股份有限公司	浙江省重点研发计划
3	联合技术研发与示范推广项目——碳化铌基新型硬质合金材料开发及产业化	浙江恒成硬质合金有限公司	浙江省重点研发计划
4	个体化营养管理在Ⅳ°骨髓抑制患者中的应用及成本、效益分析	东阳市人民医院	金华市科学技术研究计划公益类项目
5	自动乳腺容积成像联合声脉冲辐射力弹性成像对优化乳腺肿块BI-RADS分类的影响	东阳市人民医院	金华市科学技术研究计划公益类项目
6	臭氧油联合压力疗法治疗下肢活动性溃疡的临床应用研究	东阳市人民医院	金华市科学技术研究计划公益类项目
7	医共体下糖尿病规范化管理之疗效评价	东阳市人民医院	金华市科学技术研究计划公益类项目
8	急性脑梗死诊断及预后评估的扩散张量磁共振成像研究	横店文荣医院	金华市科学技术研究计划公益类项目
9	MMP14基因单核苷酸多态性和结直肠癌相关性的实验研究	东阳市人民医院	金华市科学技术研究计划公益类项目
10	基于细胞模型比较不同鸟分枝杆菌复合群临床分离株的毒力研究	东阳市人民医院	金华市科学技术研究计划公益类项目
11	Resistin基因单核苷酸多态性和乳腺癌相关性的实验研究	东阳市人民医院	金华市科学技术研究计划公益类项目
12	副溶血弧菌的基因组分析及流行病学研究	东阳市人民医院	金华市科学技术研究计划公益类项目
13	大肠埃希菌质粒介导多粘菌素耐药基因mcr-1的检测及流行病学研究	东阳市人民医院	金华市科学技术研究计划公益类项目

续表42

序号	项目名称	承担单位	计划类别
14	血栓弹力图在儿童过敏性紫癜中的临床应用研究	东阳市人民医院	金华市科学技术研究计划公益类项目
15	四位一体口腔护理模式在门诊婴幼儿雾化吸入中的应用研究	东阳市人民医院	金华市科学技术研究计划公益类项目
16	高渗葡萄糖增生注射疗法治疗膝骨关节炎的临床疗效和安全性评价	东阳市人民医院	金华市科学技术研究计划公益类项目
17	双孔低位腹腔镜下腹膜透析置管术与外科开腹腹膜透析置管术并发症比较研究	东阳市中医院	金华市科学技术研究计划公益类项目
18	超声引导关节腔注射配合针刀松解治疗KOA的临床研究	东阳市中医院	金华市科学技术研究计划公益类项目
19	超微针刀三部松解法结合3M康复技术治疗	东阳市红十字会医院	金华市科学技术研究计划公益类项目
20	不同浓度含氯消毒液和过氧化氢对口腔综合治疗台水路系统消毒效果研究	横店文荣医院	金华市科学技术研究计划公益类项目
21	急性中重度一氧化碳中毒后不同频次高压氧治疗模式的效果评价	东阳市人民医院巍山分院	金华市科学技术研究计划公益类项目
22	S100B与帕金森病伴发抑郁症的相关性研究	东阳市人民医院	金华市科学技术研究计划公益类项目
23	女性HR-HPV与UU、MH、CT的临床感染现状及预后相关性研究	东阳市人民医院	金华市科学技术研究计划公益类项目
24	超声弹性成像在早产儿颅脑疾病早期诊断的临床应用价值	东阳市人民医院	金华市科学技术研究计划公益类项目
25	改良式单孔腹腔镜与传统腹腔镜在妇科手术中的对比研究	东阳市人民医院	金华市科学技术研究计划公益类项目
26	运用TPS改善住院流程在普外科临床路径中的应用研究	东阳市人民医院	金华市科学技术研究计划公益类项目
27	探讨外周血抗肌营养不良蛋白及赖氨酰氧化酶预测早产的价值	东阳市人民医院	金华市科学技术研究计划公益类项目
28	盐酸纳布啡辅助枸橼酸舒芬太尼用于剖宫产术后镇痛的效果观察	东阳市妇幼保健院	金华市科学技术研究计划公益类项目
29	参七蛤蚧散对哮喘-慢阻肺重叠综合征稳定期(气虚血瘀型)免疫水平及肺功能的影响	东阳市中医院	金华市科学技术研究计划公益类项目
30	三花百草颗粒治疗肝气郁结型功能性消化不良的临床疗效观察	东阳市中医院	金华市科学技术研究计划公益类项目
31	温肾化浊散对CKD-MBD患者钙磷代谢及血管钙化的疗效研究	东阳市中医院	金华市科学技术研究计划公益类项目
32	血府逐瘀汤联合真武汤在全膝关节置换术后预防下肢深静脉血栓中的应用研究	东阳市中医院	金华市科学技术研究计划公益类项目

（刘　静）

科普交流

【科普宣传】 2018年，市科协通过报纸、电子显示屏、画栏、手机客户端等多种媒体宣传科学知识。在《东阳日报》开设《科普之窗》专栏，全年刊出24期，10个阅报栏滚动宣传科普知识。城区20块电子显示屏全年更新4次。对全市27座标准科普宣传栏进行检查，宣传栏全年更新4次，以“五水共治”美丽乡村建设、垃圾分类、环境革命为主题，宣传普及节约资源能源、保护生态环境等科学知识。《东阳新科技专刊》全年刊出11期，每期5000份，覆盖全市各行政村、社区、学校以及重点工矿企事业单位和“两代表一委员”。手机客户端“歌画东阳”科协站点每周推送《科普大篷车》视频节目2期，全年推送96期。在华数电视主页上开设《科协之窗》专栏。

【全国科普日活动】 2018年9月18日，东阳市在黉门广场举办全国科普日宣传活动，展出科普图板60余块，发放科普资料86种、7100余份；组织医学会、农学会、水果行业协会等19个学会的70余名科技专家，为市民开展科普咨询服务等活动。开展“科普中国”APP注册活动，全市注册326人，列金华各县(市、区)第二位，分享科普文章27929篇，列金华各县(市、区)第一位。

【科普示范基地建设】 2018年，东阳市培育科普示范基地、科技示范户、科普教育基地，创建金华市级科普示范基地1家（东阳市绿晨蔬菜无公害高山蔬菜示范基地）、金华市级科普教育基地1家（西甄山科普示范基地）。

【老科学家进校园活动】 2018年9月16～22日，市科协邀请中国科学院文联主席、老科学家郭日方到吴宁二中、白云初中、虎鹿镇中、中天初中等8所中学作《科学与人生》科普巡回报告。9月27～29日，市科协联合市教育局邀请中国科学院老科学家科普演讲团副团长、中国地震局研究员徐德诗到东阳市斯村小学、吴宁一校、歌山镇校、东阳中学、实验小学、江北小学月亮湾校区，为6所学校的3000余名师生作题为“你做好灾害应急准备了吗?”的科普讲座。

2018年9月27日，中国科学院老科学家科普演讲团副团长、中国地震局研究员徐德诗（右一）在吴宁一校作灾害应急科普讲座　（市科协提供）

【科普特色学校创建】 2018年，东阳市开展科普特色学校创建活动，全年创建科普特色学校2所（华店小学、西宅小学）。学校开展校园科技节、科技比赛、科技实践等科技活动。3月15日，东阳市中小学科普工作会议在歌山镇中心小学举行，全市各中小学的分管领导、教研大组成员、辅导老师等100余人参加会议。

（朱金灵）

知识产权管理

【概况】 2018年，东阳市专利申请量和授权量分别是4433件和2483件，比上年分别增长81.98%和68.11%。发明专利申请量和授权量分别为1386件和334件，比上年分别增长182.86%和111.39%。有效发明专利1084件，每万人发明专利拥有量12.92件，列金华各县市第二。增加国家知识产权优势企业1家、国家知识产权保护规范化培育市场1家、省级专利示范企业4家；增加33家企业投保专利142件，投保金额293.64万元。联合市财政局制定《东阳市专利权质押贷款贴息暂行办法》，完成专利权质押贷款6笔，登记额2.14亿元，列金华各县市第二。11月，以总分第一通过省知识产权工作示范市验收。

【专利实施奖公布】 2018年4月2日，市政府公布2017年东阳市专利实施奖获奖企业名单，其中一等奖2个、二等奖3个、三等奖5个。对获得一、二、三等奖的企业，分别给予奖励15万元、10万元和5万元。横店集团东磁股份有限公司、浙江普洛家园药业有限公司获一等奖；浙江凯文磁钢有限公司、浙江海森药业股份有限公司、浙江微度医疗器械有限公司获二等奖；浙江中元磁业股份有限公司、浙江中科磁业有限公司、浙江澳亚织造股份有限公司、浙江普洛康裕制药有限公司、浙江野风药业股份有限公司获三等奖。

【专利奖补资金兑现】 2018年6月，东阳市财政下拨2017年专利项目奖励补助资金766万元，近百家企业获得奖补资金。其中，用于授权专利和专利维护费补助资金445万元，专利实施奖和中国专利优秀奖奖金100万元,省专利导航项目10万元,新认定的各级专利示范企业奖励58万元,专利服务券应用项目抵免153万元。

【各级专利示范企业认定及复核】 2018年,浙江英洛华装备制造有限公司被认定为国家知识产权优势企业,横店集团得邦照明股份有限公司、浙江普洛家园药业有限公司通过国家知识产权示范(优势)企业复核;浙江恒成硬质合金有限公司、横店集团英洛华电气有限公司2家企业通过复核,浙江海森药业股份有限公司、浙江普洛得邦制药有限公司、浙江中科磁业有限公司、东阳市万利电子有限公司4家企业被认定为省专利示范企业。

【打击假冒专利行为联合执法专项行动】 2018年,市科技局联合市市场监管局、市商务局在东阳市区、横店镇区的超市和药店开展专利执法专项检查,涉及药品、医疗器械、日常用品及红木家具等商品,查获标注失效专利商品1件,专利权属与商品生产厂家不符商品1件。

【"4·26"知识产权宣传活动】 2018年,东阳市宣传第18个"世界知识产权日",举行"最美知识产权人"评选活动。由东阳市知识产权工作者自行报名,结合网络投票和企业知识产权工作,评选出10名"最美知识产权人"。举行知识产权宣传骑行活动。通过"科技东阳"微型公众号,向社会招募120名骑行爱好者,统一穿着印有"4·26世界知识产权日""提高全民意识、保护知识产权"标语服装,组成骑行宣传队。联合市人民法院、市人民检察院、市法制办、市商务局等12个相关部门举行"4·26"知识产权宣传咨询活动暨"最美知识产权人"颁奖仪式。

【中国金华(木雕)知识产权快速维权援助中心筹建】 2018年,东阳市推进中国金华(木雕)知识产权快速维权中心(简称快速维权中心)筹建工作,形成知识产权快速授权、快速确权、快速维权通道。5月18日,国家知识产权局审查业务管理部处长韩小非到东阳市调研快速维权中心筹备工作情况。韩小非走访东阳市御乾堂宫廷红木家具有限公司及东阳中国木雕城,了解东阳市木雕红木产业发展及知识产权保护情况,实地考察位于东阳市总部中心的快速维权中心办公场地。召开市科技局、市红木办、市财政局、市编办、市人民法院等部门参加的快速维权中心筹备工作座谈会。

2018年4月26日,东阳市举办"4·26"知识产权日的骑行活动
(市科技局提供)

2018年东阳市专利申请/授权情况一览表

表43

申请量(件)				授权量(件)			
发明	实用新型	外观设计	合计	发明	实用新型	外观设计	合计
1386	1861	1186	4433	334	1158	991	2483

(刘 静)

教 育

综 述

【概况】 2018年，东阳市有中小学幼儿园320所，在校（园）学生（幼儿）161460人。其中，普通高中13所，在校学生17088人；职业中学5所，在校学生6603人；初中35所，在校学生29591人；小学87所，在校学生69349人；特殊教育学校1所，在校学生115人；幼儿园179所，在园幼儿38714人。中小学幼儿园教职工12210人，其中公办学校教职工6770人。专任教师9740人，其中公办学校专任教师6622人。专任教师学历合格率、学历超标率分别为99.69%和79.41%。退休教师3625人，离休教师9人。中小学幼儿园占地总面积475.62万平方米，生均面积29.46平方米；校舍建筑面积235.73万平方米，生均面积14.60平方米。3月至7月初，举行“不忘初心·忠诚事业，牢记使命·教书育人”大讨论活动。9月7日，东阳市举行教师节表彰会，并对大讨论活动进行总结。

3月30日，浙江省教育厅、浙江省人民政府教育督导委员会办公室公布第四批基本实现教育现代化县（市、区）名单，东阳市名列其中。

吴宁镇中孙超群、市外国语学校韦红斌2名教师被评为第12批浙江省特级教师，浙江广厦建设职业技术学院潘光永获2018年浙江省高校优秀教师称号，东阳市特殊教育学校徐月娟获2018年浙江省农村教师突出贡献奖，东阳中学贾立斌获浙江省中小学师德楷模称号，吴宁第二小学楼美刚、白云中心小学卢永俊、湖溪镇中心小学吕福民、市实验幼儿园沈群英获浙江省“春蚕奖”，东阳市人力资源和社会保障局黄正明获2018年浙江省“绿叶奖”，市职业教育中心学校（简称市职教中心）蒋华燕获“金华市最美教师”称号，吴宁三中教育集团赵健获“金华市最美教师提名奖”。

【考试工作】 2018年，东阳市完成高考、学业水平考试和选考科目考试、自学考试、全国计算机等级考试、全国英语等级考试、新教师招聘考试、中考（包括中考体育、实验、计算机考试）等18次考试，报名总人数72031人，3910个考场，190835课次（普通高校6273人、高职考517人、中考8610人、成人高考766人，教师招聘1456人、学业水平考试和选考科目考试19170人，自考、各类证书考试及其他考试35239人）。为各类学校招生录取组建纸质和电子档案11208

2018年东阳市学校教职工基本情况一览表

表44　　单位：人

学校	教职工数（人）	专任教师数		学历				职称			年龄结构							
		合计（人）	其中女（人）	合格人数（人）	合格率（%）	超标人数（人）	超标率（%）	高级人数（人）	中级人数（人）	初级人数（人）	24岁及以下	25至29岁	30至34岁	35至39岁	40至44岁	45至49岁	50至54岁	55至59岁
小学	3881	3718	3002	3718	100	3695	99.38	125	1656	1629	307	895	881	737	391	260	145	102
初中	2229	2177	1357	2177	100	2114	97.11	379	968	695	173	233	363	263	326	309	325	185
高中	1437	1304	730	1283	98.39	69	5.29	292	394	410	156	226	163	215	198	151	134	61
职中	517	471	232	462	98.09	33	7.01	130	187	91	95		38	92	118	57	51	20
幼儿园	4074	2031	2021	2031	100	1785	87.89	9	73	1008	—	—	—	—	—	—	—	—
特殊教育	53	41	33	41	100	41	100	3	15	18	3	14	12	3	2	4	1	2

份。5月,吴宁一中学生贾子若被海军航空兵预录取。

中国书画等级考试首次在东阳设立考点。5月19日,全市38名青少年到吴宁第四小学考点参加软笔书法国家等级考试。有33人通过考试,获得证书。

【教师队伍建设】 2018年,东阳市初定二级教师470人、三级教师128人;评审通过二级教师7人、一级教师255人、高级教师73人;援疆援藏确认高级教师4人,一级教师4人;评审通过正高级教师2人。开展春秋季二次幼儿园、小学、初中教师资格认定工作,认定530人。东阳市完善《东阳市义务教育学校校长教师流动工作实施细则》,开展符合交流条件的骨干教师和普通教师的统计工作,实施部分教师交流制度,交流教师216人,其中骨干教师29人、普通教师187人。继续实施城区新教师支教制度,城区义务段学校下乡支教20人,高中段40人兼职支教,7名教师援疆,1人援藏,6人援川。

8月3日,浙江省教育厅公示2018年浙派名师名校长培养对象名单,东阳市外国语学校韦红斌、吴宁二中教育集团汉宁校区楼黄芳、市职教中心东技校区邓玉荣、东阳中学陈硕罡4名教师入选。

2018年东阳市获金华市教育局表彰优秀班主任一览表

表45

姓 名	工作单位	荣誉称号
王小群	东阳市第二高级中学	2018年金华市优秀班主任
黄章贵	东阳市巍山高级中学	2018年金华市优秀班主任
崔广军	东阳市湖溪高级中学	2018年金华市优秀班主任
张利娟	东阳市外国语学校	2018年金华市优秀班主任
黄晓权	东阳市中天高级中学	2018年金华市优秀班主任
赵 玫	东阳市职教中心东技校区	2018年金华市优秀班主任
游 静	东阳市职教中心李宅校区	2018年金华市优秀班主任
卢旻筱	东阳市外国语学校	2018年金华市优秀班主任
俞华英	东阳市吴宁三中教育集团	2018年金华市优秀班主任
张欣欣	东阳市吴宁一中	2018年金华市优秀班主任
周旭强	东阳市歌山一中	2018年金华市优秀班主任
沈春萍	东阳市横店一中	2018年金华市优秀班主任
胡公安	东阳市南马镇中	2018年金华市优秀班主任
马飞燕	东阳市外国语小学	2018年金华市优秀班主任
楼巧俊	东阳市第二实验小学	2018年金华市优秀班主任
金 英	东阳市吴宁第四小学	2018年金华市优秀班主任
陈芳芳	东阳市白云中心小学	2018年金华市优秀班主任
马 丽	东阳市李宅小学	2018年金华市优秀班主任
杜园花	东阳市大联小学	2018年金华市优秀班主任
蒋时芳	东阳市歌山镇中心小学	2018年金华市优秀班主任
徐 帅	东阳市马宅镇中心小学	2018年金华市优秀班主任
沈 锦	东阳市横店小学教育集团南上湖校区	2018年金华市优秀班主任
张柳英	东阳市横店二小教育集团荆江校区	2018年金华市优秀班主任
赵 晓	东阳市千祥镇中心小学	2018年金华市优秀班主任
陆杭庆	东阳市南马镇防军小学	2018年金华市优秀班主任
王妙芳	东阳市画水镇陆宅小学	2018年金华市优秀班主任
赵晓婷	东阳市巍山中心幼儿园	2018年金华市优秀班主任
翁志园	东阳市横店幼教中心	2018年金华市优秀班主任

【教育项目建设推进】 2018年8月,市政府常务会议通过《东阳市2018~2022年义务教育学校布局调整规划实施方案(征求意见稿)》。市教育局获2018年度东阳重大前期项目考核一等奖,2个项目获市重点建设项目考核三等奖。完成69个政府投资学校建设项目(实施类项目53个,前期类项目16个),总投资约13.2亿元,比上年增长184.5%。

学前教育补短和平安校园提升工程,被列为2018年东阳市十大民生实事。在学前教育补短提升方面,开工建设南市街道、南马镇、城东街道3所中心幼儿园,完成公办幼儿园改造提升16所,增加学位3500个和标准化教学点2个;在平安校园提升方面,增加视频监控4150个,完成全市学校"慧眼"工程升级改造154所,覆盖校园通道、走廊、楼梯等场所。全市学校(幼儿园)食堂食品统一配送、定点采购率100%,创建优良等级食堂148家,建成阳光厨房140家,建成率88.6%,完成"打造校园食品安全一张网"民生项目。

【捐资助学】 2018年1月8日,虎鹿镇"黎明教育基金"捐赠仪式暨首届颁奖典礼在虎鹿镇镇政府举行,有20名教师、40名学生获奖,合计发放奖金8万元。"黎明教育基金"由黎明教育集团捐资200万元,以每年不低于8万元的固定收益发放,奖励对象为虎鹿镇属小学教职员工,以及4~6年级学生。1月31日,虎鹿镇蔡宅小学"星土教育基金"捐赠仪式暨首届颁奖典礼在蔡宅宗祠举行,该基金由蔡孝屏、蔡一龙兄弟共同出资100万元设立,以每年的固定收益发放,奖励虎鹿镇蔡宅小学师生。3月19日,虎鹿镇"华洋教育基金"捐赠仪式暨首届颁奖典礼举行,有30名教师获奖,发放奖金6万元。该基金由市华洋缝制有限公司董事长徐凤南设立,分为"华洋园丁奖"和"特色发展奖";

2018年1月8日,虎鹿镇"黎明教育基金"捐赠仪式暨首届颁奖典礼举行
（市教育局提供）

"华洋教育基金"每年分别出资5万元和2万元,支持冠名为"华洋民乐队""华洋足球队"的镇校民乐和镇中足球特色发展。1月29日,东阳农商银行存贷总额超500亿元发布会暨2000万元"阳光·助教基金"成立仪式举行。2月8日,千祥镇第二届商会第一次会议召开,会上成立"千祥镇柽溪教育基金",现场募集教育基金1000万元,5天共募集教育基金总额1140万元。9月10日,千祥镇教育大会暨柽溪教育基金发放仪式举行,对2项突出贡献奖、25名镇"双优"教师、19名镇优秀班主任、3名教师技能优质课现场赛一等奖获得者、2名东阳市级综合荣誉获得者等项目和个人进行表彰,发放奖教奖学金30余万元。2月14日,东阳江镇梦想教育基金成立仪式暨乡贤联谊会举行,该基金首批捐款300万元,其中张庆华捐赠102万元,吕震天、李灿灿夫妇捐赠100万元,其他98万元。4月25日,"丹心奖教基金"首届颁奖典礼在东阳三中举行。该基金在2017年由浙江华铁建筑安全科技股份有限公司董事长胡丹锋及其家族成员捐赠500万元设立。

【教育管理体制改革】 2018年3月31日,市委办公室、市政府办公室印发《关于推进镇乡街道教育管理体制改革的通知》。4月,实施教育管理体制改革,解决教育管理效率问题。撤销各镇乡街道中心学校、城校办、教育处等中间管理层级,扩大学校办学自主权。改革教育局机构,组建"一室四部"(一室:一个办公室;四部:组织人事部、教育发展部、教育保障部、教育督考部),实现专业化管理,承接镇乡街道中心学校、城校办、教育处撤销后的管理职能和行政工作。根据教育体制的调整,撤销18个中心学校(城校办、教育处)党总支,完成17个中心小学党组织构架设置,将原有的126个党组织撤并为68个,开展38个党组织的改选和增补选工作。

【校务民主监督】 2018年,东阳市校务监督委员会在学校工程建设、食堂承包、食堂采购等重点领域开展监督。开展对教师职称申报、教师评优评先、新生招生等重大事项的监督。全市校监会列席校务会议1123次,召开座谈会354次,发放调查问卷4987份,收集各类意见和建议908条,参与监督事项734个(次),审核票据金额3867万余元,监督重大经费使用302笔、计1973万元,大宗物品采购145次、计899万元,发现并整改问题71个。

【师德师风建设】 2018年,市教育局查处存在师德师风问题教师12人。开除1名涉嫌醉驾校长,解除1名严重违纪校长的聘用合同,给予1名帮助下属逃避酒驾后续处理的校长党内警告处分,解聘2名涉嫌上班时间参与牌局的教师。3月,修订《东阳市在职教职工违规办班、违规带生、有偿补课行为处理办法》,查处参与违规补课的教师7人,对城区初中2名在职教师给予调离城区学校和行政警告处分处理,对城区小学2名在职教师给予解聘及岗位等级降到十三级的处理。

【学校安全管理】 2018年,市教育局推进安全隐患排查治理工作,推进"平安校园"建设,全年未发生一起校园安全责任事故。印发《东阳市教育系统安全稳定工作岗位责任制实施办法》《东阳市教育局校园安全及教育事故责任追究办法》,落实安全工作"党政同责、一岗双责",将安全管理工作纳入年终考核内容,实行年终安全工作考核倒扣分无上限制度。根据《浙江省中小学幼儿园安全防范工作实施细则》要求,提升校园"三防"建设水平。演练校园防暴器械使用,建设示范性校园警务室。安装校园视频监控系统,全市公办中小学实现校园平安监控全覆盖。根据《金华市学校食品安全提升规划(2017~2019年)》《东阳市创建浙江省食品安全市工作方案》要求,开展校园食品安全教育。10月,全市158家公办学校、幼儿园食堂食品实现统一配送,定点采购率100%;食堂优良等级创建148家,创建率93.6%,阳光厨房建成140家,建成率88.6%,完成2018年度民生实事项目建设任务。组织各校开展平安校园创建工作,市教育局的平安校园建设工作获东阳市"平安金鼎"集体三等功。白云初级中学、市实验小学、横店小学教育集团横店校区、巍山镇中心小学、南马镇中心小学获"2018年度金华市依法治校示范校"称号。

【培训机构专项整治行动】 2018年,全市培训机构专项检查整治工作分部署动员和排查摸底、集中整治、总结提高和专项督查3个阶段进行。7月,开展中小学文化类学科培训机构整治，由教育、公安等多部门组成的联合执法大队对吴宁街道朝阳小区的11家校外培训机构进行突击检查，依法关停2家无办学许可证的培训机构。10月26日，召开市校外培训机构整治工作推进会。市教育局按规定对已整改到位上报审批的培训机构办理办学许可证，督促检查培训机构有无超纲教学、提前教学，严查在职中小学教师到培训机构兼职授课事件。

【省政府数字化转型试点项目】2018年，东阳市教育资源公共服务平台融入国家数字教育资源公共服务平台体系，共享国家、省级优质资源，初步形成区域优质资源共建共享有效机制。10月，制订省政府数字化转型试点项目——省"之江汇"教育广场系统之网络学习空间人人通规模化应用东阳试点工作实施方案，按试点方案进程推进。成功创建39个省级特色精品空间和省级特色教学空间，形成空间应用的10种模式和一批空间应用典型案例。实现区域教育资源平台与省"之江汇"教育广场互联互通，和"省—市—县"资源平台融通，组织广大师生利用互联网学校、教师发展学校、家长学校开展教育教学服务，区域应用活跃度全省领先。采用1+1模式，推进省义务教育学校"城乡携手、同步课堂"东阳试点工作，设立"城乡携手同步课堂"横店镇区域试点，吴宁镇中与三单乡中小学结为"城乡携手同步课堂"试点学校。10月11日，组织召开试点工作推进会；12月12日，举办全市试点工作观摩研讨活动。

【国家教育云规模化应用试点工作】2018年1月2日，市教育局被评为教育部第一批教育信息化试点优秀单位。3月22日，受邀参加由省教育厅举办的中加"浙江—不列颠哥伦比亚基础教育论坛"，展示东阳利用教育云空间开展教育教学活动情况。5月5～7日，市教育局受邀参加由教育部举办的第三届全国基础教育信息化应用展示交流活动，展示东阳网络学习空间改变教育教学的应用情况。升级完善新的东阳教育资源公共服务平台，融合对接各应用系统。东阳市试点工作案例《云端融合 智慧联动——构建基于大数据的全域化、智能化校园安全综合管控体系》入选2018年浙江省智慧教育典型案例。东阳教育信息化试点工作的典型案例《网络学习空间规模化应用的区域实践》入选《教育信息化优秀案例集(2017)》。东阳市作为2018年度网络学习空间应用优秀区域被省教育技术中心推荐至教育部。12月19～21日，在北京市召开的全国教育信息化工作会议上，东阳市作为唯一的区域代表，作《让网络学习空间成为日常教学生活一部分》的交流发言。在"一师一优课、一课一名师"活动中，有3027名教师报名参加，平台晒课2744节，排名金华市第一。为全市初中学生免费提供名师网络公益课堂156节，参加学习学生总人次193744人。

东阳市开展云校深度应用及教育专题应用推广工作，实现教育云统一认证统一登录。上线理想信念、核心价值观、传统文化、生态文明、安全教育、健康教育等6方面140余个主题的专题课程。指导各校优化云校应用，全年累计增加经验值1570余万积分。全市通讯员"教育专题"投稿3744篇，审核发布2896篇，点击量1047213人次。

【心理健康教育工作】2018年，东阳市创建"省心理健康教育示范校"和"省标准化心理辅导室"。9月、12月，2次召开"东阳市创建省标准化心理辅导室"工作会议。东阳中学等6所学校成为"省学校心理健康教育示范校"；横店一中等56所学校达到"省标准化心理辅导室"建设标准。东阳中学争创全国第三批心理健康教育特色学校培育基地，吴宁一中、市外国语学校争创省心理健康教育一级站学校。吴宁二中等4所学校接受"省心理健康教育示范校"创建验收，有26所学校通过"省标准化心理辅导室"创建东阳市级验收。全市74%的公办学校基本达到"省标准化心理辅导室"创建要求。增加心理健康教育C证180人，B证6人。

【省区域推进语言文字规范化市创建】2018年10月26日，东阳市召开全市创建浙江省区域推进语言文字规范化市工作部署会。12月4～5日，市语言文字工作委员会组织评估组对首批8个镇乡(街道)进行语言文字规范化镇乡(街道)的评估验收。12月26～27日，省语委办主任、省教育厅语管处处长王振斌率省评估组观察员和专家，到东阳

2018年12月19～21日，市教育局在全国教育信息化试点验收案例成果推广会上作主题交流发言 (市教育局提供)

市评估省区域推进语言文字规范化市创建工作。评估组认定东阳市达到省区域推进语言文字规范化市的标准，成为金华市首批通过验收的省区域推进语言文字规范化县（市、区）。

【教师管理改革试点工作】 2018年3月，东阳市制定《关于东阳市推进教师“县管校聘”工作的实施意见》《东阳市推进教师“县管校聘”试点工作实施方案》《东阳市教师退出教学岗位实施办法》。制订试点学校“县管校聘”工作时间表，9所学校开展“县管校聘”试点工作，制订学校聘任方案，完成聘任工作。

【校长（园长）培训】 2018年7月17日，市教育局与清华大学继续教育学院合作开办的东阳市中心小学校（园）长培训班在清华大学举行开班典礼，全市51名小学校长和幼儿园园长参加为期5天的培训，培训内容分为教育理念更新、管理能力提升、综合素养拓展和观摩实践内化四个模块。7月24日，东阳市中学校长培训班在华东师大举行开班典礼。华东师范大学教育学系主任黄忠敬教授作题为“校本课程建设与学生核心素养”的学术讲座。华东师范大学现代教育信息技术研究所所长张际平教授作题为《未来学校 未来课堂》的报告。

【与吉林省双辽市教育局对口合作】 2018年3月，双辽市与东阳市签署对口合作框架协议，双方在党建工作、学校管理、课程建设、教育信息化等领域进行交流合作。11月15日，吉林省双辽市15名校长到东阳市参加对口培训，在市教研室和部分学校进行为期半个月的研修、跟岗实践学习活动，在办学理念、制度完善、日常管理、校风、教风、学风建设等方面开展学习与交流。

【领导调研】 2018年5月15～17日，省教育厅副厅长朱鑫杰到东阳市调研职业教育和成人继续教育工作。朱鑫杰到市职教中心东技校区、巍山成技校（成人文化技术学校）等地，听取学校工作汇报，了解发展情况。座谈会上，参会人员对东阳职业教育和成人继续教育发展建言献策。会议研究了如何解决中职学校布局、专业结构不合理，成人继续教育体制不顺等问题。

2018年5月15日，省教育厅副厅长朱鑫杰（前排右二）一行到市职教中心，了解万科产业园区实训基地建筑专业发展情况 （市教育局提供）

【“名师专家东阳行”活动】 2018年5月9日，“智汇东阳·百场沙龙”系列主题活动启动仪式暨“我为家乡做件事”之“名师专家东阳行”活动在东阳中学举行。该活动由金华市委人才办、金华海内外人才总会主办，市招才引智局全体干部、全市中小学相关负责人、东阳中学相关管理人员共150余人参加。东阳中学的数学竞赛金牌教练边红平名师工作室和信息学奥赛金牌教练徐先友名师工作室揭牌仪式举行。浙江大学机器人研究院常务副院长陆国栋、杭州学军中学教育集团总校长陈萍分别作题为“中外教育模式分析及若干思考”“为了更好的教育”的讲座。

【《东阳市教育志》出版】 2018年9月，由市教育局编写的《东阳市教育志》由中国文史出版社出版。该志书记叙时间为事件发端到2016年年末，采用章节目体，设学校设置、教师学生、教育教学、办学条件、教育管理、人物六章三十节，将古代传统教育和现代科学教育结合，反映东阳教育历史和现状生态，提供东阳教育真实可靠的文献依据。东阳市教育志编纂委员会自2008年8月启动编纂，历经拟定篇目、搜集资料、分工撰写、修改审定等阶段，历时十年，五易其稿成书。

（陈全洪）

学前教育

【概况】 2018年，全市有幼儿园179所（教育部门办45所），班级1305个，毕业生13330人，招生13591人，在园幼儿38714人（其中女生17811人），园均规模216人。教职工4074人，其中园长179人、专任教师2031人、其他1864人。幼儿园总占地面积458614.91平方米，生均11.85平方米，总建筑面积356424.33平方米，生均9.21平方米。3月，实施《东阳市发展学前教育第三轮三年行动计划（2018～2020）》。公办幼儿园覆盖面35.1%，等级幼儿园覆盖面96.1%，一、二级幼儿园覆盖面40%以上，普惠幼儿园率82.7%。7月，承办金华市学前教育工作推进会，市教育局在会上作典型发言。

【普惠等级幼儿园复核认定】 2018年，东阳市开展普惠性民办幼儿园认定工作，131所普惠幼儿园完成复核认定，增加11所普惠幼儿园，其中二级以上普惠性幼儿园4所。实施《幼儿园等级提升工程（2017～2020）》，按计划培育等级幼儿园，扩大优质园覆盖面，对80余所三级园进行复核。上半年增加二级园3所、三级园3所，下半年增加二级园5所，三级园4所。

【幼儿园教师队伍建设】 2018年，东阳市采用职前培养、在职培训的方式，实施学前教育定向免费师范生培养，规划市职教中心东技校区与高校联合举办学前教育3+2班；实施《全市学前教育骨干教师队伍三年建设规划》，构建完善在职骨干教师梯队培养体系；组织开展幼儿教师资格证考前培训工作，100余名幼儿教师参加培训和笔试考试，92人进入最后面试环节，提高在职幼儿教师持证比例。

【幼儿园课程改革实施】 2018年，东阳市实施《东阳市幼儿园课程改革实施方案》，建设并实施“行政全面推动”“教研精细指导”“园长第一负责”的全区域课程体系，第一批有45所幼儿园参与园本化课程建设。4月，市教育局安排课改园园长、骨干教师到杭州市参加为期一周的幼儿园课改研训活动。首批45所课改园根据课改要求完善本园课程建设顶层方案,第二批78所启动；5月8～9日，省教育厅学前教育处处长王振斌到东阳市开展为期2天的幼儿园课程建设情况调研。10月，市教育局承办金华市课程改革经验交流活动，在会上作《多措并举，区域推进幼儿园课程改革》发言。

（陈全洪）

义务教育

【概况】 2018年，东阳市有小学87所（教育部门办79所），增加南山小学。班级1752个，毕业生10816人，招生12507人，在校学生69349人（女生31117人），校均规模797人。教职工3881人，其中专任教师3718人。小学总占地面积1678206.92平方米，生均24.20平方米，建筑面积744252.77平方米，生均10.73平方米。初中35所（教育部门办32所），班级666个，毕业生8795人，招生10012人，在校学生29591人（女生13706人），校均规模845人；初中教职工2229人，其中专任教师2177人；初中总占地面积1221607.28平方米，生均41.28平方米，建筑面积594588.77平方米，生均面积20.09平方米。小学学龄人口入学率、小学毕业升初中比例均为100%，初中入学率、巩固率均为100%，义务教育学龄人口入学率100%。全市义务教育段学生98940人（2017年97243人），其中外来务工子女40608人（2017年38472人），占全市学生数的41.0%（2017年39.6%）。符合条件民工子女33941人（2017年30961人），在公办学校就读31313人，占92.3%（2017年97.8%）。

2018年10月30~31日，金华市幼儿园课程改革经验交流活动在东阳市举行

（市教育局提供）

【阳光招生】 2018年，东阳市义务教育段学校报名首次采用网上预报名。符合条件的新生在5月25～31日登录东阳教育资源公共服务平台，依据条件在网上填报一所学校。8月25日后，所有新生信息由学校统一组织录入电子学籍管理系统。市教育局成立教育局局长任组长，分管领导任副组长，相关领导和科室负责人为成员的东阳市义务教育段学校“阳光招生”工作领导小组，下设办公室，协调和监管招生工作。

【中小学科研管理】 2018年，东阳市被确定为“浙江省小学生综合素养评价试点市”，县域总结推行小学生综合素质发展评价改革的工作实践经验，形成能在全市推广、具有东阳地域特色的小学生综合素质发展评价方案。市教育局把“心理健康教育完成率”“课堂教学模式改革”“师训参与率”“校长‘五项常规’践行率”“学校科研指数排名”等，列入“东阳中小学教育质量综合评价十大指标”的考核内容。3月和9月，2次召开“2018年教育科研工作会议暨教科研负责人专题培训”，部署新学期教育科研工作，分别邀请金华市教科所书记黄金鑫和副所长叶鑫军做培训指导。9月26日，开展“南马科研协作体”结题与课题申报工作，近80名科研骨干分3组对30余个课题进行交流。10月，市教科所对32项金华重点及以上规划课题分2组进行中期检查指导。5月，巍山镇校科研协作体分别举行小学语文“顺学课堂”教学研讨活动和小学数学“顺学课堂”总复习研讨活动。11月15日，横店小学教育集团科研协作体在横店校区举行“学生本位视域下的小学教学研讨”活动。12月17日，市外国语小学科研协作体举办第二届学术周之“未来课程建设研讨会”。11月27日，市实验小学科研协作体开展金华规划课题“之江汇在小学数学教学中的应用策略研究”的课题研究实践活动。全年立项省规划课题8项，金华市规划课题83项、东阳市级规划课题

182项。10月,市教育局汇编教科所所长沈兵撰写的《有声的脚印——10场“教育的智慧”讲演》举行首发式,发给全市中小学(幼儿园)校长阅读培训。

【新教育实验学校联盟创建】 2018年,东阳市新教育实验试点学校制订行动方案(各校自行制订),按照时间节点践行富有东阳特色的新教育实验。创建新教育实验学校联盟,确立25个“盟主学校”和26名联盟导师,推进营造书香校园、师生共写随笔、聆听窗外声音、培养卓越口才等新教育“十大行动”的实施。召开全市新教育成果展示活动4次,各联盟学校每学期开展1次活动,共计50次,活动信息在“东阳教育”微信公众号上发布共享。“家校合作共育”各盟员学校建设“新父母学校”,开展教育活动。评出10所2018年东阳市“优秀新父母学校”,在教师节大会上表彰。确定首批新教育种子教师94人,组织种子教师出省培训92人次,建立种子教师评比机制。13所学校被评为市“新教育实验优秀盟主学校”,3所学校被评为市“新教育实验优秀盟员学校”,11名教师被评为市“新教育实验优秀种子教师”。实验学校开展新教育实验建设网络社区联盟行动,构建“9+1”新教育实验网络空间应用模式,发挥网络社区和网络空间的优势,结合学校特色创新开展空间应用,完整记录新教育实验的过程、方法和成果。公布四大优秀网络空间评选指标,评出新教育实验优秀学校空间31个、优秀班级空间56个、优秀教师空间86个、优秀学生空间110个。

【新教育实验创新做法】 2018年4月,在江苏省如东县召开的全国新教育实验区工作会议上,东阳市作题为《新教育东阳实验五法》的专题经验介绍,其中“联盟抱团、资源共享”的做法受到新教育实验发起人朱永新肯定,关于该文的政务信息得到副省长成岳冲的批示肯定;7月,市外国语小学教师何霞霞在全国新教育实验第18届研讨会上分享小学科学的教学经验;11月,南溪小学校长杜黎明受邀在厦门市召开的国际高峰论坛上作题为《校园是人文教育的最强场域》的大会发言。7月,金俊华、杜黎明获全国新教育实验先进个人称号,市外国语小学的全息语文阅读课程获评全国新教育优秀课程;9月,市外国语小学、市实验小学、横店二中3所学校获评“全国新教育实验优秀实验学校”;10月,市外国语小学成为“新教育未来学校联盟校”成员,巍山镇中心小学、虎鹿镇中心小学、市实验幼儿园等学校成为全国“家校合作联盟”首批成员单位,受邀参加全国家校合作联盟成立大会暨家校社合作首届研讨会。在年度科学教育行动案例叙事评选中,获特等奖、一等奖和二等奖各1个;各联盟评选、推荐新教育人文叙事50篇,获全国特等奖1个、一等奖1个、二等奖2个。

【学后托管】 2018年,市教育局、市财政局和市人力社保局联合制定《关于推行小学生学后托管服务的实施意见》,要求各小学1~4年级在11月后推行学后托管服务,为正常放学后接送有困难、孩子独自放学后在路上存在安全隐患、孩子到家后无人照顾等情况的家庭子女提供服务。11月,全市小学1~4年级启动学后托管工作,1500余名学生参加学后托管。副省长成岳冲、金华市副市长陶叶萍分别对《东阳市实施“个性化”学后托管 破解小学生看护“空档期”难题》的政务信息作批示。

【少先队活动课程建设经验推广】 2018年,东阳市融合“全国区域性整体推进少先队活动课程建设示范区”和“国家教育云规模化应用试点市”工作,首创“红领巾东阳云”,制定《区域推进中小学“智慧队建”的实施意见》,实现“优质资源队队通”和“网络空间生生通”,形成“人智机智结合、云端队本相融、线上线下呼应、数媒纸媒两用”为特征的“互联网+少先队”新格局。3月28日,团中央、教育部在北京市召开“2018年少先队改革座谈会”,市教育局作为浙江省唯一基层代表,出席座谈会并作题为《树立互联网思维,探索“智慧队建”,推动少先队网络战略转型》的大会发言。

【全息德育模式推广】 2018年11月16日,“金华市全息德育品牌推广会”在市外国语小学召开,举办经验推广、专家点评、讲座引领等活动。市外国语小学校长卢雁红作题为《小学“生活浸润式”全息德育十年探索》的报告。该校以“走进儿童世界,培育幸福儿童”作为育人宗旨,将寄宿制学校的“包袱”开发为德育资源,历经十年探索,创设体验性、儿童化、生活化的“生活浸润式”全息德育新模式。该校的“扣好人生第一粒扣子——践行小学生日常行为规范”经验被教育部评为2018年全国中小学德育工作典型经验。

(陈全洪)

高中教育

【概况】 2018年,东阳市有公办、民办普通高中13所、班级375个、毕业生5460人,招生5502人,在校生17088人(女生8806人),校均规模1314人。教职工1437人,其中专任教师1304人。学校占地面积1047308平方米,校舍建筑面积493108.3平方米。教育部门办普通高中6所,毕业生3314人,招生3118人,在校学生9635人,教职工838人,其中专任教师809人。

【招生考试】 2018年,全市共有2万余名高中生参加高中学考和选考,完成50468课次的组考工作。普通高中学业考试合格率99%。11月,市教育局稳妥处理高考英语科目加权赋分事件,安排工作人员24小时值班,开展相关政策的解释和考生的心理疏导等工作。

东阳市高中停招特长生,改为特长类自主招生。招生办组织开展体育特长类学生相关专业测试,市教育局纪委全程监督。普通高中录取自主招生学生31人。

【高考一段录取率24%】 2018年,普通高中学生报名参加普通高校招生考试6273人,一段录取1507人,录取率24.02%。市属公办高中一段录取人数1263人,录取比例34.37%,其中东阳中学、外国语学校、东阳二中、巍山高中的一段录取人数和录取率分别为605人、84.05%,264人、66.33%,234人、33.10%,103人、16.59%。全市被北京大学和清华大学录取4人。

【东阳中学特色优质发展推进】 2018年,东阳中学建设东中创新实验室、学科教室、智慧校园和教工休息间大楼,推进"东中校友会"注册。推动东中教育集团初步实质性运作、凝聚和弘扬"东中精神"、提升教育质量和影响力,深化东中集团管理体制改革,成立市委深化东中教育集团管理体制改革领导小组,市委印发《关于深化东阳中学教育集团管理体制改革的意见》,加快升格"东中教育集团理事会"、筹建"东中发展基金会"。

【省普通高中特色示范学校创建】 2018年7月2~4日,湖溪高中、中天高中等接受省二级普通高中特色示范学校现场考察。10月23~25日,接受省二级特色高中评估。12月29日,金华教育网公示"金华市2018年省二级普通高中特色示范校评估结果",湖溪高中、中天高中名列其中。

【高中竞赛获奖】 2018年2月10日,东阳中学高三(3)班历程远获第二十届全国新概念作文大赛一等奖。7月,在第12届"冰心奖"全国征文比赛中,东阳中学卢子文、周安然、李文静参赛并获奖,作品载入《冰心作文奖获奖作品集》。在第20届"语文报杯"全国中学生作文总决赛中,东阳中学张越、徐匡诚、徐枭获一等奖。7月,中国青少年机器人竞赛WER项目,蒋哲靖、俞澍森获二等奖,全国青少年电脑机器人大赛WER项目,王佳晨、卢开源获三等奖。10月,东阳中学高三(16)班陆煌荣同学获第35届全国高中生物理竞赛(浙江赛区)一等奖。12月,东阳中学5人参加全国信息学奥林匹克联赛复赛,陈文浩获全国联赛一等奖,李大川、吴泽凯、蒋槟谦、程钱佳获二等奖。

2018年东阳市普通高中办学基本情况统计表

表46

学校名称	学校数(所)	在校学生数(人)	教职工数(人)			学校占地面积(平方米)		校舍建筑面积(平方米)		藏书量(册)		计算机(台)
			总数	专任教师	高级教师	共计	生均	共计	生均	共计	生均	共计
合计	13	17088	1437	1304	292	1047308	61.29	493108.3	28.86	889147	52.03	5446
其中教育部门办	6	9635	838	809	247	615956	63.93	271745	28.20	551923	57.28	3462
民办	7	7453	599	495	45	431352	57.88	221363.3	29.70	337224	45.25	1984
东阳中学	1	2300	232	218	84	184268	80.12	82004	35.65	159336	69.28	907
东阳二中	1	2159	175	172	52	151355	70.10	74040	34.29	103200	47.80	662
巍山高中	1	1889	152	150	49	93900	49.71	38073	20.16	119200	63.10	667
东阳三中	1	1162	100	95	16	59168	50.92	30942	26.63	62334	53.64	507
南马高中	1	1343	111	108	29	80629	60.04	30479	22.69	75000	55.85	458
湖溪高中	1	782	68	66	17	46636	59.64	16207	20.73	32853	42.01	261
外国语学校	1	1288	105	104	20	82137	63.77	56367	43.76	73327	56.93	791
中天高中	1	1547	125	106	4	66600	43.05	38787	25.07	88062	56.92	407
顺风高中	1	2198	178	138	3	86100	39.17	48500	22.07	50610	23.03	204
横店高中	1	1264	105	80	13	64600	51.11	32280	25.54	77500	61.31	330
利民高中	1	1093	73	54	—	52026	47.60	15330	14.03	40560	37.11	184
尚学传麒	1	—	—	—	—	35333	—	8135	—	5335	—	30
花园外国语	1	63	13	13	5	44556	707.24	21964	348.63	1830	29.05	38

(陈全洪)

中等职业教育

【概况】 2018年，东阳市有公办民办中等职业学校5所，其中教育部门办2所。班级166个，毕业生2052人，招生2249人，在校学生6603人，校均规模1321人。教职工517人，其中专任教师471人；硕士33人（市职教中心东技校区26人），占专任教师总数的7.01%；双师型教师214人，占专业课、实习指导课教师数的80.15%。学校占地面积340239.32平方米，生均51.53平方米；建筑面积163753.06平方米，生均24.80平方米。全市高职参考（包含3+2等）820人，上线人数（包含3+2）758人，上线率92.44%。本科上线4人。金华市人人抽测比赛中，市职教中心东技校区计算机专业、花园技校数学专业分别列金华市第一名、第二名。

10月，市职教中心东技校区作为全省首批"中小学校党组织领导下的校长负责制"试点单位，全面展开具有中职特色的校长负责制试点改革。市职教中心东技校区教师获奖190人次，学生技能比武获奖94人次。电子商务获省团体一等奖。张旭琴在浙江省中小学生艺术节中获一等奖；在金华市中职学校师生职业能力大赛中，该校手工单证项目3人参赛均获一等奖，校企合作项目获金华市第一名。市职业教育中心李宅校区教师获奖97人次，学生获奖64人次。

【校企合作办学】 2018年1月，由3名企业骨干和4名市职教中心东技校区教师组成的"黄小明大师工作室"成功申报省大师工作室。该校举办2018年校企合作推进会，与23家企业签约，开展产教融合、校企合作。市职教中心李宅校区举行实习就业招聘会、职业体验周等活动。在省第三次"三名工程"项目建设经验交流会上，市职教中心东技校区2个案例被评为优秀典型案例。

【职普融通实验班设立】 2018年，东阳市职普融通实验班（实验班学生第一学期在市职教中心东技校区注册学籍，通过相关考试后的学生转入普通高中）设4个班，招生160人。市职教中心东技校区第三届职普融通班37人上普高线，12人分别被巍山高中等4所普通高中录取。5月，明确"职普融通实验班"招生办班学校：职业中专为市职业中等专业学校（市职教中心东技校区），普通高中为除东阳中学、外国语学校外的市属公办普通高中。

【省教育厅领导调研市职教中心东技校区】 2018年10月24日，省委教育工委副书记、省教育厅副厅长陈根芳调研市职教中心东技校区，参观该校建筑实训基地的1:1建筑模型实习地。11月12日，省教育厅党委副书记、副厅长鲍学军调研市职教中心东技校区。11月13日，鲍学军在微博上分享一段小视频，点赞该校学生在木作坊进行的技能实训操作。

（陈全洪）

2018年11月12日，省教育厅党委副书记、副厅长鲍学军（前排左二）调研东阳市职教中心东技校区木作坊 （市教育局提供）

特殊教育

【概况】 2018年，东阳市有特殊教育学校1所——东阳市特殊教育学校。有培智教学班12个。毕业生27人，招生24人，在校学生126人（小学78人、初中37人、职高11人，其中女生37人）。教职员工53人，其中专任教师41人。学校占地10269.98平方米，校舍建筑面积8722.46平方米。特殊教育提升计划保障项目——特殊教育职业教育场馆政府投资工程立项。学校风雨操场改造完成，教学楼文化长廊建设完毕。校党支部委员会获金华市五星级基层党组织、东阳市教育局先进基层党组织称号。6月，东阳电视台《时代先锋》栏目播出学校党建宣传片。学校获2018年市教育宣传先进单位称号。

徐月娟获浙江省农村教师突出贡献奖。赵婵君获金华市特殊教育优质课评比一等奖。霍俊名主导拍摄的微电影《一样不一样》《陪伴》分获全国中小学校园影视大赛二等奖、三等奖，微课程"PECS——图片交换沟通系统"被录用为2018年度省级精品微课程。赵婵君的生活数学"第几"获浙江省"一师一优课 一课一名师"活动省级优课。该优课与邵丽婷的生活语文"儿童节"、霍俊名的生活语文"问好再见"、吕轶晗的生活数学"图形宝宝在哪里"获金华市市级"优课"。吴森萍、李丹芬的课例"青青草”获金华市教师自制多媒体教育软件评比一等奖。霍俊名、徐振刚的2个课题获东阳市立项。

【特教中职学籍系统开通】 2018年,东阳市特殊教育学校开通中职学籍系统,开设中职家政专业班1个,有就读学生11人。职业高中班公用经费按其他市属高中的11倍拨付,高于省“中职班5倍”的经费标准。学校自编相关校本教材,开设洗车、烹饪、烘焙等专业课程。

【医教结合合作项目】 2018年,每周二、周四,东阳市特殊教育学校教师组成6人送教小队,到市中医院儿童康复中心为20名学龄前的特殊孩子送教送课;每周二、周五,市中医院的康复师到市特殊教育学校为8名学生进行康复治疗。学校体育教师与专业康复治疗师合作,将专业康复训练融入日常的体育课堂,扩大康复治疗范围。

(陈全洪)

成人教育

【概况】 2018年,东阳市有成人文化技术学校(简称成技校)18所,建校率100%,省标准化成技校18所,形成以市社区学院为龙头,镇乡(街道)成人文化技术学校、中高职院校为骨干、以村(居)社区教学点为基础的三级社区教育网络体系。东阳社区学院明确岗位职责,建立考勤和考核制度,各方面管理运作规范化。各成技校依托所属镇乡(街道)中心小学,落实成技校管理人员、专职教师和学分银行管理员,组建全市社区教育师资库,整合人力资源开发优质课程。社区教育有兼职教师(含管理人员)202人,按常住人口人均2元社区教育专项经费落实到位。湖溪成技校送评的节目《不忘初心》,获金华市第二届社区教育文化节文艺会演二等奖。城东街道成技校吕婧仪在2018年浙江省社区教育教师技能比赛中获三等奖。

【老年教育】 2018年,东阳市完善老年教育网络体系,建成市老年大学、老年电视大学和老年开放大学东阳学院“三位一体”格局。老年电视大学和老年开放大学东阳学院共建讲师团,开发“老年人智能手机使用”“老年人防诈骗”等14门培训课程,为老年学员“送课下乡”,累计培训老年人5196人次。

【学分银行工作】 2018年,东阳市按照省教育厅关于规范成技校培训课程的要求,优化升级工作平台,开展学分银行工作业务培训,完成成技校培训成果信息输入。全市25个受理点新开户58797人,导入学习成果119778人次,完成成人双证制教育培训1922人。

【家政人才培训】 2018年,东阳市完成家政人员培训12158人次,其中中高职院校组织育婴师等培训2881人次。各成人学校开展家政类培训9277人次。广厦学院(电大)承办的“0355工程——职业育婴师培训”被评为金华市和东阳市“终身学习品牌项目”。市交通职业技能培训学校的“中式面点师培训”被评为东阳市“终身学习品牌项目”。市特殊教育学校开设针对残疾人的家政服务课程,招生7人。

【第二届社区教育文化节举行】 2018年10月26日,市人民政府在江滨节庆广场举办2018年全民终身学习活动周暨第二届社区教育文化节启动仪式,通过展板、文艺会演等展示社区教育成果。文化节表彰9名“百姓学习之星”、7个“学习型家庭”、3个“学习型社区”、8个“学习型社团”、4个“学习型企业”、5个“终身学习品牌项目”。

(陈全洪)

高等教育

【概况】 2018年,浙江广厦建设职业技术学院(简称广厦学院)总建筑面积32万平方米,图书112万册,下设6个二级学院,开设32个专业,建筑工程技术、工程造价为省“十三五”优势专业,建设工程监理、建筑经济管理、机电一体化技术、国际经济与贸易、雕刻艺术设计为省“十三五”特色专业。有全国职业院校民族文化传承与创新示范专业点1个,省级非物质文化遗产传承教学基地1个、省级精品课程7门,省级精品在线开放课程5门,获国家级教学成果奖二等奖1项,浙江省教学成果奖一等奖2项。教育部规划基金项目2项、省科技进步一等奖1项。中央财政支持实训基地1个、高等职业教育省级示范性实训基地建设项目4个、省级非物质文化遗产传承教学基地1个,专业工作室20个,各类校外实训基地211个。

广厦学院开设“走进广厦社科部”微信公众号,微信公众号综合影响力名列省内高职第2、全国高职第6。开展“崇学大讲堂”活动。宣传报道出现在省级以上权威媒体71篇次;获中国高校好新闻评选一等奖1项、三等奖3项,浙江省高校校报好新闻评选三等奖3项;学报蝉联全国民办高校学报“十佳期刊”,召开学院纪念改革开放40周年学术论坛。钟丹获“2018年省高校优秀辅导员”称号。

【教育教学】 2018年,广厦学院引进正高职称教学人员17人、副高职称教学人员9人、硕士研究生48人,聘请9名高层次人才。培养“双师”型教师,加大11个访问工程师项目、38名教师下企业实践考核检查力度。确立土木工程、工程造价、计算机科学与技术、工艺美术、电子商务、风景园林6个专业为首批本科设置专业。开展各专业本科层次人才培养方案拟制、审核和论证。同步启动校内实验实训室建设,投入1328余万元完成部分实训机房改造和教学仪器设备购置。启动专业内涵建设,将2个省级优势专业、5个省级特色专业、3个校级重点专业和9个拟新设置专业等19个专业共150个子项列为建设对象,涉及建设资金418万元。启动6个省级教改项目,13个校级教改项目,18个校级课改项目;8个国家级精品在线开放课程培育项目,18个省级精品在线开放课程培育项目,17个校级精品在线开放课程建设项目;立项1套系列教材、8个单本教材为省级新形态教材建设项目。

2018年11月11日，广厦学院700余名学生进行“双十一”线上销售实战训练
（胡扬辉/摄）

产教融合教学班从2017年的12个增至19个，受益学生854人。电商、国贸等专业700余名学生参与“双十一”天猫代运营业务，助力商家销售额12.4亿元。

广厦学院以第二主持单位参与的“高职院校建筑类专业‘五化’教学法的研创与应用”项目获2018年国家级教学成果奖二等奖，建筑工程学院吕淑珍、管理工程学院任玲华参与该项目。制订下达8个省级专业技能竞赛一等奖考核指标，配套61万元专项经费重点培育工程测量等7个技能竞赛项目。在7个省级学科技能竞赛赛项中获一等奖8项，获奖数是上年的3倍。在13个省级学科和技能竞赛中，获奖47项，比上年增长21%。

【科研和社会服务】 2018年，广厦学院修订《科研管理条例》《科研经费管理实施细则》，制定《科研与社会服务三年行动计划（2018～2020）》，规范科研工作机制，实施项目化管理。组织10余次科研沙龙和交流研讨，4次专项能力培训讲座，开展高级别课题申报培训讲座，培育科研力量，提高整体科研与社会服务能力。申报省哲社课题18项，教育部人文社科基金项目11项，总申报数比上年增加10项。增加5个院级科研机构，加大对科研成果水平较高项目的扶持力度，最高按到款额的5%予以重点资助。对接企业需求，引进新中大、国泰安、达内软件等多家行业龙头企业，成立5个产学研基地。发表论文265篇（核心期刊以上论文11篇、SCI收录1篇）。发明专利申报4件，授权4件。出版学术专著5本。申报厅局级以上课题立项31项，省部级课题立项7项。获金华市级各类科研奖励9项。开展建筑行业各类人才培训18494人，比上年增长40.76%；学历继续教育招收1117人，比上年增长9.7%；组织各类政府购买服务培训1420人。建筑工匠人才培训项目被浙江省教育厅立项为“2018年浙江省成教品牌项目”，职业育婴师培训被金华市教育局评为“2018年度金华市终身学习品牌项目”。

【学院基础设施建设】 2018年，广厦学院投入600余万元，完成学生公寓改造、办公条件改善、校内雨污分流管道改造等零星维修和基建项目。引入社会资金620万元，完成3个食堂改造和直饮水进寝室改造。总投资1.77亿元的文体中心启用。投入240余万元，完成120个教室多媒体设备升级改造。

【招生与就业】 2018年，广厦学院录取新生3305人，实际报到3082人，报到率93.25%。增设虚拟现实应用技术、空中乘务、摄影与摄像艺术、财务管理、城市轨道交通运营管理、城市信息化管理6个专业。增加职教集团成员学校8所。2018届毕业生3497人，就业3426人，就业率97.97%。

【国际化办学】 2018年，广厦学院与菲律宾国父大学签订国际教育合

2018年11月12日，刚果（布）林业部部长罗莎莉·马东多（Rosalie Matondo）（中）参加广厦学院国际班开学典礼
（广厦学院提供）

作框架协议,开展毕业生出国留学、教职工学历提升、国际学术交流等方面的合作。刚果(布)留学生项目经省教育厅批准正式实施。11月,与刚果(布)林业部合作成立刚果(布)研究所,签署长期合作协议和合作备忘录,建立合作关系。与北京文冠教育投资有限公司合办的国际项目培训中心正式启动,为在校生提供5个国家10余所大学的留学渠道和培训平台。

11月12日,2018级刚果(布)留学生雕刻艺术与设计国际班开学典礼举行,是浙江省首次在木雕艺术方面招收外国留学生。刚果(布)林业部部长罗莎莉·马东多(Rosalie Matondo)参加开学典礼。广厦学院院长沈兵虎为罗莎莉·马东多颁发名誉教授聘书,共同签署长期战略合作协议,成立"广厦学院刚果(布)研究院"。10月15日,21名留学生开始学习中国"非遗文化"。"雕刻艺术与设计国际班"非洲留学生项目学制4年,第一年学习汉语预科,后三年进行木雕艺术设计培养。

2018年11月28日,广厦学院举行创新创业发展基金设立仪式

(广厦学院提供)

【2018中国职业教育国际化与区域发展论坛】 2018年11月10～12日在广厦学院举行。论坛由中国教育发展战略学会和国际教育专业委员会主办,广厦学院承办。全国各地300余名职教界专家学者参加会议,探讨中国职业教育深化改革创新发展的主要任务、职业教育服务区域经济发展之路、国际化视野下职业教育服务"一带一路"倡议的路径选择、职业教育服务"一带一路"的政策与路径、职业技术教育的中外比较研究以及新形势下中国职业技术教育面临的时代与国际挑战、国情逻辑和地方机制、粤港澳大湾区的教育融合发展、国际视野下中国建设技能强国的战略选择、"一带一路"视角下职业院校之国际合作等主要议题。国务院稽查特派员、中国国情调查研究中心主任刘吉,中国教育发展战略学会执行会长孙霄兵,教育部职业教育与成人教育司副司长周为等参加活动。

【首届产教融合校企合作推进会召开】 2018年11月28日,广厦学院首届产教融合校企合作推进会召开,全国30余家企业,近百名企业家参加,探讨产教融合、校企合作事宜。会议期间,学院与24家行业龙头企业共同签署系列合作协议,挂牌成立5个产学研合作基地,聘任32名企业高工、高管为客座教授。举行创新创业发展基金成立仪式,设立500万元广厦学院创新创业发展基金,奖励在创新创业方面有突出成绩的团队和个人。

【广厦学院暑期社会实践活动开展】 2018年6月21日,广厦学院举行2018年"双百双进"暑期社会实践出征仪式。社会实践活动的主题是"青春服务社会,助力乡村振兴"。广厦学院组建南市街道大田头村助力新农村"美丽墙绘"暑期社会实践团、东阳市经济开发区"守护小候鸟"暑期支教团队等13支暑期社会实践团队,300余名师生参加。

(张雷珍)

文 化

综 述

【概况】 2018年，东阳市开展文化优势转发展优势主题实践活动，挖掘展示文化内涵，整合提升文化产品，培育发展特色广场文化。举办“百姓文化艺术节”“特色广场文化”“百姓文化茶坊”“非遗讲堂”“周末惠民剧场”等特色文化活动。开展文化惠民活动，全年送戏下乡236场，送书下乡83431册次，送电影下乡7817场。全年建成基层综合性文化服务中心10个，创建金华市文化示范村3个。至年末，全市有基层综合性文化服务中心90余个；浙江省文化示范村(社区)11个，金华市文化示范村(社区)55个。

【推动文化优势转化为发展优势】 2018年4月，东阳市印发《关于市级领导联系推动东阳特色文化发展的通知》《关于开展文化优势转化为发展优势“新理念、新机制、新作为”主题实践活动的实施意见》等文件。5月18日，召开全市推动文化优势转化为发展优势暨全域旅游发展动员大会。10月11日，召开全市推动文化优势转发展优势推进会。建立市领导联系特色文化发展工作制度，成立19个由市领导联系的特色文化项目领导小组，印发《东阳市文化优势转化为发展优势工作运行制度》，建立各级会议制度、市级领导联系推动发展工作机制、策划指导服务工作机制、宣传工作机制和督查考核机制。组建文化发展办公室，抽调工作人员专职开展文化优势转化为发展优势相关工作。6月2日、7月8日，组织召开特色文化项目联络员会议；7月5日，召开部门工作推进会；11月1日，召开特色文化项目工作小组副组长会议；11月13日、11月23日、12月5日、12月12日，召开4次特色文化项目工作专题会议。引进中国美术学院，组建专家团，对接服务特色文化项目。

市文化发展办公室与市新闻办、东阳日报社、东阳广电台等媒体进行对接，制订宣传策划方案，开设《文化优势转化为发展优势》专栏。在《东阳日报》头版头条刊登16篇(条)，头版版面刊登35篇(条)，其他版面刊登6篇(条)，制作专版29个。在浙江新闻客户端开设《文化优势转化为发展优势》专题；在《金报东阳》头版刊登相关报道27篇(条)，其他版面刊登28篇(条)；在东阳电视台播出相关报道67篇(条)；在浙江卫视、浙江新闻公共频道、金华电视台、《浙江日报》等媒体刊发相关报道10余篇(条)。

【公共文化服务设施提升】 2018年，东阳市整改提升公共文化服务重点乡镇、19个公共文化服务重点村，推进基层综合性文化服务中心建设和金华市级文化示范村(社区)创建。推动文化站规范化和效能建设，实现全市所有文化站统一标识标牌。尝试公共文化服务“升级版”，推进市文化馆、市图书馆总分馆制建设，尝试“三馆一区”文化综合体(东阳长庚童方城)模式。建成城区自助图书馆、江北街道图书馆分馆、武警东阳中队图书流通点。制订并下发农村文化礼堂服务菜单，实现文化产品和服务供需对接。开拓公益性群众文化活动新阵地，建设东阳江两岸江滨景观带内的群众文化活动场馆，第一期包括歌山画水公园的荷塘乐吧、书画活动中心、艺苑作坊(花艺、茶艺、化妆等)，亲子公园的童趣学堂(少儿阅读、舞蹈、器乐、书画4个场馆)，节庆广场的民乐广场，市民广场的声乐舞台，均于7月15日开放，每周至少提供2次公益性文化服务。

【卢宅文化休闲园开放】 至2018年年末，卢宅文化休闲园(卢宅保护利用工程)中的卢宅商业街改造工程，东阳美术馆(卢甫圣美术馆)工程，非遗街区布展一期、二期、三期工程竣工并通过验收。推进智慧化景区一期、夜景灯光、标识标牌、回迁区配套、绿化等工程。12月24日，卢宅爱必依景区对外开放，业态招商签约率87%，入驻特色文化品牌20余家，涵盖东阳市非遗美食、名土特产品、文化休闲、文创衍生品等多类型业态。

非遗街区位于卢宅景区内，占地12000余平方米，街区内汇聚东阳市非物质文化遗产30余种，是展示、演示、体验、传承非遗的公益性文化场所，体现非遗传承传播、教育交流、创意研发等功能。街区引进传承人和工艺匠作共同运行，活态传承非遗项目，包含吴宁流韵、慎修学艺等17个场馆，其中5个场馆于12月29日开放。

(单国炉 吴晨晖)

群众文化

【文艺活动】 2018年,东阳市组织、辅导各类文艺活动134场次,受惠群众99851人次。组织文艺演出,到台州市玉环市、舟山市定海区等5个县市区开展文化交流。开展"公共文化志愿者进基层""党的十九大精神专题巡回展"等系列活动进农村、进校园、进社区40余场。举办改革开放40周年暨"撤县设市"30周年系列展演、展览活动。在全市18个镇乡街道开展"改革开放四十周年图片展""道德模范展"巡展活动。举办百姓文化艺术节系列活动,选拔优秀节目参加省市级赛事,获金奖3个、铜奖3个、优秀组织奖4个。组织"深入生活、扎根人民"主题创作采风活动10余场。举办展览6次,受惠群众48541人次。文化走亲"送出去"6场,"迎进来"2场。参与东阳市首个"中国农民丰收节"庆祝活动。

【文艺培训】 2018年,东阳市组织文艺培训74期(次),参训5273人次。探索公益性文艺培训新模式,5~6月,依托市文化馆童方城分馆的设施设备与场馆条件,进行资源整合,开设为期两个多月的各艺术门类文化志愿者培训班。改革以往短时间内集中培训的模式,采取每周培训1~2次,每期持续1个月。培训结束后,组织2场汇报展演,表彰奖励优秀学员。探索公益性文艺培训新课程,首次开设文化志愿者培训活动中的茶艺、古筝、架子鼓、拉丁舞、围棋、国学等课程,700余人参加。落实省文化馆"耕山播海"相关培训事宜,邀请省级专家到东阳市授课4场。

【文化惠民工程】 2018年,东阳市提升"百姓文化艺术节""特色广场文化""百姓文化茶坊""非遗讲堂""周末惠民剧场""文化节目进景区"等文化品牌,开展传统节日系列文化活动、乡村春晚优秀节目展演。送展览讲座154次,送对联下乡5000余幅。开展文化业务骨干及管理员培训74期5273人次、文化走亲(县级以上)6次、阅读推广活动23场,组织公益文化活动93次。"周末惠民剧场"演出34场,其中国家大型综合文艺团体演出1场、国际团体演出3场、省级演出团体演出9场,其他演出21场。完善公共文化服务供给均等化机制。按照《政府向社会力量购买公共文化服务的管理办法(试行)》规定的流程,8月16日,由金华市公共资源交易中心东阳分中心组织公开招标评审,从6家投标民营剧团中选取5家作为100场民营剧团送戏下乡任务中标单位。各民营剧团按要求开展送戏下乡公益演出活动,完成百场演出。

(程雪晴)

图　书

【概况】 2018年,东阳市图书馆增加纸质图书70452册,纸质图书总流通237399册次、419254人次。全年办理"借书证"3137本,至年末,有效"借书证"24315本。初步建成地方特色资源数据库——东阳木雕资源数据库,整合馆藏建筑类图书2151册,开设建筑图书专柜。市图书馆通过第六次全国县级以上公共图书馆评估定级,保持国家一级图书馆。宣传《中华人民共和国公共图书馆法》,配合《东阳日报》对《中华人民共和国公共图书馆法》进行解读。指导帮助江北街道文化站图书室将相关数据录入图书管理系统,10月,江北街道文化站图书室作为市图书馆分馆对外开放。配合上级部门的社区文化中心、文化家园建设,摸底调研东阳市的社区阅读状况和乡镇文化站共享工程的现状。建设图书馆自助"悦读吧",暑假期

2018年东阳市文艺重点培训情况一览表

表47

时　间	地　点	培训名称	参训人数
4月10日	阿里山茶楼	2018年公益性茶艺培训班	30人
4月25日	市文化馆童方城分馆	"耕山播海 走进东阳"暨东阳市公益性美术提升班	37人
5~7月	市文化馆童方城分馆	全市公益性文化志愿者培训	200余人
6月13~14日	横店镇	公益性排舞培训	100人
8~9月	某部队	葫芦丝培训	30人
9月16日	市文化馆童方城分馆	"智汇东阳百场沙龙"——浙江省文化馆"耕山播海"艺术培训	200人
9月20日	市百姓文化茶坊	公益性文化志愿者越剧培训	200人
9月25~29日	横店镇影星酒店	浙江省农村文化礼堂业务建设第五期培训班(排舞)	300余人
10月25~26日	市文化馆童方城分馆	市公益性音乐创作培训班	20余人

间对外开放。创办花园里城市书吧和东岘书吧，分别于5月、9月对外免费开放。7月，完成江心岛书吧建设。

【阅读活动】 2018年，市图书馆举办讲座、阅读推广活动134场，展览55场，培训6场，其中在市图书馆分馆开展活动58场。举办“东阳市道德模范事迹展览”“东阳姓氏趣谈讲座暨2017年优秀读者表彰会”“东阳市图书馆阅读马拉松挑战赛”“东阳市2018年全民阅读节启动仪式”“图书馆之夜——阅读南山”晚会等2018年“世界读书日”系列活动。在全市18个镇乡街道开展“道德模范展”“改革开放四十周年图片展”等巡回展览。

【志愿者组织】 2018年，市图书馆规范管理志愿者队伍，将市图书馆志愿者队伍命名为“蒲公英”，在浙江省共青团官方志愿者管理系统登记注册。举办“新春悦读会暨市图书馆优秀志愿者表彰大会”、市图书馆志愿者骨干队伍学习交流等活动。6月23日，在市图书馆举办志愿者培训讲座暨第五批成人志愿者成立仪式。

【图书销售】 2018年，新华书店完成总销售额9077万元。至年末，有“小连锁”11家，分布在横店镇、巍山镇、湖溪镇、千祥镇、南马镇、六石街道、画水镇、江北街道、市区人民路、市区第一百货购物中心、白云街道。5月2日，浙江东阳市新华书店有限公司天猫店上线，销售码洋25.8万元。自11月起，筹备建立“东阳新华书店·Xin—An书吧”。

【书店活动】 2018年，新华书店创新营销方式，策划“元宵猜谜活动”“七色花故事会”“中秋故事会”“东阳籍作家卢文丽《礼》家乡见面会”等活动。4月21～23日，开展“世界读书日”宣传活动，推出购书优惠、名家讲座、“一句话概括阅读之美，收获书城购书券”“寻找阅读之美”摄影大赛等活动。8月3日，新华书店招募“小小图书管理员”，协助工作人员整理书籍，引导读者文明读书。12月18日，邀请著名儿童文学作家殷健灵到吴宁二校、大联小学、外国语初中、巍山镇中心小学、江北二小作阅读讲座，分享阅读成长的故事。

【店校合作】 2018年，新华书店保持店校合作模式，在卖场设立实验小学、吴宁二校、外国语小学3个学校的阅读专柜。与吴宁二校合作，成为该校校外阅读实践活动基地，开展“携手书城 畅游书海”阅读实践活动，合作开展每月一期书店阅读心理课，每周一次书城小义工；与实验小学每个年级合作一次“悦读乐赛”。

（杜晓娟 林彦均）

2018年12月18日，新华书店邀请著名儿童文学作家殷健灵（中）分享阅读成长故事

（新华书店提供）

文 博

【概况】 2018年，东阳市整合东阳市文物管理办公室和卢宅文物保护管理所，成立东阳市文物保护单位管理所，将原文物管理办公室的文物行政执法职能移交给文化市场行政执法大队。东阳市文物保护单位管理所挂牌成立。东阳市文物工作由市文物保护单位管理所、市博物馆、文化市场行政执法大队3家单位分别承担。4月，签订《卢宅古建筑群景区委托管理协议》。将卢宅古建筑群景区的旅游、营销等工作委托给东阳市文旅投资发展有限公司爱必依分公司。市政府制定《关于进一步加强文物工作的实施意见》。12月12日，在市行政中心东楼会议室召开东阳市文物工作会议，200余人参加，市政府同各镇乡街道签订文物保护管理责任书。

【文物保护】 2018年，东阳市公布第六批市级文物保护单位30处，第十批市级文物保护点27处。东阳市开展第八批全国重点文物保护单位申报工作，将史家庄花厅、福舆堂、务本堂、紫薇山民居4处省保单位列入推荐申报名单。指导推进古建筑修缮工程，至年末，完成修缮15幢。完成木雕小镇石马溪古建筑迁建项目。推进“东阳民居”特色村建设，完成六石街道里光明村、湖溪镇马上桥村等10个特色村的规划设计，组织4家规划指导单位进行服务指导。编制上报全国重点文物保护单位东阳土墩墓保护规划；划定公布4处浙江省文物保护单位“两划范围”，制作“四有”档案。实施卢宅肃雍堂周边厢房维护保养工程，完成东荷亭书院修缮工程。文物修缮资金从280万元增至560万元。开展文物巡查和“双随机”执法抽查，全年巡查、抽查文保单位（点）316家次，送装灭火器160余个。

第六批东阳市市级文物保护单位一览表

表48

序号	类别	名称	地址	年代
1	古建筑	乐山公祠	白云街道蓝天社区下南田小区	清乾隆
2	古建筑	贻经堂	白云街道歌山画水公园	清
3	古建筑	石板门堂	白云街道歌山画水公园	明
4	近现代重要史迹及代表性建筑	绣衣第	白云街道歌山画水公园	民国
5	古建筑	徐田大台门	城东街道徐田村	清
6	古建筑	高踏步南三合院	城东街道李宅社区	清
7	古建筑	李宅高会堂	城东街道李宅社区	清
8	古建筑	路西胡氏宗祠	横店镇路西村	清
9	近现代重要史迹及代表性建筑	蔡汝霖故居	虎鹿镇蔡宅村	民国
10	近现代重要史迹及代表性建筑	蔡忠笏故居	虎鹿镇蔡宅村	民国
11	古建筑	蒋村桥蒋氏宗祠	虎鹿镇三星村蒋村桥	清
12	古建筑	林村金氏宗祠	画水镇林村	清
13	古建筑	甘东余庆堂	江北街道猴塘社区甘东小区	清晚期
14	近现代重要史迹及代表性建筑	金洞桥	江北街道社姆新村	民国
15	古建筑	夏渠懋德堂	江北街道夏渠	清嘉庆
16	古建筑	夏渠遗经堂	江北街道夏渠	清
17	古建筑	瑞十公祠	江北街道狮山杜	清同治
18	古建筑	瑞五公祠	江北街道仓前	清光绪
19	近现代重要史迹及代表性建筑	马文车故居	马宅镇马宅村	民国
20	近现代重要史迹及代表性建筑	马宅马氏宗祠	马宅镇马宅村	民国
21	古建筑	前宅崇德堂	南马镇前宅村	清
22	古建筑	溪西厉氏家庙	南马镇溪西村	清
23	古建筑	上朱朱氏宗祠	南市街道上朱村	清
24	古建筑	岭下胡氏宗祠	南市街道南峰村岭下	清
25	古建筑	陈士槱故居	千祥镇上东陈村	清
26	古建筑	西阳马氏宗祠	千祥镇三联村西阳	清
27	近现代重要史迹及代表性建筑	朱福星故居	巍山镇甲坵村看芝	民国
28	古建筑	马上桥树德堂	湖溪镇镇西村马上桥	清
29	古建筑	擎天丘崇德堂	湖溪镇南塘村擎天丘	清
30	近现代重要史迹及代表性建筑	前田单氏宗祠	三单乡前田村	民国

2018年，市博物馆开展文物定级工作　　（市文广旅体局提供）

【博物馆事业】 2018年，市博物馆被中国博物馆协会评为“国家三级博物馆”。市博物馆举办开馆十周年系列活动，推出“十年回眸——东阳市博物馆开馆十周年特展”，邀请省相关领导和文博行业专家学者召开东阳市博物馆开馆十周年座谈会。出版《十年回眸——东阳市博物馆开馆十周年特辑》《古韵流芳——东阳古木雕保护成果》《天心光明——南寺塔出土遗珍》《中国东阳龙》等书籍，回顾总结东阳文博的整体发展、古木雕保护、出土文物、恐龙发掘等内容。举办“茶禅一味——秀水真人个人书法展”“情系故乡——施明德绘画作品展”“童趣遇上博物馆——美术创作作品展”“抗战胜利73周年纪念日——民间抗战藏品专题展”“东阳神韵——张柏秀、吴广油画展”等展览。市博物馆设立木雕博物馆手作坊，开展非遗公益体验课活动，包括植物拓画、蛋雕、竹编杯垫等手工制作。组织开展“小小考古学家亲子活动”“童心塑地球”“儿童恐龙创意画”等活动，举办“传统木雕花板图案语义”“恐龙蛋、诞恐龙”讲座等宣教活动。市博物馆推荐一批陶瓷器、青铜器进行文物定级，经专家鉴定评估，最终确定三级文物95件，拟推荐二级文物17件。市博物馆馆藏三级以上文物539件。市博物馆接收施明德书画作品、李红伟如意紫砂壶、赵一豪木雕作品《四大名著》等社会捐赠34件套，征集恐龙蛋化石500枚。

中国木雕博物馆落实免费开放政策，从2月开始免费开放（周一闭馆），全年接待游客20余万人次，接待省部级以上领导66批次。4月26日，民政部副部长顾朝曦参观中国木雕博物馆。

（朱杨晓）

非物质文化遗产保护

【概况】 2018年1月，东阳的刺绣、东白山茶炒制技艺、木梳制作技艺、汤圆制作技艺、古籍修复技艺被金华市政府列入第七批金华市非物质文化遗产名录。6月21日，东阳市第八批非物质文化遗产名录公布，增加佐村狮舞、东阳糖饧等非遗项目22项。黄小明、吕敏湘、楼玉龙申报为国家级非遗代表性项目代表性传承人。至年末，全市有国家级非遗代表性传承人7人。完成第四批金华传承教学基地和第三批金华非遗旅游景区申报工作。完成浙江省非遗项目傀儡戏抢救性记录工作。组织举办义乌文交会非遗专题展、农民丰收节非遗展、卢宅春节庙会非遗展、文化遗产日专题活动等展示展演活动。拍摄首批非遗宣传片30个，筹备出版首批非遗丛书5本。在第十三届中国（东阳）木雕竹编工艺美术博览会上布置“走进非遗”——东阳非物质文化遗产专题展。举行第六批非遗传承人、第七批非遗传承基地授牌仪式，举办首届非遗创意大赛，60余名非遗传承人、爱好者的100余件作品参加比赛。

发挥传统工艺工作站作用，完成南马镇前宅村等3个传统营造技艺案例基地村规划设计；与上海同济大学等高校联合举办东阳传统民居营造技艺研讨实训活动3期；接待或开展国内外展示交流10余次。联合中央美术学院和东阳雄心营造技艺有限公司举办“重走工匠之路”传承人巡讲活动，沿传统婺州工匠外出必经的东阳江—义乌江—婺江—兰江流域次第开展。

【清华大学专家考察东阳非遗项目】 2018年11月13~15日，清华大学iCenter“中华工匠——非遗传承与技术创新”课程组到东阳市考察调研非物质文化遗产传承人及非遗项目。课程组拜访东阳木雕国家级非遗传承人、中国工艺美术大师黄小明，婺州民居（卢宅）传统营造技艺省级非遗传承人吕雄心，东阳雕花家具制作技艺市级非遗传承人、浙江大清翰林古典艺术家具有限公司董事长吴腾飞，东阳竹编市级非遗传承人何红兵，东阳龙窑烧制技艺县市级非遗传承人周马剑；到启迪之星（东阳）了解创新创业情况。课程组在调研考察过程中，与传承人交流非遗保护现状，了解产业发展趋势，讨论东阳非遗与“中华工匠”课程深入结合，开发教学内容的探索方向和具体规划。

【中国非遗保护协会木雕专委会落户东阳】 2018年10月14日，中国非遗保护协会木雕专委会落户东阳市，成为中国非物质文化遗产保护协会的第二个专业委员会，东阳市成为中国木雕技艺的保护与传承创新基地。中国工艺美术大师黄小明当选为中国非遗保护协会木雕专委会主任。

2018年10月14日，中国非物质文化遗产保护协会木雕专委会成立

（吴旭华/摄）

东阳市第八批非物质文化遗产名录一览表

表49

分　类	名　录
传统技艺	南枣制作技艺
	大漆髹饰
	布鞋制作技艺
	糖画
	古琴制作技艺
	龙窑烧制技艺
	婺州窑陶瓷烧制技艺
	东阳小吃(灰汁粽)
	东阳小吃(乌饭麻糍)
	东阳小吃(东阳糖饧)
	东阳烤饼(麻酥制作技艺)
	民间药膳(元胡鸡蛋)
传统舞蹈	佐村狮舞
	抬花轿
	大头和尚
	板凳龙(太子河百工花灯)
传统体育、游艺与杂技	“癞头滚灯”
	后山店武术
玉石雕刻	传统美术
	麦秆剪贴
	根艺
	匾额制作
	传统舞蹈

中国非遗保护协会木雕专委会筹备组于2016年3月成立，于2016年8月23日第一次提交申请报告。2017年4月，修改筹备报告，提交中国非遗保护协会。2018年1月16日，中国非遗保护协会下发批文，同意筹备木雕专委会。浙江省文化厅、浙江省非遗保护协会给予支持与帮助，2018年4月27日，提交中国非遗保护协会的成立大会筹备报告获得批复，专委会办公地点常设于东阳市。

（何晓鹏）

文学艺术

【概况】 2018年，东阳市古琴协会成立。至年末，东阳市文学艺术界联合会(简称市文联)有作家协会、书法家协会、摄影家协会、美术家协会、音乐舞蹈家协会、诗词楹联学会、湖溪镇文联、老年书画研究会、观赏石协会、杂技魔术协会、古琴协会11个协会。3月18日，市观赏石协会完成换届，邵国金当选为新一届理事会会长。市文联收集各协会会员信息，建立健全会员动态管理机制，完善东阳市文艺人才库。组织编印《东阳文艺》三期。

3~12月，市文联组织开展“百局联百村文联到旭光”系列文艺活动，助力画水镇旭光村美丽乡村建设。组织各文艺工作者到画水镇旭光村进行文艺采风；以“美丽旭光”为主题，现场创作诗词楹联作品，举办诗词吟诵会；创作以“美丽旭光”为内容的书法、美术、摄影作品；到画水镇旭光村开展“到人民中去”文艺志愿服务活动，举办融婺剧、歌舞、小品、杂技、魔术、变脸等节目的精彩文艺晚会和现场书画创作活动；编印《发现旭光书画摄影篇》《发现旭光诗词篇》。10月16日，由市委宣传部、画水镇党委政府、市文联主办的《发现旭光——东阳市“百局联百村文联到旭光”》诗词书画摄影展在市博物馆举行。组织开展以“清廉文化”为主题的征文活动、书法篆刻和绘画作品征集活动。

【市作家协会】 2018年2月23日，市作家协会与市委宣传部、东阳日报社和新华书店共同举办卢文丽诗集《礼》东阳分享会。3～5月，组织会员到东白山、浦江县仙华山、马宅镇高头坪、画水镇旭光村等地采访采风。4月23日，组织会员参加“阅读南山”读书会活动。采编《东阳文学》第13期。

【市诗词楹联学会】 2018年2月27日，市诗词楹联学会组织部分会员到横店圆明新园·春苑举办元宵雅集，在武陵春色戏台集体吟诵诗经《木瓜》，在藻园的境澜榭吟诵现场创作的格律诗词；4月12日，联合东阳市历史文化研究会到东白山参加2018东白茶开采节并创作诗词；8月31日，组织30余名会员到湖溪镇八里湾村上田、郭宅一村象田、上红湖村等精品村开展采风活动；10月14日，到东阳木雕小镇胡先民木雕艺术馆举办重阳诗会。“史诗联”微信公众号刊出活动及作品15期；出版第三期《史诗联》杂志；部分骨干会员参与《百村故事》搜集整理工作。

【市书法家协会】 2018年3～5月，市书法家协会开展“文艺走亲”活动；3月31日，组织部分会员到江西省景德镇市参加写瓷盘瓷板等“碰瓷”活动。5月26日，联合市文化馆、市美术家协会、新光太平洋举办2018第三届“新光太平洋杯”六一儿童现场书画赛；12月29日，在市博物馆举办“习近平用典”主题书法优秀作品展。在“田茂杯”开慧故里好家风书法报·书法海选中，金妙勇入围现场决赛，获中青年组优秀奖。在“大观天下心系无锡”全国百名书法名家邀请展中，陈金彪的作品入展；在“北兰亭十周年”全国书法优秀作品展中，金妙勇的书法入展。在“唐诗之路”浙江省第五届女书法家作品展暨第四届女篆刻家作品展中，吴佳燕、陈小姣、董萍兰的书法入展，李江红的篆刻入选；在“陆维钊奖”第八届浙江省中青年书法篆刻展中，吕海强、金升高的书法入展，金笑珍、李阳的书法入选，金妙雄的篆刻入选；在“卫夫人杯”全国妇女书法展中，卢倩的书法入展，金笑珍的书法入选，李江红的篆刻入选；在“纪念叶一苇先生诞辰100周年”浙江省篆刻大展中，陈金彪、钟国友、金妙雄的篆刻入展；在浙江女书家百家精品展中，吴佳燕、金笑珍、吴冰、黄逸伦的书法入展；在“家国情怀——家训家规家风”第三届书法村（社区）主题书法展中，吴一峰、李阳、黄玉平、杜岚、宗加志、董萍兰、张则鸣7人的书法入展；在“放歌新时代”浙江省群星扇面书法展中，韦凌云、黄玉平的书法入展。

【市美术家协会】 2018年5月13日，市美术家协会在市博物馆举办施明德画展；9月29日，承办纪念改革开放40周年暨东阳市青年美术作品及邀请展；10月20日，组织会员到新昌县石门村开展写生采风活动；在第十三届中国（东阳）木雕竹编工艺美术博览会期间，市美术家协会设展区进行作品展览。陈国华的国画作品入选纪念改革开放40周年——“勇立潮头”浙江省第七届青年美术作品展；在改革开放四十周年“弄潮杯”浙江省中国画大展评选中，张扬明的《微风》、陈国华的《山居雨后》、胡晓翠的《风雨预至的兴平花园》、黄玉平的《山乡新绿》获学术提名作品，王晓文的《深院锁清人》入展；在由中国美术家协会主办的“首届全国美术高峰论坛”中，蒋天耕的论文《论中国画之大人格与大画格》入选。

【市摄影家协会】 2018年1月10日至6月30日，市摄影家协会举办“供电杯”东江源省级自然保护区摄影比赛；5月20日，举办2018浙江省纪实摄影展东阳站暨东阳市摄影家协会会员优秀作品展；10月9日，举办“回眸·变迁”东阳市纪念改革开放40周年暨“撤县设市”30周年摄影作品展；10月，联合市交通局、市公路管理局、市交投集团举办“交通杯”四好农村路摄影比赛。在第十七届浙江省摄影艺术展中，王晓凌的《跪着的天使》获“纪录（文献）类”铜奖，周晓刚的《黄包车》获“摄影画册手工书”最佳奖。

【市音乐舞蹈家协会】 2018年4月23～24日，市音乐舞蹈家协会组织声乐、西洋乐、舞蹈、创作、民乐各专委会的会员到三单乡进行“深入生活扎根人民”艺术创作采风活动；5月12～13日，承办2018浙江省“新松计划”青年歌手大赛、浙江省第四届群众声乐大赛、浙江省首届青少年声乐大赛东阳选拔赛；7月，举办“一路芳华，浓怡感恩”拉丁舞舞蹈专场演出、“匠心逐梦，舞随星动”民族舞舞蹈专场演出以及“百变大咖”主题街舞盛典；8月，举办两场“欢乐东阳”百姓文化艺术节纳凉音乐会；12月，承办金华市青年歌手大赛和2018年金华市舞蹈大赛。

【市观赏石协会】 2018年3月31日，市观赏石协会组织近50名会员到上海市开展赏石活动；4月15日，在东阳日报社举行2018年度首期赏石沙龙；5月25日，市观赏石协会近30名会员参加首届杭州珠宝城赏石文化博览会，获5金9银4铜和2个创意奖；6月8～9日，26名东阳石友参加江西省鹰潭市黄蜡石精品展；7月10日，组织协会部分会员到云南省昆明市参加2018中国昆明·首届全国画面石展；11月1日，18名会员参加第十届柳州国际奇石节，3块石头获女娲提名奖，1块石头获铜奖，1块石头获精品入围奖。

【市杂技魔术协会】 2018年2月，市杂技魔术协会组织会员参加社会公益演出活动，到新明红木、苏阳红红木等企业表演杂技魔术；3月18日，组织会员到浙江横店影视职业学院为该校魔术社团社员进行免费培训；5月28～29日，承办浙江省杂技家协会“到人民中去”文艺轻骑兵送欢乐走进工厂车间、校园社区活动；8月17～19日，配合中央电视台少儿频道和横店圆明新园协办“新时代新少年全国电视才艺创新比赛展演”活动。

【市古琴协会】 2018年1月27日，东阳市古琴协会第一届会员大会召开，大会选举产生第一届古琴协会理事会,胡晋当选古琴协会会长。至年末,市古琴协会有会员61人。4月,组织部分会员到义乌文博会、杭州太音琴社义乌分社开展古琴演奏交流;5月26日,组织部分会员到杭州太音琴社浦江分社参加"馨月音乐会";7月8日,联合市图书馆举办"书香流韵"古琴音乐会;7月28日,在杭州太音琴社名琴汇举办"友桐思韶"丁志标斫琴艺术展;8月,组织会员到李宅古宅举办"知秋雅集"。以"思韶山房"古琴工作室斫琴师丁志标为代表,申报东阳市级非物质文化遗产。在市青少年宫组织的"诗礼童年"系列活动期间,市古琴协会会长胡晋受邀开设免费讲座,普及古琴知识和古琴文化。

【湖溪镇文联】 2018年1月1日,湖溪镇文联承办湖溪镇夏黄村的元旦文艺晚会;2月11日,举办湖溪镇湖溪村首届"我们的村晚"春节文艺晚会。2月17~21日,湖溪镇文联后山店武术分会正月罗汉班近50人参加横店古民居演出;3月27日,民间文化艺术协会组织表演队参加巍山镇下卜宅村桃花节演出交流活动;5月11日,承办"金华市乡村民间文艺振兴工程推进会"暨"走进湖溪"民间文艺采风活动;5月,后山店罗汉班申报中国民间文化艺术之乡;6月9日,民间文化艺术协会表演队入选参加上海市举办的长三角二省一市文艺大展赛,获最佳传承奖;6月16日,参加金华市武林大会和东阳武协走阵表演。湖溪镇文联后山店武术列入东阳市非物质文化遗产保护名录,原金华市级非物质文化遗产盾牌阵列入申报浙江省级盾牌阵非遗项目。

【文艺惠民活动】 2018年1月9日,市书法家协会、市美术家协会部分会员在市民花园岘亭创作室进行现场书画创作,将现场书画作品汇集成册,春节前送到全市各镇乡街道文化礼堂。1月18~30日,市书法家协会、市诗词楹联学会协办"远疆 天域"杯祈福春联进千家活动。1月,陈金彪、钟国友、应旦红等书法家联合东星书法俱乐部、童古书社、善工书院等成人书法培训机构200余人次到全市18个镇乡街道举办书写春联、大福活动23场次,创作大福、斗方5万余个,书写春联3万余对。2月5日,市老年书画研究会在黉门广场开展"春节送春联"活动,书法爱好者为市民书写春联。

(陈 娟)

广播电视

【概况】 2018年,东阳市广播电视台(简称东阳广电台)播出新闻8821篇,其中在中央台用稿6篇、省台用稿34篇、金华台用稿1255篇、其他媒体7526篇。东阳城市广播在全国城市广播台排位中位列前14,在浙江省县级台中位列首位。

东阳广电台策划推出系列重大主题宣传,突出"改革开放40周年""八八战略"15周年、建党97周年等主题。围绕东阳市推进拆后重建、乡村振兴、全国文明城市创建、"最多跑一次"改革、红木行业环保整治等重点工作,开设《乡村振兴 歌画东阳》《工业转升进行时》《不忘初心 牢记使命 当好新时代东阳答卷人大调研》《创建全国文明城市曝光台》《决战散乱污 红木行业整治倒计时》等30余个专栏,刊出报道800余篇,报道东阳市在经济、文化、生态发展方面的改革举措和实践探索。举办"情暖敬老院""一封家书""万朵鲜花送雷锋"等活动;举办"秀美东阳六石行"、第四届荧光夜跑、第四届中秋诗会、首届趣味运动会等线下活动,设置"东城身边人""交警说交通""电视主播电台秀"等线上活动。围绕各种节庆活动、信息资讯、警示提醒、突发事件等,挖掘新闻报道,推出《情暖冬日 好礼相送》《高温下的劳动者》等报道。《聚焦横店》播出48期;拍摄制作《马坦系列故事》,以番外形式拍摄生活小段子。

12月13日,东阳广电台召开《行风热线》开播十周年座谈会。《行风热线》全年播出176期,反映问题1921件。《阳光行动》联合《行风热线》、"8890"平台播出717篇,开设红木行业环保整治曝光台、"不担当不作为"整治活动举报电话。

【金华广播电视政府奖获奖作品】 2018年,在金华广播电视政府奖评选中,《脚踩窨井盖 交警暴雨中充当"人体警示桩"护航横马》《东阳工匠 匠心筑梦》《轿车被卡70米高空 7部门百人5小时生死营救》《三架梯子连起生命通道 村干部火场登高救妇孺》《孟婆汤》5件作品获一等奖、《花园人的治村之道》《东阳消防老爹——李鑫荣》2件作品获二等奖、《大国工匠诠释家国情怀 丝路华章陆光正从艺60年东阳木雕大展亮相国家博物馆》《老人病榻痛斥不孝子 娘舅调解遭恶媳掌掴》2件作品获三等奖。

【新媒体融合发展】 2018年,"歌画东阳"手机客户端粉丝量8万余人次,4个微信公众号粉丝量近40万人次,其中"东阳城市广播"微信公众号影响力居全国县级广电微信号前六。2018年,"今日头条"阅读量2725万人次、播放量2522万人次,"一点资讯"阅读量442万人次,"企鹅号"阅读量309万人次。

【开拓经营】 2018年,广告中心拓展"广电+"思路,策划举办广电第八届母婴博览会、第九届婚庆博览会、"六一儿童节"文艺晚会等活动。对医疗节目进行改革改版,开拓新能源汽车、房地产、文化旅游、金融等新业务。挖掘市场潜力,为企业策划年会庆典,联合市五创办和创联会推出《微爱空间》公益节目,拉动创收增量,完成创收任务。

文艺专题部改进和创新宣传形式和服务内容,完成《田野的风》《时代先锋》《东阳商圈》等栏目,尝试《生活现在时》付费板块。制作乡村振兴启动仪式、红木环保整治、统战部"纪念五一口号发布70周年"、水务局美丽河湖、东博会等26个专题片,举办"乡村振兴 歌画东阳"大讨论、大比武、大展示主题实践活动启动仪式、“统战之声”歌唱晚会、东阳市庆“五一”职工文艺晚会等大型活动，策划“东阳民歌”活动，增强品牌效应。

（吴宛凝 王 越）

广电网络

【概况】 2018年，东阳市华数广电网络有限公司（简称东阳华数）经济增长15.4%，连续4年成为东阳市纳税超百万企业，通过金华市文明单位复审。全年派出、处理工单74730件，呼入话务总人工接起17.09万通，回访电话8.18万通；发现问题及时督办，城区电视宽带安装及时率94.55%，乡镇电视宽带安装及时率98.28%，用户签单率、满意率100%。实施“广电低保”工程，为全市5132户低保用户减免视听维护费129余万元，为7969户优抚对象减免视听维护费100余万元。

10月8日，市行政服务中心首个24小时自助政务服务区采购的7台东阳华数自助服务终端运行。10月18日，东阳华数在节庆广场举办“秀舞浙江 舞动全城”华数广场舞大赛东阳赛区决赛，17支队伍参加比赛。

【业务承建承载能力提升】 2018年，东阳华数完成监控云存储服务器扩容工作，在原有6000个监控探头存储业务基础上，增加2000个监控探头存储业务。全年完成勘察设计工程624个、应急抢修工程774个、信息类客户化工程275个、网络改造工程132个、机房搬迁改造7个。新建网络工程87个，覆盖用户9295户。

【数字电视高清整转】 2018年，东阳华数开展数字电视高清整转（1.0标清机顶盒置换为2.0高清机顶盒）工作，地面推广71个小区（村），增加互动用户3821户、宽带用户211户、基础用户22户。

【政府采购招投标项目中标】 2018年，东阳华数参与政府采购招投标项目，全年中标7个，分别是东阳市教育局平安校园“慧眼项目”、东阳市行政中心智慧化建设项目、东阳市环卫处垃圾分类宣教厅设备采购项目、吴宁街道社区LCD显示屏采购项目、歌山镇小城镇环境综合整治工程——智慧城管安装项目、歌山镇小城镇环境综合整治工程——智慧城管维护项目、巍山镇智慧化城镇管理系统工程。

【新业务拓展】 2018年，东阳华数发展小区弱电智能化项目，包含门禁、道闸等5个子系统，完成一期弱电项目的施工和验收工作。开发和上线《司法矫正》《东阳文化礼堂》《文明城市创建》等5个本地屏栏目。完成村级宣传片和日常活动拍摄项目。12月18日，东阳华数联合横店小学教育集团横店校区打造的校园电视台在东阳华数广电互动电视上线，是东阳市首家上线的校园电视台。

【广播电视信号传输安全保障】 2018年，东阳华数成立安全指挥部，下设安全播出、安全生产、财物安全和信息安全4个专项安全工作领导小组。开展应急演练，加强值班制度。巡查维护杆线和管道2260条、6840米，抢修光缆电缆线路22起，更换电杆9根，抢修熔接光缆190芯。

【异业合作线上推广】 2018年，东阳华数与海信电器、五星电器开展异业合作，将电视机销售和华数增值业务进行捆绑销售，销售额350余万元。宣传天猫浙江华数官方旗舰店，“双十一”“双十二”活动销售额占全年的74.43%。

（徐瑞玲）

纸媒体

·东阳日报社·

【概况】 2018年，《东阳日报》出版348期，期发数4.3万份，订阅价228元。营业总收入超6300万元，上缴税收474万元，利润1100万元。至年末，东阳日报社（公司）净资产超11000万元。《东阳日报》为对开双面彩色报纸，每周出版7天，周一至周五除周二为对开12版外，其余为对开8版，周六为对开4版，周日为四开16版。东阳日报社控股的浙江东阳影视文化投资有限公司承办第三季《中国新歌声》全国城市海选东阳（横店）赛区比赛、2018“横漂”才艺大比拼等活动，编印2018横店影视节画册、第十三届东博会画册，承揽制作《“横漂”党建》《垃圾分类》等宣传片。下辖的中国少年新闻学院东阳分院全年组织开展各类活动300余场。8月，征订《青苗》周刊5.7万余份，比上年增加5000余份。东阳日报有限公司完成增资工作，注册资金由原来的1998.5万元增加到4248.5万元。东阳日报社编辑出版书籍《跨越》，9月27日举行首发式。

东阳日报社获2018年度全国报刊广告“金推手”奖优秀单位奖。机关党支部获金华市“五星基层党组织”称号。《东阳日报》获“全国报刊融合创新二十强”称号。“东阳日报融媒体助推多元经营”项目获2018年度全国报刊广告“金推手”奖经典案例奖、2018年中国县市报经营成功案例银奖、第六届浙江报业创新项目三等奖。“东阳日报”微信公众号获2018年度浙江省县市区域报“十佳新媒”。施顺辉、包宏星被评为“第四届中国县市区域报百佳报人”；朱榕贵被评为浙江省县市区域报人物奖“十佳领军人物”；李巧萍被评为浙江省县市区域报人物奖“十佳经营管理人员”；吴旭华被授予金华市首届飘萍奖获得者、金华市宣传文化系统“五个一批”人才；郭钧衡被评为2018年度浙报集团优秀人物；郑余良被评为2018年“浙报先锋”——好党员；包康轩、陈巧颖、董之震、马卡佳、张婕被评为东阳市“优秀新闻工作者”。

东阳日报社选送的《深一度》《走在阳光大道上》以及东阳新闻网的《健康课堂》栏目获2018年度东阳市“优秀新闻栏目”。

【中心工作宣传报道】 2018年，东阳日报社通过开设专栏、刊登专版、发表评论等宣传方式，报道东阳市重大活动、重点工作。市“两会”召开前夕，东阳日报社在报纸上用5个整版

2018年11月17日，东阳日报第三届读者节在黉门广场举行　（东阳日报社提供）

的篇幅，对上年度市人大常委会、市政协工作亮点以及上年度“两会”期间人大代表、政协委员提交的建议或提案的落实情况进行报道。市“两会”召开期间，策划推出25个专版，通过《两会最焦点》《两会好声音》《议政厅》《微言堂》《微镜头》等专栏，对推动转型发展、强化产业优势、完善交通体系、加快乡村振兴等议题进行报道。开设《强化综合整治打造美丽城镇》《“最多跑一次”改革》《飓风整治行动》《创建全国文明城市》《“五水共治”你我参与》《红木行业环保整治》《文化优势转化为发展优势》等栏目。

【媒体融合】　2018年，东阳日报社推进传统媒体和新兴媒体的融合，开通“直播东阳”平台。2月24日，承办中天集团第20届体育文化节，采用“手机端+LED实况”“视频+图文”的直播形式进行推送，点击量超35万人次。市“两会”期间，通过直播、APP、H5、微信等方式报道市“两会”情况。4月18日，东阳市举行全市“乡村振兴、歌画东阳”大讨论、大比武、大展示主题实践活动启动仪式，东阳日报社进行全程直播，微信、客户端点击量超20万人次。全年直播近50场。东阳日报社建立《东阳日报》、东阳新闻网、东阳网、浙江新闻客户端东阳频道、《东阳人杂志》《东阳新农村杂志》《东方艺木雕·红木杂志》《星期天周刊》、微博、微信矩阵、户外阅报栏等全媒体集群，投资建设全媒体指挥中心。至年末，总用户数超150万个，浙江新闻客户端东阳频道10万+内容超300条。

【第三届读者节】　2018年11月17日，《东阳日报》第三届读者节在黉门广场举行，活动现场对《东阳日报》全媒体矩阵进行展示，开展《东阳日报》知识抢答、扫一扫摇奖等活动。表彰《东阳日报》“十佳忠实读者”，为“十佳忠实读者”、问卷调查获奖人员颁奖。

【专题报道】　自2018年8月起，东阳日报社在《东阳日报》第一版推出《走在阳光大道上》系列报道，以《奋斗者的幸福》《见证》和《跨越》3个栏目，报道重大事件、各领域取得的重大突破、改革开放的风云人物和见证者，展示东阳市改革开放40年来的历史进程。9月27日，刊出《跨越三十年、奋进新时代》特刊，召开纪念改革开放40周年、东阳撤县设市30周年座谈会，邀请东阳市首任市委书记、市长参加座谈会并发言。

（王　健）

·金华日报社东阳分社·

【概况】　2018年，《金报东阳》刊出194期，开设专栏近20个；策划类专

2018年7月14日，金华日报社东阳分社举办《金报东阳》创刊5周年文艺晚会　（金华日报社东阳分社提供）

版400余个。“金报东阳”微信公众号每周二至周五固定推送5~8条原创新闻。根据部分重大主题报道和活动策划，《金报东阳》全程参与现场直播，采用文字、照片、视频等方式进行传播。4月7日，金华日报社东阳分社承办东阳·斯光首届集体婚礼。承办“文明有礼东阳人”启动仪式和毅行活动，创收10万元。7月14日，主办“读者嘉年华”文艺晚会，庆祝金华日报社东阳分社创刊5周年，晚会设16个节目，分《流金岁月》《匠心筑梦》《砥砺前行》3个篇章。

金华日报社东阳分社获金华日报报业集团创业创新奖；《东阳建市30周年回顾与展望》栏目获2018年度东阳市“优秀新闻栏目”。

【时政报道】 2018年，金华日报社东阳分社策划报道治危拆违、“五水共治”、五城同创、小城镇综合整治、城区生活垃圾分类、乡村振兴、文化优势转发展优势、十大民生实事、重大项目等内容。《南市街道，老制度玩出新花样》得到市委书记黄敏批示，《以“雷霆速度”推进南溪片拆违》得到市委副书记、市长姚激扬批示。《金报东阳》策划推出乡村振兴大比武、“十美村十差村”评选等活动专版29个。4月19日《乡村振兴 东阳扬帆起航》增刊8个版，7月3日《百局联百村那些俯下身去的“局”》《百局联百村那些感动我们的“事”》增刊8个版。

【系列报道】 2018年1月18日，金华日报社东阳分社开启东阳教育报道组之行，每月1个主题1个学校，挖掘和展现不同的办学特色和魅力，全年报道9个学校。4月26日至10月19日，《东阳建市30周年回顾与展望》专题栏目推出系列历届老领导、老干部的采访，推出7个专版。10月23日，开设《文化优势转发展优势·特色文化项目追踪》专题栏目，推出教育、影视、建筑、木雕红木、生态等系列报道，对东阳“三馆”（文化馆、图书馆、博物馆）、东阳“三宅”（卢宅、李宅、蔡宅）等进行采访。策划“美周五”版面，开设“美拍”栏目，推出赏花、登山、美食、老手艺等专题。

（叶永永）

新媒体

【概况】 2018年，东阳新闻网发布稿件1.5万余篇，策划制作网页专题49个，开设新闻专栏20个，日均PV(页面访问量) 22000余次。开设《习近平新时代中国特色社会主义思想》《初心在身边——纪念建党97周年特别策划》《伟大的变革——庆祝改革开放40周年》等网络专题和专栏，在网站、微信公众号、微博、东阳依社区发稿数千篇，总阅读量210万人次。东阳新闻网获“浙江在线2018年度优秀支站”称号。

【网络直播活动】 2018年，东阳新闻网更新升级北方网后台CMS系统(网站内容管理系统)。通过文字、图片、直播、视频、H5、VR全景同步制作内容，利用二维码连接纸媒与网络，制作东阳新闻网专题页作为入口。策划市“两会”、中天集团文化体育节、健康课堂等直播活动，健康课堂系列直播点击量50万人次，中天集团文化体育节直播点击量40万人次。

【专题专栏制作与传播】 2018年，东阳新闻网对专题内容进行全媒体传播和多终端传播，在内容制作上进行转型升级。春节推出《新时代 新梦想——网络媒体新春走基层》《聚焦2018东阳两会》《最多跑一次 跑出东阳加速度》《网络中国节——欢度春节》《迎龙灯赏花灯 张灯结彩闹元宵》等专题。采用组织体验活动、H5(HTML5)配套传播、短视频植入、响应式设计等方法。

【线上线下活动】 2018年，东阳新闻网多次组织开展线上线下活动，策划“乡村振兴·歌画东阳”大讨论、大比武、大展示主题实践活动启动仪式，金华市2018税收宣传进小镇活动启动仪式，“4·26”世界知识产权日活动，“银泰城杯”广场舞大赛，生活垃圾分类“八进”等活动。举办植树节植树、东阳青年毅行、三人制篮球赛等线下活动。

【网络舆情工作】 2018年，东阳新闻网开展新闻舆论宣传工作。至年末，编辑发布新闻稿件9167条，网络新闻专题48个，日均阅读量2万人次。完善值班制度和编审发流程，更新《东阳新闻网网络安全保障应急方案》。开展“净网”“清网”行动，全站自查清理历史遗留问题。对采编人员和技术人员进行培训。

（黄　祥　董之震）

2018年度东阳市“飘萍新闻奖”名单一览表

表50

奖　别	作品标题	参评单位	作者(编辑)
一等奖	牢记嘱托砥砺前行 不忘初心赶超发展 ——寻访习近平在东阳调研的足迹	东阳日报社	杜　丹　楼瑶琳　杜思远 孙新萍　李　磊　张　庆 陈巧颖　朱凯迪　陈　勇 郑晓东　马卡佳　朱榕贵 任旦雯　张　婕　包韩卿 胡　鼎　施顺辉

续表50

奖　别	作品标题	参评单位	作者(编辑)
一等奖	四百万的引领 八千万的故事 ——走进农村文化礼堂	东阳日报社	孙新萍 董　莹 朱榕贵 胡剑文
一等奖	我市三大举措力促红木行业环保整治 目前已关停淘汰企业500多家	东阳广电台	赵鼎宇 苗　蔓
一等奖	乡村振兴我出力	东阳广电台	李　忭 王凌峰
一等奖	东阳“大师”辈出靠什么?	金报东阳	叶永永 方　丽
二等奖	全市干部大会评论员文章	东阳日报社	朱榕贵 黄永强 胡剑文 胡　鼎 陈一点 郭跃平 陈　勇 史　莹
二等奖	邵钦祥:不忘初心逐梦前行	东阳日报社	朱榕贵 王江红 郭跃平
二等奖	徐文荣 永不完结的“横店梦” 永不停歇的奋斗人生	东阳日报社	史　莹 郭跃平
二等奖	驻村教师:深山远乡点亮教育希望	东阳广电台	王凌峰
二等奖	治疗仪价格高功效奇 是专利还是忽悠	东阳广电台	胡　勇 卢乐融
二等奖	花园人:用新时代“枫桥经验” 开辟乡村振兴新路	东阳广电台	吕勇勇 李　俏
二等奖	一场大会引发的“蝴蝶效应”	金报东阳	周　垚 方　丽
三等奖	部分养老食堂缘何停业	东阳日报社	楼瑶琳 周志伟 胡剑文 斯向阳
三等奖	东阳种出全省最好吃稻米	东阳日报社	郭好进 陈　云 史　莹 胡　鼎
三等奖	美丽渡口三十年 渡人渡物渡光阴	东阳日报社	吕晶晶 朱榕贵 张　婕
三等奖	木雕小镇释放“镇”能量	东阳日报社	杜　丹 沈　珏 朱榕贵 胡剑文
三等奖	抬起的温度	东阳日报社	胡扬辉 张　婕
三等奖	99米浙江村级第一高楼结顶	东阳日报社	包康轩 王江红 史　莹 郭跃平
三等奖	现代管理融合传统治理 花园村念好治村经	东阳广电台	蔡晓莉 骆　意
三等奖	“一把手”带头表决心亮承诺 我市各部门乡镇开年先立“军令状”	东阳广电台	夏建华 吕柳青
三等奖	以影视旅游为媒 推进乡村振兴 横店镇着力打造“全域影视”版图	东阳广电台	任振江 申屠鹏
三等奖	2372个问题已解决2017个 出台25个制度性文件巩固成果 我市“大调研”活动立足当前又着眼长远	东阳广电台	赵鼎宇
三等奖	为母亲扇风一小时 懂事小女孩获人赞	东阳广电台	吕安冉
三等奖	大国工匠诠释家国情怀 陆光正让千年木雕记忆走向世界	东阳广电台	吕勇勇 夏建华
三等奖	护士跪地托举胎头网友赞其为“最美跪姿”	金报东阳	杜寅舟 潘　慧
三等奖	古渊头:一个被文化“激活”的古村	金报东阳	张益晓 潘　慧

2018年度东阳市“十佳新媒体作品奖”名单一览表

表51

编 号	作品标题	参评单位	作者(编辑)
1	一张“火车票”,带你穿越东阳撤县设市30年(内附绝版照片)	东阳日报社	吴旭华 杜 倩 余铁晖 卢 玮 许琳琳
2	一场“横马”全城沸腾 2.5万人欢乐开跑场面燃爆了	东阳日报社	孙振华 胡扬辉 单冠定 张 庆 陈巧颖 许琳琳
3	东阳“一把手”们立下军令状 2018年这样推进政府工作	东阳日报社	包康轩 胡扬辉 杜 倩 黄 瑶
4	东阳广电女主播的朋友圈	东阳广电台	何梦菁 张 巍 张永欣 胡嘉腾
5	东阳市2018年政府工作推进会喊你加入群聊	东阳广电台	何梦菁
6	潘建伟上《朗读者》! 提到了东阳,提到了严济慈,还说了他的很多故事	东阳广电台	陈 聪 吴 铮 戴 翔 吕 剑
7	中秋将至,东阳李宅邀您来看花灯啦,超美	金报东阳	倪远山 包 涵
8	【直播】最美的季节遇上你! 东阳集体婚礼快乐开启!	金报东阳	金华日报东阳分社
9	砥砺奋进,东阳撤县设市30年系列	东阳发布	蒋 智 胡 悦 吴美琳
10	乡土东阳系列	东阳发布	蒋 智 胡 悦 吴美琳

(蒋 亮)

文化市场管理

【概况】 2018年,东阳市有经依法许可或备案的娱乐场所(歌舞游艺)111家,网吧207家,印刷企业169家,出版物零售93家,影院8家,民营剧团19家,影视制作企业665家。全市开展校园周边文化环境整治4次;发放“扫黄打非”宣传资料1800余份;开展“绿书签”活动(结合“4·26世界知识产权日”宣传活动,设计制作绿书签,宣传“拒绝盗版,从我做起”,倡导公众尊重创意、支持正版)4次,发放绿书签5000余份。

【文化行政审批“最多跑一次”改革】 2018年,东阳市梳理完善文化行政审批权力清单,所有权力事项录入浙江政务服务网。文化窗口事项纳入“无差别”全科受理窗口,通过优化审批流程、减少申报材料、创新审批服务等措施,实现行政审批“简、快、便”。10月8日,文化行政审批窗口搬入市总部中心,将涉及文化的56项主项(文化类12项、新闻出版广电类30项、文物类14项)、73项子项(文化类18项、新闻出版广电类34项、文物类21项)全部实现“最多跑一次”。全年受理许可101件,办结101件,变更受理许可30件,办结30件。完成所有印刷企业换证,影视制作经营单位、出版物经营单位、网吧和娱乐场所的年检和年报统计工作,批复民办非企业单位(社团)3家。

【文化行政执法】 2018年,东阳市加强文化市场执法巡查,开展旅游市场秩序整治“利剑行动”,出动执法检查2713人次,检查文化经营场所5099家次,开展“双随机”检查26次,抽查场所390家次;取缔无证经营非法出版物摊点12家、非法演出大棚8个、无证娱乐场所10家;查缴非法盗版书籍、音像制品1940余册(盒)、游戏机电脑版8只;查处违规经营案件36起,其中一般程序29件、简易程序7件,在网上公开所有行政处罚事项。开展印刷企业落实“五项承印制度”专项检查8次,排查全市登记在册的印刷企业123家,查处未建立“五项承印制度”案件3件,清理关、停、转“僵尸”类企业14家。开展农村集市、城郊夜市出版物市场专项检查专项整治11次,销毁涉嫌侵权美术品2837件。

(单国炉)

卫生医疗

综 述

【概况】 2018年,东阳市有医疗卫生机构523家,其中市级医疗卫生单位20家、社区卫生服务中心(卫生院)16家,卫生服务站105家,村卫生室183家,门诊部9家,个体诊所、厂矿医务室190家。有三级乙等医院2家(市人民医院、市中医院),二级甲等医院3家(市人民医院巍山分院、横店文荣医院、市妇保院),二级乙等医院4家(横店医院、市红会医院、花园田氏医院、市第七人民医院)。9家医院通过平安医院创建。省示范社区卫生服务中心1家(六石街道社区卫生服务中心),甲等卫生院4家(南马中心卫生院、画水中心卫生院、千祥中心卫生院、湖溪中心卫生院),乙等卫生院6家(佐村中心卫生院、歌山镇卫生院、东阳江镇卫生院、虎鹿镇卫生院、马宅镇卫生院、三单乡卫生院),社区卫生服务中心(卫生院)全部通过省规范化创建。各医院开放床位5248张(含民营医院1580张),其中综合性医院3311张、中医院420张、妇幼保健院350张、社区卫生服务中心(卫生院)165张、专科1002张(精神病医院250张、皮肤病医院30张、花园田氏骨伤医院500张、其他专科222张)。有各类卫技人员7235人,执业(助理)医师2799人,注册护士2675人;医护比例1:0.96;具有高级职称721人,中级职称1567人。医疗卫生单位固定资产总值20.38亿元,房屋建筑面积86.79万平方米,其中业务用房59.12万平方米。 (汤玮亮)

【卫生应急】 2018年,东阳市将公共卫生和卫生应急工作经费纳入市、镇两级财政预算,保障医疗设备、应急物资、装备等卫生应急硬件建设,建立卫生应急投入保障机制,规划处置突发卫生应急事故。动员社会团体和人民群众参与,形成群防联控的卫生应急工作合力。建立由28名专家组成的卫生应急专家咨询委员会,由80余名业务骨干组成的卫生应急处置和医疗救援机动队,开展应急知识培训和卫生应急演练,提升应急处置能力。 (吴振华)

【卫生监督】 2018年,市卫生监督所有被监督单位3289家(不包括厂矿企业等职业卫生单位),从业人员9372人。全年监督监测各类被监管单位3779家次,监督覆盖率97.47%;开展各类专项整治和专项检查活动17次,完成各类重大会议、活动及节假日期间卫生安全保障;培训各行业从业人员9478人次,发放从业人员健康证和卫生知识培训合格证9478人次;立案查处卫生监督违法案件274起,罚没款754119.63元,移送公安机关追究刑事责任案件5起,行政复议案件1起(维持原决定),无行政诉讼案件,未发生公共卫生事件。卫生监督所连续16年保持“金华市文明单位”称号,获2018年金华市卫生计生监督执法技能竞赛团体第二名、2017年度人口和计划生育工作考评结果“医疗卫计单位二等奖”、东阳市争创“平安金鼎”工作先进集体。 (卢 涵)

【医共体建设】 2018年2月6日,省卫健委主任张平到东阳市指导医共体工作;5月,国务院副总理孙春兰到浙江调研公立医院改革情况,听取东阳市医共体改革思路和工作进展的汇报;副省长成岳冲三次到东阳市视察指导医共体建设工作。在市委、市政府的政策导向、资源支持下,按照省委、省政府“三个三”要求,在医共体建设方面形成“东阳解法”▲,东阳医共体作为全省试点的典型,其改革成效得到省委、省政府领导的肯定。6月,国家卫健委在杭州市召开新闻发布会,由市人民医院院长应争先重点介绍技术发展和医共体建设情况。9月20日,省委书记、省长参加县域医共体建设推进会,应争先对医共体建设的东阳做法做交流发言。全年接待100余批来自全国各地的医共体考察访问团,“东阳解法”成为医共体建设的全国标杆。

▲“东阳解法”:制订体系完整、层级清楚、职权明确、运行高效、监管严密的医共体经济管理制度;建立起以医疗、护理、院感、后勤等8个质控中心管理为基础,以100余个质量指标月监测、考核为手段的基层医疗机构质量管理体系;建立起医共体内部薪酬分配“六位一体”的动态激励机制,贯彻落实“两个允许”制度,形成“多劳多得、优劳优酬”的分配格局;通过落实县(市)乡技术融合、医疗技能模块化培训、“人才池”建设三项措施加快基层能力提升;推进居民健康与医疗服务信息共享、“互联网+医疗

2018年2月6日，省卫生计生委主任张平（左二）在东阳市调研医共体工作

（市卫健局提供）

支付”就医流程改造、专（慢）病管理信息系统建设等医共体的信息化进程。（叶寄生）

【医院规划建设】 2018年，省重点建设项目中医院迁建工程建设总投资4.74亿元，完成施工、监理单位的招标，施工单位进场，完成基础开挖；投资1.7亿元的市妇幼保健院保健楼项目完成国土预审、估算审核，采用EPC模式施工并完成评标；市医共体和人民医院配套项目取得可研批复、选址意见书和建设用地规划许可证，开始地质勘探及“三通一平”工作；佐村镇中心卫生院公共卫生综合楼主体结顶；第七人民医院病房大楼项目及白云、南马、千祥等卫生院的基建项目按年初计划推进；市人民医院北一号楼室内装饰及安装改造项目、中医院住院楼一、二层改造项目、疾控中心鼠疫监测实验室装修改造项目、城东街道社区卫生服务中心综合楼项目、基层卫生院污水处理工程等项目竣工投入使用。（黄成康）

医疗技术

【概况】 2018年，东阳市基层医疗机构门急诊人次比上年增长29.32%，住院人次比上年增长82.6%。职工收入比上年增长20%。建立经济管理、质量管理体系，建立激励性薪酬分配体系，制定《东阳市医共体基层医疗机构绩效分配指导意见》，形成工资总额动态机制；建立效益工资分配薪点系数，实行内部群体差异化分配；建立社区首席医生制。市人民医院的普通外科学、神经内科学和市妇幼保健院儿科学获浙江省县级龙头学科。市人民医院王超群主持的“STAT3/miR－221－3p/Fascin－1调控三阴性乳腺癌EGFRTKI的作用机制”获国家自然科学基金资助项目批准立项。

【中医药专业人才队伍建设】 2018年5月24日，市卫计局组织13名省、市级名中医和4名中医骨干在14家基层卫生院（社区服务中心）建立名中医工作室，通过3年时间为每个基层卫生院培养2～3名中医专业后备人才，提升全市基层中医药医务人员的理论和实际水平。在金华市中医药健康文化知识竞赛中，东阳市3个代表团（医院组代表团、社区组代表团、企业组代表团）获3个一等奖。其中东阳市中医院俞树翰、赵青代表金华市参加首届浙江省中医药健康文化知识大赛分获个人一等奖和二等奖。

【全新模块化培训模式】 2018年，东阳市建立全新模块化培训模式，设计适合基层的全科医生模块化培训方案，形成包括社区循环系统、呼吸系统、内分泌系统等七大方面的17个模块群，涵盖基层90%常见病种，每周一批，每批4个班，每班10人，每个模块理论培训2天，临床实践5天。培训后经理论实践考核合格后予以发证，取得合格证书，每月工资增加50元。

【配药服务】 2018年6月，东阳市统一县域内高血压、糖尿病等慢性病药品目录，选出慢性病目录药品160种，包括口服药剂及吸入剂110种、针剂50种，开展慢性病患者处方配药服务，为病人提供中药饮片代煎和配送服务，推进医院门诊“智慧药房”建设，实现处方系统与药房配药系统无缝对接等方式，为病人提供配药服务，减少跑大医院次数。提高基层医疗机构与县级医院糖尿病、高血压等慢性病常用药的匹配度，方便群众取药。

【医疗技术人才队伍建设】 2018年，东阳市建立统一的“人才池”，统一招聘调配基层医疗机构人员，由医共体管理中心负责培训和调配使用。全年招聘70人，录取定向培养学生60人。市政府在城区划拨0.67公顷土地，拨款2800万元的“人才池公寓”完成土地征用工作。

（叶寄生）

疾病预防

【概况】 2018年，东阳市居民平均期望寿命为80.05岁，其中男性78.15岁、女性82.07岁。死因顺位排在前5位的依次为恶性肿瘤、脑血管疾病、呼吸系统疾病、心脏病、损伤和中毒外部原因。慢性病报告发病率分别为糖尿病452.26/10万，冠心病急性发作62.97/10万，脑卒中498.22 /10万，恶性肿瘤443.40/10万，前10位恶性肿瘤顺位排序依次为肺癌、肠癌、甲状腺癌、胃癌、肝癌、乳腺癌、前列腺癌、宫颈癌、食管癌和脑癌，占全部恶性肿瘤的77.57%。

【传染病防治】 2018年，东阳市通过网络直报系统报告法定传染病19种7333例(44例HIV不计入总数)，年报告发病率882.03/10万，发病数与2017年(4818例)相比增长52.20%。甲类传染病无病例报告，报告乙类传染病14种1511例，报告发病率181.75/10万，发病数比2017年(2277例)下降33.64%。乙类传染病报告发病数居前五位的分别为肺结核(487例)、病毒性肝炎(436例)、淋病(299例)、梅毒(173例)和猩红热(53例)，占甲乙类传染病报告总数的95.83%(1448/1511)。

【查灭钉螺】 2018年，东阳市完成查螺面积155.7537万平方米，查螺投工4015工，实有钉螺面积6240平方米，其中佐村镇有螺面积1530平方米、巍山镇有螺面积200平方米、横店镇有螺面积1340平方米、湖溪镇有螺面积3170平方米(湖溪镇楼店村新复现钉螺面积3070平方米)。累计药物灭螺面积12.82万平方米，实际药物灭螺面积5940平方米，消灭钉螺面积1460平方米，灭螺投工1012.5工。解剖捕获的钉螺1000只，未发现感染性钉螺。对2355人进行血吸虫病抗体血清采集(流动人口1435人)，血清抗体阳性2人，粪检2人，粪检阳性0人，血清阳性者粪检率100%。

【蜱虫监测】 2018年，市疾控中心开展蜱虫监测工作。疾控中心在公园、山林等野外草地及狗、羊、牛等动物体表抓捕蜱虫进行品种的鉴定，捕获蜱虫3个品种(长角血蜱、血红扇头蜱、中华硬蜱)111头，其中动物体表寄生蜱95头、野外游离蜱虫16头，由省疾控中心对蜱虫进行新型布尼亚病毒核酸检测，东阳江茜畴村捕获的蜱虫标本中检测到新型布尼亚病毒核酸阳性。2017年8月，东阳市首次发现发热伴血小板减少综合征病例，该病是由新型布尼亚病毒感染，主要通过蜱虫叮咬传播引起的一种急性传染病，发病后主要表现为高热、乏力、肌肉关节酸痛、淋巴结肿大、血常规白细胞和血小板进行性下降，严重者可因休克、呼吸衰竭、弥漫性血管内凝血(DIC)等多脏器功能衰竭而死亡。至2018年年末，全市报告5例，病例多分布于大磐山脉北麓周围的湖溪镇和东阳江镇的个别村庄。

【蚊虫监测】 2018年，市疾控中心于4~11月份每个月1次对4个乡镇(固定点和流动点各2个)开展布雷图指数(指平均每100户，有白纹伊蚊幼虫孳生的积水容器总数，用以评价一个地区蚊媒传染病传播风险)监测。8个月检查13个镇乡街道18个村1600户，查到水体1349处，发现白纹伊蚊阳性302处，白纹伊蚊阳性户数205户，平均布雷图指数18.88，从监测结果反映出全市处于蚊传疾病风险较高的状态，加上出入东南亚、南美洲、非洲等地区人员较多，登革热、疟疾、基孔肯雅热、塞卡等蚊媒传播病一旦输入容易造成本地传播。疾控中心开展通过广播、电视、报纸、微信、讲座、入户等多种形式向居民宣传蚊虫孳生地及整治环境、如何清理积水容器等蚊传疾病防控知识，动员市民主动自觉参与清理蚊虫孳生地的活动。

【艾滋病综合防治】 2018年，各镇乡街道卫生院(社区卫生服务中心)开展暗娼、吸毒人群、男男性接触者等高危人群的艾滋病行为干预工作。全年新报告艾滋病感染者和病人90例，累计564例(死亡60例)；按现住址管理446例(死亡47例)，年末在治病人384人，治疗覆盖率93.66%。

【预防接种】 2018年，东阳市继续实施扩大免疫规划，提供11种疫苗免费接种，可相应预防12种传染病，通过常规免疫、查漏补种、儿童入托入学查验证、应急接种等手段接种一类疫苗32.65万针次(本地17.82万针次、流动14.83万针次)，建卡率与各苗单苗接种率均保持在95%以上。

【慢性病综合防控】 至2018年年末，全市高血压患者登记建档数10.20万例，发现率12.03%；管理患者数9.3万例，管理率49.52%；规范管理患者数6.88万人，规范管理率73.97%；血压控制患者数6.67万人，血压控制率71.72%；糖尿病患者登记人数2.67万人，发现率3.15%；管理患者数2.34万人，管理率45.12%；规范管理人数1.55万人，规范管理率66.07%；血糖控制人数1.59万人，血糖控制率67.92%。

(吴振华 吴爱兰)

2018年7月20日，市疾控中心工作人员在南大门广场草地上捕捉蜱虫

(包康轩/摄)

妇幼保健

【概况】 2018年，东阳市产妇总数7763人，活产数7842人，系统管理数7736人，系统管理率98.64%，产后访视率98.66%，住院分娩率100%，高危产妇发生率55.43%，管理率100%，剖宫产率37.05%，未发生户籍孕产妇死亡。流动孕产妇产前保健率96.55%，住院分娩率100%。7岁以下儿童数48299人，管理率99.2%。3岁以下儿童数21722人，管理率99.21%，系统管理率98.61%。5岁以下儿童数35516人，低体重患病率0.72%，生长迟缓患病率0.33%，消瘦患病率0.1%，超重患病率5.91%，肥胖患病率1.72%，贫血患病率3.87%，中重度贫血患病率0.1%。婴儿死亡率2.81‰，5岁以下儿童死亡率5.23‰，流动儿童保健管理率97.93%。0~3岁儿童发育监测和筛查、户籍地孕产妇免费产前筛查工作进展顺利。完成妇幼重大公共卫生项目、免费避孕药具发放、孕前优生检查与计生技术服务工作，全年未发生因计划生育手术死亡或伤残病例。围绕“最多跑一次”改革和母婴安全管理，完善东阳市妇幼全程信息化管理平台，及时将孕产妇保健信息录入到东阳市妇幼全程信息平台中，指导下载和使用母子健康手册APP。孕产妇管理实行“六大机制”(信息采集、风险评估、能力建设、救治协作、宣传教育和考核督导机制)，对较高风险及高风险孕产妇进行“一对一”(高危门诊的高年资主治医师以上医师负责妊娠风险孕产妇的“一对一”监护与治疗)管理。建立健全产科主任例会、危重孕产妇点评制度和孕产妇死亡、新生儿死亡评审工作；加强医院产科急救能力培训，组织全市产科急救技能演练竞赛，开展“魅力新产科”特色服务和人流产后关爱项目，开展中医文化进校园活动。

【产科急救技能竞赛】 2018年5月31日，由东阳市卫生和计划生育局组织开展的2018年东阳市“欣捷杯”产科急救技能竞赛，在东阳市妇女儿童医院举行。全市11个接产单位的13支队伍94人开展技能操作环节的竞赛。竞赛邀请市外专家组成评审团，进行现场打分、点评和指导。竞赛技能操作环节分市属组和乡镇组同步开展，比赛专业选手包括产科医生、产科护士(助产士)、内科及麻醉科医生，比赛以“产后出血”或“羊水栓塞”为主题拟定演练方案、进行现场演练等。市人民医院巍山分院、市妇保院、横店文荣医院分获市属组一、二、三等奖，千祥镇中心卫生院、湖溪镇中心卫生院、画水镇中心卫生院分获乡镇组一、二、三等奖。横店文荣医院金玲玲获医生组理论竞赛一等奖，市人民医院巍山分院程永珍、市人民医院陈旭红获护士组理论竞赛一等奖。

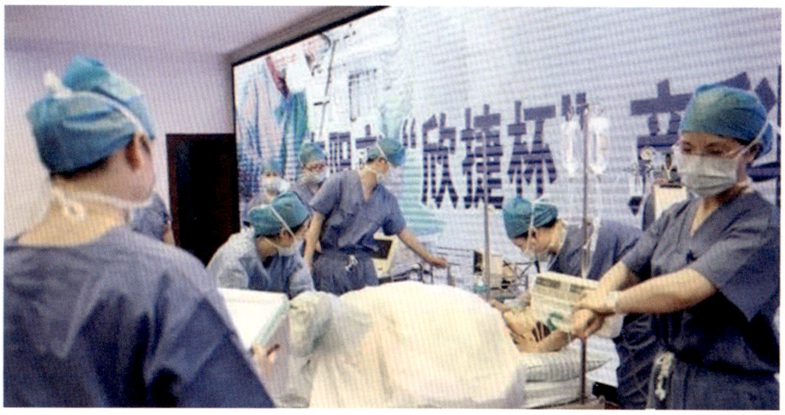

2018年5月31日，东阳市“欣捷杯”产科急救技能竞赛在市妇女儿童医院举行 （市卫健局提供）

【中医文化进校园】 2018年1月19日，东阳市中医院开展送“艾”入校园活动。免费为城区14所中小学送去艾灸，在学生们放学后进行艾条熏蒸，防止校园流感爆发。并组织相关专家讲解艾灸的历史文化和作用。6月19日，吴宁一校组织70名学生到市妇女儿童医院，进行中医推拿、中药认识、中医小故事等中医体验之旅，让学生们感受中医学的独特魅力。

（吴振华）

爱国卫生

【概况】 2018年，东阳市组织开展6个街道星级卫生文明小区评定工作，评出一星级小区208个、二星级小区59个、三星级小区27个。开展道路共建工作，建立每周三交通路口文明劝导机制和沿街商户红黄榜评选制度，创建精品示范严管街；坚持“市领导每周一督办”工作制度和11个创卫考核体系的考核工作。创建卫生乡镇，市爱卫办组织召开全市卫生乡镇创建工作培训班，协助各乡镇开展创卫培训工作；申报创建国家卫生乡镇6个，省级卫生镇5个，横店镇申请国卫镇复审。横店镇通过国家爱卫办暗访，6个申报国卫乡镇通过金华市级考核并上报省爱卫办，5个省卫镇通过省爱卫办暗访，基本实现浙江省卫生镇全覆盖。

【病媒生物防制】 2018年，东阳市推进病媒生物防制市场化运作，6个街道及巍山镇、南马镇、东阳江镇、虎鹿镇、佐村镇、三单乡6个乡镇首次实行公共外环境和重点场所市场化运作，引入第三方对服务质量进行监测评估，病媒生物防制工作进入全域化、规范化、专业化时期。首次开展病媒生物抗药性监测工作，为科学合理使用化学药物提供参考。采取蚊媒传染病疫情应急措施，扑灭1起基孔肯雅热疫情和3起登革热疫情。

【健康素养提升】 2018年，东阳市开展居民健康素养监测调查工作。组织开展第30个世界无烟日宣传活动，成功创建省级无烟单位2家,东阳市无烟单位35家。市红十字会医院和横店医院通过浙江省健康促进医院考核。申报健康促进学校52个。

【农村改水改厕】 2018年,东阳市开展饮用水基本情况调查和饮用水水质卫生监测工作,全年监测水样76份,水质合格率78.9%,比2017年提高27个百分点。实施农村卫生户厕改造工作,完成户厕改造3474座,全市农村卫生户厕覆盖率99.66%。

(曹剑锋)

计划生育

【概况】 2018年,东阳市上报出生人口8470人,比上年减少2337人,下降21.62%,二孩及以上出生人口4826人,比上年减少1869人,下降29.92%,二孩出生率56.98%;计划生育率97.72%;推进生育服务群众办事项目"最多跑一次"改革,生育登记实行"零跑",全年网上审核7461人。开展全国计划生育监测点的出生人口信息统计上报工作;免费婚前医学检查率97%,免费孕前优生健康检测率100%,免费避孕药具获得率90%以上,妇女生殖健康服务检查91682人,检查建档率100%;审核各类先进单位、个人2048家(人),否决15家(人)。开展"5·29"会员活动日、"7·11"世界人口日大型咨询宣传活动和举办"三优"、青春健康等各类知识讲座82期,发放宣传资料12万余份、避孕药具5000份、宣传抽纸9600余盒,悬挂宣传标语180条。开展关爱行动,走访失独家庭和困难户262户,发放公益金35.6万元。为育龄家庭投入四项手术险、独生子女家庭意外险和特殊家庭险37.99万元,理赔76件,理赔额11.3万元。

(陆建贞 张晓凌)

【计划生育家庭奖扶特扶工作】 2018年,东阳市开展农村部分计划生育家庭奖扶特扶工作。7618人享受独生子女奖励扶助,奖励扶助金901.12万元;享受特别扶助451人,特别扶助金325.56万元;双农二女户6414人,奖励扶助金461.81万元。走访独生子女失独家庭18户,发放慰问金8万元;补助失独家庭辅助生育4户,发放慰问金12.55万余元;补助计划生育手术并发症16人,发放慰问金45078.83元,公益金补助223人,补助39万元。

(杜明华)

【流动人口计划生育管理】 2018年,东阳市流入人口451105人,其中流入育龄妇女165433人;流出人口71040人,其中流出育龄妇女25184人。浙江省流动人口全员平台反馈流动信息54992条,协查婚育证明信息5007条,上传公安数据13.6万条。3~6月,白云街道、横店镇、南马镇的8个村居为全国流入人口动态监测样本点,核查流动人口245759人次,入户调查800人次,160份A卷、8份B卷按时提交,全部有效。东阳市与贵州省、江西省、云南省、安徽省等省的8个县市区人口卫生计生局签订流动人口服务管理双向协议。

(周瑶新)

2018年东阳市医疗机构选介

·东阳市人民医院·

【概况】 2018年,东阳市人民医院完成门急诊176.3万人次,比上年增加6.04万人次,增长3.55%;出院总人数76656人次,比上年增加2809人次,增长3.80%;平均住院日7.81天,比上年减少0.09天;床位使用率100.8%;手术量完成28227台,其中三类、四类手术占58.3%。在2018年浙江省三级医院主要技术指标排名中,市人民医院跻身全省70家三级医院、28家三甲医院的前20。20个科室达到三甲综合医院技术标准。市人民医院连续第三年获国家自然项目立项,获省科技立项3项,共计立项60项。全年发表SCI论文30篇,一级杂志20篇,申报专利成功授权12件。市人民医院微信公众平台影响力连续4年保持全国前五、全国县市级医院第一。市人民医院院长应争先获《中国卫生》杂志评选的2018年度"推进医改,服务百姓健康十大新闻人物"。

受浙江省医院协会委托,市人民医院举办2期省医院协会精细化管理培训班,500余名学员参会。承办县域医共体建设培训班和由《健康报》社主办的区域医共体发展推进会。

市人民医院开设门诊和住院一站式服务中心。微信挂号等线上预约线路达6条,非人工结算线路5条,非人工挂号率70%,非人工交费率50%以上。在金华市"医疗最多跑一次"的15项指标中,11项指标列第一。

【试管婴儿技术开展】 2018年8月31日,市人民医院生殖中心通过人类辅助生殖技术国家专家组现场评审,成为金华市第二家具备开展"试管婴儿"技术资质的医疗机构。9月3日,浙江省卫生计生委下发《浙江省人类辅助生殖技术批准书》,同意该院试运行开展试管婴儿技术。10月23日,该院第一例接受试管婴儿胚胎移植的患者成功受孕。

自2005年起,市人民医院开展人工授精技术项目,平均每年做200多周期人工授精术。2017年7月,市人民医院向省卫计委递交开展试管婴儿的申请,历时一年通过评审。生殖中心占地1114平方米,设候诊区、护士站、不孕不育诊室、B超室、男科实验室、取精室、取卵室、胚胎移植室、男科手术室、精液处理室、人工授精手术室、人工授精实验室、体外授精/胚胎培养实验室、胚胎冷冻室、资料档案室、清洗室、缓冲区、休息室、培训教室等生殖医学科各类场所。

【医疗技术能力提升】 2018年,胸痛中心、高级卒中中心、创伤中心、危重孕产妇救治、新生儿急救等团队组建形成快速救援反应体系。急性心梗病人PCI(经皮冠状动脉介入治疗)的DtoB(进门到球囊扩张)时间90分钟达成率提高到75%。成功施行脑卒中病人的动脉取栓手术36台,位于省内同类医院前列。完善高危孕产妇的抢救流程与高危新生儿的急诊抢救流程,成功抢救各类急危重孕

2018年5月10日，市人民医院首个院士工作站——张英泽院士工作站揭牌 （市人民医院提供）

产妇21人次。消化内科开展内镜下手术960台。不停跳冠脉搭桥、主动脉支架置入和置换重建、脑血管溶栓取栓、急诊冠脉支架植入、脑动脉瘤夹闭、ECMO（体外膜肺氧合）技术、介入止血技术、延髓部肿瘤切除等高难度技术常规开展。与"全国胆石第一人"上海东方胆病医生集团胡海教授联合成立东阳胆石中心，实施保胆手术等技术。5月10日，张英泽院士工作站挂牌成立，是东阳市医疗领域首个院士站。6月20日，黄荷凤院士工作站成立。

6月7日，中央电视台《焦点访谈》栏目专题介绍市人民医院在医疗技术能力发展所取得的成绩。6月11日，国家卫健委在杭州市举行"浙江省医疗技术能力和医疗质量水平双提升"新闻发布会，市人民医院和浙江省人民医院、浙医一院、浙医二院4家医院面向全国主流媒体介绍技术能力和医疗质量提升情况。

【高级职称自主评聘】 2018年10月，市人民医院启动首次高级职称自主评聘工作，根据省、市医疗卫生单位高级职称自主评聘改革的相关政策，制定《东阳市人民医院2018年度高级职称评聘工作方案》。11月21日，成立全省首个含医共体单位的高级职称自主评聘委员会，开展评审工作。12月24日，举行首届医共体高级职称自主评聘书颁发仪式，评聘推荐评审107人，获得晋升90人。

（李　鹏）

·东阳市中医院·

【概况】 2018年，东阳市中医院完成门诊73.90万人次，比上年增长4.39%；门诊均次费用245.26元，比上年增长4.76%；出院12100人次，比上年下降3.22%；平均住院日11.97天，比上年下降0.25%；住院病人均次费用9781.40元，比上年增长4.65%。业务收入2.99亿元，比上年增长6.02%；医疗收入1.89亿元，占业务收入63.06%；药品收入1.11亿元，占业务收入36.94%。中药饮片收入4726.7万元，占业务收入15.78%。

市中医院举办省级继续教育项目1项、Ⅱ类学分培训班7项、中医药适宜技术推广项目1项。成功申报浙江省中医药科技项目1项、金华市科技计划项目6项、金华市中医药科技计划项目6项、东阳市科技计划项目6项。全院有168名医务人员发表论文201篇，发表在一级杂志1篇，二级杂志30篇。增加全国中药特色技术传承人才培养对象2人(李小霞、蔡媛珍)、省级基层名中医1人（卢巧英），省级基层名中医培养对象2人（楼国平、杜旦锋）。临床科室开通新的临床路径，实施临床路径的病种数从28个增至120个，比上年增长329%。实施临床路径的病例数1206例，比上年增长379%。

市中医院在四季膏方、九味头膏的基础上，针对不同人群推出雪梨膏、桑葚膏、黄芪膏、健脾消食膏、美容养颜膏等特色膏方。在三伏贴、三九贴的基础上，推出小儿生长贴、耳穴埋豆减压等中医疗法。

【健康养生讲师团成立】 2018年8月，市中医院成立中医院健康养生讲师团。讲师团由各科室专业技术骨干人员组成，来自26个临床科室，共计52人参与，提出104个健康讲座题目。推出中医药文化进社区、进校园、进乡村礼堂等活动。组织义诊、健康讲座和医疗保障56次，服务群众2万余人。

【新中医院迁建工程】 2018年9月21日，市中医院迁建工程项目举行开工仪式。市中医院新院区位于兴平社区，兴平东路江滨南街以南，环城北路以北，环城东路以东，教授路以西地块，总用地面积7.89公顷，床位数600张，总投资4.7434亿元，建设周期为5年(2018~2022年)。新院区按照现代化医院设计理念，打造符合中医特色的"园林式"建筑风格，"庭、堂、廊、院"的空间形式。至2018年年末，完成临时工棚搭建、围墙施工、地表物清理以及成家里村道路租用等前期工作。迁建项目二期完成选址、征地、地质灾害评估等报批。

（段闪闪）

体 育

综 述

【概况】 2018年,东阳市体育局开展横店马拉松、“8·8”全民健身日主题活动、2018东阳市机关运动会、首届中国·东阳生态廊道自然流域垂钓大赛等各类各级体育活动百余次。组织开展和指导全民健身系列活动,经常参加体育锻炼人口比例27.6%(不含学生)。组队参加第十六届省运会,东阳市运动员获5金2银。完成省十方面相关民生实事任务,全市增加18个基层体育场地设施,体育场地面积增加2.43万平方米。通过省“四提升四覆盖”▲全民健身工程建设评估考核。横店马拉松再次入选浙江省第二届十佳商业体育赛事,获“中国田径协会铜牌赛事”称号。成功创建金华市“体育+”特色村居1个(湖溪镇象田村),金华市体育产业(运动休闲)示范基地2个(东阳市东岘峰体育发展有限公司、东阳市喜曼多钓具有限公司)。出现6家社会力量兴办体育优秀典型,累计投资额3000余万元,总计体育场地面积1万余平方米。全年体彩销售额3.09亿元,比上年增长95.96%。市体育局获省体育局授予的“省群众体育工作成绩突出单位(2014~2017年度)”称号,获金华市体育工作先进县(市、区)、信息宣传先进集体称号。

▲“四提升四覆盖”:提升群众身边的体育场地建设水平、体育组织水平、健身活动水平、健身指导水平;实现便民体育设施、镇乡街道“1+5”(1个体育总会工作站,5个以上专业体育社会组织工作站)体育社会组织网络、常态化健身活动、村(社区)社会体育指导员及镇乡街道体质测试网点的全覆盖。

【体育设施建设】 2018年,总投资3.28亿元的市体育馆工程全面完工并通过竣工验收。投资1.5亿元的体育公园足球场开始施工。全年建设小康体育村升级工程10个,社区多功能运动场2个,笼式足球场1个,拆装式游泳池4个,省级全民健身中心1个。推进农村体育建设,基层场地设施建设提档升级,完成省政府十方面相关民生实事分解任务。

【全民健身工程建设】 2018年,东阳市按照省体育局考核要求,制定《东阳市实施“四提升四覆盖”全民健身工程建设工作方案》,将实施“四提升四覆盖”工程纳入市全民健身领导小组统一部署和推进。举办“四提升四覆盖”全民健身工程建设培训班,实地指导各乡镇街道推进“四提升四覆盖”工作。12月26日,“四提升四覆盖”全民健身工程建设通过省评估组终期评估。

(金胜男)

群众体育

【科学健身指导】 2018年,东阳市在全市范围开展国民体质测试,开具运动处方,完成测试样本1360余人,国民体质检测合格率92.5%。举办太极拳、体育舞蹈等社会体育指导员培训班,培训312人。市太极拳协会举办太极拳公益讲座5次。

【体育协会管理】 2018年,市体育局根据《东阳市体育社团管理运行评估办法(试行)》办法,综合8个方面评判体育社团的机构、管理、活动等。制定《关于做好东阳市体育社团换届工作的通知》,规范社团换届程序。1月13日,市武术协会举行第二届第一次代表大会暨2018年武术工作会议。1月14日,市长跑协会召开第一届第四次会员代表大会。3月25日,市冬泳协会召开2018年年会。3月29日,全市体育社团工作会议召开。4月21日,东阳市射箭协会成立大会召开。12月15日,东阳市网球协会换届,选举产生东阳网球协会新任会长、副会长和秘书长。12月18日,市跆拳道协会成立暨第一次会员大会举行。12月27日,市乒乓球协会召开第二次会员大会,选举产生第二届理事会会长、常务副会长、副会长、秘书长。

【2018年东阳市机关运动会】 2018年11月2日,由市政府主办,市体育局、市体育总会承办的2018年市机关运动会开幕式在体育馆举行。市四套班子领导出席开幕式。该届机关运动会在城区举行,比赛时间9~11月,比赛采用分部、分项、分点、分期的方式进行。有74个代表团、3000余名运动员参加拔河、气排球、乒乓球、“三人制”篮球、中国象棋、田径、趣味项目、钓鱼、羽毛球、

2018年11月2日，2018年市机关运动会开幕式在体育馆举行

（包康轩/摄）

太极拳等10个大项、32个小项的比赛。11月9日，市机关运动会闭幕式在动客篮球馆举行。镇乡街道前八名为南马镇、江北街道、佐村镇、巍山镇、虎鹿镇、横店镇、吴宁街道、白云街道；机关部门前八名为市公安局、市教育局、市市场监管局、市行政执法局、市税务局、市电信公司、金融系统、市人力社保局。

【东阳市第七届老年人运动会】 2018年5月19日，东阳市举办第七届老年人运动会，850余人参加开幕式。市老年人运动会五年举办一次。该届运动会由市体育局、市老年体协主办，相关体育协会、老年体协各专委会承办，各镇乡街道共同参与协办。3000余名老年运动员参加气排球、乒乓球、钓鱼、门球、健身球、太极拳、柔力球、广场操舞等11个项目的比赛、交流和展示。

【全民健身日活动】 2018年8月8日，全民健身日主题活动启动仪式在市民广场举行，1500余名机关干部人员参加健步走活动。除主会场健步走活动外，各分会场的健身走、篮球赛、健身广场舞展示、骑行等各式活动相继开展。12家社会力量兴办的体育场所免费对外开放。

（金胜男）

竞技体育

【概况】 2018年，市体育局组织参加浙江省田径少年儿童冠军赛、金华市田径锦标赛等比赛，获49金（省级7枚）、33银（省级10枚）、27铜（省级8枚）。在第十六届省运会中，东阳市运动员获5金2银（周琦获200米金牌、异程接力金牌，蔡晨宇获800米金牌，张科贻获200米栏金牌，蔡晨宇获4×400米金牌）。东阳市残疾人运动员王强在第三届亚残会中，获男子坐式排球亚军。

3月21日，市体育局举办全市中小学专职体育教师足球裁判员培训，50余人参加培训；6月23日，举办由中国足协发E级教练员证书的教练培训班，70余人参加培训。

【少体校改革】 2018年，市体育局根据《浙江省县级体校改革发展实施方案》，提出市少体校改革实施方案，改革少体校办学模式，调整少体校的领导班子，规范学校运行。制定《东阳市少体校2018年招生方案》，调整细化招生规则，成立招生三人专家组，实施全程监督，扩大招生项目，从1个单项增加到3个项目，共招生15人。审批办理一级运动员3人，二级运动员6人，向上级输送运动员5人。

【东阳市第31届中小学生田径运动会】 2018年10月17～19日，由市教育局、市体育局主办的东阳市第31届中小学生田径运动会在吴宁一中田径场举行，来自全市各所高中（职校）和小学的830余名运动员参加跳高、跳远、铅球，短跑、中跑、长跑等项目的比赛。比赛采用国家体育局审

2018年8月8日，市体育局开展“8·8”全民健身日主题活动

（市体育局提供）

定的最新版《田径竞赛规则》。比赛分高中组、初中组、小学组男女6个组进行。东阳中学获高中组团体总分第一名，吴宁一中获初中组团体总分第一名，吴宁五校获小学组团体总分第一名。

(金胜男)

体育产业

【横店综合赛事服务平台培育】2018年，浙江省横店体育发展有限公司先后举办横店马拉松、省幼儿体育大会等32项大型赛事，横店马拉松再次入选浙江省第二届十佳商业体育赛事。"体育+旅游"融合，带来良好的经济、社会效益，横店搭建一个作为办赛目的地的综合赛事服务平台逐渐成熟。

【体育产业项目申报】 2018年，市体育局根据《金华市体育局关于开展2018年度金华市体育产业(运动休闲)基地申报工作的通知》《金华市体育局关于开展2018年度金华市"体育+"特色村(居)申报的通知》，开展体育产业项目申报工作，经金华市体育局实地评估和专家组评定，湖溪镇象田村被命名为金华市"体育+"特色村居，东阳市东岘峰体育发展有限公司、东阳市喜曼多钓具有限公司被命名为金华市体育产业(运动休闲)示范基地。

【民间资本兴办体育】 2018年，市体育局宣传《关于印发东阳市体育事业(产业)发展奖励实施细则的通知》及其操作细则，确保体育企业享受政策红利。民间资本投资建设体育场地设施。江北体育综合中心、东阳市东岘峰体育发展有限公司投资建设的体育中心、东丰气排球馆、爱上体育综合馆、动客篮球馆、乐动篮球馆6家社会力量投资建设的体育运动场所，累计投资额3000余万元，体育场地面积1万余平方米。

【体育市场管理】 2018年，市体育局加强经营高危险性游泳场所监管力度，印发《关于经营高危险性体育项目许可到期换证的通知》，督促全市各游泳场所进行换证，规范体育市场健康有序发展，开展安全大检查联合执法3次、培训救生员50余人。全年有许可的经营性游泳场所未发生安全事故。

【横店国际马拉松赛举行】 2018年4月1日，2018年"中行杯"横店国际马拉松赛在横店镇举行，25000人参加，其中全程马拉松5000人、半程马拉松12000人，穿越马拉松(8000米)5500人，2500人参加5000米的家庭亲子跑、情侣跑和宠物跑。该届赛事有18个国家的60名外籍选手参加，其中8名外籍选手参与穿越马拉松的项目。肯尼亚选手NDISO DENNIS MUSEMBI获全程马拉松男子冠军，肯尼亚选手FLAVIOUS KWAMBOKA TERESA获全程马拉松女子冠军。

(金胜男)

2018年4月1日，2018年"中行杯"横店国际马拉松赛在横店镇举行

(市体育局提供)

2018年东阳市镇乡街道体育赛事一览表

表52

时 间	赛事名称	参赛队伍(人)
2月21日	六石小区首届拔河比赛	—
4月22日	白云街道第一届"职工杯"乒乓球团体比赛	22人
6月16日	第二届乡村体育节暨湖溪镇首届农民运动会	1500人
6月16日	虎鹿镇"趣味端午 运动虎鹿"趣味运动会	—
9月13日	东阳江镇首届乡村文化体育节	—

2018年东阳市承办国家级、省级、金华市级赛事一览表

表53

时 间	赛事名称	参赛队伍(人)	级 别
3月3日	中国·横店气排球冠军赛	—	国家级
4月1日	横店马拉松	25000人	国家级
4月16日	中国梦之队快乐之舞第十三套健身操发布会	850余人	国家级
6月17日	2018年第五届红双喜家庭乒乓球电视邀请赛	—	国家级
9月10日	全国篮球高水平后备人才基地U15男子篮球决赛	15支队伍	国家级
1月14日	2018年“股王杯”博乒网浙乒积分赛(东阳站)乒乓球个人等级联赛	128人	省 级
3月17日	“宏祥金具杯”浙江省第三届飞镖锦标赛	13支飞镖队130余名队员	省 级
5月12日	2018年浙江省幼儿体育大会开幕式暨浙江省第十届幼儿特色体育表演大赛	500人	省 级
7月3日	2018年浙江省青少年阳光体育(体育传统项目学校)小学生篮球赛	42支球队、600余名运动员	省 级
4月25日	金华市第六届老年人运动会健身球操表演赛	10支代表队共计119人参赛	金华市级
5月12日	金华市乒乓球俱乐部联赛	—	金华市级
6月2～3日	2018年金华市中小学生乒乓球冠军赛(横店站)	424人	金华市级

2018年东阳市级体育赛事一览表

表54

时 间	赛事名称	参赛队伍(人)
4月13～14日	“迎五一”2018年东阳市财贸工会乒乓球邀请赛	26支队伍
5～10月	市第七届老年人运动会	3000余人
5月26日	2018年东阳江龙舟文化节	5支龙舟队
7月20日	2018浙中夏季“三人制”篮球赛	98支队伍
8月8日	全民健身日主题活动启动仪式	1500人
8月24日	2018年东阳市青少年(儿童)游泳比赛	100人
11月2日	东阳市第三届残疾人运动会	262人
11月2日	2018年市机关运动会	74个代表团、3000余人
12月23日	2018首届东阳大爽古山道越野赛	500人

2018年东阳市职工体育赛事一览表

表55

时　间	赛事名称	参赛队伍(人)
2月17日	南马镇防军村第十届企业“争创杯”篮球赛	14支队伍
2月28日	东阳市光明电力建设有限公司第三届趣味运动会	300人
3月8日	2018年东阳市女职工庆“三八”气排球比赛	30支队伍
4月9日	得邦照明2018年度春季足球联赛	—
4月16日	“激情五一,同心筑梦”第二届同心·趣味运动会	—
4月22日	全国第三届“万步有约”职业人群健走激励大奖赛	14家单位、549人
4月29日	市妇女儿童医院医共体第一届趣味运动会	500人
5月21日	横店影视城篮球联赛	—
9月25日	市中医院工会趣味运动会	—
10月21日	民革东阳市基层委员会第二届趣味运动会	150人
11月29日	东阳市教职工第十八届气排球赛	—

2018年东阳市体育协会赛事一览表

表56

时　间	赛事名称	参赛队伍
3月8日	市老年体协门球专委会庆三八妇女节老年门球友谊赛	—
4月7日	和美·笔架山四小时山径挑战	100人
5月13日	东阳市太极拳协会六石分会成立二周年暨母亲节庆祝活动	—
5月23日	横店足协第三届“五人制”足球赛	8支球队
6月17日	第四届江滨四小时接力赛	643人
8月19日	“金宝街杯”2018东阳市第一套太极功夫扇表演赛	20支队伍、600余人
9月2日	“爱环保,爱体育”PLOGGING(跑步捡垃圾)东阳计划	—
10月13日	重阳节徒步登山大会	200人
10月20日	东阳市太极拳协会成立20周年庆典晚会	—
10月21日	东阳市第一届体育舞蹈集体舞比赛	54支队伍,600余人
12月23日	第二届“科灵装备杯”冬泳挑战赛	6支队伍60余人

2018年东阳市参加省级、金华市级赛事一览表

表57

时 间	赛事名称	获得荣誉	级 别
5月14日	浙江省新时代老年太极拳(剑)"体彩杯"交流展示活动	—	省 级
7月15日	第十三届浙江国际传统武术比赛	金牌171枚、银牌103枚、铜牌71枚	省 级
7月28日	2018年浙江省青少年阳光体育(体育传统项目学校)排球比赛(小学组)	男子组第四名	省 级
8月30~31日	2018年浙江省全民健身浙中片区活动	竹筏争游第三名	省 级
9月	第十六届省运会	金牌5枚、银牌2枚	省 级
9月11~12日	浙江省第十届残疾人运动会"洪管家杯"轮椅舞蹈比赛	铜牌2枚	省 级
10月13~14日	2018年浙江省青少年(儿童)乒乓球积分排名赛(总决赛)	女子单打组冠军	省 级
4月7日	金华市中小学生首站乒乓球冠军赛	金牌3枚、银牌3枚、铜牌3枚	金华市级
4月10日	金华市第六届老年人运动会太极拳(剑)比赛	金牌6枚银牌、2枚,获集体项目第一名	金华市级
5月19~20日	金华市青少年网球(短式网球)积分赛	金牌2枚、银牌4枚、铜牌5枚	金华市级
4~5月	2018年春季金华市校园足球联赛	男子甲组一等奖,男子丙组一等奖	金华市级
9月13日	金华市第六届残疾人运动会	—	金华市级
11月21~23日	2018年金华市田径锦标赛	金牌19枚、银牌22枚、铜牌17枚	金华市级

(金胜男)

社会事务

人力资源与社会保障

·综述·

【概况】 2018年,东阳市城镇增加就业17559人,农村劳动力素质提升培训10170人。全市参加职工基本养老保险332669人;参加城乡居民基本养老保险273754人;参加职工基本医疗保险215411人;参加城乡居民基本医疗保险648279人;参加工伤保险181991人;参加生育保险135063人;被征地农民基本养老保障参保26063人;机关事业养老保险参保18877人。全市大病保险保费征缴总额16008.78万元,完成征缴任务的319%。

10月8日,东阳市人力资源和社会保障局(简称市人力社保局)行政审批、社保、就业窗口业务搬迁入驻新行政服务中心(市总部中心)B幢办公。8月11日,市人力社保局被人力资源和社会保障部办公厅评为2017~2018年度《中国劳动保障报》新闻宣传工作做得好的单位。市人力社保局被评为2018年度东阳市综合工作先进集体、2018年度在全市平安创建工作中作出突出贡献的集体和2018年度全市经济建设工作中作出突出贡献的集体。《以调为主以裁为本以防为重——东阳市提升劳动人事争议调解仲裁效能的主要做法》《东阳市构建"医共体人才池"模式有效破解基层医疗单位人才困境》《东阳市推出系列"服务包"助力民企打破人才发展"紧箍咒"》《东阳市人社局推进东西部扶贫工作》4篇专报得到省领导及金华市领导批示。

【人事管理】 2018年,全市招录公务员(含参公人员)147人。市人力社保局组织事业单位公开招聘2次,招聘109人。教育系统公开招聘新教师214人,自主招聘新教师88人,引进高层次人才6人;卫生系统公开招聘医技人员182人,自主招聘医技人员75人,引进硕士生20人。开展公务员"学法用法"集中轮训,全年开展培训3期,每期两天,1195名公务员参加。制定《关于进一步加强我市事业单位岗位聘期考核管理工作的意见》,要求有关单位按时开展聘期考核工作,未如期开展岗位聘期考核的事业单位暂不予以确认岗位晋级。开展军队转业干部的安置和稳定工作。全市安置营以下(含技术干部)军转干部22人,面向驻东部队军人随军家属招聘事业单位工作人员2人。

市人力社保局根据《东阳市事业单位专业技术三级、四级岗位管理实施细则》规定,经单位推荐、主管部门审核、民主测评、考察评议等程序,聘任正高三级岗位13人,正高四级岗位28人。全年办理工龄认定273人,女工后延11人,高级专家后延6人。全年办理公务员退休(包括参公)145人,事业人员退休367人。

【"东阳人社"APP】 2018年,市人力社保局建设"东阳人社"APP移动服务平台;4月,"东阳人社"APP上

2018年4月2日,"东阳人社"掌上服务平台暨医保移动支付项目启动仪式在东阳市人民医院学术报告厅举行 (市人力社保局提供)

线，开通医保在线挂号、结算功能、医保征缴、养老待遇视频资格认证、医保账户家庭共济、跨省异地就医备案、职工续保、职工中断、险种增加、险种减少、缴费档次变更及社保卡挂失/解挂、职工新参保、总部中心人力社保大厅预约取号等个人业务自助办理功能，能查询参保、缴费、养老金发放等10余项个人社保信息。在“东阳人社”APP首页上线“资讯”模块，下设《最新资讯》《政策法规》《办事指南》3个栏目。至年末，全市有32万人在“东阳人社”APP上完成注册激活，办理2019年度城乡居民医保参保缴费43万人次，大病保险参保缴费35万人次，养老待遇资格认证5780人次，医保家庭共济1312人次，跨省异地就医备案135人次，医保移动支付掌上办理挂号3298人次。

（司松松）

·就业创业·

【概况】 2018年，城镇增加就业17559人，失业人员职业指导1301人，岗前培训4811人，职业技能培训5116人，大学生创业培训609人，个人培训1009人，就业培训补贴共计12846人；农民素质提升培训10722人，其中农村实用人才3111人。发放各类培训补贴750余万元。

【就业创业援助】 2018年，市人力社保局组织“春风行动”公益性招聘活动、中国人寿保险创业促进就业大型招聘会、残疾人专场招聘会和2018年第十一届浙江省技能人才校企合作洽谈会等用工招聘活动，推出岗位13000余个，进场求职15000余人。

市人力社保局完善就业创业政策，市政府制定《关于做好当前和今后一段时期就业创业工作的实施意见》《东阳市失业保险支持参保职工提升职业技能实施办法》《关于做好军队退役人员服务保障工作的通知》《东阳市就业培训绩效评估暂行办法》等政策。

市人力社保局举办东阳市青年创业大赛，评出一等奖1人、二等奖2人，三等奖3人。组织参加“中国创翼”大赛金华分赛，东阳市上报的香榧油冷榨、中国火腿发酵公益、三贤电商3个项目获优胜奖。组织参加金华市青年创业大赛，“5G通信陶瓷介质微波铁氧体新材料”获大赛一等奖。举办2次创业沙龙和2个创业创新论坛。木雕红木产业基地和浙江广厦建设职业技术学院大学生创业基地2家青创工场通过金华市人力社保局实地验收，为青年创客服务。六石“梅客邦”青年创客社区被认定为东阳市首家青年创客社区。

市人力社保局到四川省广元市、南充市、理县、阿坝州和黔西南地区、湖北省巴东县开展东西部对口扶贫劳务协作，举办劳务协作专场招聘会7场，推出用工岗位3349个，进场应聘9827人次。为对口帮扶地区的213名贫困人员开展就业培训。

（司松松）

·人才交流·

【人才引进】 2018年，市人力社保局到北京市、上海市等人才聚集地开展人才招聘会47场次，参会企业492家次，提供岗位5803个，收到应聘简历4614份，当场达成就业意向1146人。与西安理工大学、西北农林科技大学、洛阳理工学院和河南理工学院4所高校签订人才智力合作意向。向浙江普洛康裕制药有限公司、横店集团东磁股份有限公司等30家用人单位引进的134名高层次人才发放2017年度高层次人才生活津贴、安家津贴101.71万元。发放2017年度东阳市引进“海外工程师”企业补助74.37万元，兑现浙江花园生物高科股份有限公司博士后工作站和横店集团东磁股份有限公司博士后工作站载体建设奖励20万元，给予浙江金象科技有限公司引进国外智力项目奖励45万元。

【高技能人才队伍建设】 2018年，浙江联宜电机有限公司的孙祝兵被评为全国技术能手，新东阳木雕有限公司的黄小明和浙江联宜电机有限公司的方广忠入选省“万人计划”名单。黄小明技能大师工作室入选省技能大师工作室，孙祝兵技能大师工作室和杜玉林技能大师工作室入选金华市技能大师工作室。横店集团东磁股份有限公司入选省选树自主评价企业，3人入选省“百千万”高技能领军人才第二层次“拔尖技能人才”，25人入选省“百千万”高技能领军人才第三层次“优秀技能人才”。全年完成专业技术人才职称审核推荐评审2759人，其中高级职称390人、中级职称685人、初级职称1684人。培养技能人才9260人，其中技师58人、高级工664人、中级工1350人、初级工4193人、职业专项2995人。

【人才政策】 2018年，市人力社保局参与制定《关于大力实施人才强市战略服务赶超发展的若干意见》，推出18条人才新政，从资金资助、住房保障、股权激励、财税支持等方面进行创新。根据《关于大力实施人才强市战略服务赶超发展的若干意见》的任务分工方案，市人力社保局起草引进人才的津贴、技能人才津贴、就业创业补助、本土领军人才培育奖励资助、博士后科研工作站资助、海外工程师年薪补助、高技能人才培育、高层次人才随调配偶生活补贴及社保补贴、高校毕业生创业优秀项目免息贷款和优秀创业项目创业奖励等项目的实施细则和兑现流程。市人力社保局编制《东阳市紧缺人才导向目录及薪酬指导价》。

（司松松）

·社会保障·

【社会保障政策调整】 2018年，市政府印发《关于调整完善全市基本医疗保险有关政策的通知》，改革调整医保年度、医保缴费比例、城乡居民医疗保险筹资标准和在校学生和不在校未成年人城乡居民医保缴纳方式，实行金华市统一的大病保险政策，将农村妇女符合条件的住院分娩医疗费用纳入城乡居民基本医疗保险支付范围。落实《关于将17种抗癌药纳入国家基本医疗保险、工伤保险和生育保险药品目录乙类范围的通知》,将17种抗癌药纳入国家基本医疗保险、工伤保险和生育保险药品目录乙类范围,同步纳入东阳市特殊病种支付范围。根据《浙江省人力资源和社会保障厅浙江省财政厅关于调整机关事业单位工作人员死亡后遗属生活困难补助费等标准的通知》《浙江省人力资源和社会保障厅浙江省财政厅关于调整企业职工死亡后遗属生活困难补助费等标准的通知》《浙江省人力资源和社会保障厅浙江省财政厅关于2018年调整退休人员基本养老金的通知》,调整退休人员等群体的待遇。制定《关于进一步完善特慢病种医保政策和药品目录管理的通知》,增补阿尔茨海默病为慢性病种,将36种国家谈判药品纳入东阳市医保乙类药品管理,将限制范围为恶性肿瘤、尿毒症、器官移植等疾病用药的硼替佐米注射液等24个药品列入特殊病种门诊用药范围。

【社会保险】 至2018年年末,东阳市参加职工基本养老保险332669人,其中参保缴费231294人、中断缴费1582人、离退休99793人;城乡居民基本养老保险273754人,其中参保缴费165791人、领取养老金107963人;职工基本医疗保险参保215411人,其中在职人员181242人、离退休人员34169人;城乡居民基本医疗保险参保648279人;工伤保险参保181991人;生育保险参保135063人;被征地农民基本养老保障参保26063人;机关事业养老保险参保18877人。全市大病保险保费征缴总额16008.78万元,完成征缴任务的319%。选缴保费缴纳704898人,选缴率85.31%。城乡居民基本养老保险基础养老金标准由原来的150元提高至180元。

【"病组点数法"住院付费方式改革业务培训会召开】 2018年3月7日,东阳市"病组点数法"▲住院付费方式改革业务培训会在市人力资源大楼五楼会议室召开。东阳市各住院医院分管副院长,医保办、病案室、信息科等科室业务骨干110余人参加

2018年3月7日,东阳市"病组点数法"住院付费方式业务培训会召开

(市人力社保局提供)

会议,金华市社保局江小州科长和杭州中公网医疗信息技术有限公司工程师刘坤对相关政策和问题进行讲解。

▲"病组点数法":是基本医疗保险住院医疗费用实施总额预算下,按疾病诊断相关分组结合"点数法"医保付费方式,是一种针对住院费用的支付方式。

(司松松)

·劳动关系·

【概况】 2018年,市人力社保局加强镇乡街道编外用工管理,规范监督"基层治理四平台"核定的编外人员,完成市行政服务中心"无差别全科受理窗口"编制外合同用工整合配置工作。办理机关事业单位编外用工审批2540人,用工登记手续4994人,工资晋升变动6503人。强化国企用工管理,完成53家国企的"三定"方案的调查核实和核批。组织东阳市粮食收储有限公司、东阳市水投集团有限公司等国有企业公开招聘工作人员51人。联合市纪委第三纪检监察组检查东阳市城市建设投资集团有限公司等国企劳动用工管理情况。

【"东阳无欠薪"建设】 2018年,市人力社保局制订乡镇、有关部门的"无欠薪"考核办法;完成"双随机"、劳动合同、在建工程、高温补贴、劳动用工和社会保险等专项检查;印发《东阳市建设工程农民工工资分账管理实施细则(试行)》,对部分乡镇开展"无欠薪"建设模拟考评和规范指导,开展在建工程建设项目"无欠薪"机制落实情况大检查,建成"东阳无欠薪"工作长效机制。全年受理投诉举报案件22起,办结22起,结案率100%,涉及民工118人,追讨工资85.88万元。雇用童工处罚11起,清退童工11人;涉嫌拒不支付劳动报酬移送公安案件3件,涉及人数60人,涉及金额58.08万元;做出行政处罚案件13件,处罚金额9.85万元;向社会公布重大欠薪违法行为15起。6月,东阳市成为全省首批"无欠薪"试点县(市、区)之一。

【劳动争议仲裁】 2018年,市人力社保局创新设立"五必调"工作法(立案前、通知送达时、证据交换时、开庭审理时、文书送达时必调)和简易案件案前调解机制,劳动仲裁案件调解率95%以上,市劳动人事争议仲裁院院长张雪芳在2018年度全省仲裁工作推进会和全国乡镇街道调解工作经验交流会上作发言。建立劳动监察、工伤认定与劳动仲裁信息的互通机制。建立健全仲裁案件

回访制度，强化审后监督，开展数字化庭审，做到“一案一光盘”。健全法律援助机制，对农民工等弱势群体和重大群体性案件开辟仲裁绿色通道。市人力社保局全年处理劳动争议案件1927起，其中镇乡街道处理解决678起、企业内部处理解决610起、市联调中心处理解决317起、市劳动人事仲裁院立案调查322起（调解结案270起、裁决结案52起）。全市劳动争议案件涉及劳动者4448人，涉案标的1.26亿元，案件调解率97.25%。

（司松松）

民政管理

·综述·

【概况】 2018年，民政部、省民政厅拨付给东阳市民政资金9269.58万元，比上年增加152.49万元，民政事业费支出20027万元。东阳市建成居家养老服务照料中心405家，其中示范型居家养老服务中心2家（城东街道居家养老服务中心、南马镇居家养老服务中心），运行率83.66%。市民政局审批低保对象7595人、特困人员300人，实施残疾人两项补贴（困难残疾人生活补贴和重度残疾人护理补贴）政策，审批残疾人护理补贴对象3239人，残疾人生活补贴对象4240余人。

【全国农村社区治理实验区建设】 2018年，东阳市开展全国农村社区治理实验区建设工作，制定《关于全域建设田园社区推进全国农村社区治理实验区建设的实施意见》《关于加强和完善城乡社区治理的实施意见》《东阳市“和美邻舍”社区服务综合体实施意见》《2018年度镇乡街道田园社区创建工作考核办法》等文件。4月11日，全市“田园社区”创建工作动员会召开。创建五星级田园社区20个、三星级田园社区60个、一星级田园社区200个。组织开展全市农村社区建设示范评估活动，申报金华级城乡精品社区3个（歌山镇王村光村、湖溪镇镇西村、三单乡三单村），每个社区获福彩公益金奖补5万元。4月26日，民政部党组成员、副部长顾朝曦，基层政权和社区建设司司长陈越良到东阳市调研农村社区治理工作。

【社会工作管理】 2018年，为加强专职社区工作者队伍建设，市民政局制定《东阳市专职社区工作者管理办法（修订）》，明确专职社区工作者职责、专职社区工作者核定和聘用、专职社区工作者薪酬待遇等内容，专职社区工作者年平均收入（不含按规定由单位缴纳的社会保险和住房公积金等费用）按照上一年度全市在岗职工年平均工资1.5倍的标准确定，社区办公经费按照每千户5万元的标准确定，市财政每年安排社区工作经费由社区户籍人数30元/人提高到70元/人。组织开展社会工作者职业水平考试考前培训，600余人参加培训及考试，201人通过考试。

（潘　婷）

2018年4月11日，全市“田园社区”创建工作动员会召开 （市民政局提供）

·社会福利·

【社会养老服务体系建设】 2018年，市民政局落实养老机构消防整治工作，开展养老服务质量建设专项行动。至年末，全市有养老机构26家，床位总数6815张。市民政局下拨养老机构床位专项补助139.2万元，专项奖励72万元，改造建设补助36万元，2018年度政策性机构责任险补助19.04万元，2018年度护理型床位补助60.45万元，养老服务补贴3.81万元，养老护理员培训补助3.08万元。

【居家养老】 2018年，市政府办公室制定《关于进一步加强居家养老照料中心工作的实施意见》，提高运行补助标准，星级补助从一次性奖励改为每年动态考核，增加特殊老人服务补助，完善村级照料中心建设布局和配送就餐点建设。至年末，东阳市建成居家养老照料中心405家，其中示范型居家养老服务中心2家，运行率由年初的52.36%提高到83.66%，超额完成“有效运行率达到70%以上”的目标任务。市民政局、市财政局联合下拨照料中心建设补助、星级奖励补助和运行补助1031.19万元。

【特困人员供养】 2018年，市民政局、市卫计局制定《特困供养人员照料护理补贴申请办法》。根据对特困供养人员的生活自理能力评估，分为完全不能自理、基本不能自理、部分不能自理3个档次。至年末，全市有特困供养人员300人，其中集中供养294人、分散供养6人，发放特困供养金300.53万元，2018年度特困集中供养对象医疗费补助资金9.36万元，2018年度特困供养机构管理费补助100.3万元，2018年度特困供养人员照料护理补贴32.33万元。

【孤儿及困境儿童保障】 2018年,东阳市有机构供养孤儿19人、社会散居孤儿15人、其他困境儿童187人。市民政局下拨困境儿童福利资金111.71万元,孤儿救助金13.65万元。全年审批困境儿童5人,取消53人,社会散居孤儿养育标准从1142元提高到1648元。

【老龄工作】 2018年,市民政局制定《关于加强老年人照顾服务工作的实施意见》,自4月1日起,将年满80周岁老年人的高龄补贴从30元提高到50元,惠及2万余人。加强基层老年人协会规范化建设,将159个老年人活动小组列入规范创建计划,加强班子建设、台账登记、财务管理、安全防范等工作,考评达标的有151个,达标率94.96%。市民政局印发《关于进一步加强基层老年人协会规范管理的通知》,全市382个分会、876个活动小组的财务纳入村财务统一管理,占分会、活动小组总数的98.36%。

市民政局开展老年电大教学工作,征订课本24788本,比上年增长34.52%,争取福彩公益金12万元资助创建教学点6个。开展"十有创建"暨"五星评比"活动,创建三星教学点53个、四星教学点14个。成立老年电大讲师团,组织教学骨干培训和"送课下乡"活动6次,400余名老龄骨干和老年人参加学习。

市民政局完善"老年优待证"办理制度,落实制证设备19套,市民政窗口和18个镇乡街道实现"老年优待证"即办即领全覆盖,全年制发"老年优待证"11510张。东阳市投入经费85万元,为60周岁及以上享受城乡最低生活保障待遇人员、特困供养对象、重点优抚对象、失独人员、独生子女三级以上残疾人员和80周岁及以上高龄老人6种对象计3.4万人购买老年人意外伤害保险,全年理赔109例,理赔金额127.3万元。

东阳市组织开展"敬老月"活动,市四套班子领导走访慰问部分百岁老人和福利院老人,镇乡街道组织慰问高龄老人和困难老人,市老龄办联合市慈善总会开展"慈善助老济困送温暖""孝行为善"等活动,救助慰问高龄老人和困难老人550人(100虚岁37人、100周岁及以上30人、困难老人483人),发放救助、慰问金37.35万元。

【中福在线销售】 2018年,东阳市销售福利彩票4825.89万元,中出25万元的全国累积奖8个。中福在线东阳红椿巷销售厅、中福在线横店销售厅落实星级管理要求,规范内部管理,梳理技术、服务、培训、财务、营销等工作。开展"中福在线夏季欢乐送"活动,在节假日期间推出免费糕点服务,制作公益墙,公布2017年度福利彩票公益金筹集、使用情况。

【福利企业管理规范】 2018年,东阳市有福利企业34家,实现销售收入近20.1亿元。年均安置职工2569人,其中残疾职工907人,占35.3%。东阳市各福利企业全年支付残疾职工劳动报酬3054余万元,残疾职工月人均收入超2600元,企业为残疾职工交纳五项社会保险金额1070余万元,残疾职工参保率100%。

【福利院工作】 2018年,市福利院在院老人232人,孤残儿童弃婴19人,新入院弃婴2人,办理院内送养1人,受理社会私自收养资料44份,办理社会私自收养26人,收留困境儿童寄养3人。开展养老服务质量提升专项行动,设置专人保管特护楼药品,安排特护护理员入住老人房间,实行24小时服务。召开安全生产专题会议,举办消防知识安全讲座、消火栓和灭火器操作技巧培训2次。举办健康知识讲座4次,播放电影近50部,举办文体活动14次。邀请市人民医院、市妇女儿童医院等医疗单位到市福利院开展义诊活动,接官亭卫生服务站医生每周到市福利院进行巡诊。成立儿童大班组,接受寄养在外的3名残障大孩子到市福利院,将2名残疾儿童送到省民政康复医院接受康复治疗,将1名患有唐氏综合征的儿童送至市残联接受特教学习,帮助2名孤残儿童找到工作。

【慈善事业】 2018年,东阳市发展慈善事业,创新困难群众救助形式,增加"邮善邮乐"慈善超市2家(东阳江镇茜畴慈善超市、马宅镇雅坑慈善超市),创建慈善组织孵化基地1家(东阳市慈善组织孵化基地)。市民政局开展《中华人民共和国慈善法》宣传"六进"(进机关、进学校、进社区、进企业、进农村、进社会组织)活动。开展慈善年夜饭、春节送温暖、贫困中小学生助学、大学生圆梦、慰问百岁老人等慈善活动,全年发放助学、助困、助医、助老等善款431.69万元。

(潘　婷)

·社会救助·

【低保规范化建设】 2018年,东阳市有低保人员7595人,低保边缘对象2703人,城乡最低生活保障标准720元/月。市民政局全年发放低保金2975万元、低保慰问金191.6万元、困难群众物价补贴38.48万元,下拨临时救助资金254万元,发放市民政局审批的临时救助金61.7万元。申报审核低保边缘对象,核对社会救助对象经济收入,将农村低保和社会保障兜底脱贫对象认定工作与低保专项整治行动相结合,联合市纪委、监委派驻第五纪检监察组对全市各镇乡街道的扶贫领域专项资金使用情况进行专项检查。全年入户走访低保家庭6116户,清退不符合条件的低保对象210户,纳入低保40户,核对新申请及原已享受低保、低保边缘对象36195人,入户走访调查396户。

【医疗救助】 2018年,东阳市按照人均18元的标准筹集医疗救助资金,筹集医疗救助资金1494万元,比上年增长12.5%。由财政资助7434名低保对象和298名五保对象参保基本医疗保险,支出补差资金6.7万元。救助困难群众4781人次,发放医疗救助金1265.45万元,其中直接救助195.95万元,医院即时结报救助550.55万元。

【流浪乞讨人员救助】 2018年,市救助管理站通过流动救助车、夜间巡查等方式，提供救助服务，对未成年人、残疾人、老人及时安排护送，对精神病人、危重病人做到先救治后救助。开展冬季送温暖、夏季送清凉活动，上街巡查194次，救助173人次。全年救助流浪乞讨人员1277人，其中进站救助851人，跨省护送精神病人返乡11人。投资350万元的市救助站和救灾物资储备中心建设项目完成项目立项审批、初步设计批复、土地征用、施工图审查等工作。

【防灾减灾】 2018年，东阳市完成14家避灾点和2家综合减灾示范社区建设任务，市民政局下拨2017年避灾点建设补助61万元，裘家岭革命老区建设补助10万元。开展2015～2017年避灾点资金绩效评价工作，收集上报浙江省自然灾害应急管理系统数据，实现避灾安置场所信息化管理。加强汛期防灾减灾工作，提高汛期台风洪涝灾害等自然灾害应急处置能力和防灾减灾能力。至年末，全市有市级避灾物资储备仓库1处，镇乡街道避灾中心18处，村级避灾点205处。

（潘　婷）

·社会事务管理·

【移民后扶复核】 2018年，市民政局开展大中型水库后扶移民人口年度复核工作，核减人口224人，发放移民后扶直补资金1248万元。与市人力社保局复核移民考取行政事业编制情况，核减行政事业编制人员21人。开展“入千访万”活动，走访移民村71个、移民户143户，建档并定期跟踪低收入移民户165户、经济薄弱村18个。规范项目管理制度，将水库移民项目作为独立科目纳入镇乡财管中心专项管理，安排水库移民项目77个、移民资金1425万元，验收项目46个，下拨移民项目资金1128万元。监测评估7个村、87户水库移民的收入、生产生活状况，完成2017年度各水库移民资金决算、移民资金使用、项目效益统计分析等工作。

【行政审批】 2018年，市民政局开展网上申报、审核、审批工作。全年办理结婚登记5401对，离婚登记1918对，补领结婚证1590对，补发离婚证89本，遗体运回审批13件，收养登记27件。购置人脸识别仪，完善基础设施建设，实行节假日值班，提供“特殊日子”预约登记服务，“特殊日子”办理结婚登记551对。申报民政部2018年“婚姻家庭建设”理论研究课题，完成课题报送。

【地名管理】 2018年，市民政局完成第二次全国地名普查相关工作，收录地名6561条，通过国家普查办入库验收。完成东永线界线联检工作。转化利用地名普查成果，重修《东阳市地名志》，完成初稿并审核校对。编印《东阳市地名文化遗产保护名录》。全年命名商住区12个、道路1条，道路更名1条。编排门牌4306户，核发门牌证1850本，制作安装门牌440块，安装道路指示牌218块。

【殡葬管理】 2018年，市殡仪馆深化“最多跑一次”改革，取消骨灰安放证明。完善基础设施建设，投资390余万元改造火化炉尾气处理设施，投资25万余元完成道路硬化及丧户休息室改造工程，投资178万元采购骨灰存放架、遗体冷藏柜、遗体火化炉、殡仪车辆。全年处理陈尸14具，火化遗体5739具，整容193次，冰尸3257具，拒收现金4200元，退回红包39个，减免殡葬惠民费用411.29万元，安全行车50余万千米。东阳市西甑山公墓推进办公用房新建项目，完成建设用地规划许可、地质勘察及图纸设计。全年实施海葬9例，撒葬1例，树葬6例。开展“两路两侧”坟墓整治工作，排查问题整治点69处，8个镇乡街道创建申报星级化生态墓地，完成星级生态墓地创建53处。强化骨灰跟踪管理，提高入葬率，全市抽查144处生态墓地新死亡人员骨灰入葬情况，抽查新死亡人员571个，骨灰葬入生态墓地507个，寄存殡仪馆36个。协助镇乡街道调查处理殡葬违规违法事件7起，下发整改通知书3份。

（潘　婷）

·“双拥”与优抚安置·

【概况】 2018年，东阳市开展优抚安置工作，春节、八一建军节期间，市四套班子主要领导带队慰问驻东、驻金部队，慰问品价值61万元。5月30日，省民政厅厅长俞志壮到东阳市调研退役士兵社会化优抚服务工作。9月30日，市四套班子领导、驻东部队官兵、烈属代表、公安干警、部分机关干部、社会各界群众代表、少先队员260余人在烈士陵园举行公祭烈士活动。清明节、公祭日等重大纪念日期

2018年3月4日，东阳市双拥办在市双拥主题公园组织开展以“学习雷锋精神，共创和谐东阳”为主题的双拥活动　（市民政局提供）

间,接待社会各界人士约2.5万人次。开展烈士纪念设施保护工作,改造革命烈士陵园陈列馆设施,开展防潮、防霉等工作。

【省级双拥模范城创建】 2018年,东阳市建立军地融合机制,在3个镇乡街道开展优抚服务社会化试点工作,建成三级退役士兵服务机构,落实推介就业、困难帮扶政策,开展退役军人信息采集工作。支持部队基础设施建设,东阳市投资93.9万元,安装管道2100米,解决驻东部队官兵供水问题。市民政局举办军地青年联谊会,组织开展"送喜报,扬先进""凤凰谷之约,携手强军梦""粽情端午,共沐传统""930公祭日""小记者进军营"等双拥活动8次。

【退役士兵接收安置】 2018年,东阳市接收退役士兵,发放义务兵家庭优待金1925万元。举办退役士兵欢迎会暨现场招聘会,转业干部全部安排到公务员岗位,转业士官全部安置到事业单位、国企岗位。将2名现役军官随军家属安置到事业单位岗位,办理随军家属跨省调动1人。

【军休工作】 2018年,市军干所开展军休干部的管理和服务工作,调整、足额发放军休干部离退休费225.4万元,接收安置部队病退干部1人。落实走访慰问制度,走访72户次,探病19人次,其他上门服务22户次。开展户外活动、疗养、趣味运动会等活动8次,举办养生讲座2次。

(潘　婷)

·社会组织管理·

【概况】 2018年,市民政局办理社会团体、民办非企业单位、基金会成立登记84个,变更登记60个,注销登记6个。至年末,全市有各类社会团体198个,民办非企业单位350个,基金会3个。完成2017年度社会组织年度检查工作。参加年检的社会组织有464个,其中社会团体185个、民办非企业单位277个、基金会2个。

【社会组织监管】 2018年,东阳市重视镇乡街道级社会组织服务中心平台建设,18个镇乡街道完成社区社会组织备案登记,有社区社会组织15个。推进市镇村三级社会组织服务中心建设,完成乡镇级服务中心全覆盖。开展"双随机"抽查工作,从全市551个社会组织中随机抽取28个进行检查。对社会组织名称不规范、社会团体法人同时担任其他社会团体法人等问题下发整改通知书32份,清理领导干部兼职282人次。落实社会组织法定代表人离任审计、社会组织清算审计政府购买服务,安排落实审计服务24件。指导社会组织开展各类公益活动1600余场次,参与人数3.5万余人次,投入资金300余万元,惠及群众42万余人次。

【公益创投项目】 2018年6月14日,东阳市举办2018年福彩公益金资助社会组织公益创投项目签约仪式。该次公益创投投入福彩公益金60万元,经过前期项目征集、项目评审、网络公示等环节,确定立项资助"关爱空巢老人共建美好家园""三社联动共筑平安——组建社区应急救助队项目""公益大巴士——社会组织便民服务进社区"等10个项目。首次引入公益创投项目第三方督导机制,督导机构对资助项目计划完善、经费使用、项目实施、档案管理等方面进行培训,全年开展项目督导6次、交流4次。市民政局对项目实施情况进行定期监督、检查和指导,项目中期和终期阶段进行绩效评估和验收。

【东阳市社会团体年度检查】 2018年,市民政局对2017年6月30日前经市民政局核准登记的社会团体分两批实施年度检查。

第一批合格社会团体(143个)

东阳市机动车驾驶员协会
横店经济发展促进会
东阳市影视旅游促进会
东阳市皮革行业协会
东阳市文化经营行业协会
东阳市总商会
东阳市教育学会
东阳市集邮协会
东阳市食品工业协会
东阳市民爆狩猎协会
东阳市广告协会
东阳市企业家协会
东阳市海外联谊会
东阳市思想文化研究会
东阳市医学会
东阳市书法家协会
东阳市作家协会
东阳市摄影家协会
东阳市音乐舞蹈家协会
东阳市美术家协会
东阳市汽车维修行业协会
东阳市建材工业协会
东阳市退离休教育工作者协会
东阳市老年人协会
东阳市佛教协会
东阳市基督教三自爱国运动委员会
东阳市会计学会
东阳市木材行业协会
东阳市天主教爱国会
东阳市花卉协会
东阳市水果行业协会
东阳市磁性材料行业协会
东阳市劳动模范协会
东阳市老年人体育协会
东阳市护理学会
东阳市中医学会
东阳市诗词楹联学会
东阳市工艺美术行业协会
东阳市留学人员和家属联谊会
东阳市社会福利企业协会
横店社团经济企业联合会
东阳市畜牧行业协会
东阳市茶叶行业协会
东阳市慈善总会
东阳市信息网络安全协会
东阳市商标品牌协会
东阳市风景旅游业协会
东阳市商贸流通行业协会
东阳市药学会
东阳市水产行业协会
东阳市老年书画研究会
东阳市香榧产业协会
东阳市台胞台属联谊会
东阳市横店镇老年人协会
东阳市环境卫生协会

东阳市城东街道老年人协会
东阳市三单乡老年人协会
东阳市千祥镇老年人协会
东阳市马宅镇老年人协会
东阳市吴宁街道老年人协会
东阳市巍山镇老年人协会
东阳市六石街道老年人协会
东阳市吴宁商会
东阳市光彩事业促进会
东阳市歌山镇老年人协会
东阳市气排球协会
东阳市东阳江镇老年人协会
东阳市虎鹿镇老年人协会
东阳市广东从业商会（广东东阳商会）
东阳市湖溪镇老年人协会
东阳市南马镇老年人协会
东阳市卢宅历史文化研究会
东阳市钓鱼协会
东阳市抗癌协会
横店三农促进会
东阳市农民专业合作社联合会
东阳市婺剧促进会
东阳市观赏石协会
东阳市房地产业协会
东阳市上海商会（上海市东阳商会）
东阳市谱牒文化研究会
东阳市志愿者协会
东阳温州商会
东阳市红木家具行业协会
东阳市党外知识分子联谊会
东阳市白云商会
东阳市旧货流通行业管理协会
东阳横店收藏家协会
东阳人联谊总会
东阳市来料加工经纪人协会
东阳市针织行业协会
东阳市网球协会
东阳市历史文化研究会
东阳市网络文化协会
东阳市仙游商会
东阳市农业生产资料流通协会
东阳市冬泳协会
东阳市反邪教协会
东阳市马宅商会
东阳市武术协会
东阳市新的社会阶层人士联谊会
东阳市磐安商会
东阳市农产品经纪人协会
东阳市义务工作者协会
横店影视产业协会
东阳市茶文化研究会
东阳市乒乓球协会
东阳市电工协会
东阳市体育舞蹈协会
东阳市信息产业协会
东阳市保安技术防范行业协会
东阳市南马仿古门窗协会
东阳市职工互助保障会
东阳市丽水商会
东阳市人民陪审员协会
东阳市画水商会
东阳市家庭装修行业协会
东阳市长跑协会
东阳市电子商务协会
东阳市社区矫正工作协会
东阳市汽车流通行业协会
东阳市新生代创业创新人士联谊会
东阳市网络界人士联谊会
东阳市同心商家联合会
东阳市易制毒化学品行业协会
东阳市横店马拉松协会
东阳市横店影视城演员公会
东阳市衢州商会
东阳市横店足球协会
东阳市横店武术协会
东阳市阳光公益志愿者协会
东阳市渣土运输协会
东阳市自行车运动协会
东阳市横店人家民宿协会
东阳市登山协会
东阳市木雕·红木家具行业诚信促进会
东阳市福舆公益协会
东阳市农民合作经济组织联合会
东阳市太极拳协会
东阳市巍山镇农民合作经济组织联合会
东阳市怪溪公益志愿者协会
东阳市现代物流行业协会
东阳市虎鹿镇农民合作经济组织联合会

第二批合格社会团体（14个）

东阳市质量协会
东阳市政协之友联谊会
中国国际商会东阳市商会
东阳市城北工业新区商会
东阳市南市街道老年人协会
东阳市江北街道老年人协会
东阳市白云街道老年人协会
东阳市画水镇老年人协会
东阳市政协书画社
东阳市佐村镇老年人协会
东阳市足球协会
东阳市福建闽北商会
东阳市萧山商会
东阳市梦想公益志愿者协会

第一批基本合格社会团体（9个）

东阳市职工技术协会
东阳市服装行业协会
东阳市个体劳动者协会
东阳市民营企业发展联合会
东阳市个体卫生工作者协会
东阳市表面工程协会
东阳市黄埔军校同学会
东阳市建筑业协会
东阳市缝制机械协会

第二批基本合格社会团体（3个）

东阳市美发美容行业协会
东阳市农学会
东阳市席草行业协会

不合格社会团体（11个）

东阳市机电行业协会
东阳市化工制药行业协会
东阳市节能协会
东阳市农机协会
东阳市化工学会
东阳市企业联合会
东阳市千祥中药材种植协会
东阳市价格协会
东阳市科技创新协会
东阳市汽车摩托车运动协会
东阳市家政服务行业协会

已注销社会团体（5个）

东阳市种子产业协会
东阳市棋类促进会
横店文化产业联合会
东阳市企业信用促进会
东阳市协税护税协会

【东阳市民办非企业单位年度检查】 2018年，市民政局对2017年6月30日前经市民政局核准登记的民办非企业单位分两批实施年度检查。

第一批合格民办非企业单位（203个）

横店文荣医院
东阳市花园田氏医院
东阳市癌症康复俱乐部
东阳广福医院
东阳市喜洋洋医院
东阳亲和医院
东阳市昀辉堂中医门诊部
东阳医药门诊部
东阳医药百草园门诊部
东阳市文化艺术服务中心
东阳市横店华夏文化园
东阳市南风书画院
东阳横店万花园
东阳市画人书画院
东阳市江南美术馆
东阳市紫檀博物馆
东阳市岘南书画院
东阳市古艺家具木雕博物馆
东阳市张国维纪念馆
横店圆明新园
东阳市雨花传统文化公益活动中心
东阳市横店之声合唱团
东阳市聆越越剧艺术中心
东阳市复兴木文化展览馆
东阳市西街社区群乐文艺演出队
东阳市欢乐舞动夕阳红文艺演出队
东阳市歌山镇金色年华艺术表演队
东阳市吴宁街道黉宏民乐戏曲队
东阳市千祥镇启明星文宣队
东阳市南山文艺演出队
东阳市白云街道望江社区微笑文艺演出队
东阳市天宝书院
东阳市木雕研究设计院
东阳市磁性材料科技创新服务中心
东阳市艺海木雕竹编研究所
浙江省东阳市楼艺木雕研究所
浙江省东阳市黄派木雕研究所
东阳市东式红木家具研究所
东阳市南林木材科技服务中心
东阳市纵横棋院
东阳市中汽汽车摩托车运动俱乐部
东阳市东磁技能培训学校
浙江省东阳市交通职业技能培训学校
东阳市联宜电机职业技能培训学校
东阳市普洛康裕职业技能培训学校
东阳市普洛家园药业职业技能培训学校
东阳市阳光职业技能培训学校
东阳市东峰制冷职业技能培训学校
东阳市营造职业技能培训学校
东阳市红木家具职业技能培训学校
东阳市金象科技职业技能培训学校
东阳市工美木雕职业技能培训学校
中福在线东阳福彩销售中心
东阳市喜洋洋康乐中心
东阳市横店共创共有共富共享工作中心(委员会)
东阳市画水养老中心
东阳市南市养老中心
东阳市夕阳红乐园
东阳市花园老年公寓
东阳市南马镇中心敬老院
东阳市湖溪老年公寓
东阳市歌山镇王村光长寿敬老院
东阳市千祥镇养老中心
东阳市东阳江镇养老中心
东阳市城东街道养老中心
东阳市横店镇养老中心
东阳市东阳江茜畴老年公寓
东阳市社会组织服务中心
东阳市郭宅康乐院
中福在线东阳横店福彩销售中心
东阳市老年电视大学
东阳市亲乐管家服务中心
东阳市白云街道好孝心敬老院
东阳市巍山镇仙香敬老院
东阳市红十字救援队
东阳市农商银行应急救援队
东阳市快乐老年旅游俱乐部
东阳市吴宁街道西街社区社会组织服务中心
东阳市吴宁街道城南社区社会组织服务中心
东阳市江北街道月亮湾社区社会组织服务中心
东阳市吴宁街道西园社区社会组织服务中心
东阳市吴宁街道东岘社区社会组织服务中心
东阳市青少年综合服务中心
东阳市前程文化补习学校
东阳市黎明文化补习学校
东阳市万博教育培训部
东阳市外国语培训学校
东阳市海燕舞蹈艺术培训学校
东阳市横店集团幼儿园
东阳市吴宁金星幼儿园
东阳市吴宁蓓蕾幼儿园
东阳市吴宁苗苗幼儿园
东阳市吴宁上大路幼儿园
东阳市春晓幼儿园
东阳市东岘阳光幼儿园
东阳市解放幼儿园
东阳市野毛墩幼儿园
东阳市银河文化艺术培训学校
东阳市纯正教育培训中心
东阳市中天高级中学
东阳市奋进校外辅导站
东阳市博大幼儿园
东阳市正天文化补习学校
东阳市三木校外辅导站
东阳求是特色英语培训部
东阳市开开教育辅导站
东阳市春蕾学校
东阳市建工新村幼儿园
东阳市顺风高级中学
东阳市横店高级中学
东阳市花园职业技术学校
东阳市海峡艺术学校
浙江省横店航空体育运动培训学校
东阳市南马清塘幼儿园
东阳市育英文化补习学校
东阳市吴宁江滨幼儿园
东阳市横店镇星光幼儿园
东阳市横店童星幼儿园
东阳市吴宁蓝天幼儿园
浙江省东阳市金盾保安培训学校
东阳市江北湖塘幼儿园
东阳市吴宁健康成长幼儿园
东阳市东方红教育辅导站
东阳市贝贝佳音幼儿园

东阳市江北中心幼儿园
东阳市京都东方幼儿园
东阳市京都明珠幼儿园
东阳市雨露幼儿园
东阳市智慧树幼儿园
东阳市书画艺术培训学校
东阳市南市大田头幼儿园
东阳市吴宁杨家幼儿园
东阳市中天国际幼儿园
东阳市横店镇爱心学校
东阳市南马镇富国学校
东阳市江南名邸幼儿园
东阳市腾达文化培训中心
东阳市巍山镇怀鲁幼儿园
东阳市横店下里市幼儿园
东阳市大风车幼儿园
东阳市画水凯乐幼儿园
东阳市西庄幼儿园
东阳市响亮幼儿园
东阳市千祥镇阳光幼儿园
东阳市阳光文化辅导站
东阳市爱科思幼儿园
东阳市喜洋洋幼儿园
东阳市时代花园幼儿园
东阳市吴宁望江幼儿园
东阳市千祥镇蓝天幼儿园
东阳市白云新庄幼儿园
东阳市永远小学
东阳市晨阳学校
东阳市建澜小学
东阳市中天国际初级中学
东阳市中天国际小学
东阳市画水镇吴宅1+1幼儿园
东阳市兰亭书画艺术培训学校
东阳市煊乐幼儿园
东阳市横店镇博士帽幼儿园
东阳市画水镇新苗幼儿园
东阳市巍山镇幼儿园
东阳市文博教育培训中心
东阳市横店小太阳幼儿园
东阳市万禾腾飞幼儿园
东阳市红黄蓝幼儿园
东阳市蒋桥头兴圆幼儿园
东阳市吴宁童乐幼儿园
东阳市启迪教育文化培训部
东阳市贝思德文化培训部
东阳市翰林写作培训部
东阳市黎明幼儿园
东阳市横店镇太阳城幼儿园
东阳市花园幼儿园
东阳市西门幼儿园
东阳市虎鹿镇小博士幼儿园
东阳市湖溪镇炉庄幼儿园
东阳市巍山镇白坦二村幼儿园
东阳市画水镇许宅幼儿园
东阳市巍山镇七彩阳光幼儿园
东阳市中天国际世纪花城幼儿园
东阳市城东湖店幼儿园
东阳市赫博英语培训部
东阳市城东街道李宅社区群英幼儿园
东阳市六石街道智慧星幼儿园
东阳市画水小脚丫幼儿园
东阳市幼学林幼儿园
东阳市龙鼎幼儿园
东阳市东方之星幼儿园
东阳市尚学传麒学校
东阳市江北贝贝佳音幼儿园
东阳市六石吴良幼儿园
东阳市横店镇琴堂艺童幼儿园
东阳市南马星星幼儿园
东阳市画水镇画溪天天乐幼儿园
东阳市南市大联新星幼儿园
东阳市名博幼儿园
东阳市画水棒棒糖幼儿园
东阳市五马塘幼儿园
东阳市南马博才幼儿园
东阳市南市智慧岛幼儿园
东阳市七彩泡泡幼儿园
东阳市青芒果幼儿园

第二批合格民办非企业单位(9个)

浙江东阳海纳书画研究院
东阳市同心书院
东阳市湖溪镇养老中心
东阳市巍山镇养老中心
东阳市南市街道敬老院
东阳市文潭写作培训部
东阳市快乐大巴幼儿园
东阳市成长幼儿园
东阳市经典宝贝幼儿园

第一批基本合格民办非企业单位(10个)

东阳市明星书画院
东阳市望燕楼书院
东阳市李宅技能培训学校
东阳市横店疗养院
东阳市马宅镇敬老院
东阳市曜地残疾人托安养所
东阳市奋进外语培训学校
东阳市江北山口幼儿园
东阳市横店文荣实验学校
东阳市利民高级中学

第二批基本合格民办非企业单位(3个)

东阳市精神残疾人托养所
东阳市虎鹿镇敬老院
东阳市腾飞校外辅导站

不合格民办非企业单位(48个)

东阳玄草汇中医门诊部
东阳市东新青少年体育俱乐部
东阳市八华书画院
东阳市横店书画院
东阳市东白书院
东阳市晨光文艺活动队
东阳市三峰书画院
东阳市百工园文艺演出队
东阳市金石传拓文化研究院
东阳市木雕技术研究开发中心
东阳市日升昌生物技术研究所
东阳市海峰艺术服装学校
东阳市蒋菊兰服装培训班
东阳市通达电脑职业培训学校
东阳市军民电脑职业培训学校
东阳市伟峰服装职业培训学校
东阳市前程按摩职业培训学校
东阳市康乐山庄
东阳市六石街道敬老院
东阳市横店街道天天青少年服务中心
东阳市金灿文化补习学校
东阳市维多利英语培训学校
横店集团职工培训中心
东阳市金桥文化补习学校
东阳市吴宁群乐幼儿园
东阳市江北幼儿园
东阳市江北新联育蕾幼儿园
东阳市木雕技术学校
东阳市迎晖学生校外辅导站
东阳市青少年假日活动中心
东阳市人民高级中学
东阳横店工业技术学校
东阳市康桥英语培训部
东阳市韦斯特外语培训部
东阳市东景阳光幼儿园
东阳市横店镇桥头园幼儿园
东阳市创才幼儿园
东阳市横店镇方家幼儿园

东阳市新蓝天文化补习学校
东阳市顶呱呱校外培训部
东阳市江北格林童话幼儿园
东阳市红果果幼儿园
东阳市江北佳佳幼儿园
东阳市绿贝儿幼儿园
东阳市花园教育培训中心
东阳市横店地平线影视培训中心
东阳市嘉依宝贝幼儿园
东阳市金翅膀米奇幼儿园

转事业单位(1个)

东阳市香榧研究所

已注销民办非企业单位(3个)

东阳市黄花梨文化博物馆
东阳市红栋红木家具珍藏馆
东阳市横店镇柏塔幼儿园

【东阳市基金会年度检查】 2018年,对经市民政局核准登记的基金会实施年度检查。

合格基金会(2个)

东阳市尚贤慈善教育基金会
东阳市三宝慈善基金会

(潘　婷)

民族宗教

【概况】 2018年,东阳市民宗局贯彻落实《关于加强和改进少数民族流动人口服务管理工作的实施办法》,开展民族团结进步的宣传教育活动,提升原有的3个民族团结进步示范点,在江北街道、巍山镇等地培育民族团结进步示范点2个(江北文化站和白坦小学)。开展行政审批清理规范工作,做好政务事项的比对规范工作,更新调整权力运行库事项和办事指南(含网上、网下办事指南),调整梳理"最多跑一次"办事清单11项。为9名少数民族中高考学生办理民族成分证明。在开斋节和古尔邦节前夕,为东阳市穆斯林借用临时活动场地,到穆斯林临时聚会点走访慰问穆斯林代表人士;宣传民族政策,引导群众尊重少数民族群众的风俗习惯,保障穆斯林群体的信仰需求,在开斋节和古尔邦节期间,会同公安等部门维持现场秩序。

【宗教活动场所安全管理】 2018年,市民宗局与18个镇乡街道、85个场所签订安全责任书,保障宗教活动场所安全。组织开展消防安全培训2次,200余人参加。实行网格式管理,落实场所安全责任。创建平安宗教活动场所,以千祥镇作为先行试点,成立试点工作领导小组,制订试点方案。9月,市民宗局会同市综治委和市平安办将平安宗教活动场所创建工作纳入平安考评和网格化管理;召开全市平安宗教活动场所创建推进会,总结试点先进经验,提出"九个一"(一个创建领导小组、一名值班人员、一面国旗、一个宣传橱窗、一套场所管理制度、一套消防设施、一套记录本、一次培训、一套工作机制)的创建标准。全市具备创建条件的74个宗教活动场所全部开展平安宗教活动场所创建工作,其中47个宗教活动场所实行重大节日升挂国旗制度。

2018年5月28日,白坦小学举办首届民族文化展示活动 (市民宗局提供)

【民族团结进步示范点创建】 2018年,市民宗局指导吴良小学开展少数民族团结进步创建提升工作,与各民主党派对接,利用党派优势资源在吴良小学创建"同心基地"。5月28日,白坦小学举办首届以"促进民族团结分享快乐童年"为主题的民族文化展示活动;12月26日,举办第二届以"品舌尖美味画民族风情"为主题的民族文化展示活动。12月29日,网联会参与吴良小学组织的主题为"承中华传统文化展民族少年风采"的经典诵读大赛。江北街道发挥文化站的平台优势,形成与城市民族工作的互嵌模式,开展民族团结进步示范点的创建工作;自筹资金10余万元,对文化站增设城市民族工作内容,开设宣传栏,宣传民族政策法规。开展少数民族群众参与的活动。

【《宗教事务条例》宣传】 2018年,市民宗局宣传贯彻新修订的《宗教事务条例》,开展学习宣传活动,举办"微课堂"。在统战工作群、各团体微信群推送新修订的《宗教事务条例》解读,在"东阳普法"微信公众号刊登新修订的《宗教事务条例》;向市民族宗教工作协调小组成员、乡镇宗教工作干部、团体负责人、各场所负责人等发放新修订的《宗教事务条例》;在85个场所整版上墙宣传新修订的《宗教事务条例》;向全市各村、社区发放上墙资料1300余份;在全市200辆出租车电子屏上滚动宣传;在全市8个《东阳日报》的阅报栏内张贴条例宣传摘要。在各宗教场所张贴普法宣传画报400余份,佛教协会和基督教"三自"爱国会分别组织场所负责人、财务人员300余人学习《中华人民共和国宪法》、财务知识等。

【宗教活动】 2018年4月13日，市佛教协会在市委党校召开第五次代表大会，完成换届工作，光泉法师当选新一届佛教协会会长。7月7日，法华寺举办第六届“爱的传递”学子家人联谊会。9月6日，灵应禅寺举行“纪念中国人民抗日战争暨世界反法西斯战争胜利73周年”升国旗仪式。9月16日，2018东阳市佛教协会培训班开班仪式在杭州市灵隐寺举行，市佛教协会会长光泉法师，市民宗局领导以及70余名学员参加开班仪式。10月23～26日，组织宗教界骨干14人到井冈山革命根据地参加红色教育。

（吴晓阳）

残疾人工作

【概况】 2018年，东阳市残疾人联合委（简称市残联）组织开展全市残疾人基本服务状况和需求信息数据动态更新培训及调查工作，核查残疾人19315人，其中填表18567人、死亡注销713人、其他35人。完善村社区残疾人专（兼）职委员信息469条、村社区信息752条。向基层延伸改革事项，对全市18个镇乡街道及388个行政村（社区）的残疾人事业进行业务升级。中国残联移动服务管理平台掌上APP实现残疾人事业各项业务综合办理。建立网格员队伍，依托专职网格员代办制度，探索“网格+专职委员”模式，将各项残疾人服务事业相关工作便民服务窗口直接延伸到家门口，大事小事“直接办”“指导办”“代办、托办”。至10月，市残联实现“最多跑一次”事项1173人次，覆盖率99.99%。筹备召开市残联第七次代表大会，完成换届选举工作。规范镇乡街道和村（社区）残疾人组织建设。

【“残疾人证”办证流程优化】 2018年，市残联优化“残疾人证”办证流程，成立评定中心领导小组，下设申请登记、残疾评定、审核、政策咨询、安全保卫、评定专家协调及谈话7个小组，随机抽取每月参与残疾等级评定的专家，工作人员实行轮岗安排，申请残疾评定的材料统一由工作人员流转。实行“一站式”现场评定，社区、村公示，“残疾人证”快递寄送等方式，落实“最多跑一次”办证服务。全年办理“残疾人证”4432本。

【残疾人补贴发放】 2018年，市残联落实“两项补贴”（重度残疾人护理补贴和困难残疾人生活补贴）政策，发放困难残疾人生活补贴55178人次，补贴资金1193.77万元，其中低保（包括单独施保）残疾人44676人次、低保边缘残疾人10502人次；发放重度残疾人护理补贴88205人次，其中机构集中托养3213人次、居家托养84992人次，发放补贴资金2151.69万元，重度残疾人护理补贴目标人群覆盖率超99%。落实残疾人参加职工养老保险补助政策，对605名个人参加职工养老保险的残疾人进行补助，补助资金126万元。为298名残疾人机动轮椅车车主发放2017年度燃油补贴7.71万元。

【残疾人劳动就业】 2018年，市残联举办残疾人就业招聘会，联系27家企业到场招聘，为残疾人提供岗位181个，170余名残疾人到场应聘，达成就业意向47人。开展残疾人就业登记、职业介绍、推荐就业等工作，调查残疾人就业创业帮扶计划情况。增加残疾人就业368人，其中按比例就业增加51人。组织东阳市9名选手代表金华市参加全省残疾人工匠大赛，获木雕项目前3名、根雕项目第5名。马君龙参加东阳市青年创业大赛获优秀奖。组织2个项目代表金华市参加全省文创助残创业创新比赛，胡先民的“传承东阳木雕”项目获十佳项目。叶晓芳被评为金华市工艺美术大师。推荐指导盲人医疗按摩所参加省级盲人按摩示范机构评选，戚小慧盲人医疗按摩所被命名为省级盲人按摩示范机构。推荐潘子建盲人保健按摩院参加金华市级盲人按摩示范机构评选。

市残联加强残疾人就业保障金征收和使用管理工作，市残联对安置残疾人的单位进行就业认定，与地税征收系统信息进行比对。对超比例安置残疾人的就业单位实行奖励政策。对2017年度各项资金使用情况进行绩效评价。对出现意外伤害的残疾人开展理赔服务工作。2017～2018年度为发生意外伤害的残疾人办理理赔109万元，理赔率119.3%。

【残疾人教育培训】 2018年，市残联联合市财政局制定《东阳市残疾人职业培训补助和技能竞赛奖励暂行办

2018年5月31日，六石街道举办残疾人来料加工技能培训 （郭钧衡/摄）

法》政策。开展残疾人素质培训工程，组织残疾人开展职业技能培训。发挥镇乡街道残联作用，安排培训资金到镇乡街道，组织各镇乡街道残联开展来料加工、工艺品制作、农产品加工和农作物、经济作物种植管理、电子商务等技术培训。完成培训人数1405人，录入实名制系统。胡先民工作室承担省残联的大师带徒工作任务。协同教育部门开展残疾学生义务教育工作，为残疾考生参加高考提供服务。落实残疾人大学生学费、住宿费补助工作，为19名残疾人大学生发放学费、住宿费补助资金20.6万元。为617名残疾人学生和贫困残疾人家庭学生发放助学资金61.4万元。组织选送残疾人参加上级残联举办的盲人按摩、面点制作、电子商务、创业等培训。

【残疾人康复工作】 2018年，市政府制定《关于东阳市残疾预防和康复条例实施意见》。市残联联合市卫计局印发《关于开展东阳市新发疑似残疾儿童信息监测工作的通知》，在全市开展新发疑似残疾儿童信息监测工作，建立残疾报告制度。

市残联做好抗精神病基本药物全额保障工作的信息化管理、医保年度、药品目录、补助标准调整等事项。全额保障经费补助标准为每人每年不超过2500元，全年完成全额保障服务996人，完成年度任务数（950人）的105%。经财政、卫计等相关部门抽查验收后，市残联为2017年度在市精神病院实施住院医疗康复的379名持证精神残疾人下发补助款165万余元。

市残联邀请专家到东阳市指导残疾儿童康复工作，与省儿童医院开展双向转诊及远程会诊；举办各级各类培训班，邀请省级康复专家到东阳市授课培训康复专业知识。配合市卫计局开展责任医生签约服务工作。加强市残联与省、金华市及东阳市级残疾儿童定点康复机构的协作管理，全年为各类功能障碍成年患者1000余人次进行康复治疗，为139名东阳市户籍的听障、肢残、孤独症等残疾儿童开展康复功能训练，完成年度抢救性康复任务数（129人）的108%，其中聋儿语训15人、脑瘫85人、智障10人、孤独症5人、人工耳蜗2人、肢体矫治2人、普及型辅助器具适配10例、矫形器10例。开展精准康复服务，完成精准康复基本服务人员信息输入任务数（8533人）的96.83%（年度任务康复服务率为92%以上）。

市残联全年免费配送助听器180台，其中抢救性儿童康复配送助听器2台，日常助听器维修、调试200余人次；实施"助行工程"项目，验配假肢大小腿20条；实施"助视工程"项目，为视力残疾人验配助视器8例，其中抢救性儿童康复配送助视器2台；为残疾儿童抢救性康复验配矫形器11例；为残疾儿童抢救性康复发放普及型辅助器具10例；残疾儿童矫治手术2例；为10名髋或膝关节手术的残疾人员发放补助；免费发放轮椅20辆。至年末，辅助器具适配人数2689人次。

【残疾人扶贫解困】 2018年，市残联调查392户从事种养业残疾人家庭的生产状况，为290户具有一定规模的种养户给予农资补助，补助化肥42200千克。实施贫困残疾人安居工程，由市残联下属业务科室残疾人服务社复核后与71户符合条件的补助对象签订安居工程实施协议并组织实施，63户通过安居工程内容验收，完成年度任务数（50户）的126%。推进"幸福蜗居"公益项目，全年实施完工4户，补助金额20万元，总投入金额32万元。9月，在浙江省衢州市江山市举行的"浙江省慈善助残危房改造"项目推进会上，"幸福蜗居"公益项目成为范例项目。为40户残疾人及扶贫基地发放贷款贴息32万元，发放无息小额扶贫贷款42户、43万元。全年增加扶贫基地1家（东阳市紫霞山瘌子金养殖场），至年末，有扶贫基地14家。安置残疾职工45人，带动辐射162户残疾人家庭从事种养业、服务业、加工业。为残疾人提供生产技术、生产管理指导、产供销信息服务及防灾抗灾工作帮扶。动态管理在档低收入残疾人家庭，52户脱贫后退出在档管理，全年32户入档，落实在档的"一人一策"帮扶措施。通过基层党组织帮扶结对、机关企事业单位结对等方式，开展残疾人精准扶贫工作。

【无障碍设施进家庭项目】 2018年，东阳市开展无障碍设施进家庭项目186户，其中中央无障碍改造项目44户、省级无障碍进家庭项目88户、县级无障碍进家庭项目54户。市残联组织创建省级无障碍社区，以江北街道茗田社区为试点社区，启动省级无障碍社区创建，开展无障碍知识宣讲和无障碍设施改建工作，改建社区内道路地面、坡道、绿地、公园、公厕等

2018年11月2日，视障运动员进行跑步比赛 （胡扬辉/摄）

公共场所的无障碍设施。8月6日，江北街道茗田社区被浙江省残工委命名为省级无障碍社区。

【残疾人文化体育】 2018年，市残联组织开展第28次“全国助残日”系列活动。邀请市领导以及联合有关部门及镇乡街道走访慰问贫困残疾人家庭、托养机构、自强创业残疾人。推荐优秀残疾人参加上级残联组织的文体体育比赛或集训。在第三届亚洲残疾人运动会上，东阳市运动员王强获男子坐式排球比赛项目银牌；在浙江省第十届残疾人运动会上，东阳市运动员获9金3银8铜的成绩，在T60男子组5000米的比赛中，运动员许宽田打破全国纪录；在金华市第六届残疾人运动会上，东阳市代表团获17.5金18银10铜的成绩，被组委会授予组织奖；在宁波市举行的“洪管家杯”轮椅舞蹈比赛上，代表金华市出战的4名东阳籍选手分别获集体舞比赛第三名，双轮椅标准舞比赛第三名，双人拉丁舞比赛第五名、第六名的成绩。11月2日，东阳市召开第三届残疾人运动会，开展田径、游泳、趣味运动3个大项50个小项比赛，232名残疾人运动员参加比赛。文化助残“五个一”（读一本书、看一次电影、游一次园、参观一次展览及参加一次文化活动）活动受益残疾人270人，特殊艺术进农村文化礼堂巡演6场，残疾人社区文化活动参与率81%。市残联开展“因爱奔跑，无障碍体验影视名城”温馨工程，组建有47名轮跑者和4名“刀锋战士”及12名听障跑者等残疾人参与的“上海哲尚TA67”轮跑团，参加2018横店马拉松。

【残疾人信访维权】 2018年，市残联走访残疾人家庭210户，了解残疾人需求，为有上访诉求的残疾人解决具体困难27件。开展矛盾纠纷大排查工作，建立社区（村）、镇乡街道、残联三级信访网络组织，畅通残疾人诉求表达机制，及时了解掌握辖区重点残疾人员情况，实时监控，开展信访维稳工作。回复省、金华市等信访件10件和“8890”投诉件7件，接待处理残疾人来电来人来信政策咨询150批（件）、156人次。

（朱露萍）

红十字会

【概况】 2018年，东阳市红十字会接收社会爱心人士捐款1189.83万元，主要用于慈善复明、“两癌”（乳腺癌和宫颈癌）救助等基金、救援队购买设备、对口帮扶四川省阿坝州理县、救助贫困者，做到专款专用。市红十字会开展救护培训38期，培训救护员3123人，普及人数57355人，完成全年任务数的271%。在全市投放10台AED（自动体外除颤仪）。实现造血干细胞采样128例；100余名市民登记器官遗体（角膜）捐献。实现器官捐献3例，角膜捐献9例，遗体捐献12例。

3月1日，市红十字会印发《关于成立东阳市红十字志愿服务总队的通知》。4月3日，市委办、市政府办公室印发《关于在镇乡街道建立基层红十字会组织的通知》，7月，全市镇乡街道建立基层红十字会，建会率100%。

12月19日，浙江省红十字会印发《浙江省红十字会关于同意组建浙江省红十字（东阳）大众卫生与供水救援队的批复》，东阳市红十字救援队冠名成为“浙江省红十字（东阳）大众卫生与供水救援队”。

【红十字会宣传传播】 2018年，市红十字会开展主题宣传活动，通过现场急救演练、授课、募捐、义诊、健康咨询、造血干细胞捐献采样等活动，组织志愿者进社区、进企业、进学校、进机关，开展人道传播。利用东阳电视台、《东阳日报》等媒体宣传市红十字会工作情况和感人事迹。开通微信公众号发布市红十字会相关工作信息。全年通过各级报刊、电视、微信公众号等在市级发表宣传稿件50余篇（条），市级以上90余篇（条）。发放宣传资料2000余份，参与生命教育体验馆体验2万余人。12月3日，由10余名救援队员参演的《带你回家》节目参加“信义和美，文明同行，讲述金华好故事”专场演出活动。

【红十字会筹资募捐】 2018年，市红十字会接收公益捐款1189.83万元。东阳市人民医院筹资的“慈善复明基金”救助项目筹资967.59万元，主要用于金华地区白内障患者的复明手术；市工商联筹资50万元，支援对口帮扶的四川省阿坝州理县建设；青海金松房地产开发集团有限公司捐赠的46万元用于巍山镇胡村道路修缮；浙江东阳农村商业银行股份有限公司捐赠的42万元用于东阳市红十字救援队队员购买人身保险、冠名费等；东阳富士特磁业有限公司捐赠的17万元用于东阳市红十字救援队日常公益活动支出和城东街道徐田村老年协会建设；东阳市城东进科印花厂捐赠的10万元、巨和众创城开发有限公司捐赠的5万元用于东阳市红十字救援队日常公益活动支出；欣捷投资控股集团有限公司捐赠的10万元用于开展“欣捷杯”护士岗位综合技能竞赛，“5·12”国际护士节表彰优秀护士及救助困难护士。其余爱心人士捐赠的款项用于“博爱送万家”、惠民助医、“两癌”基金、光明基金、杏林助医基金等救助项目。

【红十字会帮贫助困】 2018年，市红十字会以弱势群体为主要工作对象，通过募集资金和物资，开展人道救助工作。全年发放慰问款5.14万元。其中，联合市卫计局、市民政局、市疾控中心等看望慰问麻风病人9人，每人600元慰问金；慰问器官（角膜遗体）捐献者家庭12户，每户1000元慰问金；慰问山区孤寡贫困群众34人，每人1000元慰问金。开展救助项目7个，其中省级项目2个、东阳市级项目5个，投入救助资金1254万元，救助受益人数2484人。其中，复明基金项目救助1907人，发放救助金943万元；母婴平安项目救助53人，发放救助金7.7万元；康心基金救助77人，发放救助金194万元；杏林基金救助127人，发放救助金38.10万元；广济助医基金项目救助33人，发放救助金62.40万元；母亲康乐项目救助64人，发放救助金9万元；惠民助医救助223人，发放0.73万元款物。开展对口支援扶助工作，筹集资金，对口援助新疆阿克苏地区温宿县1万元，四川省阿坝州理县21.05万元的医疗器械。

【红十字会关爱生命】 2018年，全市造血干细胞采样入库128份，完成全年任务数的154%。11月，金逍君完成造血干细胞捐赠，成为东阳市第四例造血干细胞捐赠者。金逍君的事迹被《人民日报》微信公众号、央视新闻频道公众号、央视新闻《面对面》栏目、《浙江日报》《钱江晚报》、浙江在线等各大媒体报道。开展器官遗体捐献知识宣传、普及和登记工作。全市器官捐献3例，遗体捐献12例，角膜捐献9例，遗体捐献数列全省第一位。

【红十字会救护培训】 2018年，市红十字会开展应急救护培训工作，为志愿者、电力公司员工、全市2000余名教师、企业员工等进行救护员培训，为机关部门干部职工、交警大队协警、浙江广厦建设职业技术学院师生等普及救护知识。东阳市红十字救援队成立救护培训讲师团，组织志愿者到学校、企业、社区、商场进行交通安全、暑期防溺水、火灾逃生、地震疏散、校园常见意外伤害、心肺复苏等急救知识宣讲。

8月2~3日，市红十字会参加金华市救护技能大赛，获2018年应急救护技能大赛团体一等奖，唐俊华、斯俏俏分别获个人一等奖、个人三等奖。唐俊华被金华市劳动竞赛委员会授予“金华市技术标兵”称号。

【红十字会应急救援】 2018年，市红十字会开展各类救援活动182次，协助组建社区救援队8支。开展校园安全知识讲座41次，直接受益8720人次。开展社区应急技能讲座35次，直接受益群众2520人次，开展大型活动应急保障6次。开展救援技术培训体能训练、体能及技术考试等活动12次，出动队员4585人次。全年参加大型演练10次，组织队员150人次。推进“平安东阳，联你回家”项目，发放智能定位器85台，累计发放896台。通过“平安云”协助找回走失老人220余人次。

【红十字会志愿服务】 2018年，市红十字志愿服务总队及横店分队开展“三献”(献血、造血干细胞捐献、遗体和人体器官捐献)宣传、公益寻亲、大型活动志愿安保、“爱心助考”、助力创建全国文明城市、文明劝导、重阳节敬老、普及救护知识等志愿服务活动。组织各类活动250次，其中安保111次、“三献”宣传89次、寻亲活动及咨询宣传8次、综合类活动26次、各类培训16次，累计出勤1.6万人次，总计服务时长10万小时。

【“浙江省红十字(东阳)大众卫生与供水救援队”冠名】 2018年4月，东阳市红十字救援队筹资80余万元购置一整套净化水设备，开展技能培训，筹建全省首支大众卫生与供水救援队。12月19日，浙江省红十字会同意东阳市红十字救援队冠名“浙江省红十字(东阳)大众卫生与供水救援队”，主要职责是承担省红十字会派遣的大众卫生与供水救援任务、业务技术培训；开展知识宣传普及和专业研究；开展救援技术创新等工作。东阳市红十字救援队获“浙江水域救援技能比武团体第二名”“浙江省红十字应急救援演练优秀组织奖”，获“东阳市见义勇为先进集体”“东阳市横店马拉松保障先进集体”“东城最美笑脸先进集体”等称号。

【学校红十字会创建】 2018年，全市建立学校红十字会的有113所，建会率83%。5月，学校红十字会创建工作会议在东阳市职业技术学校召开，全市100余所学校的校长或负责人参加，会议部署学校红十字会创建工作，组织参观东阳市职业技术学校红十字会。6月和10月分别到浙江广厦建设职业技术学院、东阳市教师进修学校制作红十字宣传走廊、红十字小广角等。7月，市红十字会录制针对中小学生急救知识普及培训的教学视频，分发给全市136所学校，全市中小学普及救护人数30000余人次。东阳市红十字救援队组织人员到学校实体讲课，普及培训近2.4万人次。与东阳市教师进修学校建立教学合作关系，把急救培训纳入教师继续教育课程，教师救护员培训2000余人。由东阳市长庚童方城承建的生命教育体验馆接待体验学习的学生及家长2万余人。11月，在江北二小召开全市中小学校安全教育演练现场会，参观江北二小的全市首家生命安全训练屋。

【东阳市公共场所AED设置】 2018年7月27日，在汽车东站举行民建东阳市基层委员会、东阳市红十字会“救”在身边——东阳市公共场所AED设置暨捐赠仪式，民建东阳市

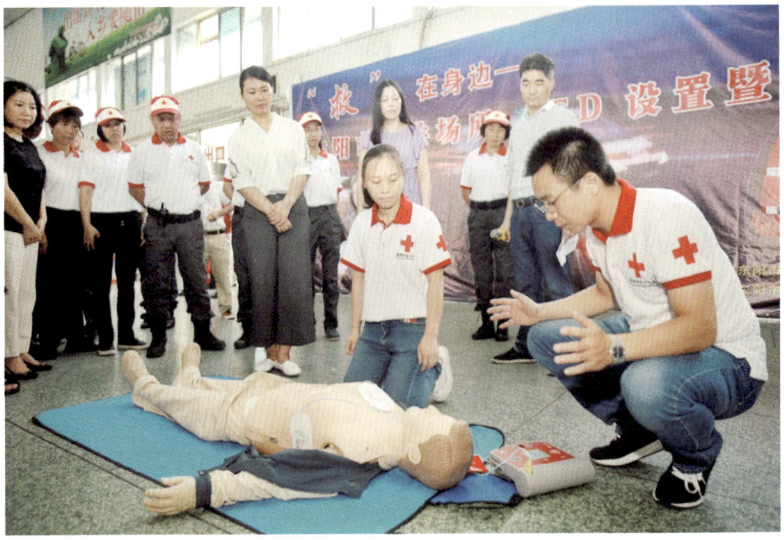

2018年7月27日，AED捐赠仪式后东阳市红十字救援队开展现场AED使用培训 (胡扬辉/摄)

基层委员会、东阳市红十字救援队等100余人参加，首批在市政府办事大厅、汽车东站、汽车西站、东阳市博物馆、东阳五交化公司5个点设置AED。12月21日，在东阳市政府、东阳市群众来访接待大厅、东阳市公共法律服务中心、东阳市体育馆、东阳市图书馆5个救护点各安装1台AED，实行统一管理，对相关站点负责人进行AED相关知识培训，开展日常监管及业务指导工作。

（李晓娟）

关心下一代工作

【概况】 2018年，东阳市关工委发挥“五老”（老干部、老战士、老专家、老教师、老模范）优势，开展帮困助学、未成年人保护、“红船”精神传承教育、家庭教育指导、“不忘初心、牢记使命，当好新时代东阳答卷人”大调研等活动。3月29日，东阳市企业关心下一代工作委员会成立。全市除生态型乡镇外的13个镇乡街道成立镇乡街道企业关工委，39家企业成立关工委组织。开展村（社区）示范关工委和关工委青少年教育实践基地创建工作。东阳技校关工委等10家组织获“东阳市关心下一代工作先进集体”称号，张正仙等16人获“东阳市关心下一代工作先进个人”称号。

【中天爱心慈善助学】 2018年6月21日，全市助学工作会议召开，启动2018年中天爱心慈善助学工作。以“家境确实困难、遭遇重大不幸、社会普遍同情”学生为重点资助对象，社会低保户及因无法抗拒的灾祸受难者家庭的学生优先考虑。全市资助贫困大学生99人，其中2018年考取大学的新生53人、往年在读大学生46人。资助金额每人6000元，2018年发放中天助学金59.4万元。

【未成年人保护】 2018年，市关工委调整东阳市保护未成年违法犯罪嫌疑人合法权益工作志愿者队伍，聘请56名志愿者配合公检法等部门参与未成年违法犯罪嫌疑人合法权益的保护工作，全年参与未成年违法犯罪嫌疑人陪审案件600余次。5月23日，联合市人民检察院未成年人刑事检察科在市江北初中开展防校园欺凌的“模拟法庭”演练活动，发放普法宣传册700份。5月30日，市关工委慰问市特殊教育学校及福利院儿童部。9月，市关工委为全市18个基层关工委赠送各类法制宣传读物1200册。走访晨阳小学、春蕾学校等民工子弟学校，发放宣传册500余份。开展“让爱从家出发”照片征集活动，收到照片文稿620份，通过专家评审确定优秀作品奖20个，优胜奖180个，优秀组织奖10个。

【教育活动】 2018年3月29日，市关工委邀请中共十九大代表宋玲华作关心下一代工作先进事迹报告。4月3日，组织市实验小学学生开展烈士陵园祭扫活动。7月29日至8月4日，以“农耕”为主题的城乡少年手拉手夏令营在三单乡中心学校举办，全市4～6年级小学生、各乡镇留守儿童和三单乡山区学生187人参加。8月21日，金华市儿童入学启蒙礼现场观摩会在虎鹿镇蔡宅村召开，金华市关工委主任、常务副主任、专职副主任，金华各县（市、区）关工委主任、专职副主任，东阳市关工委组成人员及各镇乡街道、村（社区）关工委主任80余人参加观摩会。全年市关工委到江北小学、江北初中、怀鲁小学、东阳江中小学、三单乡中小学等学校开展家庭教育讲座20余场次，参与家长1000人次。

【第七届“希望之星”评选】 2018年，东阳市举办第七届“希望之星”评选活动，该活动由市关工委、市教育局、市文化和广电旅游体育局主办，市文化馆承办，浙江海天建设集团赞助，有1025个音乐类节目及805名书画类选手参加比赛，293个节目（作品）分别获声乐、舞蹈、器乐、书画类比赛一等奖、二等奖、三等奖。评选产生第七届“希望之星”102人，其中“文明之星”50人、“智慧之星”15人、“科技之星”10人、“技能之星”7人、“艺术之星”10人、“体育之星”10人。

【领导调研】 2018年2月6日，金华市关工委主任黄友源、常务副主任林越化、专职副主任何若伟到东阳市调研关心下一代基层组织建设与教育实践基地建设工作。5月23日，省关工委主任徐宏俊、副主任王强、专职副主任林斌到东阳市调研教育实践基地建设情况。6月15日，金华市关工委专职副主任涂李明一行调研东阳教育基金情况及青少年教育实践

2018年7月29日，东阳市城乡少年手拉手夏令营开营　（市关工委提供）

基地建设情况。7月19日,金华市关工委副主任林越华、专职副主任涂李明到东阳市参加“希望之星”选拔赛决赛。8月1日,金华市关工委副主任林越华、曹兴水,专职副主任涂李明到东阳市调研城乡少年手拉手夏令营活动开展情况。

(米亚萍)

慈善工作

【概况】 2018年,东阳市慈善总会募集慈善资金349.53万元。救助支出444.48万元,受助困难群众1.97万人次。慈善基金投资利息收入176.38万元;医疗救助基金收入30.49万元。全市增加“邮善邮乐”慈善超市2家(东阳江镇茜畴慈善超市、马宅镇雅坑慈善超市)。至年末,全市有慈善超市7家,市慈善总会给予每家慈善超市2000元的资金支持,为7个镇乡街道的350余名低保人员发放价值100元的“邮乐购”会员卡。

【定向捐赠】 2018年1月29日,浙江思科制冷有限公司捐赠8万元,定向用于虎鹿镇仙芝陵村新农村建设。10月19日,连云港蓝天置业有限公司向市慈善总会捐赠15万元,定向用于南市街道西雅村雅门文化长廊建设。11月30日,金华市烟草公司东阳分公司向市慈善总会捐赠19.9万元,定向用于助学、新农村建设和扶贫事业。

【慈善冠名基金捐赠和救助】 2018年,东阳市增加慈善冠名基金1只(“东阳市慈善总会华洋教育基金”),冠名基金定向支出90万元。3月19日,浙江华洋缝制有限公司出资300万元成立“华洋教育基金”;同日,首届“东阳市慈善总会华洋教育基金”捐赠仪式暨颁奖典礼在虎鹿镇厦程里村大会堂举行,市慈善总会从“华洋教育基金”中出资15万元,奖励虎鹿镇中心校师生。1月21日,浙江华东暖通设备有限公司向市慈善总会捐赠25万元,专项用于“慈善年夜饭”活动;2月8日,2017年“慈善年夜饭”活动在东阳宾馆举办,市慈善总会从“慈善年夜饭”专项基金中出资25万元,给参加活动的困难群众每人2000元过年红包。11月17日,海天建设集团有限公司向市慈善总会捐赠30万元,专项用于补助和奖励巍山高中师生;11月28日,市慈善总会从“海天教育教学慈善冠名基金”中出资30万元,奖励巍山高中师生。12月2日,浙江国祥股权投资有限公司向市慈善总会捐赠20万元,专项用于奖励南马高中师生;12月4日,南马高中举行第二届吴苏伦奖学金颁奖大会,市慈善总会从“吴苏伦慈善冠名基金”中出资20万元,奖励200余名师生。

【慈善助学】 2018年8月30日,市慈善总会开展“困难学子圆梦”活动,出资32.5万元,为65名困难大学生提供每人5000元的助学金。10月26日,联合团市委开展助学活动,市慈善总会出资10.48万元,资助全市112名低收入家庭的青少年。11月18日,马可波罗瓷砖公司出资3万元,联合市慈善总会开展助学活动。12月30日,联合市教育局开展助学活动,市慈善总会出资14.65万元,资助全市202名困难学生。

【慈善助老】 2018年10月17日,市慈善总会出资27.5万元,为490名特困老人(救助慰问对象按当地老年人数及山区乡镇、平原及中心镇、城区街道分类,按不同比例分配名额至各镇乡街道。在征求意见的基础上,在低保和低保边缘家庭中确定生活最困难的老年人给予救助)和100虚岁老人提供每人500元的救助金,为30名100周岁及以上老人提供每人1000元的慰问金。

【慈善助医】 2018年,市慈善总会支出76.46万元,对在市人民医院、市中医院和市广福医院血透的263名病人进行医疗救助。为市抗癌协会提供8万元康复费用。支出38.48万元,用于无主病人的救助,7243人次受惠。

【慈善助困】 2018年,市慈善总会支出32.36万元,对因患大病和因灾害造成家庭经济困难的群众以及机关企事业单位困难干部职工给予1000~2000元不等的救助。农村救助由救助对象向各镇乡街道救助站提出申请,镇乡街道救助站上门审核对其发放慈善困难救助表格,填写好表格在村、社区宣传栏公示一周无异议,村、社区,镇乡街道救助站负责人签字盖章后报市慈善总会办公室审批,市慈善总会上门暗访调查后确定救助对象和救助金额。春节前市慈善总会下发对全市机关企事业单位困难职工进行专项救助的文件,各单位确定救助对象后报市慈善总会审批,每人获1000~2000元不等的救助慰问金。

【慈善宣传】 2018年5月,市慈善总会以“依法行善,以法兴善”为主题,在全市范围内开展《中华人民共和国慈善法》宣传“六进”(进机关、进学校、进社区、进企业、进农村、进社会组织)活动。拍摄慈善微电影,制作《红十字“救”在身边》的微电影。创建慈善组织孵化基地1个,地点设在培新路1号,配备3名工作人员(含1名专职工作人员),办公场所面积超200平方米,开展慈善文化节、公益慈善创投大赛、慈善沙龙、慈善法培训、慈善项目管理培训等慈善活动。

(王海英)

公益组织选介

·东阳市义工协会·

【概况】 2018年,东阳市义工协会开展活动690场,服务时长12440小时。有分会16个,义工2130人。1月24日,到城区以及虎鹿镇、巍山镇、横店镇等地开展奉腊八粥活动,参与义工130余人,发放腊八粥1万余碗。1月31日,联合市慈善总会、兰亭会东阳分会开展“新时代、共传承”慈善春联进社区活动,为城区及六石街道、巍山镇、虎鹿镇等地的社区居民免费书写春联,参加义工80人。

市义工协会被评为“2018年度东阳市十佳志愿服务组织”;市义工协

2018年1月31日，市义工协会在东岘社区开展送春联活动 （周志伟/摄）

会“爱心导医义工驿站”获“志愿八婺、文明金华”第三届金华市志愿服务项目大赛优秀奖。厉小红被评为“2018年度东阳市十佳志愿者”；楼响琴、王燕、黄瑛俏被评为“2018年度东阳市优秀志愿者”。

【全民禁毒宣传】 2018年2月9日，市义工协会禁毒分会联合市禁毒办举办“一杯姜茶暖人心、一声嘱咐促禁毒”节前禁毒宣传活动，参加禁毒义工40余人。在西山公园、东阳商城、市人才市场、黉门广场、高速公路服务区、东阳江镇等地设立6个点，宣传毒品带来的危害性以及全民拒毒与防毒等知识，发放姜茶2000余杯，发放资料2500余份。

【义务植树】 2018年3月10日，市义工协会组织60余名义工以及吴宁街道城南社区的10余名老兵参加“远疆·天域”植树造林活动，在37省道和迎宾大道交叉口西北侧的植树点，种植茶树、罗汉松、紫薇、红叶石楠等150余棵。3月12日，市义工协会虎鹿分会的30余名义工联合东阳农商银行虎鹿支行员工开展植树活动。横店义工服务发展中心义工与镇干部及志愿者等近200人到旅游专线横黄线北宅至下徐段开展义务植树活动。

【为老服务】 2018年4月6日，25名义工、社工到南市街道上朱村居家养老服务照料中心开展服务活动。4月7日，到革命老区裘家岭、广东坞为10余名留守老人提供理发服务。重阳节期间，70余名义工到曜地残疾人托安养所、巍山镇罗店敬老院、巍山镇黄西塘居家养老中心等地，开展文艺演出、包饺子、理发等送娱乐、送服务活动。义工们为去烈士陵园祭拜的近百名参战老兵提供鲜花分发、维护引导和搀扶等服务。

【文明创建志愿服务活动】 2018年7~8月，市义工协会联合市文明办、市“五创”办、市民政局、市志愿者协会举办“创文101练习生”活动，面向学生群体招募“公益练习生”，390余名学生接受志愿服务培训并参加系列社会公益志愿服务。组织义工参加全市青年创建全国文明城市誓师大会，开展环境卫生清洁、文明宣传、文明乘车等志愿服务，服务时长2000余小时。在节庆广场及江滨南街开展文明礼让、非机动车停放劝导及江滨环保活动，开展活动27期，600余人次参加活动。“创文101公益练习生”到各大商场邀约市民填写《创建全国文明城市调查问卷》上千份；近200名孩童参与“创文101亲子荧光夜跑”活动，由义工们提供安保、秩序维护服务。

【助残助困活动】 2018年7月28日、8月12日，“创文101公益练习生”50余人次到东阳江镇下街头村湖沿自然村采摘莲蓬千余束，帮助独臂种植户义卖，收益2000余元。5月23日，义工们为托养所的残疾人提供包饺子等服务。6月8~14日，横店义工服务发展中心在万盛步行街开展首届“书香换花香”活动，募集图书1000本，利用市民捐助的400元爱心款购买乒乓球拍、羽毛球拍等体育器械，捐给横店爱心学校。8月，“创文101公益练习生”组织10组青少年家庭到曜地残疾人托安养所，为72名残障人士送去关爱。

【引导服务】 2018年，市义工协会组织义工在市人民医院、巍山医院、新中医院开展导医活动，帮助患者了解就医流程，引导并为行动不便和老弱患者提供帮助，参加活动370人次。协助乡镇家庭医生为巍山镇居民提供签约服务。自8月23日起，在市人民法院设立“义工城市V站”，安排义工为当事人提供诉讼引导服务。自10月8日起，义工在市行政服务中心开展泊车疏导、公共交通指引、办事窗口分布指引、老年人残疾人陪伴办事、部分窗口人力补充、环境保护等服务。

【“公益大巴”田园社区行】 自2018年5月4日起，市义工协会组织义工在六石街道石塔山村、虎鹿镇仙芝陵村、东阳江镇政府广场、虎鹿镇夏程里村、白云街道十里头社区、吴宁街道城南社区、六石街道湖心塘等地，开展“公益大巴”便民服务进社区活动30余次，参加义工2000余人次，服务居民8000余人次。义工们为居民提供免费理发、缝补衣服、修理小家电等服务，宣传垃圾分类和艾滋病预防、禁毒、消防知识，为居民提供金融保险咨询、义诊、旧房用电安全检查等活动。

【志愿服务站设立】 2018年7月，市义工协会联合团市委、市志愿者协会在城区及部分镇乡街道设立首批30家“城市V站”（志愿服务站），无偿提供饮用水、常规应急药品、雨伞借用、电动车充电以及旅游指引、书籍借阅等服务，开展不文明行为劝导及各类公益宣传活动。8月21日，市义工协会认领位于节庆广场的东阳市首个学雷锋志愿服务站，坚持“红色V站”理念，无偿为市民提供服务，在节庆广场开展禁毒防艾宣传、夜护江滨环保、文明劝导等活动。

【低保家庭儿童居住房间改造项目】 2018年，市义工协会实施“焕新乐园”项目。8～9月，组织走访低保家庭户200余户，最终为7户(虎鹿镇3户、江北街道1户、南市街道1户、马宅镇2户)低保家庭改善6～16岁儿童的学习和生活环境，对居住房间进行设计和改造。志愿者和儿童一对一结对，开展为期1年的陪伴关爱活动。

【活动保障服务】 2018年4月1日，市义工协会组织150名义工参加2018横店马拉松志愿服务活动，为参加赛事的运动员提供寄包、赛程安保及赛后恢复等服务。第四届中国(东阳)木雕红木家具交易博览会举行期间，义工们为开幕式提供引导、礼品发放、疏通人流、维护秩序等服务；节假日期间，配合公安交警对东白山游玩的游客及车辆进行控制和疏导；虎鹿采茶节、蔡宅端午旅游节、黄西塘桃花旅游节、横锦水库捕鱼节、首届画水漂流节举办期间，组织义工在现场为市民提供交通疏导、维持秩序及安保服务。

(周志伟)

·东阳市爱盟社会工作服务中心·

【概况】 2018年，东阳市爱盟社会工作服务中心(简称东阳爱盟)组织开展助残助困助学、春运送温暖、关爱青少年心理、农村生活垃圾志愿督查、“五水共治”志愿督查、生态环境志愿督查等志愿服务活动99次，参加人数877人次，服务时长3966小时，受惠人数15112人。东阳爱盟获“东阳市2018年度十佳志愿服务组织”称号。“社区‘第一响应人’”项目获“志愿八婺文明金华”第三届金华市志愿服务项目大赛铜奖；“涉罪未成年人结对帮扶”项目获2018年度东阳市共青团工作、青年工作“创新奖”。

东阳爱盟于2017年12月在市民政局登记注册成立，前身为东阳市爱心联盟，成立于2005年6月。曾获金华市第一届优秀志愿服务集体、2007年浙江省青年志愿服务集体、2008年红十字会抗震救灾特别组织奖、2009年抗震救灾特别组织奖、2010年青海玉树抗震救灾特别组织奖、2011～2016年东阳市志愿服务杰出集体、2016年浙江省青年服务杰出集体、2017年生态廊道建设(“五水共治”)工作先进集体等称号。东阳爱盟下辖生命健康服务队、公共安全服务队、社区帮扶服务队、生态环保志愿服务队4支服务队，开通“东阳市爱盟社会工作服务中心”微信公众号。

【东阳市农村垃圾生活分类处理第三方巡查指导服务】 2018年9月，东阳爱盟承接市农村和农业办公室的环境卫生督查事务，开展东阳市农村垃圾生活分类处理第三方巡查指导工作项目，督查与指导全市村镇垃圾分类工作。项目开展后，社工每日安排志愿者对各乡镇街道的1～2个村进行巡查，每季度对全市开展农村生活垃圾分类处理的1083个自然村进行巡查。至年末，有85人次志愿参加督查活动。

【未成年人公益活动】 2018年，东阳爱盟开展亲子公益课堂12期，参与人数600人次。全年开展亲子活动12次。东阳爱盟承接市人民检察院的涉罪未成年和被侵害未成年人结对帮扶工作，开展帮扶涉罪未成年和被侵害未成年人社会工作项目。通过家庭帮教、企业帮教、学校帮教、志愿服务帮教以及社工介入家庭帮教相结合，为全市未成年人提供专业帮扶。全年接收12名涉罪未成年人进行结对帮扶，至年末，8名涉罪未成年人度过考察期，4名涉罪未成年人处在观护期。组织开展“文明礼让斑马线”“走进敬老院”“社区禁毒宣传”等志愿者活动，全年参加志愿者活动24次。

【“大众心理健康”进社区】 2018年，东阳爱盟举办“大众心理健康”进社区活动6期，采用服务模式，形成“三级预防和干预体系”，开辟宣传和服务“两个阵地”，建立咨询、疏导和治疗“三条战线”，服务360人。

【生态环境公益活动】 2018年，东阳爱盟对全市企业偷排、乱排、排放污水行为，偷倒、乱倒生活垃圾、建筑垃圾、工业垃圾、危险固废行为，随意排放粉尘、恶臭气体行为，露天焚烧秸秆、落叶、荒草、生活垃圾、公益垃圾等污染环境违法行为开展公益监督活动6次。建立微信群，固定30名环保志愿者，定期进行专业培训，每月开展1次关于生态环境的公益监督活动，每月安排人员对医药化工、红木家具、家庭养殖等重点企业区域排污情况进行暗访，以微信或书面形式将发现的环境问题报送环保部门，至年末，报送问题100个。

【“五水共治”志愿督查活动】 2018年，东阳爱盟联合市“五水共治”办监督、治理、宣传“五水共治”，每周安排志愿者巡查河流2条，全年巡查河流54条，每周上传问题照片5张以上，全年上传问题照片205张，每月督查1条市级以上的河流(东阳江、南江、白溪江)，全年督查15条，参与人数150人次，全年按“二明一详”(地址明、问题明、照片详)要求上报督查事项3项至东阳市“五水共治”督查群。

(白小琴)

"浙江好人"简介

【王胜祥】 男，1996年2月出生，籍贯浙江东阳，东阳市千祥镇千南村村民，中国人民解放军某部队现役军人，被评为2018年2月"浙江好人"。2017年11月25日，千祥镇一家民房四楼着火，王胜祥听到楼上传来呼救声就往起火民房冲去，告诉负责维持秩序的执勤协警，他是军人，让他上去救人。王胜祥接过协警递来的简易消防服冲入火场，找到呼救人所在的房间，踢开房门。王胜祥见刚才在呼救的陈某夫妇瘫坐在床上，拉起他们冲出火海。救出陈某夫妇后，王胜祥又与消防队员一起灭火。

【黄钢锋】 男，1983年8月出生，籍贯浙江东阳，东阳市横店镇上盛庄村村民，淘宝网店店主，被评为2018年4月"浙江好人"。2014年12月29日，黄钢锋为远在河北的血液病患者捐献260毫升造血干细胞混悬液，该患者移植手术成功。2018年2月，省红十字会工作人员告知黄钢锋，河北的患者病情复发，需要二次捐献。2018年3月8日，黄钢锋在浙江省中医院进行二次淋巴细胞采集。144毫升淋巴细胞混悬液采集完成后，被志愿者护送前往河北。黄钢锋是浙江省造血干细胞捐献志愿服务队首批队员，注册"造血干细胞志愿者"公众号、浙江省造血干细胞捐献交流QQ群和微信群，开展公益宣传。

【刘满法】 男，1933年出生，2017年6月30日逝世，中共党员，籍贯浙江东阳，东阳市城东街道东安村村民，被评为2018年5月"浙江好人"。2014年，刘满法通过东阳市红十字会填写了眼角膜捐赠意愿书，2017年6月30日，刘满法捐献眼角膜1对。2017年年末，因病导致身心都未发育健全的儿子刘远朝走完自己的一生，家人按照刘满法生前替儿子做出的决定，捐献刘远朝的遗体。遗体捐献登记表上，刘满法是这样写的："只要国家需要，愿将儿子的遗体捐献给国家，因活着未能为国家、为人民做点益事，愿死后将遗体捐献，为国家做点贡献。"

【姚永生】 男，1954年8月出生，2018年9月18日逝世，籍贯浙江东阳，东阳市湖溪镇南塘村村民。被评为2018年11月"浙江好人"。2018年9月18日，南塘村村民姚某不慎溺水，65岁的姚永生见后跳下水，用双手托举着姚某往岸边推，脱离危险的姚某上了岸，而姚永生却因年纪太大、体力不支而沉入水中，后经抢救无效不幸身亡。

（蒋廷恺）

荣　誉

【政府投资重点建设项目、重大前期项目优胜奖和职能服务部门优质服务奖】 2018年1月18日，东阳市人民政府表彰2017年度政府投资重点建设项目、重大前期项目和职能服务部门：

一、2017年度市重点项目建设优胜奖

一等奖：东阳南上湖至郭宅公路改建工程（责任单位：交投集团）

二等奖：东阳市公共租赁住房（一期）（责任单位：建设局）；总部中心拆迁配套项目（责任单位：江北街道）

三等奖：看守所、拘留所迁建项目（责任单位：公安局）；汉宁路道路改造工程（责任单位：城投集团）；体育馆项目（责任单位：体育局）

二、2017年度市重大前期项目工作优胜奖

一等奖：经济开发区

二等奖：横店镇、南马镇

三等奖：六石街道、白云街道、规划局

三、2017年度市重点项目建设优质服务奖

发改局、财政局、安监局

国土局、监　委、审计局

【东阳市文明街道（镇）、文明村、文明单位】 2018年2月7日，中共东阳市委、东阳市人民政府命名表彰2017年度东阳市文明街道（镇）、文明村、文明单位：

一、东阳市文明街道（镇）

吴宁街道

白云街道

江北街道

城东街道

画水镇

二、东阳市文明村

六石街道：后里村

湖溪镇：郭上坞村

上红湖村

三甲村

画水镇:月峰村
　　明焕村
东阳江镇:岭下施村
三、东阳市文明单位
东阳市烈士陵园管理所
东阳市西甑山公墓有限公司
东阳市城市管理行政执法局巍山大队
东阳市城市管理行政执法局南马大队
东阳市歌山实验小学
东阳市江北湖田小学
东阳市南马南湖小学
浙江东阳农村商业银行股份有限公司南市支行
浙江响亮教育科技股份有限公司
横店影视股份有限公司
浙江林商衣架有限公司
浙江中信红木家具有限公司
东阳市还珠红木家具有限公司
浙江日升昌药业有限公司
浙江北生药业汉生制药有限公司

【政府特别奖】 2018年2月27日,中共东阳市委、东阳市人民政府表彰2017年度政府特别奖:
一、贡献奖(34家)
(一)工业企业贡献奖(22家)
1.税收总额十强(5家)
浙江花园生物高科股份有限公司
浙江中元磁业股份有限公司
浙江联宜电机有限公司
普洛药业股份有限公司
浙江日升昌药业有限公司
2.税收增幅奖(7家)
浙江联宜电机有限公司
东阳市明堂红木家俱有限公司
东阳市中信五金工具有限公司
浙江海森药业股份有限公司
浙江金象科技有限公司
浙江康峰化工有限公司
东阳市伟群制衣有限公司
3.亩产税收十强(10家)
浙江日升昌药业有限公司
浙江康峰化工有限公司
浙江花园生物高科股份有限公司
东阳市秋之歌服饰有限公司
浙江正辉彩印包装有限公司
东阳市毅龙制衣有限公司
东阳市螺山休闲用品有限公司
浙江康都日用品有限公司
东阳市中信五金工具有限公司
浙江大清翰林古典艺术家具有限公司
(二)建安企业贡献奖(3家)
中天建设集团有限公司
海天建设集团有限公司
广宏建设集团有限公司
(三)服务型企业贡献奖(9家)
浙江好乐多商贸有限公司
浙江利星汽车有限公司
东阳市市场开发有限公司
东阳正午阳光影视有限公司
华谊兄弟传媒股份有限公司浙江分公司
新丽电视文化投资有限公司
浙江新光建材装饰城开发有限公司
东阳市蓝天白云置业有限公司
浙江中腾置业有限公司
(四)农业企业贡献奖(无)
二、综合实力奖(无)
三、开放型经济奖(6家)
1.外贸工业企业(3家)
横店集团东磁股份有限公司
浙江同力服装有限公司
冀发集团有限公司
2.外经企业(3家)
浙江省东阳第三建筑工程有限公司
中天建设集团有限公司
歌山建设集团有限公司
四、标准化奖(6家)
浙江联宜电机有限公司
浙江埃森化学有限公司
浙江恒成硬质合金有限公司
浙江金象科技有限公司
浙江花园农业发展有限公司
东阳市巨久包装制品有限公司
五、招商引资奖(8家)
江北街道
画水镇
千祥镇
经济开发区
横店镇
白云街道
南马镇
虎鹿镇
六、减排奖(4家)
东阳中持水务有限公司
浙江横店热电有限公司
东阳市东磁新能源有限公司
浙江野风药业股份有限公司
七、企业升级奖(74家)
东阳市飞诺工贸有限公司
东阳市广丰磁材有限公司
东阳中持水务有限公司
浙江赛妮美服饰有限公司
浙江省东阳康优食品有限公司
浙江伊朵服饰有限公司
东阳市飞航针织有限公司
东阳市新亚钢带厂
浙江恒峰农特产有限公司
东阳市宏丰磁业有限公司
东阳市家博家居有限公司
东阳市千丝坊渔具有限公司
东阳横店建材有限公司
东阳市大禹电子有限公司
东阳市横店商砼有限公司
浙江微度医疗器械有限公司
东阳市金硕工贸有限公司
东阳市杨武山制砂有限公司
东阳市超钢太阳能设备有限公司
东阳市快乐之星工贸有限公司
浙江省东阳市万得福炊具有限公司
东阳市昌骏服饰有限公司
东阳市诰源闪光材料有限公司
东阳市皓翔制袋有限公司
东阳市华科机电有限公司
东阳市凯达塑业有限公司
东阳市瑞金制衣厂
东阳市旭鹏线带有限公司
东阳市耀德塑胶有限公司
东阳市真牛针织服饰有限公司
东阳诗瀛实业有限公司
东阳市好旺伞业有限公司
东阳市理想文化用品有限公司
东阳市源胜新材料有限公司
东阳市卓旅箱包有限公司
东阳市南海矿业科技有限公司
东阳百伦士实业有限公司
东阳市森沃工具有限公司
东阳市翊晟厨具有限公司
浙江华万多工贸有限公司
浙江鑫正工贸有限公司
东阳市姣英生物质燃料有限公司
东阳市翔和磁材有限公司
东阳市金赛欧线业有限公司
东阳市龙辉金银丝厂

东阳市路遥金银线有限公司
东阳市欣恬工艺品有限公司
浙江永尔佳环保科技有限公司
东阳市中兴电机有限公司
浙江梦想九洲红家具股份有限公司
东阳市东木居明式家具有限公司
东阳市雅贵堂家具有限公司
东阳市有木共睹红木家具有限公司
东阳市卢家艺林红木家具有限公司
东阳市千百年红木家具有限公司
东阳市柯洛斯门业有限公司
浙江天勤红木家具有限公司
东阳市陆鑫堂红木家具厂
东阳市国红红木家具有限公司
东阳古森家具有限公司
东阳市俊豪红木家具有限公司
东阳市荣轩工艺品有限公司
东阳市千里马家具有限公司
东阳市福雕文化创意有限公司
东阳市杜隆木雕家俱有限公司
东阳市天府名檀红木家具有限公司
东阳市泰祥红木家具有限公司
浙江红天下家具有限公司
东阳市韦邦家俱有限公司
东阳市东西南北中红木家具有限公司
浙江省东阳市华厦家具有限公司
东阳市盛豪红木家具有限公司
东阳市林商旺红木家具厂
东阳市民亮园工艺有限公司

【东阳市中小企业市长科技创新奖】 2018年2月28日，东阳市人民政府表彰2017年度东阳市中小企业市长科技创新奖：

浙江日升昌药业有限公司
浙江海森药业股份有限公司
浙江朋诚科技有限公司
浙江恒成硬质合金有限公司
花园药业股份有限公司
浙江金象科技有限公司
浙江凯文磁业有限公司
浙江英洛华装备制造有限公司
花园金波科技股份有限公司
东阳市御乾堂宫廷红木家具有限公司

【东阳市市长质量奖】 2018年2月28日，东阳市人民政府表彰2017年度东阳市市长质量奖：

2017年度东阳市市长质量奖（组织）

浙江省东阳第三建筑工程有限公司
东阳市御乾堂宫廷红木家具有限公司
浙江金象科技有限公司
浙江卓木王红木家俱有限公司

2017年度东阳市市长质量奖贡献奖（团队）

太阳能事业部（横店集团东磁股份有限公司）

2017年度东阳市市长质量奖贡献奖（个人）

张向荣（东阳市明堂红木家俱有限公司）

2017年度东阳市市长质量奖（组织）提名奖

歌山建设集团有限公司
冀发集团有限公司
浙江英洛华装备制造有限公司
东阳市妇幼保健院

（东　鉴）

【市内晋升高级专业技术职务人员名单】 2018年，市内晋升高级专业技术职务知识分子407人。

高级工程师（172人）

李　红　市产品质量标准计量检验检测中心
何强斌　市横店污水处理厂
楼岸坚　市土地勘察规划测绘院
杜婷婷　市交通设计所
施伟锋　市公路设施有限公司
杜小庚　市公路设施有限公司
王丽华　市六合路桥建设有限公司
王美霖　市六合路桥建设有限公司
熊一璋　利越集团
刘家林　利越集团
徐含锋　利越集团
黄　军　浙江金顺路桥建设有限公司
王　丹　东阳市规划建筑设计院
谢余换　东阳市规划建筑设计院
张丹丹　东阳市规划建筑设计院
杜红晓　东阳市城市建设投资集团有限公司
吕　平　东阳市中驰生态建设有限公司
吕福泉　东阳市中驰生态建设有限公司
蒋艳艳　东阳市天元建设有限公司
任来胜　东阳市横店市政建设工程有限公司
俞有笑　东阳市大鸿建设有限公司
潘宏晓　东阳市建设工程质量安全监督站
潘小珍　浙江省东阳市城乡园林绿化有限公司
吴杭颖　浙江横店禹山生态工程有限公司
吕海林　浙江省东阳市天工建设有限公司
申屠向亮　浙江金立建设有限公司
吴晓琴　浙江金立建设有限公司
蒋国平　浙江金立建设有限公司
张国英　浙江金立建设有限公司
卜鹏飞　浙江新东阳建设集团有限公司
应相东　浙江新东阳建设集团有限公司
胡航靖　浙江新东阳建设集团有限公司
钟声亮　浙江新东阳建设集团有限公司
陈宏亮　浙江新东阳建设集团有限公司
朱志刚　浙江新东阳建设集团有限公司
卢丽园　浙江新东阳建设集团有限公司
许朝飞　浙江新东阳建设集团有限公司
赵　欣　浙江新东阳建设集团有限公司
郑跃钢　浙江新东阳建设集团有限公司
杜　建　浙江新东阳建设集团有限公司
应海岗　浙江巍山建设有限公司
邢　俊　浙江佳和建设有限公司
楼丹辉　浙江省东阳市南方建

筑工程有限公司
贾秀珍 浙江立昂市政园林建设有限公司
卢中一 浙江省东阳木雕古建园林工程有限公司
卢治国 浙江省东阳市江南建设有限公司
包金芝 浙江省东阳市江南建设有限公司
单巧飞 浙江东阳建工集团有限公司
金明宣 浙江东阳建工集团有限公司
许金泉 浙江金鲁建设有限公司
张小强 浙江金鲁建设有限公司
王春梅 浙江中特建设有限公司
金跃华 浙江横店建筑工程有限公司
徐俊梅 浙江森威监理有限公司
许金尧 浙江森威监理有限公司
包晓强 浙江省东阳第三建筑工程有限公司
马健民 浙江省东阳第三建筑工程有限公司
武　亮 浙江省东阳第三建筑工程有限公司
徐燕燕 浙江省东阳第三建筑工程有限公司
朱章兴 浙江省东阳第三建筑工程有限公司
吕雄心 浙江省东阳市方中古典园林有限公司
陈志洪 浙江城正建设工程有限公司
杜华东 浙江花园建设集团有限公司
蒋国成 浙江花园建设集团有限公司
吴伟强 浙江华伟建设有限公司
胡　康 杜班建设集团有限公司
应向华 海天建设集团有限公司
吴　群 海天建设集团有限公司
胡新锋 海天建设集团有限公司
回中兴 海天建设集团有限公司
姚中强 海天建设集团有限公司
周炎生 海天建设集团有限公司
刘　瑞 海天建设集团有限公司
赵文彬 海天建设集团有限公司
周跃生 海天建设集团有限公司
吴国忠 海天建设集团有限公司
王　丽 广厦东阳古建园林工程有限公司
王展飞 广厦东阳古建园林工程有限公司
金兆锋 广厦东阳古建园林工程有限公司
李智慧 广厦建设集团有限责任公司
滕荣谦 广厦建设集团有限责任公司
包辉明 广厦建设集团有限责任公司
潘国华 广厦建设集团有限责任公司
洪　渊 中天建设集团有限公司
吴哲峰 中天建设集团有限公司
侯　日 中天建设集团有限公司
窦金胜 中天建设集团有限公司
楼国权 中天建设集团有限公司
俞　斌 中天建设集团有限公司
李　锋 中天建设集团有限公司
应高梁 中天建设集团有限公司
黄　星 中天建设集团有限公司
周　康 中天建设集团有限公司
李开刚 中天建设集团有限公司
张新忠 中天建设集团有限公司
吴惠进 中天建设集团有限公司
蒋津津 中天建设集团有限公司
周红光 中天建设集团有限公司
徐海燕 中天建设集团有限公司
郭春伟 中天建设集团有限公司
张　柱 中天建设集团有限公司
包洪亮 中天建设集团有限公司
吴立武 中天建设集团有限公司
李雪锋 中天建设集团有限公司
王　琅 中天建设集团有限公司
洪　刚 中天建设集团有限公司
何永明 中天建设集团有限公司
陈浩亮 中天建设集团有限公司
彭建良 中天建设集团有限公司
周焕游 中天建设集团有限公司
华文鑫 中天建设集团有限公司
刘建平 中天建设集团有限公司
赵　刚 中天建设集团有限公司
胡翔宇 中天建设集团有限公司
王　涛 中天建设集团有限公司
贾伟进 中天建设集团有限公司
王炎伟 中天建设集团有限公司
张　军 中天建设集团有限公司
葛　丹 中天建设集团有限公司
吴洵阳 中天建设集团有限公司
董华文 中天建设集团有限公司
赵海航 中天建设集团有限公司
卢敬科 中天建设集团有限公司
徐瑞华 中天建设集团有限公司
李赞平 中天建设集团有限公司
蒋平华 中天建设集团有限公司
皮朝阳 中天建设集团有限公司
沈剑锋 中天建设集团有限公司
李剑宏 中天建设集团有限公司
范海斌 中天建设集团有限公司
邹　勇 中天建设集团有限公司
叶汝萍 中天建设集团有限公司
奚锦泉 中天建设集团有限公司
邓志峰 中天建设集团有限公司
刘庆丰 中天建设集团有限公司
王晓东 中天建设集团有限公司
章勇军 中天建设集团有限公司
吕志敏 中天建设集团有限公司
吴高锋 广宏建设集团有限公司
赵美华 广宏建设集团有限公司
吴　平 宇华装饰集团有限公司
厉　君 歌山建设集团有限公司
金晓华 歌山建设集团有限公司
叶世洪 歌山建设集团有限公司
蔡淮平 歌山建设集团有限公司
蔡立权 歌山建设集团有限公司
沈小军 歌山建设集团有限公司
何晓峰 歌山建设集团有限公司
楼相伟 歌山建设集团有限公司
胡玉女 广鼎建设有限公司
殷万海 利越集团有限公司
陆阳升 长庚环境建设有限公司
许新宏 市农村水利站
蒋天恩 市水库管理站
孙丽霞 浙江省东阳市第二高级中学
厉　昆 浙江普洛得邦制药有限公司
赵胜贤 浙江普洛得邦制药有限公司
金克强 浙江埃森化学有限公司
王建宏 浙江省东阳第三建筑工程有限公司
郝忠彬 横店集团东磁股份有限公司
吴祚伟 东阳市气瓶检验站
吴晓峰 浙江联宜电机有限公司
郭　艳 浙江联宜电机有限公司
倪　强 横店集团得邦照明股

份有限公司
刘　杨　横店集团得邦照明股份有限公司
张国栋　浙江新纳陶瓷新材有限公司
雷　江　浙江普洛家园药业有限公司
叶素斌　浙江普洛家园药业有限公司
田逢雨　浙江埃森化学有限公司
张涛铸　浙江日升昌药业有限公司
单含文　浙江日升昌药业有限公司
卜鲁周　浙江巍华化工有限公司

高级教师(77人)

孙丽霞　浙江省东阳市第二高级中学
赵红军　市外国语学校
吕云兰　巍山镇怀鲁初级中学
申屠剑　市千祥镇初级中学
楼茜屏　浙江省东阳中学
马　芳　浙江省东阳中学
陈亚琴　浙江省东阳中学
朱丹丹　浙江省东阳中学
周婉新　东阳市中天高级中学
吕晓丽　浙江省东阳市第二高级中学
郭　珺　浙江省东阳市第二高级中学
沈益明　浙江省东阳市第二高级中学
王满红　浙江省东阳市第二高级中学
陈先进　浙江省东阳市湖溪高级中学
谢桐进　浙江省东阳市南马高级中学
丁成龙　浙江省东阳市南马高级中学
吴向萍　浙江省东阳市巍山高级中学
蒋跃青　浙江省东阳市巍山高级中学
楼永亮　浙江省东阳市巍山高级中学
甘淑红　浙江省东阳市巍山高级中学
徐　匡　浙江省东阳市技术学校
赵光海　东阳市第二职业技术学校
舒进亮　东阳市第二职业技术学校
何晓群　东阳市白云初级中学
王友浩　东阳市第三高级中学
黄浩亮　东阳市第三高级中学
任德杭　东阳市第三高级中学
俞苏芳　东阳市歌山镇第一初级中学
徐联辉　东阳市横店镇第三初级中学
沈小英　东阳市横店镇第一初级中学
何俊成　东阳市湖溪镇初级中学
陆明忠　东阳市画水镇画溪初级中学
吕瑶萍　东阳市城东街道塘西初级中学
程　敏　东阳市江北上卢初级中学
张苏华　东阳市江北上卢初级中学
韦玲玲　东阳市六石街道初级中学
王惠英　东阳市六石街道初级中学
陈桂珍　东阳市马宅镇初级中学
陈艳艳　东阳市马宅镇初级中学
朱志芳　东阳市南马镇防军初级中学
丁赛蔓　东阳市千祥镇初级中学
陈国平　东阳市千祥镇三联初级中学
邹兴法　东阳市千祥镇三联初级中学
卢旻筱　东阳市外国语学校
许旭飞　东阳市外国语学校
胡良富　东阳市外国语学校
王　燕　东阳市外国语学校
李　娟　东阳市巍山镇怀鲁初级中学
金玉霞　东阳市巍山镇中学
许妙亚　东阳市吴宁三中教育集团
徐艳玲　东阳市吴宁镇初级中学
吴　丹　东阳市吴宁镇初级中学
朱瑞萍　东阳市吴宁镇第二初级中学
胡晓花　东阳市中天国际初级中学
陈红亮　东阳市吴宁第一小学
贾　刚　东阳市吴宁第五小学
陆华燕　东阳市吴宁第四小学
赵小玲　东阳市巍山镇中心小学
胡丹丹　东阳市巍山第一小学白溪江校区
许华丽　东阳市外国语小学
楼斌昊　东阳市三单乡中小学
马冰清　东阳市千祥镇中心小学
楼　青　东阳市千祥镇三联小学
周敏君　东阳市南市街道大联小学
吴跃东　东阳市六石街道樟村小学
徐鑫鑫　东阳市江北上卢小学
蒋小燕　东阳市江北湖田小学
何曙君　东阳市湖溪镇郭宅小学
杜钢晓　东阳市横店镇南上湖小学
金方丽　东阳市横店镇第二小学
叶海伟　东阳市歌山镇中心小学
吴玉如　东阳市歌山镇畈干小学
厉倍倍　东阳市城东街道李宅小学
张　丽　东阳市白云银田小学
王荣仁　东阳市特殊教育学校
楼美英　东阳市实验幼儿园
许丽芬　东阳市江北实验幼儿园

副研究员(1人)

吕叶倩　金华职工中等卫生学校

主任医师(30人)

王珊珊　东阳市妇幼保健院
王　健　东阳市人民医院
王　宾　东阳市人民医院
金亿里　东阳市人民医院
胡艳丽　东阳市人民医院
杜军强　东阳市人民医院
冯　江　东阳市人民医院
斯红萍　东阳市人民医院
郑丽丽　东阳市人民医院
季宝玲　东阳市人民医院
葛　萱　东阳市人民医院
应满珍　东阳市人民医院
卢宏华　东阳市人民医院
王利宏　东阳市人民医院
董小芳　东阳市人民医院
吕晓强　东阳市人民医院
吕　成　东阳市人民医院
张　康　东阳市人民医院
孙明良　东阳市人民医院

张　琦　东阳市人民医院
赵　凡　东阳市人民医院
虞和忠　东阳市人民医院
王俊杰　东阳市中医院
邵学军　东阳市中医院
赵巧萍　东阳市中医院
王跃平　东阳市中医院
舒理鸿　东阳市中医院
楼国新　横店文荣医院
金政军　横店文荣医院
张军平　东阳市红十字医院

副主任医师(72人)

厉英娟　东阳市横店医院
马勤旭　东阳市妇幼保健院
包晓珍　东阳市妇幼保健院
朱英萍　东阳市妇幼保健院
邵学诚　东阳市妇幼保健院
张笑艳　东阳市妇幼保健院
杜晓华　东阳市妇幼保健院
郭美丽　东阳市妇幼保健院
程俊英　东阳市妇幼保健院
傅王平　东阳市妇幼保健院
许国锋　东阳市人民医院
陈旭伟　东阳市人民医院
刘　莹　东阳市人民医院
张茂良　东阳市人民医院
洪超群　东阳市人民医院
金芳玲　东阳市人民医院
马　旭　东阳市人民医院
韦琴春　东阳市人民医院
葛阳丽　东阳市人民医院
厉华卿　东阳市人民医院
黄晓君　东阳市人民医院
胡飞君　东阳市人民医院
陈飞进　东阳市人民医院
许秉正　东阳市人民医院
郭晓丽　东阳市人民医院
李洋威　东阳市人民医院
徐毅芳　东阳市人民医院
吴鸿雁　东阳市人民医院
卢欢欢　东阳市人民医院
胡正彪　东阳市人民医院
傅军红　东阳市人民医院
郭　翔　东阳市人民医院
徐　琼　东阳市人民医院
何海潮　东阳市人民医院
吕小辉　东阳市人民医院
詹君华　东阳市人民医院
蔡新阳　东阳市人民医院
赵湘湘　东阳市人民医院
张　焕　东阳市人民医院
傅兰兰　东阳市人民医院
陈　锋　东阳市人民医院
吴向飞　东阳市人民医院
朱葵阳　东阳市人民医院
赵军芳　东阳市人民医院
许彬沩　东阳市人民医院
张晓萍　东阳市人民医院
李红桥　东阳市人民医院
李忠阳　东阳市人民医院
施旭锋　东阳市人民医院
王汪卫　东阳市人民医院
方晓生　东阳市人民医院
韦林强　东阳市中医院
高保国　东阳市中医院
卢海燕　东阳市中医院
王伟伟　东阳市中医院
杜洪强　东阳市中医院
郭君泰　东阳市中医院
杜水明　东阳市中医院
应向苹　东阳市中医院
胡召萍　东阳市中医院
马闪闪　东阳市中医院
陈志刚　东阳市中医院
王海英　东阳市横店医院
蒋小春　东阳市红十字医院
郭钢强　东阳市横店医院
李跃东　东阳市红十字医院
唐　陵　东阳市红十字医院
马德权　东阳市红十字医院
葛秀芳　东阳市红十字医院
葛向旌　横店文荣医院
郑志君　横店文荣医院
陈伟清　东阳市花园田氏医院

主任中医师(3人)

韦利红　东阳市人民医院
杜旦锋　东阳市中医院
张荣伟　东阳市横店医院

副主任中医师(5人)

何小杨　东阳市人民医院
张巧燕　东阳市中医院
潘　勇　东阳广福医院
陈叶海　东阳市花园田氏医院
杨俊涛　东阳市花园田氏医院

主任护师(9人)

张云丹　东阳市人民医院
丁巧芳　东阳市人民医院
施巧完　东阳市人民医院
蔡绿花　东阳市人民医院
吴海英　东阳市人民医院
吕时花　东阳市人民医院
王联丽　东阳市人民医院
陈向华　横店文荣医院
叶旭红　横店文荣医院

副主任护师(28人)

王田菊　东阳市人民医院
贾艳丽　东阳市人民医院
马兰鸥　东阳市人民医院
蒋军燕　东阳市人民医院
余　萍　东阳市人民医院
包凤燕　东阳市人民医院
徐惠萍　东阳市人民医院
胡建丽　东阳市人民医院
杜羽萍　东阳市人民医院
贾宝芝　东阳市人民医院
陈倩倩　东阳市人民医院
李满仙　东阳市人民医院
程永珍　东阳市人民医院
韦娴瑛　东阳市人民医院
包琳琳　东阳市人民医院
包美华　东阳市中医院
苌丽花　东阳市中医院
徐秋英　东阳市中医院
马芳珍　东阳市横店医院
胡华庆　东阳市横店医院
马旭萍　东阳市横店医院
马艳娟　东阳市红十字医院
吕芬安　横店文荣医院
贾秀妍　横店文荣医院
金美贞　横店文荣医院
申屠妙丹　横店文荣医院
王　妙　横店文荣医院
陈美园　横店文荣医院

副主任药师(3人)

张京安　东阳市人民医院
杜　娟　东阳市中医院
严　珺　东阳市东阳江镇卫生院

副主任中药师(2人)

李小霞　东阳市中医院
王国康　横店文荣医院

副主任技师(5人)

徐晓棠　东阳市人民医院
楼丽君　东阳市人民医院
孙建民　东阳市人民医院
卢晓萍　东阳市横店医院
潘金艳　东阳市虎鹿镇事业综合服务部

（司松松）

东阳市2018年度纳税百强企业一览表

表58

单位:万元

序号	纳税人名称	法人代表	国地税全部税费合计
	一、纳税十强企业		
1	横店集团东磁股份有限公司	何时金	70307.58
2	中天建设集团有限公司	楼永良	56400.86
3	普洛药业股份有限公司	祝方猛	38415.85
4	浙江东阳农村商业银行股份有限公司	韦凯华	34025.85
5	华谊兄弟传媒股份有限公司	王忠军	32600.29
6	金华市烟草公司东阳分公司	王世平	14325.37
7	海天建设集团有限公司	应培新	14149.55
8	浙江联宜电机有限公司	许晓华	13156.23
9	东阳正午阳光影视有限公司	侯鸿亮	12884.84
10	浙江花园生物高科股份有限公司	邵君芳	11147.49
	二、纳税超亿元企业		
11	横店集团得邦照明股份有限公司	倪　强	10624.45
12	国网浙江东阳市供电有限公司	姜　勇	10591.52
13	东阳欢娱影视文化有限公司	马金萍	10118.62
	三、纳税超五千万元企业		
14	横店集团房地产开发有限公司	徐飞宇	7685.25
15	东阳市三阳银泰置业有限公司	张永平	7151.95
16	浙江巍华化工有限公司	吴顺华	7127.20
17	歌山建设集团有限公司	何向全	7081.61
18	广宏建设集团有限公司	叶新荣	6889.40
19	东阳市横店共荣置业有限公司	周建伟	6852.39
20	浙江省东阳第三建筑工程有限公司	楼正文	6757.55
21	横店影视股份有限公司	徐天福	6713.84
22	浙江新东阳建设集团有限公司	卢大根	6363.29
23	新丽电视文化投资有限公司	曹华益	6194.45
24	浙江东阳中国木雕城有限公司	陈　义	5563.66

续表58

序号	纳税人名称	法人代表	国地税全部税费合计
25	东阳市天元房地产开发有限公司	应向军	5326.67
26	浙江新光建材装饰城开发有限公司	虞云新	5228.01
27	东阳盟将威影视文化有限公司	王聪明	5112.09
四、纳税百强企业			
28	东阳市新悦房产开发有限公司	卢燎伟	4943.34
29	东阳市东铭房地产开发有限公司	唐佩文	4871.91
30	中国农业银行股份有限公司东阳市支行	金　屏	4827.40
31	印纪影视娱乐传媒有限公司	吴　冰	4755.78
32	浙江同力服装有限公司	龚松林	4683.37
33	东阳市泰安建筑劳务有限公司	蔡军伟	4670.35
34	浙江凯文控股集团有限公司	卢楷文	4402.22
35	东阳市蓝天白云置业有限公司	李　君	4259.13
36	浙江东阳天娱影视文化有限公司	肖　宁	4253.91
37	东阳市中梁泰和置业有限公司	王望京	4211.86
38	浙江东匠建设有限公司	张向阳	4033.46
39	东阳市天和工程咨询有限公司	楼群玲	3846.57
40	强视传媒有限公司	游建鸣	3738.18
41	浙江英洛华磁业有限公司	魏中华	3663.62
42	东阳市乐视花儿影视文化有限公司	曹　勇	3575.23
43	中国建设银行股份有限公司东阳支行	陈志国	3546.37
44	浙江唐德影视股份有限公司	吴宏亮	3539.31
45	东阳市众人建筑劳务有限公司	朱康伟	3515.79
46	浙江花园建设集团有限公司	朱建平	3507.09
47	浙江野风药业股份有限公司	周卫国	3451.14
48	浙江海森药业股份有限公司	王式跃	3385.48
49	横店集团控股有限公司	徐永安	3343.44
50	东阳市新天地房地产开发有限公司	黄孝富	3322.33
51	中国工商银行股份有限公司东阳支行	楼巧云	3308.04

续表58

序号	纳税人名称	法人代表	国地税全部税费合计
52	浙江中元磁业股份有限公司	任元月	3283.86
53	金华锦海置业有限公司	徐君华	3252.50
54	浙江孚诺医药股份有限公司	傅龙云	3246.29
55	浙江横店建筑工程有限公司	项正军	3151.88
56	东阳市凤凰通宝小额贷款股份有限公司	韦　斌	3049.88
57	花园集团有限公司	邵钦祥	3020.72
58	天祥建设集团股份有限公司	胡刚锋	2961.15
59	东阳开维曦园房地产开发有限公司	李雪梅	2850.22
60	东阳步阳置业有限公司	朱伟荣	2829.66
61	冀发集团有限公司	王　骥	2728.06
62	东阳市新工匠建筑劳务有限公司	胡帅民	2706.31
63	浙江中垚建设有限公司	韦余春	2679.73
64	东阳市博雅置业有限公司	徐忠全	2670.91
65	浙江思科制冷股份有限公司	陈俊健	2640.70
66	浙江康峰化工有限公司	吴永良	2620.56
67	东阳雅筑房地产开发有限公司	张益堂	2579.40
68	浙江省东阳市新兴房地产开发有限公司	李德尧	2514.52
69	中国银行股份有限公司东阳支行	罗亚捷	2356.64
70	浙江东阳新媒诚品文化传媒有限公司	曾茂军	2333.78
71	浙江大喜农业开发有限公司	卢　勇	2286.77
72	浙江省东阳市医药药材有限公司	韦　安	2234.19
73	东阳市晨辉建筑劳务有限公司	张尚华	2203.56
74	东阳市匠心建筑劳务有限公司	何洪良	2183.29
75	东阳市国置房地产开发有限责任公司	朱一帆	2179.96
76	浙江利星汽车有限公司	颜健生	2160.78
77	浙江康成实业有限公司	黄学敏	2138.49

续表58

序号	纳税人名称	法人代表	国地税全部税费合计
78	浙江新亚实业有限公司	金常青	2137.34
79	东阳市横店影视城酒店管理有限公司	郑叶飞	2120.25
80	东阳市中慧建筑劳务有限公司	王　忡	2083.70
81	浙江省东阳市江南建设有限公司	张正天	2068.43
82	欢瑞世纪(东阳)影视传媒有限公司	陈　援	2009.60
83	浙江北生药业汉生制药有限公司	洪鸣新	1971.84
84	东阳曼荼罗影视文化有限公司	张　悦	1963.63
85	浙江金立建设有限公司	赵　狄	1954.13
86	浙江横店影视城有限公司	桑小庆	1944.65
87	东阳市捷濠建筑劳务有限公司	吴国心	1942.16
88	东阳横店张艺兴影视工作室	张艺兴	1913.62
89	浙江绿宇制冷配件有限公司	葛富民	1872.12
90	浙江东阳大业智星影视娱乐有限公司	谌　雯	1812.96
91	浙江东峰制冷配件有限公司	陈尚进	1807.32
92	浙江金华甬金高速公路有限公司东阳分公司	申屠峰	1802.42
93	浙江好乐多商贸有限公司	马剑胜	1800.50
94	浙江唐德影视股份有限公司东阳分公司	吴宏亮	1787.57
95	浙江省东阳市一帆建筑劳务有限公司	厉莉丽	1772.15
96	中国人寿保险股份有限公司东阳市支公司	严　鹃	1751.77
97	金华璟坤置业有限公司	陈　舟	1748.58
98	东阳市城市建设投资集团有限公司	杜益初	1731.80
99	广厦传媒有限公司	卢英英	1731.13
100	新丽传媒有限责任公司	曹华益	1714.70

（东　鉴）

2018年度东阳市获党委、政府表彰的先进集体一览表

表59

序号	获表彰单位	荣誉名称	表彰单位/表彰文号	表彰时间
		一、省　级		
1	东阳市	浙江省体育强市	浙政函〔2018〕4号	2018年1月
2	东阳市	2017年度社会主义新农村建设优秀县(市、区)	浙委发〔2018〕8号	2018年2月
3	东阳市	2017年度森林浙江建设目标责任制考核优秀县(市、区)	浙政办发〔2018〕25号	2018年3月
4	东阳市	平安金鼎的平安市、平安县(市、区)	浙委发〔2018〕13号	2018年3月
5	东阳市	2017年度浙江省“五水共治”(河长制)工作优秀县(市、区)“大禹鼎”	浙委发〔2018〕25号	2018年6月
6	东阳市人民政府	2017年度信息工作考核优秀单位	浙政办发函〔2018〕11号	2018年2月
7	东阳市人民政府	浙江省森林资源保护管理工作突出贡献集体	浙政发〔2018〕45号	2018年12月
8	湖溪镇南塘村	浙江省文明村镇	浙委发〔2018〕4号	2018年1月
9	虎鹿镇葛宅村			
10	地方税务局吴宁分局	浙江省文明单位	浙委发〔2018〕4号	2018年1月
11	外国语学校			
12	实验小学			
13	市委防范办	2016～2017年度全省社会治安综合治理先进集体	浙委发〔2018〕13号	2018年3月
14	白云街道办事处	全省人民调解工作先进乡镇(街道)	浙委发〔2018〕48号	2018年10月
15	环保局	全省剿灭V类水工作突出贡献集体	浙委发〔2018〕49号	2018年10月
16	城东街道李宅社区			
17	农办	2018年浙江省“千万工程”和美丽浙江建设突出贡献集体	浙委发〔2018〕54号	2018年11月
18	公安局	2016~2017年度全省重点建设立功竞赛先进集体	浙政发〔2018〕42号	2018年11月

续表59

序号	获表彰单位	荣誉名称	表彰单位/表彰文号	表彰时间
		二、金华市级		
19	东阳市	2017年度粮食安全责任制考核优秀单位	金政发〔2018〕16号	2018年4月
20	东阳市人民政府	全市工业经济综合目标责任制考核二等奖	金政发〔2018〕12号	2018年2月
21	东阳市人民政府	2017年度全市外贸工作先进单位二等奖 2017年度全市利用外资先进单位二等奖 2017年度全市商贸流通先进单位三等奖	金政发〔2018〕15号	2018年3月
22	民政局	金华市十九大维稳安保突出贡献集体	金委发〔2018〕41号	2018年1月
23	虎鹿镇	2017年度无违建乡镇(街道)	金政发〔2018〕3号	2018年1月
24	马宅镇			
25	佐村镇			
26	三单乡			
27	吴宁街道	2017年度基本无违建乡镇(街道)	金政发〔2018〕3号	2018年1月
28	白云街道			
29	六石街道			
30	城东街道			
31	南市街道			
32	横店镇			
33	南马镇			
34	巍山镇			
35	歌山镇			
36	千祥镇			
37	画水镇			
38	东阳江镇			

续表59

序号	获表彰单位	荣誉名称	表彰单位/表彰文号	表彰时间
39	横店集团得邦工程塑料有限公司	2017年度金华市人民政府质量奖提名奖	金政发〔2018〕11号	2018年2月
40	东阳横店电子产业园区管委会	全市经济开发区(工业园区)综合考核二等奖	金政发〔2018〕12号	2018年2月
41	横店镇	全市十强工业强镇(乡、街道)	金政发〔2018〕12号	2018年2月
42	横店集团东磁股份有限公司	全市十强工业企业	金政发〔2018〕12号	2018年2月
43	普洛药业股份有限公司			
44	横店集团得邦照明股份有限公司			
45	浙江日升昌药业有限公司	金华市高成长标杆企业	金政发〔2018〕12号	2018年2月
46	浙江横店得邦进出口有限公司	2017年度全市外经贸先进企业	金政发〔2018〕15号	2018年3月
47	浙江横店普洛进出口有限公司			
48	横店集团东磁股份有限公司			
49	浙江省东阳第三建筑工程有限公司			
50	中天建设集团有限公司			
51	欢瑞世纪(东阳)影视传媒有限公司			
52	华谊兄弟传媒股份有限公司			
53	浙江横店得邦进出口有限公司	2017年度一般贸易出口先进企业	金政发〔2018〕15号	2018年3月
54	浙江横店普洛进出口有限公司			
55	横店集团东磁股份有限公司			
56	浙江同力服装有限公司			
57	冀发集团有限公司			
58	浙江巍华化工有限公司			
59	浙江画之都文化创意股份有限公司			
60	浙江联宜电机有限公司			

续表59

序号	获表彰单位	荣誉名称	表彰单位/表彰文号	表彰时间
61	浙江东园进出口有限公司	2017年度自营进口先进企业	金政发〔2018〕15号	2018年3月
62	横店集团浙江英洛华国际贸易有限公司			
63	浙江横店普洛进出口有限公司			
64	浙江横店得邦进出口有限公司	2017年度自营进口先进企业	金政发〔2018〕15号	2018年3月
65	横店集团东磁股份有限公司			
66	浙江横店影视城有限公司	十大数字经济标杆企业	金政发〔2018〕25号	2018年6月
67	横店集团东磁股份有限公司			
68	横店影视城“智慧旅游”平台	十大数字经济创新平台	金政发〔2018〕25号	2018年6月
69	横店电子产业园区	十大数字经济特色园区	金政发〔2018〕25号	2018年6月
70	横店集团得邦照明股份有限公司	十大两化融合示范企业	金政发〔2018〕25号	2018年6月
71	禁毒办	2017年度全市禁毒工作成绩突出集体	金政办发〔2018〕59号	2018年7月
72	民政局	金华市爱国拥军工作突出贡献集体	金委发〔2018〕30号	2018年8月
73	交通运输局			
74	公安局	金华市争创“平安金鼎”工作行政奖励集体二等功	金政发〔2018〕31号	2018年8月
75	市委政法委	金华市争创“平安金鼎”工作行政奖励集体三等功	金政发〔2018〕31号	2018年8月
76	信访局			
77	安全监管局	金华市争创“平安金鼎”工作行政奖励集体嘉奖	金政发〔2018〕31号	2018年8月
78	市场监管局			
79	消防大队			
80	白云街道党工委			
81	白云街道办事处			

续表59

序号	获表彰单位	荣誉名称	表彰单位/表彰文号	表彰时间
82	佐村镇	2017年征兵工作突出贡献乡镇(街道)	金政发〔2018〕33号	2018年8月
83	千祥镇			
84	画水镇			
85	浙江横店影视城有限公司	2017年度金华市旅游龙头企业	金政发〔2018〕44号	2018年11月
86	浙江东阳中国木雕城有限公司			

2018年度东阳市获党委、政府表彰的先进个人一览表

表60

序号	姓名	工作单位	荣誉称号	表彰单位/表彰文号	表彰时间
			一、省　级		
1	郭　珊	东阳市人民政府	2017年度政务信息工作考核优秀个人	浙政办发函〔2018〕11号	2018年2月
2	朱新康	市委政法委、市综治办	2016~2017年度全省社会治安综合治理先进集体	浙委办发〔2018〕13号	2018年3月
3	蒋洪红	公安局	2017年度全省禁毒工作成绩突出个人	浙政办发〔2018〕60号	2018年6月
4	胡洪仁	南市街道办事处	2017年度“无违建县(市、区)”创建工作先进个人	浙政发〔2018〕29号	2018年7月
5	徐煌棋	东阳市应急连通信分队	拼搏奖	浙政办发〔2018〕75号	2018年7月
6	方辉亮	横店镇人民调解委员会	全省优秀人民调解员	浙委发〔2018〕48号	2018年10月
7	应小虎	巍山镇《邦浩文学创作工作室》	全省剿灭V类水工作突出贡献个人	浙委发〔2018〕49号	2018年10月
8	徐文荣	横店集团	浙江省非公有制经济人士新时代优秀中国特色社会主义事业建设者	浙委发〔2018〕51号	2018年10月
9	方雪飞	中共东阳市委员会	“千村示范、万村整治”工程和美丽浙江建设突出贡献个人三等功	浙政发〔2018〕39号	2018年11月

续表60

序号	姓名	工作单位	荣誉称号	表彰单位/表彰文号	表彰时间
10	何小飞	农办	“千村示范、万村整治”工程和美丽浙江建设突出贡献个人	浙委发〔2018〕54号	2018年11月
11	陈建强	建设局			
12	吴伟华	城东街道办事处			
13	滕恩良	六石街道办事处			
14	费　航	巍山镇政府			
15	蒋红翔	湖溪镇政府			
16	杜国坚	浙江省林业科学研究院派驻东阳市团队	浙江省成绩突出科技特派员	浙委办发〔2018〕75号	2018年11月
17	王　珍	林业局	浙江省森林资源保护管理工作突出贡献个人	浙政发〔2018〕45号	2018年12月
18	陆锡其	南马镇林业工作站			
二、金华市级					
19	李荣跃	市委统战部	2017金华发展大会筹办工作先进个人	金委办发〔2018〕1号	2018年1月
20	杜倩倩	市委宣传部新闻办			
21	葛晓阳	招商局			
22	何时金	横店集团东磁股份有限公司	2017年度金华市人民政府质量奖贡献奖	金政发〔2018〕11号	2018年2月
23	郭　珊	东阳市人民政府	四星级政务信息员	金华市人民政府	2018年5月
24	何时金	横店集团东磁股份有限公司	十大数字经济领军人物	金政发〔2018〕25号	2018年6月
25	李军跃	看守所	2017年度全市禁毒工作成绩突出个人	金政办发〔2018〕59号	2018年7月
26	叶文明	民政局	金华市爱国拥军工作突出贡献个人	金委发〔2018〕30号	2018年8月
27	李宝春	中共东阳市委员会	金华市争创“平安金鼎”工作行政奖励个人二等功	金政发〔2018〕31号	2018年8月
28	吴正明	市委政法委			
29	朱新康	市委政法委			
30	厉国强	公安局			
31	孙俊杰	公安局			
32	施奕明	人力社保局			
33	陈建强	建设局			
34	丁小津	市委政法委			
35	郭世琦	消防大队			

续表60

序号	姓名	工作单位	荣誉称号	表彰单位/表彰文号	表彰时间
33	卜亚男	政协东阳市委员会	金华市争创“平安金鼎”工作行政奖励个人三等功	金政发〔2018〕31号	2018年8月
34	李　强	公安局	金华市争创“平安金鼎”工作行政奖励个人三等功	金政发〔2018〕31号	2018年8月
35	贾新民	市委办公室	金华市争创“平安金鼎”工作行政奖励个人三等功	金政发〔2018〕31号	2018年8月
36	包跃华	东阳市人民政府	金华市争创“平安金鼎”工作行政奖励个人三等功	金政发〔2018〕31号	2018年8月
37	黄海威	纪委常委、监委	金华市争创“平安金鼎”工作行政奖励个人三等功	金政发〔2018〕31号	2018年8月
38	王　雷	市委组织部	金华市争创“平安金鼎”工作行政奖励个人三等功	金政发〔2018〕31号	2018年8月
39	陈远京	宣传部	金华市争创“平安金鼎”工作行政奖励个人三等功	金政发〔2018〕31号	2018年8月
40	杜响亮	信访局	金华市争创“平安金鼎”工作行政奖励个人三等功	金政发〔2018〕31号	2018年8月
41	杜双斌	教育局	金华市争创“平安金鼎”工作行政奖励个人三等功	金政发〔2018〕31号	2018年8月
42	张　涛	民政局	金华市争创“平安金鼎”工作行政奖励个人三等功	金政发〔2018〕31号	2018年8月
43	单倩倩	司法局	金华市争创“平安金鼎”工作行政奖励个人三等功	金政发〔2018〕31号	2018年8月
44	金旭东	财政预算局	金华市争创“平安金鼎”工作行政奖励个人三等功	金政发〔2018〕31号	2018年8月
45	韦晓明	行政执法局横店分局	金华市争创“平安金鼎”工作行政奖励个人三等功	金政发〔2018〕31号	2018年8月
46	高国新	市场监管局	金华市争创“平安金鼎”工作行政奖励个人三等功	金政发〔2018〕31号	2018年8月
47	卢海龙	歌山镇综治办	金华市争创“平安金鼎”工作行政奖励个人三等功	金政发〔2018〕31号	2018年8月
48	蔡旭华	东阳市人民法院巍山法庭	金华市争创“平安金鼎”工作行政奖励个人嘉奖	金政发〔2018〕31号	2018年8月
49	张清峰	东阳市人民检察院	金华市争创“平安金鼎”工作行政奖励个人嘉奖	金政发〔2018〕31号	2018年8月
50	周连华	国土资源局	金华市争创“平安金鼎”工作行政奖励个人嘉奖	金政发〔2018〕31号	2018年8月
51	傅　凯	交通运输局	金华市争创“平安金鼎”工作行政奖励个人嘉奖	金政发〔2018〕31号	2018年8月
52	王　凯	商务局	金华市争创“平安金鼎”工作行政奖励个人嘉奖	金政发〔2018〕31号	2018年8月
53	卢萍萍	统计局	金华市争创“平安金鼎”工作行政奖励个人嘉奖	金政发〔2018〕31号	2018年8月
54	葛阳红	安全监管局	金华市争创“平安金鼎”工作行政奖励个人嘉奖	金政发〔2018〕31号	2018年8月
55	陈　丰	吴宁街道综治办	金华市争创“平安金鼎”工作行政奖励个人嘉奖	金政发〔2018〕31号	2018年8月
56	王丰平	白云街道安监所	金华市争创“平安金鼎”工作行政奖励个人嘉奖	金政发〔2018〕31号	2018年8月
57	吴迅凌	江北街道消防站	金华市争创“平安金鼎”工作行政奖励个人嘉奖	金政发〔2018〕31号	2018年8月
58	包永平	六石街道六石社区下汪小区党支部	金华市争创“平安金鼎”工作行政奖励个人嘉奖	金政发〔2018〕31号	2018年8月

续表60

序号	姓名	工作单位	荣誉称号	表彰单位/表彰文号	表彰时间
59	华洁晶	城东街道团工委	金华市争创“平安金鼎”工作行政奖励个人嘉奖	金政发〔2018〕31号	2018年8月
60	杜运才	南市街道综治办			
61	韦　民	横店镇安监所			
62	贾杨军	南马镇团委			
63	吕德忠	巍山镇综治办			
64	陈军卫	千祥镇经发办			
65	丁启航	湖溪镇综治办	金华市争创“平安金鼎”工作行政奖励个人嘉奖	金政发〔2018〕31号	2018年8月
66	邵　安	画水镇综治办			
67	王兴锋	虎鹿镇综治办			
68	张　娜	江北街道社区卫生服务中心	2017年征兵工作突出贡献个人	金政发〔2018〕33号	2018年8月
69	胡爱妹	东阳市人民医院			
70	顾鲁荣	民政局			
71	潘伟华	公安局			
72	徐煌棋	民兵应急连通信分队	全省首届民兵岗位练兵大比武优胜个人嘉奖	金政办发〔2018〕94号	2018年11月

2018年度东阳市获条线表彰的先进集体一览表

表61

序号	获表彰单位	荣誉名称	表彰单位/表彰文号	表彰时间
		一、国家级		
1	东阳供销总社	全国供销合作社系统先进集体	人社部发〔2018〕8号	2018年1月
2	东阳农商银行	2017年农村合作金融机构支农支小服务示范单位	中国银行业协会 银协发〔2018〕6号	2018年1月
3	南马镇花园村	首批全国农村幸福社区建设示范单位	民发〔2018〕9号	2018年1月
4	新丽传媒股份有限公司	2017～2018年度国家文化出口重点企业	商务部 中宣部 财政部 文化部	2018年2月
5	千乘影视股份有限公司			
6	浙江华谊兄弟影业投资有限公司			
7	华谊兄弟传媒股份有限公司			

续表61

序号	获表彰单位	荣誉名称	表彰单位/表彰文号	表彰时间
8	东阳农商银行	全国模范职工之家	中华全国总工会 总工发〔2018〕29号	2018年9月
9	东阳市惠民公共交通有限公司	全国公共自行车行业优秀管理奖	中国道路运输协会城市客运分会	2018年10月
		二、省　级		
10	东阳市	2017年度全省民政工作先进县(市、区)	浙民办〔2018〕44号	2018年3月
11	东阳市	浙江省教育基本现代化县(市、区)	浙教督〔2018〕24号	2018年3月
12	东阳市	2017年度"小微企业三年成长计划"工作优秀县(市、区)	浙微组发〔2018〕1号	2018年3月
13	东阳市	2017年度人口和计划生育目标管理责任制优胜单位	室字〔2018〕6号	2018年3月
14	东阳市	2018年度全省老龄信息工作先进单位	浙老工委办〔2018〕21号	2018年11月
15	教育局	第四批浙江省教育技术装备规范管理示范县(市、区)	浙教技中心〔2018〕7号	2018年1月
16	人力社保局	党的十九大维稳安保工作作出突出贡献的集体	浙江省人力资源和社会保障厅	2018年1月
17	劳动监察大队	浙江省劳动保障监察系统模范集体	浙江省人力资源和社会保障厅	2018年1月
18	劳动人事争议仲裁院	浙江省人力资源和社会保障系统先进集体	浙江省人力资源和社会保障厅	2018年1月
19	城东街道武装部	2017年度基层建设标兵单位	中国人民解放军浙江省军区	2018年1月
20	人武部	2017年度备战训练先进单位	中国人民解放军浙江省军区	2018年1月
21	工商联	浙江省"五优"县级工商联	浙联发〔2018〕8号	2018年1月
22	华谊兄弟传媒股份有限公司	2017年浙江本土民营企业跨国经营30强	浙商务〔2018〕4号	2018年1月
23	中天建设集团有限公司	2017年浙江本土民营企业跨国经营30强	浙商务〔2018〕4号	2018年1月
24	东阳市老龄办	2017年度全省先进县(市、区)老龄办	浙老工委办〔2018〕2号	2018年2月

续表61

序号	获表彰单位	荣誉名称	表彰单位/表彰文号	表彰时间
25	东阳市花园田氏医院护理部	浙江省巾帼文明岗	浙巾双协〔2018〕1号	2018年2月
26	横店集团东磁股份有限公司东磁大厦房务部			
27	浙江东阳农村商业银行股份有限公司虎鹿支行			
28	中国农业银行股份有限公司东阳分行巍山支行			
29	浙江横店影视城有限公司梦幻谷分公司顾客服务部			
30	林业局	2017年度全省林业好信息二等奖	浙林便〔2018〕36号	2018年2月
31	市场监管局	2017年全省推进“放心消费在浙江”行动先进集体	浙消联办〔2018〕1号	2018年2月
32	东阳市供销总社	2017年度全省综合业绩考评特等奖	浙合指〔2018〕10号	2018年2月
33	市场监管局企业监督管理科	2017年实施“小微企业三年成长计划”先进集体	浙江省工商行政管理局 浙工商基〔2018〕3号	2018年2月
34	市政府第三次农业普查领导小组办公室	浙江省第三次农业普查先进集体	浙农普组〔2018〕1号	2018年2月
35	城东街道办事处			
36	市场监管局	2016～2017医疗器械不良事件监测工作优秀集体	浙医械监〔2018〕7号	2018年2月
37	教育局	2017年度浙江省教育部门优秀新媒体综合力十强	浙技协教〔2018〕3号	2018年3月
38	公安局	2017年度全省公安机关执法质量优秀单位	浙公通字〔2018〕20号	2018年3月
39	环境监察大队	全省环境监察执法工作优胜大队	浙环执法发〔2018〕2号	2018年3月
40	浙江普洛康裕生物制药有限公司	浙江省五一劳动奖状	浙总工发〔2018〕43号	2018年4月
41	中国民主同盟东阳市基层委员会	浙江省学习实践活动先进集体	盟浙〔2018〕4号	2018年4月
42	东阳市政府办公室	2017年度全市政务信息工作考核二等奖	室字〔2018〕9号	2018年4月

续表61

序号	获表彰单位	荣誉名称	表彰单位/表彰文号	表彰时间
43	中国民主同盟东阳市基层委员会	浙江省人才建设先进集体	盟浙〔2018〕11号	2018年5月
44	东阳市惠民公共交通有限公司	2018年浙江省公交行业春运工作先进单位	浙公交协〔2018〕11号	2018年5月
45	农业局	2017年度浙江省农业行政执法绩效考核优胜单位	浙农专发〔2018〕41号	2018年5月
46	横店镇官桥村妇联	全省先进妇女组织	浙妇〔2018〕34号	2018年6月
47	南马镇妇联	全省先进妇女组织	浙妇〔2018〕34号	2018年6月
48	农业局	2017年度浙江省农机购置补贴政策落实绩效考核优秀单位	浙农专发〔2018〕52号	2018年6月
49	江北街道茗田社区	省级无障碍社区	浙残工委〔2018〕6号	2018年8月
50	横店集团东磁有限公司	2018年(第18届)浙江省电子信息制造业业务收入前30家企业	浙轻信电子〔2018〕184号	2018年8月
51	横店集团得邦照明有限公司	2018年(第18届)浙江省电子信息制造业业务收入前30家企业	浙轻信电子〔2018〕184号	2018年8月
52	横店集团得邦照明有限公司	2018年(第18届)浙江省电子信息出口10家重点企业	浙轻信电子〔2018〕184号	2018年8月
53	浙江中科磁业有限公司	2018年(第18届)浙江省电子信息50家成长性特色企业	浙轻信电子〔2018〕184号	2018年8月
54	巍山镇团委	2017年省级五四红旗团委	团浙〔2018〕46号	2018年9月
55	浙江东阳农村商业银行股份有限公司佐村支行团支部	2017年省级五四红旗团支部	团浙〔2018〕46号	2018年9月
56	东阳市惠民公共交通有限公司	浙江省公交行业改革开放四十年宣传活动优秀组织单位	浙公交协〔2018〕22号	2018年11月
57	民进东阳市支部	民进浙江省宣传思想工作先进集体	浙进〔2018〕47号	2018年11月
58	东阳市林业总场	浙江省国有林场建设突出贡献集体	浙林造〔2018〕87号	2018年11月
59	东阳农商银行	2018年度“省级平安单位”	省公安厅 浙公办〔2018〕270号	2018年11月
60	东阳市林业总场西甑山	2018年浙江省生态文化基地	浙生协〔2018〕4号	2018年12月
61	东阳市横店镇影视产业协会党群服务中心	浙江省社会组织党群服务中心示范点	浙社综委〔2018〕31号	2018年12月
62	农工党东阳市委会	2018年度社会服务工作先进集体	农工浙〔2018〕48号	2018年12月
63	农工党东阳市人民医院三支部	2018年度社会服务工作先进集体	农工浙〔2018〕48号	2018年12月
64	东阳市红椿巷销售厅	2018年度视频型彩票销售四星级销售厅	浙彩发〔2018〕88号	2018年12月

2018年度东阳市获条线表彰的先进个人一览表

表62

序号	姓名	工作单位	荣誉称号	表彰单位/表彰文号	表彰时间
一、国家级					
1	孙祝兵	浙江联宜电机有限公司	2016～2017年度全国青年岗位能手(标兵)	中青联发〔2018〕6号	2018年7月
2	吴　菁	东阳农商银行	零售业务一等奖	农信银发〔2018〕130号	2018年9月
3	申屠佳佳	东阳农商银行	对公业务一等奖	农信银发〔2018〕130号	2018年9月
4	王　彬	农工党东阳市委会	2016～2017年度全国无偿献血奉献奖银奖	中华人民共和国国家卫生健康委员会 中国红十字会总会 中央军委后勤保障卫生局	2018年10月
二、省　级					
5	黄正明	人力社保局	浙江省人力资源和社会保障系统先进工作者	浙江省人力资源和社会保障厅	2018年1月
6	吕志勤	东阳邮政公司	2014～2017年度浙江省邮政分公司先进个人	浙邮分联〔2018〕2号	2018年1月
7	任海茵	市场监管局	全省食品安全法律知识竞赛优胜选手	浙食药监函〔2018〕7号	2018年1月
8	卢胜华	吴宁街道办事处	党的十九大维稳安保工作作出突出贡献个人	浙江省人力资源和社会保障厅	2018年1月
9	胡宇翔	东阳市人民检察院	个人二等功	浙检发政字〔2018〕2号	2018年1月
10	李朝霞	东阳市人民医院	浙江省巾帼建功标兵	浙巾双协〔2018〕1号	2018年2月
11	胡贤女	农工党东阳市委会	浙江省农业科学院工会工作积极分子	浙江省农业科学院工会工作委员会	2018年2月
12	徐新琪	统计局	浙江省第三次农业普查先进个人	浙农普组〔2018〕1号	2018年2月
13	陈丽娟	统计局			
14	蒋锦龙	农业技术推广中心			
15	郭玉华	横店镇政府			
16	蔡跃飞	南市街道办事处			
17	蒋　嘹	虎鹿镇政府			
18	贾立凤	六石街道办事处			

续表62

序号	姓名	工作单位	荣誉称号	表彰单位/表彰文号	表彰时间
19	周鹏程	市场监管局	2016~2017年度全省医疗器械不良事件监测工作优秀个人	浙医械监〔2018〕7号	2018年2月
20	胡文翠	林业局	2016~2017年度全省基层农业技术推广优秀工作浙“万向奖”	浙农推基〔2018〕4号	2018年3月
21	金旭来	环保局	全省环境监察执法工作先进个人	浙环执法发〔2018〕2号	2018年3月
22	王　斌				
23	胡文翠	林业局	第十八届浙江省科技兴林奖二等奖	浙林会〔2018〕5号	2018年4月
24	黄小明	浙江新东阳木雕有限公司	浙江工匠	浙总工发〔2018〕44号	2018年4月
25	冯文土	浙江东阳市冯艺木雕有限公司			
26	吴初伟	东阳市木雕研究设计院			
27	张丽青	市委统战部	民盟浙江省委会“助推全面剿灭劣V类水”实践活动治水先锋	盟浙〔2018〕8号	2018年4月
28	马春兰	中国民主同盟东阳市基层委员会	2018年中华叶圣陶杯中学生作文大赛指导一等奖	叶圣陶研究会 《中学语文教学》杂志 开明出版社	2018年4月
29	胡龙品	教育局教研室	民盟浙江省委会组织工作先进个人	盟浙〔2018〕11号	2018年5月
30	陈玲玲	妇联	全省优秀妇联干部	浙妇〔2018〕34号	2018年6月
31	金欣欣	虎鹿镇政府			
32	贾华凑	东阳市种植业技术推广中心	2017年度浙江省农业技术推广贡献奖	浙农科发〔2018〕17号	2018年8月
33	马春兰	中国民主同盟东阳市基层委员会	全国中学生科普科幻作文大赛优秀辅导老师	中国科普作家协会 《知识就是力量》杂志 《科学故事会》杂志	2018年8月
34	申屠佳颖	东阳中学高三(16)班	2017年度省级优秀团员	团浙〔2018〕46号	2018年9月
35	沈　珏	东阳经济开发区管理委员会办公室			
36	徐月娟	中国民主同盟东阳市基层委员会	2018年浙江省优秀教师暨农村教师突出贡献奖	浙教人〔2018〕88号	2018年9月
37	杜时杭	东阳市义工协会	浙江省第三届“十大杰出义工”	浙慈文字〔2018〕5号	2018年10月
38	陈云水	民政局	2018年度全省老龄信息工作优秀信息员	浙老工委办〔2018〕21号	2018年11月

续表62

序号	姓名	工作单位	荣誉称号	表彰单位/表彰文号	表彰时间
39	杜敏红	林业局	浙江省国有林场建设突出贡献个人	浙林造〔2018〕87号	2018年11月
40	郭国锦	东阳玉米研究所	“王一成”式优秀科技工作者	浙农院党委〔2018〕66号	2018年11月
41	楼肖成	东阳玉米研究所			
42	卢华兵	东阳玉米研究所	成绩突出科技特派员	浙江省科技特派员工作15周年总结表彰会议	2018年11月
43	张　毅	经济和信息化局	在实行最严格水资源管理制度工作中成绩突出个人	浙水人〔2018〕52号	2018年11月
44	徐锡良	水务局			
45	方益洪	东阳农商银行	第二批省属企业杰出经理人	浙国资党委发〔2018〕18号	2018年12月
46	杜江红	东阳市人民法院	天平奖章	浙江省高级人民法院	2018年
47	何忠民	公安局	2017年度“千名好民警”	浙公通〔2018〕22号	2018年
48	金晓媛				
49	楼方杰				
50	王　飞				
51	邵宇梁				
51	华骏阳				
53	许君元				
54	赵建宾				
55	赵　锴				

（东　鉴）

吴宁街道

【概况】 2018年，吴宁街道行政区域面积31平方千米，辖卢宅、江滨、东街、西街、东岘、迎晖、朝阳、城南、西园、荷塘、兴平11个社区31个经济合作社，下设65个居民小区。办事处驻吴宁街道青春路11号。辖区总户数32163户，总人口84750人，其中男性41333人、女性43417人。出生人口1048人，人口出生率9.13‰，出生人口性别比108(女为100)，人口自然增长率4.76‰。完成税收6.34亿元。城镇居民人均可支配收入52688元，农村居民人均纯收入29544元。

【工业】 2018年，吴宁街道有规模以上工业企业10家，限额以上批零企业25家，限额以上住宿餐饮企业12家，限额以上服务业企业17家。10家规模以上企业完成工业总产值32.67亿元，比上年增长8.5%；25家限额以上批发零售企业完成销售总额14.3亿元，比上年下降12.0%；12家限额以上住宿餐饮企业完成营业总额1.17亿元，比上年下降17.6%。完成外贸出口销售额2.1亿元；完成工业性投入(新建技改项目)0.3亿元；新培育产值2000万元以上企业1家(东阳市浙森工艺品厂)；新增限额以上商贸服务业企业3家(东阳市双木实业有限公司、东阳市国美电器有限公司、东阳市鑫宏渣土清运有限公司)。通过"飓风整治"行动，整治低小散乱及"四无"企业261家；开展旧厂房、技术改造企业3家、投资76万元。

【农业】 2018年，吴宁街道农业总产值3723万元，常用耕地面积148.9公顷，山林面积1368公顷,农作物播种面积284公顷，其中粮食作物播种面积80.5公顷。开展成家里和西岘蔬菜基地建设，做好农产品质量安全监督，确保农业生产安全；开展森林防火、防汛抗台工作，防治松材线条病虫害；完成前山坞和大山口水库建设。完成88台拖拉机和106名驾驶员的年度检审验工作。

【村镇建设】 2018年，吴宁街道开展环境卫生整治工作。清理绿化面积30万平方米，清理公共楼道6000余条，清除卫生死角、积水容器500个，清理房前屋后垃圾约5千吨。创建一星级文明小区58个，二星级文明小区22个。开展"毁绿种菜"专项整治工作，清理绿化带30.82万平方米，种植苗木42.15万株。落实城区垃圾分类全覆盖，发放垃圾桶1700个，开展培训67次，发放垃圾分类宣传资料1万余张。

吴宁街道完成37个小区截污纳管建设任务，实现城区截污纳管全覆盖；推进"污水零直排"创建工作，完成70%创建任务；继续推进重点支流整治工作，确保全域河道水质稳定在Ⅳ类水以上标准。

吴宁街道推进"三改一拆"工作。拆除违章建筑154宗、面积22.1万平方米；改造城中村3199户、面积45.49万平方米；完成旧住宅改造588户、面积11.75万平方米；完成危旧房治理145户、面积3.06万平方米；创建完成"无违建"小区61个，"基本无违建"小区4个，市中医院征用地块拆违面积约4公顷，基本完成省督办问题点整治。

【重点工程建设】 2018年，吴宁街道开展西岘棚户区改造工作，至签约截止日，西岘小区房屋征收和安置协议签约率90.63%。金义东轻轨吴宁街道标段(人民路至体育馆段)进场施工。孙村东阳市天然气输气站土地征用、迁坟、清表等政策处理到位，天然气"西气东输"工程顺利进行。9月13日，市天然气门站举行开阀通气仪式。开展三和和四联安置区、人才公寓、市民中心、环城北路人行道4个项目涉及8个经济合作社的征地工作。

【文教卫生】 2018年，吴宁街道有幼儿园26所，小学10所，初中4所，高中2所；图书馆、文化站2个；剧场、影剧院4个；各级各类医疗卫生机构74家、医疗卫生机构床位数920张、执业(助理)医师数600人。增加公办幼儿园规划布点10处。确定"百姓茶坊"为街道综合文化站，每周免费开放42小时以上。有街道级文艺团队15支，社区级文体团队45支，完成公益性演出183场次，大型文艺晚会12场次。各社区开展以"争做文明人.共创文明城"为主题的街道文艺会演；发放创建全国文明城市调查问卷3.6万份，发放市民手册3万余本，放置灭火器1500余组；开展中小学文化类学科培训机构专项检查整治工作;完成辖区内健身器材的全面维修;成立街道红十字会及市志编撰工作小组。

【社会保障】 2018年,吴宁街道办理申报灵活就业人员"4050"社保补贴1339人;办理"创业失业登记证"319人;办理企业退休认证16534人、异地退休认证30人、居民养老保险和失地农民养老保险认证1587人。为183名低保、五保户发放补助77万元;发放临时救济款17.95万元,发放医疗救助金8.5万元,发放慈善助困金4.5万元;办理重度残疾人护理补贴548人,办理困难残疾人生活补贴168人;帮扶自谋职业转业士官18人,采集退伍军人信息3587人;成立劳动关系调解委员会10个,受理劳动纠纷105件,涉及金额20万元。

【社会管理】 2018年,吴宁街道推广浙江省平安建设信息系统录入工作,上报各类信息11819件。发放各类平安宣传资料32500张,开展法制宣传教育活动16次。受理劳动保障监察举报投诉工资案件86件,结案77件,涉及金额37.55万元;处理劳资纠纷群体性突发事件2起,工伤类案件3起,涉及金额14.35万元。组织消防应急演练53次,参演933人次,投入资金2.4万余元。推进红木木雕家具行业环保整治、电气火灾治理、安全生产综合治理三年行动、隐患排查治理等专项活动。检查各类场所2357家次,排查消防安全隐患611处;开展推广使用消防远程监控系统、联网型智能火灾探测器系统。加强食品安全质量监管,排查食品药品安全隐患,开展农村家宴放心厨房建设,加强"家宴厨师"管理。

【组织建设】 2018年,吴宁街道开展基层党建工作,吸收党员25人,预备党员转正31人,带领"红领青年"开展"红色主题月活动";开展党员干部积分管理,督查党员联系群众落实情况,开展大党课活动。街道党工委运用监督执纪"四种形态"处理47人次,其中运用"第一种形态"处理42人次、"第二种形态"处理2人次、"第三种形态"处理3人次;街道纪工委运用"第四种形态"处理30起,查办案件相关人员18人次。受理纪检信访17件,报结15件。

2018年吴宁街道社区基本信息情况一览表

表63

社区名称	小区(个)	社区支部书记	社区主任
卢宅社区	7	金　芳	郭江明
江滨社区	6	陈　坚	卢希梁
东街社区	6	毛志群	马瑛瑛
西街社区	5	楼赵龙	张鹏丽
东岘社区	7	麻银火	邢方浩
迎晖社区	7	卢胜华	马百胜
朝阳社区	6	周英华	孙云才
城南社区	4	胡筱阳	杜　宁
西园社区	7	吴赟鹏	王国兆
荷塘社区	6	包振波	金德龙
兴平社区	4	卢彩萍	—

【社区"大党委"成立】 2018年,吴宁街道在城南开展社区"大党委"试点,实施社区"大党委"工作机制,采取"1+1+N"("1"即社区"大党委",由街道党工委直接领导,负责对辖区党委、小区党支部实行直接管理;"1"即在社区"大党委"下设社区党群服务中心;"N"即社区区域内各"两新"党组织、各驻区部门党组织,统一纳入社区大党委共建管理,负责本单位、组织的党建工作并参与区域党的建设、社会管理服务活动)工作运行模式,实现共建互联互动,增强社区党委的凝聚力和吸引力。10月12日,举行城南社区"大党委"成立仪式,市人武部、市民政局、南市街道、农商银行南市支行、好乐多商贸、五洲大酒店、博大置业、圣华工艺品公司8家"大党委"的成员单位参加。至年末,东街社区、西街社区等8个城市社区建立社区"大党委"组织。

(李丽倩)

白云街道

【概况】 2018年,白云街道行政区域面积57平方千米,辖8个社区、40个小区。办事处驻白云街道中山社区望江北路2号。辖区总户数16695户,总人口42785人,其中男性21020人、女性21765人。出生人口676人,出生人口性别比113(女为100)。完成税收13.87亿元,比上年增长15.01%。有工业企业1567家。

【工业】 2018年,白云街道有57家规模以上企业,完成工业总产值29.12亿元,比上年增长8.41%;工业增加值6.11亿元,比上年增长8.5%;实现外贸出口27.6亿元,浙商回归引进资金1.21亿元,培育"小升规"企业(小规模企业转成规模以上企业)6家,国家高新企业3家(东阳市衡班机电有限公司、东阳新东煌服饰有限公司、东阳市奥隆机械设备有限公司),金华市高新企业1家(东阳市甘特电气有限公司),申报省科技型企业10家。推进建筑业招商工作,招引劳务公司11家,建筑企业3家,租

2018年9月15日，东阳银泰城金宝街开业　　（白云街道提供）

赁公司1家。15家企业资质落地，意向企业2家。

【商贸业】 2018年，白云街道有白云商贸园区内运行的商贸服务业重点项目60个，开业专业市场7个，新建项目4个，续建项目6个。在白云商贸园区内运行的商贸服务业重点项目11个，计划投资6.1亿元，完成投资4.1亿元。银泰城金宝街、银泰城购物中心物美超市、泰康综合体项目建成开业；完成木雕文化博览城年度改造工程；基本完成远疆天域项目一期主体工程建设；通过浙中名品港奥特莱斯广场验收事宜；开展东阳国际汽配城二期（汽车城市综合体）土地招拍挂工作。

9月15日，东阳银泰城金宝街开业。该购物中心为集皮草、摩登婚庆、儿童体验、运动健身、精品超市、休闲餐饮、珠宝服饰为一体的大型综合广场。

【农业】 2018年，白云街道农业户数9590户，农业人口26190人，耕地面积49.6公顷，山林面积579.67公顷。农村集体收入16979万元，固定资产在建工程（除设备外土建部分）64189.8万元，现金存款48032.7元。

【重点工程建设】 2018年，白云街道启动白殿小区、陶村小区城中村拆迁，白殿小区涉及农户520户，陶村小区涉及农户138户，完成2个小区的方案编制、房屋评估工作。成立原水泥厂、林业总场拆迁工作领导小组，开展前期方案编制、房屋评估等工作。完成珊瑚里小区（267户）、金星小区（461户）拆迁房屋结算。完成上进小区、珊瑚里小区、金星小区屋基放样等相关工作。推进总投资3500万元的8个小区配套工程建设。实施绿化提升项目12个，面积50.3公顷；新建绿化项目13个，面积168.01公顷。

【村镇建设】 2018年，白云街道拆除各类违法建筑23.37万平方米，完成年度目标的165.33%；开展旧住宅区改造329户5.27万平方米，完成年度目标的105.42%；开展旧厂区改造3座4.19万平方米，完成年度目标的104.64%；开展城中村改造4520户93.02万平方米，完成年度目标的100%。常态化开展40个“无违建小区”创建“回头看”工作。

白云街道投入4380万余元对老旧小区实施截污纳管，推进城市小区截污纳管全覆盖。该项目涉及12个区块，续建工程6个，新建工程6个。完成关山（下益塔）、龙翔苑小区、外托（樟苑路）小区、川腾花园南侧小区、胡公殿弄（外托）、胡公殿弄（西门）6个续建工程。6个新建工程中，完成接官亭、江亭小区招投标；开启陇新、建工小区招投标。完成学陶小区污水“零直排区”创建及3个园区企业雨污合流整治全覆盖。提升改造原有雨污管网，完成8个社区40个小区的管网排摸，清理疏通老旧管网30余千米。

白云街道开展创建全国文明城市工作，制作文明宣传广告牌1000个，张贴文明宣传画500份，发放文明城市宣传资料2万余份，发放创建全国文明城市倡议书3万份。增加西庄、西门、外托、河东4个垃圾分类试点小区，发放垃圾分类宣传手册1600本。

【文教卫生】 2018年，白云街道设街道综合文化站、广播电视站各1处，农民工文化活动中心2个，农家书屋9个。设幼儿园38所（有4个教学点），在园幼儿7484人，专任教师361人；小学6所，在校生6788人，专任教师383人；初中3所，在校生3052人，专任教师242人，九年制义务教育覆盖率100%。

白云街道社区卫生服务中心1所，专业卫生人员47人，其中执业医师20人、执业助理医师3人、注册护士11人、其他13人。医疗机构（门诊部以上）完成诊疗19.8万人次。农村安全饮用水普及率100%，农村卫生厕所普及率100%。宣传健康教育知识，发放健康知识调查问卷800份，收回有效问卷717份，征订社区健康教育宣传册60本。居民健康知识知晓率89.6%，行为形成率83.8%。在小区广场宣传健康教育基本知识，发放宣传资料5800余份，张贴健康教育宣传画6期，8个社区3600份。

【社会保障】 2018年，白云街道城镇最低生活保障户120户、144人，支出66.29万元，月人均384元。国家抚恤、补助各类优抚对象40人。有社区服务中心8个，社区服务站8个。走访计生困难家庭户16户，享受计

2018年白云街道社区基本信息情况一览表

表64

社区名称	小区(个)	社区支部书记	社区主任
中山社区	5	包日进	郑　峰
接官厅社区	5	楼炬华	许厉华
望江社区	4	郭江娇	韦建阳
白云社区	5	卢竹山	张红华
十里头社区	4	赵美弟	李红霞
蓝天社区	7	韦跃平	王丰平
昆溪社区	6	叶华锋	虞大伟
莲花山社区	4	蔡国盛	厉杭江

划生育奖励扶助和特别扶助的有95人。贫困残疾人安居工程3户;贫困残疾人助学(低保家庭残疾人子女、残疾人学生)7人;残疾人护理补贴上报223人,困难生活补贴(低保)上报109人。完成退役军人信息采集及录入1667人、居家养老照料中心建设6家、临时救助64人、低保核查132户161人;完成老年协会规范化建设工作,35个老年协会分会完成资金归并工作。

【社会管理】 2018年,白云街道办理上级转交的信访件634件(来电430件、来访51件、网上信访125件、来信28件)。每月15日信访接待日接待群众来访109批、173人次,做到登记接访100%,向上级反馈100%,向信访人答复意见书100%,未发生非正常上访事件。成功调处各类矛盾纠纷822起,其中非正常死亡纠纷13起,纠纷标的额1426万元;开展重要节假日安保工作10次;有在册社区矫正人员44人,办理入矫19人,办理解矫22人,走访社区重点矫正人员76人次;社区戒毒人员8人;开展普法宣传活动12次,发放法制宣传挂图360份、图册740余份,开展法律服务讲座6次。受理"8890"事项1345项,办结1286项,退办56项。网格员上报事件3478条,办结3478条,办结率100%,重点人员走访次数12826次,重点场所走访次数41954次;邀请市委政法委、市人力社保局、市食品安全监督管理局、市消防大队、市气象局、市安监局、白云派出所等单位部门组织参与专职网格员专题培训18次;工作动态信息报送29条,被各级媒体报道采用18篇,其中市级媒体17篇、省级媒体1篇;采集基础信息82518条,其中采集实有人口信息71066条、采集重点人员信息588条、采集实有房屋信息9829条、采集重点场所信息1035条。白云街道调解委员会获"省级先进基层调解委员会"称号。

【组织建设】 2018年,白云街道以十里头社区为试点,打造高标准社区党群服务中心,改造提升40个小区的党员活动室、"三务"公开栏,建设"街道大工委、社区大党委"城市基层党建格局。推进街道机关各部门及农村基层党风廉政建设,对农村主职干部监督检查,落实小区干部底线管理办法,强化作风建设。加强村级后备干部队伍建设,确定"红领青年"86人。

【基础设施建设】 2018年,体育公园绿化完成招投标,进行监理公司招标;体育公园足球场基本完工;江滨绿道7个标段全面完工;巧溪两侧绿道工程(兴平路—江滨南街)进行图纸设计。启动西庄小学、白云实验小学,白云实验幼儿园3所学校新建和白云中心小学扩建,完成3所新建学校征地工作,征地6.27公顷,扩建的白云中心小学完成主体工程建设量的70%,西庄小学开工建设。昌盛路断头路打通项目完成农户拆除工作,世贸大道、江滨南街西延、东针路等断头路打通项目按年度计划推进。

【十里头党群服务中心建成】 2018年10月,十里头社区党群服务中心建成并投入使用。综合楼建筑面积2800平方米,广场面积2450平方米,建有文化礼堂、综合服务大厅、和叙厅、党员服务中心、群团之家、两会代表联络站、亲子活动室、四点半学校、休闲书吧、健身房、多功能篮球场及室外健身场所,为党员群众提供全方位、多层次、一站式服务。

(黄阳阳)

江北街道

【概况】 2018年,江北街道行政区域面积89平方千米,辖10个社区、3个行政村、92个小区。辖区总户数27521户,总人口64636人,其中男性32351人、女性32285人。出生人口846人,出生人口性别比122(女为100)。办事处驻江北街道翠竹路1号。完成税收5.17亿元,比上年增长17.5%,其中国税31988万元、地税19732万元。有工业企业1537个。2018年江北街道被评为东阳市工作目标责任制考核优胜单位、东阳市经济工作优胜单位。西兆庄小区完成"十美村"创建。华店村创建金华市森林村庄。

【工业】 2018年,江北街道有规模以上工业企业54家,工业总产值25.06亿元。完成固定资产投资41.1亿元。培育企业21家,实施旧厂区改造企业15家,建筑面积44万平方米,总投资5亿元,其中浙江炜晟包装、浙江新衣诚服装项目总投资亿元以上。技改项目5个,开工建设项目3个,"两化"融合项目4个。占地

6公顷左右，总投资10余亿元的巨和众创城（小微园）项目前期工作基本完成。整治问题企业1289家，其中改造提升1178家、搬迁入园40家、关停淘汰71家，完成437家中央环保督察“四无”问题企业（无资质、无规模、无厂房、无人员）。拆除违章建筑企业12家，建筑面积3.89万平方米。引进内资项目9个，到位内资8.71亿元。浙商回归车库项目9个，到位资金2.30亿元。注册建筑企业30余家，合计在江北街道注册建筑企业75家。推荐国家高新科技企业4家，批准2家，推荐省科技型小微型企业10家，批准9家。发明专利量187个，研究与试验发展经费3682.5万元。

【农业】 2018年，江北街道粮食种植面积1331公顷，产量7665.2吨，有何旭耀、俞方文、张长彩等种田大户6家（种植面积均在3.33公顷以上）。大棚蔬菜种植面积37.3公顷；水果种植面积100.3公顷，产值3850吨。农产品检测中心检测样品750个批次。

【重点工程建设】 2018年，市政府投资实施项目26个，总投资12.26亿元。金华市重点工程项目——总部中心拆迁配套工程主体竣工，基础设施配套和强弱电项目基本完工。完成广福东街东延道路工程（上郑段）涉及的45户征收拆迁签约工作。甬金铁路工程完成征地工作和坟墓迁移工作。

江北街道完成湶塘、光芒、百合、朱村、桑梓头、双竹院、狮山杜和华店8个小区农村生活污水治理工程；完成蟾院和下范2个小区在广福路以南区块的管网埋设；完成金家小区污水零直排的示范小区建设，10小区实现污水零直排。131家企业排水合格并办理排水证。完成重点支流、库塘等清淤工作和黑臭水体环保督察专项整改工作。完成10个社区、3个行政村范围内所有水体的排查摸底及整改工作。获东阳市生态廊道和“五水共治”工作考核一等奖。

【新农村建设】 2018年，江北街道22个小区中的35自然村基本完成新村建设和道路硬化、绿化、美化、亮化工程。房地产开发的5个别墅式花园、10处高楼花园完成美化、绿化工程。拆迁危房4113户，大部分安置平面式高层，在27个小区（村）中发放集聚凭证257张；需要安置宅基1026户，定桩883户。启动38个小区（村）规划编制，完成陈湶头、锦坊、仙山、横塘等29个（小区）村规划公示，完成陈湶头、甘溪、王户口、界上虞、仙山等18个（小区）村规划报批；完成楼下、李婆塘、西兆庄、联山、下社姆等19个（小区）村的旧村改造、定桩放样323户。旧住宅区改造8.32万平方米，城中村改造34.07万平方米。完成甬金高速沿线1批次3宗问题整改，211省道沿线2批次17宗问题整改，拆除5宗计7077平方米沿线违法建筑。全年拆除15.71万平方米。

江北街道制定《江北街道关于开展2018年城区垃圾分类收集处理试点实施方案》《江北街道城区生活垃圾分类工作考核办法》《江北街道2018年农村生活垃圾分类“三化”处理实施方案》。推进城区垃圾和农村垃圾分类工作。建设王峰小区城区垃圾分类高标准示范小区和光芒、百合、西兆庄3个农村示范小区，推动城区20个小区，3家企业试点，农村37个小区1个行政村垃圾分类工作。

【环境整治】 2018年，江北街道金店棚户区改造项目是2018年市委、市政府确定的试点项目。8月12日，启动农户征收签约工作，街道组织10个工作组进驻金店，历时45天，完成280户农户征收签约工作，签约率93%。开展“拆围透绿”工程，东丰小区成为拆除各家“小围墙”建设“大围墙”的试点，至年末拆除围墙1344米，完成绿化苗木种植8000平方米。街道对闲置的公共用地，透绿种植绿化苗木或建成临时停车

2018年江北街道社区（村）基本信息情况一览表

表65

社区（村）名称	小区（自然村）（个）	社区（村）支部（总支）书记	社区（村委）主任
茗田社区	5	任俊华	朱伟东
亭塘社区	5	徐锋平	郑挺钢
月亮湾社区	10	蒋国剑	傅晓峰
猴塘社区	10	杜志赛	杜一风
临江社区	5	刘战辉	厉小军
凤凰社区	5	斯宏晓	蒋丽艳
上卢社区	14	张国正	陆益华
夏渠社区	8	程锦锦	金国良
华店社区	7	杜 峰	马玲玲
湖沧社区	8	蔡旭东	杜培生
甘溪行政村	5	李章兴	王德福
永久行政村	3	金国洪	金章文
社姆新村	7	吴薛祥	何济明

2018年10月30日，市图书馆为江北分馆授牌　　（包康轩/摄）

场。全年创建市级一星级卫生文明小区（村）85个，二星级文明小区（村）14个。

【文教卫生】 2018年，江北街道有幼儿园24所，其中教育部门办6所。有小学9所，其中教育部门办7所，民办民工子弟学校2所。有江北初中和东阳市上卢初中2所初级中学。体育场地设施4个，分别是西楼小康体育村提升工程、下卢小区多功能运动场、东丰全民健身中心、荣跃小区笼式足球场。

10月30日，由市文化局主办、市图书馆承办的东阳市农家书屋管理员业务培训在江北街道举行，来自各镇乡街道的100余名文化站站长、农家书屋管理员参加培训。培训会上，市图书馆为江北分馆授牌。

【社区卫生服务中心】 2018年，江北街道社区卫生服务中心是城镇职工医疗和城乡居民医疗定点单位，是一家集基本医疗，公共卫生服务和中医药服务于一体的省级规范化社区卫生服务中心，为群众提供预防、保健、康复、基本医疗、健康教育和计划生育指导六位一体服务。至年末，单位职工数65人，卫技人员数53人，初级职称31人，中级职称15人，高级职称4人，执业医师32人，注册护士9人，药剂人员6人，检验人员4人。下辖凤凰、亭塘、月亮湾、上卢、夏渠、湖沧6家卫生服务站。有医疗用房4410平方米，附属用房236平方米，总资产24143954.5元，设备资产4290445元。全年总收入2425.56万元，比上年增加255.45万元，增长11.77%。医疗业务收入1492.27万元，比上年增长36.59%。门诊人次124712人，家庭医生签约18792人次。一类、二类疫苗接种36428针次，完成居民健康体检8147人，60岁以上老年体检率68.2%。规范化建健康档案57219份。7岁以下本地儿童4260人，管理率99.5%，总产妇数599人，产前检查率98.2%，产后访视率98.2%，妇女普查5200人。

【社会保障】 2018年，江北街道有低保户277户，379人享受低保金，36045人参加城乡居民医疗保险和大病保险，参保率96%。增加城乡居民基本养老保险449人。200余人享受"4050"困难人员补贴。有12家居家养老服务照料中心。享受残疾人护理补贴463人，补助112125元；增加43人，转托养方式7人，调整护理补贴标准9人。享受困难生活补贴241人，补助52056元；增加24人，代保补贴184人。有残疾人学生24人和贫困残疾人家庭子女21人，补助48800元。5户贫困残疾人安居工程补助37000元。

【社会管理】 2018年，江北街道开展平安街道创建活动，获东阳市创"平安金鼎"集体三等功。成立"扫黑除恶"专项斗争领导小组，进行涉黑涉恶大排摸，和公安有关部门沟通对接，发放宣传单12000份，横幅100余条，海报宣传栏400余个。处理骆店小区、湖沧小区、杨武小区等几起扫黑除恶案件。加大禁毒力度，解除社区康复期满人员5人，增加康复人员2人，监管三级吸毒人员5人，被东阳市评为2018年年度禁毒先进集体。受理劳动争议284起，结案275起，转市劳动监察大队和市仲裁院8起。调解成功率96.83%。输送25名青年入伍。合理安置8名转业士官及1名进藏退役军人。整合民兵队伍，组织支援抗洪、抢险、十九大安保等任务。与1450家企业签订《2018年度安全生产目标治理责任书》。与84个小区（村）签订安全责任书。开展各生产领域专项行动，检查企业1609家，发现隐患4527处，当场整改3995处。建立社区、小区微型消防站，街道有14名护林员和8支森林消防队。江北街道被市委、市政府评为综合工作先进集体。

【基础设施建设】 2018年，江北街道完成山口大桥、临江大桥、水豆桥、望江大桥、中山大桥及艺海大桥、学士大桥、迎宾大桥北端绿道工程建设。完成东阳江北岸学士桥至迎宾大道段设计编制。投资478077元，完成学士桥以东，东阳外国语中学和东阳市电视台至江边的景观带工程。完成东阳江滨景观带渔溪至山口大桥段的场地平整、土方外运、种植土回填和管网埋设。完成浪坑溪公园、艺海路与甘溪路交叉口公园、新联小区以东街心公园、甘溪路与学士路交叉公园建设。

（许庆首）

六石街道

【概况】 2018年，六石街道行政区域面积65平方千米，辖1个社区（7个小区）、22个行政村，62个自然村。办事处驻六石街道湖心塘综合楼。辖区总户数18025户，总人口40828人。出生人口494人，出生人口性别比107（女为100）。完成税收4.1亿元，比上年增长23.54%，其中国税2.46万元、地税1.64万元。六石街道获市委、市政府目标责任制考核一等奖，获平安金华建设先进集体称号。吴良村、湖心塘村成功创建金华市森林村庄。

【工业】 2018年，六石街道68家规模以上工业企业完成总产值35.34亿元，比上年增长11.57%；完成固定资产投资19.59亿元；完成规模以上新产品产值11.43亿元，比上年增长15.76%；完成外贸出口总额10.16亿元，比上年增长12.4%；完成税收4.1亿元，比上年增长23.54%；完成浙商回归资金7.57亿元，完成内资7.29亿元，利用外资1000万美元；增加规模以上工业企业12家，限额以上服务企业4家。

【农业】 2018年，六石街道种粮大户土地流转面积308.49公顷，粮食复种面积549.09公顷，粮食产量12000吨。建成晨光畈水稻粮食功能区80公顷，早稻连片播种面积53.33公顷，樟村树桃坞水蜜桃观光采摘园25.33公顷、东夏火龙果采摘园13.33公顷、后金樱桃采摘园20.67公顷，泗庭芳蔬菜大棚6.67公顷；督促完成农村土地承包经营确权登记工作，完成合同签订，签字率96.4%；开展土地流转试点工作，建立完善土地流转平台，增加流转面积54.4公顷，合同完善127.8公顷。

【新农村建设】 2018年，六石街道推进拆后重建工作，拆除各类危旧房3466户，拆除面积227834平方米，其中D级危房1140户，拆除率97.77%；43个村启动规划编制，43个村完成规划报批，41个村1147户定桩放样，591户农户发放集聚安置凭证；拆除违章面积92905平方米，完成年度任务的155%。开展垃圾分类工作，投入87万元购买垃圾清运车和压缩箱，29个村实现考垃APP正常运行，申报7个市级垃圾分类示范村。推进“十美村”创建工作，各创建村投入资金2630余万元，增加绿化面积3.6万平方米，整治环境死角1550余处，建设美丽庭院和精品庭院240余个；4个村被评为东阳市“十美村”，1个村被评为东阳市“最美村”。创建石塔山、枫树下2个农村文化礼堂。

【基础设施建设】 2018年，六石街道推进小城镇环境综合整治工作，编制《东阳市六石街道小城镇环境综合整治规划》。总投资8000万元，完成小城镇环境综合整治计划项目58项。开展小城镇环境综合整治，11月通过省级验收。制定《小城镇环境综合整治长效管理办法》及系列配套机制措施，完善镇区功能。开展污水零直排区排摸工作，排查店铺264家，餐饮饭店、洗车店等“六小”行业134家，学校、医院等驻街道部门单位20家，农户1979户，污水主管网15千米，对排查出的问题进行整改。

【重点工程建设】 2018年，六石街道完成甬金铁路、木材交易中心、泛能网集中供热、公交车站、六石实验幼儿园等重点项目征地26.67公顷，完成坟墓搬迁。招引建筑劳务企业16家，完成税收4099万元，完成年度

2018年六石街道社区（村）基本信息情况一览表

表66

社区（村）名称	小区（自然村）（个）	社区（村）支部（总支）书记	社区（村委）主任
樟　村	3	赵劲松	韦朝阳
鹤　峰	3	周伟强	—
王　村	1	王运良	王晓良
康　厦	2	韦建春	—
石塔山	3	陈仲浩	陈晓浩
石　马	4	王国良	王国良
金　鸡	4	陈宝生	陈明星
横　塘	7	陈晓浩	陈曙晖
裘家岭	2	潘茂荣	潘明土
吴　良	1	吴永良	吴子红
夏溪潭	3	吴友尧	吴新才
蟠　松	3	蒋世良	吴维杨
里宝塘	3	吴寿福	吴祝红
枫树下	3	王新华	徐元华
后　里	3	厉新勇	吕晓阳
紫　光	2	金朝生	周丽利
岩　口	1	吴其永	吴宝金
湖心塘	3	吴子祥	吴维平
徐　庄	4	王海水	金惠良
新　建	5	吴益良	徐洪亮
桐　坑	1	楼胡林	楼小欢
北后周	1	卢威豪	—
六石社区	7	王海滨	王海滨

任务数的119%。建筑企业完成税收7681万元,完成年度任务数的196%。完成裘家岭地质灾害隐患点三年清零任务;推进搬迁安置与基础设施和公共服务建设,完成裘家岭地质灾害搬迁任务,灾害直接威胁区红线内161户完成拆除;间接威胁区红线外拆除180户,拆除率91.37%;对拆除的341户基本安置到位,日上垂直安置区域90%建房户基本完成新房盖顶。白溪江生态廊道六石段全长9.5千米,完成堤防基础8377米。

【组织建设】 2018年,六石街道根据《东阳市农村干部底线管理办法》,制订细化量化工作标准。推进党风廉政建设,细化和完善党风廉政建设责任制,开展专项检查11次,提醒谈话6人次,诫勉谈话2人次。配合市委第三巡察组的巡察工作,落实巡察整改工作。巡察反馈26个问题,完成整改25个,整改完成率96%;对巡察组反馈的问题线索,进行分类处置,立案12件;诫勉4人,教育提醒45人。

【社会管理】 2018年,六石街道开展"最多跑一次"改革,梳理70项项目清单进行公示,设立综合窗口,建立AB岗工作机制,对街道365便民服务中心进行改造提升。完成23个村级便民服务中心建设。开展矛盾纠纷和信访集中排查调处和社会不安定因素、事故隐患的排查调处工作,实行一名领导班子包一个问题,制订具体方案,限期解决。处理各类纠纷13起,其中重大矛盾纠纷2件,民间纠纷调解率100%,成功率100%;受理信访258件,办结252件。开展反邪教、禁毒、普法宣传等各项工作。

【文教卫生】 2018年,六石街道有文化站、广播电视站各1个,有高中1所、初中1所、小学3所、幼儿园7所。有各级各类医疗卫生机构18家,社区服务中心1个,医务人员94人,卫生服务站5个。投资50余万元对街道文化站进行改造提升,完善图书阅览室、教育培训室、文体活动室、多功能厅和展示厅,增加六石街道乡贤馆。组织举办各类文体活动8次。开展防蚊灭蚊专项整治工作。启动六石实验幼儿园项目,完成土地征用事宜;六石初中操场完成建设投入使用。六石初中获东阳市田径运动会团体总分第四名,六石中心小学党支部成为教育局党建示范点,舞蹈节目获东阳市艺术节一等奖;吴良小学被评为金华市第一批民族团结进步创建示范单位,学生建模比赛获金华市科技创新一等奖。

2018年11月30日,六石街道张麻车木制独轮车墙绘 (胡杨辉/摄)

【社会保障】 2018年,六石街道有低保户254户、309人,最低生活保障金支出200余万元;特困供养14人,供养资金支出15余万元;国家抚恤、补助各类优抚对象67人,支出110余万元;社会医疗救助12人次,支出4.7万元;重点优抚对象医疗救助8人次,支出1.7万元;社会临时救助和慈善临时救助79人次,支出12.2万元;慈善助学10人次,支出2万元;计生困难家庭补助11户,支出2.7万元;慰问困难党员67人次,支出8.6万元。23家村居家养老照料中心运行率82%,湖心塘村、蟠松村完成三星级居家养老照料中心建设。

【产业植入】 2018年,六石街道推进产业植入精品村建设。张麻车小区被评为省AA级景区村庄,完成20幅3D墙绘,完成省AAA级旅游公厕创建。梅客邦青年创客社区(占地面积0.47公顷)投资800余万元,基础设施建设完成80%,招商引资完成50%,浙江好乐多商贸有限公司旗下好乐多超市进驻梅客邦青年创客社区,11月被认定为青年创客社区。下石塘村完成古建筑修缮工程,东阳首家"沉浸式剧场"在9月10日开始营业,营业第一天游客数量600人次,国庆节推出影视剧组探班活动吸引游客2300人次。省AAA级景区北后周村申报农家乐集聚村,"家+民宿"和"叠水别院"高端民宿正常运营,完成旅游收入20万元。打造六石一日游乡村旅游品牌,旅游人次23万人(外省游客比例35%),实现门票、项目活动、周边配套等收入2000万元。

【影视文化产业】 2018年,六石街道影视拍摄全域化发展,影视外景拍摄基地接待剧组120余个,实现收入150余万元。创建乡村影视旅游会客中心,中心内的全景沙盘展示红树林、后石、吴良、北后周、下石塘五大拍摄基地。6月,成立影视文化产业管理办公室,加强对影视文化产业的统一领导和管理,整合影视旅游资源,提升影视文化资源的使用效益,委托专业人士对拍摄基地统一管理，全面提升服务质量。

（张媛媛）

城东街道

【概况】 2018年，城东街道行政区域面积61平方千米，辖李宅、塘西、罗屏3个工作片，下辖1个社区、18个行政村，办事处驻吴宁街道工人路90号。总户数17796户，总人口42274人。出生人口428人，出生人口性别比109（女为100），人口出生率12.5‰。完成税收84023万元，比上年增长11.6%。开展全国第四次经济普查业务培训，普查员进行前期清查摸底，核查1985家，其中法人单位551家、个体工商户1434家。10月，寀卢村入选市首批“十美村”。

城东街道按产业优势形成三大发展板块：以李宅、寀卢磁性行业为中心的工业发展板块；以斯村农副产品交易市场为中心的农副产品加工集散和商贸服务板块；以李宅“花灯小镇”、影视基地、九宫映画等为代表的文旅发展板块。打造党建示范点5个，完成寀卢党群示范高地建设。在各项工作中推行“党员干部三包责任制”，切实发挥党员干部的示范带头作用，该做法获全市基层党建典型案例评选二等奖。

【工业】 2018年，城东街道20家规模以上企业完成工业产值84023万元，比上年增长11.6%，规模以上工业增加值比上年增长18.2%，主营业务收入比上年增长26.2%；完成外贸出口总额11314万元，比上年增长28.2%。完成固定资产投资3.5亿元；实现国地税收入11965万元，比上年增长11.3%。规模以上企业培育任务3家，在库培育6家，全年完成4家。完成九宫映画、小城镇综合整治、东阳市电磁器材三厂旧厂房改造、东阳市朗晟橡塑有限公司和江南电磁器材厂技改5个项目入库。浙江欣旺科技有限公司完成项目落地，四栋厂房结顶，注册引进浙江俊宏秸秆科技有限公司、欣捷集团浙江模架有限公司。招引建筑业劳务企业13家。

【农业】 2018年，城东街道耕地面积1722.75公顷。粮食总产量10163.1吨、谷物8810.1吨，油料252.4吨、棉花12.8吨、甘蔗1771吨、中草药材662.5吨、蔬菜23740.5吨、瓜果944.3吨，种植花卉苗木60公顷；农林牧渔服务业产值680万元；果园面积132.8公顷，水果产量3194.3吨；茶园总面积19.87公顷，茶叶总产量3吨；封山育林面积2747.8公顷，造林面积14公顷，育苗面积增加3.33公顷，零星植树3万株。

【重点工程建设】 2018年，城东街道完成杭温高铁征地工作，征地24.33公顷。完成斯村幼儿园0.52公顷、文体中心0.1公顷、市民中心2公顷、市第二污水处理厂3.33公顷的征地工作。协调生态廊道沿线村与建设方的分歧，保障工程无障碍施工。文体中心体育馆投入使用，市看守所工程进入扫尾阶段。

2018年10月8日，寀卢村一角　　（卢丽丹/摄）

【环境整治】 2018年，城东街道加强违章建筑的拆除工作，排摸街道范围违章建筑362宗，拆除违建13.19万余平方米；监管拆后重建监管，健全街道控制新增违法建筑巡防拆违机制并严格实施。统一制作建房公示牌，对不按单体规划方案建设、违反村统一规划建设、移位、超面积建设等违建行为发现即制止、拆除。对许宅、新陈宅、红新、上屋4个未创建的村进行重点突破，通过市“三改一拆”办无违建初步验收。

城东街道“六小”行业（小餐饮店、小食品经营店、小理发美容店、小旅店、小公共浴室和小歌舞厅）整改率85.5%，生活小区类整改雨污合流点189处。完善河长制，及时更新公示牌、标识牌的内容，河长制APP电子化巡河常态化，督促镇村级河长按时完成。落实辖区河道长效保洁机制，投入93万余元，完成20口池塘、1.58万立方米，6条河道、0.68万立方米的清淤量工作任务。推广垃圾分类考垃APP应用，启用垃圾分类督察员，5个垃圾分类示范村完成创建。

城东街道完成小城镇环境综合整治财政补助项目48个，自筹项目3个，投资总额6772.67万元。李宅社区小城镇环境综合整治通过验收并列为省级样板。

【文教卫生】 2018年，城东街道设初级中学2所，27个班，学生1175人，教师73人；小学8所，82个班，学生3418人，教师169人；幼儿园10所，幼儿1175人，教师98人。适龄儿童入学率和小学升初中升学率100%。

城东街道社区卫生服务中心占地0.4公顷，医疗用房2263平方米，下辖单良、塘西、罗屏3个社区卫生服务站及13家村卫生室，基本形成

20分钟医疗服务圈。开展农民健康免费体检，完成60岁以上农民健康体检5027人，开展妇女病普查及“两癌”免费筛查3984人。

10月27日，东阳市武术协会2018年度工作会议暨2019年度工作预备会议在斯村召开，300余人与会。11月16日，东阳市第七届老年人运动会广场舞比赛在单良村举行，3000余人参赛。

【社会保障】 2018年，城东街道低收入农户438户，其中享受低保355户、423人，支出12.4万元；大病救助194人，支出55.2万元；临时救助84人，支出10.8万元；60周岁农村籍退伍军人享受补贴308人，残疾人960人，享受人数492人。护理补贴378人，支出8.75万元；生活困难291人，支出6.29万元。五保特困老人36人，其中在敬老院集中供养26人、分散供养10人。居家养老照料中心正常运行14家，就餐老人400余人。

2018年城东街道社区(村)基本信息情况一览表

表67

社区(村)名称	小区(自然村)(个)	社区(村)支部(总支)书记	社区(村委)主任
李宅社区	7	李长春	李康红
徐　田	3	徐守强	徐天伟
宲　卢	1	卢阳春	卢阳春
奎吾堂	2	张才金	李惠彪
堂　鹤	3	李茂良	李成斌
东　安	2	王志其	黄新平
五　四	1	李财洪	王振伟
单　良	1	单章新	单南平
东　光	4	单国忠	单志荣
塘　西	6	王志龙	王志龙
湖　店	3	华美绍	华兆伟
东　锋	4	郑承阳	洪国良
东　兴	2	李世亮	李世跃
斯　村	5	斯文兵	蒋国洪
东　升	4	胡凤鸣	王万成
和　堂	3	楼一品	楼标云
东　联	3	楼松林	徐德军
雅　溪	2	张一翔	楼福华
东　屏	3	卢志高	卢志高

【李宅花灯展出】 2018年9月14日至10月14日，城东街道李宅社区举办“月圆中秋·情系李宅”大型花灯展出活动。灯会展出70余组大型花灯，以荷花题材为主，包括龙凤呈祥、锦鲤戏荷、花好月圆、嫦娥奔月等主题，将动作、声音融为一体，从李宅前山路中轴线一直经过广场到花台门，延伸至月塘。花灯由80余名专业人士纯手工打造，经设计、放样、造型、焊接、裱糊、上色等工序，用时1680个小时。花灯展活动一个月期间，吸引近百万人次入场参观。

(徐　珍)

2018年9月14日，李宅社区大型花灯展出　　(胡扬辉/摄)

南市街道

【概况】 2018年，南市街道行政区域面积83平方千米，辖大联、槐堂、南溪3个驻村分中心，25个行政村，81个自然村，辖区总户数19964户，总人口44395人，其中男性22682人、女性21713人。外来人口2万人。出生人口532人，出生人口性别比124(女为100)。基层党组织53个、党员2370人，其中农村支部25个、农村党员2021人，办事处驻吴宁街道朝龙路8号。完成税收14153万元，比上年增长20.2%。有工业企业366家，产值超亿元企业3家，近亿元企业5家，规模以上企业31家。俞坞、雅门、殿口、后庄、文祥、麻塘园、雅成7

2018年10月28日，“十美村”雅门村　　　　（南市街道提供）

个村被评为市级“十美村”，俞坞、雅门2个村列入市级“秀美村”。

【工业】 2018年，南市街道工业用电总量10787万千瓦·时，比上年增长2.4%；规模以上工业主营业务收入比上年增长12%；外贸出口总额14247万元，比上年下降5.6%。固定资产投资1.94亿元，其中工业投资5236万元。东阳市大清翰林古典家具有限公司、东阳市国祥红木家具有限公司2家企业成为产值超亿元的精品企业。建设红木产业创业创新综合体，打造古韵红木风景线。

【红木企业环保整治】 2018年，南市街道召开5次红木行业环保整治推进会，辖区内木雕红木家具企业负责人参加。建成东阳铭华古典红木家具有限公司、东阳市森达红木家具厂、东阳市恒达木业有限公司、东阳市华厦家具有限公司4个红木企业环保整治示范点。将红木企业按区位划分成3个片区、6个组别，每组对应2~3名班子成员，协同市市场监管局、市消防大队、市行政执法局、市安监局等单位逐家走访企业；市红木环保整治指导验收组上门服务，指导35家规模以上企业开展委托环评、购买环保设备，给规模以上企业出具书面整治意见书。南市街道原有红木企业378家，关停207家，188家签订环评委托协议，完成废气设备安装108家，关停喷漆工艺47家，粉尘设备安装141家，废水处理委托第三方111家。1392家名单（中央环保督察督办的含喷漆工艺的1392家木雕红木家具企业）内有165家，关停70家，签订环评委托协议91家，关停喷漆工艺18家，完成废气设备安装77家，完成粉尘设备安装89家，废水处理委托第三方77家。11家红木规模以上企业和24家2017年度申报销售额2000万元以上企业签订环评委托协议，完成废气设备安装、粉尘设备安装以及废水处理委托第三方工作。通过红木环保整治联合验收163家，完成环评审批112家。

【农业】 2018年，南市街道有清香园农庄、盛利达市级农业龙头企业2家，农业以种植粮食作物和经济作物为主，有家庭农场13家，南乡农机等农民专业合作社7家，特色农产品有南枣、蜜枣、草丝、元胡、草莓等作物。农林牧渔业总产值17356万元，其中粮食作物产值41897万元。农作物播种总面积2207.1公顷，其中粮食播种面积1553公顷，粮食总产量9784.8吨，粮食作物以水稻为主。主要经济作物播种面积579.53公顷，总产量7486.2吨。青枣种植面积700公顷，以南溪片区为主，一般加工成蜜枣和南枣。

【小城镇环境综合整治】 2018年，南市街道被列为省级小城镇环境综合整治达标镇街之一，小城镇环境综合整治重点区域放在大联村。在大联村投资1.16亿元实施75个建设项目，实施道路“白改黑”、地下管网、园林绿化、立面改造4大工程建设。累计铺设地下管网21.5千米，完成道路“白改黑”3.3万平方米，改造人行道1.4万平方米，安装路灯117盏、入户线整治1635余户、拆除废杆115根。10月，大联小城镇环境综合整治工作通过省级验收。

【文教卫生】 2018年，南市街道设省级综合文化站1个，金华市级文化达标村3个，东阳市级文化达标村11个，区域文化活动中心3个，文化广场26个，农民公园3个，篮球场47个，排球场35个，露天舞池28个。群众文体队伍39支，室内文体活动面积12186平方米。设幼儿园12所，在园幼儿1708人，专任教师75人；小学5所，在校学生3167人，专任教师147人；初中3所，在校学生1789人，专任教师120人，九年义务教育覆盖率100%。

南市街道有各级各类医疗卫生机构20个，其中街道卫生院1所，病床30张。专业卫生人员55人，其中执业医师16人、执业助理医师4人、注册护士15人、其他20人。法定报告传染病发病率301/10万。

【社会保障】 2018年，南市街道大联村创建五星级田园社区，西雅、后赵、广丰、梨枫、西坞等村创建三星级田园社区。成立南市街道社会组织服务中心，街道各级社会组织开展活动223场次。享受低保户数337户、449人；低保边缘户93户、205人；五保户8人。增加低保35户、58人；增加低保边缘户42户、87人。完成廿里牌、槐堂桐川村的水库移民工程建设。完成街道16名60周岁退伍军人的老年生活补助申请工作。对11名困难退伍军人提供优抚救助,办理3人次抚恤补助对象住院费用的医疗补助。完成退役军人及其他优抚对象的信息采集工作,采集1465名对象信息。专项整治殡葬领域突出问题,成立街道专项整治领导小组,开展专项整治75次。农村居民养老保险和医疗保险实现全覆盖。

【交通建设】 2018年,39省道工程完成高城、枫树岭村征地红线内农户青苗费结算发放和地面附属物调查、补偿、清表工作;签订省道涉及的庙、凉亭、水泥路、苗圃等拆迁协议,完成1.2公顷山核桃苗圃1万余株山核桃树苗迁移,拆迁庙1座,凉亭5个;处理施工中农户纠纷13起。

金义东轻轨建设完成廿里牌隧道施工便道、所属范围地面附属物调查清理,组织召开廿里牌隧道爆破工作协调会,完成爆破前相关13户农户房屋评估,完成涉及廿里牌房屋拆迁21户农户签约、房屋腾空工作。

杭温高铁建设完成涉及征地范围村界调查认定,协调解决桉前和桐川村的村界纠纷;完成杭温高铁16个村35.59公顷土地征用工作。高铁新城完成核心区域内6个村拆迁红线方案论证、户数调查和拆迁规划公示;组织上槐、下槐村等6个村党员村民代表对《东阳市高铁新城房屋征收补偿安置实施意见》进行政策解释,听取意见;完成拆迁区域上槐村298户、下槐村278户、桐川村334户农户房屋建筑面积测量、房屋拆迁评估。完成高铁新城范围内39省道连接线6个村所属范围10.47公顷土地的地面附属物调查、补偿和土地清表工作。南市街道开展义东高速、梨枫至白泥塘公路的社会风险评估;配合完成义东高速涉及的14个自然村的地质勘探;横城、梨枫、高瑶山联网公路完工,开展南溪至梨枫的“四好农村路”建设。

【东阳红木创业园项目开工】 2018年8月9日,东阳红木创业园项目在南市街道大联村举行开工奠基仪式。大联村拆除项目区块内的厂棚,腾出8公顷的土地用于园区建设。创业园由东阳市金宸小微园开发有限公司投资建设,集研发设计、生产销售、仓储物流于一体,包括标准化园区、标准化厂房、设计创作区、污染防控区、生活办公区、物流交易区等六大区块。项目总投资3.8亿元,总建筑面积16万平方米,含标准化厂房15栋,宿舍楼1栋及商住楼1栋,建设周期24个月。

(沈思航)

2018年南市街道行政村基本信息情况一览表

表68

行政村名称	自然村(个)	村支部(总支)书记	村委主任
官清岭	3	葛立辉	董太红
官　清	6	朱建民	卢建达
广　丰	4	吕仕康	蒋军卫
大　联	7	张卫勇	张惠强
沧　江	2	乔立新	乔大寨
西　雅	3	厉朝平	陆德根
陈　宅	2	陈孝春	陈有明
紫　溪	1	邵立宏	邵　栋
山　联	3	陈贺龙	胡明喜
高　潮	4	吴能民	—
南　峰	3	胡志金	胡军民
五　一	5	孙俊杰	吴小进
槐　堂	6	—	厉志强
廿里牌	3	葛德平	葛天财
后　赵	1	—	周君勇
岘　峰	3	吴成信	厉剑传
南　溪	2	杜加祝	贾天申
安　儒	5	蒋贤民	蒋顺鑫
梨　枫	2	刘瑞千	刘成义
石　盆	1	吴云良	吴忠明
横　城	6	胡承土	蒋　俊
西　坞	3	潘有星	吴全洪
上　朱	1	朱贡跃	朱正相
后　塘	3	杜龙游	陈伟信
贾　宅	1	贾钦月	贾志忠

横店镇

【概况】 2018年,横店镇行政区域面积121平方千米。下辖10个社区(95个小区)、17个行政村,镇政府驻横店镇华夏大道563号(商贸城)。总户数37459户,总人口92576人,其中男性46024人、女性46552人。出生人口1227人,出生人口性别比111(女为100),外来人口8.55万人。城镇居民人均可支配收入54619元,农

2018年3月25日，横店镇全貌 （横店镇提供）

村居民人均可支配收入41155元。建成区面积13.7平方千米，建成区常住人口12.38万人，城镇化率60.52%，建成区绿化覆盖率32.72%。完成税收40.82亿元，比上年增长5.2%。

横店影视文化产业集聚区获批成立并成为全省影视文化产业发展的战略性平台，浙江横店影视产权交易中心和横店腾讯众创空间开业运营。举办2018中国(横店)影视文化产业发展大会、2018年横店影视节、第四届横店国际马拉松比赛。

5月24日，在国家发展改革委宣传中心主办的庆祝改革开放40周年暨以特色小(城)镇推动新型城镇化研讨培训会上，中国特色小(城)镇指数研究课题组发布《中国特色小(城)镇2018年发展指数报告》，横店镇列全国最美特色小城镇50强名单第2位。10月9日，中小城市经济发展委员会、中小城市发展战略研究院、中小城市发展指数研究所、中城国研智库等机构在《人民日报》联合公布第十四届中国中小城市科学发展指数研究成果(二)，横店镇列"2018全国综合实力千强镇"第29位，全省第4位。

【工业】 2018年，横店镇实现地区生产总值179亿元，比上年增长9.8%；实现规模以上工业总产值192.13亿元，固定资产投资35.27亿元，工业性投入3.5亿元，外贸出口总额82.65亿元。完成工业税收12.87亿元，比上年增长38%。横店电子产业园区总体规划环境影响评价报告编制完成，"区域环评+环境标准"改革实施方案实施；澄塘工业区小微园完成用地排摸工作，一百岁工业园被列为全市出租型小微园示范点。28个市重点技改项目完成投资3.5亿元，26个市"两化"融合项目完成投资1.2亿元，10个旧厂房改造项目完成投资4.5亿元，产值超亿元企业26家，磁性材料产业规模居全国首位。低散乱企业"飓风整治"和村居工业企业"清零入园"行动取得成效，实现企业清零村(小区)78个、累计整治企业809家、关停淘汰290家、改造升级336家、搬迁入园135家、完成企业"小升规"11家。木雕红木企业完成整治提升201家、关停114家。招引建筑企业4家，招引企业新增税收2000余万元。

【影视文化产业】 2018年，入驻横店影视文化产业实验区的企业营业收入268.24亿元，比上年增长17.58%；上缴总税费26.21亿元，比上年增长8.74%；增加企业205家，入区企业累计1189家；增加工作室83家，入区工作室累计678家；接待剧组370个；接待游客1916万人次。

电影票房排行榜数据显示全国电影票房排名前10位的国产电影均为实验区影视企业出品或联合出品，入区企业出品的《大江大河》《面向大海》《北京人纽约客》等8部电视剧入选"2018～2022百部重点电视剧选题规划"，《右玉和她的县委书记们》《岁岁年年柿柿红》等作品在央视一套黄金时段播出。《延禧攻略》创造内地剧在香港TVB收视最高纪录。实验区建立横店影视产业工委、团委、妇联、科协等群团组织。与中国电影家协会签订战略合作协议，成为"中国电影家协会创新创业基地"，启动"横店DREAM计划——海外留学归国人才影视创业扶持计划"。发布《新时代影视创作宣言》《关于"加强行业自律、规范行业秩序、促进影视精品创作"倡议》《关于"争做影视行业'示范生'，为中国影视产业发展贡献横店力量"倡议》，新华社、人民网等主流媒体进行转发。

【农业】 2018年，横店镇完成粮食播种1666.67公顷，开展6个266.67公顷粮食功能区面积核实和4个季度粮食功能区种植情况普查。发展美丽田园和休闲观光农业，218省道、40省道、南江生态廊道两侧种植93.33公顷油菜，屋基丘、洪塘头基地种植

6.67公顷荷花，绕溪基地种植3.33公顷向日葵。

横店镇推进土地综合治理工作，完成上东6.87公顷垦造耕地项目和上西等8个村的158.47公顷高标准农田建设项目，完成琴堂3.8公顷、六联3.33公顷旱改水项目，完成农房集聚区一期土壤表土剥离7.67公顷。完成琴堂、三湖口、联盟、五官塘、塘雅等村74.47公顷高标准农田建设项目前期，仁棠、柏塔、官桥等村7公顷垦造耕地项目和烈光坞、仁棠8公顷旱改水项目完成勘察设计，开展东一、中兴联、杨店、柏塔等村建设用地复垦工作。

金马村获评省级农家乐集聚村，尚伦庄村申报东阳市农家乐集聚村。34个村（小区）完成土地确权工作。开展6个小(2)型水库和46个山塘及河流安全防汛检查工作。南江综合治理工程繁荣街—柏塔段完成招投标。

横店镇开展森林消防和绿化造林工作。清理因松材线虫病致死松树150万千克，喷粉防治松材线虫病及其他病虫害山林333.33公顷。完成平原绿化面积18.67公顷，东一、柏塔、马山前3个村申报创建东阳市森林村庄。

【文教卫生】 2018年，横店镇有高职院校1所，普通高级中学、中等职业学校在校学生数1264人，义务教育在校学生数14087人，中高级职称教师占比567%，在园幼儿5840人；有二级以上综合性医院3家，医护人员937人，具有中高级职称资格医生351人，医院、卫生院床位数960张。全年社会基本养老保险参保率99%，每千名老人拥有养老机构床位数比例28.58%；有电影院1家，实体书店（屋）25所，公共图书馆（室）36家，文化礼堂18个。

横店四中、南上湖幼儿园完成项目设计等前期工作，横店一中科技楼建成投入使用。新建牛背弄、张山坞2家文化礼堂，16家文化礼堂运行开放，举办各类公益课、主题文艺演出等文化惠民活动100余场。

【基础设施建设】 2018年，横店镇完成江南西二路、长征路（七一村—八一村）道路改建，完成禹阳小区、杨公里、金良、盘山殿下（十里街）南侧国有土地出让地块雨污管网建设，完成双月塘地块、40省道、后葛线、九龙路绿化改造提升，完成江滨西路及万盛北街路灯亮化，完成横黄线全线立面改造，改造提升公厕102座。通用机场竣工并启用，作改扩建前期准备工作；影视产业园项目（一期）和广州街景区旅游休闲文化提升项目开工建设；梦上海景区一期工程设备安装完成，部分宾馆开业运营；杭温高铁、金义东轨道交通、义东永高速、横店四中、南上湖幼儿园、东阳市第七人民医院改扩建、西气东输、40省道绿化提升等重点工程前期处理完成；横店农房集聚区一期完成土方开挖和北侧道路建设；综合便民服务中心完成广场绿地、道路、给排水建设。

横店镇拆除违法建筑18.8万平方米，103个村（小区）通过东阳市“无违建”村验收，拆除危旧房4500余户，完成拆后重建村（小区）规划编制90个，宅基地定桩放样到户2700余户、集聚安置1000余户，收取宅基地公开选位费超4亿元。22个村（小区）、4个楼盘小区完成污水管网建设，绕溪、工业园区溪、东溪完成河道整治。中兴联、官桥、金马、绕溪4个村成功申报金华市垃圾分类先进村。

【组织建设】 2018年，横店镇党委辖209个基层党组织，辖区有党员5038人。横店镇政府有镇干部150人，其中公务员90人、事业干部60人。横店镇解决各类基层组织建设问题45项，解决市级派发问题15项。成立“南江壹号”横店首个商业楼盘党支部，10名机关干部担任10家规模以上企业“红色CEO”（企业党组织书记）。加强镇干部业务培训，邀请园林、国土、规划、金融、消防安全、纠纷调处等方面的专业人士为镇干部授课40余次。横店镇对雅堂、下店、方家、后大路、沈坎头、仁棠6个村（小区）开展农村基层作风巡查。对在“治危拆违”美丽乡村（小区）建设等重点工作中整改不明显或工作不积极的5名村（小区）年度工作不称职主职干部进行处理，提醒诫勉谈话94人次。镇公共资源交易中心完成交易项目169个，成交金额3.17亿元，增收节支1.19亿元。开展各项专项清理整治行动，查处党员干部违法违纪案件，受理重要群众来信来访59件（次），38名党员干部受到党纪政纪处分。

2018年7月16日，市民观看横店文荣医院和台湾大学眼科集团的医生联手为老兵进行白内障复明手术视频直播 （包康轩/摄）

2018年横店镇社区(村)基本信息情况一览表

表69

社区(村)名称	小区(自然村)(个)	社区(村)支部(总支)书记	社区(村委)主任
横店社区	10	郑云钢	胡　帅
桥下社区	10	陈新东	王　男
禹阳社区	11	蒋国彪	何国春
禹山社区	11	马阿弟	张　璐
屏岩社区	11	韦国强	蒋金华
荆溪社区	13	吴卫华	贾佳佳
南上湖社区	8	蒋远飞	蒋阳程
禹东社区	4	陈广金	卢俊超
米塘社区	8	黄云山	申屠德明
维风社区	8	包洪其	莱美伟
七　一	6	金根龙	卢正天
八　一	7	陈正华	吴天根
绕　溪	2	李光明	李贵娟
烈光坞	1	董国庆	董军强
湖　口	1	楼跃群	周钢洪
六　联	6	朱加帅	单松寿
马山前	4	张丰年	胡庆豹
富贤塘	2	何坚强	张能松
五官塘	4	何一华	金大干
联　盟	3	包君进	包建伟
金　马	2	贾钦寿	贾镇君
中兴联	4	舒旺盛	舒旺盛
荷栖泽	4	张　鸽	吕勇钢
柏　塔	1	陈洪范	陈梓年
官　桥	1	陈晓华	陈国平
仁　棠	1	陈志伟	陈志伟
路　西	1	胡全威	胡加明

【社会保障】 2018年，横店镇救助困难群众299人，发放各类救助金37万元。开展残疾人帮扶工作，发放残疾人各类补贴148万元，落实贫困残疾人安居工程7户。全镇低保、低保重残、五保、重度残疾人基本生活保障、重度残疾人托安养对象实现应保尽保、应退则退。农村政策性住房保险参保率99.9%，新农合参保率99.5%。完成横店镇敬老院消防设施改造，33家居家养老照料中心正常运行。开展“东阳无欠薪”创建工作，对在建工程项目落实保障农民工工资支付情况开展排查，建立在建工程工资保证金、实名制管理、分账制等制度。

【社会管理】 2018年，横店镇开展联合执法行动，完成横店菜场、花厅菜场改造提升工程，重点整治脏乱差现象。完善智慧环卫长效管理机制，提升保洁范围、垃圾日处理能力；镇区18条主要街道取消垃圾桶，采取定时投放和集中收集方式，实现“垃圾不落地”。开展“六小”服务行业排水污染整治，对经营户餐厨油污、食物残渣直排问题进行整治。加强渣土车运输管理，每周对镇区在建工地、沙场进行检查。劝导、整治占道经营2300余起、流动摊贩1200余起，拆除违法、不规范广告牌574块，月均劝导、整治“乱停车”1800余车次。

横店镇梳理公布“最多跑一次”事项清单111项，受理行政许可和服务事项30978件，办结30675件，办结率99.02%。2个示范型、25个标准型村级便民服务中心建成投入使用。调处各类矛盾纠纷900余件。开展重大时间节点、重点项目的矛盾纠纷预防、排查、化解及稳控工作，信访量比上年下降25%。

【乡村振兴】 2018年，横店镇根据各村制定影视植入计划，加快外景拍摄基地、摄影棚、特色民宿等建设。制定《横店镇全域影视旅游发展战略三年行动计划》，建立产业发展基金，分全域影视旅游发展战略六大板块工程，整体布局影视旅游村改造提升工作，开展规划引领和顶层设计。官桥、联盟村成功创建省AAA级景区村庄，尚伦庄千玺火车庄园项目建成使用，官桥村入选省历史文化保护利用重点村，推进荷叶塘、尚伦庄、东一、八一、杨树蓬、杨公里等村(小区)产业植入项目。

(颜胜越)

南马镇

【概况】 2018年，南马镇行政区域面积103平方千米，下设镇中、镇西、防军3个工作片，辖30个行政村、97个自然村。辖区总户数26655户，总人口63889人，其中男性33076人、女性30813人，出生人口759人，出生人口性别比108(女为100)。镇政府驻南马镇泉府村。全镇税收4.30亿元，首超4亿元，比上年增长22%，人均收入4.7万元。6月，南马镇获“平安金华建设先进集体”称号，南马镇妇联被评为浙江省先进妇女组织；9月，南马镇专职消防队获浙江省公安消防总队、省总工会颁布的“职业技能竞赛乡镇组优胜奖”。

8月27日，浙江村级第一高楼——南马镇花园村99米高的花园雷迪森大世界结顶。

【工业】 2018年，南马镇固定资产投资20.6亿元，规模以上企业49家，规模以上工业产值47.1亿元。完成工业投资项目12个，投资12.8亿元。引进内资5.37亿元，浙商回归资金超5亿元，完成招商洽谈项目8个。完成小散污企业整治826家，其中改造升级485家、兼并重组47家、搬迁入园117家、关停淘汰177家。推进木雕红木家具行业环保整治，关停未达标企业253家，通过环保验收487家，培育“小升规”企业7家。

4月3日，总投资45亿元的花园新能源年产5000吨高性能铜箔建设项目开工。6月27日，花园集团(金华)生物医药科技园项目在金华经济开发区健康生物产业园项目地块举行开工奠基仪式。7月，花园铜业年产6万吨1320毫米超宽幅精密铜板带建设项目开工。12月，东阳市首个小微企业众创城——南马万洋众创城项目结顶。

【农业】 2018年，南马镇完成农业机械年检，春季动植物防疫工作。申报规模种植大户32户，复种面积840.67公顷。发布农业信息350条，省级网站头条采用18条。完成农产品检测750批次。开展非洲猪瘟防疫工作，走访养猪场(户)24个，签订责任书19份，拆除泔水池2个，联合畜牧所巡查4次。完成农户耕地补贴核对、土地确权建库等工作，实现低收入农户动态管理。完成花园村20公顷彩色树种造林任务，建设花园花木组花卉基地35.33公顷、花园园林公司花卉苗木基地26.67公顷、定午常毛竹基地5公顷。200公顷高标准农田整治项目完成财政审价及招投标工作。

【小城镇环境综合整治】 2018年，南马镇启动整治项目68个，总投资17亿元。完成人民大桥拓宽、泉府广场改造，新建人民公园，完善镇区核心区块功能。完成镇区振兴路、坦阳路、人民路、大新路等14条主要街路改造提升工程。打通市场路、彭城东路、步行街、西门路4条断头路，对坦阳路、人民北路沿街立面及南江北侧沿河外立面进行整治；启动江滨栈道、生态长廊建设。对集镇范围内的“道乱占”“车乱开”“线乱拉”等现象开展专项整治，推进全镇环境卫生大整治和危旧房治理改造。11月28日，南马镇通过验收成为小城镇环境整治省级样板镇。

【“美丽乡村”建设】 2018年，南马镇开展秀美村、百局联百村，生态廊道沿线村“十美村”创建工作，推进垃圾分类、“五水共治”工作。苞竹、南田、沙城头3个自然村被评为全市“十美村”，12月，南田自然村被评为东阳市“最美村”。开展植树造林绿化行动，金院、张山头、湖清、上安恬、下和、后杜6个自然村完成东阳市级森林村庄申报，下格村通过金华市级森林村庄创建验收。7月，下格村被金华市关注森林组织执行委员会命名为“金华市森林村庄”。瑶仪村“大宋官窑，千年瑶仪”风景区建成，11月通过浙江省AAA级风景区验收。完成上安恬村古民居保护工程，清塘村玉莲小镇项目实施开发；完成南湖、下格、木棉田、东庄4个自然村影视基地项目建设；完成南江南马段右岸工程和绕川村清水河道工程验收。

【菜场建设】 2018年6月6日，位于南马镇振兴西路北侧的南马菜场动工，12月竣工，投入资金1300万元，占地面积5600平方米，建筑面积9600平方米。按照新三星级文明示范市场的标准进行改造提升，新菜场设蔬菜、水果、水(海)产、鲜猪肉、牛羊肉、熟食等10余个行业，近100个标准摊店。

【社会保障】 2018年，南马镇农村合作医疗保险参保率99%。大病保险参保人数39052人。农村最低生活保障人员545人，临时救助84人，救助金额124500元。为60岁以上退伍军人办理生活困难补助31人。为全镇1593名残疾人办理意外保险；为43名残疾人缴纳社会养老保

2018年12月5日，医护人员为南马镇夏厝村老人提供康复保健服务

(包康轩/摄)

险补贴91379元，为4户残疾人申请安居工程，为12户重度残疾人申请无障碍设施进家庭项目，为17名种养殖大户申请农资补助、发放化肥1900千克；纳入护理补贴637人，月发放金额162562.5元；纳入生活补贴385人，每月发放金额86184元。全镇有敬老院2所（南马镇中心敬老院、花园敬老院），南马镇中心敬老院入住五保户52人，痴呆患者、智障者3人，社会寄养老人76人；花园敬老院入住五保户14人，智力残疾6人，社会寄养老人80人。2月，花园村投资300万元，扩建敬老院。3月，夏厝村居家养老照料服务中心被金华市民政局评为四星级养老照料服务中心。

【社会管理】 2018年，南马镇建成3个示范型村级便民服务中心，30个行政村实现标准化村级便民服务中心全覆盖。开展矛盾纠纷化解工作，调处各类矛盾纠纷38件，涉及金额910.5万元。其中，重大疑难纠纷7起，涉及金额452.8万元。受理普通信访案件341件，办结335件；受理“8890”转办件537件，办结530件；办理专职网络员上报事件12806件。每月定时开展市、镇领导信访接待活动，接待各类信访71批次140人次。处理涉邪教人员3人。对涉毒人员实行“一人一档”实时管控到位。开展年度专题“扫黑除恶”工作，发放宣传资料5.5万份，悬挂横幅136条，在各村宣传栏张贴各类宣传画400余份。全镇破获黑恶案件10起，打击黑恶势力团伙4个，起诉51人，行政处罚106人。

【组织建设】 2018年，南马镇建立花园村、夏厝村、新亚公司3个金华市级党建示范点和新亚公司东阳市级“两新”党群服务中心示范点。打造画南下线南马段党建示范带；完成夏厝村党建精品村、精品党群服务中心建设；创建南新村“农村讲习所”示范点。在“两新”企业党支部建设“一企一讲习点”，推行“红色车间”党建模式，下派镇党员干部任红色党建指导员；双峰村经济薄弱村

2018年南马镇行政村基本信息情况一览表

表70

行政村名称	自然村(个)	村支部(总支)书记	村委主任
泉　府	2	金　胜	葛秀花
下　格	1	何　健	何　健
和　庄	2	吴立青	吴汉升
联　合	2	蔡险峰	张永进
葛　府	2	丁跃进	吴洪卫
双溪口	2	包正健	金建军
华　西	6	金志滨	徐芳卿
长　畈	1	赵洪仪	楼顺德
南　新	5	张德明	张福全
南　马	4	吴惠胜	吴军波
前　宅	1	吴春生	吴桂龙
花　园	19	邵钦祥	邵君伟
下安恬	2	—	马军江
上安恬	2	马顺森	马长华
龙　山	2	杜文德	杜林海
西山脚	2	马进明	马立云
新五联	5	陈子根	陈子根
绕　川	3	许志平	许志平
防　军	4	—	包俊进
夏　厝	2	申屠忠良	申屠华帅
南　湖	4	胡天清	胡冠军
东　湖	5	胡德富	胡德富
双　峰	5	厉瑞峰	—
双　溪	5	方向正	方峰明
石舍塘	1	包清阳	厉园卿
和　平	3	蔡志法	徐德富
雅　村	2	骆寅福	骆寅福
大　仁	1	包金彬	包民富
大　夏	1	马必成	朱红阳
溪　西	1	厉大庆	厉世亮

摘帽。制订印发党建责任清单、三年企业承诺项目清单、联村干部联村党建“八个一”任务清单。制定党建工作月度例会制度(每月一主题)、月度督查制度、届中考核制度。镇党委集体约谈工作不力的村两委班子成员5批次,对2批次违法用地的两委干部进行诫勉谈话,约谈党员干部90余人,党纪立案22人,村两委干部免职5人,歇职2人。

【文教卫生】 2018年,南马镇设幼儿园18所,班级67个,在园幼儿2057人,教师86人。小学6所,班级131个,在校学生5784人,教师276人。初中2所,班级50个,在校学生2331人,教师151人。高中1所,班级30个,在校学生1350人,教师110人。花园外国语学校招收高中班2个,初中班4个,小学班17个,幼儿班18个,在校学生1230人,教职工250人。完成南马镇中心幼儿园新建项目和南马实验小学扩建项目审批。

南马镇设各级各类医疗卫生机构1个,社区服务站5个,专业卫生人员98人。其中,执业助理医师17人,注册护士26人。全年投入100余万元购置医疗设备。6月,在卫生院二楼开设中医馆。

南马镇设综合文化站1处,编制人员3人。村级文化中心30处,创建上安恬、下格、东湖(东三)、石马塘、礼村、张山头、横溪、沙城头、南湖、周塘10个文化礼堂,全镇有文化礼堂17个。9月28日,参加“走向明天”东阳市文艺会演获金奖。

12月7日,东阳市首届工会干部趣味运动会在南马镇花园外国语学校举行。全市各产业工会、镇乡街道的30支队伍600余人参加。比赛设赶“猪”跑、“企鹅”漫步、定点投篮、趣味保龄球等10个项目。

【集聚区建设】 2018年,南马镇48个自然村466户完成集聚区安置凭证发放。9月12日,南马集聚区建设项目开工。南马集聚区位于南马实验小学以南,长山路以东,项目占地面积约3.53公顷,规划建设12幢单体建筑,总建筑面积超12万平方米,计划建设安置房708套。

2018年6月27日,花园集团(金华)生物医药科技园项目开工仪式举行
(南马镇提供)

【2018中国(花园)乡村治理高峰会议举行】 2018年4月19日,由中华全国农民报协会、农民日报社、花园村主办的2018中国(花园)乡村治理高峰会议在南马镇花园村举行。会议以“自治、法治、德治”为主题,全国各地的乡村治理典型代表、关注乡村治理问题的专家学者、数十家“三农”新闻媒体负责人参加,会议围绕基层党组织建设、乡村治理的理论创新与实践探索、农民利益维护与发展等话题,进行研讨和交流。花园村在会上介绍新时代农村治理的“花园经验”。

【“金华无欠薪”建设工作推进(培训)会召开】 2018年5月16日,“金华无欠薪”建设工作推进(培训)会在南马镇花园村召开。金华各县(市、区)相关负责人到会。与会人员听取专题讲课,观摩东阳市“无欠薪”建设工作台账,实地察看花园雷迪森大世界项目工地及实名制管理等相关台账。会议总结提炼东阳等县市区的好经验、好做法,对标省“无欠薪”建设要求,强化各要素保障,确保“无欠薪”建设工作在金华市有序推进。

【花园集团(金华)生物医药科技园项目开工】 2018年6月27日,花园集团(金华)生物医药科技园项目开工奠基仪式在金华经济技术开发区健康生物产业园项目地块举行。金华市委书记陈龙宣布开工。花园集团(金华)生物医药科技园项目开工总投资103.6亿元,总用地106.67公顷,分2期建设。一期投资50.6亿元,用地50.67公顷。此项目涵盖维生素、药物、研发三大板块。

【省检察院党组书记、检察长走访花园村】 2018年7月4日,省检察院党组书记、检察长贾宇到南马镇花园村实地走访花园村便民服务中心、党群服务中心、综合信息指挥中心以及花园村史馆,调研花园村“最多跑一次”改革、“基层党建+社会治理”、基层民主法治建设等方面的情况。

【花园红木家居小镇创建】 2018年9月13日,浙江省公布省级特色小镇第四批创建名单,花园红木家居小镇名列其中。花园红木家居小镇位于花园村,规划面积3平方千米,经过10余年发展,形成原木市场、板材市场、雕刻、油漆中心、产业核心区块以及红木家具城等红木家具全生产链和产业群,涵盖从原木、板材、锯板、烘房、雕刻、油漆以及红木家具设计、生产、销售的所有产业环节。

【花园村上央视一套节目】 2018年11月16日，中央电视台一套晚上八点播出政论片《坚持发展枫桥经验——中国基层社会治理现代化之路》第五集《三治融合》，花园村作为“三治融合”的典型代表，从《村规民约》入手，连续37年做到“矛盾不上交，纠纷不出村，选举不拉票，村民零上访”，片长1分15秒。

【南马万洋众创城项目结顶】 2018年12月，东阳市首个小微企业众创城——南马万洋众创城项目结顶，有46家企业签约入驻，可提供就业岗位2000个，年产值3.6亿元。万洋众创城项目于2017年11月22日动工建设，用地8公顷，建筑面积19万平方米。一期项目占地5.52公顷，建筑面积13万平方米，总投资6.38亿元，新建车间28幢、办公室、宿舍、食堂综合配套用房2幢。二期项目占地2.53公顷，建筑面积约6万平方米。

（吴海有）

巍山镇

【概况】 2018年，巍山镇行政区域面积178平方千米，设胡村、象岗、中心、古光、怀鲁、罗山6个工作片，辖巍山、巍屏2个社区、28个村民委员会（金鑫行政村合并至巍屏社区）、119个自然村。镇政府驻巍山镇工人南路1号。辖区总户数29013户，总人口70907人，其中男性35817人、女性35090人；城镇人口15707人，农村人口55200人。全镇育龄妇女17564人，其中已婚育龄妇女12660人。出生人口582人，计划生育率98.37%。出生人口性别比为105（女为100）。征收当年计划外出生社会抚养费23.66万元，征收往年计划外出生社会抚养费8.2万元。完成税收4.1亿元，比上年增长67.63%。有各类金融机构5家。有邮政网点6个，营业收入1217万元，电信服务网点8个，营业收入1389万元。

8月29日，巍山镇甲坵村举行“同心”爱国主义教育实践基地授牌仪式。市委副书记、市委统战部部长李宝春，市人大常委会副主任、民盟东阳市基层委员会主委虞乐生参加活动。

2018年8月29日，巍山镇甲坵村举行“同心”爱国主义教育实践基地授牌仪式

（巍山镇提供）

【工业】 2018年，巍山镇有49家规模以上企业，完成工业产值29.1亿元，比上年增长12.97%；销售产值28.49亿元，比上年增长12.08%，规模以上工业增加值比上年增长6.4%；完成固定资产投资3.72亿元；其中工业投资额1.23亿元。引进内资8595万元；外贸出口总额10.21亿元，比上年增长25.3%。限额以上批零住餐完成额12193万元，比上年增长32.39%；批发业销售总额11916万元，比上年增长32.11%。引进浙商回归资金0.79亿元。全镇规模以上企业49家。完成建筑企业工商注册22家，其中一级资质建筑企业1家（浙江东越建设有限公司），取得建筑劳务企业资质正式认定8家，取得安全许可证4家。完成建筑业税收11305.65万元，其中增值税9310.79万元。年度纳税超200万元以上建筑公司15家。

巍山镇开展30个村（社区）清零“四无”企业。整治低散污企业435家，其中关停140家、限电249家、立案46家，拆除违章151宗、80835平方米，收取保证金20家、143.5万元。排摸低效用地93.41公顷。其中，低税收或零税收的企业46家、50.99公顷；需转型升级而关停的砖瓦厂5家、30.4公顷；不符合环保、安全生产要求的企业9家、7.13公顷，因城镇规划需要，不宜办工业企业的4家、4.89公顷。实现企业“小升规”4家，“个转企”18家。完成工业用地摘牌企业6家、0.51公顷。

【农业】 2018年，巍山镇有常用耕地面积2441.9公顷，其中水田1937.1公顷。有效灌溉面积2295.13公顷。农业总产值57355万元，其中粮食作物产值9236万元。作物种植多样化、有水稻、麦、玉米、豆类、油菜、花生等近20个种类。粮食总产量25264吨，其中水稻18427吨、小麦1460吨、玉米2199吨、豆类961吨、其他2217吨。全年增加连片规模流转土地3.33公顷以上，流转期限在5年以上有岭腰10.2公顷、古渊头57.74公顷、莘北7.33公顷、东联17.81公顷、程店14.07公顷、排塘11.65公顷，共计118.8公顷（市级验收数）。完成粮食生产功能区建设15个，面积638.9公顷。开展农村承包经营权确权登记颁证工作,12月基本完成土地权证的颁发,全镇发放土地权证17561本,发放率96.3%。

【林业】 2018年,巍山镇有森林面积7866.6公顷;镇区园林绿地面积8.5公顷,林木绿化覆盖率11%,人均绿地8.4平方米。造林面积33.6公顷,封山育林面积68.6公顷,低产林改造面积14公顷,零星种植树木16万株;生产木材264立方米,毛竹10万根,杂竹82.5吨,坚果40吨,油茶籽1.7吨,笋干12.3吨。麻家、上卜宅、黄西塘、跃田畈、高大、平安6个自然村成功创建为东阳市级森林村庄,仙学塘村、尚誉村、罗店村成功创建为金华市级森林村庄。

【组织建设】 2018年,巍山镇表彰村级先进基层党组织9个,优秀共产党员57人;收到党员关爱基金捐款2.2万元,慰问困难党员93人,关爱离任干部32人。培训入党积极分子56人,发展预备党员23人,按期转正3人。

【村镇建设】 2018年10月30日,巍山小城镇综合治理建设通过省级验收。投资2亿元(市财政1.6亿元、镇财政4000万元),完成4千米强电线路、15千米弱电线路、电话及有线电视线路等"上改下"工程,使镇区工人路、渼沙路、兴商路、中横街、直街、玉屏路等空中无线路;清除乡村道路、街道、小巷"蜘蛛网";改造整治镇区直街、中横街、玉屏路、兴商路、镇中路、长安路等5500米沿街两侧立面,改造面积3万平方米,镇区风貌得以提升;完成渼沙路两岸景观带、公园、人行道建设;加大改造镇区范围下水道及污水管网力度;改造占地0.8公顷三百田广场停车场;完成镇区16千米主要道路路面"白改黑"及人行道改造;完成镇区5千米道路交通标志线改造;完成镇区18条道路12.4千米人行道改造。

巍山镇完成1411户集聚安置和389户回购安置。宅基地安置农户2147户,自愿延迟安置户数338户,

2018年巍山镇社区(村)基本信息情况一览表

表71

社区(村)名称	小区(自然村)(个)	社区(村)支部(总支)书记	社区(村委)主任
尚　誉	1	何文锦	金海阳
胡　村	3	胡海彬	胡文明
楼下畈	2	王品余	邢忠良
麻　家	2	麻洪仁	楼世明
象　岗	5	吕小华	周潮森
环　峰	3	吴式青	应明强
上卜宅	6	赵再杨	卜东来
王　宅	5	王庆浩	楼登财
沈　良	2	金孝英	沈远春
曙　光	4	吴忠良	赵庚余
茶　场	4	王保华	朱国华
金　鑫	3	—	—
白　坦	2	吴正发	吴飞云
巍山社区	7	赵闻樵	赵闻樵
巍屏社区	10	冯跃进	应大成
古渊头	3	李惠康	李晓强
光里湖	5	叶桂芳	徐亚玲
雅　联	3	斯晓初	陈纲伟
尚武宅	4	赵柏仁	赵玉成
清　溪	2	王高良	胡新良
市　前	2	楼桂阳	—
怀　鲁	6	陈继华	马朝阳
八字墙	4	王国忠	王彩萍
同　乐	3	李荣贵	徐晓安
东方红	4	朱益群	叶国栋
东莘桥	3	李文良	方建新
仙学塘	4	吴跃华	吕跃生
罗　店	5	戚美忠	刘国强
甲　坵	5	虞忠林	虞建新
大　山	4	楼荷光	楼　坚
岭　典	3	王有金	王国杰

说明:因金鑫村属社区管理,故不设社区(村)支部(总支)书记及社区(村委)主任

完成放样定桩1606户，定桩放样率88.78%。拆除危房涉及107个村，补助资金3800余万元；回购补助资金涉及52个村，申请补助面积2万平方米，补助资金577万元。

巍山镇完成“三改”总面积268527平方米，其中旧住宅区改造182451平方米、旧厂区改造81576平方米、城中村改造4500平方米。

全镇81个村完成规划报批，14个村规划公示中；完成狮山小微园区项目建筑设计方案专项论证，完成巍山医院项目建筑设计方案专项论证。

巍山镇渼沙路两岸景观带、公园新种人行道树2183棵，安装路灯714盏；绿化空闲地5万平方米，绘制墙画6500平方米。设计景观节点22处。新建健康主题公园(静安公园)、南入口公园、渼沙溪滨江公园3处，增加绿化面积10.3万平方米。

巍山镇完成寺前、岭腰、炼仙坞3个市级地质灾害治理点整治；完成大爽地质灾害点治理工程招标；完成总投资90万元的同乐村水阁自然村村内道路硬化建设工程；完成总投资92万元的同乐村乃更自然村村内道路硬化建设工程；完成总投资70万元的村民文化活动场所建设工程；完成总投资106万元的清溪村溪岸整治建设工程。

4月11日，金华市检查组对巍山镇“四好农村路”进行检查，实地走访东方红村史家庄、光里湖村平安、古渊头村、山头金小区的进村路，对巍山镇“四好农村路”工作表示肯定，指出将作为金华样板进行推广。

【文教卫生】 2018年，巍山镇有幼儿园8所，其中教育部门办3所。教职工118人，其中专任教师98人，入园幼儿1734人。小学6所，在校学生3511人，毕业生591人，专任教师182人，其中大学本科学历专任教师153人、专科学历29人。初中2所，在校学生1859人，毕业人数607人，专任教师134人，其中大学本科学历专任教师127人、专科学历7人。九年制义务教育覆盖率100%。巍山镇中心小学获2018年浙江省中小学生艺术节优秀组织奖，获“金华市家庭教育工作先进集体”“金华市模范教工之家”“金华市2017年中小书香校园”等称号。

巍山镇设镇文化站、广播电视站各1个。创建清溪、雅联、光里湖、仙学塘、罗店5个文化礼堂。全镇数字电视用户数16456户，双向互动电视用户2253户，广电云宽带用户1806户。进行数字电视整体转换，为农户上门各种服务6800余次。

巍山镇有医疗卫生院(室)37家，其中市属医院1家、中心卫生院1家、社区卫生服务站8家、村卫生室18家、个体诊所6家、医务室3家。专业卫生人员469人，其中执业医师168人、执业助理医师27人、注册护士175人、其他99人。平均每千人拥有卫生技术人员6.6人，平均每千人拥有执业医师2.37人，平均每千人拥有注册护士2.46人。

【社会保障】 2018年，巍山镇参加城乡居民医疗保险48562人，参保率96%，医疗报销金额2816万元。2018年度巍山镇优抚对象有伤残人员33人，“三属”(烈士遗属、因公牺牲军人遗属、病故军人遗属)7人，在乡复员41人，带病回乡57人，参战涉核26人，有60周岁以上农村籍退役人员630人，有60周岁以上烈士子女2人。开展困难群众大病医疗等救助工作，救助189人，发放救助金685467元；农村低保804人，每月发放最低生活保障295971元，共计3551652元；城镇低保4人，每月发放1858元；集中供养特困人员29人；社会救助122人，年费用16万元；优抚20人，年补助1.2万元；低保边缘户337人。建立重点优抚对象沟通平台制度，开展全镇113名重点优抚对象慰问工作。

【乡村旅游】 2018年，巍山镇成功创建省AAA级旅游景区村庄1个(古渊头村)，AA级旅游景区村庄5个(大爽村、看芝村、程店村、西坑沿村、恒森养生苑山头金村)，省A级旅游景区村庄2个(尚誉村、山洪村——行云小居民宿)。举办西坑沿樱桃节、平安荷花节、山头金贡枣节、尚誉音乐嬉水节、上卜宅油菜花旅游文化节、黄西塘桃花文化旅游节等，探索“产业植入+旅游节庆”模式，打造乡村旅游品牌。培育古渊头教育小村、象岗油菜花示范基地、黄西塘桃园基地，落实“产业植入+旅游基础”模式。结合东白山省级旅游度假区规划和山洪村精品民宿——行云山居开发，创建山洪村、湘湖村和大爽村3个有一定民俗文化及自然资源村，尝试“产业植入+民宿民俗”模式。

2018年3月27日，巍山镇上卜宅村首届油菜花旅游文化节开幕

(单江洪/摄)

12月23日，首届东阳大爽古山道越野赛在巍山镇大山村大爽自然村举行。来自东阳市和周边县市的500余名跑步爱好者参加。

【综合治理】 2018年3月起，巍山镇完善全科网格及网格员队伍建设。将原有119个网格调整为118个。合并网格7个，增加网格4个。以6个工作片为单位开展专职网格人员招收。网格员通过"平安通"上报事件3162件，办理3162件，发送美篇239篇。在市综治办通报中刊登10余篇。

巍山镇完成人民调解矛盾纠纷136起。录入矛盾纠纷在线调解平台并成功调解44件。配合开展驰成集团债权人债权申报及确认工作。处理信访件350件，"8890"投诉咨询件423件，来访、约访件110件。

4月13日，全市小城镇环境综合整治工作现场会在巍山镇举行。各部门及镇乡街道领导近百人实地参观巍山镇静安公园、渼沙南路橡皮坝、村新建菜市场工地、巍山四村、商贸综合体、渼沙菜场，听取情况介绍。

（楼伏初）

歌山镇

【概况】 2018年，歌山镇行政区域面积64平方千米，辖21个行政村，75个自然村，314个村民小组。镇政府驻歌山镇楼西宅1号。辖区总户数17564户，总人口42015人，其中男性21297人、女性20718人。出生人口411人，计划生育率98.06%，出生人口性别比127(女为100)。完成税收3亿元，比上年增长28.8%。歌山镇获镇乡街道工作目标责任制考核优秀单位(一等奖)、商贸服务业竞赛活动第二组第二名、"三改一拆"考评二等奖、工业经济工作目标责任制考核优胜单位、综合工作先进集体、生态廊道和"五水共治"工作考核一等奖、镇乡街道科技目标管理责任制考核二等奖、农村生活垃圾减量化处理年终考核良好、经济建设工作中作出突出贡献集体、平安创建工作中作出突出贡献集体10项荣誉。王村光村、泮田村、歌山村成功创建金华市森林村庄。

【工业】 2018年，歌山镇规模以上企业工业产值16.40亿元，比上年增长12.1%。完成投资2.85亿元。规下样本企业(规模以下企业中选取样本企业进行数据统计)主营业务收入完成1002.1万元，比上年增长20.1%。

歌山镇完成建筑业相关企业工商注册48家，建筑业"营改增"招商税收1.24亿元，实现市委市政府建筑业招商翻番任务。推进重点项目建设，注重高成长企业扶持培育。完成"两化"融合企业3家，增加规模以上企业3家，红木企业环保验收6家。开展低散乱企业整治，完成村居企业清零工作，加快农垦场二期和三期、西宅小微园建设。

【农业】 2018年，歌山镇有23个粮食生产功能区，土地面积815.67公顷，种粮大户33户，农民专业合作社22家，销售各类农产品3820万元，家庭合作社24家，农田作业收入1580万元，规模化水产养殖基地9个，规范化生猪养殖场4个。增加规范化流转土地75.9公顷。"歌耘"牌大米获绿色食品认证，"冠强"牌黄花梨通过生产梨酒、梨膏糖等农副产品，延长产业链，提高农产品附加值。林头泥鳅养殖场年产值1000万元以上。

王村光村依托王惕吾名人效应，立足原有枣林基础，发展"体育+"特色产业。8月26日，举办第二届"歌山之约"青枣休闲体育节，开设青枣试吃区、蜜枣试吃区、民俗特色一条街，通过穿越枣林骑行、泛舟采摘以及传统美食，吸引众多游客。

【新农村建设】 2018年，歌山镇拆除违法建筑137宗，拆违面积34.44万平方米，完成"双十整治"重点村6个，"无违建"验收通过村74个。完成集聚安置凭证发放642户。申报"十美村"创建村22个，先后组织22个自然村、2500余人次到磐安县、浦江县、东阳市的"美丽乡村"等地参观学习，定期组织"十美村"创建工作推进会，创建市级"十美村"4个，其中上周、俞黄2个村被选为市级"最美村"。7月27日，全市百局联百村现场会在歌山镇召开。8月28～29日，歌山镇对全镇75个自然村进行镇级最美村评选，评选出10个"优美村"和10个"较差村"。

【文教卫生】 2018年，歌山镇成功创建省级卫生乡镇。创建文化礼堂7家，启用歌山镇中心幼儿园，歌山一

2018年8月26日，歌山之约——第二届青枣休闲体育节在王村光村举行

（歌山镇提供）

2018年歌山镇行政村基本信息情况一览表

表72

行政村名称	自然村(个)	村支部(总支)书记	村委主任
乾　兴	3	何忠明	陈兴仙
四　汇	4	厉荣桂	厉荣桂
楼村头	2	郭炳洪	楼小明
林　头	5	徐月星	何玉亮
尚　侃	3	金长法	金桂良
象塘夏楼	2	楼航峰	楼航峰
歌　山	1	郭乔良	郭阳伟
王村光	3	王利杨	王福跃
甽　干	6	金光明	金美强
陈塘沿	1	吴巧芳	吴海忠
五　祥	6	吴星强	吴洪亮
大　里	1	俞大明	蒋少华
石　潭	2	俞国尧	俞　敏
凤　山	10	楼国荣	楼永久
塘　下	4	吴红良	吴红良
泮　田	3	吴品火	吴正葵
上　蒋	5	金桂法	林韵蔚
安　溪	4	陈德新	蒋生荣
西　宅	7	卢淑华	胡耀良
双　村	2	何正林	胡伟钢
淑　玉	1	金晓红	金晓红

中中考取得历年最佳成绩。开展计生服务工作，全镇出生人数为294人，计生率为98.98%。结合计生协活动日、世界人口日、世界艾滋病日等活动日，举办主题活动及讲座20余次，对现行计生政策、避孕节育、生殖健康、优生优育优教、流动人口等知识进行宣传，营造按政策生育的氛围。8月9日，歌山镇通过省级卫生乡镇创建工作金华检查组检查。

【社会保障】 2018年，歌山镇对全镇低保户进行复核，确定在册低保户数244户，在册人数342人，低保金发放11.53万元；临时救助45人，金额6.75万元。居家养老照料中心运行率86.36%，其中上周、石潭、大里3家居家养老照料中心完成三星级评定。推进镇级、村级退役军人服务站建设，完成拥军优属和退役军人信息采集工作。推进社会保障各项业务的开展，完成城乡居民26386人的医疗保险收缴工作。

【社会管理】 2018年，歌山镇与各村及企事业单位分别签订各类安全责任书1186份。全镇治安、信访等事件为38件，比上年下降15%。落实禁种铲毒、全民禁毒宣传活动，在各村安装治安探头1335个。设定“综合受理”服务窗口，梳理受理事项62项。为全镇78个网格配强专职网格员，1人获评“浙江省优秀网格员”称号。网格员上报流转事件18914件，平安通8552件。调处各类劳动纠纷64起，支付拖欠员工工资151万元。

【组织建设】 2018年，歌山镇通过“歌山司南”微信推送特刊4期，定期开展工作政策和理论知识的宣传。推进“两学一做”学习教育常态化制度化。加强履职尽责管理，组织开展村社换届回头看工作，对村干部的履职尽责情况进行考核，对部分村主职干部采取谈话、歇职、免职等措施，在村干部例会上通报考核结果。发展党员24人，其中农村党员19人、“两新”党组织5人。落实党员分类管理，各支部按在家党员、外出党员、年老体弱党员、双重管理党员四类标准对党员进行梳理，落实党员联系服务群众制度，外出党员认领村庄建设相关项目。选拔58名“红领青年”，通过日常管理与定岗培训双结合的培育计划，根据表现进行跟踪培养、动态管理。接受市委第一巡察组巡察，完成整改问题33个，对巡察组反馈的问题线索进行分类处置，立案11件。完成对镇辖区内4个村的巡察。立案查处党员违纪案例14件，处分违纪党员9人，其中开除党籍3人、党内警告或严重警告6人，谈话提醒44人次。

【小城镇环境整治】 2018年，歌山镇通过网格长、街长工作制度将集镇区划分为9个区块和3条主要街道，由镇班子成员担任网格长、街长，落实周二晨查、周四共建、周六工程例会等工作制度，推进区块和街道的综合整治工作。加强规划设计引领，加入建筑、火腿、渔具等产业元素，增加歌山的产业和人文特色。总投资约1.45亿元，开展72个建设项目，建成以“两纵两横”为主要街区的特色集镇。11月28日,歌山镇通过小城镇环境综合整治省级验收,获评省级样板。

【渔具产业】 2018年,歌山镇渔具相关企业近300家,其中规模以上企业3家(东阳市现代钓具有限公司、东阳市千丝坊渔具有限公司、东阳市木子渔业有限公司)。11月24~26日,在歌山镇林头村东阳江段举办首届中国·东阳生态廊道自然流域垂钓大赛,设"东阳味道"美食节、渔具和农副产品展销会,设渔具展位128个,带动渔具销售,成交总额1200余万元。

【首届农村家宴厨师"东阳味道"评选活动举行】 2018年11月29日,首届农村家宴厨师"东阳味道"评选活动在歌山镇凤凰谷度假村举行。该比赛面向全市农村家宴厨师,要求参赛厨师以东阳市传统烹饪方法进行加工制作,突出东阳地方特色、历史民俗文化和乡土风味。16个镇乡街道的45名农村家宴厨师报名参赛。参赛厨师们在东阳焐肉、红烧全鱼、烧帽仔糕等东阳市传统菜肴"三样贯"内自由选择一道或以上的菜肴进行现场制作。现场自由发挥,制作一道"东阳味道"特色菜。安排市市场监管局、市人大、市纪委相关负责人以及东阳宾馆等7家大型餐饮单位负责人组成专业评选组进行评审,46人次获金奖。

(张雅雯)

千祥镇

【概况】 2018年,千祥镇辖区总面积104平方千米,辖88个自然村,33个行政村,镇政府驻千祥镇千祥南路127号。辖区总户数20067户,总人口45583人,总人口中男性23541人、女性22042人。出生人口444人,出生人口性别比122(女为100)。完成税收8654万元,比上年增长52.1%。亩产税收14.56万元,在全市排名第一。有乡镇企业357家,各类金融机构5家。云头村、后马村、秀溪村、三联村、王坑村、大路村创建金华市森林村庄。7月,千祥镇创建省级森林城镇;11月,通过"中国箱包产业基地"复评;12月,创建省级卫生乡镇并通过小城镇环境综合整治验收。

【工业】 2018年,千祥镇完成规模以上工业产值3.77亿元,比上年增长6.9%。固定资产投资额14916万元。增加规模以上企业1家(东阳市九臻红木家具有限公司)。有各类箱包企业及加工点866家,从业人员1.5万余人。

千祥镇完善田心工业功能区建设,累计平整土地32.67公顷,总投资2800万元。推动旧厂房、技术改造企业5家,金额7905万元,申报国家级科技创新企业1家(东阳市定达皮具有限公司),有11家企业申报外观、发明等专利,通过"中国箱包产业基地"复评,完成26.67公顷箱包微创园第一期征地工作。年初与中铁六局签订劳务合作框架协议,推进实质性劳务合作。完成资质和安许双证落地9家,增加开票纳税企业5家,建筑业招引19家,完成建筑业税收总收入3253万元,比上年增长1441.7%,提前超额完成五项指标考核任务。促成中国影视后期制作小镇项目、秀溪村生态旅游项目、现代中药产业基地等大项目的完善。引进内资7743万元,浙商回归资金5743万元。开展"飓风整治"行动,完成401家"四无"企业排摸,整治企业136家,其中完成技术改造3家、关停37家,采取限电55家,拆除37家企业违章建筑3.72万平方米。

5月24日,市政协委员到千祥镇,专项集体民主监督千祥镇生活垃圾分类工作,走访千祥镇箱包企业,了解箱包产业发展情况。

【农业】 2018年,千祥镇农村经济总收入68588万元,农民人均所得15064元,比上年增长7.3%。农林牧渔业总产值15486万元,其中粮食作物产值3259万元。粮食播种面积1741.27公顷,粮食总产量10508吨。粮食作物以水稻为主。主要经济作物有元胡、浙贝母、杭白芍、席草、蓝莓等。垦造耕地19.31公顷、旱改水0.95公顷、高标准基本农田建设203.79公顷、农村土地综合整治项目0.94公顷。

千祥镇建成浙贝母无公害标准化生产基地146.67公顷、省级生态循环种植模式示范基地21.67公顷、省级旱粮示范基地30公顷,其中晚稻高产示范田13.33公顷;逐步形成集中连片的标准化中药材示范区206.67公顷,其中省级中药材示范区提升项目15.33公顷,元胡品种试验、繁育1公顷。示范区良种覆盖率90.3%。3.33公顷的甘棠村水果观光采摘生产基地对外开放,完成镇级农业产业化项目6个。发展农村特色产业,结合箱包、药材、羊肉、席草等本地产业,培育各类产业特色村11个。完成1.33公顷的柽溪村静庄改田造地项目,56.33公顷的甘棠村土地整理项目破土动工。完成土地确权,总确权颁证农户数11839户,确权面积1.37万公顷;做好国土新政,完成垦造耕地14.9公顷、完成8.63公顷的"旱改水"和172.93公顷的高标准基本农田建设。

【重点工程建设】 2018年,千祥镇投资1.25亿元开展小城镇环境综合整治,千四、丁宅、前巷、吕宅、千一、千三、上东陈、下东陈8个自然村完成主干道"白改黑""上改下"、沿街立面改造等43个建设项目。上东陈村完成148户农房改造,文化长廊完工。东阳市天鹅养生苑项目投资3100万元,投资约500余万元的千祥影剧院投入使用。完成总占地0.67公顷的千祥实验幼儿园建设工程。推进"千乡万村"工程建设,全镇33个行政村实现村级连锁便利店全覆盖。

【新农村建设】 2018年,千祥镇拆除违法建筑298宗、9.44万平方米,完成率157.38%,完成旧住宅改造1936户、25.66万平方米。全镇规划编制73个村,完成规划报批、宅基地审批,定桩放样率82.96%,878张集聚凭证发放到位。制定《千祥镇违法用地(建设)监管处置实施办法》,发现新

2018年千祥镇行政村基本信息情况一览表

表73

行政村名称	自然村(个)	村支部(总支)书记	村委主任
金　村	3	马世东	马旭平
柽　溪	3	马为民	马永军
云　头	2	陈永胜	陈永胜
万　祥	3	马华强	王冬菊
千　南	2	陈鸿翔	陈鸿翔
千　二	2	吕荣刚	吕荣刚
千　一	2	叶长华	叶秉春
东　一	3	黄亚民	黄亚民
甘　棠	4	马旭标	马旭标
后　马	3	陈国水	陈志秀
上东陈	2	陈金彬	陈力华
下东陈	2	陈新明	陈新明
胡　山	2	胡志康	胡义东
升　楼	3	楼文献	楼阳春
秀　溪	3	楼跃进	楼联军
新　民	3	黄雁南	黄秀才
九峰一	3	黄小燕	黄永华
九峰二	3	包向锋	包淳兴
三　联	3	陈元宝	陈元宝
四　友	4	蔡　进	卢为民
前　马	3	胡文正	马鸿亮
高　宅	2	李丁寿	李丁寿
南王坑	2	陈柏兴	陈伟忠
石门张宅	2	张新忠	—
三　宝	5	王忠保	王仕华
光　周	2	陈增财	陈成立
后　周	2	李跃光	李跃光
隔　塘	1	黄万育	黄万泉
林　甘	1	马新华	马海军
民　宅	1	叶汝龙	陈文龙
麻　田	3	陈香菊	马卫春
大　路	6	史德刚	史永安
岭　脚	3	陈拥军	黄大放

增违建16处，全部整改到位。开展亮化工程，完成新装路灯325盏；新增绿化面积12000平方米。87个自然村通过市级垃圾分类合格村验收，合格率99%，建成马墅、金村2个垃圾分类处理机器房，胡山、后周、麻田3个阳光房。柽溪志愿者协会垃圾分类考核小组每周现场检查，开展“美丽千祥”保洁志愿活动公益时间4600小时。

千祥镇推进牛琅谷森林公园等生态旅游项目。制订并实施“美丽乡村”建设行动计划，总投资1392.5万元，51个建设项目完工，西阳村被评选为市“十美村”，被推荐为市“最美村”。8个集镇所在村完成“赤膊房”粉刷、路面“白改黑”、沿街立面整治。

千祥镇完善5处垃圾处理终端，其中阳光房3处、机器房2处。完成88个自然村的考垃系统信息录入、垃圾分类二维码制作和粘贴、督察员培训工作。48个自然村实现考垃APP落地运行，其中32个村每周扫码率70%以上。组织队伍定期对各村垃圾分类情况进行交叉检查，检查结果公开通报并列入镇“十美村”评比。

千祥镇开展截污纳管和黑臭水体排查，完成镇污水厂的改造提升，11.7千米的污水总管改造全面完工并投入使用，完成池塘整治33口，评选出第二批“美丽池塘”6口。完善水利基础设施，溢洪道未达标的8个山塘水库完成修整，2个渠道建设项目和6个清水河道项目通过验收。

千祥镇投资2800余万元完成柽溪江综合治理工程；投资500余万元的镇区休闲广场完成项目建设。完成高宅龙塘寺山塘整治工程；实施绿网工程，推进金村至柽溪至南下线连接口等公路沿线的绿化升级改造；完成火烧迹地造林和油茶经济林13.33公顷。

【文教卫生】 2018年，千祥镇有镇综合文化站、广播电视站各1处，浙江省级文化示范村3个，金华市级文化示范村5个，区域文化中心6

个，文化达标村12个，文化礼堂18个，各类图书室33个，藏书6.6万册。群众文体团队68支，东阳市级文物保护单位3处，文物保护点7处。幼儿园4所，幼儿教学点4个，在园幼儿980人，专任教师45人；小学4所，在校学生2485人，专任教师135人；初中2所，在校学生1163人，专任教师102人。九年义务教育覆盖率100%。

千祥镇创建6个村文化礼堂，累计建设18个文化礼堂；岭脚、后马、陈桥等5个村举办"农民春晚"，金村举办元宵晚会。组织开展文化走亲等各类活动，举办跨区域文艺晚会和文艺会演等大型文化活动20余次。千祥镇柽溪公益志愿者协会年度服务时长在全市排名第一。完善"千祥微讯"微信公众号日常运营，信息平均阅读量1800余人次。

千祥镇设各级各类医疗卫生机构22家，其中镇中心卫生院1家，病床30张。专业卫生人员102人，其中执业医师29人、执业助理医师12人、注册护士21人、其他10人。城乡居民医疗保险参保人数29952人，参保率99.8%。

【社会保障】 2018年，千祥镇城镇最低生活保障户数4户、4人，支出19752元，月人均411元；农村最低生活保障户数433户、543人，支出234.8万元，月人均360.3元；医疗救助57人次；五保供养23人，临时救助122人次，支出18万元；国家抚恤、补助各类优抚对象509人次。敬老院1所，床位54张。

千祥镇完成低收入农户调查818户、1145人。开展城乡居民医疗保险工作，全镇参保人数29952人，参保率99.8%。城乡居民社会养老保险参保人数12439人，其中城乡居民养老保险享受待遇9039人。

【社会管理】 2018年，千祥镇组织85名专职网格员业务培训20次，流转处理网格员系统上报事项7118件，办结率100%。排查矛盾纠纷24起，调处率100%；调处信访252件(含重复访)，排摸治安隐患和安全生产隐患197起。无重大信访案件、群众集体上访案件发生。

【基础设施建设】 2018年，千祥镇利用空心空地，综合广场、房前屋后等地块，设置临时停车场和临时车位，改善提升停车场11座、施划停车泊位663个。建设入镇口公园、千二公园等6处休闲场所。定期开展沈岭坑水库饮用水源清洁行动，清理生活垃圾和烂枝烂叶30余吨；加强山塘管护，完成2口山塘的整治方案设计工作；建成西阳、降祥、云头、马墅等村生态洗衣房6个。完成金村、马墅、大庄等村"尾水返田"示范点建设。完成镇污水厂的改造提升，11.7千米的污水总管改造全面完工并投入使用，完成池塘整治33口，完成溢洪道未达标的8个山塘水库修整，2个渠道建设项目和6个清水河道项目通过验收。

【组织建设】 2018年，千祥镇建立党建工作体系，在村主职干部年终考核中确定优秀9人、称职29人、不称职2人。马世东等3人被评为浙江省"万名好党员"。细化党员积分管理，分为在家党员、外出流动党员和双重管理党员三大类。依规处置不合格党员9人、不合格村干部12人，歇职村主任1人、免职村支部委员1人；开展提醒谈话23人次，批评教育67人次，立案11起，党内警告4人，严重警告3人，开除党籍1人。6个后进支部村顺利转化，其中3个村被评为东阳市"秀美村"，2个被评为镇"十美村"。

【劳务战略合作协议签订】 2018年，千祥镇推动浙商建筑业回乡落地。年初中铁六局(中国中铁股份有限公司的全资子公司、国有特大型建筑施工企业)签订劳务战略合作协议。3月25~27日，市领导和千祥镇主要领导以及3家民企公司代表组成的考察洽谈团，先后参加与中铁六局路桥公司、广州公司劳务合作的洽谈会。4月中旬，同市建筑业管理局等相关部门到北京市，提供"店小二式"服务，与中铁六局公司对接资质落地。

【西北工业大学与千祥镇共建党员社会调研实践基地】 2018年8月25日，西北工业大学航天学院党委副书记、长江学者岳晓奎带领浙江调研实践队20余人，到千祥镇上东陈村开展社会调研实践活动，召开陈士橹院士先进事迹学习座谈会，双方交流陈士橹院士先进事迹学习心得，共同为社会调研实践基地挂牌。

(王　蕾)

2018年9月14日，千祥镇入镇口公园　(包康轩/摄)

湖溪镇

【概况】 2018年，湖溪镇行政区域面积98平方千米。设镇东、镇西、镇北3个工作片，辖28个行政村，镇政府驻湖溪镇西村郭宅自然村通新路10号。辖区总户数17456户，总人口42048人，总人口中男性21205人、女性20843人。出生人口428人，出生人口性别比107(女为100)。完成税收1.88亿元，比上年增长54.4%。有工业企业218家，其中规模以上工业企业27家，各类金融机构4家，保险公司2家。湖溪镇南塘村村民姚永生入选省委宣传部、省文明办等单位公布的2018年11月"浙江好人"榜单，获"见义勇为"好人称号。

【工业】 2018年，湖溪镇完成规模以上工业总产值9.94亿元，比上年增长16.76%；年末有企业261家，其中工业企业218家。企业从业人员6185人。建筑业企业19家，建筑业总产值11.56亿元，建筑业税收回归9658万元。外贸出口总额2.48亿元，比上年增长24.3%。固定资产投资额1.93亿元。完成浙商回归资金9700万元，引进内资1.1亿元。工业性投入7472万元。

湖溪镇推进老工业区改造，改造低效用地4.67公顷，引进企业5家。完成"煤改气"淘汰改造企业9家，红木企业环保整治验收24家，关停9家。开展"四无企业""清零人园"整治工作，累计整治企业208家，限电停业整顿102家，关停42家。拆除违章17宗、2.1万平方米，收取低效用地履约保证金56万元。培育国家高新技术企业3家，省科技示范型企业4家，增加规模以上企业3家。增加建筑类企业12家。

【农业】 2018年，湖溪镇常用耕地面积1474.95公顷，农作物播种面积1366.33公顷。农业技术服务机构1个，从业人员11人，农民合作社19个，成员128人。耕地流转面积951.06公顷。种植大户38户，畜禽养殖大户12户，家庭农场21个。粮食总产量30745吨，其中谷物25687吨、豆类2305吨、薯类2753吨。油料2862吨，甘蔗产量30吨，中草药材类4070吨，蔬菜类5952吨，八里湾蔬菜常年供应市场需求。果用瓜2680吨，其中西瓜2495吨。何氏鸽业成功创建美丽牧场，东百塘"姚老师"猕猴桃被评为无公害农产品。

【新农村建设】 2018年，湖溪镇投入5000余万元实施28个项目集镇建设。环镇南路、江滨南路、复兴路、学府路、东塑路、通江路等镇区街路完成"白改黑"改造。提升改造清济公园、优化镇区停车场建设。启动农贸市场、湖溪车场建设。完成新兴路、东园路、文化东西路立面改造和店铺招牌改造。小城镇环境整治项目76个，投资1200万元。投资460万元改造江滨北路。综合市场建设投资450万元。里歌线建设投资2500万元。投资480万元的365办事中心落成启用。启动南湖路、复兴路特色精品街建设。通过浙江省卫生城镇复评和创国卫金华市级考核。

湖溪镇开展美丽乡村建设，7个自然村被评为市"十美村"，其中上田、象田2个自然村被评为东阳市"最美村"。投入400万元增加绿化2万平方米，建设绿道14千米。创建东阳市级森林村庄8个，省级"一村万树"示范村1个(金宅村小后田自然村)。

湖溪镇完成十八坞、夏黄、前山、蛟塘4条农村联网公路建设。完成工业大道延伸段建设，完成通江路延伸工程厂房拆除。推进杭温高铁征地前期工作，南郭线建成通车。

【环境整治】 2018年，湖溪镇推进"三改一拆"拆后重建工作，60个自然村完成规划报批，实现货币安置182户，发放集聚凭证929户，参加一期选房211户，55个自然村完成一批次以上宅基地安置，安置到户1076户，定桩放样983户，动工建设368户。拆除违章2.8万平方米，通过市无违章乡镇复评。新建公共厕所5个，新建改建农村公厕52个。完善智能化、社会化、规范化垃圾分类处理模式，实现考垃APP安装使用全覆盖。与浙江树人大学建立产学研合作，为垃圾分类提供智力和技术支持。镇垃圾分类工作模式被全市推广，经验做法在《人民日报》刊出，受省市领导批示肯定。

【乡村旅游】 2018年，市重点项目——天宝生态文化园项目寺庙区块主体落成。基本完成投资1000万元的镇西村马上桥"国宝花厅"产业植入特色精品村项目。郭一村象田自然村建成农家乐15家，民宿10家，实

2018年3月25日，横店剧组在湖溪镇郭一村象田花海拍戏（湖溪镇提供）

施改造8家民宿。象田村获“全国生态文化村”、浙江最美赏花地、浙江省“最美田园”称号。成功创建省AAA级旅游景区村庄1个(郭一村象田自然村),省A级旅游景区村庄2个(镇西村马上桥自然村、八里湾村上田自然村)。8月10～17日,象田村举办首届萤火虫节。

【文教卫生】 2018年,湖溪镇有幼儿园3所,在园幼儿886人,专任幼师54人;小学5所,在校学生1725人,专任教师103人;初中1所,在校学生850人,专任教师67人。九年制义务教育覆盖率100%。高中1所,在校学生900人,专任教师67人;成人文化技术学校1所。教育经费4070.6万元,其中镇政府投入50万元。学校重大工程1项(湖溪镇中心幼儿园建造3期项目)。

湖溪镇有医疗卫生机构13家,其中镇中心卫生院1所、社区卫生服务站6家、其他6家;每千人拥有医疗床位1.5张;专业卫生人员64人,其中执业医师22人、执业助理医师13人、执业护士16人,其他卫生技术人员(药剂、检验、麻醉)13人。

湖溪镇首部微电影《父亲的酒》获全国职工微影视大赛金奖。10月,举办东阳市第二届乡村体育节暨湖溪镇首届农民运动会、湖溪镇第七届文化艺术周系列活动。

【社会保障】 2018年,湖溪镇农村低保户293户、354人,城镇低保户7户、21人。五保户21户、23人。发放低保户救助金142万元,发放“五保”户救助金27.6万元。残疾人护理补贴508人,生活补贴227人,发放补贴金192万元。国家抚恤补助类对象67人。有敬老院3所,居家养老中心正常运行30家,三星级照料中心5家。

【社会治理】 2018年,湖溪镇强化网格员队伍管理,对全镇村级74名网格员开展网格员培训14轮次,推进“最多跑一次”改革,建设示范型村级便民服务中心2个、标准型14个,创建“六无村”3个,一星级田园社区15

2018年湖溪镇行政村基本信息情况一览表

表74

行政村名称	自然村(个)	村支部(总支)书记	村委主任
南　塘	3	张永兴	张鼎华
湖　溪	1	张　耕	张永新
大　连	5	严长春	姚军民
溪　南	4	王春芳	叶大新
上红湖	3	宣克明	葛红旗
东　雅	2	郭炳良	张航平
清　潭	2	李国栋	李昔阳
南　江	4	吕中明	卢志新
十八坞	5	卢德花	叶德忠
楼　店	3	楼锦祥	吕向阳
后　西	4	杜天章	杜徽东
后　东	3	杜培基	杜锦群
罗　青	1	杜永生	申屠华民
罗青郭	2	郭振金	郭立新
八里湾	4	严智时	张海阳
镇　西	3	张立明	吕向阳
郭　一	2	郭栋梁	郭兵权
郭　二	2	郭跃良	郭培龙
郭　三	2	郭庆元	郭向东
三甲村	2	杜金民	周新田
新　塘	3	何云潭	金红强
夏　黄	1	黄　刚	黄江能
前山何	2	何济亚	何林华
金　宅	3	金利平	王　阳
白水口	2	蔡希新	蔡省城
郭上坞	3	蔡红军	郭　杰
康　庄	3	程珍仙	胡向阳
蛟　塘	1	蔡喜庆	李带全

个，三星级田园社区4个，五星级田园社区1个。成功调解纠纷44起，无上访人员和群体事件。

【全市农村生活垃圾分类工作现场推进会举行】 2018年3月30日，全市农村生活垃圾分类工作现场推进会在湖溪镇举行，全面推行湖溪镇垃圾分类3.0版试点经验。与会人员现场参观湖溪镇夏黄村农户垃圾源头分类、考垃APP应用和可再生资源回收超市运营，清潭村垃圾综合处理站，镇区积分兑换超市和可再生资源分拣中心，观看试点宣传片，听取经验介绍。对各镇乡街道垃圾分类分管领导进行考垃APP使用及再生资源回收体系构建、运行培训。

（黄有福）

画水镇

【概况】 2018年，画水镇行政区域面积120平方千米，下辖18个行政村、74个自然村，444个村民小组。辖区总户数23381户，总人口55523人，其中男性28697人、女性26826人。出生人口612人，出生人口性别比110（女为100）。政府驻画水镇黄田畈村旭光自然村画宁路20号。完成税收1.27亿元，比上年增长16.1%。

8月2日，省水利厅副厅长蒋如华带领相关人员到南江水库、画水镇泽溪桥开展“千人万项”指导服务工作。

【工业】 2018年，画水镇28家规模以上工业企业完成产值9.03亿元，比上年增长7.4%。完成固定资产投资3.42亿元，其中工业性投入2.03亿元。引进内资2.8亿元，浙商回归资金2.5亿元。增加省级科技型中小企业5家（东阳市金晶伞业有限公司、浙江龙珍阁红木家具有限公司、东阳市陆鑫堂红木家具厂、浙江天勤红木家具有限公司、东阳市瑞启富泰艋红木家具有限公司），市长创新企业1家（浙江通达塑业有限公司）；开展影视业、建筑业招商工作，新注册影视公司1家（浙江红蓝影视传媒有限公司），招引建筑企业21家，完成建筑业招引企业税收3626万元，比上年增长558%。

画水镇推进红木企业环保整治，全镇有413家红木企业，关停171家，完成环保设施设备安装并通过验收242家，办理环保审批手续的超120家。开展“清零入园”行动，整治企业小作坊496家，7个村完成清零并通过验收，其中改造升级267家、搬迁入园55家、兼并重组23家、关停淘汰151家。推动旧厂房改造8家，总投资1.3亿元，腾出建设用地空间18.67公顷。推进许宅、杨梅园、巉头3个小微园建设，其中许宅区块建成6万平方米建筑面积的标准厂房。

【农业】 2018年，画水镇常用耕地面积1789.2公顷，其中水田面积1657.6公顷。农林牧渔业总产值1.9亿元。完成粮食复种面积1765公顷，粮食总产量21210吨。水稻机械化插秧面积915公顷。主要经济作物蔬菜的播种面积280公顷，总产量约5000吨。实施垦造耕地项目13公顷，高标准基本农田建设67公顷，旱改水耕地质量提升6.7公顷。

表75 2018年画水镇行政村基本信息情况一览表

村(居)名称	自然村(个)	村支部(总支)书记	村委主任
莪　溪	4	朱明山	朱胡海
联　丰	3	王会进	王国良
画　溪	6	王会山	王国强
西　山	1	许利燕	王国安
画　塔	4	李宝明	钟宇军
明　焕	6	蒋　斌	钱军民
月　峰	5	陆枝富	陆洪全
陆　秀	4	陆国兴	—
吴　宅	2	吴国洪	—
画　南	4	卢　伟	蒋军峰
黄田畈	10	蒋正伟	蒋云进
陆　宅	6	陆枝高	陆国辉
四　和	4	叶芹辉	方德宝
王　凡	4	胡森财	胡国献
紫　薇	1	许明清	许国有
许　宅	5	许基平	许锡富
洪　塘	4	何快快	郭良君
林　村	1	金红武	金提飞

【村镇建设】 2018年,画水镇总投资9500万元的小城镇环境综合整治通过省级验收,成功创建省级卫生镇;创建市级"十美村"4个,省AA级景区村庄3个和省A级景区村庄1个;垃圾分类工作实现全覆盖。

画水镇推进拆后重建工作。拆除各类危旧房2798户,开展60个自然村的村庄规划修编工作,定桩放样781户。启动七大连片违章拆除,72个村通过"无违建村"市级验收。全镇拆除违章建筑312宗,面积45.3万平方米,完成旧住宅改造514户、14.67万平方米,旧厂区改造5个、8.9万平方米。

画水镇推进"污水零直排区"创建工作,新建改造镇区污水管网4500米,整治排污口3个,实施上坞工业园区污水工程;落实河长制、塘长制,镇村两级河长持续开展手机APP动态巡河;南江南溪段综合治理工程基本完成,南江生态廊道绿道贯通;推进农村生活污水治理,建设完成生态洗衣房3个,"尾水返田"项目1个,完成水塘清淤32口。

画水镇发挥全镇109个网格、74名网格员管理服务职能。全镇18个村级便民服务中心通过市级验收,其中示范型2个、标准型16个。

【社会保障】 2018年,画水镇有五保户34人,低保户460人。开展各类救助130余次,发放救助金14余万元。城乡居民医疗保险覆盖人数35121人。完成1600余名退伍军人信息采集工作。20家居家养老中心运行良好,创建许宅村、黄田畈村星级居家养老中心,创建许宅村五星级田园社区。完成水库移民项目5个。

【文教卫生】 2018年,画水镇设综合文化站1个、文化休闲广场28个、村级文化活动室18个,文化示范村6个,各类群众文体队伍50余支,有东阳市"十佳优秀民间艺术节目"称号3个。有文化礼堂10家,其中新建成6家。有图书室19个,新设立东阳图书馆画水分馆,合计拥有各类藏书6.58万册。省级文物保护单位1处(紫薇山民居),市级文物保护单位11处,市级文物保护点42处。幼儿园12所,专任教师130人,在园幼儿2400人;小学4所,教职工170人,在校生3647人;初中2所,教职工100人,在校生1381人。九年制义务教育覆盖率100%。有中心卫生院1所,社区医院4个,医护人员86人。推进医共体建设,市级医院专家下沉300余人次,实施责任医生签约服务15546人。

【产业植入】 2018年,画水镇总投资1821万元的市级产业特色精品村洪塘村规划建设项目14个,基本完工。上街村成功申报2018年产业特色精品村,五一期间举办乡贤会,筹资356万元。肖塘村、旭光村分别于6月17日、11月28日举办水果采摘节和民俗风情展,吸引游客4万余人次。11月15日,广厦学院刚果(布)留学生一行21人参观洪塘村。

【基础设施建设】 2018年,画水镇总体规划通过论证,中心镇区控制性详细规划完成报批。推进环镇南路、北路、西路及画溪环村南路工程建设,S315画水段完成放样工作。完善画水供水有限公司安全标准化运行,提升管理和服务水平,实行饮用水质量一日一测制度。

【组织建设】 2018年,画水镇有18个行政村,设党支部、村委会、村监会。11个行政村党总支、7个行政村党支部有支部委员89人,其中女委员12人。18个行政村委会有委员65人,其中女委员19人。18个村监会有委员63人,其中女委员7人。

(朱挺耀)

虎鹿镇

【概况】 2018年,虎鹿镇行政区域面积97平方千米,辖18个行政村,下设溪东、溪西、溪口、白溪4个工作片,镇政府驻虎鹿镇厦程里村。辖区总户数12668户,总人口30751人,总人口中男性15684人、女性15067人。出生人口279人,出生人口性别比79(女为100)。完成税收5932万元,比上年增长83.2%。成功创建无违建乡镇。孙宅村成功创建金华市森林村庄。虎鹿镇获平安金鼎集体嘉奖、东阳市第三次农业普查先进集体三等奖等奖项,获"征兵工作先进单位"称号。

【工业】 2018年,虎鹿镇实现规模以上企业产值7528万元,比上年增长13.55%,规模以上工业增加值比上年增长7%;完成固定资产投资1.14亿元,其中限额以上工业性投入6415万元,引进内资6800万元,浙商回归资金3500万元,缝配城实现销售收

2018年6月17日,画水镇肖塘村举办水果采摘节 (画水镇提供)

入20亿元。

2018年，虎鹿镇组织百余家商户参加上海国际缝机展，参加各类国内外展会。扶持中大型缝配零售商业企业发展，浙江广达贸易有限公司升级为限额以上企业。虎鹿浙江缝配城是浙江省电商专业市场，总投资4000万元的电商楼完成初步设计方案。浙江华洋缝制有限公司成立华洋·浙江工业大学创新研究院，申报国家高新技术企业。开展“飓风整治”(对无证无照、无安全保障、无合法场所、无环保措施“四无”企业进行整治)、“清零入园”(对村社居民区低小散污企业进行整治清理，对潜力小微企业，引进微创园区)、中央环保问题整治、企业亩产效益综合评价等行动。调查摸底低小散企业(作坊)47家，完成18个村的“清零入园”，整改63家中央环保督察“四无”问题企业，推动旧厂房、技术改造企业4家。

【农业】 2018年，虎鹿镇常用耕地面积1053.33公顷，山林面积6666.67公顷。粮食播种面积1965.8公顷，粮食总产量10875吨。茶叶总产量125吨；蔬菜播种面积385.1公顷，总产量9098.7吨。完成高标准农田改造84.47公顷，实施标准农田质量提升工程土壤培肥84公顷，举办水果、香榧栽培技术培训班，受益300人次，组织30余人次种植业大户外出考察。

虎鹿镇对接好乐多，打造磨水仓长寿米基地；对接富坤农资市场、横店影视学院、东阳技校、邮政配送公司等单位，打通虎鹿水果销售渠道；利用媒体，提高虎鹿香榧、梅干菜知名度；全面提升东白山长寿米、东白山荒山茶、东白山核桃等“东白”系列农产品影响力，东白茶获各类省级奖项14项。发放强农惠农富农政策明白卡200张，落实政策性农业保险工作。完成高标准农田改造84.47公顷。

【新农村建设】 2018年，虎鹿镇结合厦程里村集镇特色，突出古建、水系绕村、缝配市场、农业产业等特色资源，实施小城镇整治项目49个，总投资6800万元。开展环境卫生整治，划分8个区块，由镇领导带组开展整治；每周二镇干部集中上街劝导，发现问题及时处置；镇域各单位认领街道和区块开展共建，“劝导不文明行为，开展环境整治”共建活动，成功通过省级验收。开展拆后重建工作，全镇村庄规划报批基本完成，宅基地安排率82%。申请集聚区安置478户，其中无房户41户，完成凭证发放。农村生活污水治理工程进入全面扫尾阶段，45个自然村设施运行维护移交，白峰村污水返田项目完成审计。绘制完成污水管道、雨水管道作战图，安装隔油池10处。生态廊道工程河道治理5.2千米、绿道“白改黑”5.8千米。垃圾分类考垃APP运行率93.75%。设置9个废旧物资固定收购点。合力等6个村争创金华市级优秀村，新陈等7个村争创东阳市级示范村。

【古村旅游】 2018年，蔡宅村以省级非物质文化遗产蔡宅高跷为特色，创建省级旅游风情小镇，设计小镇LOGO(徽标)，建成高跷节点景观5处，建成高跷体验馆、高跷展陈馆、高跷历史馆，完善游客接待中心、停车场、AAA旅游厕所、景观导览标识等旅游基础设施。完善旅游配套设施，包装虎鹿特产、蔡嫂美食等产品，注册民宿5家、农家乐餐饮3家。正大街有业态经营10余家，新街有民宿、餐饮、传统手艺等业态10余家。开展厦程里村与影视文化企业的对接工作，建设影视实景拍摄基地。举办“三月三”东白山开茶节、“五月五”蔡宅端午旅游节、“七月七”东白山七夕节、“九月九”孝亲文化节等系列活动，吸引游客10万余人。结合东白山省级旅游度假村、节庆链条和水果采摘优势，形成半日游、一日游、两日游精品线路，将厦程里、葛宅、蔡宅3个传统村落发展成特色古村游。与上海财经大学、市税务局、市委党校、外国语学校联合开办研学、党建等活动，扩大文化影响力。挖掘虎鹿有机农产品资源，开发水果采摘游，打造“东白”系列农产品。

【东阳市夏季乡村休闲旅游节开幕】 2018年6月15日，2018“歌山画水·梦归田园”东阳市夏季乡村休闲旅游节开幕式暨“隐趣小镇·风情虎鹿”旅游产品新闻发布会在虎鹿镇蔡宅村举行。举办“粽礼传情·寻味古村”第四届蔡宅旅游文化节，有高跷体验、包粽子大赛、民俗节目欣赏、竹排泛江

2018年6月15日，2018“歌山画水·梦归田园”东阳市夏季乡村休闲旅游节开幕
（包康轩/摄）

2018年虎鹿镇行政村基本信息情况一览表

表76

行政村名称	自然村(个)	村支部(总支)书记	村委主任
蔡　宅	1	蔡淑贞	蔡倡东
葛　宅	3	葛忠兰	葛煊炜
虎　峰	3	张文华	吕荣孝
合　力	4	黄金良	张飞高
燕　山	1	徐孝礼	徐忠明
孙　宅	2	曹德其	孙新林
东　山	1	孙正良	沈康康
白　峰	2	张宏斌	张忠孝
厦程里	4	程增尧	程生泉
溪　口	6	刘华田	刘世良
新周村	4	蒋红英	周益山
三　星	4	斯民乐	蒋禄林
尚　周	1	刘国荣	刘顺初
西　垣	3	刘晓锋	刘旭平
白　溪	4	朱位高	蔡烈飞
夏　岩	2	郑海熔	吴华洪
潦　溪	2	王顺杨	朱茂良
仙芝陵	1	裘明仙	张友唐

等活动，开幕当日有3万余人参加游玩。

【文教卫生】 2018年，虎鹿镇有文化站、广播电视站各1个、村级文化活动中心18个。初中1所，教职员工44人，在校学生550人；小学5所，教职员工78人，在校学生994人；幼儿园5所，教职员工42人，在园幼儿426人。九年制义务教育覆盖率100%。

虎鹿镇成功创建省级卫生镇。成立华洋、黎明、星土3个教育基金。建立校园乡贤广场，举办乡贤讲座，吴宁五校与虎鹿镇校开展城乡教育联盟结对活动。镇校新建工程实行招投标，开展幼儿园前期规划设计工作。增加孙宅村、夏岩村文化礼堂建设项目。建成虎鹿镇成人文化技术学校，开展烹饪、月嫂、安全等培训23期。成立童学馆，开展“带着家训去参军”等活动。

【社会保障】 2018年，虎鹿镇开展城乡居民医疗保险征缴工作，全镇参保20387人，参保率99%，大病参保人数14779人次。办理60岁以上人员新农保一次性补缴265人，发放死亡人员丧葬补助185人，办理城乡养老保险参保人员170人，变更档次151人，小额农村意外保险参保1500余人。

虎鹿镇落实新型农村合作医疗制度，全镇参保率99%，落实就业帮扶申请公益性岗位补贴10余万元。全镇19个村居家养老服务照料中心正常运行。开展生育服务工作，发放生育服务卡210本，办理独生子女父母光荣证30本，新增奖特扶146人。关心关爱困难群体，做到低保户应保尽保，全镇有低保375户492人、特困人员11户11人、孤儿1户1人、低保边缘145户311人；临时困难群众救助应补尽补，救助因病因害困难群众118人次、发放救助金14.5万元。开展大中型水库移民后扶项目监管，上报项目3个。

【社会管理】 2018年，虎鹿镇完善“四个平台”运行，按标准配备硬件设施，平台工作人员配备17人，“四个平台”网格化建设招聘培训47名网格员。推进“最多跑一次”改革，“最多跑一次”事项增加至52项，完成2个示范型、6个标准型、2个简朴型便民服务中心创建，村级便民服务中心代办事件7203件。开展重点工作、重点时期、重点人员的矛盾调处，有效化解东白山省级旅游度假区建设涉村问题、处非问题，维护互联网大会期间、退役军人事务等工作稳定。开展普法、禁毒、反邪教等宣传工作，成立镇消防队，安全生产强化网格化管理。

【组织建设】 2018年，虎鹿镇创新《虎鹿镇党员联系群众九条规定》《虎鹿镇农村流动党员分类化管理六条细则》制度，发挥党员作用，加强外出流动党员管理。召开乡贤联谊会，筹集乡村振兴发展资金，厦程里、曹宅、蔡宅、葛宅、三星等村捐款2000余万元。与高校合作吸引高校毕业生创业就业，浙江华洋缝配有限公司和浙江工业大学成立华洋·浙江工业大学创新研究院，校企合作研发缝配技术，向企业输送优秀人才。对长期不参加组织活动的30余名党员进行谈话，党组织关系迁出12人，转入整转帮教支部6人，对不支持配合村庄工作的7名党员进行谈话，转入整转帮教支部2个。建成葛宅廉政公园、蔡宅廉政教育长廊，将党风廉政宣传教育工作常态化。镇党委运用“第一种形态”139人次，其中警示谈话116人次、限期整改5人次、诫勉谈话18人次，镇纪委运用“第一种形态”51人次，其中警示谈话40人次、限期整改4人次、诫勉谈话7人次。加大案件查办力度，对违法违纪党员立案4起。

【基础设施建设】 2018年，虎鹿镇地质灾害治理点销号3个，对西垣村北沟泥石流地质灾害点、尚周村北西沟地质灾害点、西坞村泥石流地质灾害点3个省政协督办的地质灾害点加大整治力度，3个月内完成农户搬移拆除工作，年末西垣村部分搬迁户新房结顶。无障碍推进铁路征迁工作，完成甬金铁路虎鹿段涉及6个行政村、11个自然村的征地工作。巍东线白溪至西垣段路面拓宽工程开工建设。建设桃坞山塘、大坞口山塘综合整治等小水利工程，东方红水库大坝至骆店段综合治理工程（虎鹿镇段）完成发改局初步设计批复。

【华洋·浙江工业大学创新研究院成立】 2018年4月1日，华洋·浙江工业大学创新研究院成立大会在虎鹿镇浙江华洋缝制有限公司专家楼举行。华洋·浙江工业大学创新研究院是由浙江工业大学批准设立、浙江华洋缝制有限公司出资建设的校企合作联合研发机构，是华洋企业发展的智囊团和华洋的创新研发中心，根据华洋公司发展需求，专注提升企业智能化、信息化水平，实现产品的转型升级、规划企业发展战略，最终实现企业的跨越式发展。浙江省政协委员、浙江工业大学统战部部长，华洋·浙江工业大学创新研究院理事长、院长徐维祥教授，浙江华洋缝制有限公司董事长徐凤南，东阳市相关部门工作人员出席大会。

（杨德桦）

东阳江镇

【概况】 2018年，东阳江镇行政区域面积140平方千米，辖镇中、镇西、八达3个工作片，27个行政村，镇政府驻东阳江镇茜畴村。辖区总户数8389户，总人口22427人，其中男性11488人、女性10939人。出生人口201人，出生人口性别比112（女为100），完成税收6143万元，比上年增长103.6%。

12月24日，省林业局命名东阳江镇天山村为“浙江森林人家”。学陶村、岭下村、黄铺村、新东村创建金华市森林村庄。

【工业】 2018年，东阳江镇有规模以上企业3家，完成规模以上企业工业总产值3435万元；固定资产投资额4803万元；引进内资700万元。推进建筑业招商工作，新注册企业21家，其中建筑公司7家、劳务公司10家、房地产营销公司4家。完成税收6143万元，比上年增长103.6%。

【农业】 2018年，东阳江镇投资610.7万元开展涉及5个村900.8公顷高标准农田建设项目，完成各村水利、田间道路等工程建设。推进实施13个、421.47公顷的粮食功能区建设。发展现代生态农业，种植荷花6公顷，油菜44.67公顷。新建连栋钢架大棚8000平方米，用于种植火龙果、橘及反季水果。提升农业特色产业，形成镇西片以蜜桃、布朗李、蓝莓等水果为主，镇中片以果蔬、桑葚为主，八达片以香榧、茶叶为主的农业产业格局，支持培育新东桑葚、岭下蜜桃、学陶香榧、东风茶叶等一批特色农产品。

【旅游业】 2018年，东阳江镇发展文化旅游产业，推进欣悦生态农业项目和八达杨梅山生态休闲项目建设。发展乡村旅游，枫树头村成功创建省AA级景区村庄，召塘里村成功创建省A级景区村庄。6月，茜畴村红旗新园举办分龙节。7月，举办第三届湖沿荷花节暨首届夏日农民丰收节和新东桑葚节，招待游客3700余人次。

【村镇建设】 2018年，东阳江镇完成小城镇整治项目57项，总投资5549万元。完成主要道路“白改黑”2158米，铺设人行道2722米，绿化提档25138平方米，建造东阳江镇特色“乡愁地标”6处，休闲公园4个。完成镇区“赤膊房”粉刷23809平方米、空心空地整治20961平方米。拆除镇区危旧房362户，占地面积24411

2018年4月1日，华洋·浙江工业大学创新研究院揭牌　（虎鹿镇提供）

平方米,拆除露天旱厕150余座,通过2018年省小城镇环境综合整治考核验收,获评金华市小城镇环境综合整治样板乡镇,成功创建省级卫生镇。

东阳江镇推进拆后重建工作,对连片拆除的村进行规划设计,完成规划报批自然村49个,完成率100%;完成国土审批1923户,定桩放样户数803户,集聚凭证发放到户485户,综合排名列全市第一。

东阳江镇开展"十美村""秀美村""田园社区"创建工作,东山脚村、和乐村获东阳市"最美村"和"十美村"称号。横锦村成功创建五星级田园社区。开展"乡村振兴大比武"活动,召开"乡村振兴大比武"现场会6次。开展发展村级集体经济大调研,建立村级集体经济发展"一村一策一项目"项目库。

东阳江镇推进垃圾分类工作,落实垃圾分类长效机制,59个自然村全面启用考垃APP,实行垃圾分类每日督查并评分,创建金华市垃圾分类优秀村13个。开展农村生活污水治理工作,完成里畈、下金宅、里庆3个村的污水管网建设,完成9项"尾水返田"工程。完成项目总投资2568万元的东阳江河道整治工程;项目总投资2928万元的仙门溪河道整治工程,完成进度70%。

【社会保障】 2018年,东阳江镇享受农村低保262户、383人,其中五保户25户、27人,人均月救助金额420元。申请无障碍设施项目20个,为残疾人配送拐杖、轮椅等辅助器具10套。完成无障碍改造1户,补贴金额5000元;残疾人康复医疗救助1人,救助金额2000元;精神康复补助74人,人均年补助金额2500元。安排福利企业就业培训15人。组织全镇残疾人水果种植专业户20人参加市残联组织的水果种植培训课程,种养殖补贴5户。完成残疾人贴息1户、10000万元;残疾人燃油补贴4人,人均年补贴金额600元。春节走访慰问残疾人32户,人均救助金额500元。城乡居民基本医疗保险参保率98%。

2018年东阳江镇行政村基本信息情况一览表

表77

行政村名称	自然村(个)	村支部(总支)书记	村委主任
五　星	5	郭跃群	张兆平
紫　阳	2	胡海滨	许峰峰
下街头	2	杜文辉	张庆华
召塘里	3	吕安东	吕安东
上　陈	5	陈恩林	冯先锋
三甲院	2	李云明	李成良
西　畴	2	叶光荣	叶光荣
枫树头	1	卢跃明	卢跃明
横　锦	1	叶天生	王洪良
三　兴	3	施海明	施淑军
双　合	2	厉洪良	厉进生
天　山	1	厉福强	厉忠平
锦　源	3	厉巍良	黄承彬
东　门	1	王松林	周晓平
上　柴	2	陈炉明	陈彬红
新　东	2	吴洵行	周正强
八　达	2	任国平	任国平
黄　铺	3	叶琼文	叶琼文
学　陶	1	张康康	郭立军(村务负责人)
东　风	2	徐明文	徐国强
岭下施	1	施剑锋	施金民
岭　下	1	徐忠明	徐国阳
金　浦	3	徐明孝	徐拥军
庆　泉	2	何正龙	吕　强
尚　锦	1	吕财灯	徐洪明
尚　舒	3	郭志刚	吕天亮
天　秀	3	金光生	袁相平

2018年9月13日，东阳江镇乡村文化体育节开幕式在横锦村文化广场举行
（孙振华/摄）

【文教卫生】 2018年，东阳江镇有幼儿园2所，小学1所，初中1所，九年一贯制学校1所，民办学校1所，九年义务教育覆盖率100%。有镇卫生院1所，社区卫生服务站4个，卫生室1个。成立东阳江梦想教育基金，开展第二届教育顾问论坛和教育基金颁奖仪式。完成中心幼儿园、八达教学点改建工程。完成与横店医院的区域消毒供应中心建设，建立规范化健康电子档案，累计建档率94.4%。开展文化活动19场次。新建农村文化礼堂3个，完善文化礼堂基础配套设施建设7个。

9月13日，由东阳江镇党委、政府主办的东阳江镇乡村文化体育节开幕式在横锦村文化广场举行。9~12月，在多个村举办气排球、乒乓球、钓鱼、象棋、柔力球等体育比赛。

【社会管理】 2018年，东阳江镇创建示范型村便民服务中心2家、标准型村便民服务中心13家。配备专职网格员39人。健全安全生产主体责任机制，签订各类安全责任书81份；开展安全生产大检查，发现隐患64起，当场整改61起，下达整改指令书3份，整改率100%。全力开展上海进博会、乌镇峰会、联合国世界地理信息大会、“枫桥经验15周年”大会等维稳工作。规范提升社区矫正执法，着力强化信息监管、制度落实、部门联勤联动、整改专项等，实现全镇社区服刑人员无脱管、无漏管、无虚管、无重新犯罪。

【横锦库区水环境保护公约组织成立】 2018年6月29日，东阳江镇召开横锦库区水环境保护公约组织全体成员会议，成立由环库15个行政村、横锦水库管理局、环保局东阳江分局、东阳江镇派出所、东阳江镇“五水共治”办公室共同组成的横锦库区水环境保护公约组织，制订落实水环境保护六条公约。该组织全年开展保护工作督查、环库卫生保洁、文明行为劝导、水环境保护知识宣传等专项行动6次。落实《横锦库区水环境保护十大行动计划》，完成库区废弃船只清理，关停库区农家乐，落实中央环保督察问题整改。

（叶　桉）

马宅镇

【概况】 2018年，马宅镇行政区域面积112平方千米，下辖17个行政村，68个自然村，分设中心、青联、徐山3个工作片，辖区总户数10354户，总人口25574人。出生人口261人，出生人口性别比125（女为100）。镇政府驻马宅镇马宅村。有企业138家，其中规模以上企业5家，完成税收6709万元，比上年增长179.13%。

下瑶、王潭、岩托下、曲塘、北楼5个村参与“十美村”创建，下瑶、岩托下、王潭3个村被评为市级“十美村”，下瑶村入围年度“最美村”候选村。

【工业】 2018年，马宅镇实现规模以上工业总产值2.59亿元，比上年增长21.90%；完成固定资产投入5219万元，其中工业性投入1596万元；引进内资5100万元，引进浙商回归资金2146万元。对2017年度51家先进企业进行表彰奖励，兑现奖励补助资金37万元，制定2018年度工业经济奖励扶持政策。开展建筑业招商和“营改增”工作，招引施工类建筑企业32家（二级建筑企业2家），劳务类建筑企业27家，设备租赁等其他类建筑企业2家，双证（劳务资质证书、安全许可证书）落地建筑企业14家，纳税总额4600万元。推进“飓风行动”暨村（社）居民区低散乱企业“清零入园”专项行动、木雕红木家具企业环保整治等工作。完成企业“个转企”8家，“小升规”1家，关停“四无”企业18家。

【农业】 2018年，马宅镇粮食生产功能区866.67公顷，省级中药材精品园373.33公顷，茶叶基地173.33公顷。发挥塘里蓝莓金华市级科技示范基地示范带动作用，扩种水果面积20公顷。抽检食用农产品722批次，借助“动检通”APP，提升管理规模养殖场，开展非洲猪瘟等动物疫病防控。基本完成土地确权颁证工作。提升农业基础设施建设，推进土地开发整治项目，完成垦造耕地、高标准基本农田项目8项266.67公顷，推进小型农田节水灌溉项目3个，清水河道整治工程4个。

2018年11月30日，小城镇环境综合整治后的马宅镇政府西侧停车场
（马宅镇提供）

【小城镇环境综合整治】 2018年，马宅镇投资40个环境综合整治项目中，开工39项，完工36项。加强规划引领。利用镇总体规划、集镇控规、镇域控规、小城镇环境综合整治规划编制成果，实施各项规划。开展环境卫生集中整治行动90余次，清理乱堆乱放870处，整治房前屋后的水槽316个、水井190个，整治乱搭乱建136处，完成镇区“赤膊房”粉刷454户、8.5万平方米。推进城镇秩序整治，增加道路沿线停车位604个，组建道路交通管理队伍，新建道路视频监控点，查处各类交通违法行为2000余起，整治占道经营465起，取缔流动摊贩265人次。交警执法抓拍系统接入“四个平台”。推进镇容镇貌整治，加强沿街立面整治提升，拆除不规范广告、招牌、空调外机138处，整治乱贴乱画359处。

【新农村建设】 2018年，马宅镇推进拆后重建工作，完成规划修编公示59个村，国土审批2190户，集聚安置农户凭证发放841户，定桩放样728户。推进“三改一拆”工作，拆违2.7万平方米，获评2017年度“无违建乡镇(街道)”。加强日常巡查监督，巩固剿劣战果，落实河长制、塘长制，加快农污工程后续工作扫尾，完成14口池塘和5条河道的清淤工作。柽溪江、木巨溪河道综合整治工程完成总工程量的80%，推进山塘水库整治4座，第二垃圾中转站完成主体建设。

【垃圾分类】 2018年，马宅镇制定《马宅镇农村生活垃圾分类减量化考核办法》。推广落实考垃APP运行，配备镇村级监督员90余人对农户分类情况进行每日督查并评分。设置下陈村、屠梁村、东祥村、徐宅村废旧物资回收点和积分兑换超市点4个，有垃圾处理终端20个，阳光房19座，可腐烂垃圾微生物发酵快速制服机1台，收集处理可腐烂垃圾约120吨。

【省级森林城镇创建】 2018年，马宅镇通过省级森林城镇验收。新建公园4个，改造提升公园5个，建设绿色风景线2条，人均公园绿地面积16.3平方米，城镇林木覆盖率21.2%。增加金华市森林村庄4个(宅溪村、屠梁村、王楼村、祥旺村)，东阳市森林村庄5个(陈九坞村、月溪村、黄英村、后鲁村、纬路村)。至年末，全镇有省级森林村庄1个，金华市森林村庄7个，东阳市森林村庄15个。

【社会保障】 2018年，马宅镇发放优抚对象、临时救助及医疗救助22.9万元，发放残疾人护理补贴、生活补贴145.88万元。实施低保领域专项整治，实行低保入户复核和低保、低保边缘的动态管理，注销异常低保40户、43人，办理新增低保21户、33人，新增低保边缘户15户、28人。规范运行居家养老照料中心，运行率95%。完成城乡居民医疗保险收缴工作，参保率98.7%，大病医保参保率79.5%。

【文教卫生】 2018年，马宅镇有幼儿园1所，在园幼儿224人，专任教师19人；小学1所，在校学生555人，专任教师44人，小学适龄儿童入学率100%；初中1所，在校学生379人，专任教师34人，初中适龄人口入学率100%，小升初升学率100%，九年制义务教育覆盖率100%。教育经费1600万元。奖教奖学助学25万元，492人次。马宅镇小获东阳市中小学足球赛第一名，两名足球特长生被少体校录取。

马宅镇有医疗卫生机构15家，其中镇卫生院1家、社区卫生服务站4家、村卫生室10家，专业卫生人员54人。参加健康体检5008人。聘请52名马宅籍医护人员为健康指导员，推行分级诊疗和签约服务，整合马宅医护人员资源，每村至少有1名以上健康指导员，建立健康档案。开展送医送药送健康活动4次，受益680余人，赠送药品1万余元。

马宅镇完成下陈、杨岩、王楼3个农村文化礼堂的创建，创建文化宣教广场1个，全镇有农村文化礼堂10个。

【社会管理】 2018年，马宅镇化解矛盾纠纷46起，办结上级交办各类信访件171件。创建示范型村便民服务中心2家、标准型5家。配备专职网格员63人。健全安全生产主体责任机制，签订各类安全责任书174份；开展安全生产大检查，发现隐患388起，当场整改378起，下达整改指令书10份，整改率100%。

【地质灾害移民搬迁】 2018年6月20日，马宅镇政府召集市国土局、马宅镇移民工作组、马宅镇国土所、岭

2018年马宅镇行政村基本信息情况一览表

表78

行政村名称	自然村(个)	村(居)支部(总支)书记	村(居)委主任
下　陈	3	陈阿娜	陈更东
和　协	5	沈德海	沈德海
张　塘	2	张旭刚	张昕波
三　和	3	张添强	杨常伟
马　宅	7	马正东	马正东
祥　旺	3	徐涵周	叶　土
七秩塘	3	葛中伟	陈世忠
杨　岩	4	杨伟强	杨水龙
王　楼	2	王国平(王潭支部) 郭良丰(北楼支部)	徐有军
厝　梁	3	申厝荣平	申厝新伟
瑶昌桥	3	申厝跃军	申厝阳军
白岩坞	3	王新爱	王航峰
雅　坑	5	张　伟	张宝阳
塘　里	2	马宝其	许新德
徐　宅	10	徐　来	徐路红
岭　山	5	陈为海	陈为海
宅　溪	5	厉公民	陈锡龙

山村等部门和单位相关负责人，对马宅镇岭干顾地质灾害隐患点避让搬迁相关工作进行专题讨论，并形成会议纪要。6月，岭山村两委会布置岭干顾地质灾害搬迁治理工作，对30处计划拆除的房屋进行标注。地质灾害移民搬迁本地安置10户，投亲靠友安置64户。

（吴　佳）

佐村镇

【概况】 2018年，佐村镇行政区域面积154平方千米，下设佐村、罗峰、宅口、上村、西营5个分中心，辖25个村民委员会、220个村民小组。辖区总户数9777户，总人口25341人，其中男性13241人、女性12100人。出生人口252人，出生人口性别比88(女为100)，计划生育率97.46%。镇政府驻佐村镇佐村村。完成财政收入5619.25万元，比上年增长4.39%。完成工农业产值5.83亿元，比上年增长4.9%；农村集体经济总收入2350万元；农村常住居民人均可支配收入21018元；有乡镇工业企业18家，规模以上工业企业3家。2018年，佐村镇成功创建"污水零直排"乡镇、浙江省小城镇环境综合整治达标乡镇、2018年度"浙江省森林城镇"，获市2018年度镇乡街道目标责任制考核二等奖、2018年度"五水共治"和生态廊道建设考核一等奖、2018年度全科网格建设考核第一名、东阳市争创"平安金鼎"工作行政集体嘉奖、2018年度镇乡街道科技目标管理责任制考核三等奖、2018年度全市党委系统调研工作考核先进集体。香溪村、赵楼村、大塘光村、上村村、平坑村成功创建金华市森林村庄。

【工业】 2018年，佐村镇完成工业总产值1.65亿元，5家规模以上企业完成生产总值1.23亿元。固定资产投入5276万元，引进内资1000万元，浙商回归资金1000万元。完成建筑类相关工商注册20家，6家劳务公司取得资质及安全许可证，完成建筑业"营改增"税收6870.58万元，其中增值税5493.65万元。

【农业】 2018年，佐村镇常用耕地面积1410公顷，其中耕地流转面积554公顷。推进茶叶、毛竹、香榧、油茶、高山蔬菜、银杏、金银花七大产业建设。开展休闲观光农业建设，全镇有茶叶800公顷，毛竹533.33公顷，香榧466.67公顷，高山蔬菜16.67公顷，树莓106.67公顷，蓝莓13.33公顷，培育1个省级香榧园——"梦的"香榧园，创立"龙盘玉叶"等品牌茶叶。完成高标准农田改造23.64公顷，垦造旱地1.38公顷；山合千亩土地整治项目6个标段开工，完成总工程量的50%。举办以山花节、挖笋节、水果采摘节等为主题的佐村镇第四届乡村休闲旅游节，吸引游客10万余人次。

【村镇建设】 2018年，佐村镇推进"美丽乡村"建设，投资840.8万元，实施项目36个。塘坵村、西王村被评为东阳市"十美村"。开展拆后重建工作，累计拆违10641平方米，完成率212.82%。加强小城镇环境综合整治及长效管理，投资4233万元，开工项目83个，竣工79个，完工率94.05%，在全市小城镇环境综合整治项目进度中排名第二。完成宅口、后王、前塘等7个自然村管网修复或终端整改，清理和更换破损窨井盖110余个。完成怀万线应急避险车道工程，完成香溪—楼基、斯光—

2018年佐村镇行政村基本信息情况一览表

表79

行政村名称	自然村(个)	村支部(总支)书记	村委主任
佐　村	3	斯佩华	周瑞旦
桑　梓	4	王荣良	王红兰
上林口	1	吴正其	应敏飞
谷　岱	5	马利荣	马利荣
斯　光	2	郭秩云	郭满堂
前　塘	2	金锡仁	赵云峰
罗　峰	7	应维尧	马荣辉
友　谊	3	王龙华	钱飞鹏
厦　城	3	金章伟	张银塘
宅　口	4	金小兰	金福元
山　合	5	金尧龙	金尧龙
珊　门	1	金和忠	王德文
流贵塘	1	张美龙	张美龙
香　溪	2	楼雪花	蔡桂跃
大塘光	3	应鸣龙	王毅峰
上　村	3	王维龙	张宝兰
石　桥	3	吴国良	张友谊
白牛畈	2	许响彬	王巧萍
五　联	5	徐顺福	杜成桂
五　丰	5	陈德孝	陈伟强
西　营	3	郭忠孝	楼晓辉
赵　楼	2	赵生伟	金爱良
石井坑	3	王康来	楼召兰
俞　家	2	俞云标	俞华法
平　坑	3	徐林刚	楼齐平

里高岗和怀万线连接线工程；完成桑梓、香溪、上村牛坞3个改田造地项目。启动农村公厕改造工作，完成独立式公厕改造19个，附属式公厕改造23个，新建公厕4个。推进生态洗衣房和“尾水返田”项目建设，完成生态洗衣房建设3个，“尾水返田”项目21个。成功创建五星级田园社区1个，三星级田园社区5个。

【文教卫生】 2018年，佐村镇镇级成人技校创建为省级标准化技校，下设佐村、宅口、上村、珊门教学点。佐村中心幼儿园创建为省二级幼儿园，下设宅口教学点，有专任教师9人，在园幼儿106人；小学2所，在校学生348人，专任教师30人；初中1所，在校学生266人，专任教师25人，九年制义务教育覆盖率100%。设广播电视站1处。

佐村镇有各级各类医疗卫生机构11家，其中镇中心卫生院1家、社区卫生服务站8个、村级卫生室2家。有专业卫生人员38人，其中执业医师和助理25人、注册护士9人、药师和检验师各2人。开展第八轮农民健康体检，参加体检6226人。农村安全饮用水普及率100%，新型农村合作医疗参保人数22935人。

【社会保障】 2018年，佐村镇增加低保户36户、63人；增加低保边缘户6户、16人；增加特困户6人，注销41户低保对象，注销10户低保边缘对象，注销8户死亡特困户，对59名困难群众提供临时性救助8.5万元。完成2个示范型、13个标准型村级便民服务中心建设。创建石桥、白牛畈、珊门、罗峰文化礼堂4个，开展活动20余次，正常运行居家养老中心21家。完成居家亭道路硬化与石井坑河道驳坎的山区扶贫“2+2”项目。对薄弱村开展“2+1结对帮扶”活动，13个省定经济薄弱村完成“消薄”。

【综合治理】 2018年，佐村镇划分70个网格，配备73名专职网格员，采集信息2385条，镇职能部门事件流转办理589件，村级流转办理1796件，处理综治事项1311件，排除安全隐患477件，提供民生服务405件。开展平安综治、扫黑除恶、“七五普法”宣传等工作，发放“平安东阳”建设和“扫黑除恶”倡议书60000余份。受理平安浙江信息系统平台、“12345”(“8890”)举报平台和政务服务等平台转交处置事项589件。全镇各村主要出入口安装视频监控，有16个村、204个视频监控接入镇综合指挥室，实行动态信息共享。建设基层法律服务站点25个，行政村签订法律顾问合同，年内法律顾问参与人民调解6次，免费为村民提供法律援助3件。

【组织建设】 2018年，佐村镇有党员1315人，其中农村党员1144人；党组织37个，其中行政村党支部25个。开展村换届"回头看"工作，修订《2018年度佐村镇机关干部岗位责任制考核办法》《2018年度农村主职干部绩效考核实施意见》《关于深化农村党员积分制管理的实施意见的通知》，加强年轻干部"三个一"培养制度（每周一学习、每月一重点、每季度一交流）。培育"红领青年"后备力量，全镇有"红领青年"70人。成立乡贤理事会，全镇有市级乡贤16人、镇级乡贤68人、村级乡贤233人。强化党建阵地建设，建成市级党建示范点2处。

【浙江大学富硒香米示范基地挂牌】 2018年9月22日，浙江大学富硒香米示范基地在佐村镇香溪村挂牌。由省农业厅农业技术推广中心、浙江大学等单位有关人员组成的专家组参加授牌仪式。浙江大学富硒香米示范基地项目是东阳市情人谷旅游开发有限公司联系引进的农旅开发项目。基地由浙江大学产业经济研究所规划设计，结合涂巨民博士专利香米水稻品种和周杰博士富硒种植两项高新技术。该基地第一批种植富硒香米水稻面积5.33公顷。

【乡村旅游】 2018年3月22日，佐村镇第三届乡村休闲旅游节暨斯光烂漫山花节在斯光村开幕。开幕式上设置"自行车趣味绕桩""袋鼠跳比赛""独轮推车""扁担挑水""抓石子""五子棋""愤怒的弹弓""摘野菜"等运动项目，吸引万余人参加。4月7日，东阳斯光首届集体婚礼在佐村镇斯光村的山顶花田举行。4月14日，第二届新立挖笋节开幕，以"寻找山背的黄金笋"为主题，吸引游客参加挖笋、烧烤、垂钓、自制竹筒饭等活动。5月19日，佐村镇第四届水果采摘节暨花样跑活动在九峰山庄开幕，举行花样跑、趣味小游戏、树莓采摘、体验农家美食等活动，吸引上千游客游玩。

（余　雯）

2018年9月22日，浙江大学富硒香米示范基地在佐村镇香溪村挂牌

（佐村镇提供）

三单乡

【概况】 2018年，三单乡行政区域面积89平方千米，下设3个工作片，14个行政村，26个自然村。乡政府驻三单村底吉1号，辖区总户数4306户，总人口11512人。开展优生优育、两孩政策宣教，计生率93.50%。出生人口129人，出生人口性别比98（女为100）。完成税收1570.38万元，比上年增长498%，完成固定资产投资5918万元，引进浙商回归资金607.07万元，无规模以上企业，人均收入10720元。全乡地形以山地为主，绿化覆盖率90%以上，气温比东阳城区低3～5摄氏度。

【农业】 2018年，三单乡特色农业以茶叶、香榧、花生、高山蔬菜为主。完成茶叶采摘459吨，总产值5600万元；香榧种植面积733.33公顷，总产值1800万元；小京生花生种植面积133.33公顷，总产值600万元；完成高山蔬菜采收200公顷，总产值750万元。有浙江榧哥农林开发有限公司、旺盛花生专业合作社、海明白茶专业合作社、九姝峰茶叶专业合作社等农林开发公司和合作社。建有美丽田园基地88.67公顷，完成青溪村土地流转3.33公顷，完成阁溪村山林流转35.33公顷。完成三单村、下西楼村各3.33公顷香榧基地建设。

【重点项目建设】 2018年，三单乡有亿元以上旅游项目2个。星空小镇项目总用地45.33公顷，总投资额3.6亿元，是全国1000个特色小镇项目、全国首个台地天文主题乐园，第一期完成投资6400余万元，部分建筑完工，完成沿线风貌提升3500米。飞尔静心园是集康养、休闲、娱乐、住宿于一体的乡村休闲旅游项目，总用地17.33公顷，总投资额1.05亿元，两幢主体建筑结顶，完成投资1300余万元。

【"美丽乡村"建设】 2018年，三单乡成功创建省级森林城镇。完成农房集聚安置凭证发放工作，发放凭证143张。完成14个行政村有意向建房户定桩放样。全乡26个自然村规划修编报批完成。建设精品村培育对象鹤溪村，总投资1170万元，完工11个建设项目。6月和7月分别举办市级精品村建设现场会和乡级乡村振兴现场推进会。金航村入选第二批创建产业特色精品村。创建玉溪村、下西楼村、搭钩村3个"秀美村"，搭钩村入选"十美村"。

【小城镇环境综合整治】 2018年，三单乡完成投资1773万元，累计完成投资4203万元，完成12个项目建设，完成三单乡农特产品展示中心的征地手续办理工作。小城镇环境综合整治工作在全市第三季度乡村振兴大比武考核中排名第一。落实卫生管理制度,通过国家级卫生乡镇创建金华市初检。

【"五水共治"】 2018年,三单乡开展创建"污水零直排区"工作,投资49.82万元,完成19家单位截污纳管整治和165户农户整改。建设16个农村生活污水处理设施"尾水返田"项目,完成3个村的生态洗衣房建设,完成中村、下西楼村3000米河道治理工程。境内清溪、华阳溪、玉溪、阁溪、蟠溪5条干流交接断面水质常年保持在Ⅱ类水标准。

【文教卫生】 2018年,三单乡设中心校1所,卫生院1家,市级文化礼堂2个,三单教师的教育信息化综合应用能力居全市前列,申报的"教师驻村:乡村学校家、校、社共育新模式的建构与实践"课题被列入浙江省规划课题和金华市2018年度教育科研精品成果。8月,举办首个农民节庆丰收节暨三单"兴案"民俗文化活动,创作编排的文艺节目先后获庆祝改革开放40周年东阳镇乡文艺会演金奖、第四届农村文化礼堂排舞大赛银奖、金华第10届排舞大赛铜奖等奖项。11月,成立东阳市武术协会三单武术分会,发扬三单舞狮文化。

【社会保障】 2018年,三单乡发放救助资金10万元,实施社会救助44人,发放临时救助资金48500元,办理医疗救助38人,发放救助资金89773元。全面开展低保户复核工作,注销不符合条件的低保户88人。成立三单乡退役军人服务机构,完成退役军人信息采集和录入。

【组织建设】 2018年,三单乡党委下辖17个党支部,有党员547人。落实村干部积分制管理、党员积分制管理、党政领导班子"一岗双责"制度。推行村书记例会制度,每月召开一次村书记例会,推进村级各项基层工作建设。开展"红领青年"培育计划,采用积分制管理让"红领青年"参与村内建设管理。成立乡村振兴三单乡青年突击队,通过项目认领发挥年轻干部聪明才智。全乡14名年轻干部,每人认领一个项目,采取导师帮带、重点工作历练、读书研讨等方式,在基层党建、治危拆违、乡村振兴等重点工作中互学互比。

2018年三单乡行政村基本信息情况一览表

表80

村(居)名称	自然村(个)	村支部(总支)书记	村委主任
三　单	3	单立良	单国朝
前　田	1	陈俊孝	单惠东
搭　钩	1	单涨跃	单立荣
中　村	1	单明良	单炉明
山　背	1	单法良	单茂龙
华　阳	3	金法龙	金春龙
青　溪	2	黄锦荣	楼国权
金　航	1	楼善良	吴国芳
钱　溪	2	曹兴良	曹法明
下西楼	3	曹生良	曹明亮
玉　溪	3	张卫良	张国炎
阁　溪	3	张富良	张向良
大蟠溪	1	陈宏良	何永千
华　孙	1	潘有钱	何黎明

【旅游】 2018年,三单乡推进休闲农业与乡村旅游结合,通过文化挖掘、项目包装、活动主推三方面,创建精品村和秀美村。成立旅游工作办公室,制定《三单乡乡村休闲旅游节项目申报指南》和《三单乡关于各村举办乡村休闲旅游节的奖励办法》。打造清溪沿线景观带,新建青溪山庄和鹤溪人家2家农家乐,建成一批徽派民居群。举办首届高山西瓜节。

【首个农民节庆丰收节暨三单"兴案"民俗文化活动】 2018年8月,三单乡举办首个农民节庆丰收节暨三单"兴案"民俗文化活动。该活动在三单乡三单村、中村、前田村举行,是当地农民祈求国泰民安、风调雨顺、五谷丰登的文化盛事,整个活动历时两个月,分为接神、行道、欢迎、送神4个环节。农历八月初十举行的"欢迎"仪式为最热闹环节。

(徐　艳)

2018年东阳市组织机构及其负责人

中共东阳市委员会

书　记:黄　敏
副书记:姚激扬
　　　李宝春
常　委:黄　敏
　　　姚激扬
　　　李宝春
　　　王忠源(2018.12～　)
　　　王天仁
　　　李　强
　　　胡勇春
　　　陈　刚(　～2018.04)
　　　孙富庆(2018.05～　)
　　　赵耀亮
　　　刘伟霞(女)(2018.04～　)
　　　方雪飞(女)
　　　蒋令树(2018.04～　)
　　　左红卫(2018.09～　)

市委工作(派出)机构及直属单位

办公室
主　任:许克宁
信访局
副局长(主持工作):徐超群
组织部
部　长:陈　刚(　～2018.04)
　　　刘伟霞(女)(2018.04～　)
常务副部长:李爱忠
新经济与新社会组织工作委员会
书　记:楼尚潭
老干部局
局　长:张跃民
宣传部
部　长:蒋令树(2018.04～　)
常务副部长:陈远京
文化广电新闻出版局
局　长:马景斌
互联网信息办公室
主　任:陈汝宏
统战部
部　长:陈　刚(　～2018.04)
　　　李宝春(2018.04～　)
常务副部长:张伟钢
台湾工作办公室(市政府台湾事务办公室)
主　任:金承锦
政法委员会
书　记:李宝春
常务副书记:吴正明
维护稳定工作领导小组办公室
主　任:厉国强
防范和处理邪教问题领导小组办公室
主　任:杨正明
社会治安综合治理委员会办公室
主　任:朱新康
机构编制委员会办公室
主　任:马旭升
党校
校　长:陈　刚(　～2018.04)
　　　刘伟霞(女)(2018.04～　)
常务副校长:徐文金
市直属机关工作委员会
书　记:吴月兰(女)
党史研究室
主　任:张忠鸣

中共东阳市纪律检查委员会

书　记:胡勇春
常务副书记:杜晓旺(2018.07～　)
副书记:杜晓旺(　～2018.07)
　　　俞益钟

东阳市监察委员会

主　任:胡勇春
副主任:杜晓旺
　　　俞益钟

市委巡察工作领导小组办公室

主　任:王　灿

东阳市人民代表大会常务委员会

主　任:施侍伟
副主任:陈　军
　　　虞乐生(女)
　　　蒋银生
　　　陈绍龙
　　　徐立刚
　　　楼美姣(女)
办公室
主　任:胡旭升
法制内务司法工作委员会
主　任:单健中
财政经济工作委员会
主　任:陆彩霞(女)
科教文卫工作委员会
主　任:张　宇
城乡建设与环境资源保护工作委员会
主　任:潘锡林

代表与选举任免工作委员会
主　任:吴荣斌
农业农村工作委员会
主　任:邵文京

东阳市人民政府

市　长:姚激扬
副市长:王天仁
左红卫(2018.10～)
蒋震雷
蒋令树(～2018.04)
胡宏立
黄阳明(2018.04～)
楼国民
陈巧锦(女)
次仁曲珍(女)(～2018.04)
李传煌
杜绍辉(～2018.12)

市政府工作(派出)机构及直属单位

办公室
主　任:郭锦明
农业和农村工作办公室(城乡一体化办公室)
主　任:胡锡炎
市政府外事办公室
主　任:徐德胜
机关事务管理局
局　长:许朝对
发展和改革局(物价局)
局　长:葛一军
经济和信息化局
局　长:韦朝阳
教育局
局　长:顾在响
体育局
局　长:葛　剑(女)
科学技术局
局　长:郭丽君(女)
民族宗教事务局
局　长:张伟钢
市政府侨务办公室
主　任:厉建党
公安局
局　长:李　强
民政局
局　长:叶文明
司法局
局　长:徐春雷
财政(地税)局(～2018.07)
局　长:吕良勇
财政局(2018.07～)
局　长:吕良勇
人力资源和社会保障局
局　长:黄正明
国土资源局
局　长:张龙明
住房和城乡建设局
局　长:陈建强
规划局(人民防空办公室)
局　长:徐生银
人民防空办公室主任:徐生银
交通运输局
局　长:李敢峰
水务局
局　长:楼杰华
农业局
局　长:邢方锦
林业局
局　长:金国祥
城市管理行政执法局
局　长:黄黎建
商务局
局　长:楼红霞(女)
党组书记:赵利进
卫生和计划生育局
局　长:杜卫良
审计局
局　长:卢一峰
环境保护局
局　长:吴　滨
统计局
局　长:戚贤群(～2018.08)
葛一军(2018.08～)
安全生产监督管理局
局　长:陈其宪
市场监督管理局
局　长:傅为民
经济合作交流办公室(招商局)
主　任:厉红亮(～2018.10)
粮食局
局　长:叶雪芳(女)
建筑业管理局
局　长:葛德中
市文化旅游发展委员会办公室
局　长:马景斌
供销合作总社
主　任:许基法
档案局
局　长:程国伟
行政服务中心管委会(公共资源交易管理委员会办公室)
主　任:王显耀
东阳东白山省级旅游度假区管委会
主　任:朱王件
浙江省东阳经济开发区管委会
党工委书记:钱喜讯
管委会主任:钱喜讯
浙江省横店影视文化产业实验区管委会
主　任:赵耀亮
浙江省横店影视文化产业实验区
党工委书记:黄阳明
浙江横店影视产业实验区管委会
办公室主任:王　燕(女)
东阳日报社
总　编:赵志强
广播电视台
台　长:贾志光(女)

省、金华市驻东阳市(共管)工作机构

东阳玉米研究所
所　长:空缺
国税局
局　长:严剑平
气象局
局　长:金　培
金华市出入境检验检疫局东阳办事处(～2018.04)
主　任:陈国民
金华海关东阳办事处(2018.04～)(注:机构改革方案送审中)
主　任:陈国民
国网东阳供电公司
总经理:姜　勇
电信局(公司)
局　长(经理):黄益刚
邮政局(公司)
局　长(经理):吕志勤(～2018.07)
王　军(2018.07～)
烟草专卖局(分公司)
局　长(经理):王世平

东阳市人民法院

院　长:鲍大兵

东阳市人民检察院

检察长:胡宇翔

中国人民政治协商会议东阳市委员会

主　席:卜亚男(女)
副主席:王玉才
　　　　蔡捷飞
　　　　华伟跃
　　　　张卫伟
　　　　楼伟龙(~2018.12)
　　　　张望峰
　　　　赵晓珍(女)

秘书处
秘书长:沈银福
办公室
主　任:张　艳(女)
经济科技工作委员会
主　任:徐卫东
资源环境与农业农村工作委员会
主　任:赵云跃
提案与委员工作委员会
主　任:傅蔚蔚(女)
教育文化卫生体育与文史资料工作委员会
主　任:胡　心
社会法制民族宗教与港澳台侨工作委员会
主　任:吕晓燕(女)

东阳市人民武装部

部　长:王建军(~2018.04)
　　　　何浩亮(2018.08~)
政　委:孙富庆

群众团体

总工会
主　席:华伟跃
党组书记、常务副主席:吴高强
共青团东阳市委员会
书　记:赵　炜
党组书记:赵　炜
妇女联合会
主　席:空缺
工商业联合会
主　席:楼永良
党组书记、常务副主席:李荣跃
科学技术协会
主　席:赵忠明
残疾人联合会
理事长:戚贤群(2018.07~)
文学艺术界联合会
主　席:空缺
红十字会
专职副会长:胡德良

镇乡街道党政组织

吴宁街道
党工委书记:施晓强
人大工委主任:包振波
办事处主任:郭旭军(女)
白云街道
党工委书记:马　刚
人大工委主任:陈国康
办事处主任:赵军刚
江北街道
党工委书记:黄文明
人大工委主任:杜志赛
办事处主任:马宗强
六石街道
党工委书记:滕恩良
人大工委主任:许希明
办事处主任:葛伟英(女)
城东街道
党工委书记:徐育阳
人大工委主任:徐晓乐
办事处主任:郭金刚
南市街道
党工委书记:杨竹山
人大工委主任:周晓沸
办事处主任:胡洪仁
横店镇
党委书记:赵耀亮
人大主席:朱跃军
镇　长:赵小仙(女)
南马镇
党委书记:郭利群
人大主席:郭孝杰
镇　长:单玲琳(女)
巍山镇
党委书记:申屠顺达
人大主席:周　云
镇　长:吴启晓
歌山镇
党委书记:赵　锋
人大主席:赵镇洋
镇　长:张巧玲(女)
千祥镇
党委书记:王鹤群(女)
人大主席:葛颖强
镇　长:吕惠勇
湖溪镇
党委书记:王松明
人大主席:王　征
镇　长:杨松强
画水镇
党委书记:何芳萍(女)
人大主席:杜培根
镇　长:程亚军
虎鹿镇
党委书记:马红斌
人大主席:黄跃龙
镇　长:单凯权
东阳江镇
党委书记:胡利群
人大主席:吴朝红
镇　长:许俊峰
马宅镇
党委书记:韦　健
人大主席:骆向荣
镇　长:应定国
佐村镇
党委书记:蒋　明(~2018.10)
人大主席:俞建红(女)
镇　长:陈江炜
三单乡
党委书记:郭立成
人大主席:李　阳
乡　长:虞富强

(王航波)

重要文件目录

2018年中共东阳市委文件目录一览表

表81

发文字号	文件标题	发文日期
东委发〔2018〕1号	关于实施乡村振兴战略 推进2018年农业农村工作的意见	2018年1月30日
东委发〔2018〕2号	关于印发2018年度全市政府投资项目的通知	2018年2月2日
东委发〔2018〕3号	关于成立东白山省级旅游度假区开发建设领导小组的通知	2018年1月24日
东委发〔2018〕4号	关于2017年度落实党风廉政建设责任制先进集体的通报	2018年2月6日
东委发〔2018〕5号	关于命名2017年度东阳市文明街道(镇)、文明村、文明单位的决定	2018年2月7日
东委发〔2018〕6号	关于2017年度抓基层党建优秀镇乡街道党(工)委书记的通报	2018年2月11日
东委发〔2018〕7号	关于2017年度镇乡街道和市级机关部门工作目标责任制考核结果的通报	2018年2月12日
东委发〔2018〕8号	关于2017年度镇乡街道和市机关部门单位党政正职考核优秀等次的通报	2018年2月13日
东委发〔2018〕9号	关于命名2017年度市级航母企业、巨人企业与小巨人企业的决定	2018年2月27日
东委发〔2018〕10号	关于2017年度政府特别奖的通报	2018年2月27日
东委发〔2018〕11号	关于进一步提升科技创新能力的若干意见	2018年2月28日
东委发〔2018〕12号	关于2017年度平安镇乡街道和东阳市综治信访工作先进集体、先进个人的通报	2018年3月1日
东委发〔2018〕13号	关于开展“不忘初心、牢记使命,当好新时代东阳答卷人”大调研的实施意见	2018年3月12日
东委发〔2018〕14号	关于促进商务经济高质量发展的若干政策意见	2018年3月19日
东委发〔2018〕15号	关于印发《市委全面深化改革领导小组2018年工作要点》的通知	2018年3月20日
东委发〔2018〕16号	关于开展“乡村振兴·歌画东阳”大讨论、大比武、大展示主题实践活动的实施意见	2018年4月4日
东委发〔2018〕17号	关于开展扫黑除恶专项斗争的实施意见	2018年4月8日
东委发〔2018〕18号	关于推动东阳文化优势转化为发展优势的若干意见	2018年4月9日
东委发〔2018〕19号	关于争创全国文明城市的实施意见	2018年4月11日

续表 81

发文字号	文件标题	发文日期
东委发〔2018〕20号	关于深入推进安全生产领域改革发展的实施意见	2018年4月11日
东委发〔2018〕21号	关于进一步加快旅游全域化发展的若干意见	2018年4月18日
东委发〔2018〕22号	关于调整市机构编制委员会组成人员的通知	2018年4月24日
东委发〔2018〕23号	关于印发《贯彻落实中央八项规定实施细则的具体办法》的通知	2018年4月26日
东委发〔2018〕24号	关于印发《东阳市创建国家园林城市实施方案》的通知	2018年5月23日
东委发〔2018〕25号	关于实施2018年度市领导“三包四联”工作考核的意见	2018年6月4日
东委发〔2018〕26号	关于调整市委领导和市机关有关部门联系民主党派、工商联及有关统战团体的通知	2018年6月12日
东委发〔2018〕27号	关于印发《东阳市贯彻落实中央环境保护督察反馈意见整改方案》的通知	2018年6月25日
东委发〔2018〕28号	关于大力实施人才强市战略服务赶超发展的若干意见	2018年6月25日
东委发〔2018〕29号	关于设立东阳市监察委员会派出乡镇(街道)监察办公室及主任、副主任任职的通知	2018年7月5日
东委发〔2018〕30号	关于进一步推进清廉东阳建设的决定	2018年8月8日
东委发〔2018〕31号	2018年度市级机关部门工作目标责任制考核意见	2018年9月1日
东委发〔2018〕32号	2018年度镇乡街道工作目标责任制考核意见	2018年9月1日
东委发〔2018〕33号	关于认真学习贯彻《中国共产党纪律处分条例》的通知	2018年10月16日
东委发〔2018〕34号	关于2018年度东阳市“飘萍新闻奖”和“十佳新媒体作品奖”的通报	2018年11月5日
东委发〔2018〕35号	关于东阳市第十九个中国记者节“优秀新闻工作者”的通报	2018年11月5日
东委发〔2018〕36号	关于成立东阳市深化机构改革协调小组的通知	2018年11月13日
东委发〔2018〕37号	关于印发《关于加快省美丽乡村示范县(市)创建工作的实施意见》的通知	2018年11月18日
东委发〔2018〕38号	关于开展质量提升行动的实施意见	2018年12月13日
东委发〔2018〕39号	关于市委常委工作分工的通知	2018年12月10日
东委发〔2018〕40号	关于推进“基层党建+社会治理”创新的实施意见	2018年12月26日

（赵秀丽）

2018年东阳市人民政府文件目录一览表

表82

发文字号	文件标题	发文日期
东政发〔2018〕1号	关于重新公布东阳市征地补偿最低保护标准的通知	2018年1月8日
东政发〔2018〕3号	关于表彰2017年度市重点项目建设、重大前期项目工作优胜奖和重点项目建设优质服务奖的通知	2018年1月18日
东政发〔2018〕4号	关于表彰命名2017年度涉农先进单位和先进个人的决定	2018年1月18日
东政发〔2018〕6号	关于印发《东阳市中小企业市长科技创新奖管理办法》的通知	2018年1月29日
东政发〔2018〕7号	关于全面推进标准化战略行动的实施意见	2018年1月31日
东政发〔2018〕10号	关于公布2017年度东阳市建筑业发展功臣等先进个人的通报	2018年2月7日
东政发〔2018〕11号	关于命名2017年度“建企航母”等各类先进单位的决定	2018年2月7日
东政发〔2018〕12号	关于调整有关市政府班子分工的通知	2018年2月7日
东政发〔2018〕13号	关于调整全市最低工资标准的通知	2018年2月8日
东政发〔2018〕15号	关于命名2017年度东阳市“纳税十强企业”“纳税超亿元企业”“纳税超五千万元企业”“纳税百强企业”的通报	2018年2月13日
东政发〔2018〕16号	关于2017年度东阳市中小企业市长科技创新奖的通报	2018年2月27日
东政发〔2018〕17号	关于授予浙江省东阳第三建筑工程有限公司等单位(个人)2017年度东阳市市长质量奖的通报	2018年2月28日
东政发〔2018〕19号	关于2017年度东阳市十佳商贸服务企业和十佳商贸服务企业优秀经营者的通报	2018年3月19日
东政发〔2018〕23号	关于进一步推进“飓风整治”暨开展村(社)居民区低小散污企业“清零入园”专项行动的通知	2018年4月2日
东政发〔2018〕24号	关于做好东阳市2018～2022年学校布局调整规划编制工作的通知	2018年3月30日
东政发〔2018〕25号	关于公布2017年东阳市专利实施奖的通知	2018年4月2日
东政发〔2018〕26号	全域建设田园社区推进全国农村社区治理实验区建设的实施意见	2018年4月8日
东政发〔2018〕32号	关于印发《东阳市木雕红木家具行业环保整治实施方案》的通知	2018年3月30日
东政发〔2018〕45号	关于市政府领导班子分工的通知	2018年5月8日
东政发〔2018〕46号	关于认定和延续(复评)确认2017年度东阳市知名商标和东阳市名牌产品的通知	2018年5月9日
东政发〔2018〕87号	关于开展第四次经济普查的通知	2018年6月10日

续表82

发文字号	文件标题	发文日期
东政发〔2018〕93号	关于开展东阳市第三次土地调查的通知	2018年6月21日
东政发〔2018〕94号	关于进一步加强小微企业创业园建设管理的实施意见(试行)	2018年6月25日
东政发〔2018〕100号	关于做好当前和今后一段时期就业创业工作的实施意见	2018年7月3日
东政发〔2018〕101号	关于对三单乡原供销社地块和原邮政所地块房屋实施征收的决定	2018年7月10日
东政发〔2018〕113号	关于公布第六批东阳市市级文物保护单位的通知	2018年7月8日
东政发〔2018〕115号	关于进一步推进国有企业财务监管体制改革、加强国有企业财务监管工作的实施意见	2018年7月15日
东政发〔2018〕119号	关于公布实施2018年度国有建设用地供应计划的通知	2018年7月12日
东政发〔2018〕151号	关于调整学前教育财政保障体制的通知	2018年8月11日
东政发〔2018〕162号	关于高水平建设“四好农村路”的实施意见	2018年8月22日
东政发〔2018〕166号	关于做好2019年市级和镇乡财政预算编制工作的通知	2018年8月28日
东政发〔2018〕199号	关于印发《东阳市市长质量奖评审管理办法(2018年修订)》的通知	2018年10月18日
东政发〔2018〕208号	关于命名2018年度东阳市影视企业“纳税超亿元企业”“纳税超五千万元企业”“纳税十强企业”“纳税超千万元企业”“纳税百强企业”的通报	2018年10月19日
东政发〔2018〕226号	关于2018年度东阳市木雕红木家具龙头企业、骨干企业评选结果的通报	2018年11月11日
东政发〔2018〕227号	关于东阳市第五届人文社会科学优秀成果奖评选结果的通报	2018年11月12日
东政发〔2018〕233号	关于打好金融风险防控攻坚战服务实体经济高质量发展的实施意见	2018年11月18日
东政发〔2018〕239号	关于印发《东阳市城乡规划委员会议事规则(2018年修订)》的通知	2018年11月20日
东政发〔2018〕240号	关于更新东阳市基准地价的通知	2018年11月22日
东政发〔2018〕243号	关于印发《东阳市工程建设项目审批制度改革试点工作实施方案》的通知	2018年11月25日
东政发〔2018〕253号	关于印发《关于进一步加强文物工作的实施意见》的通知	2018年12月4日
东政发〔2018〕265号	关于调整有关副市长分工的通知	2018年12月9日
东政发〔2018〕274号	关于印发《东阳市安全生产通报警示约谈实施办法(试行)》的通知	2018年12月24日
东政发〔2018〕281号	关于印发《东阳市生态文明建设规划(2017～2025)》的通知	2018年12月29日

(赵丽娅)

统计资料

2018年东阳市地理位置、人口和自然资源情况一览表

表83

指标名称	2018年
一、地理位置	
东经	120°04′17″—120°44′3″
北纬	28°58′8″—29°29′55″
南北跨度	58.7千米
东西跨度	64.5千米
二、人　口	
年末总人口	847814
人口密度	485人/平方千米
三、土　地	
土地总面积	1746.81平方千米
四、气　候	
年平均气温	18.8摄氏度
年极端最高气温	38.6摄氏度
年极端最低气温	-4.3摄氏度
年降水量	1414.7毫米
年降水日数	179天
年日照时数	1567.8小时
灰霾日数	4天
无霜期	270天
五、水文水利	
主要河流年径流量	—
南江	—
东阳江	4.623亿立方米
水资源总量	9.7546亿立方米
六、森　林	
森林面积	108632.6公顷
森林覆盖率	62.19%
森林蓄积量	583.6万立方米
七、矿产资源	
萤石保有储量	35.82万吨
钾长石储量	768万吨

东阳市经济社会主要指标(2017~2018年)统计表

表84

指标名称	计量单位	2017年	2018年
一、综合			
常住人口	万人	83.89	84.39
户籍人口	万人	84.50	84.78
地区生产总值	亿元	543.16	585.00
#第一产业	亿元	18.47	16.79
第二产业	亿元	255.65	276.48
第三产业	亿元	269.04	291.73
人均生产总值(按常住人口计算)	元	64955	69527
二、财政、金融、保险			
财政预算总收入	亿元	100.88	112.41
#公共财政预算收入	亿元	58.58	65.75
#税收收入	亿元	50.45	57.73
公共财政预算支出	亿元	82.70	92.52
年末金融机构各项存款余额(本外币)	亿元	1110.68	1231.17
#住户存款	亿元	623.18	695.89
年末金融机构各项贷款余额(本外币)	亿元	756.13	83.89
保费收入	亿元	25.86	29.09
赔款、给付	亿元	8.00	10.52
三、农业			
耕地面积	公顷	31425	31417
粮食作物播种面积	公顷	19473	15650
粮食总产量	吨	117607	87743
肉类总产量	吨	12362	12347
水产品产量	吨	7676	10193
四、工业			
规模以上工业企业单位数	家	523	460
规模以上工业总产值	亿元	530.71	462.31
规模以上工业企业主营业务收入	亿元	499.24	451.96
规模以上工业企业利润总额	亿元	25.78	30.63
五、建筑业、投资、房地产			
建筑业企业单位数	家	182	197
建筑业企业总产值	亿元	2572.99	2600.32
固定资产投资额	亿元	335.97	166.23
#工业投资	亿元	136.00	32.06
服务业投资	亿元	196.51	51.41

续表 84

指标名称	计量单位	2017年	2018年
房地产开发投资额	亿元	52.03	82.26
商品房销售面积	万平方米	80.28	104.43
#住宅	万平方米	70.25	92.02
六、交通、邮电、电力			
公路里程	千米	2413	2431
民用汽车拥有量	辆	243594	274019
年末公交车路数	路	83	83
年末实有公共汽(电)车营运车辆数	辆	303	324
年末实有出租汽车数	辆	456	456
邮政业务收入	亿元	2.18	2.57
电信业务收入	亿元	10.00	9.55
全社会用电量	万千瓦·时	458338	504104
#工业用电	万千瓦·时	302093	326716
居民生活用电量	万千瓦·时	80699	89119
七、内外贸易、旅游			
社会消费品零售总额	亿元	276.74	280.18
出口总额	亿美元	182.85	190.17
进口总额	亿美元	17.83	17.15
当年实际使用外资金额	万美元	3620	3481
星级饭店客房总数	间	2508	2450
国内外游客人数	万人次	2226.00	2565.02
旅游总收入	亿元	192.68	230.87
八、教育、科技、文化、卫生			
普通高等学校数	所	2	2
中等职业教育学校数	所	5	5
普通中学学校数	所	47	38
小学学校数	所	86	79
普通高等学校学生数	人	14228.00	15220
中等职业教育学校在校学生数	人	6803	6603
普通中学在校学生数	人	46198	36812
小学在校学生数	人	68164	61366
全年专利申请受理量	项	2436	4433
全年专利授权数	项	1477	2483
#发明	项	158	334

说明:2016年开始进出口计量单位为亿元

续表84

指标名称	计量单位	2017年	2018年
公共图书馆图书总藏量	千册	402	516
剧场、影剧院个数	个	8	8
体育场馆个数	个	141	141
医疗卫生机构数	个	539	523
#医院	个	14	14
医疗卫生机构床位数	张	5025	5248
医疗卫生机构技术人员	人	6949	7235
#医生(执业医师+执业助理医师)	人	2677	2799
九、人民生活			
全体居民人均可支配收入	元	39963	43500
全体居民人均消费支出	元	28878	30777
城镇常住居民人均可支配收入	元	48645	52688
城镇常住居民人均消费支出	元	35317	37495
农村常住居民人均可支配收入	元	26939	29544
农村常住居民人均消费支出	元	19220	20572
十、社会保障			
各种社会福利收养性单位数	个	29	27
各种社会福利收养性单位床位数	张	7015	6815
城镇职工基本养老保险参保人数	人	306820	331087
城镇居民社会养老保险参保人数	人	274544	273754
城镇职工基本医疗保险参保人数	人	200581	215411
城镇居民基本医疗保险参保人数	人	642436	648279
失业保险参保人数	人	122172	125672
城镇居民最低生活保障人数	人	194	188
农村居民最低生活保障人数	人	7595	7107
十一、资源与环境			
森林面积	公顷	107132	108633
工业废水排放量	万吨	945	905
工业二氧化硫排放量	吨	1765	1349
工业氮氧化物排放量	吨	943	836
工业烟(粉)尘排放量	吨	1647	1000
污水处理厂集中处理率	%	96.0	96.0
城区空气质量优良以上天数	天	335	324

说明:医疗卫生机构数为全社会口径

东阳市农林牧渔业总产值（2017~2018年）统计表

表85　　（按现行价格计算）　　单位：万元

指标名称	2017年	2018年
农林牧渔业总产值	282993	258206
一、农业产值	211803	196744
其中：副产品产值	1957	1440
1.粮食作物	39994	28813
2.油　类	3232	2307
3.棉　花	200	91
4.生　麻	—	—
5.甘　蔗	4850	2204
6.烟　草	55	54
7.中草药材	22570	21799
8.蔬　菜	80151	80736
9.食用菌	166	117
10.花卉园艺	9394	9847
11.茶、桑、水果、坚果	47700	47272
12.其他农作物	3491	3504
二、林业产值	12495	12283
1.人造林木生长	4401	4412
2.林产品	883	902
3.竹木采运	3707	3381
4.采集野生植物	3504	3588
三、牧业产值	36812	25502
1.牲　畜	25560	12058
2.家禽饲养	2759	1886
3.活的畜禽产品	3397	5475
4.捕猎野兽野禽	280	293
5.其他动物饲养	4816	5790
四、渔业产值	10431	12098
五、农林牧渔服务业	11452	11579

东阳市规模以上工业企业主要指标（2014~2018年）统计表

表86

年份	单位数（个）	工业总产值（万元）	收入法 工业增加值（万元）	主营业务收入（万元）	利润总额（万元）	年平均人数（人）
2014	501	4723127	1001949	4357200	260218	79833
2015	538	5164720	1059486	4744636	244433	84499
2016	529	5497643	1143314	4985547	283988	82758
2017	523	5307058	1074197	4992447	257779	78789
2018	460	4623096	1107100	4519566	306326	74739

说明：从2011年开始，规模以上工业企业统计标准从年主营业务收入500万元提高到2000万元

东阳市财政收入（2014~2018年）统计表

表87 单位：万元

指标名称	2014年	2015年	2016年	2017年	2018年
财政总收入	700066	811887	924018	1008807	1124080
一、地方财政一般预算收入	414838	486173	562569	585778	657548
（一）税收收入	386858	427936	502999	504527	577266
其中：增值税（25%部分）	44905	49673	82200	110547	89443
营改增值税	40846	43256	63040	95176	150090
营业税	94506	100263	91340	1697	283
企业所得税（40%部分）	68241	76255	86671	87280	97583
个人所得税（40%部分）	31828	41274	49208	56254	53292
资源税	194	122	303	683	637
城建税	19763	22920	24093	25501	35403
房产税	13063	16833	12768	24667	19865
印花税	8187	10651	12074	10224	11692
土地使用税	8851	11110	15132	15311	14317
土地增值税	15895	21646	20661	28380	53725
车船使用税	5397	6070	6645	7739	8506
耕地占用税	3668	1267	2182	15823	13566
契税	31514	26596	36682	25245	28454
（二）非税收入	27980	58237	59570	81251	80282
其中：专项收入	9715	40750	27951	25736	33835
行政性收费收入	9530	7999	11972	17345	19518
罚没收入	8618	10760	20229	36139	26320
国有资产经营收入	-1567	-1873	-2000	-2000	-2000
国有资源有偿使用收入	1684	601	1284	3962	2509
政府住房基金收入	—	—	134	69	100
二、中央收入合计	285228	325714	361449	423029	466532
上划增值税、消费税	135124	149420	109675	110855	89846
上划“两项”所得税	150104	176294	203817	215301	226313
上划改征增值税	—	—	39698	95176	150090
上划营业税	—	—	8259	1697	283

东阳市地方财政支出(2014~2018年)统计表

表88　　单位:万元

指标名称	2014年	2015年	2016年	2017年	2018年
地方财政预算内支出	480546	610386	714162	826984	925198
一、一般公共服务支出	44437	46271	46391	60493	66268
二、国防支出	430	528	393	405	397
三、公共安全支出	31966	41448	43018	51652	52690
四、教育支出	146000	161588	145024	157754	175131
五、科学技术支出	21797	23885	27696	30447	33537
六、文化体育与传媒支出	9014	14448	10478	10244	9532
七、社会保障和就业支出	38391	52347	80848	99901	111852
八、医疗卫生支出	50039	55056	57401	67414	89573
九、节能环保支出	11060	27660	25471	26328	14008
十、城乡社区事物支出	24344	34271	92201	119004	162914
十一、农林水事物支出	42032	56643	63196	57741	59251
十二、交通运输支出	9859	33066	21487	32635	21344
十三、资源勘探电力信息等事务支出	11610	8456	5429	15202	14717
十四、商业服务业等事物支出	24366	37985	51817	53212	52800
十五、金融监管等事务支出	677	968	897	1368	5445
十六、援助其他地区支出	1133	1202	1298	1401	1513
十七、国土资源气象等事务支出	3340	4537	16996	5620	7228
十八、住房保障支出	8806	7478	14235	18267	22625
十九、粮油物资储备事务支出	312	651	540	517	408
二十、债务付息支出	933	1755	8945	17223	23816
二十一、债务发行费用支出	0	143	401	106	133
二十二、其他支出	0	0	0	50	16

东阳市旅游业基本情况(2014~2018年)一览表

表89

指标名称	计量单位	2014年	2015年	2016年	2017年	2018年
国内外旅游者人次	万人次	1560.61	1825.00	2055.00	2226.00	2565.02
国内旅游接待人次	万人次	1556.95	1821.00	2051.00	2222.00	2564.61
国际旅游者人次合计	人次	36630	36924	40272	44628	4163
外国人	人次	23458	22516	21410	19290	1571
港、澳、台同胞	人次	13172	14408	18862	25338	2592
国际旅游者人天数	人天	90495	94000	102760	114755	5055
外国人	人天	57119	58576	54932	49957	3067
港、澳、台同胞	人天	33376	35424	47828	64798	1988
旅游总收入	亿元	113.16	137.73	165.41	192.68	230.87
旅游创汇收入合计	万美元	1718	1849	2098	2336	103
国内旅游收入	亿元	112.10	136.59	164.11	191.11	230.81
星级饭店个数	个	16	14	13	12	12
星级饭店客房总数	间	3243	3001	2841	2508	2450
星级饭店床位数	张	7463	5342	5075	4434	4468
旅行社个数	个	14	14	15	15	16
名胜风景区个数	个	1	2	2	2	2

说明:2012年开始为省级以上名胜风景区

东阳市城市建设事业基本情况(2014~2018年)一览表

表90

指标名称	计量单位	2014年	2015年	2016年	2017年	2018年
城市面积						
建成区面积	平方千米	37.89	38.99	40.06	42.57	43.31
城市建设用地面积	平方千米	37.59	38.69	39.70	41.67	43.26
其中:居住用地面积	平方千米	10.25	10.52	10.89	12.5	12.78
公共设施用地面积	平方千米	1.13	1.17	1.29	1.37	1.25
工业用地面积	平方千米	12.47	12.66	12.78	12.82	13.1
城市人口	万人	83.42	83.93	83.95	83.97	83.97
基础设施						
城市维护建设资金支出	万元	97566	11460	24093	—	—
年末实有城市道路面积	万平方米	828	841	870	872.9	875.97

续表 90

指标名称	计量单位	2014年	2015年	2016年	2017年	2018年
年末铺装道路长度	千米	422.92	426.56	436	437.35	441.92
排水管道长度	千米	768.26	804.63	831.69	865.13	957.55
供水						
供水综合生产能力(包括自备水源)	万立方米/日	11.34	11.34	10.24	19.50	22.50
供水总量	万吨	2468.42	2670.50	3474.80	5056.17	5226.76
售水总量	万吨	2112.74	2314.82	3038.56	3666.52	3977.75
其中:居民生活用水量	万吨	1043.36	1147.65	1316.39	2058.40	2286.52
用水人口	万人	31.59	31.79	38.47	38.47	38.69
用水普及率	%	100	100	100	100	100
生产用水量	万吨	659.63	572.00	833.48	1025.76	1108.38
供水管道长度	千米	885.19	972.84	1134.55	1514.62	1581.42
供气						
液化石油气供气总量	吨	16712	17485	17067	21739	17641.19
其中:家庭用量	吨	16500	15544	14977	19076	14960
用液化气人口	万人	41.14	41.34	41.45	41.46	41.47
公共交通						
年末实有公共汽(电)车营运车辆数	辆	150	170	309	303	324
全年公共汽(电)车客运总量	万人次	1396.95	1510.50	1148.36	2185.60	1966.00
年末实有出租汽车数	辆	456	456	456	456	456
绿地						
绿地面积	公顷	1543	1393	1434	1518	1553
绿化覆盖面积	公顷	—	1598	1646	1708	1746
园林绿地面积	公顷	1344	1391	1432	—	—
其中:公园绿地面积	公顷	421	445	456	534	560
人均公园绿地面积	平方米	10.23	10.77	10.99	12.73	13.28
全年生活垃圾清运量	万吨	29.59	32.42	36.92	27.25	20.37
生活垃圾无害化处理率	%	100.00	100.00	100.00	100.00	100.00
污水集中处理率	%	85.00	89.40	95.40	96.00	96.00
垃圾处理站数	个	1	1	1	29	30

东阳市环境保护基本情况(2014~2018年)一览表

表91

指标名称	计量单位	2014年	2015年	2016年	2017年	2018年
水环境						
废水排放总量	万吨	1303.56	3549.86	1002.30	4610.50	5038.74
工业废水排放量	万吨	1299.96	1181.47	995.22	945.06	905.01
#直接排入环境	万吨	423.85	406.25	257.98	259.75	205.73
#排入污水处理厂	万吨	746.12	652.22	652.24	685.29	699.28
工业废水处理量	万吨	1304.04	1169.60	1101.69	1071.76	1069.37
工业用水总量	万吨	5377.30	6349.96	2163.57	1740.88	2136.56
工业用水重复用水率	%	69.20	74.70	—	—	—
污水处理厂数	座	1	1	1	12	12
污水处理厂集中处理率	%	85.00	89.40	95.40	96.00	96.00
大气环境						
工业废气治理设施	套	303	345	359	292	354
工业废气排放量	万立方米	769022	938424	746967	657910	1177907
工业二氧化硫产生量	吨	4144	5965	4534	3662	3040
工业二氧化硫排放量	吨	2756	3870	1915	1765	1349
工业氮氧化物产生量	吨	1341	1516	1467	1389	1138
工业氮氧化物排放量	吨	1341	1428	1052	943	836
工业烟(粉)尘去除量	吨	14070	14896	14184	20331	6985
工业烟(粉)尘排放量	吨	6463	6664	2265	1647	1000
固体废物						
工业重金属产生量	吨	0.15	0.00	0.00	0.00	0.00
工业重金属排放量	吨	0.04	0.00	0.00	0.00	0.00
工业固体废物综合利用处置率	%	99.50	100.50	97.20	89.70	99.70
其中:一般工业固体废物综合利用率	%	92.50	95.00	93.20	92.00	90.80
声环境						
环境噪声达标区个数	个	1	1	1	1	1
环境噪声达标区总面积	平方千米	25	25	25	25	25
生态环境						
城区空气质量优良以上天数	天	234	318	322	335	324

(市统计局提供)

索　引

索引说明：

一、本索引分数字索引、主题词索引、表格索引三部分。

二、数字索引按首位数字大小顺序排列；主题词索引按汉语拼音顺序排列，同音字按声调排列，同音同调字按下一字的音序排列；表格索引按表格顺序排列。

三、索引词条后的阿拉伯数字表示内容所在的页码。

四、本年鉴的“特载”“专文”“大事记”“附录”未作索引。

数字索引

主题词索引

A

B

C

D

E

F

G

H

J

K

L

M

N

P

Q

R

S

T

W

X

Y

Z

表格索引